맛있는 부동산 절세 및 세무상식

경매부자들의 절세비밀과 세무상식

김명석 지음

프롤로그

현재 부동산 시장에 대한 냉각기가 계속되고 있는 가운데 어느 누군가는 위기를 기회로 극복하고 있다. 1997년 IMF때에도 누군가는 투자의 끈을 놓지 않았다. 그 결과는 풍요로운 미래를 어느 정도 보장받을 수 있게 되었다.
이 책을 집필하면서 경매로 재산을 증식하는 모든 분들에게 세금을 합법적으로 절세할 수 있는 방법을 제시해 드리는 것에 초점을 맞추었다.

제1편에서는 경매의 절차를 비롯한 경매의 일반적인 이론들을 정리해 보았다.
제2편에서는 부동산을 취득할 때 세금 문제에 대해서 검토해 보았다.
제3편에서는 부동산을 보유할 때 세금 문제에 대해서 검토해 보았다.
제4편에서는 부동산을 양도할 때 세금 문제에 대해서 검토해 보았다.
제5편에서는 부동산을 개발할 때 절세전략을 제시해 보았다.
제6편에서는 자산 종류별 경매로 투자할 때 절세 방안을 제시해 보았다.
제7편에서는 부동산을 경매를 통해서 사업을 할 수 있는 콘셉트를 제시해 보았다.
제8편에서는 아직 남아 있는 세금들 중 부가가치세, 종합소득세, 법인세, 종합부동산세 및 지방세에 대해서 검토해 보았다.
제9편에서는 증여세 및 상속세에 대한 절세 10계명을 제시해 보았다.

이 책은 일반적인 절세 내용을 담으면서도 행동 전략도 같이 제시하고 있다. 절세를 하기 위해서는 끊임없이 노력해야 하며, 전략적으로 행동을 해야 한다. 다소 무리한 전략도 있을 수 있으나 이런 전략의 아이디어가 더 좋은 방향으로 흘러갔으면 한다.

이 책은 최근에 발표한 시행령까지 반영하였다. 저자의 지식 부족으로 미처 반영하지 못한 부분도 있지 않을까 걱정이 된다. 항상 집필할 경우에는 겸허한 마음이 든다. 잘못된 정보가 납세자의 재산과 직결되기 때문이다. 최대한 모두 반영하여 집필하려고 하얀 밤을 보냈음을 이해해 주기 바란다.

이 책이 나오기까지 너무 나도 힘써 주신 에이전시 회사인 (주)엔터스코리아 양원근 대표님과 기획부 직원께 우선 감사를 드린다. 아울러 집필에 많은 도움을 주신 지지옥션교육원에 박규진 원장님, 문동진 원장님과 조 부원장님, 강 부원장님, 박 교수님께도 감사에 인사를 전한다. 대한부동산학회 회장님이신 도희섭 서일대 교수님께도 감사의 말씀을 전한다. 소속 회사인 세림세무법인에 강동원 세무사님을 비롯한 여러 세무사님께 감사에 마음을 감출 길 없다.

특히, 삶에 방향을 항상 제시해 주시는 임순천 세무사님과 김창진 세무사님께 고개 숙여 존경을 표한다. 마지막으로 (주)가나북스의 배수현 사장님과 편집부 직원들에게 감사드린다. 이 책을 사랑하는 아내와 아들 정원 이와 딸 세원 이에게 바친다.

들어가며

성공을 위해서는 필요한 '술'이 있다.

평소 즐겨 먹는 술은 음식으로만 필요한 것이 아니다. 성공을 위해서도 술이 필요하다.

- 구술: 스피치 능력을 말한다. 말을 잘해야 사람을 설득하여 움직이고 협상할 수 있다.

- 구슬: 구슬은 종자돈을 의미한다. 재물을 의미하기도 한다. 돈을 가지고 있으면 성공이 더 쉽게 다가올 수도 있다.

- 기술: 자기 분야에서 전문가가 되는 것을 말한다. 어떤 할머니가 있었는데, 손자가 '한국과학기술대(카이스트)'에 합격했다는 소리를 전해 듣고, 이렇게 말씀하셨다고 한다. "자고로 한국에서 성공하려면 기술을 배워야 한다. 고등학생부터 배웠어야 했는데, 대학 가서라도 열심히 기술을 익히거라."

- 마술: 때론 임기응변도 필요하다. 현란한 손기술은 마술사의 가장 기본적인 자질이다. 그 손기술을 가지기 위해서 부단히 많은 노력을 한다. 이런 노력이 임기응변을 만들어 내는 것이다.

- 수술: 수술은 조직 중에서 쓸모없는 부분을 도려내는 것을 말한다. 성공을 위해서는 쓸모없는 습관을 과감히 수술해야 한다.

- 술술: 모든 일이 술술 풀리는 것도 성공의 중요한 조건이다. '운칠기삼'이라고 했다. 운이 7할을 차지하므로 운이 좋으면 모든 일이 술술 풀리게 된다. 이를 위해서는 평소에 남을 위해 사랑과 배려를 베풀어야 한다.

- 예술: 창의성을 의미한다. 다방면에 창의성을 발휘해야 한다는 것이다.

- 위장술: 마음을 숨기는 것을 말한다. '포커페이스'라고도 한다. 상대방에게
  감정을 들키지 않는 냉철한 이성과 판단이 성공을 하게 만든다.

- 용병술: 인맥관리를 잘 해야 한다는 뜻이다. 비즈니스는 커뮤니케이션이다.
  인간관계에서 승리하는 사람이 성공을 앞당길 수 있다.

- 학술: 지식이 필요하다. 항상 공부를 게을리 하지 말아야 한다. 곳간은 비어
  있으면 채울 수 있지만 머리가 비어 있으면 채우기가 어렵다.

목 차

제 1 편
경매 세금 기본 알기

제 1 장
경매 절차 알아보기

1. 사례 연구

머리끝부터 발끝까지 부티 나는 강남 스타일의 P씨는 경매 강의를 듣다가 번개를 맞은 것 같았다. 남편이 은퇴하면 가정 경제에 대한 책임을 본인이 져야 한다는 생각이 들어 경매 강의를 수강했는데 생각보다 경제 지식이 부족했던 것이다. 평소 남편의 돈으로만 생활하던 패턴이 부끄러울 정도였다. 자녀들은 모두 장성했지만 앞으로 남은 노후가 걱정이 되었다. 미래에 대한 두려움이 엄습해 왔다. P씨는 기본적인 경매 절차에 대해서 궁금해 하고 있다.

2. 조언 방향

경매의 종류, 경매의 절차, 경매투자 방법 등을 아는 것이 우선이다. 일반적인 절차를 세분화하면 크게 4단계로 나뉜다.

첫째는 권리분석 단계이다.
둘째는 물건분석 단계이다.
셋째는 명도분석 단계이다.
넷째는 수익분석 단계이다.

각장에서 자세한 내용을 알아보기로 하고, 우선 경매의 일반적인 절차에 대해서 자세히 알아보기로 하자.

3. 이론 및 심화 연구

1) 법원 경매란 무엇인가?

채권자의 신청에 따라 채권을 회수하기 위해 국가 즉, 법원이 담보물(부동산, 혹은 동산)을 강제적으로 매각하여 채권을 환원해 주기 위한 일련의 행위를 말한다.

법원 경매의 종류는 2가지가 있다.

종 류	내 용
강제 경매	채무 명의에 의한 경매를 말하는데, 채무 명의는 다음에 의한다. – 확정된 판결문 – 가집행선고부 판결 – 확정된 지급 명령 – 화해 조서 – 조정 조서 – 청구의 인낙 조서 – 공증
임의 경매	저당권, 전세권 등의 담보물권에 의한 경매를 말한다. 임의경매는 소유자와 채무자가 서로 다를 수 있어서 소유자가 경매에 참여하여 매수 신청을 할 수 있으나, 강제경매의 경우에는 그러하지 못한다.

2) 용어를 먼저 파악하자.

2002년 7월 1일 경매 절차가 민사집행법으로 바뀌면서 종전 민사 소송법에서 사용되던 용어를 다음과 같이 개정하였다. 혼용되는 경우에 참고하기 바란다.

종전(호가제)	종전(입찰제)	현행
경매	입찰	매각
경락기일	낙찰기일	매각기일
최고가 입찰자	최고가 입찰자	최고가매수신고인
차순위 입찰자	차순위 입찰신고인	차순위매수신고인
경락허부결정	낙찰허부결정	매각허가결정
경락인	낙찰자	매수인
	신경매	새매각
	재경매	재매각
	입찰보증금	매수신청보증금

3) 법원 경매 입찰로 부동산을 구입할 경우 유리한 점은 무엇인가?

(1) 가격이 시가보다 통상 저렴하다.

한 번 유찰될 때마다 20−30%씩 감정가에서 저감되므로 두·세 번 유찰될 경우 거래되는 시가보다 싼 값으로 매입할 수 있다. 그러나 요즘 경매 시장이 활성화되어 낙찰가율이 많이 올라가는 추세다. 심지어는 시가를 초과하여 매각되는 경우도 빈번하다. 통상 시가보다 저렴하므로 일반적인 매매원인으로 부동산을 매수하는 것보다 취득세 등이 절감되는 경향이 있다.

(2) 권리의 말소가 용이해진다.

등록세 등을 납부하면 소유권이전등기를 법원이 촉탁하여 주며, 등기부상 말소기준권리 이후 후순위 가압류나 저당권은 담보 액수에 상관없이 원칙적으로 말소시켜 준다.

(3) 복잡한 행정 절차가 면제된다.

경매를 통하여 투자자가 토지를 구입하는 경우에는 면적에 제한 없이 토지거래허가가 필요 없기 때문에 전국에 소재하는 어느 토지이든지 자유롭게 취득할 수 있다.

(4) 경매 물건 정보의 명확성

경매 물건의 경우에는 법원에 의하여 구체적 내용이 조사되고, 공신력 있는 감정평가기관이 가격을 평가하므로 일반 부동산에 비하여 그 가격의 신뢰도가 대체로 높다. 물론 감정평가

기관의 평가를 전적으로 믿기는 어려운데 이는 감정가액을 내는 시차 및 감정 방법의 차이로 시세와 동떨어질 수 있기 때문이므로 꼭 입찰 시에는 현장에서 시세를 확인해야 한다.

4) 경매 주요 절차는 어떻게 되는가?

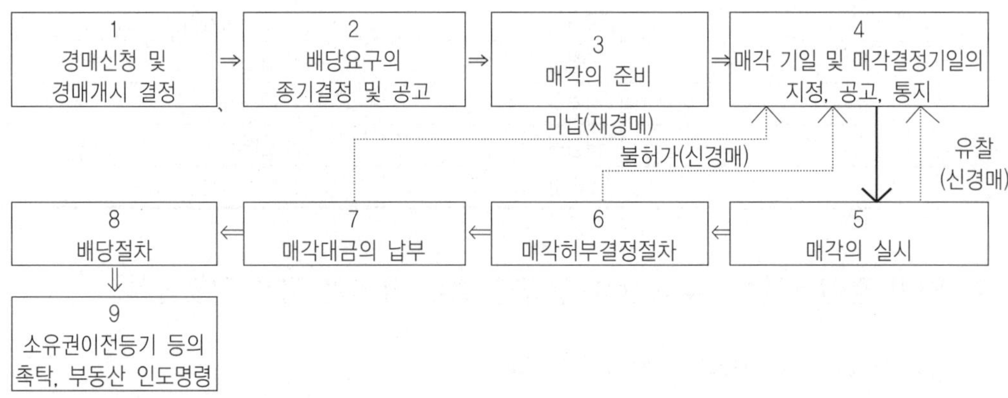

(1) 경매 신청 및 경매개시결정

법원은 채권자의 신청에 의해 목적부동산을 압류하고, 관할등기소에 경매개시결정의 기입등기를 촉탁하여 등기관에게 등기부에 기입 등기하도록 한다. 경매개시 결정 정본은 채무자에게 송달된다.

경매 신청에는 강제경매 신청과 임의경매 신청이 있는데, 여기서는 강제경매 신청을 설명하기로 한다. 우선 강제경매를 신청하고자 할 경우 강제경매신청서를 작성하여 첨부 서류와 함께 관할 집행법원에 제출하여야 한다.

(가) 강제경매신청서 작성 요령

강제경매의 신청은 서면으로 해야 하며, 신청서에는 다음의 사항을 기재하고 기명날인한다.
① 채권자와 채무자의 성명과 주소
② 집행법원
③ 부동산의 표시 : 강제경매의 대상이 될 부동산을 특정하여 표시
④ 강제경매에 의하여 변제를 받고자 하는 일정한 채권과 그 청구액 : 청구액 전액을 기재
⑤ 집행할 수 있는 일정한 집행권원 : 사법상의 일정한 급부청구권의 존재 및 범위 표시함과 동시에 집행력을 인정한 공정의 증서

(나) 첨부 서류

① 집행권원의 집행력 있는 정본

② 강제 집행 개시의 요건이 구비되었음을 증명하는 서류

　　집행 권원의 송달증명서, 집행문 및 증명서의 송달 증명서, 담보제공의 증명서류 및 그 등본의 송달증명서, 반대의무의 이행 또는 이행 제공을 증명하는 서면, 집행불능증명서, 조건성취를 채권자가 증명하여야 하는 경우에 조건성취집행문(조건이 채권자의 담보제공인 경우 제외)과 승계집행문 및 각 경우의 증명서

③ 부동산등기부등본이나 이를 대신할 수 있는 서류

④ 부동산 목록 10통, 수입인지 5,000원, 대법원 수입인지 부동산 1개당 3,000원

⑤ 등록세(청구채권액의 2/1000)와 지방교육세(등록세의 20/100)를 납부한 영수필통지서 1통 및 영수필 확인서 1통

⑥ 경매수수료 예납 : 경매 절차에 있어서 필요한 송달료, 감정료, 현황조사료, 신문공고료, 매각수수료 등의 비용에 대한 금액을 미리 내야 한다.

[서울지방법원 예납액 산정 예 기재(법원마다 다소 차이가 있을 수 있음)]

1. 신문공고료
   건당 200,000원
2. 현황조사수수료
   건당 63,260원
3. 매각수수료
   매각대금 1천만 원 이하 : 매각대금×0.02 + 3,000원
   매각대금 1천만 원 초과 5천만 원 이하 : (매각대금−1천만 원)×0.015 + 203,000원
   매각대금 5천만 원 초과 1억 원 이하 : (매각대금−5천만 원)×0.01 + 803,000원
   매각대금 1억 원 초과 3억 원까지 : (매각대금−1억 원)×0.005 + 1,303,000원
   매각대금 3억 원 초과 5억 원까지 : (매각대금−3억 원)×0.003 + 2,303,000원
   매각대금 5억 원 초과 10억 원까지 : (매각대금−5억 원)×0.002 + 2,903,000원
   매각대금 10억 원 초과 : 3,903,000원(상한선)
4. 감정수수료
   평가가액 5천만 원까지: 금 150,000원
   평가가액 5천만 원 초과 5억 원까지: (평가가액×0.0011+95,000)×0.8
   평가가액 5억 원 초과 10억 원까지: (평가가액×0.0009+195,000)×0.8
   평가가액 10억 원 초과 50억 원까지: (평가가액×0.0008+295,000)×0.8
   평가가액 50억 원 초과 100억 원까지: (평가가액×0.0007+795,000)×0.8
   평가가액 100억 원 초과 500억 원까지: (평가가액×0.0006+1,795,000)×0.8
   평가가액 500억 원 초과 1,000억 원까지: (평가가액×0.0005+6,795,000)×0.8
   평가가액 1,000억 원 초과: (평가가액×0.0004+16,795,000)×0.8
   · 감정 수수료: 매각대금이 기준이 아니라 평가가액으로 계산함.
5. 송달료 (송달료가 바뀔 수 있으므로 확인 바란다)
   (신청서 상 이해 관계인 수 + 3) ×10회분(1회분 3,190원. 2012.10.1. 현재)

(다) 관할 법원

경매 대상 부동산의 소재지의 관할 법원

(라) 경매개시 결정

집행법원은 강제경매 신청이 접수되면, 아래의 형식상의 심사를 실시한다.

- 강제 집행의 요건(신청서의 기재 및 첨부서류의 흠결)
- 집행개시 요건
- 강제경매에 특히 필요한 요건(부동산이 채무자의 소유일 것, 압류 금지 부동산이 아닐 것)

신청이 적법하다고 인정되면 강제경매개시 결정을 한다. 임의경매 신청이 접수된 경우도 임의경매의 필요 요건을 심사하여 신청이 적법하다면 임의경매개시 결정을 한다.

(마) 경매개시 결정 기입등기의 촉탁

집행법원이 경매개시결정을 했을 때는 그 사유를 등기부에 기입할 것을 등기관에게 촉탁하여야 하며, 촉탁에 의해서 경매개시결정 기입 등기를 하게 된다.

(바) 경매개시결정문의 송달

경매개시결정은 채무자에게 송달되어야 효력이 발생한다. 부동산의 압류는 채무자에게 경매개시결정이 송달된 때 또는 경매개시결정 등기가 된 때에 그 효력이 발생하므로 직권으로 결정 정본을 채무자에게 송달하여야 한다. 그러나, 실무상 소유자와 채무자에게 모두 송달하게 된다.

(2) 배당요구의 종기결정 및 공고

민사집행법상 배당요구는 배당요구종기까지만 할 수 있다. 배당요구의 종기는 경매개시결정에 따른 압류의 효력이 생긴 때부터 1주일 내에 결정하되, 첫 매각기일 이전의 날로 정하게 된다.

■■///// 김세무사의 똑소리 ─────────────────

[만약 배당요구를 하지 아니한 경우의 불이익은?]

배당요구를 하지 않아도 배당을 받는 채권자가 아니면, 배당요구를 반드시 해야 배당을 받을 수 있다. 권리 앞에서 잠자는 공주가 되지 말자. 배당요구를 하지 않을 경우에는 선순위 채권자라도 배당을 받을 수 없고, 후순위 채권자가 배당을 받았다면 별도의 소송을 통해서 부당이득반환청구를 하는 것도 허용되지 않는다. 첫 경매개시결정등기 전에 가압류등기를 마친 채권자의 경우에는 배당요구를 하지 않아도 등기 기록에 등재된 가압류 금액에 따라 배당을 받을 수 있다. 그러나 이미 본안 소송에서 가압류금액 이상의 승소 판결을 받았다면 위 기간 내에 집행력 있는 정본에 의하여 배당요구를 할 필요가 있다. 그렇지 않으면 가압류금액을 넘는 부분에 대하여는 전혀 배당에 참가할 수 없게 되는 등 일정한 경우에는 배당 요구를 하지 않아도 배당을 받을 수 있는 채권자에 해당되더라도 배당요구를 할 필요가 있다.

[배당요구의 종기까지 반드시 배당요구를 해야 할 채권자]

① 집행력 있는 정본을 가진 채권자
② 민법, 상법 기타 법률에 의하여 우선변제청구권이 있는 채권자
– 주택임대차보호법에 의한 소액임차인, 확정일자부 임차인
– 근로기준법상 임금채권자
– 상법에 의한 고용관계로 인한 채권이 있는 자
③ 첫 경매개시결정등기 후에 가압류한 채권자
④ 국세 등의 교부청구권자
– 국세 등 조세채권
– 4대 보험료 징수금

[배당요구를 하지 않아도 배당을 받을 수 있는 채권자]

① 첫 경매개시 결정 등기 전에 등기를 마친 아래의 자
– 담보권자
– 임차권 등기권자
– 체납처분에 의한 압류 등기권자
– 가압류권자
② 배당요구 종기까지 한 경매신청에 의하여 이중경매개시결정이 된 경우 이중경매신청인

─────────────────────────────────

(3) 매각의 준비

집행법원은 입찰의 방법으로 매각하여 매각대금을 조성하기 위하여 환가를 위한 준비하게 된다. 주로 부동산의 현황조사, 점유관계, 차임 또는 보증금의 액수, 기타 현황에 대해서 조사를 명하고, 감정인으로 하여금 부동산을 평가하게 하고, 그 평가액을 참작하여 최저 매각 가격을 정한다.

(가) 현황 조사

법원은 경매개시 결정을 한 후 지체 없이 부동산의 현황, 점유관계, 월차임과 보증금의

액수 및 기타 현황에 관하여 조사할 것을 명한다. 이는 경매 과정에서 사실관계와 권리관계에 대한 현황을 정확히 알려 경매 대상 부동산에 대한 정보를 제공할 필요가 있기 때문이다. 현황조사 결과 알게 된 임차인에 대하여 즉시 배당요구의 종기까지 법원에 권리 신고 및 배당요구를 할 것을 통지하여야 한다.

(나) 공과를 주관하는 공무소에 대한 최고

법원은 경매개시 결정 후 조세 기타 공과를 주관하는 공무소에 대하여 목적부동산에 관한 채권의 유무와 한도를 배당요구의 종기까지 통지하여 줄 것을 최고하게 된다. 최고를 통해서 우선 채권인 조세 채권의 유무와 잉여의 가망이 있는지 여부를 확인함과 동시에 주관 공무소로 하여금 조세 등에 대한 교부 청구의 기회를 주기 위한 것이다.

(다) 이해관계인에 대한 채권 신고의 최고

경매개시 결정일로부터 3일 내에 법원은 등기부에 기입된 부동산에 대한 권리자들에게 본인의 채권 원금, 이자, 비용 기타 부대 채권에 대한 계산서를 배당요구종기일까지 제출할 것을 최고한다. 아울러 가등기담보권자에 대해서도 최고한다. 이는 우선 채권이 있는지 확인하고, 잉여의 가망이 있는지 여부 및 적정한 매각 조건을 정하여 배당 요구의 기회를 주자는 의미이다.

(라) 부동산의 평가 및 최저 매각가격의 결정

집행법원은 감정인으로 하여금 경매 부동산을 평가하도록 하고, 그 금액을 기준으로 최저 매각 가격을 정하게 된다. 최저 매각가격은 매각을 허가하는 최저가격이므로 그 금액에 미달 할 경우에는 매각이 불허된다.

(마) 매각물건명세서의 작성, 비치

법원은 매각물건명세서를 작성하여 매각기일의 1주일 전까지 법원에 비치하여 일반인들이 열람할 수 있도록 한다. 아울러 현황보고서 및 감정평가서의 사본도 함께 열람케 한다.

매각물건명세서에는 아래와 같은 내용이 들어 있다.
① 부동산의 표시
② 부동산의 점유자와 점유의 권원, 점유할 수 있는 기간, 차임 또는 보증금에 관한 관계
　인의 진술

③ 등기된 부동산에 관한 권리 또는 가처분으로서 매각에 의하여 그 효력이 소멸하지 아니하는 것
④ 매각에 의하여 설정된 것으로 보게 되는 지상권의 개요

매각물건명세서를 통해서 부동산의 여러 권리 상태, 취득할 종물, 종된 권리의 범위와 최저 매각가격 산출의 기초가 되는 사실 등을 참조해서 적정한 입찰가격을 정하는데 중요한 정보를 얻을 수 있다. 3-4회의 매각기일과 매각결정기일을 일괄하여 지정한 경우에는 매 회의 매각기일의 1주일 전까지 매각물건명세서를 작성하고 비치한다.

(4) 매각 및 매각결정기일의 지정, 공고, 통지

담당 판사의 판단에 따라 기일입찰 방법과 기간 입찰 방법을 정하여 매각기일 등을 지정, 공고, 통지한다.

(가) 매각기일 및 매각결정기일의 지정

법원은 잉여의 가망이 없다는 등의 경매 절차를 취소 사유가 없는 경우에는 직권으로 매각기일을 지정하고, 공고한다. 대개 공고일로부터 14일 이상의 간격으로 최초의 매각기일이 정해지고, 매각기일을 지정함과 동시에 직권으로 매각결정기일을 공고한다. 매각결정기일은 대개 매각기일로부터 7일 후로 정하게 된다. 매각결정기일은 매각의 허가가 결정하는 날을 말한다.
매각기일과 매각결정기일은 원칙적으로 입찰 시마다 해야 하나, 3-4회 정도의 기일을 일괄하여 지정할 수도 있다.

(나) 매각기일의 공고

매각 및 매각결정기일을 지정한 때에는 법원은 이를 공고한다.
매각기일의 공고 되는 내용은 다음과 같다.

① 부동산의 표시
② 강제집행에 의하여 매각한다는 취지와 그 매각 방법
③ 부동산의 점유자, 점유의 권원, 점유 사용할 수 있는 기간, 차임 또는 보증금의 유무와 그 액수
④ 매각의 일시, 장소와 매각을 실시할 집행관의 성명

⑤ 최저 매각가격

⑥ 매각결정의 일시 및 장소

⑦ 집행 기록을 열람할 장소

⑧ 등기부에 기입을 요하지 아니하는 부동산 위에 권리 있는 자의 채권을 신고할 취지

⑨ 이해관계인이 매각기일에 출석할 취지

⑩ 일괄매각의 결정을 한 때에는 그 취지

⑪ 매수인의 자격을 제한한 때에는 그 제한의 내용

⑫ 매각물건명세서, 현황조사보고서 및 평가서의 사본이 매각기일의 1주일 전까지 법원에 비치되어 일반인의 열람에 제공된다는 취지

매각기일의 공고는 공고사항을 기재한 서면을 법원의 게시판에 게시하는 방법으로 하고, 최초의 매각기일에 관한 공고는 그 요지를 신문에 게재하는 외에 속행사건과 함께 인터넷 법원경매정보사이트(www.courtauction.go.kr)에 게재한다.

(다) 매각기일의 통지

법원이 매각기일과 매각결정기일(기일입찰), 입찰기간 및 매각기일(기간입찰)을 지정하면 이를 이해관계인에게 통지한다. 위 통지는 집행기록에 표시된 이해관계인의 주소에 등기 우편으로 발송하며, 이 발송한 때에 송달된 것으로 간주한다.

(라) 매각기일의 변경

지정된 매각기일 및 입찰기간 등은 법원이 필요하다고 인정할 경우에는 변경(연기)할 수 있는데, 신청채권자 또는 채무자가 신청채권자의 동의서를 첨부하여 변제에 관한 협의가 진행 중이라는 등의 사유로 매각기일의 변경(연기)을 신청하는 경우에는 2회 정도(법원이나 경매계에 따라 차이가 있을 수 있음)에 한하여 허용한다.

(5) 매각의 실시

① 기일입찰의 경우 집행관이 집행보조기관으로서 미리 지정된 기일, 장소에서 매각을 실시하여 최고가 매수 신고인 및 차순위 매수 신고인을 정한다.

② 기간입찰의 경우 매각기일에 입찰기간 동안 접수된 입찰봉투를 개봉하여 최고가 매수 신고인과 차순위 매수 신고인을 정하기만 할 뿐 직접 입찰을 실시하지는 않는다.

(가) 기일입찰

① 매각 장소

매각기일은 법원 안에서 진행하게 되며 입찰표를 기재할 수 있도록 설비를 갖추고 있다. 매각장소에는 매수희망자들이 자유롭게 사용할 수 있도록 입찰표와 입찰봉투가 비치되어 있다. 입찰봉투는 매수보증금을 넣는 흰 색의 작은 봉투와 그 보증금 봉투 및 입찰표를 함께 넣는 누런 색 큰 봉투가 있는데, 입찰을 하려면 두 가지 봉투가 모두 필요하다. 집행관은 매각사건 목록을 작성하여 매각기일에 매각장소 중 누구나 쉽게 볼 수 있는 곳에 매각물건명세서와 함께 비치 또는 게시한다.

② 입찰의 개시

입찰 절차는 집행관이 주재하며 입찰 개시에 앞서 집행 기록을 입찰자에게 열람하게 하며, 특별 매각 조건이 있으면 이를 고지하고, 고지가 끝나면 입찰표의 제출을 최고하고 입찰 마감 시각과 개찰 시각을 고지함으로써 입찰이 시작된다. 매수 신청을 하려면 권리 능력과 행위 능력이 있어야 한다. 따라서 미성년자 등 행위능력이 없는 사람은 법정대리인에 의해서만 입찰에 참가할 수 있다.

③ 입찰표의 기재

입찰표에는 ①사건번호, ②입찰자의 성명과 주소, ③부동산의 표시, ④입찰가격, ⑤대리인에 의하여 입찰하는 경우에는 대리인의 성명과 주소를 기재하고, ⑥그밖의 매수신청보증금액도 기재한다. 입찰가격은 일정한 금액으로 표시하여야 하며, 다른 입찰가격에 대한 비율로 표시하지 못한다. 입찰을 하려는 사람은 입찰표와 매수 신청보증봉투를 다시 큰 입찰 봉투에 넣어 스테이플러로 찍어 봉하고 봉투의 지정된 위치에 날인하면 된다.

④ 입찰표 및 입찰보증금의 제출

(a) 입찰표의 제출

입찰표는 매각기일에 집행관에게 제출하여야 한다. 실제로는 입찰 봉투에 넣어 입찰함에 투입함으로써 집행관에게 제출하는 것으로 되며 한 번 제출한 입찰표는 취소, 변경 또는 교환할 수 없음에 유의해야 한다. 이는 담합의 우려가 있을 뿐 만 아니라 불공정한 결과가 초래될 수 있기 때문이다.

(b) 매수신청보증금의 제출

입찰보증금은 특별 매각 조건으로 달리 정함이 없는 한(재매각의 경우에는 입찰보증금을 입찰가격의 2/10 혹은 3/10으로 하는 특별 매각 조건을 정함이 보통임) 최저 매각가격의

10%로 한다. 입찰 봉투에 입찰보증금과 함께 넣어 집행관에게 제출한다. 수표로 한 장을 발행받아 준비하는 것이 일반적인데, 경매보증보험증권으로 제출하여도 된다.

⑤ 입찰의 종결

(a) 입찰의 마감 및 개찰

입찰을 마감하면 지체 없이 입찰표의 개봉, 즉 개찰을 실시한다. 개찰할 때에는 입찰자가 출석하여야 하며, 입찰자가 출석하지 아니한 때에는 집행관은 법원사무관 등 상당하다고 인정하는 자를 대신 참여하게 한다.

(b) 최고가 매수신고인의 결정

개찰결과 최고의 가격으로 응찰하고 소정의 매수신청보증금을 제출한 자를 최고가 매수인으로 결정한다. 최고가 매수인이 2인 이상일 경우에는 그들만 추가입찰을 실시한다. 추가입찰을 실시했는데 또다시 같다면 추점을 통해서 최고가 매수인을 결정하게 된다. 추가입찰은 입찰자는 종전의 입찰 가격에 미달하는 가격으로는 입찰할 수 없다. 종전에 미달한 가격으로 입찰한 경우에는 입찰하지 아니한 것으로 본다.

(c) 차순위 매수 신고인의 결정

차순위 매수 신고인은 최고가 매수인이 대금 지급 의무를 이행하지 아니하는 경우에는 자기의 입찰에 대하여 낙찰을 허가하여 달라는 신고를 할 수 있는데 차순위 매수 신고는 그 신고액이 최저 입찰가격 이상이고 또 최고가 입찰가에서 그 매수신청보증금을 공제한 금액을 초과한 경우에만 가능하다. 재매각 등을 할 경우 행정력을 낭비할 수 있기 때문에 이 제도를 두고 있다. 차순위 입찰 신고를 한 자가 2인 이상인 때에는 입찰가격이 높은 사람을 차순위 매수 신고인으로 정하고, 입찰가격이 같을 때에는 추점에 의하여 차순위 매수 신고인을 정한다. 신고가 없으면 정하지 않을 수도 있다.

(d) 매각기일의 종결 고지

최고가 매수인과 차순위 매수 신고인이 결정되면 집행관은 그들의 이름과 가격을 부르고, 입찰절차의 종결을 고지한다. 입찰자가 없으면 입찰불능으로 처리하고 종결을 고한다.

(e) 매수신청보증금의 반환

집행관은 매각기일의 종결을 고지한 후에 최고가 매수인과 차순위 매수 신고인 이외의 입찰자에게 그들이 제출한 매수신청보증금을 즉시 반환한다. 매수신청보증으로 경매보증보험증권을 제출한 경우에는 그 증권을 사용한 것으로 보기 때문에 반환에 의미가 없으나 반환 요청시는 반환을 해준다.

(f) 동시매각의 원칙

같은 매각기일에 매각을 진행할 사건이 2건 이상이거나 목적 부동산이 2개 이상인 경우에는 법원이 따로 정하지 아니한 한 각 부동산에 대한 매각을 동시에 실시하는 것을 원칙으로 하는데, 이는 동시에 진행할 경우 담합의 방지 및 자유로운 응찰을 보장하기 위해서이다.

(나) 기간입찰

① 입찰기간 및 매각기일

입찰기간은 1주 이상 1월 이하의 범위 안에서 정하고, 매각(개찰)기일은 입찰기간이 끝난 후 1주 안의 날로 지정된다.

② 입찰표의 기재

기간입찰 방법은 경매계 및 집행관 사무실에 비치된 입찰표를 작성하고 법원의 법원보관금 계좌에 매수신청보증금을 납부한 후 발급받은 법원보관금영수필통지서를 입금증명서에 첨부하여 입찰 봉투에 넣어 해당법원의 집행관사무실에 직접 제출하거나 또는 등기우편으로 제출하는 방법, 보증보험회사로 부터 발급받은 경매보증보험증권을 입찰표와 함께 입찰 봉투에 넣어 제출하는 방법이 있다.

입찰 봉투에는 매각기일만을 기재하고 사건번호는 기재하지 않는데, 이는 입찰 정보 누설 방지를 위한 조치이다.

※ 기일입찰표 및 기간입찰표의 구별을 위하여 기일입찰표는 흰색, 기간입찰표는 연두색 용지로 구별하여 비치하고 있다.

③ 매수 신청의 보증

기간입찰의 매수신청보증방법은 법원에 개설된 예금계좌에 매수신청보증금을 입금하거나, 보증료를 납부하고 발급받은 경매보증금보험증권의 제출로 가능하며 기일입찰과 마찬가지로 달리 정함이 없는 경우에는 최저 매각가격의 1/10이다. 아울러 기간입찰봉투가 입찰함에 투여가 되면 매수신청보증의 변경 및 취소는 불허된다.

④ 입찰의 마감 및 개찰

집행관은 입찰기간 내에 제출된 입찰봉투를 매각(개찰)기일에 경매법정에 옮긴 후 입찰
참여자 앞에서 개함하여 최고가 매수 신고인 등을 정하며 차순위 매수 신고인의 결정 등
기타 절차는 기일입찰과 같이 진행된다. 기간입찰의 경우 매각기일에 법정에서 입찰할 수
없음을 유의해야 한다.

⑤ 매수신청보증금의 반환

법원보관금 계좌에 납부한 매수신청보증금은 최고가 매수 신고인 및 차순위 매수 신고인
을 제외한 입찰자들에게 모든 매각기일이 종결되면 입찰자의 예금환급 계좌에 입금하여
반환되며, 매수신청보증에 경매보증보험증권을 제출한 경우에는 기간입찰과 같이 처리하
면 된다.

▰/////// 김세무사의 똑소리

[입찰표 작성 시 주의사항]

법원에서 실수는 용인되지 않는다. 입찰 당일에는 입찰자가 많은 관계로 혼잡하고, 본인도 긴장된 마음 때문에
입찰표를 잘못 기재한 경우가 가끔 발생한다.

예를 들면 다음과 같다.
- 입찰가가 100,000,000인데, 0을 하나 더 붙여 1,000,000,000으로 기재한 경우
- 물건번호가 있는 사건인 경우 물건번호가 빠진 경우
- 대리입찰 시 입찰 봉투에 위임장이나 인감증명을 깜빡하고 동봉하지 않는 경우
- 입찰보증금을 부족하게 넣는 경우

가급적 경매 법정에 자주 참석하여 현장 경험을 익혀서 법정에서 '일희일비' 하지 않고, 침착하게 의사 결정하도
록 하는 것이 중요하며, 원칙과 소신을 지키는 투자 마인드가 매우 중요하다고 하겠다. 경매의 고수가 되기 위해서
는 사람들과 격(간격)을 두어야 한다. 이를 줄여서 '경고사격'이라고 한다.

(6) 매각 결정 절차

입찰이 종결된 후 법원은 매각결정기일에 이해관계인의 의견을 청취한 뒤 매각허부를 결
정하게 된다. 매각허부의 결정에 이해관계인은 즉시 항고할 수 있다.

(가) 매각결정기일 및 매각허부 결정

법원은 매각기일의 종료 후 미리 정한 매각결정기일을 열어 이행관계인의 진술을 듣고,
직권으로 법이 정한 이의사유가 있는지 조사한 다음 매각허가결정 또는 매각불허가결정을
선고한다.

(나) 매각허부에 대한 즉시항고

채권자와 채무자외 이해관계인이 매각허가 또는 불허가의 결정에 의하여 불이익을 받을 경우에는 즉시 항고할 수 있고, 항고장은 제출 했으나, 그 이유를 제출하지 아니한 경우에는 항고장을 제출한 날로부터 10일 이내에 항고 이유서를 제출해야 한다. 또 매각허가의 이유가 없거나 허가결정에 기재한 이외의 조건으로 허가할 것임을 주장하는 매수인 또는 매각허가를 주장하는 매수인도 즉시 항고할 수 있다.

즉시항고는 원결정을 고지한 날로부터 1주일 내에 제기하여야 한다.

채무자와 소유자가 매각허가결정에 대하여 즉시항고를 할 때에는 보증으로 매각대금의 10분의 1에 해당하는 현금 또는 유가증권을 공탁해야 하는데, 보증의 제공이 없으면 원심법원(집행법원)은 항고장을 접수한 날로부터 7일 이내에 결정으로 이를 각하하게 되며, 원심법원은 이후의 절차를 진행할 수 있다.

채무자나 소유자의 즉시항고가 기각된 때에는 항고인은 보증으로 제공한 금전이나 유가증권의 반환을 청구하지 못하고, 이는 배당 재원에 편입이 되어 배당의 대상이 된다.

(7) 매각대금의 납부

매각허가결정이 확정되었을 때에는 법원은 대금지급기일을 정하여 낙찰자에게 낙찰대금의 납부를 명한다. 매각허가결정이 확정되면 법원은 대금지급기한을 지정하므로, 정해진 기한 내에 언제든지 대금을 납부할 수 있다. 꼭 받아야 물건이라면 대금 납부를 미룰 이유가 없다.

(가) 대금지급(납부) 기한

법원은 매각허가 결정이 확정되면 지체 없이 직권으로 대금지급기한을 지정하게 되며, 낙찰자는 대금지급기한 안에 언제든지 매각대금을 납부 할 수 있다.

(나) 대금 납부의 절차

대금은 지정된 기한 내에 법원에서 발급하는 납부명령서와 함께 은행에 납부해야 하며, 납부할 금액은 매각대금에서 매수신청보증금 제공한 금액을 뺀 금액으로 한다.

다만, 매수인은 배당표의 실시에 관계되는 채권자들이 승낙하면 매각대금의 한도에서 매각대금의 납부에 대신하여 채무를 인수할 수 있다. 또한 배당받을 채권자가 동시에 매수인인 경우에는 매수인은 자기가 수령할 배당액과 매각대금을 배당액에서 상계할 수 있다. 매각대금액이 배당액보다 클 경우에는 상계한 잔액을 현금으로 납부하면 된다. 채무인수 또는 상계를 위해서는 미리 (채권자가 매수인인 경우에는 매각결정기일이 끝날 때까지) 법원에 신고서를 제출해야 한다.

(다) 대금 납부의 효과

매수인은 매각대금을 완납한 때에 경매의 목적인 권리를 확정적으로 취득하게 된다. 이때 차순위 매수 신고인은 매수의 책임을 면하고 즉시 매수신청보증금을 반환받는다.

(라) 대금 불납부에 따른 법원의 조치

① 차순위 매수 신고인에 대한 매각허가결정

차순위 매수 신고인을 정하여 놓은 경우에 매수인이 대금지급기일에 대금납부 의무를 이행하지 아니할 때에는 차순위 매수 신고인에 대한 매각허가 결정 여부를 결정하게 된다. 차순위 매수 신고인에 대하여 매각허가 결정이 내려진 때에는 종전 매수인도 매수보증금의 반환을 청구하지 못하며, 위 보증금은 배당 재원에 편입된다. 또한 최고가 매수인이 매수보증금으로 보증보험증권을 제출한 후 매각대금을 대금납부하지 않으면 법원은 경매보증보험증권을 발급한 보증보험회사에 보증금 납부를 최고한 다음 납부된 보증금을 배당재원에 편입시킨다.

② 재매각

재매각은 법원이 정한 대금지급기한까지 매수인이 매각대금을 모두 완납하지 않는 경우에 법원이 직권으로 다시 실시하는 매각을 말한다.

매수인이 매각대금을 완납하지 않는 경우 차순위 매수 신고인이 있는 때에는 매각 결정기일을 다시 지정하여 차순위 매수 신고인에 대하여 매각허가 결정을 하고 대금지급기한을 지정하게 되며, 새로이 정해진 대금지급기한에도 대금납부를 하지 않으면 재매각을 하게 된다.

전매수인이 최고가 매수인으로 호창 받았던 매각기일에 정해진 최저 매각가격과 기타 매각조건이 재매각 절차에도 그대로 적용되어 최저 매각가격을 저감하지 않는다. 재매각기일에서의 절차는 모두 일반의 매각기일에서의 절차와 마찬가지로 실시하며, 전매수인은 입찰에 참여하지 못한다.

다만, 매수인(최고가매수인과 차순위매수인 둘 중에 하나)이 재매각기일의 3일 전까지 매각대금 연 2할의 자연이자와 재매각 절차의 비용을 납부한 때에는 재매각 절차를 취소하게 된다.

(8) 배당절차

매수인이 매각대금을 완납하면 법원은 배당기일을 정하여 이해관계인과 배당을 요구한 채권자에게 통지하여 배당을 하게 된다.

(가) 채권계산서의 제출

각 채권자는 배당요구 종기까지 법원에 그 채권의 원금, 이자, 비용, 기타 부대채권의 계산서를 제출하여야 한다. 채권자가 계산서를 제출하지 아니한 경우에는 배당요구서 기타 기록에 첨부된 증빙서류에 의하여 채권액을 계산한다. 계산서를 제출하지 아니한 채권자는 배당요구 종기 후에 채권액을 보충할 수 없다.

다만 이자채권자의 경우에는 배당요구 종기 전에 제출된 계산서에 이자채권이 기재되어 있으면 배당요구 종기 이후 추가로 배당기일까지의 이자를 계산해 오면 그 부분 이자를 배당받을 수 있다.

(나) 배당표의 작성 및 확정

집행법원은 미리 작성한 배당표 원안을 배당기일에 출석한 이해관계인과 배당요구 채권자에게 열람시켜 그들의 의견을 듣고, 또 즉시 조사할 수 있는 증거서류를 조사한 다음, 이에 기하여 배당표 원안에 추가, 정정할 것이 있으면 추가, 정정하여 배당표를 완성, 확정하게 된다. 이로써 배당 절차까지 마무리된다.

(9) 소유권이전등기 등의 촉탁, 부동산 인도명령

(가) 소유권이전등기 등의 촉탁

매수인이 대금을 완납하면 부동산의 소유권을 취득하게 된다. 법원은 매수인을 배려하여 매수인이 내야 하는 서류, 예컨대 소유권이전등기, 매수인이 인수하지 아니하는 부동산상의 부담의 말소등기를 등기관에 촉탁하게 된다. 단, 그 등기와 말소에 들어가는 비용은 매수인의 부담으로 하며, 주민등록등본, 등록세영수필통지서 및 영수필확인서, 국민주택채권매입필증 등 첨부서류가 제출되었을 때 집행법원은 비로소 소유권이전등기 등을 촉탁하게 된다.

(나) 부동산 인도명령

매수인이 매각대금 전액을 납부한 후에는 채무자에 대하여 직접 자기에게 매각부동산을 인도하라고 할 수 있으나, 채무자가 임의로 인도하지 아니하는 때에는 대금완납 후 6개월 이내에 집행법원에 대하여 집행관으로 하여금 매각부동산을 강제로 매수인에게 인도케 하는 내용의 인도명령을 신청하여 부동산을 인도받을 수 있다. 이를 '인도명령'이라고 한다. 이는 반드시 대금완납 후 6개월 이내에 해야 하는데, 이 기간이 지나면 '명도소송' 절차에 들어간다.

인도명령의 상대방은 아래와 같다.

① 채무자
② 채무자의 일반승계인
③ 소유자
④ 부동산 점유자(단, 그 점유자가 매수인에게 대항할 수 있는 권원을 가지는 자는 제외됨)

///// 실전 조언

[명도의 달인 되기]

'역지사지(易地思之)'의 입장에서 명도문제를 해결한다면 바로 '타협'에 의한 방법일 것이다. 매수자는 우선 법의 힘을 빌리는 것보다 타협에 의해서 명도 대상 임차인과 협상하는 것이 필요하다. 만약 임차인이 너무나도 격한 반응을 보인다면 강제집행으로 해결하는 수밖에 없다. 가능한 한 합의를 보는 것이 시간과 비용이 적게 소요된다는 것을 명심하자.

[우선 공감하라.]

임차인 입장에서 충분히 공감해주고, 같이 아파해주는 모습으로 감동을 주게 되면 합의에 이르기가 쉽다. 법대로 하자라는 식은 서로 감정만 상할 뿐이므로 마음을 먼저 보이는 것이 측은지심(惻隱之心) 아니겠는가? 이해가 되면 오해가 풀리는 법이고, 이해가 되면 해법이 나타나는 것이다. 마음을 느긋하게 먹고 끊임없이 설득하자. 지치면 지는 것이라고 했다. 우선 매수자 입장에서 최대한 배려해 줄 부분을 생각해서 타협안을 내놓는다면 그 언저리에서 타협이 될 가망성이 높다. 예를 든다면 이사비용을 넉넉하게 챙겨준다든지 하는 것이다.

[응답하라. 응답이 없으면 강제집행으로 가야하지 않겠는가?]

목적물의 점유자가 임차인이든 전세권자이든 간에 너무 무리한 요구를 하면 협상이 이루어지지 않는다. 과유불급(過猶不及)이라고 했다. 지나치면 일을 그르친다는 것을 것이다. 협상이 결렬될 경우에는 강제집행의 방법으로 가야 한다. 강제집행의 방법에는 인도명령과 명도소송이 있다.

▰▰///// 김세무사의 똑소리

[명도소송 시 주의점: 점유이전금지가처분 신청]

점유이전금지가처분이란 만약에 현재 점유자가 소송중이나 직후에 원고 몰래 다른 사람이 들어와 점유하게 되면 소송에서 원고가 승소하여도 새로운 불법점유자를 상대로 다시 명도소송을 제기하여야 하기 때문에 미리 법원에 신청하는 것이다. 즉, 명도 소송 제기 전에 점유자가 현 점유를 바꾸지 못하게 하는 것을 말한다.

1. 점유이전금지가처분 신청

이에 첨부되는 서류는 등기부등본, 부동산목록, 건축물대장, 개별공시지가확인원, 소가산정표, 점유자가 점유한 현황도면이 필요하며 소가산정표는 대형서점에 비치되어 있는 건물과세표준액을 참조하여 소가계산서 작성 방법을 보고 작성하면 된다.

점유이전금지가처분 신청 때는 판사가 정하는 공탁금을 걸어야 한다. 공탁금은 보통 감정가의 5%정도이며 통상적으로 보증보험증권으로 공탁하게 된다. 판사의 결정이 떨어지면 집행관에게 신청하여 가처분 결정을 실행하면 된다. 이때 점유자가 집에 없을 경우에는 입회인 2명을 대동하여 가처분의 실행을 하면 된다.

2. 가처분 비용

인지 : 10,000원, 송달료 : 19,140원
담보제공비 : 보증보험증권으로 가능
기타 집행비용 소요
*비용은 다소 차이가 날 수 있다.

[강제 집행 비용]

대략 평당 5-10만 원 정도로 강제집행 대상 평수에 따라 틀리지만 통상 150만 원~250만 원정도 소요된다.

1. 강제집행 접수비

약 40,000원 × 명도접수건

2. 집행관 수수료

집무 2시간 미만 − 15,000원
집무 2시간 초과 − 1시간마다 1,500원 가산

3. 노무자 수

5명 미만 : 2 − 4명
5평 이상 10평 미만 : 5 − 7명
10평 이상 20평 미만 : 8 − 10명
20평 이상 30평 미만 : 11 − 13명
30평 이상 40평 미만 : 14 − 16명
40평 이상 50평 미만 : 17 − 19명
50평 이상 : 매 10평 증가 시 2명 추가

4. 노무임금

노무자 1인당 70,000원
야간집행 − 노무자 1인당 비용 + 20%정도 가산
측량, 목수 등 특수인력 및 포클레인 등 장비 동원은 별도 비용으로 계산
*비용의 차이가 다소 있으므로 적용시에는 법원집행관실에 문의하기 바람

[집행방법]

① 낙찰 대상 부동산에 점유자가 있음에도 불구하고 집행 방해를 목적으로 문을 열어 주지 않거나 부재중이어서 2회 이상 집행 불능이 되면 성인 2인 또는 국가공무원(시·구청, 읍·면·동사무소 직원), 경찰공무원 1인 입회하에 강제집행을 할 수 있다. 이때 반출되는 유체동산에 대해서는 집행관이 목록을 작성하여 채무자 비용으로 채권자에게 보관시킨다.

② 야간, 휴일의 명도

　야간과 휴일에는 법원의 허가가 있을 때에만 집행을 할 수 있으며 허가 명령을 제시하여야 한다.

③ 빈집의 명도

　관리실 등 관리업체를 통해 낙찰 대상 부동산이 공가임이 입증되는 경우에는 강제집행을 할 필요가 없고 관리 또는 경비실에 신고하고 잠금장치를 해제하여 인도하는 방법도 가능하다. 그러나 장기간 방치된 유체동산이 있는 경우에는 국가공무원, 경찰공무원 또는 20세 이상의 관리사무소 직원 등의 입회하에 일정한 곳에 보관하여야 한다.

제 2 장
권리 분석 단계에서 기본 알기

1. 사례 연구

> 강 사장(57세)은 올해 명예퇴직을 했다. 그를 처음 만난 건 몇 년 전이었다. 그동안 그는 경매를 공부하고자 여러 가지 시도를 해보았다고 했다. 그러나 도무지 줄거리가 잡히지 않고 있다는 것이었다. 경매의 기본적인 사항을 듣기는 들었는데 경매 공부의 줄거리가 잡히지 않으니 즐거리(공부를 즐기는 것)가 되지 않는다는 말이었다. 강 사장은 경매 공부를 하며 넘어야 할 산에 대해서 궁금해 하고 있으며, 경매의 꽃이라는 권리분석에 대해서도 궁금해 하고 있다.

2. 조언 방향

경매를 넘어야 할 산에 비유한다면, 4개의 크고 작은 산을 넘어야 한다.

첫 번째의 산은 권리분석이다.

첫 번째 산을 오를 때 권리분석이라는 조그만 난관에 봉착하게 된다. 그러나 이 산은 앞으로의 산행에 중요한 역할을 한다. 이 산을 잘못 오르게 되어 길을 잘못 들면 나머지 산을 오르지 못할 뿐만 아니라 심한 상처를 입고 중도에 포기해야 하는 결과를 초래하게 된다.

권리분석은 기본 중의 기본이다. 그런데 요즘은 권리분석을 경매 사이트에서 보조해 주는 경향이 있어 여기에 의지하여 큰 낭패를 보았다는 사람들을 많이 보게 된다. 경매=권리분석이라는 산식은 아무리 강조해도 지나치지 않는다.

이 과정에서는 다소 어려운 용어와의 싸움이 시작되는데 '이 또한 지나가리라'라는 심정으로 작은 산을 한발씩 한발씩 올라가도록 하자. 점적천석(點滴穿石)이라고 했다. 조그만 빗방울이 튼튼한 바위를 뚫는다는 뜻이다. 도전해 보고, 해 보라. 어렵지 않다.

두 번째의 산은 물건분석이다.

물건분석이란 투자 물건에 대한 근본적인 이해를 말한다. 부동산경매는 경매에 앞서서 '부동산'이라는 것을 공부해야 한다는 것이다. 부동산에 대한 공부가 되어 있어야 진정한 전문가로 들어서는 것이다.

물건분석은 나에게 맞는 물건을 선별하는 작업이다. 물건별로 나누면 주택, 상가, 토지로 크게 나눌 수 있고 각 분류별로 특이한 케이스를 접하게 된다. 결국 어디에 투자를 할 것인가를 결정하는 것이다. 많은 경매 물건 중에서 가장 자신 있고, 궁합이 맞는 물건을 고르는 것이다.

초보는 너무 먼 곳에 있는 물건보다는 내 주변부터 살펴보는 것이 좋다. 예를 들면 월세 및 시세를 파악하는 습관, 땅의 모양, 햇빛의 방향, 사람들의 동선, 부동산의 위치, 사람들의 성향, 소득수준, 교육수준, 교통여건, 패션 감각, 행동양식 등 관심을 가지고 주위를 둘러보는 습관을 기르는 것이 중요하다. 이 모든 정보를 모으는 습관이 되어 있으면 물건을 분석하는 산은 어렵지 않게 오를 수 있다. 또 한 번의 희열을 맛보는 순간 또 다른 산을 오를 준비를 하자. 시간이 필요하며, 인내와 노력이 필요한 부분이다. '고진감래(苦盡甘來)'라 했다. 고생 끝에 낙이 온다는 격언을 잊지 마라.

세 번째의 산은 명도분석이다.

권리분석과 물건 분석이 끝나면 실전 입찰에 들어갈 것을 준비해야 하며, 그 과정에서 필수적으로 임차인 및 채무자와 한판 전쟁을 하는 명도분석이라는 산이 나타난다.

이 산은 안개와 구름이 잔뜩 끼어 있는 산이다. 그러나 안개와 구름은 자연적으로 걷히도록 하는 것이 가장 좋다. 즉, 임차인과 채무자와 원활한 협상을 보는 것이 명도분석의 핵심이다. 밀당 전략(밀고 당기는 전략)은 연인사이에만 쓰이는 전략이 아니다. 매수한 부동산을 차지하기 위해서 어떻게 하면 좋을까를 끊임없이 연구해야 한다. 문제는 이 명도분석에는 정답이 없다는 것이다. 왜냐하면 임차인과 채무자는 코너에 몰려 있어 백인백색 모두 격렬한 반응을 보인다. 격렬한 반응을 보이는 그들을 처세술로 감동을 주지 않으면 쉽게 안개와 구름을 걷어 낼 수 없다. 이를 '감감전략' 라고 이름 붙이고 싶다. 즉, 감동시키고 감탄시키는 전략을 말한다. 쉬운 일은 아니다. 그러나 어려운 일도 아님을 기억하자.

마지막 산은 수익분석이다.

경매 강의 중에 꼭 잊지 않고 하는 질문이 있다. '경매를 왜 하세요?'라는 질문이다. 대부분 답은 아래와 같이 압축된다.

– 사는 집을 싼값에 구입하려고요.
– 돈 왕창 벌기 위해서,
– 재테크에 도움을 받기 위해서,
– 생활비에 보태려고,
– 은퇴 준비 및 노후준비를 하려고……등등

결국 모두 경매를 통해서 안정된 수익을 얻고 싶은 마음으로 귀결이 된다. 큰 부자가 되는 것이 아니라, 안정된 수익을 얻고자 하는 것이다. 물론, 마음속에는 부자에 대한 갈망이 있을 수 있다.

수익에 대한 분석을 게을리 하고는 경매를 통해서 '수익'을 얻기 보다는 '수심(愁心)'을 얻을 수밖에 없다. 걱정으로 점철되는 것이다.

철저한 수익 분석을 통해서 접근하지 않으면 안 된다. 마지막 산이지만, 어떻게 보면 출발점인 산이 된다. 수익을 얻기 위해서 이때까지 돌부리, 진흙길, 개울과 오르막, 내리막, 바윗돌, 안개와 구름을 헤치고 왔으니 마지막 산을 처음처럼 오르는 마음이 중요한 것이다.

수익률을 정해 놓으면 응찰가액을 정할 수 있고, 응찰가액을 정하면 권리분석과 물건분석을 손쉽게 할 수 있다는 것을 기억하자. 즉, 마지막 산인 수익분석은 맨 처음에 고려해야 하는 산임을 아울러 기억하자. 이를 '시종일관(始終一貫)'이라고 말하고 싶다. 처음과 끝이 같게 하라는 뜻이다.

[땅 짚고 헤엄치기 좋은 경매 물건 고르기]

첫째, 채무자가 직접 살고 있다면 안전한 물건이다. 임차인의 명도 부담을 덜 수 있어서 비교적 안전한 물건이라고 할 수 있다. 점유자나 임차인이 채무자와 친인척관계인 경우가 문제가 되는데 이 경우 친인척관계가 입증이 되면 의외로 앓던 이가 빠지는 느낌을 맛볼 수 있는 훌륭한 케이스가 된다.

둘째, 인수되는 임차인이 많다면 안전한 물건이다. 인수되는 금액만큼 자기 자금이 적게 들어 갈 것이고, 명도 문제도 거의 없다고 보아야 한다. 이런 물건은 아주 유쾌한 물건에 속한다.

셋째, 임차인이 많아도 배당요구로 일정부분 보증금을 받아가는 임차인이 많은 경우이다. 최우선변제 소액임차인이 대부분이라면 배당과 명도는 모두 매수인 손에 달려 있다.
배당을 받으려면 매수인에게 '명도확인서'와 '인감증명서'를 받아 법원에 제출해야 배당금이 나오기 때문인데, 이럴 경우에는 세입자에게 짐을 미리 싸놓고 이사 나갈 때 집 열쇠를 받고, 명도확인서 등을 써 주면 손쉽게 명도할 수 있다.

넷째, 1금융권 은행에 담보 물건이 경매에 나온 경우이다. 1금융권 은행은 여러 가지 변수를 다 고려해서 돈을 융통해 주었을 것이고, 기본적으로 임차인 문제가 복잡할 여지가 상대적으로 매우 적다. 인수할 권리가 거의 없는 안전할 물건일 가능성이 매우 높다.

다섯째, 선순위 임차인이 강제경매를 통해서 본인의 전세금을 받기 위해 경매 물건으로 넣은 경우이다. 이 경우에는 보통 선순위 임차인은 본인의 전세금을 전액 배당받고 집을 명도해 주어야 한다. 명도비용이 전혀 들지 않는다는 장점이 있다. 이 경우 너무 낮은 금액으로 매각이 되면, 나머지 금액을 인수해야 하는 어려움이 따를 수 있으나 이런 물건은 명도의 어려움이 없어서 접근해 볼만하다.

여섯째, 미분양이 되었거나 집이 비어있는 경우에는 바로 권리를 가지고 올 수 있어서 이런 물건은 접근해 볼만하다. 특히, 미분양이 된 부동산은 아주 금상첨화의 물건이다. 바로 무혈 입성 가능한 물건이다. 전쟁에서 진정한 승리는 피를 흘리지 않고 이기는 전쟁이라고들 하는데, 경매에서는 이런 경우를 두고 하는 말이다.

3. 심화학습

1) 권리분석이란?

당신 앞에 여러 종류의 알이 있다. 달걀, 메추리알, 타조알, 샥스핀 등이 있다. 이를 고르는 것이 물건분석이다. 만약 달걀을 골랐다면, 그 껍질을 깨야 하는데 그 껍질에 해당하는 부분이 권리분석이다. 흰자와 노른자를 얻기 위해서 어미 닭과 사투를 벌여야 한다. 이것이 명도분석이다. 흰자와 노른자는 우리가 경매를 통해서 얻는 결과의 산물인 수익성 분석이 되는 것이다. 껍질을 깨는 절차인 권리분석에 대해서 알아보자.

권리분석이란, 부동산상의 각종 권리 중에서 경매로 인해서 소멸되는 권리와 인수되는 권리를 가려내는 절차라고 할 수 있다.

2) 권리분석의 핵심은 바로 말소기준권리를 찾는 것이다.

군대에서도 줄을 세우기 위해서 제일 먼저 '기준'을 잡지 않던가? 권리의 순서에도 기준을 잡아야 하므로 소멸과 인수되는 권리를 구분할 수 있는 기준점이 필요하다. 이를 '말소기준권리'라고 한다. 즉, 말소기준권리를 기준으로 시간의 순서대로 일렬로 세운 다음 말소기준권리보다 먼저 성립된 권리는 인수되는 권리로 뒤에 성립된 권리는 소멸하는 권리가 된다.

말소기준권리의 종류는 다음과 같다.

① (근)저당권
② (가)압류
③ 담보가등기
④ 강제경매기입등기일(경매개시결정등기)

'저압담강'이라고 외우면 기억하기 쉽다.

4가지 말소기준권리 중에서 제일 먼저 성립된 권리가 말소기준권리가 된다. 예외적으로 전세권이 말소기준권리가 되는 경우도 있다.

3) 소멸주의와 인수주의는 무엇인가?

매수인의 낙찰로 인하여 소멸되는 되는 권리와 매수인에게 인수되는 권리를 말한다.

(1) 소멸주의(소제주의)

매수인이 부담하지 아니한 등기상의 권리는 모두 말소되는 것을 말한다.
소제주의에 해당하는 권리는 매각으로 인하여 모두 소멸되므로 말소 촉탁의 대상이 된다.

소멸되는 권리	소제되는 유형
① 근저당권, 저당권	그 순위에 따라 우선 배당을 받게 되며, 순위에 관계없이 경락에 의해서 모두 말소된다.
② 가압류, 압류6)	가압류는 원칙적으로 모두 말소된다. 가압류권자에 대한 배당은 공탁이 되며, 가압류권자는 채무자를 상대로 본안소송을 제기하여 승소한 판결문과 확정증명원을 첨부하여 배당금을 수령할 수 있다.
③ 강제경매기입등기일	말소기준권리이지만 매수인의 낙찰로 소멸된다.
④ 담보가등기	
⑤ 말소기준권리보다 앞선 선순위 전세권자이나 배당요구를 신청하였을 경우7)	선순위 전세권자가 배당을 요구할 경우 배당을 받고 그 권리가 소멸된다.
⑥ 말소기준권리보다 후순위 용익물건 (전세권, 지상권, 지역권)	후순위 용익물건은 모두 말소된다.
⑦ 말소기준권리보다 후순위 권리 (가처분, 가등기)	후순위 가등기, 가처분은 모두 말소된다. 말소기준권리보다 나중에 설정되었지만 인수되는 가처분도 있다.(예 : 토지소유자의 건물철거 및 토지인도청구권을 보전하기 위한 가처분)

(2) 인수주의

매각으로 인하여 소멸되지 않고 매수인이 인수하는 권리를 말하는데, 본 매각 부동산을 낙찰 받고자 할 경우 매수가격을 결정할 경우 이 금액을 감안하여 응찰하여야 한다. 말소기준권리보다 선순위 권리들은 매각부동산이 매각되더라도 매수인이 인수하게 되므로 매각부동산의 매각대금에서 배당받는 것이 아니라 매수인이 직접 책임을 이행해야 한다.

---

6) 가압류의 경우 저당권과 마찬가지로 낙찰과 동시에 원칙적으로 말소되는 것이 원칙이나, 최선순위 가압류가 있는 경우에는 경락된 후에도 말소되지 않아 매수인이 인수하는 경우도 있다.

> 가압류 → 소유권이전 → 다른 채권으로 경매진행 → 배당 없음 → 가압류 소멸 안 됨 → 매수자가 인수

가압류는 종전 소유자 상태에서 설정된 것이고, 소유권이 이전된 상태에서 다른 근저당 등으로 경매가 진행되면, 가압류권자는 새로 소유권이전한 사람의 물건에 대해 진행된 경매에서 배당자격이 없다. 결국 이 경우 가압류는 소멸하지 않게 되어 매수자가 인수하게 된다.
물론 종전 소유자 상태에서 설정된 가압류일지라도 그 가압류권자가 경매를 신청하였다면 이 역시 소멸된다. 가압류권자는 채권을 회수하기 위해 경매를 신청하였으므로 배당 받아야 하고, 모든 금액이 회수되었느냐에 관계없이 소멸되는 것이다.

7) 일정한 범위의 전세권은 말소되는 권리가 된다.
- 기한의 약정이 없거나
- 경매개시일로부터 잔여기간이 6개월 미만인 경우
- 전세권자가 경매 신청한 경우

인수되는 권리	인수 권리 유형
① 예고등기 (현재는 가처분의 효력)	말소기준권리의 선·후를 불문하고 무조건 말소되지 않고 등기부등본상에 남아 있게 된다. 예고등기가 있는 경우에는 그 사건번호 등을 확인하여 사건 결과를 확인하고 매수여부를 판단해야 할 것이다.
② 유치권	우선변제적 효력은 없으나 그 효과가 있으므로 매수인은 무조건 인수하게 된다. 유치권 자체가 존재하는지 여부도 등기에 나타나지 않으므로 주의를 요한다. 매수인이 인도나 명도를 받기 위해서는 유치권자의 채권을 변제해야 한다. 즉, 우선변제적 효과가 있는 것이다.
③ 말소기준권리보다 앞선 일자로 설정된 용익물권 (지상권, 지역권, 전세권)	선순위 지상권, 지역권이 있으므로 그 지상부분을 사용하지 못하므로 그 점을 감안하여 응찰해야 한다. 단, 지상권자와 지역권자에게 토지에 대한 사용 대가인 지료를 청구할 수 있다. 단, 선순위 전세권자가 배당을 요구하면 배당받고 말소하게 된다.
④ 말소기준권리보다 앞선 일자로 설정되어 있는 가처분, 소유권이전청구권 가등기(=보전가등기)	선순위 가처분, 가등기가 있는 경우에는 경매가 잘 진행되지 않으나, 진행된다면 가처분과 가등기의 내용을 정확히 파악하는 것이 중요하다. 특히, 선순위 가등기 중에서 보전가등기에 해당이 될 경우에는 소유권이전등기 후에 가등기권자가 본등기를 행하는 경우 매수인은 소유권을 빼앗기게 된다. 선순위 가처분도 보전가등기권자와 같은 경우로 가정하면 되므로 이경우은 입찰을 포기하는 것을 권한다.
⑤ 말소기준권리보다 앞선 일자로 대항력을 갖춘 임차인(선순위 임차인)	대항력을 갖춘 임차인의 보증금은 인수대상이므로 이를 감안하여 매수가격을 정해야 한다.
⑥ 말소기준권리보다 앞선 환매특약등기	환매등기가 말소기준권리보다 선순위에 있는 경우에는 매수인은 환매권자에게 대항할 수 없으므로 환매가 실행되면 소유권을 상실하게 된다. 따라서 환매특약등기가 있는 경우에는 환매등기기간내인가를 반드시 확인한다.

법정지상권이 성립된 경우에도 매수인은 이를 인수해야 하며, 이 경우 법정지상권자를 상대로 지료를 받을 수 있는 권리가 생기므로 이를 적극적으로 사용할 필요가 있다.

(3) 잉여주의

경매를 청구한 자가 매각 부동산이 매각되어 매각대금으로 그 우선 부담과 경매 비용을 제외하고 남을 금액이 있는 경우에 한하여 경매가 허용된다. 이를 '잉여주의'라 한다. 즉, 경매 청구권자가 한 푼도 배당을 못 받을 가망성이 있는 경우 경매절차가 진행이 되지 않는다.

[이런 권리 변동 가능성도 예측하자.]

옛날 우리 조상들은 선비정신을 강조했다. 옛말이 틀린 말이 없듯이 이 정신을 잘 본받아야 한다. 경매에서 선비(先備)정신은 먼저 준비하는 정신을 말한다.

미리 준비해야 하는 권리 변동 변수는 다음과 같다.

<u>첫째가 대위변제 가능성이다.</u>
말소기준권리가 후순위 임차인의 보증금보다 적은 경우에는 임차인이 대신 그 금액을 갚고 선순위로 올라 설 경우 매수인은 꼼짝없이 선순위 임차인의 보증금을 인수해야 하는 처지에 놓이게 된다.

<u>둘째가 경매 취소 가능성이다.</u>
부동산의 가격에 비하여 경매 신청자의 채권이 너무 적은 경우에는 낙찰 후에 매수 잔금 납부일까지 채무자 또는 소유자가 채무를 변제할 가능성이 크고, 변제를 하면 경매가 취소가 된다. 열심히 임장 활동한 것이 하루아침에 '도로아미타불'이 되는 것이다. 아울러 경매 신청자의 채권이 너무 많은 경우에도 경매 신청의 실익이 없을 경우 채권자가 취하할 가능성도 있다. 경매 신청자에게 배당여력이 없는 경우에도 경매가 취소되므로 경매 취소 가능성을 항상 염두해야 한다.

<u>셋째가 법정지상권과 분묘기지권이다.</u>
분묘가 있는 경우에는 묘지가 있으므로 잘못하다가는 그 땅에 내 뼈를 묻을 수도 있을 것이고, 영원이 내 땅이 되는 수도 있으니 주의를 요한다. 아울러 법정지상권의 성립이 될 경우에도 주의를 요한다. 토지소유와 건물의 소유가 경매로 바뀌는 경우인데 사용과 소유에 대한 자유가 제한될 수 있다는 점을 기억하자.

<u>넷째는 공유지분소유자의 우선매수권 실행 가능성이다.</u>
공유자가 있는 부동산인 경우 공유자는 매수인의 매수가액으로 우선매수권을 행사할 수 있다. 이런 경우를 잘 대비해야 한다. 이 경우 임장활동에 들어갔던 시간과 비용에 대한 손해를 감수해야 한다.

(4) 기타 주의할 내용

구 분	내 용
국세체납처분에 대한 압류등기	국세기본법에 의하여 국세, 가산금 또는 체납처분비는 다른 공과금 기타의 채권에 우선하여 징수한다고 규정되어 있다. 국세체납처분에 의한 공매와 민사집행법상의 경매절차는 따로따로 진행될 수 있다.
화의법 및 회사정리법, 파산법상의 등기	담보권 실행을 위한 경매개시결정등기촉탁이 있는 경우와 매각으로 인한 이전등기의 촉탁과 함께 말소를 촉탁한 경우에는 수리가 된다.
신탁등기	신탁재산은 명의신탁과는 달리 수탁자에게 귀속되므로 위탁자의 재산이라고 할 수 없으므로 압류등기는 무효이다. 그러나 신탁 전에 담보물권이 설정되어 있다면 경락이 되면 신탁등기는 말소된다.

4) 권리분석 시 매수인이 주의할 체크리스트

내　용	체크리스트
매각기일을 기준으로 등기부상 어떠한 권리가 있는지를 철저히 조사한다.	
부동산의 현황조사보고서를 세밀히 검토하여 위치, 현상, 사용용도 및 내부구조 등을 파악한다.	
감정평가서를 검토하여 평가시점, 가격변동 유무를 조사하여야 하며, 제시 외 건물이 있으면 그 가액을 평가했는지, 제시 외 건물이 경매 대상에 포함되는지도 확인한다.	
임차목적물의용도, 임대차계약의 내용, 상가건물인 경우에는 임차인전원에 대한 등록사항, 주택인 경우에는 세대주 전원에 대한 주민등록등 · 초본을 확인한다.	
경매목적물에 부속된 건물이 종물인지 부합물인지 조사한다.	
경매부동산 현황과 매각물건 명세서를 잘 비교한다.	
매각물건 명세서를 통하여 부동산점유자의 점유권원, 기간, 차임 또는 보증금, 전입신고일자 또는 사업자등록일자, 확정일자, 배당요구여부 등을 확인한다.	
경매기록을 검토하여 경매부동산에 지출한 필요비, 유익비 등 유치권을 주장하고 담보된 채권의 변제를 주장하는 신청이 없는지를 조사한다. 반드시 현장을 방문하여 유치권신고가 되어 있지 않을지라도 이를 파악하는 최선의 노력을 다한다.	
주택 및 상가건물 임대차보호법상 대항력을 갖춘 임차인, 확정일자, 우선변제대상이 되는 소액임차인을 조사하고 이들이 배당요구를 하였는지도 확인한다.	

5) 등기부등본을 이해해야 한다.

부동산등기부는 토지 및 건물 등기부의 2가지 종류가 있다.
등기부등본의 구성은 표제부, 갑구 및 을구로 되어 있다.

<표제부>

표제부에서는 부동산의 표시와 구조에 관한 사항을 확인할 수 있다.
토지의 경우에는 지번, 지목, 지적을 확인할 수 있고, 건물의 경우에는 지번, 구조, 용도, 면적 등을 확인할 수 있다.

접수 일자, 해당 건물의 소재 지번 및 건물번호, 건물의 내역, 등기원인 및 기타사항이 기록되어있고, 토지분할이나 지목의 변경 또는 건물 구조의 변경이나 증축 등에 의한 면적변경도 표제부에 기재 된다.

아파트 등 집합건물의 경우에는 전체 건물에 대한 표제부와 구분된 개개의 건물에 대한 표제부가 따로 있다.

<갑구>

갑구에는 소유권에 관한 사항을 확인할 수 있다.

현재소유자와 과거의 소유자, 가압류, 가처분, 압류(경매), 가등기, 예고등기 등과 이들 권리의 변경 등기, 말소 및 회복등기가 갑구에 기재가 된다.

경매개시결정등기가 있으면 이미 그 부동산에 경매절차가 진행되고 있음을 의미한다.

처분금지 가처분이 되어있는 경우 그 소송의 원고가 승소판결을 얻는다면 가처분 이후의 모든 등기는 말소될 가능성이 많다.

<을구>

을구에는 소유권 이외의 권리인 저당권, 전세권, 지역권, 지상권 등이 기재된다.

저당권, 근저당권, 전세권, 임차권, 지상권 등은 등기 순위에 따라 효력에 결정적 영향을 받는 권리들이므로 순위번호를 유심히 따져보아야 한다.

근저당의 경우 채권최고액 등이 등기 되므로 이에 대해서 잘 알아보아야 한다.
그 외 지상권. 지역권 등은 그 토지에 대한 이용관계를 목적으로 설정된 권리이며, 전세권. 지상권. 지역권 등은 저당권과는 달리, 부동산의 일부분에도 성립할 수 있으나 동일 부동산의 같은 부분에 중복하여 성립할 수 없음을 유의해야 한다.

을구에 기재된 사항이 전혀 없거나 기재된 사항이 말소되어 현재 효력이 있는 부분이 전혀 없을 때에는 등본발급에 있어서는 을구를 제외한 표제부 및 갑구만으로 구성되어 발급된다.

등기부등본의 구성	
표제부	토지 또는 건물의 표시와 그 변경에 관한 사항을 기재 · 토지 : 소재지, 지번, 지목, 면적 · 건물 : 소재지, 지번, 건평, 층수, 구조, 용도 등
갑 구	소유권에 관한 사항 (변동 및 변경사항, 압류, 가압류, 경매신청, 가등기, 가처분, 환매등기, 예고등기 등의 사항)
을 구	소유권 이외의 권리에 관한 변동 및 변경사항 (지상권, 지역권, 전세권, 저당권, 임차권)

6) 등기권리의 순위를 알아보자.

각 등기는 등기한 순서대로 순위번호를 기재한다. 이 순위번호에 의하여 등기의 우열이 가려지며, 부기등기의 순위는 주등기의 순위에 의한다. 그러나 가등기의 경우 본등기를 하면 그 본등기의 순위는 가등기의 순위에 의한다. 갑구와 을구 사이의 등기순위는 접수 일자와 접수번호에 의하여 그 우열을 가리게 된다.

▰/////// 김세무사의 똑소리

[권리 분석표]

등기여부	구 분	권리종류		전	말소기준권리	후
등기	갑구	(가)압류		말소	– (가)압류 – 담보가등기 – (근)저당권 – 경매개시결정등기 (강제경매기입등기) – 전세권*4 ※ 말소기준권리는 배당 받고 말소되는 권리임	말소
		가처분		인수		말소
		가등기	소유권이전가등기*1	인수		말소
			담보가등기	말소		말소
		경매개시결정등기		말소		말소
		환매등기*2		인수		말소
		예고등기*3		인수		인수
	을구	(근)저당권		말소		말소
		지상권		인수		말소
		지역권		인수		말소
		전세권		인수/말소		말소
		임차권등기명령		인수		말소
미등기		대항력을 갖춘 임차인의 권리*5		인수		말소
		유치권		인수		인수
		법정지상권		인수		인수
		분묘기지권		인수		인수
공법상의 제한 분석					공법상의 제한을 추가로 분석한다.	

제 3 장
물건 분석 단계에서 기본 알기

1. 사례 연구

장성급으로 예편한 오사장(55세)은 지인의 추천으로 부동산 공부에 매진하던 중 군대에서 느낄 수 없었던 만학의 즐거움을 느끼게 되었다. 주변에서 경매 자격증에도 도전하라는 권유에 '이 나이에 무슨……' 이라는 생각으로 흘려들었지만. 부동산 공부를 하다 보니 결국 경매라는 형식을 통해 많은 사람들이 재테크를 하고 있는 것을 알았다. 그래서 최근 경공매사 공부에 도전하기로 했는데, 실전에서 많은 경험이 모자라서인지 물건 분석 단계에서 유독 어려움을 느끼고 있다. 그래서 경매 전문가 김 세무사에게 물건 분석에 관해서 자문을 구하기로 했다.

2. 조언 방향

물건 분석 단계는 두 번째 산인데, 이 산을 넘기 위해서는 많은 관심과 공부가 필요하다. 물론 각 산을 넘기 위해서 모두 필요하지만, 가장 체력 소모가 많은 부분이 물건 분석 단계이다. 몸으로 부딪치는 노동 집약적인 단계가 이 단계이면서, 지식 집약적인 단계가 또한 이 단계이다. 물건 분석은 크게 아파트, 상가, 토지 등에 대해서 각 접근방법을 이해해야 가능하다.

3. 이론 연구 및 심화 학습

1) 물건 분석을 위해서 검토할 서류는?

물건 분석은 각 물건별로 투자 가치가 있는지 확인하는 절차를 통틀어서 분석하는 단계를 말한다. 주거용 물건의 경우 주거 목적과 임대 목적으로 나눠진다. 거주 목적일 경우에는 쾌적성, 교육 여건, 교통 여건 등을 중점적으로 검토해야 하고, 임대 목적일 경우에는 주변 임대 수요현황에 관심을 두어야 한다. 상업용의 경우에는 상권이 제대로 형성이 되었는지를 분석해야 한다. 토지의 경우에는 용도 지역에 따라서 개발 가능성 및 건물의 건축 가능여부를 꼭 확인하는 것이 좋다.

물건 분석에 필요한 입찰 기록에는 매각물건 명세서, 이해관계인 목록, 현황조사서, 감정평가서, 권리자신고서 등이 있으며, 경매기일 7일 전부터 경매 법원 민사신청과에서 열람 가능하다. 요즘은 경매 사이트에서 손쉽게 열람할 수 있다.

(1) 매각물건 명세서

현황조사서, 감정평가서, 등기부등본 등을 바탕으로 매각물건의 대한 자세한 자료를 볼 수 있는 서류로서 경매 사건번호, 부동산소재지, 최저입찰가액, 매각 조건 등의 내용을 이 서류에서 확인할 수 있다.

(2) 현황조사서

채권자가 경매 신청을 하면 법원은 그 요건과 정당성을 판단하여 등기부에 경매개시기입 등기를 하고 집행관에게 경매물건을 조사하여 그 개요를 보고하도록 한다. 현황조사서의 주요 내용은 부동산의 위치 및 현황, 부동산의 구조 및 용도, 부동산의 점유자 현황 등이다. 임대차관계 조서에는 임차인, 임대기간, 임차보증금, 주민등록 전입일자, 확정일자 등이 기재된다.

(3) 감정평가서

감정평가서에는 평가액뿐만 아니라 구조, 시설, 위치, 노후 정도 및 교통 주변 환경에 대한 평가도 포함하고 있다.

이 서류는 평가의견서, 평가표, 평가명세표, 평가요항표, 위치도, 간이도면 등으로 구성되어 있다. 등기부에는 없는 창고 등의 부속물이 경매 대상인지를 여부는 감정평가서의 감정가액에 창고 등 부속건물이 포함되어 있는지를 보면 알 수 있다. 포함되어 있다면 부속건물에 대한 분석을 추가로 할 필요가 없다.

(4) 이해관계인 목록

이해관계가 있는 사람들의 권리 신고를 받아서 작성하는 이해관계인 목록에는 채무자, 소유자(물상보증인), 저당권자, 가등기권리자, 임차인 및 판결을 받은 일반 채권자와 그 채권 잔액이 기재된다. 그러나 이해관계가 있어도 가처분권자, 가압류권자 및 판결문 없이 배당요구를 한 채권자는 법원의 송달 대상이 아니므로 이해관계인 목록에서 제외된다.

(5) 토지이용계획확인원, 토지대장, 건축물 관리대장

토지이용계획확인원에서는 용도지역, 용도지구, 용도구역 등의 용도상의 규제나 거래상의 규제 여부를 알 수 있다. 토지대장에는 지번이나 지목, 면적 및 토지등급을 확인할 수 있으며, 건축물 관리대장에서는 건축물의 구조, 용도, 면적, 준공일자 등을 확인해야 하며, 대장과 등기부의 내용을 비교하여 미등기된 부분은 없는지도 확인하여야 한다.

2) 현장답사를 통한 물건 분석 요령을 알아보자

현장답사의 첫 번째 단계는 관공서에 가는 것이다. 입수한 각종 서류들의 변경 사항이 있는지를 다시 한 번 확인하기 위해 관공서 서류를 조사해야 하기 때문이다.
서류조사를 마치면 경매 대상 물건의 직접 확인을 하게 된다. 확인이 끝나면 인근 부동산 중개업소를 방문하여 시세 및 시황을 확인한다.

(1) 관공서 방문하기

관공서를 통해서 각종 공부상 서류를 발급받으면서 대상 물건에 대한 민원사항까지 확인할 수 있다. 예를 들자면 불법 건축물 여부 등을 말한다. 특히 농지에 입찰할 경우에는 농지취득자격증명을 발급 받는 데 문제가 없는지도 확인한다.

기관별 발급 받을 수 있는 서류와 방문 시 추가로 해야 할 일을 확인해 보자.

관공서	서류발급[8]	추가해야 할 일
관할 등기소	· 토지 및 건물의 등기부등본	· 대지지분 검토
법원	· 감정평가서 · 임대차현황조사서 · 매각물건명세서	· 경매 물건에 대한 전반적인 서류 검토 · 경매기일에 관한 날짜 확인
시, 군, 구청	· 토지, 건축물대장 · 토지이용계획확인원 · 지적도, 임야도 · 개별주택가격, 개별공지지가, 공동주택가격 확인서	· 농지의 취득 자격 증명 발급 가능 여부 · 토지의 경우 개발 여력 조사 · 건축 허가 절차 · 나대지의 경우 접도 가능성 여부 · 인구의 유입 규모 · 교통의 여건 및 교육의 여건 · 주민의 나이, 성별, 직업, 소득수준, 주거의 형태 등을 파악
동사무소	· 전입자 현황서류	· 임차인의 전입 여부 및 전입일자 체크

서류를 모두 발급 받았다면, 일단 법원에서 발급 받은 서류와 관련 공부상 나타나는 서류의 현황이 일치하는지를 꼼꼼하게 검토하기 바란다.

(2) 경매 대상 물건의 확인을 위한 답사

물건지에 방문 답사를 꼭 해야 한다. 실제 방문을 해서 주위 여건을 보는 것과 보지 않는 것은 천지차이다. '백문(百聞)이 불여일견(不如一見)'인 것이고, '백견(百見)이 불여일행(不如一行)'인 것이다. 직접 보고, 직접 확인하고, 직접 꼼꼼하게 챙기는 것이 투자의 철칙이며 나의 재산을 지키는 것이다. 그러나 답사하는 방법을 모르는 경우에는 백행(百行)이 무익(無益)할 수도 있음을 기억하자.

확인할 사항은 다음과 같다.

---

8) 서류 발급은 인터넷으로 거의 발급받을 수 있으나, 굳이 관공서를 방문하는 이유는 서류 이외의 다른 전반적인 조사 사항을 검토하기 위해서다.

구 분	내 용
물건 현장 확인	발급 받은 서류와 실제 물건 현장이 일치하는지를 먼저 파악한다. 건물의 모양, 위치, 방향 등을 파악한다.
점유자 확인	법원에 기록된 점유자(임차인)외의 별도 임차인이 있는지, 실제 점유여부도 파악한다. 임차인의 답변만 믿을 것이 아니라 우편함이나 전기 수도 검침계 등을 확인하거나, 통반장집이나 인근 슈퍼마켓, 세탁소등에 들러 그 점유자의 신원 파악 및 성향에 대해서 물을 수 있다. 아울러 아파트인 경우에는 경비실의 경비원 및 관리소장을 대상으로 현 점유자의 현황을 넌지시 물을 수 있다. 점유자의 성향은 나중에 명도 분석을 할 때 아주 좋은 정보가 되기 때문에 꼭 물어보아야 한다.
물건 상태 확인	현재의 점유자(임차인)가 동의할 경우 내부 구조를 꼼꼼히 살펴보아야 하고, 건물의 관리 상태도 유심히 관찰해 놓는다. 이는 매수 후 인테리어비용 등을 감안한 수익률 계산 시 아주 좋은 정보가 되기 때문이다. 또한, 디벨로퍼를 할 건지 리모델링을 할 것인지에 대한 의사결정을 하는데 도움이 된다. 용기를 조금 내서 직접 부딪혀 보면 의외로 임차인들이 순순히 보여 주는 경우도 많다. 혹시, 연립이나 아파트의 경우에는 윗집이나 아랫집에 구조를 파악해 두면 어느 정도 유사한 효과를 얻을 수 있다. 단독이나 상가 같은 경우는 외관을 보고 외장재도 신경을 써서 보는 것이 좋다. 조적조나 타일이 있는 건물 외벽일 경우 리모델링을 통해서 건물의 가치를 증가시킬 수 있다.
물건 주변 확인	물건 주변의 생활 여건을 전반적으로 돌아보면서 투자 가치가 있을 것이지를 파악해 본다. 물건 상태나 물건 주변은 적어도 '333법칙'을 활용하여 확인하여야 한다. 첫 번째 3은 3번 이상을 물건지에 가보라는 것이다. 두 번째 3은 3일 이상에 간격을 두고 가보라는 것이다. 세 번째 3은 아침, 점심, 저녁에 가보라는 것이다. 부동산의 모습은 여러 번 볼수록 감회가 새로우며, 그 투자가치를 정확하게 예측할 수 있다. – 주변 교통 상황(지하철, 버스 정류장, 마을버스 정류장, 역세권) – 주변 학군 상황(초중고 학교 현황, 대학교 주변 여부) – 상권 상황 – 주거 형태 현황 – 관공서 현황 – 대형 마트 등 편의시설 현황 – 물건지 주변의 도심 발달 현황 – 회사 및 공장 밀집, 유흥 밀집 지역 여부 파악 – 인구 이동 현황

[실전 Tip]

[점유자 간접 확인 방법은 없을까?]

의외로 점유자가 폐문 부재인 경우가 많은데, 이때는 어떻게 해야 점유자를 알 수 있을까? 사실 이 경우 점유자가 올 때까지 무작정 기다릴 수밖에 없다. 이때 편법이기는 하지만 좋은 수가 하나 있다. 점유자들은 간식거리를 이따금 주문한다. 통닭이나 피자, 중국 음식 같은 것을 많이 주문하는데, 배달원에게 살짝 부탁해서 전화번호를 얻거나 아니면 직접 배달원으로 가장하는 수고를 감수할 수 있다면 의외로 좋은 성과를 얻을 수 있다.
아울러 점유자의 차를 안다면 그 차 안에 연락처가 있을 것이므로 그 연락처로 점유 확인을 간접적으로 할 수도 있다.

(3) 인근 부동산 중개업소 방문하기

내 주변 지역이 아닌 이상 그 지역의 현황을 가장 잘 아는 곳은 인근 부동산 중개업소이다. 중개업소를 공략하면 시세 및 시황, 임대료, 보증금 현황, 거래 현황, 경쟁자 현황을 어느 정도 파악할 수 있다. 일반 물건을 물어보면서 경매 물건을 파악할 수 있으나, 대부분 인근 부동산 중개업소도 그 경매 물건에 많은 관심을 가지고 있으므로 차라리 경매를 받기 위해서 방문한 것이라고 떳떳이 밝히는 것이 더 좋은 전략이다. 아울러 나중에 임대를 놓는 경우나 매도할 경우 전속으로 하겠다는 약속을 하게 되면 많은 정보를 얻을 수 있다.

중개업소는 3군데 이상 들러서 각각의 시각을 들어보는 것이 좋다. 요즘 전화기에는 녹음 기능이 있으므로 녹음을 해서 나중에 재생하여 들으면 미처 듣지 못했던 소중한 정보도 얻을 수 있다. 스마트폰의 보급이 증가하는 추세이므로 이 모든 정보를 즉시 검색하여 확인할 수 있다. 전문적인 어플을 통해서도 손쉽게 정보에 접근할 수 있다.

■■////// 김세무사의 똑소리

[스마트 폰 경매 어플(앱)은 어떤 것이 있을까?]
스마트 폰 어플(앱) 중에 '부동산경매'란 앱이 있는데 이를 참고로 스마트 폰에 장착하여 여러 가지 작업을 진행하기 바란다.

[경매를 통해서 자녀 교육을 시키는 방법 제언]
유태인들은 어려서부터 경제 교육을 철저히 받는다. 현재 우리 자녀들은 진학 위주에 공부에 빠져 있다. 경매를 통해서 자녀 경제 교육을 할 수 있는 방법을 제시해 본다.

첫째, 경매 법정의 방문을 자녀와 함께 가라.
경매 법정이 열리는 경우 자녀들과 함께 가기를 권한다. 이는 자신의 자산을 잘 관리 못할 경우에는 이렇게 남에게 강제로 넘겨주어야 하는 처지가 될 수 있음을 교육할 수 있다. 아울러 어떤 사람은 남이 실패한 부동산으로 기회를 만들어 내는 광경을 목격하게 한다.

둘째, 외식은 물건 분석을 위한 임장지의 맛집으로 한다.
기왕 외식을 하려고 한다면 임장지 근처의 맛집으로 한다. 금강산도 식후경이다. 임장활동도 식후경이다. 자녀들과 임장지로 가면서 많은 대화를 나눌 수 있고, 외식도 하고, 처음에는 도움이 별로 되지 않지만 한두 번 이렇게 습관을 들이면 점점 자녀들도 부동산에 대한 눈을 서서히 뜨게 된다.

셋째, 자녀들과 같이 운동을 하면서 주변 부동산을 공부하는 기회를 많이 가지기를 권한다.
주말의 경우 운동을 공원이나 가까운 산으로 정하는 경우를 볼 수 있는데, 이를 내 주변의 부동산을 탐험하는 것과 접목시키면 아주 좋은 시너지를 낼 수 있다. 건물의 형태, 건물의 구조, 건물의 층수와 높이, 건물의 재질, 주차장 모양, 도로의 너비와 폭, 토지의 모양 등 탐험할 대상이 너무 많다. 같이 운동하면서 자녀들의 의견도 들어보고 같이 생각하는 시간을 가진다면 이보다 좋은 경제 교육이 어디 있겠는가.

넷째, 아울러 앞에서 본 LTE급 증여로 미리 자금을 마련해주어 자녀들이 본인의 물건을 선택할 수 있도록 도움을 주는 것도 권한다. 본인의 투자 물건이므로 더 열정을 가지고 임할 것이다. 경매는 투기가 아니라 투자임을 다시 한 번 생각해 보자.

3) 경매 응찰 전의 필수 물건 분석 점검 체크 리스트

구 분	내 용	체크리스트
현장답사	정보지, 대법원사이트의 현황과 비교 확인하고 투자 적격 여부를 판단한다.	
점유자/임차인조사	동사무소에 해당 임차인달의 주민등록여부 및 전입일자를 파악한다.	
시세파악	법원감정가를 토대로 부동산 중개업소를 들러 시세를 파악한다.	
채무자나 소유자의 변제 능력 파악	채무자나 소유자의 변제 능력 및 동태를 파악한다.	
등기부상 권리 파악	가등기, 가처분, 예고등기, 토지별도등기의 유무를 파악하고, 소멸되지 않는 권리를 파악한다.	
자금계획	매수가액 이외의 명도비용, 소유권이전비용, 세금, 컨설팅수수료 등 자금계획을 철저히 세운다.	
입찰 현장 분위기	매수가액을 미리 정하여 소신 있게 금액을 적는다.	
입찰장에서 실수 최소화	입찰서류 기재, 보증금, 대리인 응찰시의 필요서류를 정확히 숙지하고 경매에 응한다.	
입주 시기	명도 기간을 예측하여 입주 시기를 넉넉히 잡아 놓는다.	
미납관리비 파악	미납관리비를 미리 파악해 놓는다.	

4) 종목별 물건 분석 툴

(1) 아파트

(가) 분양평수와 전용면적을 확인했는가?

기본적으로 아파트 및 연립 주택은 분양평수 및 전용면적을 확인하는 것이 우선이다. 등기부등본에 전용면적이 표시되어 있으므로 확인이 어렵지 않다. 실수요 목적이라면 공유면적이 많은 것보다 전용면적이 많은 것을 권한다. 요즘은 베란다 확장이 유행처럼 번지고 있어서 토지 면적은 좁은데 전용면적은 넓혀야 하기 때문에 이런 현상이 일어나는 것이다. 베란다 확장을 하면 결로 현상이나 곰팡이가 낄 염려가 있으며, 겨울에 춥고 여름에 덥다는 단점이 있다.

(나) 아파트나 연립 등 공동주택의 등기부등본에 '대지권'이 있는지 검토했는가?

특수 물건으로 분류되는 '대지권 없음' 또는 '토지등기별도 있음'이 있는 아파트 및 연립주택 매물이 있는데, 주로 신규 입주 아파트 토지 등기가 늦게 나서 벌어지는 행정상의 문제가 대부분이다.

이 경우 지주와 시공사와의 갈등으로 인하여 토지 정리가 지연이 되거나, 시공사(시행사)가 토지를 담보로 잡히고 사업진행 중 채무를 변제하지 않아서 토지 별도등기 상태로 넘어오는 경우는 조심을 해야 한다. 왜냐하면 토지의 주인과 건물의 주인 사이에 법정 소송(지상권 분쟁)이 일어나 토지를 별도로 구입해야 하는 손실이 발생할 수 있기 때문이다. 반드시 물건 분석 시 그 내역을 관공서에서 확인하거나 현재 거주인을 대상으로 파악을 해 놓는 것이 좋다.

(다) 아파트의 방향과 평형별, 모양별, 층수별 시세 차이가 발생하는가?

동일 단지 내에도 방향과 층수가 차이가 나면 시세 차이가 발생하게 된다. 아울러 조망권에 대한 열망이 강해져서 중층 이상의 고위층을 선호하는 경향이 매우 강하다. 시세 차이가 발생할 경우에는 그 이유를 중개업소를 통해서 반드시 확인하도록 하자. 평형별 평당가액 및 모양별 가액들도 같이 수집하여 의사결정에 자료로 사용해야 한다.

(라) 전 주인이나 임차인의 관리비 연체 내역을 파악하였는가?

채무자나 임차인이 미납한 관리비는 경매 물건에 등재되지 않는 한 매수인이 인수할 법적 근거는 없다. 명도 협상이 관리비 협상 카드로 쓰이는 방법도 좋다. 대부분 실제 현장에서는 관리사무소 또는 입주자협의회 등과의 관계에서 매수인이 책임을 지는 경우가 많다. 이 경우 물건 분석 과정에서 현재 관리비가 얼마이며, 이중에서 공용과 전용부분의 관리비가 얼마인지 파악을 해 놓는다. 실제 매수가 이루어질 경우에 관리비가 더 늘어나 있을 가능성이 큰데, 매수자가 책임을 지는 범위는 공용부분의 관리비 연체금액이 될 것이다.

(마) 아파트가 재건축 대상인지 파악하였는가?

특히, 오래된 아파트에 입찰하는 경우 재건축 호재가 있는지도 살펴보아야 한다. 주변의 플래카드나 안내문, 아파트내 공고문을 통해서 재건축 진행단계가 어디쯤 와 있는지도 파악하는 것이 중요하다. 재건축 대상 아파트가 지정되어 있을 경우라도 사업이 진행되지 않을 경우 지정이 취소될 수 있음을 충분히 검토해야 한다.

만약, 관리사무소에서 입주민의 평균 나이를 알 수 있다면, 연세가 많으신 분들이 입주민으로 많이 계신다면 이는 재건축이 될 가망성이 낮다고 보면 된다. 대부분 이런 심리가 많이 작용한다. '이 나이에 무슨 부귀영화를 누리겠다고……', '그거 귀찮기만 하지 뭐……', '이사하기 힘들어 그냥 살자……'

(바) 세대수, 주변 상권 및 교통여건, 교육 여건 등을 파악하였는가?

주력 세대수가 몇 평인지를 파악하는 것도 아주 중요하다. 주력 평수에 투자해야 향후 자본이득(시세 차익)을 얻을 수 있음은 '삼척동자'도 다 아는 사실이다.

■▬///// 김세무사의 똑소리

[경매의 삼척동자가 되자.]
삼척동자는 원래의 뜻은 아시겠지만, 우스갯소리로 세 가지 척을 하는 사람들을 일컫는다.
첫째, 잘난 척
둘째, 있는 척
셋째, 아는 척

세 가지를 '잘있아' 척이라고 한다. 경매에서는 다른 '척'이 필요하다.

첫째, 못난 척
둘째, 없는 척
셋째, 모르는 척

못난 척을 해야 하므로 부지런히 경매 공부에 매진해야 한다. 기본부터 하나하나 다시 챙겨서 전략을 수립한다. 없는 척을 해야 하므로 한 번 더 물건에 대한 고민을 하라는 뜻이다. 끊임없이 부를 갈망해야 한다는 것이다. 모르는 척을 해야 하므로 무식한 방법으로 물건을 파악하고, 무식한 방법으로 명도에 접근해야 하고, 무식한 방법으로 투자해야 한다.

이는 '스티브 잡스'가 말한 전략과 상통한다.

첫째, 못난 척은 Stay foolish 전략이다.
둘째, 없는 척은 Stay hungry 전략이다.
마지막, 모르는 척은 Don't settle 전략이다.

(2) 연립/다세대/다중주택

(가) 주변 상권 및 교통편, 교육 여건, 생활환경 등을 파악하였는가?

연립 등도 주변의 상권과 교통편, 교육 여건, 생활환경 등을 파악하는 것이 무엇보다 중요하다. 규모가 작은 연립 등이 많은 곳은 가격이 천차만별인데 이는 외부 환경에 영향을 많이 받기 때문이다.

(나) 주차 공간 및 난방 시설 등 생활 시설을 파악하였는가?

임대 목적 혹은 실수요 목적이든 주택은 생활 시설이 좋아야 한다. 특히, 주차 공간 등 편의시설에 대한 부분을 잘 파악해 두어야 한다.

(다) 프라이버시는 잘 지켜지는가?

인근의 단독주택 및 다른 연립건물 거주자에게 프라이버시가 노출될 경우에는 집으로서 역할을 다하기가 어렵다. 특히, 고급 빌라의 경우에는 사생활이 잘 보호되어 있어야 좋은 가격을 받을 수 있다.

(라) 향후 투여할 추가 지출이 얼마나 들 것인가?

낙후된 연립 등을 저렴하게 매입한 후 모양을 좋게 만들어 다시 가치를 창출하는 것이 디벨로퍼 정신이다. 근본적으로 경매를 통해서 물건을 구입할 경우에는 이 비용을 항상 의사결정 과정 안에 넣고 있어야 한다. 유지보수 비용을 체크하기 위해서는 건물 내부를 반드시 답사하여 비용을 예측한 후 투자하는 것이 성공을 보장한다.

(마) 대지 지분을 검토하였는가?

아울러 연립 주택의 지분을 구입하여 재개발 호재까지 본다면 대지 지분의 면적이 많은 것에 관심을 가져야 한다. 재개발 시 권리가액을 산정할 때 대지 지분의 면적을 기준으로 하는 경우가 많기 때문이다.

(3) 공장

(가) 업종별 현황과 업종별 인가 조건, 배후 단지, 지원 시설을 파악하였는가?

권리 분석에는 문제가 없었음에도 공장에 대한 사업 면허가 나오지 않아서 곤욕을 치르는 경우를 종종 본다. 민원의 소지도 꼭 파악을 해야 한다. 공장을 증설할 경우 전력량, 출입로 등에 대한 확보를 미리 검토해야 한다. 배후 단지에 대한 업종별 현황을 미리 파악하고 입찰해야 하며, 지원 시설도 충분히 갖춰져 있는지도 확인하는 것이 좋다. 아울러 교통 여건을 필수적으로 보아야 한다. 특히, 물류비가 과도하게 나오는 경우에는 투자 의사결정에서 배제하기도 한다.

(나) 내부 공장 시설의 파손 정도 및 폐기 여부를 파악하였는가?

공장 내부에는 기계장치, 공장 시설, 구축물 등이 있기 마련이다. 물건 분석 시에 이 내부 시설이 감정평가서에 같이 평가되어 있는지를 확인한다. 내부 시설에 대해서 현장 검증을 통해서 파악한 가치는 후에 중요한 변수가 된다. 아울러 폐기물이 많이 발생할 경우 그 폐기처분 비용도 만만치 않으므로 그 비용을 검토하기 바란다.

또한, 한 가지 더 체크하도록 하자.

현재 환경은 민감한 이슈다. 공장 바닥이 콘크리트라면 모르겠지만, 흙인 경우에는 살짝 파보는 것도 좋다. 부지가 오염이 많이 되어 있을 경우 매매, 임대가 잘 되지 않을 수 있다.

(다) 예기치 않은 임차인은 없는가?

공장의 내부를 쪼개서 소사장제 형식으로 운용하는 곳이 많은데, 예기치 않은 임차인이 있는지를 임장활동을 할 때 꼭 확인해야 한다. 또한, 공장 건물이지만 기숙사로 사용하는 경우에는 숨어있는 임차인 혹은 점유자가 있는지도 파악하자.

한편, 노조가 있는 경우에는 노조의 반발이 심할 수 있어서 명도의 어려움이 있을 수 있다.

(라) 매수 후 수리비용을 파악하였는가?

주택보다는 공장은 진부화가 많이 일어나 있는 것이 특징인데, 내부를 꼭 확인하고 파손되거나 누수 되는 곳 등을 꼼꼼히 살펴보는 것이 중요하다. 관계자를 만날 경우 매수 의사가 충분히 있음을 알려주고 최대한 배려하겠다는 의사를 전달하면 의외로 좋은 성과를 기대할 수 있다. 아울러 기계장치는 수리해서 사용할 수 있다면 수리비용이 어느 정도 나올지도 고려해 보아야 한다. 인터넷에서 중고 기계장치 사이트를 방문하면 현 내용연수별 기계장치 가격을 알 수 있다. 기계장치는 대부분 생산연도가 표시되어 있으므로 이를 보고 판단하기 바란다.

(4) 상가/빌딩

(가) 상권 분석과 고객 흡입력 분석을 하였는가?

상권이 발달한 역세권 내의 경매 물건도 인기를 얻지 못하는 경우가 있다. 건물 내에서도 점포 위치에 따라 고객 흡입력으로 인하여 가격에서 큰 차이를 보이는 경향이 있다. 같은 층이라도 출입구의 점포와 막다른 위치의 점포는 분양가에서 많은 차이가 나며, 유망업종도 다를 수밖에 없다. 물건 분석 단계에서 명도까지 생각하고, 그 후 임대를 어떻게 맞출 것인가에 대한 전략을 수립해 놓아야 한다. 상가의 가격은 임대 들어오는 업종에 따라 혹은 임대료에 따라서 좌우되기 때문이다.

[상권의 분석에 기본적인 원칙을 알아보자.]

첫째, 퇴근로 주변의 상권이 번성한다.
출근로 보다는 퇴근로 주변의 상권이 많이 번성해 있다.

둘째, 지하철 바로 입구에 위치한 상가나 빌딩은 상권이 약할 수 있다.
연동효과 때문에 인구가 머물러 있지 않고 대부분은 이동이 빨라서 그런 상권은 발전이 많이 늦춰진다.

셋째, 내리막 시작점이 상가 번성이 많다.
물은 높은 곳에서 낮은 곳으로 흐르듯 상권도 지대가 높은 곳에서 낮은 곳으로 이동하는데, 그 낮은 곳이 시작되는
지점이 상권이 가장 많이 번성한다.

넷째, 주 퇴근로 오른쪽 블록이 더 발전한다.
사람들은 무의식중에 오른쪽으로 방향을 트는 경우가 많다. 오른손잡이가 많은 원리와 같다. 따라서 주 퇴근로의
오른쪽에 위치한 상권이 왼쪽에 위치한 상권보다 더 발전한다.

(나) 인테리어 시설 및 내부 시설에 대한 고려를 같이 하였는가?

임차인 또는 종전소유자가 설치해 놓은 내부시설이 감정평가에서 제외되는 경우가 있는데
이 때문에 매수 후 이 시설의 처리 문제로 어려움을 호소하는 경우가 많다. 아울러 이 인
테리어 시설 및 내부 시설에 대하여 필요비 및 유익비를 주장한다면 유치권의 문제도 발
생할 수 있음을 기억해야 한다. 이런 시설은 원활하게 협의하여 적당한 선에서 인수하는
전략도 나쁘지 않다.

(다) 임차인들이 집단행동을 할 가능성을 파악하였는가?

상가 연합회가 조직되고, 운영되는 경우에는 집단행동을 할 여지가 많다. 임장 활동 시에
그 건물의 식당이 있는 경우 주동자를 만나 미리 작업을 해 놓으면 실타래를 잘 풀 수
있는 여지가 높아진다. 이런 집단행동을 하면 명도 기간이 오래 걸려서 금융비용과 명도
비용이 늘어나게 된다. 아울러, 죽은 상가라는 오명을 얻게 되면 나중에 임차인을 구하기
도 어렵다.

(라) 법정지상권 · 유치권 등 인수해야 할 권리가 있는가?

빌딩의 경우 건축할 때 금융기관에서 대출을 받아 근저당과 함께 지상권을 같이 설정해
놓는 경우가 있다. 이럴 경우에는 선순위 근저당과 같은 날짜에 지상권이 설정되었더라도
근저당보다 등기번호가 늦으면 소멸된다. 반대로 근저당보다 등기번호가 빠르면 인수해야
한다. 또한 건물의 완공 즈음에 경매로 물건이 나왔다면 건설업자와 유치권이 성립될 여

지가 높으므로 이를 주의 깊게 살펴보아야 한다. 건물 등기가 나지 않은 빌딩일 경우 감정평가액에서 제외되어 법정지상권이 성립되거나 철거 소송 또는 매도청구 소송이 필요할 수도 있으므로 주의를 요한다.

(5) 농지/임야/나대지 등

(가) 토지이용계획 확인원의 용도지역 등을 확인하였는가?

토지의 운명은 태어날 때부터 정해져 있다고 보면 되는데, 그 운명을 알 수 있는 서류가 토지이용계획 확인원이다. 용도지역을 유심히 살펴 볼 필요가 있다. 향후 개발 가능성을 고려해 본다면 용도구역이 좋은 곳을 골라야 할 것이다. 특히, 임야의 경우에는 관리지역에 있는 경우가 많은데 계획 관리 지역 안에 있는 땅을 골라야 한다. 아울러 2종 지구단위 계획이 잡혀져 있는 토지나 시가화예정구역으로 지정된 곳은 향후 발전 가능성이 좋은 곳들이다. 이런 운명을 파악하는 것이 좋다. 아울러, 토지 용도지역에 따라서 건폐율과 용적률이 정해지므로 이에 대한 검토가 필요하다.

(나) 토지에 접해있는 도로가 어느 방향에 있는지를 파악하였는가?

보통 거주목적에 건물을 지을 경우는 도로가 남쪽에 위치해 있는 것이 좋다. 남쪽에 위치해 있을 경우에는 일조권 문제, 도로사선 문제, 가각 등의 문제가 생겨 원하는 건폐율과 용적율을 얻을 수 없는 단점이 있으나, 방향이 남향으로 되어 있어서 햇빛과 통풍이 잘 되는 장점이 있어서 거주 목적의 집에는 유리하다.

만약 투자 목적일 경우에 건물을 지을 경우에는 도로가 북쪽에 위치하는 것이 좋다. 일조권 문제 등에 대한 문제가 거의 없어서 건물의 위쪽 부분이 꺾이지 않고 똑바른 반상형 모양이 된다. 그만큼 건물의 면적을 더 확보할 수 있어 보증금과 월세 수요가 많은 곳은 이런 곳에 입지를 고르는 것이 좋을 것이다. 특히, 임장활동을 가보면 북쪽 도로를 끼고 있는 집들은 주택건설 사업자가 사업을 하는 곳이 많음을 알 수 있다.

아울러 도로에 접해져 있지 않는 땅이 있는데 이를 '맹지'라고 한다. 맹지라고 해서 모두 좋지 않은 땅이라고 생각하시면 평택 위에 오산이다. 맹지를 벗어날 수만 있다면 비교적 높은 수익을 얻을 수 있다. 예를 들자면, 접도 가능성이 있다거나 다른 사람의 토지를 사용 승락(영속적으로 사용 허락을 받으면 좋음)을 받거나 도로에 접한 땅과 일부 교환을 하여 도로를 만들어 내는 방법이 있다. 아울러 구거를 복개나 다리를 만들어 도로와 접하게 만드는 전략도 쓰인다. 이런 절차로 맹지에서 벗어나면 심봉사가 눈을 뜨듯 그 토지의 미래가 밝아지게 된다. 즉, 눈먼 땅인 맹지가 눈 뜬 땅이 되는 셈이다.

(다) 전용 허가 또는 형질 변경이 가능한지 파악하였는가?

토지의 운명이 태어날 때부터 정해져 있다곤 하나, 노력에 의해서 운명을 바꿀 수 있듯이 운명을 거스르는 것이 전용허가 및 형질 변경이다. 이런 변경 노력으로 전/답이 대지로 변경되면 땅값이 급속히 상승하고, 임야의 경우에도 대지로 변경이 되면 땅값이 상승하는 효과를 볼 수 있다.

그러나 모두 전용허가 또는 형질 변경이 가능한 것 아니다. 토지이용계획 확인원 상에 준 농림지로 되어 있지 않는 농지와 임야는 전용허가와 형질변경이 되지 않음에 유의를 해야 한다. 또한, 군사시설보호구역, 공원용지, 풍치지구, 미관지구 등은 건물의 신축 제한이 있는지를 검토해 보아야 한다. 농지취득자격증명원의 필요성 여부도 확인해야 한다.

(라) 감정가와 시세 차이를 파악하였는가?

토지는 감정가와 시세가 상당한 괴리를 보이는 경우가 많다. 실제 눈으로 확인을 필히 해야 하며, 발품을 꼭 팔아야 하는 상품이다. 시세를 정확히 파악하기 위해서 중개업소를 들러 많은 정보를 얻어내기 바란다.

(마) 각종 분쟁의 여지는 없는지 파악하였는가?

임야의 경우 필지의 경계선이 모호하면 실측하여 정당한 토지의 범위를 찾는 것이 법적 분쟁을 줄일 수 있는 길이다. 나중에 건물을 지을 때도 경계선을 명확히 해야 건폐율에 손해를 보지 않게 된다.

(바) 법정지상권, 분묘기지권, 유치권을 확인했는가?

지방토지의 경우 건물만이 아니라 수목의 소유권여부, 분묘기지권이 있는지 확인해야 낭패를 보지 않는다. 이를 현장에서 꼭 파악해야 한다. 토지에 대해서도 유치권이 형성되는 경우가 있다. 예를 들어 현장 답사를 갔는데 땅을 움푹 파진 흔적이 많을 경우에는 토목 공사 전·후에 경매로 넘어 온 것이므로 점유가 되어 있는지 확인해서 유치권성립여부를 확인해야 한다. 아울러 주변에 가지런한 나무가 많이 쌓여져 있거나 향긋한 냄새가 진동을 할 경우에는 특수 지역권이 성립될 여지도 있으므로 주의를 해야 한다. 특수 지역권은 버섯 재배, 약초 재배 등을 기를 수 있는 권리를 말한다.

[심화 학습]

[특수지역권(特殊地役權)]

어느 지역의 주민이 집합체 관계로 각자가 다른 사람의 토지에서 초목, 야생물 및 토사의 채취, 방목 등의 수익을 얻을 수 있는 권리를 말한다.
예를 들면 마을사람들이 공동으로 이용하고 경작하는 땅에는 특수지역권이 성립될 수 있다. 특수지역권에 대해서는 지역권에 관한 규정을 준용하며, 민법의 규정과 다른 관습이 있는 경우에는 그 관습을 우선적으로 적용한다(민법 302조).

특수지역권을 통하여 얻는 수익은 그 지역주민이 소유하는 토지에서 얻는 것이 아니라 다른 사람의 토지를 통하여 얻는 것이므로 제한물권에 속한다. 특수지역권은 지역주민이 토지를 점유하지 않고 토지 소유자에게 편익을 제공할 의무를 부담 지운다는 점에서 지역권과 유사하다. 그러나 지역권에서는 편익을 받는 것이 토지임에 반하여 특수지역권에서는 지역주민이 편익을 받으므로 인역권(人役權)의 일종으로 이해되기도 한다.

이 권리는 과거 자연경제시대의 농촌생활에서 부락의 주민이 토지수용권을 공유하던 관계에서 비롯되어 입법화된 것이다. 일정한 지역주민이 집합체로서 물건을 소유하는 경우에는 총유(總有)가 되지만, 특수지역 권에서는 소유권 이외의 권리로서 수익권을 가지므로 준총유(準總有)가 된다. 목적토지의 소유자에게 대가 를 지급해야 하는 경우에는 지역주민이 총유적으로 부담해야 한다.

이 권리의 본질적인 효력은 지역주민 각자가 목적 토지를 공동으로 사용하고 수익을 얻을 수 있다는 점이다. 공동으로 사용하지만 그 사용과 수익의 구체적인 내용은 각자 다를 수도 있다. 특수지역권은 각 지역의 관습에 따라 성립하여 등기상에 나타나지 않는 권리인 경우가 많으므로 토지를 매입하는 경우에 주의해야 할 사항이다. 지역주민 각자의 수익권은 주민의 지위변경에 따라 취득·상실되고, 양도나 상속은 인정되지 않는다. 경매에서는 특수지역권이 잘 나타나지 않으나, 성립이 되면 대부분 그 경매 투자는 실패한 투자가 되기 때문에 주의를 요한다.

(사) 장기 발전 계획을 검토했는가?

토지에 투자할 경우에는 토지의 장기 발전 계획을 꼭 확인해야 한다. 시·군·구청 홍보실 및 민원실을 방문하면 토지의 개발 계획에 대한 상세한 정보를 얻을 수 있다.
임야의 경우에는 토지가 경사도가 25도가 넘는 곳에 위치해 있으면 산지 전용 허가가 나지 않아 일반적으로 개발이 불가하다. 그러므로 낮은 경사도에 있는 임야에 투자하는 것이 안전한 투자 방법이다.

(아) 민원 소지는 없는가?

건축법 등 관련 법률에는 저촉사항이 없으나, 막상 개발이 시작될 경우 주변에 민원의 소지가 발생할 수 있다. 특히 여름에 공사를 할 경우에는 토사 유출의 위험에 항상 신경을 써야 쓸데없는 지출을 줄일 수 있다. 주변에 있는 이웃과 친해 놓는 것도 중요한 전략이다.

[부자가 되기 위한 '네치 전략'을 아는가?]

첫째, 훔치고 전략이다.

먼저 부자가 된 이를 그대로 모방만 하여도 그 사람의 경지까지는 이르게 된다. 부자들의 성공 습관을 익히는 것이 중요하다. 이는 창업 성공 전략에서도 만나볼 수 있는 전략이다. 대작가 피카소도 '뛰어난 예술가는 모방하고, 위대한 예술가는 훔친다.'고 했다. 진정한 창조는 무에서 유를 만드는 것이지만, 유에서 새로운 유를 창조해 내는 것은 인간의 창의성이 있기에 가능한 것이다. 문제는 우리는 꼭 실패한 자의 말에 귀를 기울인다는 것이다. 경험 많은 성공자의 말만 듣기로 하자. 경험 많은 성공자의 습관만 따라 하기로 하자. 경험 많은 성공자의 전략만 따라 하기로 하자.

둘째, 합치고 전략이다.

이때까지의 주류가 '분산투자'였다면, 자원이 한정되어 있는 자원을 합쳐서 '집중투자'해야 한다는 전략이다. 선택과 집중의 시기가 온 것이다. 경매에서도 한 투자 상품을 위해서 지식과 지혜, 경험, 전략을 세워 집중해서 투자해야 성공하는 시기가 되었다. 더 이상 오르지 않는 부동산, 미래의 투자 가치가 없는 부동산을 계속 가지고 있을 이유는 없다.

셋째, 펼치고 전략이다.

자금을 합쳤다면, 명의를 모두 펼쳐서 투자하라는 것이다. 각 절세 전략에서도 언급했듯이 명의를 펼치는 것이 절세의 가장 핵심이다.

아울러, 꿈을 펼치는 전략을 뜻하기도 한다. 'Dreams come true!' 꿈을 꾸고, 깨어 있을 때 그 꿈을 향하여 열심히 정진하고, 그 꿈을 이룰 것이라고 자기를 끊임없이 채찍질하는 것만이 부자로 가는 길일 것이다.

넷째, 미치고 전략이다.

내가 현재 하고 있는 일에 진정 미쳐야 한다. 미치는 자가 승리하는 것이다. 일에, 사랑에, 사람에, 가족에, 직장에, 사회에, 국가에, 경매에 미치는 사람이 성공하는 것이다. 성공해서 미치는 것이 아니라 미쳐서 성공하는 것이다. 미쳐도 제대로 미쳐보자는 것이다.

최고의 전문가가 되어 보자. 미치면 최고의 전문가가 될 수 있다. 최고의 전문가(專門家)가 되면 전(錢)문가가 될 수 있다. 즉, 돈이 따라오는 시대가 된 것이다. 경매로 성공하자면 무조건 부동산을 사랑해야 한다.

제 4 장
명도 분석 단계에서 기본 알기

1. 사례 연구

65세의 S사모님은 경매 교육 과정을 모두 끝내고, 용기를 내서 물건에 입찰을 결심했고, 실제로 응찰을 하여 낙찰을 받았다. 매수결정이 나고 잔금을 치른 후 이제 본인이 받은 상가를 명도하기 위해서 방문을 했다. 2층 상가였는데, 상권도 좋아서 임대 이익이 많이 나올 것으로 기대했다. 물건 분석 당시만 해도 영업을 하고 있지 않아서 임차인을 만날 수 없었다. 매각 잔금을 치룬 후 가능하면 합의로 모든 명도를 끝내라는 말을 많이 들어오던 터라 명도를 쉽게 생각했다. 그런데 애석하게도 2층 모두 대항력을 갖추지 못한 상가이면서 최우선변제도 받을 수 없는 그런 상황이었다.

우선 부딪혀 보자고 생각해서 1층 상가를 들어갔다. 업종이 식당과 정육점이 같이 있는 음식점이었는데, 임차인에게 인사를 했다. '안녕하세요? 이 건물을 낙찰 받은 S아무개입니다.' 인사를 건넸는데. 아무 반응이 없었다. 그래서 재차 누구라고 밝혔는데, 조용히 큰 칼로 돼지고기 다리살만 내리치고 있었다. 그 순간 '이렇게 하다가는 죽을 수 있겠구나.'라는 생각이 들어서 작전상 후퇴를 하고, 2층으로 올라갔다. 2층의 업종은 일식집이었다. 똑같이 인사를 했는데, 임차인이 조용히 30㎝ 사시미칼(횟칼)로 생선의 포만 뜨고 있었다. 거기서 몇 마디를 더 하면 본인의 배가 생선처럼 될까 두려워 또 작전상 후퇴를 했다고 한다. 명도가 이렇게 어려울 줄이야. 생명의 위협을 느꼈다고 한다. S사모님은 경매 박사 박 원장을 찾아가서 어떻게 하면 명도를 원활히 할 수 있을지 조언을 구하고 있다.

2. 조언 방향

세 번째의 산이 명도의 단계이다. 권리 분석, 물건 분석, 수익 분석은 주체가 본인 자신과의 싸움인데, 명도는 상대방이 있는 권투 경기와 같다. 내가 때리지 않으면 맞을 수밖에 없는 그런 게임이다. 그렇다고 주구 장창 때리기만 할 수도 없다. 때리기만 했다가는 너무 격렬한 공격이 나오기 때문이다. 극단적인 공격이 나오는 경우도 가끔 목격하게 된다. 어떻게 하면 노련하게 덜 맞으면서 경기를 풀어나갈까?

덜 맞으려면 2가지 전략을 써야 할 것이다. 가까이 붙어 있든지, 아니면 상대의 리치보다 더 멀리 떨어지든지 말이다. 가까이 붙는 전략은 협상을 하는 전략이다. 멀리 떨어지는 전략은 법적인 조치를 취하는 것이다. 물건 분석 즉, 상대방의 공격 성향 및 방어 기법 등에 대해서 미리 정보를 알고 있다면 그 경기를 수월하게 풀어나갈 수 있을 것이다. 이 두 가지 전략을 상황에 맞게 어떻게 구사할지를 고민해야 한다. 정답은 없다. 다만, 정석은 있다. 그 정석은 기본기를 말한다. 기본기를 다져야 언제 어느 때 주먹이 날아오더라도 몸을 피하거나 상대에 대한 공격을 자유자재로 할 수 있다.

3. 이론 연구 및 심화 학습

1) 명도 분석이란?

명도 분석은 매각 잔금을 지급한 후 배당을 받지 못하는 임차인, 채무자 혹은 대항력이 없는 임차인에게서 매수한 부동산을 온전히 매수인의 명의로 옮겨오는 절차를 말한다. 명도 분석의 법적 조치 방법은 인도명령제도와 명도소송으로 압축할 수 있다.

2) 명도를 추진하는 절차

명도를 추진하는 절차는 대개 공식화되어 있다. 공식에 따라서 명도를 진행하되 그때그때 상황에 따라서 탄력 있게 조정하면 된다. 우선 명심할 사항은 명도는 사람과 사람 사이의 관계를 전제로 한다. 즉, 서로의 심리전이 될 가망성이 높다는 것이다. 심리적인 우위를 차지하기 위해서는 열심히 전략과 전술을 익히는 수밖에 없다. 연습을 많이 해도 실전에서는 긴장되는 것이 이 명도의 절차이다.

꼭 고려해야 할 것이 있다. 이는 역지사지(易地思之)의 정신이다. 입장을 바꾸어 놓고 생각하면 명도가 그렇게 어려운 것만은 아니다. 그러나 억지사지처럼 명도 대상자가 억지(抑止)를 부리면 사지(死地)로 몰아넣는 수밖에 없다.

(1) 물건 분석 절차상에서 명도 대책 수립

물건 분석을 할 때 현장에서 임장 활동을 한다. 임장 활동을 할 때는 명도에 대한 대략적인 전략을 수립한다. 임차인 및 채무자의 성향을 파악한다. 이는 주변 슈퍼마켓이나 세탁소 등에서 성향을 간접적으로 들을 수 있다.

■///// 김세무사의 엉뚱 소리

[명도 유형별 난이도 분류]

■ 채무자와 임차인의 난이도 분석(5점 척도: 1급이 가장 어려움, 5급이 가장 낮음)

구 분	배당 상황	난이도	내용
채무자 / 소유자	배당 거의 못 받음	2급	평소에 채무 추심에 대한 사항, 향후 절차에 대해서 많이 들어왔기 때문에 많이 담담한 상태인 경우가 많다. 대부분 경락대금으로 빚잔치를 하는 경우이므로 배당을 받을 경우는 거의 드물다. 소유자는 그동안 시달린 것이 많기 때문에 빨리 털고 나가길 바라는 경우가 많다. 이사비를 두둑하게 받을 경우 빨리 정리하고자 할 것이다. 미련이 있으면 경매로 넘기지도 않았을 것이기 때문이다. 그러나 간혹 가다가 막가파식으로 버티는 채무자도 있는데 이 경우에는 같이 막가파식으로 나가는 것이 좋다. 이미 설득의 단계를 넘어 섰기 때문이다.
임차인	전액배당	5급	임차인이 전액 배당받는 경우에는 무혈입성 할 수 있다. 단, 명도확인서는 꼭 이삿짐을 다 싼 다음 문 열쇠와 교환하는 것을 권해드린다. 이사비는 줄 필요가 전혀 없다. 칼자루는 매수자가 쥐고 있다.
	일부배당	4급	임차인의 보증금의 일부를 배당받아 가기 때문에 이사비를 줄 이유가 없다. 단, 후속 타자를 소개시켜주는 경우에는 사례비정도는 지출하는 것이 좋다. 배당기일 즈음에 명도확인서를 요구한다. 혹시 연락이 없으면 배당금 및 살림살이를 가압류한다고 내용증명을 띄우면 명도가 손쉬워진다.
	무배당	1급	적극적인 명도 협상 대상자이다. 이사비 등 다소 큰 출혈이 있음을 각오하기 바란다. 법보다는 가능한 한 협상을 통해서 원활한 명도를 진행하는 것이 좋다. 그러나 이 임차인은 더 이상 잃을게 없는 경우가 많다. '배수의 진'을 치고 압박을 해올 경우 매수자는 '매수의 진'을 치면 된다. 돈으로 협상을 하는 것이다.

■ 가정형편상 분류

구　분	난이도	내용
문제가 없어 보이는 가정	5급	새벽시간 및 늦은 밤에 방문하여 매수자임을 밝히고 정상적인 이사날짜를 상의하는 방법이 가장 무난하다. 이사비에 대한 협상도 무난히 이루어지는 편이다. 그러나 실제 방문을 하면 평온했던 가정이 들썩하는 경우가 있는데 이 경우에는 법적인 조치를 취할 자세를 준비했다가 이야기에 진전이 없을 경우 바로 조치를 취한다.
한쪽 부모 가정	2급	이혼한 가정이 많이 늘고 있는데, 이런 경우에는 조심스럽게 접근하는 것이 좋다. 왜냐하면 한번 아픔을 당해 본 적이 있어서 보기에는 평온해 보이나 극단적인 행동을 갑자기 보이는 경우가 많다. 특히, 남자혼자 있는 경우에는 거의 집안 꼴이 우습다. 이 경우 최대한 협조하면서 공감하는 쪽으로 명도를 진행하는 것이 좋다. 특히, 술 한 잔 하면서 이야기를 나누면 의외로 마음을 오픈하는 경우가 많다. 여자 혼자 있는 경우에는 명도의 저항이 별로 없는 경우가 많으나, 이 또한 극단적인 행동을 조심하기 바란다. 칼을 들고 나온다거나 휘발유통을 들고 나오는 경우, 경찰에 신고를 해서 곤란에 빠지게 하는 경우가 있으니 신중히 접근하기 바란다. 절대 만만히 대처해서는 안 된다.
조부모 가정	2급	조부모와 손자가 사는 집 혹은 노약자만 사는 집은 임장 활동 때 가능한 한 응찰을 자제하기를 권한다. 우선 마음에 부담이 너무 많이 된다. 그 애절한 눈빛을 느껴보신 분은 다시는 이런 물건에 응찰하지 않는다. 만약, 매수자가 되었다면 집 한 칸이라도 마련해서 살게 하는 비용 정도는 더 생각해야 한다. 이것이 경매에 있어서 '노블리스 오블리제'의 미약한 실천이 아닐까 생각한다.
싱글족	3-4급	싱글족인 경우에는 대화를 통해서 이사비를 약간 보조해 주는 선에서 의사결정을 조속히 진행하는 것이 좋다. 집행을 해보았자 별로 돈 나올 가재도구 같은 것이 없어서 최대한 빨리 마무리하는 것이 좋다.
소년소녀 가장	2급	소년·소녀 가장들이 있는 집은 가능한 한 그들에 미래를 위해서 응찰을 권하지 않는다. 그들에게 희망을 주지는 못할망정 시련을 더 주는 행위는 정신 건강에도 좋지 않다. 만약 모르고 매수를 했다면 읍면동사무소에 소년소녀가장을 지원해주는 프로그램이 있으므로 그곳의 문을 두드려보자. 최대한 안전하게 이사할 수 있도록 허락되는 범위 내에서 신경을 많이 써야 할 것이다. 그들의 눈에서 눈물이 더 이상 나오게 해서는 안 될 것이다.

■////// 김세무사의 엉뚱 소리

■ 주거 형태별 분류

구　분	난이도	내용
고급주택	5급	고급주택에 사는 임차인들은 대부분 소액의 배당을 받아 가는 경우가 많으나, 혹시 배당을 못 받는 경우에도 임차인, 점유자들은 미리 갈 곳을 정해 놓는 경우가 많아서 명도가 비교적 수월하다. 단, 고급주택에 사는 임차인이 법률전문가이면 힘겨운 싸움을 준비해야 하나, 이 경우에 그들의 사무실 주변에 소문을 슬쩍 흘리면 의외로 조기에 게임을 마무리할 수도 있다. 너무 겁먹지는 말자. 이때까지도 잘 해왔으니까.
서민아파트/빌라	1급	갈 곳이 없는 경우가 많으므로 명도에 저항이 크게 나타난다. 격한 반응을 감수해야 한다. 어찌하랴. 실수를 되풀이하지 않기 위해서는 노력하는 수밖에 없다. 이사비와의 한판 승부가 예상이 된다. 평당 몇 만원만 더 불러도 얼른 명도를 해 준다고 나오는 경우가 있지만, 사실은 갈 곳이 없어서 이사비만 챙기고 또 비워주지 않는 경우가 대부분이다. 갈 곳이 없음을 한탄하며 애원하는 것을 어떻게 참고 경청하느냐가 또 다른 내면의 싸움거리다. 이때는 이삿짐을 모두 싣고 열쇠를 모두 넘겨받고 따뜻한 커피 한 잔하면서 원래 제시했던 이사비보다 조금 더 주는 센스를 발휘하면 그들도 한결 마음 편히 이사 갈 수 있을 것이다.
재개발 재건축 대상 주택	1-2급	사업추진단계에 따라서 전략을 달리 해야 하는 경우가 발생하는데 대부분 여러 가지 소송 및 집단행동에 익숙해져 있으므로 겁을 많이 주더라도 상당히 태연한 경우가 많다. 이럴 경우에는 바로 명도 집행을 바로 들어가는 것이 좋다.
농가주택	3급	농가 주택은 별장형과 생계형이 있다. 별장형은 도시에 거주하는 사람들이 구입한 경우를 말하는데, 이들의 별장형 농가주택은 비교적 명도가 쉬우나 점유자와 연락을 취하는 것이 상당히 어렵다는 단점을 극복해야 한다. 생계형 농가주택은 우리가 실제로 보는 시골의 농가 주택을 말하는데, 대부분은 시골 어르신들이 사는 경우가 많다. 대부분 어르신들이 노발대발하는 경우가 많으며, 죽는다고 으름장을 놓는 경우가 많다. 보증금이 많지 않다면 그냥 살게 하시다가 동네 사람들이나 자제분들에게 매수를 권유하면 소기에 투자성과를 이룰 수 있다.

■ 직업별 난이도 분석

직 업	난이도	내용
직장인	5급	직장인인 경우에는 어렵지 않게 명도할 수 있다. 주택의 인도에 응하지 않으면 그 소득원(월급)에다가 부당이득금 청구와 함께 가압류를 하면 보통은 명도를 순순히 해준다. 이사비용은 어느 정도 넉넉히 챙겨주는 것이 좋다. 직장인들은 유리지갑이다. 그래서 국가의 산업역군을 위해서 보조해 주는 것이 애국하는 길이다.
공무원	5급	공무원은 명예를 소중히 한다. 직장에 한·두 번 찾아가서 명도를 공손하게 요구하면 이 또한 어렵지 않게 명도 가능하다. 힘 있는 공무원임을 과시할 경우에는 직장인의 경우와 같이 진행하면 된다. 이 부류도 이사비를 넉넉히 챙겨주는 것이 좋다. 나랏일을 하시는 중요한 분이므로 이 또한 애국하는 길이다.
자영업	2급	보통은 집기에 가압류한다는 내용 증명 1통을 보내고, 내용 증명을 사무실에 입구에 붙여 놓으면 자연스럽게 압박을 가할 수 있다. 그러나 유흥주점의 경우 무례하게 나오면 몇 번 상대해 보다가 진전이 없으면 강제 집행으로 바로 가는 것이 좋다. 괜히 상대할 경우에는 몸에 스크래치가 날 수도 있다.
백수	3-4급	백수는 시간이 아주 많으면서 돈에 대한 열망은 있다. 협상 테이블에 앉을 경우에는 상대방의 요구사항을 먼저 듣는 것이 좋다. 의외로 금액을 적게 부른다면 바로 합의하는 전략을 사용하면 된다. 간혹, 억지를 쓰는 임차인이 있는 경우에는 속전속결보다는 느긋한 시간 안배를 하는 것이 좋다.
해결사로 일하는 분	3급	이 부류를 양아치, 깍두기라는 은어로 부르는데 이들은 할 일들이 많다. 소기에 성과만 달성하면 바로 다른 곳으로 이동하는 경우가 많은데 원하는 사항을 탁 터놓고 말을 하는 것이 협상을 빨리 이끌어내는 좋은 비결이 된다.
유흥업 종사자	4-5급	밤 시간대만 활동을 하는 경우가 많으므로 밤에 일마치고 찾아가서 협상을 빨리 진행하는 것이 좋다. 대부분 원하는 바를 우선 청취하고 협상 의사결정을 빨리 내려주면 된다. 일에 지쳐있는 경우가 많으므로 길게 이야기해봐야 별로 약발이 먹히지 않는다.

명도의 방법은 그때그때 다르다. 최대한 협조하면서 실리를 찾는 방법을 스스로 개발해 내는 수밖에 없다. 때로는 강하게, 때로는 부드럽게, 때로는 떼를 쓰고, 때로는 떼 부림을 받기도 하고, 때로는 당근을, 때로는 채찍을 준비해야 한다. 다만 명도 대상자에게 진심으로 우러나오는 성공을 비는 기도를 열심히 드리는 것을 잊지 말자.

(2) 낙찰 바로 직전과 직후에 각종 서류를 열람하여 명도 리스크 분석

낙찰 전·후 각종 서류를 다시 확인하여 명도의 리스크에 대한 분석을 하고, 향후 전략을 미리 모색해 놓는다. 낙찰 전에는 점유자의 여러 가지 상황에 대해서 정보 수집을 하는데, 이때 여러 가지 약속을 많이 하는 것은 좋지 않다.

(3) 잔금 납부 및 소유권 이전

(4) 점유자와의 첫 협상

잔금 납부 후에 무작정 인도명령을 신청하는 것보다 점유자를 먼저 만나서 협상을 시도하는 것이 좋다. 불필요한 시간 낭비를 줄일 수도 있으니 말이다.

첫 협상에서는 명도과정에서 나타난 여러 가지 상황에 대해서 앞에 말했던 전략을 가지고 다각적인 방법을 미리 준비해 가는 것이 좋다. 첫 협상이 무엇보다 중요하다.

협상과정에서 점유자와의 보이지 않는 기싸움에서 지면 명도 과정에 난항이 예상된다. 법률적으로도 밀리지 않기 위해서 충분히 실력을 무장하는 것이 중요하다. 의외로 점유자들은 자기 물건에 대해서 해박한 지식을 가지고 있는 경우가 많다. 그들보다 더 많은 지식을 가지고 있는 것이 대화를 풀어나가는데 우위를 점할 수 있다. 경매에서 주도적(proactive)이 되라는 말은 이를 두고 하는 말이다.

백 마디 말보다 열 마디 글이 더 효과적일 수 있다. 즉, 달변이 아니면 말로 설득하기가 상당히 어려우므로 '점유자 유의 사항'을 적은 안내 쪽지 등을 하나 만들어서 점유자에게 주면 협상이 매끄럽게 마무리될 수 있다. 첫 협상 시에 이 방법을 권해드린다.

(5) 인도 명령 신청 및 점유이전금지가처분 신청

점유자와의 첫 협상이 원활하지 않을 경우에는 지체 없이 인도 명령 신청을 진행하는 것이 정답이다. 아울러 점유자가 법률 지식이 많이 해박하다면 '점유이전금지가처분 신청'을 같이 진행하는 것이 좋다.

(6) 협상 타결이 될 경우 조치

당사자 간에 협상이 타결될 것을 대비하여 미리 합의각서 및 이행각서 초안을 마련하여 가방에 넣어 두는 것이 좋다. 타결이 되면, 바로 합의 각서나 이행각서를 작성한다. 합의각서가 이행되더라도 명도 확인서는 명도가 완료된 후에 점유자에게 주어야 한다. 명도

확인서는 최후에 쓰는 무기이므로 이를 미리 써서 다 이겨 놓은 전쟁에서 다시 원점으로 돌아가는 우를 범하지 말기 바란다.

(7) 협상 결렬이 될 경우 조치

협상이 결렬될 경우에는 특히 감정싸움이 격해지는데, 이를 조심해야 한다. 점유자와 싸울 이유는 전혀 없다. 명도 과정에서 폭력을 쓰는 경우나 폭언을 하는 경우가 있는데 이는 전혀 도움이 되지 않는다. 경제학자 마샬이 말한 'Cool head, but Warm heart'가 이때 필요한 것이다. 가슴으로 따뜻함을 느끼지만 머리로는 쿨해야 한다는 것이다. 협상은 당연히 결렬될 가능성이 더 높다. 인생사 쉬운 과정이 어디 있겠는가라고 생각하면 편하다. 협상이 결렬되면 다음 절차를 냉철하게 진행해야 한다.

우선 내용증명을 보낸다. 내용은 '주로 적법한 명도를 거부하면 강제집행을 할 것이고, 그에 따른 모든 손해는 점유자가 진다'이다. 인도명령서가 송달이 되고, 내용증명까지 발송되면 분위기는 이때다 싶을 정도로 반전이 된다.

(8) 재협상 타결 및 합의각서 작성

이 정도 법적인 조치를 취하면 점유자도 대부분 협상 테이블에 앉기 마련이다. 첫 협상과는 사뭇 다른 분위기가 된다. 이때는 매수자가 칼자루를 얼른 쥐는 것이 좋다. 합의각서를 빨리 받아 내는 것이 좋다.

(9) 재협상 결렬

재협상이 결렬되면 강제집행을 예고하고(보통 문에다 크게 인쇄하여 붙이고 온다), 점유이전금지가처분을 집행하고, 그 집행문도 문에 붙이고 온다. 이 경우까지 가면 점유자도 보통 항복을 알려온다. '당신 뜻대로 하시오.' 이런 사인을 받으면 다시 합의 각서를 작성하게 하고 속전속결 진행하는 것이 바람직하다. 시간을 끌면 끌수록 손해이기 때문이다.

이 정도까지 진행하였는데도 무반응일 경우에는 최후통첩을 표시한 내용증명을 바로 발송한다.

[최후통첩인 내용증명에 들어가는 내용]

- 명도까지의 들어가는 임차료를 점유자가 책임을 져야 한다는 내용
- 배당금에 대해 가압류하여 그 임차료를 보전한다는 내용
- 강제집행에 따른 비용도 점유자가 책임져야 한다는 내용
- 유체 동산의 보관료도 점유자가 책임을 져야 하며, 유체 동산을 경매 처분하여 그 비용에 충당할 수 있다는 내용
- 재물손괴죄에 관한 내용
- 강제집행면탈죄에 관한 내용

(10) 강제 집행

내용증명을 보냈는데도 불구하고 무반응일 경우에는 강제 집행을 집행한다.

협상이 Reject(반대)되면 Eject(내쫓다)해야 한다.

김세무사의 또 한 소리

[명도의 달인이 진정한 경매 고수다.]

명도는 경매에서 마지막 화룡점정(畵龍點睛)을 찍는 단계이다. 최고의 지점에 결정적인 순간에 한방을 날리는 것이다. 결정적인 한방을 날리기 위해서 쉼 없이 잽을 날려서 간을 보아야 하고, 끝없이 협상장으로 이끌어 내는 작업을 계속하여야 한다. 종합격투기 대회에서 승리하는 패턴에서 많이 볼 수 있는 것처럼 결정적인 한방 후에 폭풍 펀치 러시가 게임의 승리를 좌우 한다. 마찬가지다. 결정적인 한방으로 그로기 상태가 되면 쇠뿔도 단김에 빼듯이 바로 빼버리는 것이다.

혹시 낚시를 해보았다면 물고기를 잡는 과정을 생각하면 쉽게 와 닿을 것이다. 물고기가 걸렸다고 휠을 무작정 세게만 당겨서는 격렬히 저항하는 물고기에 의해서 낚싯줄이 끊어지거나 물고기 입이 찢어지는 경우를 많이 본다. 이때는 낚싯줄을 풀었다가 감았다가 하면서 적절히 물고기의 힘을 뺀 다음 가까이 다가왔을 때 한 번에 뜨개로 떠야 한다. 명도 역시 이와 같은 방법으로 해야 한다. 적절히 힘을 빼서 단번에 휘어잡는 것이다.

3) 명도 화법을 구사하라.

필자가 아는 명도 기술의 달인은 실제 상황에 대한 케이스를 미리 연구하여 화법을 미리 대본으로 만들어 외우고 다닌다. 물건 분석 단계에서 명도 대상자에 대한 정보를 미리 확인해 두어 어떤 전략으로 명도를 할지를 미리 준비해두면 좋다.

- 똑똑-
- 임차인: 누구세요?
- 달인: 네, 안녕하세요? 이번 집을 낙찰 받은 김 아무개라고 합니다.
- 임차인: 그런데요?
- 달인: 인사 좀 여쭈려고 왔습니다.

- 임차인: 난, 댁하고 할 이야기 없수. 돌아가슈.
- 달인: 저는 선생님께 도움을 드리는 이야기를 하고 싶을 뿐입니다. 잠깐 10분만 시간
  을 내어 주시면 어떨까요?
- 임차인: 당신이 무슨 죄겠소. 한번 들어나 봅시다.
- 달인: 제 명함입니다. (명함을 건넨다.) 먼저, 죄송하다는 말씀을 드립니다. 실례인줄은
  압니다만 이렇게 시간을 내주셔서 아울러 감사를 드립니다. 우선 얼마나 마음이
  아프시겠습니까? 전 주인을 잘못 만나셔서 선생님의 소중한 재산을 잃게 되었으
  니 저라도 억장이 무너집니다. 저희 아버님께서도 제가 10살 때 사업 실패로 힘
  들었던 시기가 있었습니다. 저도 공감이 갑니다. (눈물을 살짝 보인다.)
- 임차인: 댁한테 그런 동정을 받기는 싫군요. 용건만 빨리 이야기 하고 사라지슈.
- 달인: 선생님께 도움을 드릴 방안을 찾고 있는데, 전입신고가 늦게 되어 있어서 소중
  한 보증금을 한 푼도 받지 못하여 제가 어떤 방법으로든 도와드리고 싶습니다.
- 임차인: 어떻게 도와줄라고 그러시우.
- 달인: 제가 해드릴 수 있는 유일한 방법은 주변에 변호사와도 상의해 보았으나, 안전
  하게 이사 가실 수 있도록 도와 드리는 길밖에 없더라구요. 아울러 지금까지 못
  내신 관리비는 제가 책임을 지도록 하는 것은 물론이구요.
-이하 생략

이렇게 케이스별로 명도 화법을 늘 준비하여 녹음기 틀어대듯이 줄줄줄 풀어낸다. 심리적
인 것도 같이 생각하면서 화법을 만들어 놓으면 명도대상자는 쉽게 설득이 될 수 있다.
달인은 쉽게 되는 것이 아니다. 학창시절에 배웠던 윤오영 수필가의 〈방망이 깎던 노
인〉에 이런 대화가 나온다.
'끓을 만큼 끓어야 밥이 되지. 생쌀이 재촉한다고 밥이 되나.' '글쎄, 재촉을 하면 점
점 거칠고 늦어진다니까. 물건이란 제대로 만들어야지. 깎다가 놓치면 되나.'
즉, 시간을 계속 투여하고 노력하는 사람만이 달인이 될 자격이 있는 것이다.

4) 너무 깐깐한 임차인 명도하기 전략은?

너무 깐깐한 임차인이나 행동을 예측하기 힘든 임차인, 소위 말하는 '진상' 임차인을
만났을 경우(물론 보증금을 못 받는 상황은 이해는 간다.)에는 매수인 본인이 협상 테이
블에 앉으면 조기에 성과를 낼 수 없으므로 대리인 혹은 대리인 것처럼 연출을 하는 것도
명도 전략에서는 때론 필요하다. 제3자를 대신하여 협상 카드를 하나 둘씩 꺼내면 의외로

좋은 성과를 얻을 수 있다. 이는 물건을 사러 갔을 때 사장님에게는 물건 값을 쉽게 깎을 수 있지만 종업원에는 값을 깎기가 좀체 어려운 것과 같다.

즉, 너무 깐깐한 임차인의 명도하기 전략에서는 매수자라고 소개하지 말고 매수자를 대신하여 온 컨설팅업체 직원으로 소개하자.

5) 점유이전금지가처분을 알아보자.

<table>
<tr><td>
점유이전금지 가처분 신청(소요기간 약2주)
명도소송의 승소판결을 받더라도 점유가 이전되면 다른 점유자를 상대로 다시 명도소송을 해야 하므로 명도 소송전에 가처분 결정을 받아놔야 한다.
</td></tr>
</table>

소장 제출

1차 변론기일
보통 소장 제출일로부터 약 8주 후로 지정

2차 변론기일
1차 변론기일로부터 약 5-6주 후로 지정

판결 선고
약 한달정도 소요

판결 정보 송달
송달일로부터 2주이내에 원, 피고에게 송당

판결확정
송달일로부터 2주이내 항소없으면 확정

강제집행
판결문에 대한 집행문 및 송달증명을 발부받아 관할법원 집행관사무소에 신청

4. 실전 사례 연구

점유자를 압박할 때 법조항을 잘 알고 있다면 많은 도움이 된다. 민법이 아닌 형법이 적용되는 사례를 점유자에게 잘 설명하면 효과 만점이다. 형법의 죄를 지으면 꼼짝없이 큰 집(?)에 가서 자연식으로 된 콩밥을 먹게 된다는 사실을 알려 준다. 경매의 명도 과정에서 어떻게 형법 조항이 적용되는지 알아보도록 하자.

케이스1〉 점유자가 이삿짐 몇 개 남겨놓고 무리한 요구를 하는 경우

금전적인 약탈 행위에 해당이 되는 중대한 범죄가 될 수 있다. 증거를 확보한 후 형법 제350조의 공갈죄를 언급하여 압박을 가해보기 바란다. 용기를 내서 문을 개폐하고 들어가는 경우가 있을 수 있으나, 이 경우 오히려 주거침입죄에 해당이 될 수 있으므로 주의를 요한다. 아울러 진상 임차인을 간신히 내보냈다면, 즉시 자물쇠(번호 키의 비밀번호)를 교환하거나 비밀번호를 변경하고 사진을 찍어 놓는다. 주출입문에 경고문을 붙여서 무단 점유 시에는 형법 제140조의 2 부동산강제집행효용침해죄나 형법 제319조의 주거침입죄가 성립됨을 알려 놓는 것이 좋다.

케이스2〉 점유자가 정체불명의 일심(一心)아저씨(?)들인 경우

방문 후 전소유자와 임대차계약서를 달라고 해서 사실 여부를 확인한다. 이때 임대차계약서를 달라고 하는 경우에는 분위기가 매우 험악해지는 경우를 많이 본다. 아저씨들 입에서 험한 말들이 쏟아져 나오게 마련이다. 면전에서 젓가락을 찾고, 개나리를 찾고, 씨 발라 먹는 수박을 찾고, 쌍가락지를 찾고, 새끼줄을 찾는다. 이런 경우에는 상당히 당황스럽다. 이럴 경우에는 여성이 명도에 나서는 경우가 덜 다친다. 그래도 여성은 잘 건드리지 않는 그들만의 원칙이 있을 테니 말이다. 이 경우 요령을 알려드리면, 우선 스마트폰을 꺼내서 '지금부터 녹음하겠습니다' 라고 알리고 난 후 녹음을 개시한다. 녹음은 증거자료가 되므로 여러 모로 쓸모가 있다.

만약 신분을 밝히지 않고 계약서 제출도 거부하면 가까운 지구대에 연락하여 경찰이 오면 형법 제319조 주거침입죄를 근거하여 신원을 확인한 후 인도 명령 신청을 한다.
전소유주와 통정하여 진행하고 있다면 점유이전금지가처분 신청과 함께 경우에 따라서 출입금지가처분 신청을 한다. 점유자가 때로 덤비거나 몽둥이 등으로 협박하면 형법 제320조 특수주거침입죄가 적용이 된다.

또한, 가짜로 작성된 임대차계약서를 보이면서 버티기를 하는 점유자는 더 죄가 중하다. 허위계약서를 작성한 것이므로 점유자 및 공모한 전 소유자에 대하여 형법 제231조 사문서등의 위조 · 변조 또는 형법 제234조 위조사문서 등의 행사로 처벌 받을 수 있음을 알려준다.

■▨/////// 김세무사의 똑소리

[주민등록에는 전입되어 있는데 실제로는 거주하지 않는 경우도 있다.]
이런 경우가 경매 과정에서 자주 발생하는데, 실제 거주하지 않는 경우는 대부분 주소지를 이전하지 않아서 생기는 공백기라고 보아야 하므로 굳이 연락을 해서 문제를 확대하기보다 '불거주확인서'에 옆집이나 통장의 날인을 받은 후 동사무소에 가서 '주민등록말소신청'을 하면 간단히 해결된다.

케이스 3〉 점유자가 집안에 접합되어 있는 물건(예 보일러, 싱크대, 창문, 세탁기, 붙박이 장)을 떼어가거나 훼손하겠다고 협박하는 경우

첫 대면이나 다시 대면을 하는 과정에서 집안에 접합되어 있는 기물들을 분리하거나 훼손하겠다고 협박을 하는 경우를 종종 본다. 우선 마음을 많이 비우는 것이 좋다. 보통은 명도가 끝나면 안에 기물들은 다 훼손되거나 못 쓰는 경우가 많으니까 말이다. 이때 가능한 한 사진을 찍을 수 있다면 찍어놓는 것도 아주 좋은 방법이다. 나중에 이삿짐 싸고 나갈 때 이사비를 깎을 수 있는 절호의 기회이기 때문이다.

이런 협박에는 웃으면서(그러나, 속은 쓰리다. 수리비용이 들어가므로) 형법 제366조 재물손괴죄나 형법 제327조 강제집행면탈죄에 해당이 된다는 사실을 알려 준다.

케이스 4〉 대화는 되는데 이런 저런 핑계로 명도를 계속 거부하는 점유자가 있는 경우

명도가 길어짐에 따라 부담하게 될 점유자의 손해를 부각시킨다.

월세 등의 임차료 청구, 배당금에 대한 가압류, 유체 부동산 경매의 실시, 자동차에 대한 압류, 직장 급여에 대한 압류를 거론하면서 확실히 압박해야 한다.

이때 가스 등을 소유자라는 이유만으로 중단시킬 수 있는데 이럴 경우에는 점유자의 심기를 많이 건드리는 꼴이 되어 '소탐대실(小貪大失)하게 된다.

케이스 5〉 점유자가 환자이거나 연로, 불구자, 심신박약자인 경우

이 경우는 작전상 후퇴가 정답이라고 계속 이야기했다. 아니, 후퇴도 아닌 전쟁에 참여하지도 않는 것이 좋다. 계속 웃고 있는 아이(정신박약자)의 얼굴을 눈물을 흘리면서 바라보아야 하는 심정을 겪지 않기 바란다.

케이스6〉 폐문 부재인 경우

법적으로 처리하는 방법 외에는 별다른 방법이 없다. 일단 낙찰을 받은 후 살짝 들어갈 수 있으면 안의 상황을 확인한다. 내부에 먼지가 자욱하거나 쓰레기만 가득한 경우에는 사진을 찍어 놓고, 쓰레기통에 버리면 된다. 더 확실한 방법은 목록을 만들어 놓고 이웃 등에 확인을 받아 놓는 방법이다. 괜히 문 따고 들어갔다가 들키면 곤란한 경우를 많이 당하게 된다. 다이아몬드가 다이(die)되었다는 둥, 금괴가 손괴되었다는 둥, 골동품이 골로 갔다는 둥, 뭐 이런 소리를 들어야 한다.

케이스 7〉 임차인이 본인의 임차보증금을 한 푼도 배당받지 못하는 경우

이 경우가 가장 마음이 아픈 경우인데, 특히 임차보증금이 그 임차인의 전재산이라면 참 서글픈 일이다. 어찌하랴. 이미 매수가 이루어진 것을……. 이 경우에는 점유자를 적극적으로 도우는 수밖에 없다. 점유자와 잠시 한배를 타야 한다. 임차인이 전소유자로부터 손해금을 받아내도록 변호사를 알선해 주거나 배당내역을 확인한 후 부당이득금반환청구의 가능성도 검토해 주는 등 최선의 노력을 다 해주는 모습을 보여 주어야 한다. 전소유자에 대해서는 형법 제349조 부당이득죄를 언급하여 압박하는 한편, 임차인이 전소유자에게 지급명령이나 임차보증금반환청구소송을 통하여 전소유자의 다른 재산으로부터 회수할 수 있도록 도와주는 노력을 해주는 것이 명도를 빨리 끝내는 길이다.

[관련 형법 조항]

<u>형법 제140조의 2(부동산강제집행효용침해)</u>

강제집행으로 명도 또는 인도된 부동산에 침입하거나 기타 방법으로 강제집행의 효용을 해한 자는 5년
이하의 징역 또는 700만 원 이하의 벌금에 처한다.

<u>형법 제231조 (사문서등의 위조 · 변조)</u>

행사할 목적으로 권리 · 의무 또는 사실증명에 관한 타인의 문서 또는 도화를 위조 또는 변조한 자는 5년
이하의 징역 또는 1천만 원 이하의 벌금에 처한다.

<u>형법 제234조 (위조사문서등의 행사)</u>

제231조 내지 제233조의 죄에 의하여 만들어진 문서, 도화 또는 전자기록 등 특수매체기록을 행사한 자는
그 각 죄에 정한 형에 처한다.

<u>형법 제319조 (주거침입, 퇴거불응)</u>

①사람의 주거, 관리하는 건조물, 선박이나 항공기 또는 점유하는 방실에 침입한 자는 3년 이하의 징역
또는 500만 원 이하의 벌금에 처한다.
②전항의 장소에서 퇴거요구를 받고 응하지 아니한 자도 전항의 형과 같다.

<u>형법 제320조 (특수주거침입)</u>

단체 또는 다중의 위력을 보이거나 위험한 물건을 휴대하여 전조의 죄를 범한 때에는 5년 이하의 징역에
처한다.

<u>형법 제327조 (강제집행면탈)</u>

강제집행을 면할 목적으로 재산을 은닉, 손괴, 허위양도 또는 허위의 채무를 부담하여 채권자를 해한 자는
3년 이하의 징역 또는 1천만 원 이하의 벌금에 처한다.

<u>형법 제349조 (부당이득)</u>

①사람의 궁박한 상태를 이용하여 현저하게 부당한 이익을 취득한 자는 3년 이하의 징역 또는 1천만 원
이하의 벌금에 처한다.
②전항의 방법으로 제삼자로 하여금 부당한 이익을 취득하게 한 때에도 전항의 형과 같다.

<u>형법 제350조 (공갈)</u>

①사람을 공갈하여 재물의 교부를 받거나 재산상의 이익을 취득한 자는 10년 이하의 징역 또는 2천만 원
이하의 벌금에 처한다.
②전항의 방법으로 제삼자로 하여금 재물의 교부를 받게 하거나 재산상의 이익을 취득하게 한 때에도 전항
의 형과 같다.

<u>형법 제366조 (재물손괴 등)</u>

타인의 재물, 문서 또는 전자기록 등 특수매체기록을 손괴 또는 은닉 기타 방법으로 기 효용을 해한 자는
3년 이하의 징역 또는 700만 원 이하의 벌금에 처한다.

제 5 장
수익 분석 단계에서 기본 알기

1. 사례 연구

부동산중개업을 하는 아버지 밑에서 열심히 배우고 있는 L씨(27세)는 아버지의 사업과 부동산 사업은 뗄 수 없는 관계인 것을 알고 경매 공부에 매진했다. 아버지 밑에서 혹독하게 훈련한 탓에 원가 개념은 알고 있으며, 손해가 가는 부분에 대해서는 본능적으로 조심했다. 요즘에는 경매를 어떻게 하면 잘 할 수 있을까 하는 근본적인 고민을 하고 있었다. 그러다 수익 분석에 대한 이야기를 듣게 되었고, 경매의 가장 큰 가이드라인인 수익 분석 방법에 대해서 경매 전문가 김 세무사에게 질문했다.

2. 조언 방향

결국 경매를 하는 목적은 두 가지로 압축된다.

첫째는 실수요 목적이다. 경매 물건을 통해서 실 거주 주택, 실 사업 상가, 실 농사 토지 등을 구입하는 것을 말한다. 그러나 대부분 경매는 한번 실패한 사람들의 운이 다된 물건으로 여기는 경우가 많아서 실수요 목적은 많이 희박하다.

둘째는 투자 목적이다. 임대 이득과 자본 이득으로 나눌 수 있는데, 임대 이득은 자산을 사용하게 하여 그 대가를 받는 것을 말한다. 자본 이득은 자산을 팔아서 이득을 남기는 것을 말한다. 그 목적에 맞게 물건을 가공해야 목적을 이룰 수 있다. 대부분 경매 과정에서 주택 및 건물의 손상이 일어나는 것은 필수 불가결하다. 아울러 경매 과정은 일반 매매 과정보다 예기치 못한 비용이 많이 발생할 수 있음도 알고 있어야 한다. 이점이 단점이 된다. 그러나 단점을 잘 보완하면 오히려 장점으로 탈바꿈될 수 있듯이 수익을 최대한 증가시킬 수 있는 노력을 더 행해야 한다. 이것이 디벨로퍼이다. 제6편에서 상세히 다루도록 한다.

수익 분석은 마지막 단계의 산이지만 어쩌면 처음 단계여야 한다. 수익률을 먼저 정해 놓고 입찰에 참여하는 습관을 기르면 안정된 투자 마인드를 가질 수 있다. 이를 위해서 수익 분석은 아래의 3가지 분석을 해야 한다.

– 임대수익 혹은 자본수익 등의 매출액 분석
– 경매에 투여되는 비용 분석
– 마지막 이익에 대한 세금 분석

3. 이론 연구 및 심화 학습

1) 수익분석이란?

수익 분석을 혹자는 '수지 분석'이라고도 부른다. 경매를 통해서 투자를 할 경우 직접 투여한 자기 돈에 비해서 수익에서 비용를 차감한 이익을 가지고 비율을 정하는 것을 '투자수익률'이라고 한다. 자기 돈을 최소한 투여하여 높은 수익률을 얻는 전략을 짜는 것이 수익 분석이다.

2) 투자 수익률 분석의 기본 산식

투자의 재무 상태표			투자의 손익계산서
자산	부채		수익
	자기자본		−비용
			이익

부채는 타인 자본으로 경매를 통해서 경매 잔금 대출이나 지인에게 돈을 꿔서 투자할 경우 등 남의 돈을 말한다.

자본은 자기 자본으로 본인이 가지고 있는 자금을 투자하는 것이다. 타인 자본과 자기 자본을 투여하여 투자 물건을 구입한 것이 자산이다.

자산에서 임대 수익과 투자 수익이 나오게 되는데, 이를 수익이라고 한다.

비용은 경매 과정에서 투여되는 각종 지출을 의미한다. 임장활동에 들어갔던 차 기름 값도 원래는 비용으로 생각해야 하나, 투자 수익률 분석 시에는 자산에 투여된 지출만 고려하기로 한다.

이렇게 단순한 표를 가지고 더 세세한 부분을 기록하면 수지분석표 혹은 수익분석표가 되는 것이다. 그 예시는 제7편을 참조하기 바란다.

3) 이제 투자수익률을 구해 보자.

투자 수익률을 구하는 가장 대표적인 방법은 아래와 같다.

·투자수익률 = 이익 / 자기 자본

위에 산식으로 투자수익률이 구해지는데, 여기서 핵심은 이익을 추정을 통해서 구해야 하는 것, 즉 임대수익과 투자수익의 예측치를 가지고 접근하게 된다는 것이다. 그 예측은 많은 경험을 해 보면 감각적으로 알 수 있으나, 의사결정을 위해서 최소한 보수적으로 잡는 것이 좋다. 이를 '보수주의'라고 한다.

■////// 김세무사의 똑소리

[오래 사는 것에 대한 근본적인 생각?]

우리나라가 곧 선진국으로 진입한다고 한다. 자본주의의 습성을 생각하면 빈익빈 부익부는 어쩌면 필연일 수 있다. 선진국이 될 수록 폐해도 나타나게 마련이다.

첫째. 상대적 비교가 많아진다.

남과의 비교를 끊임없이 하게 된다. 남보다 앞서 가야 한다. 남들은 이만큼 한다. 너는 옆집애보다 공부를 왜 그렇게 못하니? 당신은 옆집 남편보다 왜 그렇게 돈을 못 벌어요? 어이, 마누라, 옆집 순이 엄마는 내조도 잘하던데……등등 오죽했으면 '엄친아' 라는 신조어까지 등장했을까? 남과의 비교를 당하는 것은 잘 살게 될수록 더 심해진다. 나만이 잘하는 무언가가 없이 모두 면에서 잘하는 슈퍼맨이 되고자 하고, 원더우먼이 되고자 한다.

둘째. 불확실성이 증가한다.

언제 어떤 일이 발생할 것인가에 대한 불확실성이 증가하게 된다. 불확실성이란 불의의 사고를 포함한다. 차들이 많이 다니는 차도에서 불의 사고로 유명을 달리하는 경우를 종종 본다. 몹쓸 병에 갑자기 걸려서 힘들어 하는 경우도 많이 본다. 그래서 젊은이들 가운데는 지금을 즐겁게 즐기자고 하는 친구들도 있다. 잘 살게 될수록 이런 불확실성이 더욱 증가하게 된다.

셋째. 오랫동안 일할 직장이 없어진다.

회사에서도 늘 새로운 사람들은 채용하려고 할 것이고, 직원들도 한 푼이라도 더 주는 곳으로 옮겨가려고 하는 이들이 많아진다. 아울러, '사오정' 시대가 계속되고 있지 않은가? 청년들은 일찍 직장을 잃게 된다. 오랫동안 일할 직장은 없게 되며, 평생 직업을 가지고 위해서 새로운 도전을 해야 하는 시기가 되었다.

넷째, 오래 산다.

살아도 너무 오래 살게 된다. 평균 수명이 의학의 발전으로 많이 늘어날 것이다. '백세주'가 될 것이다. 인구 구조에서 백세가 주류를 이루게 되는 것이다. 노후 준비를 어떻게 하느냐가 걱정이 된다. 자식들이 노후를 책임져 주는 시대는 서서히 저물고 있다. 자신 스스로가 준비해야 하는 '자기 당착' 시대가 된 것이다. 자가 당착(自家撞着)는 원래 한사람의 행동이나 말이 일치되지 않고 모순되는 것을 뜻한다. 이를 응용한 말로 자기가 당장 노후 준비를 위해 착수해야 한다는 뜻이다. well being도 중요하지만, well dieing도 중요한 시대가 되었다.

얼마 전 강의에서 '노후에 왜 돈이 필요할까요?'라고 질문을 드렸는데, 이렇게 답이 와서 뭉클했던 적이 있다. 왜냐하면, 외롭지 않기 위해서란다. 돈이 있어야 친구도, 자식도, 배우자도, 사람들도 함께 할 수 있는 시대가 된 것이다. 돈 퍼레이드를 펼쳐야 사람들이 그나마 구경하러 온다는 것이다. 돈이 효를 만든다니 참 안타깝다. '돈이 없으면 안 되효' 시대가 된 것이다.

상대적 비교에 시달리면서, 언제 죽을지 모르면서, 직장도 없고, 한없이 오래 사는 세상에서는 준비를 더욱 철저히 하여야 한다.

[빼앗긴 들에도 봄은 오는가?]

장기 불황에 부동산 값도 많이 얼어붙어 있다. 그러나 우리 국민들이 얼마나 위대한 나라의 국민들인가? 다시 활황을 맞이할 것이다. 부동산 폭락설이 돌고 있으나 IMF 외환 위기에도 누군가는 술을 푸면서 슬픔에 잠겨 있을 때 누군가는 하나씩 하나씩 요지에 부동산을 사 모으기 시작했다. 외환위기가 끝나갈 무렵 그들은 물 만난 고기가 된다. 부자의 반열에 올라가는 사람이 나타나게 되었다. 지금도 그 시기라고 생각한다. 빼앗긴 들에도 봄은 오게 되어 있다.

한번 나는 자보다, 열 발짝 뛰는 자보다, 100걸음 부지런히 걷는 자가 승리하는 것을 보여 주어야 할 때이다. 지치면 지는 것이고, 미치면 비기는 것이고, 가치(같이)하면 이기는 것이다.

4) 실전 팁이란 이런 것이다.

1계명: 때로는 수익을 많게--> 손실을 적게로 바꾸는 전략이 필요

아무리 투자의 고수라도 미래를 완벽히 예측하기는 힘들다. 대나무를 아무리 잡고 흔들어 보아야 예측이 빗나가기 십상이다. 그래서 사람들이 '타임머신'에 대한 환상을 가지나 보다.

예측이 빗나가면 쪽박을 차는 것이고, 예측이 빛나면 대박을 얻게 된다.

예측이 빗나간 경우에는 수익을 많이 보는 것보다 손실을 최대한 적게 보는 전략으로 선회를 하는 것이 바람직하다. 막힌 길에서 옆 차선이 비어 옮기면 그 차선도 곧 막히게 된다. 이럴 경우에는 내 차선으로 밀고 나가는 것이 손실을 적게 보는 전략이다.

어쩌겠는가! 이미 물은 쏟아졌고, 배우자로부터 비난도 쏟아졌고, 주위에 사람들한테 눈총도 쏟아졌다. 쏟아진 비난과 눈총을 모아서 간직해 두자. 다음에 투자할 때는 그런 비난과 눈총을 부러움과 사랑스러운 눈빛으로 바꿀 수 있도록 끊임없이 노력하자.

2계명: 무릎에서 사서 어깨에서 팔아라.

주식시장에서 매도전략으로 많이 쓰이는 전략이다. 내 뒤에 취득한 사람도 먹을 것이 있어야 내 물건을 사줄 것이 아닌가. "내가 투자한 게 얼만데, 모두 회수해야지" 하는 생각을 하는 순간 그 물건은 팔리지 않을 것이 자명하다. 사람의 생각은 거의 비슷하다. 살 때는 조금 높게 주고 사고, 팔 때는 조금 낮은 가격을 팔면 마음이 편안해진다.

3계명: 투자에서 실패란 성공을 위한 '소리 없는 아우성'이다.

눈 위에 새겨진 내 발자국을 보고 앞으로 갈 길을 다시 생각하면 되는 것이며, 그 길이 실패한 길이 아님을 기억하자. 소리 없는 성공을 위한 아우성이라고 생각하면 된다. 실패에서 성공의 교훈을 찾으면 된다. 경매도 많이 받아보자. 그리고 많이 경험해 보자. 어렵지 않다. 다만, 큰돈이 오고 가므로 충분히 공부하고 난 후 열심히 도전하자.

▰▰/////// 김세무사의 한자 풀이

부(富)자와 천(賤)자와 귀(貴)자의 풀이

[부(富)자가 되기 위해서는 한자를 분해해 보면 알 수 있다.]
첫째, 집 면(宀)이다. 우선 집을 가지고 있어야 하는 것을 말한다. 재테크의 기본은 자기 사는 집을 먼저 취득하여 안정을 취해 놓은 다음 투자를 하라는 것이다.
둘째, 한 일(一)이다. 한 마음을 말한다. 부자가 되겠다는 한마음과 열정을 말한다. 잠자는 거인(sleeping giant)을 우리 마음속에 누구나 가지고 있으나, 그 거인은 너무나 게을러 아무나 깨울 수가 없다. 끊임없이 그 게으름을 부지런함으로 깨울 수밖에 없다. 아침 해가 떴으니 일어나라고 계속 자명종을 귀에다 울려야 일어난다. 그것이 자기최면이면서 자기암시(self illusion)인 것이다.
셋째, 입 구(口)이다. 언변 및 스피치 능력, 협상 능력이 있어야 부자가 될 수 있다. 뛰어난 정치가, 성공한 기업가들을 보면 프레젠테이션 능력이 뛰어나면서 스피치 능력이 탁월했다.
넷째, 밭 전(田)이다. 머니(뭐니) 머니(뭐니) 해도 재테크의 왕도는 땅에 있는 것이다. 원재료인 땅에 창의성을 다하면 부자와 연결이 된다. 디벨로퍼가 중요한 것도 이 때문이며, 한국에 부자 중 상당수가 아직도 땅에서 수익을 얻고 있다. 그만큼 땅을 소유한 것이 부자로 여겨지기 때문이다.

[천(賤)자는 미천할 천자이다. 이 한자를 분해해 보면 그 의미를 알 수 있다.]
조개 패(貝)와 싸울 과(戈) 혹은 창 과(戈)로 구성되어 있다. 풀이를 하면 재물을 앞에 두고 서로 창을 겨누고 싸우는 것을 말한다. 재물을 쫓아가면 미천하게 된다는 것이다. 재물이 자기를 쫓아오도록 해야 한다는 것이다. 방법은 자기가 좋아하는 분야에서 최고나 전문가가 되는 것이다. 경매분야에서도 최고의 전문가가 되면 재물이 따로 오게 됨을 기억하자.

[귀(貴)자는 귀할 귀자이다. 이 한자를 분해해 보면 그 의미를 알 수 있다.]
입 구(口)는 마음이라고 생각하면 된다. 마음 한가운데 중심을 세우면 가운데 중(中)자가 된다. 오롯이 한마음(一)으로 중심으로 세워 철저하게 재물(貝)를 아래에 두는 것이다. 열정을 마음에 새기고 오롯이 묵묵히 자신의 길을 가되 재물은 철저히 발아래에 두는 것이 귀함을 받는 방법이다. 어떤 이들은 경매를 통해서 돈을 벌기 위해 불법적인 방법까지도 행한다. 이는 자신의 주어진 복을 더 키우는 것이 아니라 복을 차버리는 것임을 기억하자. 때로는 따뜻한 마음으로 세상을 바라보는 것도 중요한 일이니까.

5) 경매 비용 및 투자 수익 분석(약식 분석표)

구 분		금 액	내 역
초기 투자 비용	매수가액		입찰보증금 매수잔금
	취득세(등록세포함)		매수가액 2.2%(전용면적 85㎡이하) 매수가액 2.7%(전용면적 85㎡초과) 매수가액 4.6%(건물, 토지) 매수가액 3.4%(농지 등)
	기타 제세금		법무사 비용 채권매입비 기타 등기 비용
	인수 비용		선순위 임차보증금 유치권 등 관리비 연체료(공용분)
	명도 비용		집행 비용 이사 비용(실 면적 평당 20만 원 선)
	인테리어 비용		각종 수리비용 새시, 확장, 보일러 비용 등
	컨설팅 수수료		감정가액의 1-2%
	기타 경비		근저당 설정 등기비 등
	소계(①)		
회수액	임대보증금		임대보증금 회수
	대출금		대출회수
	인수 비용		인수 비용은 아직 지출되지 않음 〈지출이 된 경우는 이 항목은 제외〉
	소계(②)		
실제투자액③			①-②
임대수익	총임대수익		월 임대료 × 매수일과 매도일까지 월수
	총관리수익		월 관리 수익 × 매수일과 매도일까지 월수
	총주차수익		월 주차 수익 × 매수일과 매도일까지 월수
	소계(④)		
임대비용	총관리비용		일반관리비+전기료 등+관리소장 인건비
	총세공과금		보유시 재산세 등
	총이자 비용		매월이자 × 매수일과 매도일까지 월수
	추가 공사비		건물A/S 비용
	소계(⑤)		
연간 임대 이익(⑥)			④-⑤
임대 이익률			⑥/③
양도수익	양도가액(⑦)		
양도비용	중개수수료		법정 중개수수료보다 많이 준 금액포함
	양도소득세		
	세무신고 비용		
	기타 비용		
	소계(⑧)		
양도차익(⑨)			⑦-⑧
총이익(⑩)			⑥+⑨
총투자이익률			⑩/③
의견 분석(피드백 할 사항)			

제 2 편

경매(매매)로 취득한 부동산 맞춤 절세 전략은?

<table>
<tr><td>제 1 장</td><td>자금출처조사는 이렇게 대비하세요</td></tr>
<tr><td>제 2 장</td><td>LTE급 증여를 이용하라
(중장기 계획에 의해 자금출처조사 대비 방안)</td></tr>
<tr><td>제 3 장</td><td>경매로 취득시 내야 하는 세금 종류는?</td></tr>
<tr><td>제 4 장</td><td>취득시 절세 방법 딱 8가지만 기억하세요</td></tr>
</table>

제 1 장
자금출처조사는 이렇게 대비하세요

1. 사례 연구

서울에 올라와 갓 취직한 새내기 직장인 K씨(29살), 열심히 일하고 한 달 후 월급을 받아 그동안 뒷바라지해 주신 부모님께 좋은 선물을 드렸다. K씨의 어머니는 경매 공부에 매진하면서 많은 재산을 모은 김 여사님이었다. 아들이 취직도 했겠다, 본격으로 경매를 공부하던 중 좋은 아파트가 경매 물건으로 나왔다. 김 여사님 명의로 아파트가 벌써 4채가 있는 관계로 아들 K씨 명의로 한 채를 낙찰 받으려 한다. 월급도 2백만 원씩 받고 있고 해서 별문제 없겠지 하는 마음에 4억 원짜리 아파트를 아들 명의로 낙찰 받았는데, 잔금을 치른 지 몇 달 후 부동산 자금 출처를 대라고 세무서에서 연락이 왔다. 어찌된 영문인지 모르는 김 여사님은 평소 가깝게 지낸 김 세무사를 찾아와 상담을 받아 보는데…

2. 조언 방향

아들 K씨는 29살이지만 현재까지는 직장을 한 달 정도 다닌 셈이므로 부모가 먼저 증여를 해준 재산이 없는 경우 원칙적으로 K씨 명의로 아파트를 낙찰 받으면 자금출처조사를 받게 될 가능성이 매우 높게 된다. 그러므로 자금출처 조사를 대비하여 자금의 원천을 미리 준비하지 않으면 증여세를 내게 될 수도 있다.

3. 이론 및 심화 연구

1) 자금출처조사란 무엇인가?

부동산을 비롯한 재산을 취득하거나 부채를 상환했을 때 그 자금이 어디서 나왔는지를 조사하는 것으로, 자기 힘으로 재산을 취득하거나 부채를 상환했다고 보기 어려운 경우에는 세무서에서 증여세를 추징하기 위한 근거 자료를 마련하는 절차를 말한다.

흔한 예를 들어보자. 만약 전업주부가 고가의 아파트를 분양받았을 때나, 결혼을 앞둔 자녀가 주택을 취득하기 위해서 부모가 자금을 지원해 주는 것을 들 수 있다. 이 경우에는 세무서에서 소명 요청을 받게 될 것이고 이에 대한 취득 자금 소명을 정확히 해 주지 않으면 증여세를 추징당하게 되는 것이다.

경매에서 입찰 보증금을 내거나 매수 잔금을 낼 때 자금의 출처를 명확히 하는 것이 중요하다. 특히, 경매할 때 공동 입찰을 하는 경우에 소득이 없는 자녀를 명의자로 하려면 자금출처조사에 미리 대비하는 것이 좋다. 이 부분에 대해서는 뒷 절에서 자세히 설명하기로 한다.

2) 자금 출처 조사는 언제 나오나요?

경매 혹은 일반 매매에서 부동산을 취득하였을 경우 세무서에서는 취득한 사람의 당해 연도와 직전 5년간의 소득 현황 등을 종합적으로 전산 분석한다. 그 후 자금출처가 부족한 혐의자를 전산 출력하여 취득 능력 여부를 미리 검토해 보고 증여 혐의가 짙은 경우에는 조사 대상으로 선정해 조사를 실시하고 있다. 자금출처 조사와 관련해서는 다른 조사와 연계성이 뛰어나기 때문에 세무서에서는 주기적으로 조사하고 있다. 다른 조사는 개인 통합 조사 등을 말한다. 즉, 소득의 대한 조사 및 증여에 대한 조사 등을 통합적으로 할 수 있다는 이야기다.
경매를 통해서 취득 자금을 입증하려면, 입찰 보증금을 수표로 내는 경우가 많기 때문에 통장에서 인출할 때 가능한 한 명의자의 통장에서 인출해서 자금 출처 조사를 대비하는 것이 중요하다.

한편, 자금에 대한 소명은 100% 완벽하게 해야 하는가가 문제이다. 다행히도 일정범위만 입증하게 되면 그 소명을 완료하게 된다.

구 분	취 득 재 산
취득자금이 10억 원 미만인 경우	자금의 출처가 80% 이상 확인되면 나머지 부분은 소명하지 않아도 된다.
취득 자금이 10억 원 이상인 경우	자금의 출처를 제시하지 못한 금액이 2억 원 미만인 경우에만 취득자금 전체가 소명된 것으로 본다.

계산사례

[입증금액 요건 및 증여재산가액]

구 분	내 용
증여추정 제외 요건	입증하지 못한 금액 ≤ Min[①재산취득가액 × 20%, ②2억 원]
증여 재산 가액	입증하지 못한 금액

[자금출처 증여추정 사례]

재산 취득 (채무 상환)	입증금액	미입증금액	증여금액
8억 원	6.5억 원	1.5억 원 〈 Min[①8억×20%,2억원]=1.6억원	제외
9억 원	7억 원	2억 원 ≥ Min[①9억×20%,2억원]=1.8억원	2억 원
15억 원	13.5억 원	1.5억 원 〈 Min[①15억×20%,2억원]=2억원	제외
20억 원	17억 원	3억 원 ≥ Min[①20억×20%,2억원]=2억원	3억 원

3) 자금 출처 조사가 나왔을 경우 입증 방법은?

먼저 본인의 소득금액이나 보유자금을 확인할 수 있는 증빙서류를 제출해야 한다. 인정되는 증빙서류로는 근로소득자·퇴직소득자·이자소득자의 경우 원천징수영수증, 사업소득자는 소득금액증명원, 임대보증금이 있다면 전세계약서 등이 있다. 상속·증여받은 재산이 있었다면 그 재산으로 입증가능하다. 대출받은 자금으로 취득하였다면 부채증명원으로 확인되는 은행 대출 자금 등을 당해 재산의 취득자금으로 직접 사용한 사실을 입증해야한다.

자금출처를 증명하는 방법을 아래와 같이 제시한다.

<u>전략1) 소득 신고를 제대로 하는 방법</u>

실무적으로는 최근 5년 동안 소득으로 자금 출처를 80% 이상 밝힐 수 있다면(명백한 증여 증거가 없는 이상)
자금출처를 해결할 수 있다.
성실하게 소득 신고를 잘하는 것이 자금 출처를 막는 지름길이 된다. 현재 국세청에서는 PCI 시스템(이를 '소득–
지출 분석시스템'이라 한다.)을 작동시키고 있으므로 소득을 너무 적게 신고했을 경우에는 문제가 될 수 있다.
무엇보다도 소득을 성실하게 신고하는 것이 최선의 전략이다.

■■///// 김세무사의 똑소리

[PCI시스템이란?]

'소득–지출 분석시스템'은 국세청에서 보유하고 있는 과세정보자료를 체계적으로 통합 관리하여 일정기간 재산
증가(Property), 소비지출액(Consumption), 신고소득(Income)을 비교·분석하는 시스템을 말한다. 즉, 연평균 소득
보다 지출이 더 많은 사람을 자동으로 검색하여 찾아내는 시스템을 말한다. 소득을 줄여서 신고하고 자산을 증식하
는 행위를 근절하기 위한 대비 수단으로 사용되고 있다.

아래와 같이 표로 확인해 본다.

〈재산증가액〉		〈소비지출액〉			
● 부동산	+	신용카드 사용액	–	신고소득금액	= 탈루혐의금액
● 주식		현금영수증 사용액			
● 예금		보험료, 교육비, 기부금 사용액 등			

<u>전략2) 대출받았다고 신고하는 방법</u>

자금출처 부족금액을 대출이나 부채(예 전세금 등)로 사용했다는 것을 입증하면 된다. 그러나 대출 상환 원금 및
이자에 대한 자금출처를 또 밝혀야하므로 문제를 잠시 유보해두는 방식일 뿐이다. 요즘에는 전세금을 최대한 받아
서 자금 출처를 대비하고 있는 실정이다. 국세청이 TIS(국세청통합전산시스템)를 가동해서 대출 상환과 소득 신고
불일치 여부를 추적하는 경우가 많은데, 대출을 일찍 상환하려면 결국은 소득신고액을 높여야 하며, 현재 소득대로
대출을 상환하려면 대출이자를 많이 내야 하는 딜레마에 빠지게 된다.
경매를 받고 나서 경매 잔금 대출 등을 이용하여 대출을 최대한 받음으로써 자금출처조사에 대비할 수 있다.

<u>전략3) 증여받았다고 신고하는 방법</u>

부족액을 증여받았다고 신고하면 증여세를 부담하면 되나, 증여받은 돈으로 부동산을 구입하였을 때에는 5년
이내에 30% 이상 급격한 가격상승이 있는 경우에는 그 증가분도 증여에 해당될 수 있음을 기억해야 한다.

<u>전략4) 공동으로 매입하는 방법</u>

배우자와 공동으로 경매에서 낙찰 받게 되면, 본인의 자금 출처에 관한 부담이 줄어들게 된다. 세법상 여러 가지 세금 절감 효과를 같이 누릴 수 있으므로 공동 입찰을 많이 진행하는 것이 좋은 전략 중에 하나이다. 예를 들면, 수익형 부동산의 경우 공동으로 낙찰 받은 부동산에서 발생한 임대소득도 각자 지분으로 나누어지기 때문에 소득세도 줄일 수 있는 이점이 있다.

4) 자금 출처 조사에서 인정되는 소득의 범위는?

(1) 본인 소유재산의 처분사실이 증빙에 따라 확인되는 경우 그 처분금액에서 양도소득세 등 공과금 상당액을 뺀 금액

– 부동산 및 주식 처분 금액(양도세 공제 후)

(2) 기타 신고하였거나 과세 받은 소득금액은 그 소득에 대한 소득세 등 공과금 상당액을 뺀 금액

– 이자소득, 배당소득(원천세 징수 후)
– 기타 소득(원천세 징수 후)
– 사업소득(부동산소득 및 산림소득 포함)(소득세 공제 후)
– 인정상여를 제외한 근로소득(원천세 공제 후)
– 퇴직소득(원천세 공제 후)

(3) 농지경작소득

(4) 재산취득일 이전에 차용한 부채로서 입증된 금액

– 객관적인 채무(배우자 및 직계존비속간의 소비대차 제외)

(5) 재산취득일 이전에 자기재산의 대여로서 받은 전세금 및 보증금

– 자기 힘으로 마련한 전세금 및 보증금

(6) 기타의 자금출처가 명백하게 확인되는 금액

– 상호 부조 금액 등(예 곗돈 등)

(7) 증여 신고를 한 금액 및 증여로 보는 금액

5) 자금출처 조사의 배제 범위는?

구 분		취득재산		채무 상환	총액 한도
		주택	기타 자산		
세대주	30세 이상	2억 원	5,000만 원	5천만 원	2억5,000만 원
	40세 이상	4억 원	1억 원	5천만 원	5억 원
세대주 아님	30세 이상	1억 원	5,000만 원	5천만 원	1억5,000만 원
	40세 이상	2억 원	1억 원	5천만 원	3억 원
30세 미만인 자		5,000만 원	3,000만 원	3천만 원	8,000만 원

예) 세대주인 김모(45) 씨가 3억 원짜리 아파트를 경매로 취득하면 자금 출처 조사를 배제하는 기준(4억 원) 미만이므로 조사받을 가능성이 낮다.

·취득한 재산가액과 재산 취득일 전 10년 이내에 취득한 재산가액의 합계액이 위의 기준금액 미만인 경우에는 자금출처 조사를 하지 않는다.
·위 기준금액 이내라 하더라도 객관적으로 증여 사실이 확인되면 증여세가 과세된다.

■////// 김세무사의 똑소리

[소득이 없는 자, 연소자, 부녀자 등의 명의로 경매를 통해서 부동산을 취득한 경우에는 증여세를 낼 수도 있다.]
직업·연령·소득 및 재산상태 등으로 보아 당해 부동산을 자신의 능력으로 취득했다고 인정하기 어려운 경우에는 취득자금의 출처를 조사받게 되며, 조사결과 취득자금의 출처를 제시하지 못한 금액에 대해서는 증여세를 내야 한다. 조사 시에는 단순한 서면 확인이 아닌 사실상의 자금출처와 흐름을 철저히 조사 받는다.
또한 재산을 증여한 것으로 밝혀지면 증여재산가액에 대해 최저 10%에서 최고 50%에 해당하는 증여세를 부담해야 하며, 자진신고 및 납부를 하지 않았다면 가산세를 포함한 무거운 세금을 내야 한다.

[자녀명의 통장에 증여세 신고 없이 돈을 입금해 놓을 경우 증여세 대상이 된다.]
2013년 1월 1일부터는 증여세 제45조 4항에 의해서 「금융실명거래 및 비밀보장에 관한 법률」 제3조에 따라 실명이 확인된 계좌 또는 외국의 관계 법령에 따라 이와 유사한 방법으로 실명이 확인된 계좌에 보유하고 있는 재산은 명의자가 그 재산을 취득한 것으로 추정하게 된다. 즉, 증여세 신고 없이 자녀 계좌에 큰 자금이 입금되는 경우에는 증여로 추정 받게 된다. 예를 들어 자녀 이름으로 정기적금이나 펀드 등을 드는 것은 증여세를 내야 하는 근거 규정이 된다. 이 규정의 신설로 기존에는 자금이 유출될 때까지 증여세 과세가 유보되었으나 이제는 입금될 때 바로 증여로 추정받기 때문에 적극적으로 입증하지 못하면 증여세가 부과된다. 앞으로는 자녀 명의로 차명계좌를 운용할 때에도 이를 주의해야 한다. 최선에 방법은 증여세 신고를 기한 내에 하는 것이다.

[관련 규정]

<u>상증법 시행령 34조</u>

① 법 제45조 제1항 및 제2항에서 "대통령령으로 정하는 경우"란 다음 각 호에 따라 입증된 금액의 합계액이 취득재산의 가액 또는 채무의 상환금액에 미달하는 경우를 말한다. 다만, 입증되지 아니하는 금액이 취득재산의 가액 또는 채무의 상환금액의 100분의 20에 상당하는 금액과 2억 원 중 적은 금액에 미달하는 경우를 제외한다.

  1. 신고하였거나 과세(비과세 또는 감면받은 경우를 포함한다. 이하 이 조에서 같다)받은 소득금액
  2. 신고하였거나 과세 받은 상속 또는 수증재산의 가액
  3. 재산을 처분한 대가로 받은 금전이나 부채를 부담하고 받은 금전으로 당해 재산의 취득 또는 당해 채무의 상환에 직접 사용한 금액

② 법 제45조 제3항에서 "대통령령으로 정하는 금액"이란 재산취득일 전 또는 채무상환일 전 10년 이내에 해당 재산 취득자금 또는 해당 채무 상환자금의 합계액이 3천만 원 이상으로서 연령 · 세대주 · 직업 · 재산상태 · 사회경제적 지위 등을 고려하여 국세청장이 정하는 금액을 말한다.

<u>증여세 제 45조 (재산취득자금등의 증여 추정)</u>

① 직업, 연령, 소득 및 재산 상태 등으로 볼 때 재산을 자력(自力)으로 취득하였다고 인정하기 어려운 경우로서 대통령령으로 정하는 경우에는 그 재산을 취득한 때에 그 재산의 취득자금을 그 재산의 취득자가 증여받은 것으로 추정하여 이를 그 재산취득자의 증여재산가액으로 한다.
② 직업, 연령, 소득, 재산 상태 등으로 볼 때 채무를 자력으로 상환(일부 상환을 포함한다. 이하 이 항에서 같다)하였다고 인정하기 어려운 경우로서 대통령령으로 정하는 경우에는 그 채무를 상환한 때에 그 상환자금을 그 채무자가 증여받은 것으로 추정하여 이를 그 채무자의 증여재산가액으로 한다.
③ 취득자금 또는 상환자금이 직업, 연령, 소득, 재산 상태 등을 고려하여 대통령령으로 정하는 금액 이하인 경우와 취득자금 또는 상환자금의 출처에 관한 충분한 소명(疏明)이 있는 경우에는 제1항과 제2항을 적용하지 아니한다.
④ 「금융실명거래 및 비밀보장에 관한 법률」 제3조에 따라 실명이 확인된 계좌 또는 외국의 관계 법령에 따라 이와 유사한 방법으로 실명이 확인된 계좌에 보유하고 있는 재산은 명의자가 그 재산을 취득한 것으로 추정하여 제1항을 적용한다.

(그림 : 내용 요약)

자금출처조사	입증방법	
· 부동산 구입 및 사업자금이 어디서 비롯되었는지를 조사하는 과정	1	5년간 급여액 퇴직금
	2	사업소득액 배당소득액
· · 자금출처대비방안	3	부동산 처분액
− 중장기계획에 의해서 취득자금	4	상속, 증여액 가업승계금액
− 공동명의(부자, 부부 등) − 법인을 이용하는 방법(주식) − 금융상품을 이용하는 방법	5	대출금, 전세금
− 증여플랜에 의한 방법 − 가업승계 등	6	기타

제 2 장
LTE급 증여를 이용하라
(중장기 계획에 의해 자금출처조사 대비 방안)

1. 사례 연구

> 결혼 1년차 새댁 B씨는 풍요로운 노후를 대비하고, 자녀 교육에도 부족함이 없도록 돈벌기에 열중하고
> 있다. B씨는 빠듯한 남편의 월급을 저축하여 종자돈을 만들고 여기 저기 투자를 하던 중 유명한 경매
> 강의에서 똑소리 김세무사에게 이런 이야기를 들었다.
> "아이들이 자라서 경제활동을 할 경우 미리 경제활동을 할 수 있는 상황을 만들어주지 않으면 세금
> 문제가 줄줄이 따라옵니다."
> 그렇지 않아도 부동산을 아이들 명의로 일찍 취득해 줘서 경제활동을 편하게 할 수 있도록 할 생각이었
> 는데 이렇게 하기 위해서는 어떤 전략을 써야 할까를 자문받기로 했다.

2. 조언 방향

자금을 일찍 증여하여 미리 여건을 만들어 주는 것은 여러 가지 세금을 막기 위한 방법인
데, 여러 가지 세금은 자금출처조사에 따른 증여세 과세, 상속세 과세, 양도세 과세 등을
말한다. 즉, 미리 증여를 해 주는 것은 세금을 줄일 수 있는 지름길이다. 즉, LTE급 증
여를 통해서 취득 자금 등 각종 세금을 절세할 수 있다.

3. 이론 및 심화 연구

1) LTE급 증여는 무엇을 말하는가?

새댁이 임신을 하여 아이를 출산하면, 출산의 기쁨을 잠시 접어 두고, 아래와 같이 세금을 위한 조치를 취하는 것을 말한다.

태어나자마자 출생신고를 하면, 주민번호를 부여받을 것이고, 그 즉시 금융거래를 할 수 있다. 수익률이 좋은 금융 상품을 한 가지 선정하여 계좌를 개설하고, 그 즉시 1천5백만 원을 그 계좌로 송금을 한다. 상품에 가입해 놓은 자금은 특별한 일이 없는 이상 인출하거나 처분을 해서는 안 된다. 바로 장기 투자 목표에 의해서 취득 자금을 만들어주는 대표적인 예이다.

앞으로의 타임스케줄은 아래와 같다.

증여의 시기 :	0살 1일	10살1일	20살 1일	30살1일
증여의 금액 :	1천5백만 원	1천5백만 원	3천만 원	3천만 원(미성년자 1,500만원)[1]

금융상품은 어느 것이든 상관없다. 예·적금, 펀드, 보험(아래 '김 세무사의 똑소리'에서 살펴보자), 파생상품, 간접투자상품 등 어떤 것을 사용해도 된다. 이렇게 LTE급으로 증여하는 이유는 원금에 대한 증여 외에 이자에 대한 증여가 있을 수 있는데 이자에 대한 증여는 증여세가 없기 때문이다. 즉, 원금 증여로 자산의 증식분인 이자에 대해서는 증여세를 내지 않아도 된다는 것이다. 아울러 이런 전략을 쓰게 되면 각종 세금의 재원, 교육비 마련 등 여러 가지 면에서 유익한 조치가 된다. 사견이지만 이런 조치를 일찍 취해서 경제적 자립을 조기에 실현시켜주면 결혼할 때 혼수 문제로 인한 갈등을 줄일 수 있지 않을까?

---

[1] 2014년1월1일 이후 증여분부터는 직계비속에게 증여할 경우 5천만원(미성년자 2천만원)으로 상향 조정될 예정이다. 다만, 직계비속이 직계존속에게 증여하는 경우에는 3천만원을 유지할 것으로 예상된다.

2) 증여를 하고 신고를 꼭 해야 하나요?

위 상품을 자녀 명의로 가입한 후에 증여세 신고를 꼭 해야 할까가 망설여진다. 혹시 괜히 신고했다가 세무서에서 오라 가라 하면 어쩌나 걱정도 된다. 그러나 걱정은 안드로메다에 매달아 놓으면 된다. 성실하게 세금 신고를 하는 사람을 조사할 이유가 전혀 없다.

이런 경우에는 반드시 증여세 신고를 해야 한다. 왜냐하면, 증여세 신고를 해야 자녀의 온전한 재산으로 인정받을 수 있기 때문이다.
내일 지구가 멸망을 할지라도 반드시 증여세 신고를 해 두자.

■■■///// 김세무사의 똑소리

[신고하지 않으면 증여의 시기는?]

신고를 하지 않으면 향후 이자에 대한 증여분을 포함하여 자금이 인출될 때 혹은 부동산을 취득할 때 일시에 증여한 것으로 보아 증여세가 과세된다. 신고를 하지 않을 경우에는 증여에 시기가 달라져서 과도한 세금을 물게 된다는 점을 꼭 기억하자.

[금융상품 중에서 보험은 심각하게 접근하기]

다른 금융 상품은 자녀의 통장에 입금했을 때가 증여의 시기가 되나, 보험 상품은 증여의 시기가 보험금을 타는 시기가 된다. 즉, 현금을 주어 통장에서 매달 아이들을 위해서 보험료가 지불되었다 하더라도 통장에서 인출될 때가 증여시기가 아니라 보험금을 탈 때이므로 이에 대한 대비를 해서 신중하게 접근하기 바란다.

3) 증여의 시기와 금액은 어떻게 결정이 된 걸까요?

증여의 시기는 왜 0살과 10살, 20살, 30살일까라는 것이다. 이는 증여세는 10년간 통산을 하기 때문이다. 그래서 10년을 주기로 계획을 세우는 것이다.

증여 금액이 차이나는 이유는 20살 미만(미성년)은 1천5백만 원까지 증여를 해도 세금이 없으며, 20살부터는 3천만 원까지 증여를 해도 세금이 없기 때문이다. 각 시기에 10년간 통산한 금액이 이 금액을 넘지 말라는 뜻이다.

어떤 분은 1천5백5십만 원을 증여하고, 증여세를 조금 내는 것으로 하는 것이 어떠냐고 질문하시는 분도 있으나, 증여세 신고만으로 이미 소득이 넘어갔음을 알 수 있는데, 세금을 조금 내서 표시를 할 필요는 없을 듯하다.

〈 증여재산 공제액 〉

구　　　분	면제 금액
직계존비속 (계부, 계모 포함)	3천만 원(미성년자 1,500만 원)
배우자	6억 원(2008.1.1이후)
기타친족	500만 원
합산기간	10년간

4) 다 주고 나면 자식이 홀대 하면 어쩌지?

LTE급 증여는 가능한 한 빠른 증여를 의미하는 것인데, 부모의 재산을 모두 자녀에게 미리 증여하면 자식이 홀대하지 않을까 걱정하시는 분이 많다. B새댁도 이 같은 걱정을 하고 있다. 사랑은 내리사랑이라고 했다. 요즘은 역귀향 현상도 많이 일어난다. 요즘 부모의 사랑이 '올래 사랑'이 아니라 '갈래 사랑'(부모가 자식이 있는 곳으로 이동하는 현상)이 되어 버린 현실이 안타깝다. 이럴 경우를 대비하여 '조건부 증여' 제도가 있다.

조건부 증여는 계약 내용을 이행하지 않으면 증여를 취소할 수 있도록 한 증여를 말한다. 증여도 계약의 한 형태이므로 다음의 조건을 붙여 증여를 하는 것이다.

부모님을 모시거나, 한 달에 한 번 이상 문안을 오도록 하는 것, 1년에 몇 차례 온 가족이 함께 여행을 가도록 하는 등 효도나 우애와 관련된 조건들을 넣을 수 있다. 재산의 소유권만 넘겨주고 수익·처분권은 그대로 갖는 것도 이 방식의 한 형태이다.

노후에도 당당함을 지키고 싶다면 이를 추천하지만, 마음에서 우러나오는 효가 진정한 효인 것을 이렇게까지 안정장치를 해야 하는 현실이 참 씁쓸하다.

결자해지(結者解之)란 말이 있다. 맺은 사람이 풀어야 한다는 뜻으로, 일을 저지른 사람이 그 일을 해결하여야 한다는 말이다. 세법을 적용한다면 '결자해지(缺字解止)'는 증여 조건을 결(缺)한 자(子)는 증여 계약을 해지(解止) 당할 수 있다는 뜻으로 해석할 수 있다. 아들딸들은 받은 것보다 더 많은 효를 행해야 할 것이다.

■///// **김세무사의 똑소리**

[꼭 금융상품을 사용해야 하나요?]

금융상품이 제일 많이 쓰이는 방법이라서 대표적으로 설명한 것이며, 기간의 이익이 올라오는 것도 좋은 상품이
될 수 있다. 예를 들어, 상가를 증여하는 것을 들 수 있는데, 상가 자체의 증여로 상가에 대한 증여세 신고를 하면,
상가에서 나오는 임대이익에 대해서는 추가 증여세 과세가 없게 된다. 물론 임대이익에 대해서 종합소득세(부동산
임대소득)를 내야 하지만 좋은 자금 출처를 만들어 주는 도구로 사용된다.
또, 한 가지는 권리 수입이 있는데, 예를 들어 저작권이나 실용신안권, 특허권 등으로 부모의 권리 수입 명의를
자식에게 돌려놓으면 그 권리 수입은 영원히 자식의 몫이 된다.

5) 유증 무환을 생각하라.

준비를 잘 하고 있으면 근심이 없다고 하여 유비무환(有備無患)이라는 말을 많이 쓴다.
세법에서는 유증(遺贈) 무환을 들 수 있다. 미리 증여하면 자녀들이 홀대 할 것 같다는
점, 손자들의 얼굴을 보기가 힘들다는 점, 노후에 외롭다는 점 때문에 두려워하시는 분이
계시다면 유증이라는 절차를 권해드리고 싶다. 유언으로 증여를 하는 방법을 말한다. 상
속세를 적용할 때 유증한 상속재산도 상속세 과세 대상이 됨은 물론이다.

■///// **김세무사의 똑소리**

[사인증여(死因贈與)과 유증(遺贈)]

1. 사인증여(死因贈與)
사인증여는 증여자의 사망으로 효력이 생기는 일종의 정지조건부(停止條件附) 증여계약을 말한다.
  '갑(甲)이 죽으면 이 토지를 을(乙)에게 증여한다' 고 하는 계약과 같은 것이다.

(1) 사인증여는 계약이지만, 유증은 수증자의 승낙을 요하지 않는 단독행위이다.
    사인 증여는 증여계약이므로 수증자의 승낙이 필요하다. 유증은 단독행위이므로 수증자 모르게 증여하는
    것이다. 행위자의 사망으로 효력이 발생하는 사인행위인 점은 같다. 계약에 관한 한 증여의 규정을 적용하고,
    효력은 유증에 관한 규정을 준용한다.(민법 제562조)
(2) 유증의 방식에 관한 민법 제1065조 내지 제1072조는 사인증여에 적용되지 않는다.
    (대법원 2001. 9. 14. 선고 2000다66430 판결)
(3) 유류분 반환 청구(遺留分返還請求)가 있을 경우
    유류분반환청구의 목적인 증여(贈與)나 유증(遺贈)이 병존하고 있는 경우 유류분권리자는 먼저 유증을 받은
    자를 상대로 유류분 침해액의 반환을 요구하여야 하고, 그 이후에도 여전히 유류분 침해액이 남아 있는
    경우에 한하여 증여를 받은 자에 대하여 그 부족분을 청구할 수 있는 것이며, 사인증여의 경우에는 유증의
    규정이 준용될 뿐만 아니라 그 실제적 기능도 유증과 달리 볼 필요가 없으므로 유증과 같이 보아야 할 것이다
    (대법원 2001. 11. 30. 선고 2001다6947 판결)

2. 유증

유언에 의하여 자기 유산의 전부 또는 일부를 무상으로 타인에게 주는 행위를 말한다. 일종의 무상증여(無償贈與)
이다.

(1) 유언의 내용으로 증여한다는 내용이 있는 것이며, 상대방이 없는 단독행위이다. 유증은 단독행위인 점에서
계약인 증여와 구별된다. 그러나 사인증여(死因贈與)와 유언에 의한 출연행위에는 유증의 규정이 준용된다
(민법 제562조).
(2) 유증자(遺贈者)로부터 지정된 재산을 받을 자를 수증자(受贈者)라 하고, 유증을 이행할 의무를 진 상속인을
유증의무자라 한다.
수증자는 유언의 효력발생 당시에 존재하는 자이면 누구든지 될 수 있다. 자연인은 물론이고 법인, 그리고
상속인도 수증자가 될 수 있으며, 태아(胎兒)도 수증능력이 있다(민법 제1064조, 제1000조 제3항).
(3) 유증은 포괄유증과 특정 유증, 부관부유증과 단순유증으로 나눌 수 있다.
(4) 효력의 발생 시기
유증은 보통 유언자가 사망한 때부터 그 효력이 발생한다. 정지조건부 유증은 그 조건이 유언자 사망 후에
성취된 때에는 조건 성취시부터, 기한부인 경우에는 기한이 도래한 때부터 효력이 발생한다(민법 제1073조).
유증은 수증자가 유언자의 사망 전이나 조건성취 전에 사망하였을 때에는 무효가 되며(민법 제1089조), 그
목적재산은 상속인에게 귀속한다. 그러나 유언자가 유언으로 다른 의사를 표시한 때에는 그 의사에 의한다
(민법 제1090조). 유증의 목적인 권리가 유언자의 사망시에 상속재산에 속하지 아니한 때에는 유언은 효력이
발생하지 아니한다(민법 제1087조). 포괄수증자는 재산상속인과 동일한 권리와 의무가 있으므로, 그 효력은
물권적이고 유증의무자의 이행문제가 생기지 않는다(민법 제1078조). 특정수증자는 그 특정의 재산에 대한
증여계약이 있는 경우의 수증자의 지위와 비슷하다.

유증을 해놓을 경우에는 자녀들의 재산 다툼을 최소화하는 효과가 있다. 고인의 유지를
받드는 분위기가 형성되기 때문이다.

6) 산타할아버지가 될 것인가, 산티할아버지가 될 것인가?

세대를 건너 뛰어 손자에게 하는 증여는 효과가 더 크다는 것을 증여세 10계명에서 배울
것이다. 아이들의 교육을 제대로 시키기 위해서는 3박자가 맞아야 한다고 한다.

첫째, 엄마의 정보력이다.

엄마들이 학교를 찾아 그렇게 봉사하는 이유도 이 정보력 때문이다. 물론 허당인 정보도
많고, 본인의 욕구를 채우기 위한 것도 없지 않다. 그러나 자식 교육에 대한 충성도를 생
각한다면 용인이 될 수 있는 부분이다.

둘째, 아빠의 무관심이다.

엄한 아빠가 각광받지 못하는 세상이 되었고, 아이들이 예의가 없어도 아빠는 아무 말 못하는 세상이 다가왔다. 즉, 아빠는 아이들에 대한 교육에 무관심으로 일관하는 것이 더 좋은 아빠의 역할이라니 한심한 일이지만, 현실이 그러하단다. 예의가 없는 것은 아마도 삼강오륜 중에서 장유유서(長幼有序)가 무너져서 그럴 것이다. 어른과 어린이 혹은 윗사람과 아랫사람은 지켜야할 차례와 질서가 있어야 하나, 현재는 아마도 장유유사(長幼類似)가 되었기 때문일 것이다. 어른과 어린이가 유사하다는 것으로 차례가 같아졌다는 것을 의미한다.

셋째, 할아버지의 재력이다.

할아버지의 재력이 아이들의 비싼 교육비를 충당할 수 있는 마지막 희망이 되었다. 70대 이상 할아버지가 손자를 품에 안기 위해서는 미리 재산의 일부를 손자에게 증여를 하는 방법을 연구해야 한다.

손자가 태어나면서부터 할아버지는 10년을 주기로 손자에게 증여하는 플랜을 쓰는 것이 세법적으로 절세의 의미가 깊다.

삶의 지혜를, 삶의 연륜을, 삶의 의미를, 삶의 여유를 알려주기에는 우리네 손자들이 너무나도 바쁜 세상이 되었다. 그나마 정기적으로 증여를 해주신 할아버지는 산타할아버지가 될 것이고, 그렇지 못한 할아버지는 산티할아버지가 되는 세상에 살고 있다. 점하나가 인생의 서글픈 단면을 보여준다. 님이라는 글자에 점 하나를 찍으면 남이 되는 세상에 살고 있는 것도 이와 무관하지 않다.

7) LTE급 증여는 배우자도 예외가 아니다.

결혼 후 10년 주기로 배우자에게 줄 수 있는 자금은 6억 원이다. 결혼을 하면서 미리 배우자에게 자금을 증여하고, 증여세 신고를 하면 여러 가지 이점이 있다.

우선, 자금 출처조사를 완벽하게 대비한다.
아울러, 명의를 쓰더라도 공동명의로 경매에 응찰할 수 있어서 절세 측면에서 탁월하다.

마지막으로 미리 증여를 한 부분이 있으므로 혹시 부부 관계를 정리(이혼 등)할 때도 공동명의로 되어 있다면 등기를 옮기지 않아도 된다.

옛말에 '부부유별(夫婦有別)'이라는 말이 있다. 남편과 아내는 유별해야 한다는 것이다. 세법에서 적용하자면 부부는 별도 등기가 있어야 한다는 것으로 명의를 각각 쓰거나 공동명의를 하라는 것으로 해석할 수 있다. 부부유별이 지나치면 부부이별이 되므로 조심해야 한다.

그럼 자금 출처 마련을 위해 배우자에게 미리 증여할 경우에는 각 세금별로 어떤 절세 혜택과 단점이 있는지 알아보자.

(1) 종합소득세

장점 : 임대용 부동산을 부부공동명의로 할 경우 종합소득세를 절세할 수 있다. 과세 표준이 나누어지게 되어 절세의 효과가 발생하게 되는데, 이는 소득세율이 누진구조로 되어 있기 때문이다.

단점 : 소득이 없던 부인에게서 사업소득이 발생하게 되어 국민연금 및 건강보험료가 추가로 부과될 수 있음을 생각해야 한다. 그러나 국민연금은 미래에 물가상승까지 감안해 국가가 보장하는 상품이므로 나중에 수급을 받을 수 있으니 낸 돈을 돌려받는 개념이다. 건강보험료는 몸이 아파 병원에 갈 경우에 사용되므로 절대 긍정 마인드를 가지는 것이 좋을 듯하다.

(2) 증여세

장점 : 미리 자금 출처를 만들어 주어 추가 증여세를 막을 수 있다. 꼭, 등기 전에 명의 분산을 고려할 것을 권한다.

단점 : 부부간의 증여는 증여세 과세시 6억 원(10년 동안)이 기초공제되므로 6억 원(2007년 까지는 3억 원)을 초과하는 증여에 대해서는 증여세(10%-50%)를 납부하여야 하고 소유권 이전시 발생하는 취득관련비용(취득세, 법무사비용, 채권할인료 등)도 감안해야 한다.

(3) 상속세

장점 : 장기적으로 상속세를 절세할 수 있다. 부동산을 증여한 경우에는 기준시가로 평가
되며, 상속세 계산시 증여당시에 가액으로 합산되므로 상속세를 절세할 수 있다.
아울러 LTE급 증여를 한 경우 10년이 넘으면 상속세과세대상에서도 제외된다.

상속세는 부부가 사망했을 때 각자가 남긴 재산에 대해 부과된다. 부부공동명의로 재산을
분산해 놓으면 상속세율(10%-50%)이 낮아질 수 있다.

(4) 양도소득세

장점 : 남편 단독명의로 된 부동산을 양도할 경우 양도차익 전체가 남편의 양도소득이 되
기 때문에 높은 양도소득세율(2012년 이후 6%-38%)이 적용된다. 그러나 부부공
동명의로 된 부동산을 양도하면 양도차익이 50%는 남편, 나머지 50%는 부인의
몫이 나눠지게 된다. 그러므로 낮은 양도소득세율이 적용되므로 양도소득세 부담
이 줄어든다.

단점 : 비과세되는 1세대 1주택 판정, 중과되는 1세대 2주택, 1세대 3주택 이상 여부를
판정할 때에도 부부가 소유하고 있는 주택을 합산한다. 주민등록이 분산되어 있더
라도 부부간이면 별도의 세대로 보지 않는다.
그리고 재산을 부부공동명의로 했을 때 은행융자를 받고자 할 경우 또는 양도하
고자 할 경우 등 부부의사 합치가 필요한 경우 권리행사에 제약이 따를 수 있다.

▰▰/////// 김세무사의 유쾌한 소리

[부부 유별, 21세기로 옮겨오기]
(부부유별에 대한 좋은 글이 있어 소개한다.)

부부는 한없이 가깝고도 먼 사이다. 남남끼리 만나 오래도록 행복하게 살기 위해 서로가 배려하고 주의해야 할
둘만의 세계가 있다. 친숙할수록 예의를 지켜야 한다는 말은 그 어떤 사이보다 부부들이 명심해야 할 지혜이다.

"1960년대에도, 2010년에도 부부관계는 지극히 평범해요. 근본은 사랑과 신뢰죠. 일부러 어렵게 문제를 만들고,
어렵게 생각하다 보니 가장 중요한 것이 가려져서 안 보일 때가 많아요." – 강학중 소장(가정경영연구소)

제 3 장
경매(매매)로 취득시 내야 하는 세금 종류는?

1. 사례 연구

> 경매 교육과정을 이수한 L씨(45세)는 과정 동기와 함께 공동 투자로 경매 물건을 낙찰받기로 했다. 이후 응찰을 하여 최고가매수인으로 낙찰을 받았다. 낙찰을 받은 후 법원에 촉탁 등기를 하러 갔는데, 과정이 너무 어렵더란다. 그래서 법무사 사무실을 통해 등기를 이전해 오기로 했는데, 등기를 이전해 오는 과정에서 세금이 붙는다는 것을 알았다. 그는 어떤 종류의 세금이 있는지, 이와 관련된 다른 부수적인 비용은 어떤 것이 있는지 궁금해 하고 있다. 이에 가깝게 알고 지내는 이 법무사에게 그 내용을 질문하고 있다.

2. 조언 방향

우선 부동산을 이전 할 경우에는 이전하는 형식에 따라 세율은 다르지만, 공통적으로 취득세라는 지방세를 내게 된다. 이는 지방 재정 운영에 꼭 필요한 세금이다. 아울러, 국민주택 채권 등 조세 성격의 채권도 구입해야 하다. 이 채권을 보유하여도 되나, 대부분 그 자리에서 할인을 한다. 아울러 등기를 할 때는 나 홀로 등기에 자신이 없다면 법무사 사무실에 위탁하여 등기를 하는 것이 일반적이다. 용역에 대한 대가를 지불하고 등기를 의뢰한다. 이때도 비용이 든다는 것을 염두 해 두자. 아울러, 무상으로 받아 오는 증여 행위에 붙은 세금을 '증여세'라고 한다. 이 또한 수증인이 취득 과정에서 내게 되는 세금 중에 하나이다. 상속이 발생했을 때 피상속인(고인)이 남긴 재산에 대해서 상속인이 내는 세금을 '상속세'라고 한다. 증여세 및 상속세는 각각 뒷부분에서 자세히 설명하기로 한다. 이 장에서는 취득세 등에 대해서 설명하기로 한다.

3. 이론 및 심화 연구

1) 경매로 취득시, 보유시, 양도시 세금 문제 정리

구분	취득	보유	양도
적용 세금	취득세(등록면허세) 상속세/증여세	재산세 종합부동산세	양도세 증여세 (부담부증여시)
준비 서류	· 취득계약서(직인) · 취득세/등록세 영수증 · 중개수수료영수증 · 각종 개발부담금 · 증여계약서 · 상속협의분할서	· 새시(일명 '샷시'라고 부른다.) / 확장비용 · 보일러 교체비 〈준비서류〉 – 견적서,계약서 – 입금증 – 세금계산서 · 위 3가지는 주택일 경우만 해당됨	· 양도계약서(직인) · 중개수수료영수증
절세 방안	· 자금출처조사 대비 · 특수관계자간 거래시에는 금융자료 완비할 것	· 공사비용 영수증을 철저히 챙김 · 기준시가 이의신청 · 이의신청을 통해서 재산세 및 종합부동산세의 과세 기준인 기준시가를 조정할 수 있다.	· 성실한 신고 · 다주택자/비사업 용토지 절세방안
적용 시기	둘 중 빠른 날 잔금일, 등기 접수일		둘 중 빠른 날 잔금일, 등기 접수일

2) 부동산 취득시 세금

(1) 취득세

부동산을 취득할 때는 유상으로 취득하거나 무상으로 취득하거나 모두 세금을 내야 한다. 2012년 말까지 한시적으로 주택의 유상거래에 대해서 감면을 시행되었고, 2013년 1월1일 이후 취득 분부터는 6개월 한시 유예되고 있다. 그 이후에는 법률 개정이 다시 있을 예정이므로 실무 적용할 때에는 법 개정 사항을 참조하기 바란다.

취득세는 종전의 취득세와 등록세를 합한 것이므로 세율도 종전의 취득세와 등록세 세율을 합한 것으로 한다. 다만, 취득이 수반되지 아니하고 등기·등록만 하는 것은 등록면허세로 부과된다.

(2) 유상취득시 부동산거래 세율표(2012년 말까지)

(가) 주택 유상거래 세율(한시적 2012.09.24. ~ 2012.12.31.)

매매가격 9억 이하이며, 1주택자	국민주택 (전용 85㎡ 이하) 다가구주택	합계 1.1%	취득세 1% 지방교육세 0.10% 농어촌특별세 0%
	대형주택 (전용85㎡ 초과)	합계 1.75%	취득세 1% 지방교육세 0.10% 농어촌특별세 0.65%
매매가격 9억 초과또는 다주택자	국민주택 (전용 85㎡ 이하) 다가구주택	합계 2.2%	취득세 2% 지방교육세 0.20% 농어촌특별세 0%
	대형주택 (전용85㎡ 초과)	합계 2.7%	취득세 2% 지방교육세 0.20% 농어촌특별세 0.50%
매매가격 12억 초과	국민주택 (전용 85㎡ 이하) 다가구주택	합계 3.3%	취득세 3% 지방교육세 0.30% 농어촌특별세 0%
	대형주택 (전용85㎡ 초과)	합계 3.65%	취득세 3% 지방교육세 0.30% 농어촌특별세 0.35%

유상거래만 해당되므로 상속, 증여, 기부채납, 합병, 이혼 시 재산분할청구권 등 무상으로 취득한 경우에는 감면되지 아니한다. 이 유상거래는 법인이 취득하더라도 적용이 된다.

< 2013년 이후에 적용 세율 >[1]

매매가격 9억이하이며 1주택자인 경우	국민주택 (전용85㎡이하) 다가구주택	합계 2.2%	취득세	2%
			교육세	0.2%
			농특세	0%
	대형주택 (전용85㎡초과)	합계 2.7%	취득세	2%
			교육세	0.2%
			농특세	0.5%
매매가격 9억초과 또는 다주택자	국민주택 (전용85㎡이하) 다가구주택	합계 4.4%	취득세	4%
			교육세	0.4%
	대형주택 (전용85㎡초과)	합계 4.6%	취득세	4%
			교육세	0.4%
			농특세	0.2%

(나) 1주택의 범위

주택이라 함은 특별히 따로 규정하지 않고 있으므로 단독주택, 공동주택, 다가구주택, 아파트, 연립, 다세대, 도시형 생활주택, 노인복지주택, 임대주택 등 모든 주택이 포함된다. 한편, 임대주택은 2주택이 되는 경우가 많으므로 거의 감면되지 아니한다.

1주택 여부는 납세의무자(인)별로 판단하므로 법인이든 개인이든 상관없다. 다만, 공동으로 소유하고 있는 경우에는 지분소유도 1주택으로 보기 때문에 지분을 취득하는 경우에도 감면이 되는 반면, 기존에 지분을 소유하고 있는 상태에서 새로이 주택을 취득하면 2주택이 된다.

즉, 1주택자란 세대원의 주택소유여부와 상관없이 새로운 주택을 취득함으로써 1주택 소유가 되는 사람(인별로 기준)이거나, 기존 주택 또는 신규 주택을 3년 이내에 매도할 예정인 취득자를 말한다. 즉, 남편 명의로 된 집이 1채가 있는 경우에 아내의 명의로 다른 주택을 취득하더라도 인별로 보기 때문에 각각 한 채로 소유한 것으로 보아 취득세 감면 혜택을 볼 수 있다.

---

1) 2013년 1월 1일 취득분부터는 6개월간 (2)의 (가)의 세율을 적용하게 되고, 그 이후에는 세법개정이 다시 있을 예정이다. 세법 적용시에 전문가와 상의후에 진행하기 바란다.

■///// 김세무사의 똑소리

[취득세는 인별로 양도소득세 적용은 세대 단위로 한다.]

취득세를 적용할 경우에는 인별로 구분하여 적용하게 되는 반면 양도세를 적용할 경우에는 세대 단위로 적용한다. 즉, 양도세를 적용할 경우에는 세대원 전원이 각자 소유하고 있는 모든 주택 수를 합하여 적용한다. 단, 매매가액 9억 원 이상을 판단할 경우에는 주택 단위를 기준으로 하게 된다.

(다) 일시적 2주택

기존에 살고 있던 곳에서 이사, 본인이나 가족의 취학, 질병 요양, 근무지 이동 등의 사유로 새로운 주택을 구입한 경우에는 새로운 주택을 취득한 날로부터 3년이내에 종전 주택을 처분하여 1주택이 되면 감면이 된다(지방세특례제한법 시행령 17의2). 종전 주택을 처분하는 것 이외에 증여, 상속 등 소유권이 이전되는 것도 포함이 된다. 또한, 주택 자체가 멸실이 되는 것도 이에 속한다.

종전 주택에 거주해야 하는가가 문제가 되는데 실무에서는 거주 여부 등과 상관없이 3년 이내에 신규 주택이나 종전 주택 중 어떤 1주택을 처분할 경우 감면이 적용되는 것으로 해석한다.

(라) 취득당시 가액 9억 원

주택을 취득할 당시의 주택가액은 지방세법 제10조에 따라 계산하므로 취득세 과세 표준액으로 보면 된다. 주택공시 가격이 10억이라 하더라도 이를 9억 원에 법원경매에서 낙찰 받았다면 9억 원이 되는 것이고, 주택공시가격 8억 원 주택을 10억 원에 취득하여 「공인중개사의 업무 및 부동산 거래신고에 관한 법률」 제27조에 따른 신고서를 제출하여 같은 법 제28조에 따라 검증이 된 경우에는 10억 원이 되는 것이다. 즉, 낙찰가액을 기준으로 9억원 여부를 판단하게 된다.

또한, 9억 원의 계산은 주택을 기준으로 계산하므로 공동으로 소유하고 있더라도 가액을 나누지 아니하고 전체 가액을 기준으로 9억 원 여부를 판단한다. 즉, 2명이 10억 원 주택을 취득한 경우에 5억 원이 아닌 10억 원이 주택가액이 된다.

(마) 부속토지를 가지고 있는 경우

주택의 부속토지(또는 지분)를 소유한 경우에는 유주택자에 해당되며, 지상 건물이 멸실된 토지 지분을 소유한 승계조합원은 무주택자로 간주된다. 양도소득자에게 재개발·재건축의 분양권은 1주택으로 간주된다.

(바) 법인이 매수인인 경우

법인이 매수인인 경우에는 취득세 과세표준에 용역비(중개수수료)를 추가하게 된다.

[경매를 통하여 취득하는 경우에는 취득세를 아낄 수 있다.]

취득세를 계산하는 과세 표준은 경매의 경우에는 낙찰가액(매수가액)이 될 것이고, 이 금액은 각종 인수 사항 등이 제외된 금액이 될 것이다.

예를 들면, 일반 매매로 주택을 구입할 경우에는 취득가액이 3억 원인데, 이 3억 원은 임차보증금 인수액이 포함된 금액이다. 계약서는 아마도 이렇게 작성될 것이다.

계약금 3천만 원
중도금 1억 원
잔금 1억 7천만 원
총 취득금액 3억 원

잔금 지급액 중에서 만약 보증금이 7천만 원이 있다면 1억 원만 지불하게 될 것이다. 그래도 취득세의 과세표준은 3억 원이 된다.

그러나 경매로 취득할 경우에 임차인이 주소 전입신고를 말소기준권리보다 먼저 해 놓은 경우에는 '대항력'을 갖추는데 이런 대항력이 있는 임차인이 있는 경우 정상적인 경매 과정이라면 낙찰가액(매수가액)은 2억 3천만 원이 될 것이다. 이 경우 취득세의 과세표준은 2억 3천만 원이 된다. 즉, 경매를 통해서 부동산을 취득할 때 인수사항이 있는 경우에는 취득세를 아낄 수 있다.

(3) 주택이외의 부동산

오피스텔, 상가, 나대지, 임야, 승계조합원	합계 4.6%	취득세	4%
		지방교육세	0.40%
		농어촌특별세	0.20%
농지 (전, 답, 과수원)	합계 3.4%	취득세	3%
		지방교육세	0.20%
		농어촌특별세	0.20%

시가 표준액이 과세 표준이나, 경매를 통해서 취득한 경우에는 매수가액(낙찰가액)이 기준이 되므로 이 금액에 세율을 곱하면 납부 취득세가 된다.

■//// 김세무사의 똑소리

[경매로 받은 집 나 홀로 등기하기]

여유가 된다면, 첫 물건 낙찰 기념으로 나 홀로 등기를 해보는 것도 의미 있는 일이다.

⑴ 대금납입기일까지 경매계에 출석하여 법원 보관금 납부명령서를 받아야 한다.
⑵ 대금납부명령서를 발급받아 법원 은행에 잔금을 납입하고, 500원짜리 인지를 구입한다.
⑶ 경매계로 가서 인지와 영수증을 주고, 대금완납증명원을 발급받는다. 첨부해 주는 부동산 목록과 대금완납증명원(양도신고시 필요함)은 따로 복사를 해서 보관해 둔다.
⑷ 동사무소 – 주민등록등본 1부 발급
   등기소 – 등기부등본 1통(말소사항이 몇 개인지 파악해 놓는다.)
   해당 시군구청 – 토지대장1부, 공시지가확인원 1부
⑸ 위 서류를 발급받고, 구청 세무과로 간다. 매각대금완납증명서를 제출하고, 취득세 고지서를 수취하고, 말소건(1건당 3,600원 : 말소 건에 오류가 없도록 주의)에 대해서 말소등록세 고지서를 수취한다. 취득세 신고서에 서명한다.
⑹ 국민은행에서 채권을 매입한다. 이때 시가표준액을 확인하여 그 금액에 해당하는 것만큼 채권을 매입하면 된다. 보통 할인을 하는데, 2시 이전에 가야 매도가 가능하다는 점에 유의하가 바란다.
⑺ 취득세 등을 은행에 납부한다.
⑻ 등기 신청
   – 경락에 의한 소유권 이전 등기 촉탁 신청
   – 촉탁신청서 : 첨부서류 준비
     ① 등기부등본
     ② 토지대장
     ③ 공시지가확인원
     ④ 주민등록등본
     ⑤ 취득세 및 교육세 영수 필증
   – 국민주택채권 및 등록세 산출 내역서(국민주택채권의 번호를 꼭 기억해 놓자.)
   – 등기신청수수료(이전등기 건당 9,000원, 말소등기 건당 2,000원) : 수입 인지로 준비함
   – 말소할 등기
   – 부동산의 표시
⑼ 우체국 : 송달우편 3회분을 첨부하여 경매 접수를 하는 곳에서 소유권 이전 촉탁서류를 접수하고 약 10일 후 등기권리증을 수령하면 된다.

· **주의 사항 : 편철 순서**
1. 촉탁신청서
   – 등록세 및 채권산출내역서
   – 말소할 등기
   – 등기부등본
   – 주민등록등본 사본
   – 토지대장사본
   – 공시지가확인원 사본
2. 부동산의 표시
   – 등록세 및 채권산출내역서
   – 빈 용지에 등록세 납부 영수증, 수입 증지를 붙인 종이(한 쪽 부분만 살짝 붙임)
   – 말소할 등기
   – 주민등록등본 원본
   – 토지대장 원본
   – 공시지가확인원 원본

3. 부동산의 표시
   - 등록세 및 채권산출 내역서
   - 말소할 등기
   - 주민등록등본 사본
   - 토지대장 사본
   - 공시지가확인원 사본
4. 부동산의 표시
   - 말소할 등기

[국민주택채권 매입대상 및 매입금액을 알아보자.]

매입 대상	매입 금액
1. 부동산등기(등기하고자 하는 부동산이 공유물일 때에는 공유 지분율에 따라 산정한 시가 표준액을, 공동주택인 경우에는 세대당 시가 표준액을 각각 기준으로 하며, 이 경우 공유 지분율에 따라 시가표준액을 산정할 때 하나의 대지 위에 필지가 둘인 경우에는 그 필지를 합하여 하나의 필지로 본다.)	
가. 소유권의 보존(건축물의 경우를 제외한다) 또는 이전(공유물을 공유 지분율에 따라 분할하여 이전등기를 하는 경우와 신탁 또는 신탁종료에 따라 수탁자 또는 위탁자에게 소유권 이전등기를 하는 경우를 제외한다.)	
(1) 주택	
(가) 시가표준액[시가표준액이 공시되지 아니한 신규분양 공동주택의 경우에는 「지방세법」 제10조제5항 제3호 및 동법 시행령 제18조 제3항 제2호의 규정에 의한 취득가격을 말한다. 이하 이 (1)에서 같다.] 2천만 원 이상 5천만 원 미만	시가표준액의 13/1,000
(나) 시가 표준액 5천만 원 이상 1억 원 미만	
1) 특별시 및 광역시	〃 19/1,000
2) 그 외 지역	〃 14/1,000
(다) 시가표준액 1억 원 이상 1억 6천만 원 미만	
1) 특별시 및 광역시	〃 21/1,000
2) 그 외 지역	〃 16/1,000
(라) 시가 표준액 1억 6천만 원 이상 2억 6천만 원 미만	
1) 특별시 및 광역시	〃 23/1,000
2) 그 외 지역	〃 18/1,000
(마) 시가 표준액 2억 6천만 원 이상 6억 원 미만	
1) 특별시 및 광역시	〃 26/1,000
2) 그 외 지역	〃 21/1,000
(바) 시가 표준액 6억 원 이상	
1) 특별시 및 광역시	〃 31/1,000
2) 그 외	〃 26/1,000
(2) 토지	
(가) 시가 표준액 5백만 원 이상 5천만 원 미만	
1) 특별시 및 광역시	
2) 그 외 지역	

■///// 김세무사의 똑소리

(나) 시가 표준액 5천만 원 이상 1억 원 미만	
1) 특별시 및 광역시	〃 40/1,000
2) 그 외 지역	〃 35/1,000
(다) 시가 표준액 1억 원 이상	
1) 특별시 및 광역시	〃 50/1,000
2) 그 외 지역	〃 45/1,000
(3) 주택 및 토지 외의 부동산	
(가) 시가 표준액 1천만 원 이상 1억 3천만 원 미만	
1) 특별시 및 광역시	시가표준액의 10/1,000
2) 그 외 지역	〃 8/1,000
(나) 시가표준액 1억 3천만 원 이상 2억 5천만 원 미만	
1) 특별시 및 광역시	〃 16/1,000
2) 그 외 지역	〃 14/1,000
(다) 시가표준액 2억 5천만 원 이상	
1) 특별시 및 광역시	〃 20/1,000
2) 그 외 지역	〃 18/1,000

(4) 생애 최초 주택 취득에 대한 취득세의 면제(지방세특례제한법 36의2)

(가) 취득시기

2013.04.01.-2013.12.31. 기간에 잔금을 납부하면 가능하다. 즉, 잔금일이 이 기간 내에 있어야 한다. 계약이 이 기간에 이루어졌더라도 잔금까지 완납되거나 등기가 되지 않으면 취득세의 면제를 받을 수 없다.

(나) 대상자(2가지 요건을 모두 충족해야 함)

① 세대원 전원(동거인은 제외함)이 주택 취득일 현재까지 주택을 소유한 사실이 없을 것
세대원은 주민등록표상을 기준으로 하며, 취득은 세대주(세대주의 배우자 포함)가 해야 한다. 배우자나 35세미만(미혼)의 직계비속은 주민등록이 분리되어 있다 하더라도 세대에 해당이 되므로, 배우자나 35세미만의 미혼인 자녀가 주민등록을 분리한 상태에서 주택을 취득한 사실이 있을 경우에는 감면이 되지 않는다. 만약 동생네와 같이 주민등록을 하고 있는데, 제수씨가 집을 샀던 이력이 있는 경우에는 어떻게 될 것인가가 문제가 된다. 세대의 개념에는 형제, 자매까지이므로 형제, 자매의 배우자는 포함되지 아니

한다. 그러므로 제수씨가 집을 가지고 있었다고 해도 감면은 받을 수 있다.

아래의 경우에는 세대주가 아니어도 취득할 경우 감면 대상이 된다.

- 주민등록표상 세대주의 배우자
- 35세 이상인 단독 세대주
- 20세이상 30세 미만인 다음의 어느 하나에 해당하는 자
※ 세대주의 세대원으로 등록되어 있으나 주택 취득일부터 60일 이내에 혼인에 따른 세대를 분가하여 주민등록표상의 새로운 세대주 또는 배우자로 등록할 것이 예정된 자
※ 직계존속(부모로 한정한다)이 모두 사망 또는 이와 유사한 사유로 형제 · 자매와 동일 세대를 구성하고 있는 세대주

■////// 김세무사의 똑소리

[주택을 소유한 사실이 없는 것으로 보는 경우]

아래의 경우는 주택을 소유한 사실이 없는 것으로 보므로 취득시 감면을 받을 수 있다.

(1) 상속으로 인하여 주택의 공유지분을 취득하여 그 지분을 처분한 경우
(2) 도시지역(취득일 현재의 도시지역을 말한다)이 아닌 지역 또는 면의 행정구역(수도권은 제외한다)에 건축되어 있는 주택으로서 다음 각 목의 어느 하나에 해당하는 주택을 소유한 자가 그 주택소재지역에 계속 거주하거나 거주하다가 다른 지역(해당 주택소재지역인 특별시 · 광역시 · 특별자치시 · 특별자치도 및 시 · 군 이외의 지역을 말한다)으로 이주한 경우. 다만, 그 주택을 처분하였거나 주택 취득일부터 1년 이내에 처분한 경우로 한정한다.
　- 사용승인 후 20년이 경과된 단독주택
　- 85제곱미터 이하인 단독주택
　- 상속으로 인하여 취득한 주택
(3) 전용면적 20제곱미터 이하의 주택을 소유하고 있거나 처분한 경우. 다만, 취득일 현재 둘 이상의 주택을 소유하고 있는 경우는 제외한다.
(4) 60세 이상의 직계존속(배우자의 직계존속을 포함한다)이 취득일 현재 주택을 소유하고 있거나 처분한 경우
(5) 취득일 현재 「지방세법」 제4조 제2항에 따라 산출한 시가표준액이 100만원 이하의 주택(멸실된 주택을 포함한다)을 소유하고 있거나 처분한 경우

① 세대별 합산 소득이 7천만원 이하일 것

세대별 합산 소득에서 '세대별'이란 세대주와 배우자만의 소득을 합산하게 되며, '소득'이란 근로소득을 포함하여 사업소득, 이자소득, 배당소득, 연금소득, 기타소득을 포함한 개념을 말한다. 아울러, 소득의 개념은 근로소득은 비과세 근로소득이 있는 경우에는 이를 제외한 총급여액을 기준으로 하며, 다른 소득은 총수입금액

에서 필요경비를 제외한 소득금액을 기준으로 하게 된다.

■///// 김세무사의 똑소리

케이스1〉 양도소득 및 퇴직소득이 있을 경우 합산 여부

양도소득이나 퇴직소득은 합산 대상 소득에 해당이 되지 아니한다. 우리 나라 소득세법에서는 종합소득과 별도 간헐적으로 발생하는 양도소득과 퇴직소득을 따로 과세하는 제도를 두고 있는 이를 '분류과세'제도라고 부른다. 이 제도 때문에 합산하지 아니하는 것이다.

케이스2〉 세대별 합산하는데 아들의 근로소득이 있는 경우에 이를 합산 여부

소득을 합산할 때에는 세대주와 그 배우자만 합산(즉, 부부합산)하는 것이므로 아들의 근로소득은 포함하지 아니하고 합산하면 된다.

케이스3〉 외국인 또는 재외국민(영주권자, 시민권자)의 면제 여부

외국민 및 재외국민은 주민등록말소 대상자이므로 감면 대상이 아니다.

케이스4〉 신청인이 20세 미만인자의 면제 여부

신청인의 조건이 20세 이상이므로 20세 미만자가 취득하는 경우에는 면제 대상이 되지 아니한다.

(다) 가액기준

유상거래분으로 취득당시의 가액이 6억원 이하인 주택에 해당이 될 것

유상거래이므로 실지거래가액으로 6억원을 판단하는 것이며, 원시취득인 신축, 무상거래인 증여나 상속으로 인한 취득은 인정하지 않는다.
주택에 해당이 되어야 하므로 주거용 오피스텔은 감면 혜택이 없게 된다. 생애 최초 주택에 대한 감면은 못 받게 되나, 임대사업을 내게 되는 경우에는 감면이 되는 경우가 있으므로 검토해 보아야 한다.

(라) 감면규모

취득세를 100% 감면한다. 즉, 면제하게 된다. 원래 감면세액에 대해서는 농어촌특별세가 부가 되나, 이 경우는 면제규정이므로 농어촌특별세는 과세되지 않는 것으로 보아야 한다.

(마) 감면신청서 제출

주택 소재지 관할 시 · 군 · 구청에 감면 신청 서류를 제출해야 한다.

[지방세특례제한법 제36의 2(생애최초 주택 취득에 대한 취득세의 면제)]

(1) 세대별 주민등록표상의 세대원 전원(동거인은 제외한다)이 주택 취득일 현재까지 주택을 소유한 사실이 없는 경우로서 세대별 합산 소득이 7천만원 이하인 다음 각 호의 어느 하나에 해당하는 자가 「지방세법」 제10조에 따른 취득 당시의 가액이 6억원 이하인 주택을 유상거래를 원인으로 2013년 12월 31일까지 생애 최초로 취득하는 경우에는 취득세를 면제한다. 다만, 면제대상이 아닌 자가 취득세를 면제받은 경우 그 면제받은 취득세를 추징한다.

1. 20세 이상으로 다음 각 목의 어느 하나에 해당하는 세대의 세대주. 이 경우 세대주의 배우자(「가족관계의 등록 등에 관한 법률」에 따른 가족관계등록부에서 혼인이 확인되는 외국인 배우자를 포함한다. 이하 이 조에서 같다)와 미혼인 35세 미만의 직계비속은 같은 세대별 주민등록표에 기재되어 있지 아니하더라도 같은 세대주에 속한 세대원으로 본다. 이하 이 조에서 같다.
   가. 세대별 주민등록표상에 배우자만을 세대원으로 두고 있는 세대
   나. 세대별 주민등록표상의 배우자를 포함하여 직계존속(배우자의 직계존속을 포함한다) 또는 직계비속(직계비속의 배우자 및 그 자녀를 포함한다. 이하 이 조에서 같다)인 세대원으로 이루어진 세대
   다. 배우자가 사망 또는 이혼 등을 한 경우로서 본인 · 배우자의 직계존속 또는 직계비속을 세대별 주민등록표상의 세대원으로 두고 있는 세대
   라. 직계존속 중 1명 이상과 동일 세대를 구성하고 있으면서 주택 취득일 현재 세대별 주민등록표상 1년 이상 계속하여 동거한 사실이 있는 세대
   마. 가목부터 라목까지를 적용할 때 형제 · 자매(배우자의 형제 · 자매를 포함한다)를 세대별 주민등록표상의 세대원으로 두고 있는 세대

2. 제1호에 따른 세대주의 배우자

3. 35세 이상인 단독 세대주

4. 20세 이상 35세 미만인 다음 각 목의 어느 하나에 해당하는 자
   가. 세대주의 세대원으로 등록되어 있으나 주택 취득일부터 60일 이내에 혼인에 따른 세대를 분가하여 주민등록표상의 새로운 세대주 또는 배우자로 등록할 것이 예정된 자
   나. 직계존속(부모로 한정한다)이 모두 사망 또는 이와 유사한 사유로 형제 · 자매와 동일 세대를 구성하고 있는 세대주

(2) 제1항을 적용할 때 세대별 합산 소득은 세대주 및 배우자(세대별 주민등록표에 제1항 제4호 가목에 따른 배우자로 기재될 예정인 사람을 포함한다)의 소득으로서 급여 · 상여 등 일체의 소득을 말한다.

(3) 제1항을 적용할 때 다음 각 호의 어느 하나에 해당하는 경우에는 주택을 소유한 사실이 없는 경우로 본다.

1. 상속으로 인하여 주택의 공유지분을 취득하여 그 지분을 처분한 경우

2. 「국토의 계획 및 이용에 관한 법률」 제6조에 따른 도시지역(취득일 현재의 도시지역을 말한다)이 아닌 지역 또는 면의 행정구역(수도권은 제외한다)에 건축되어 있는 주택으로서 다음 각 목의 어느 하나에 해당하는 주택을 소유한 자가 그 주택소재지역에 계속 거주하거나 거주하다가 다른 지역(해당 주택소재지역인 특별시 · 광역시 · 특별자치시 · 특별자치도 및 시 · 군 이외의 지역을 말한다)으로 이주한 경우. 다만, 그 주택을 처분하였거나 주택 취득일부터 1년 이내에 처분한 경우로 한정한다.
   가. 사용승인 후 20년이 경과된 단독주택
   나. 85제곱미터 이하인 단독주택

　다. 상속으로 인하여 취득한 주택

3. 전용면적 20제곱미터 이하의 주택을 소유하고 있거나 처분한 경우. 다만, 취득일 현재 둘 이상의 주택을 소유하고 있는 경우는 제외한다.

4. 60세 이상의 직계존속(배우자의 직계존속을 포함한다)이 취득일 현재 주택을 소유하고 있거나 처분한 경우

5. 취득일 현재「지방세법」제4조 제2항에 따라 산출한 시가표준액이 100만원 이하의 주택(멸실된 주택을 포함한다)을 소유하고 있거나 처분한 경우

(4) 제2항 및 제3항을 적용할 때 세대주 및 배우자의 직전 연도 소득 및 무주택자 여부 등을 확인하는 세부적인 기준은 안전행정부장관이 정하여 고시한다.

(5) 안전행정부장관은 제2항에 따른 소득의 확인을 위하여 필요한 자료의 제공을 관계 기관의 장에게 요청할 수 있다. 이 경우 요청을 받은 관계 기관의 장은 특별한 사유가 없으면 이에 따라야 한다.

[생애최초 주택 취득자 취득세 감면 운영기준(개정 2013.6.3 안전행정부고시 제2013-9호)]

제1장 총　칙

제1조(목적) 이 고시는「지방세특례제한법」제36조의2제4항의 규정에 따라 생애최초로 주택을 취득하는 세대주와 그 배우자의 소득 및 무주택자 여부 등을 확인하는 세부 운영기준을 정함을 목적으로 한다.

제2조(용어의 정의) 이 고시에서 사용하는 용어의 정의는 다음과 같다.

1. "무주택세대주"란「지방세특례제한법」제36조의2에 따라 감면적용을 받는 경우로서 감면대상 주택 취득일 현재까지 국내에서 주택을 한번도 소유한 사실이 없는 사람을 말한다.
2. "소득금액증명원"이란「국세청민원사무처리규정(국세청 훈령 제1915호, 2011.12.29.)」제19조, 제20조 및 별표1의 서식 규정에 의거하여 세무서장이 발급하는 서류를 말한다.
3. "사실증명"이란「국세청민원사무처리규정(국세청 훈령 제1915호, 2011.12.29.)」별표2(민원사무규정 제9호)의 서식 규정에 따라 세무서장이 발급하는 서류를 말한다.
4. "근로소득 원천징수영수증"이란 근로소득을 지급하는 원천징수의무자가 「소득세법」제143조 및 「소득세법시행규칙」별지 제24호 서식에 따라 근로자에게 발급하는 서류를 말한다.
5. "통합지방세정보시스템"이란「지방세기본법」제134조의6에 따른 지방세정보통신망의 운영을 통해 감면신청인의 주택소유 여부 등의 필요한 정보를 제공하기 위한 정보시스템을 말한다.

제2장 소득의 범위

제3조(소득의 범위)

① 「지방세특례제한법」 제36조의2제2항에서 말하는 "소득으로서 급여·상여 등 일체의 소득"이란 「소득세법」제4조제1항에 따른 종합소득으로서 이자소득, 배당소득, 사업소득, 근로소득, 연금소득, 기타소득을 말한다.

② 제1항에 따른 소득에 대한 소득금액은 다음 각 호의 기준에 따른 종합소득 금액을 말한다.

1. 근로소득 : 「소득세법」 제24조에 따른 총 수입금액으로 급여, 상여금, 수당 등 일체의 소득을 합산한 총 급여금액. 다만, 「소득세법」 제12조에 따른 비과세 소득금액이 있는 경우 이를 차감한다.
2. 사업소득 : 「소득세법」 제24조에 따라 사업에서 얻은 총 수입금액. 다만, 「소득세법」 제27조 등에 따른 필요 경비금액에 대해서는 이를 차감한다.
3. 근로소득 및 사업소득 금액이 각각 있는 경우에는 이를 합산한 금액
4. 근로소득 또는 사업소득에 따른 소득금액이 있는 사람이 별도로 이자소득, 배당소득, 연금소득 또는 기타소득이 있는 경우에는 이를 합산한 금액
5. 근로소득 또는 사업소득은 없으나 별도로 이자소득, 배당소득, 연금소득 또는 기타소득이 있는 경우에는 합산한 금액

제4조(소득발생 기간의 귀속년도) 제3조제1항에 따른 소득을 확인하는 소득발생 기간의 귀속년도는 주택 취득일이 속하는 년도의 직전년도 소득으로 한다. 다만, 「소득세법」 제70조에 따른 ‘종합소득과세표준확정신고’의 소득금액이 아직 확정되지 않아 직전년도 소득을 확인할 수 없는 경우에는 전전년도 소득으로 한다.

제5조(소득금액의 확인)
① 제3조제2항 및 제4조에 따른 귀속년도분 소득금액을 확인하는 방법은 감면신청인이 제출하는 소득금액증명원(〈참고2〉 서식의 근로소득원천징수영수증을 포함한다. 이 경우 지방자치단체의 장은 감면신청인이 근로소득만 있다고 제출한 경우로 본다)을 통해 소득금액이 7천만원 이하인지의 여부를 확인한다. 이 경우 감면신청인이 지방자치단체의 장에게 제출하는 소득금액증명원은 다음 각 호의 구분에 따른다.

1. 〈참고1〉 서식 구분란의 “근로소득자용”으로 발급된 경우
   - 감면신청인이 근로소득만 있다고 제출한 경우로 본다.
2. 〈참고1〉 서식 구분란의 “종합소득세 신고자용”으로 발급된 경우
   - 감면신청인이 사업소득(사업소득 이외 종합소득이 있는 경우를 포함한다)만 있거나 근로소득 이외 종합소득이 있다고 제출한 경우로 본다.
3. 〈참고1〉 서식 구분란의 “연말정산한 사업소득자용”으로 발급된 경우
   - 감면신청인이 정해진 월급이 아닌 실적에 따라 급여·수당 등을 받는 보험설계사 등의 사업소득만 있다고 제출한 경우로 본다.

② 감면신청인이 배우자(「지방세특례제한법」 제36조의2제1항제4호가목에 따른 배우자로 예정인자를 포함한다)가 있는 경우에는 각각 제출하는 서류로 확인되는 금액을 합산한다.

제6조(소득금액을 확인할 수 없는 경우) 제5조에 따라 귀속년도의 소득금액을 소득금액증명원으로 확인할 수 없는 경우에는 종합소득(근로소득·사업소득 및 기타소득)을 신고한 사실 또는 소득금액이 없음을 세무관서장이 증명하는 제2조제3호에 따른 ‘사실증명’으로 확인한다.

제7조(소득금액의 사후확인) 제5조 및 제6조에 따라 감면신청인이 제출하는 소득금액 사항에 대해 지방자치단체의 장은 이후에 관계기관의 장이 제공하는 소득 관련 자료와 사실여부 등을 사후에 확인한다.

제3장 생애최초 무주택세대주 확인

제8조(감면신청인에 대한 무주택세대주 여부 확인)
① 지방자치단체의 장은 감면신청인으로부터 〈별지1〉 서식에 따른 감면신청을 받아 무주택세대주 여부를 확인해야 한다. 이 경우 감면신청서의 각종 기재사항 날인 여부와 감면의무사항 위반시 추징 등 유의사항을 사전에 안내하여야 한다.

② 제1항에 따른 무주택세대주 확인방법은 제11조에 따른 통합지방세정보시스템 조회를 통해 확인하여야 한다. 이 경우 감면신청인과 주민등록표상에 함께 거주하는 것이 확인이 되는 「지방세특례제한법」 제36조의2제1항에 따른 세대원(배우자[혼인의 사유로 배우자로 예정된 사람을 포함한다] · 직계존속 · 직계비속 등) 모두에 대하여도 주택소유 사실 여부를 확인하여야 한다.

제9조(무주택세대주 등의 주택소유 예외사항 확인) 감면신청인이 주택 취득일 이전(以前)에 주택을 소유한 사실이 확인되는 경우에는 「지방세특례제한법」 제36조의2제3항에 따른 주택을 소유한 사실이 없는 경우에 해당되는 지의 여부를 확인해야 하며, 이를 확인하는 방법은 〈별지2〉와 같다.

제10조(주택 소유 여부 등 사실관계 요청 · 통보)
① 지방자치단체의 장은 감면신청인이 제8조에 따른 통합지방세정보시스템 조회결과 주택을 소유한 것으로 확인되었으나, 사실여부를 확인할 필요가 있다고 판단되는 경우에는 해당 지방자치단체의 장에게 그 확인을 요청할 수 있다.

② 제1항에 따른 요청이 있는 경우 그 해당 지방자치단체의 장은 지체없이 그 사실을 확인하고 아래의 〈표〉 서식에 따라 서면으로 그 확인 결과를 통보하여야 한다.

〈주택 소유사실 등 사실확인 통보서〉

성 명	주민번호	주택 물건지	사실 확인내용 (주택소유사실, 주택가격 등)	비 고

제5장 통합지방세정보시스템 등의 운용

제12조(통합지방세정보시스템의 설치 · 운용) 주택분 취득세, 재산세 및 구 종합토지세 납부이력 등 자료축적을 통해 주택 소유 여부를 확인하기 위한 통합지방세정보시스템 운용 전담 조직을 안전행정부에 설치하고 무주택 세대주 확인에 관한 전산조회 검색 서비스를 지방자치단체의 장에게 제공한다.

제13조(통합지방세정보시스템의 활용 범위) 제8조에 따른 통합지방정보시스템에서 제공하는 자료는 지방세 부과 · 징수 등의 목적으로는 활용할 수 없으며, 무주택세대주 확인을 위해 감면신청인 및 그 세대원의 주택소유 사실 여부만을 판단하기 위한 목적으로만 사용하여야 한다.

제14조(과세자료의 제출방법) 지방자치단체의 장은 다음 각 호의 구분에 따라 통합지방세정보시스템으로 과세자료를 전송하여야 한다.

1. 자료전송 범위 : 주택분 재산세, 취득세 및 구 종합토지세 과세자료

2. 자료전송 주기
   가. 취득세 : 지방자치단체의 장이 보유하고 있는 종전의 거래자료는 일괄하여 한번만 전송한다. 다만, 이후의 거래 변동분 자료는 매일 전송한다.
   나. 재산세 : 지방자치단체의 장이 보유중에 있는 종전의 과세자료(구 종합토지세 과세자료를 포함한다)

는 일괄하여 한번만 전송한다. 다만, 이후 신규분 자료는 10월까지 전송한다. 이 경우 「지방세법」 제123조제3항에 따라 과세자료를 제공하는 주기와 동일하다.

3. 자료제공 절차 : 지방자치단체의 장이 운영하는 지방세정보시스템에서 통합지방세정보시스템으로 해당 과세자료를 온라인으로 전송한다. 이 경우 지방자치단체의 장이 과세자료 제공에 동의한 것으로 간주한다.

제14조(통합지방세정보시스템 운영기관 등의 책무) ① 안전행정부, 지방자치단체 소속공무원은 생애최초 무주택자 업무를 수행하기 위해 구축된 과세자료에 대하여 업무 이외의 용도로 타인에게 제공 또는 누설하거나 목적 외의 용도로 사용하여서는 아니 되며, 목적외의 용도로 사용하는 경우에는 「지방세기본법」 제134의9에 따른 과세자료 비밀유지 의무위반에 대한 처벌 규정을 준용한다.

② 지방자치단체의 장은 소속 공무원이 제1항에 따라 무주택세대주 확인을 위한 용도로만 사용하는지에 대한 여부를 주기적으로 확인하여야 한다.

제6장 보 칙

제15조(감면신청서 처리기한) 〈별지1〉 서식에 따라 감면신청인으로부터 감면신청서를 받은 지방자치단체의 장은 감면신청인의 주택 소유 여부 및 주택가격 확인 등에 일정 시일이 소요되는 점을 고려하여 감면처리 기한을 15일 이내로 한다.

제16조(행정정보의 공동이용 확인) 〈별지1〉 서식에 따라 감면신청인이 제출하는 관계 증명서류 중 주민등록등 · 초본은 감면신청인이 지방자치단체의 장으로 하여금 발급에 사전동의하는 경우에는 「전자정부법」 제36조제1항에 따른 행정정보의 공동이용 전산망을 통한 확인으로 갈음할 수 있다.

부 칙 (안전행정부고시 제2013-9호)

제1조 (시행일) 이 고시는 2013년 4월 1일부터 시행한다.

제2조 (소득금액 확인 귀속년도 적용례) 제4조 개정규정을 적용함에 있어 2013년 4월 1일부터 6월 30일까지 주택을 취득한 자에 대해서는 전전년도 또는 직전년도 중에 감면신청자에게 유리한 귀속년도를 선택하여 적용한다.

생애최초 주택 취득자(세대) 감면 신청서 (앞쪽)

접수번호		접수일	처리기간 16일
신청인	성명		주민등록번호
	주소		
	전자우편주소		전화번호 (휴대전화번호)
감면대상	종류 (아파트 □ 연립 □ 다세대 □ 빌라 □ 단독주택 □)		주택가격(거래가격)
	소재지		
감면세액	감면세목	과세연도	기분
	과세표준액	감면구분	
	당초 결정세액	감면받으려는 세액	
감면 신청 사유 (지방세특례 제한법제36조의2)	(뒷면 참조)		

[1] 무주택 세대주임을 확인하는 서류

주민등록등본 □ 주민등록초본 □ 가족관계증명원 □ 기타 확인서류 (   )

※ 기혼(주민등록표상 배우자, 35세미만 직계비속이 세대주와 분가하여 거주하는 지 등) 여부 등을 확인해야 하므로 가족관계증명원 서류는 반드시 제출하셔야 합니다.

※ 주민등록등본(초본)의 경우 해당 지방자치단체의 장으로 하여금 「전자정부법」 제36조제1항에 따른 행정정보의 공동이용 전산망을 통한 확인·발급에 동의하는 경우에는 제출하실 필요가 없습니다. 이에 대해 동의함 □ 동의하지 않음 □

[2] 무주택 세대주가 생애최초로 주택을 취득하는지의 여부를 확인하는 서류

※ 본 확인서류는 감면신청인이 직접 제출하실 필요는 없습니다. 다만, 생애최초 무주택세대주임을 확인하기 위해서는 안전행정부장관 고시(2013-9호) 제8조에 따른 주택소유 여부 확인을 위해 과세자료 정보제공 및 관련 전산조회 사실에 대한 사전 동의가 반드시 필요합니다.

이에대해 개인정보법 제24조에 의한 개인정보(주민등록번호) 수집·이용에 동의함 □ 동의하지 않음 □

☞ 신청인이 동의를 거부할 권리가 있으나, 동의 거부시 이전의 주택보유 사실여부 확인불가로 「지방세특례제한법」 제36조의2제1항에 따른 무주택세대주 감면요건을 준수하지 못한 것으로 보아 감면적용이 제외되는 불이익이 있음

[3] 소득금액을 확인하는 서류

① 세무서장이 확인발급하는 서류 : 소득금액증명원 □ 사실증명원(기타) □ 근로소득원천징수영수증 □

② 기타 확인서류 (   )

※ 직전년도 종합소득(근로·사업·퇴직·연금·기타소득)이 있는 자가 소득금액증명원상 근로소득자용으로 발급을 받거나 근로소득원천징수영수증만을 제출한 경우 등, 신청인이 제출한 서류의 소득이외 종합소득이 있어 그 소득금액이 7천만원이 초과된 사실이 사후에 확인되는 경우에는 추징대상에 해당될 수 있습니다.

※ 신청인의 소득정보(종합소득금액)를 보유하고 있는 관련기관(국세청)에 소득금액 확인과 사후관리를 위해 개인정보법 제24조에 의한 개인정보(주민등록번호)수집·이용에 동의함 □ 동의하지 않음 □

☞ 신청인이 위의 사항에 동의하지 않는 경우에는 사후관리를 위한 실제 소득여부 확인불가로 「지방세특례제한법」 제36조의2제3항에 따른 감면요건을 준수하지 않는 것으로 보아 감면적용이 제외되는 불이익이 있음

「지방세특례제한법」 제36조의2에 따라 위와 같이 지방세 감면을 신청하며, 신청인은 본 신청서의 유의사항 등을 충분히 검토하였고 향후에 신청인이 기재한 사항과 사실이 다를 경우에는 「지방세기본법」 제53조 등의 규정에 따라 가산세를 포함하여 추징대상에 해당될 수 있음을 사전에 인지하였음을 확인합니다.

※ 감면신청인이 지방자치단체의 장에게 제출하는 본 감면신청서는 「지방세특례제한법」 제98조제2항에 따라 감면 의무사항을 위반하는 경우 감면받은 세액이 추징될 수 있다는 내용을 서면통지한 것으로 갈음합니다.

년   월   일

신청인   (서명 또는 인)

시장·군수·구청장 귀하

첨부서류 : 감면받을 사유를 증명하는 서류   수수료 없음

<table>
<tr><td rowspan="30">감면 신청 사유
(지방세특례
제한법제36조의2)</td><td>

※ 아래의 사항을 확인 후 해당란을 기재하십시오

[1] 생애최초 무주택 세대주 여부 및 소득요건을 확인하기 위한 기재사항입니다.

○ 신청인(세대주) 및 그 세대원 전체가 감면대상 주택 취득일 현재까지 주택을 보유한 사실이 없으며, 신청인(배우자 포함)의 소득이 7천만원 이하임을 확인합니다. (예 □ 아니오 □)

세대요건[1] : 기혼세대□ 35세이상 미혼 단독세대주□ 혼인예정 세대□ 부모부양 세대□ 기타□

관 계[2]	성 명	주민등록번호[3]	거주기간[4]	거주기간[4]
세대주 (본　인)				
세대원 (　　)				
세대원 (　　)				
세대원 (　　)				
세대원 (　　)				

1) 신청인이 기혼자 또는 미혼자 세대에 해당하는지 여부를 기재 합니다.

2) 신청인이 세대주인지, 그 세대원이 배우자, 직계존속, 직계비속인지 여부를 기재 합니다.

　－ 20세~35세 미만의 미혼자 중 결혼예정자는 본인이외에 배우자로 예정되는 사람까지 기재해야 하며, 주택 취득일 이후 60일 이내까지 혼인신고를 마치고 주민등록표상 세대주와 배우자로 등재되어 있어야 합니다.

　－ 35세이상 미혼인 자는 주택 취득일 현재 주민등록표상 단독 세대주인 사람만 기재합니다.

　－ 세대주의 배우자와 미혼인 35세 미만의 직계비속은 같은 세대별 주민등록표에 없더라도 기재하여야 합니다

　－ 배우자, 직계존 · 비속 · 형제자매 · 며느리 · 사위 등 세대주와의 관계를 기재하며 동거인은 기재하지 않습니다.

　－ 내국인과 혼인한 외국인도 가족관계증명원에서 배우자로 확인이 되는 경우에는 배우자로 기재합니다.

　－ 위의 사유에 해당되는지 여부는 가족관계증명원으로 확인합니다.

3) 신청인이 외국인(가족관계증명원으로 혼인이 확인되는 내국인의 배우자는 제외) 또는 재외국민(영주권자,시민권자)인 자는 주민등록표상 세대원에서 제외되므로 감면대상자가 아닙니다.

　　－ 신청인이 20세 미만의 미성년자도 감면대상자가 아닙니다.

4) 신청인이 20세~35세 미만의 미혼자 이며 직계존속 중 1인 이상을 부양하는 경우에는 주민등록상 1년이상 계속 동거한 기간을 기재합니다. 그 외의 경우에는 기재하지 않으셔도 됩니다.

5) 소득금액란은 신청인 세대주와 그 배우자만 기재해야 하며, 신청인이 2)의 경우처럼 결혼예정인 미혼인 사람의 경우에는 그 배우자가 될 예정인 사람까지의 소득금액도 기재합니다.

　－ 소득금액 귀속년도는 주택취득일 연도의 직전년도 소득금액이 원칙이며, 소득세법에 따른 종합소득이 확정되지 않아 직전년도 소득을 확인할 수 없는 경우에만 예외적으로 전전년도 소득을 기재합니다.

[2] 무주택자 요건을 확인하기 위한 기재 사항입니다.

① 상속으로 인해 이전주택의 공유지분을 소유한 적이 있으나 감면신청 주택 취득일 현재 그 주택을 처분하였음

　□ 처분하지 않았음 □ 해당사항 없음 □

② 감면신청 주택 취득일 현재 도시지역 외의 지역 및 면소재지 지역에서 거주하거나 거주하다가 다른 지역으로 이주한 경우에는 그 종전 주택*을 처분하여야 합니다. 이에 대해 그 주택을 처분하였음 **처분하지 않았음 □ 해당사항 없음 □**

　－ 다만, 주택취득일 현재까지도 그 주택을 처분*하지 않았다면 1년 이내에 처분을 해야 합니다.

　* 사용승인후 20년이상 경과된주택, 85㎡이하 단독주택, 상속으로 취득한 주택

③ 감면신청 주택 취득일 현재 전용면적 20㎡이하 주택을 2호 이상 소유하고 있음

　□ 소유하고 있지 않음 □ 하지 않았음 □ 해당사항 없음 □

④ 기혼 세대주 또는 20세 이상 세대주와 1년이상 동거하는 직계존속의 나이가 60세 이상인 경우에는 그 직계존속 세대원은 주택이 없는 것으로 간주(처분의 경우도 포함) 합니다.

⑤ 낡은 주택이라도 건물분 시가표준액이 100만원 이상인 경우에는 주택으로 간주합니다.

[3] 신청인께서 알아두셔야 할 유의사항 안내입니다.

○ 신청인이 작성 · 기재한 감면신청서는 「지방세기본법」 제107조의 규정에 따라 진실한 것으로 간주합니다.

○ 다만, 향후에 신청인이 작성 · 기재한 사항이 사실과 다르거나 사후관리를 통해 감면요건을 준수하지 않은 사항이 확인되는 경우에는 「지방세기본법」 제53조 내지 제53조의4 규정에 따라 감면받은 세액 이외에도 가산세(10~40%)가 추가되어 추징대상에 해당될 수 있음을 유의하여 주시기 바랍니다.

○ 또한, 위에서 열거한 사례 이외에도 무주택자 및 소득요건 등에 대한 다양한 개별적 사례가 발생할 수 있으므로 감면대상 해당 여부를 반드시 확인하시어 나중에 추징 등 불이익이 발생되지 않도록 유의하시기 바랍니다.

</td></tr>
</table>

〈별지2〉 주택 소유사실 예외규정에 대한 세부 확인방법

관계 증명 서류		주택을 소유하는 것으로 보지 않는 경우	주요 확인사항 (통합지방세정보시스템을 통한 확인)
제1호		상속에 따른 주택의 공유지분을 취득하여 그 지분을 처분한 경우	통합지방세정보시스템상 취득신고 자료로 상속여부 확인
2호	본문	국계법 제6조에 따른 지역 또는 면의 행정구역에 건축되어 있는 주택을 소유한 자가 그 소재 지역에 거주하거나 타지역으로 이주한 경우	국토의 계획 및 이용 지역 정보와 대사후 해당 도시지역이외 주택인지 확인 ※ 국계법 제6조에 따른 지역 또는 면의 행정구역 정보 혹은 기준이 제공되어야 가능
	가	사용승인 후 20년이 경과된 단독주택	통합지방세정보시스템상 과세물건 자료 등으로 확인 ※준공년도 정보가 없는경우 대법원등기부등본 열람시스템으로 개별확인
	나	85제곱미터 이하인 단독주택	통합지방세정보시스템상 면적으로 확인 ※면적 정보가 없는 경우 대법원등기부등본 열람시스템으로 개별확인
	다	상속으로 인하여 취득한 주택	통합지방세정보시스템상 취득원인 코드로 상속여부 확인
제3호		20제곱미터 이하의 주택을 소유하고 있는 경우(1주택)	통합지방세정보시스템상 면적으로 확인 ※단, 전용면적 정보 누락시 대법원 등기부등본 열람시스템으로 확인
제4호		60세 이상의 직계존속이 주택을 소유하고 있는 경우	통합지방세정보시스템상의 주민번호로 확인
제5호		산출한 시가표준액이 100만원 이하의 주거용 건축물을 취득일 현재 소유하고 있는 경우	통합지방세정보시스템상 취득 당시 산출과표로 확인 ※단, 산출과표 정보가 없을 경우 해당 자치단체에서 시가표준액을 계산하여 확인

※ 〈참고1 ~3 〉 소득금액증명서상에서 인정되는 소득금액 (음영부분), 근로소득 원천징수영수증상에서 소득이 인
  정되는 금액(음영부분), 사실증명서 소득이 없음을 확인하는 사항 (음영부분)

〈참고1〉 소득금액증명서상에서 인정되는 소득금액 (음영부분)

[국세청민원사무처리규정 제5호 서식]

발 급 번 호	소 득 금 액 증 명		처 리 기 간
	□ 종합소득세 신고자용 □ 연말정산한 사업소득자용 □ 근로소득자용		즉 시
주　소			
성　명		주 민 등 록 번 호	

(단위 : 원)

소 득 구 분	원 천 징 수 의 무 자	소 득 금 액 (과 세 대 상 급 여 액)	총 결 정 세 액
귀 속 연 도	법 인 명 (상 호)		
	사 업 자 등 록 번 호		

위와 같이 증명합니다.

년　　　　월　　　　일

세 무 서 장 (인)

접 수 번 호		○ 소득금액내용
담 당 부 서		－ 종합소득세 신고자 : 종합소득금액(결정소득금액) 　※ 이월결손금을 공제하지 않은 금액임 － 연말정산 근로소득자 : 과세대상급여액
담 당 자		－ 연말정산 사업소득자 : 당해연도 소득금액(사업소득금액)
연 락 처		－ 일용근로소득자 : 원천징수의무자가 소득세법 제164조의 규정에 　의하여 제출한 일용근로소득지급명세서의 총지급액(과세소득)

〈참고1〉 소득금액증명서상에서 인정되는 소득금액 (음영부분)

<table>
<tr><td colspan="3" rowspan="2">[　]근로소득 원천징수영수증
[　]근로소득 지 급 명 세 서</td><td>거주구분</td><td>거주자1/비거주자2</td></tr>
<tr><td>거주지국</td><td>거주지국
코드</td></tr>
<tr><td rowspan="2">관 리
번 호</td><td rowspan="2"></td><td rowspan="2"></td><td>내 · 외국인</td><td>내국인1 /외국인9</td></tr>
<tr><td>외국인단일세율적용</td><td>여 1 / 부 2</td></tr>
<tr><td colspan="3">([　]소득자 보관용 [　]발행자 보관용 [　]발행자 보고용)</td><td>세대주여부</td><td>세대주1, 세대원2</td></tr>
<tr><td colspan="3"></td><td>연말정산구분</td><td>계속근로1, 중도퇴사2</td></tr>
</table>

징 수 의무자	1) 법인명 (상호)	2) 대 표 자 (성　명)
	3) 사업자등록번호	4) 주 민 등 록 번 호
	5) 소재지 (주소)	
소득자	6) 성　　　명	7) 주 민 등 록 번 호
	8) 주　　　소	

	구 분	주(현)	종(전)	종(전)	16-1) 납세조합	합 계
Ⅰ 근무처별소득명세	9) 근 무 처 명					
	10) 사업자등록번호					
	11) 근 무 기 간					
	12) 감 면 기 간					
	13) 급　　　여					
	14) 상　　　여					
	15) 인 정 상 여					
	15-1) 주식매수선택권 행사이익					
	15-2) 우리사주조합인출금					
	15-3) 임원 퇴직소득금액 한도초과액					
	15-4)					
	16) 계					

	구 분					
Ⅱ 비과세 및 감면소득명세	18) 국 외 근 로	M0X				
	18-1) 야간근로수당	O0X				
	18-2) 출산·보육수당	Q0X				
	18-4) 연구보조비	H0X				
	18-5)					
	18-6)					
	18-25)					
	19) 수련보조수당	Y22				
	20) 비과세소득 계					
	20-1) 감면소득 계					

	구　　분		69) 소 득 세	70) 지방소득세	71) 농어촌특별세
Ⅲ 세액명세	64) 결 정 세 액				
	기납부 세 액	65) (결정세액란의 세액 기재)	사업자등록번호			
		66) 주(현)근무지			
	67) 차 감 징 수 세 액				

위의 원천징수액(근로소득)을 정히 영수(지급)합니다.

년　　월　　일

징수(보고)의무자　　　　　　　　　　　　　　　　　　(서명 또는 인)

세 무 서 장 귀하

[국세청민원사무처리규정 제9호 서식]

발 급 번 호	사 실 증 명	처 리 기 간
		즉 시

<table>
<tr><td rowspan="8">납
세
자</td><td>1) 주소 또는 거소
(법인은 본점소재지)</td><td colspan="3"></td></tr>
<tr><td>2) 사 업 장 소 재 지</td><td colspan="3"></td></tr>
<tr><td>3) 상 호(법 인 명)</td><td colspan="3"></td></tr>
<tr><td>4) 사업자등록번호</td><td></td><td>5) 전 화 번 호</td><td></td></tr>
<tr><td>6) 성 명(대 표 자)</td><td></td><td>7) 주민(법인)등록번호</td><td></td></tr>
<tr><td>8) 사 용 목 적</td><td></td><td>9) 수 량</td><td></td></tr>
</table>

주민등록번호 공개여부	□ 공 개	□ 일부공개
주　　소 공개여부	□ 공 개	□ 비 공 개

위 납세자의 위임을 받아 대리인이 신청 및 수령하는 경우에는 아래 사항을 기재하여 주시기 바랍니다.

대리인 인적사항	성 명	주민등록번호	전화번호	납세자와의 관계
증명 받고자 하는 내용				

위의 내용이 사실과 같음을 증명하여 주시기 바랍니다.

년　　　　월　　　　일

신청인(본인)　　　　　　　　　　　　　　　　　(서명 또는 인)

대리인　　　　　　　　　　　　　　　　　　　(서명 또는 인)

세 무 서 장 귀하

※ 대리인이 신청할 경우 민원서류 위임장 [국세청민원사무처리규정 제13호 서식]을 작성하여 제출하여야 합니다.

※ 개인정보보호법 제24조에 의한 수집·이용 동의 [신청인(본인)]
O 수집·이용목적(증명발급, 사후관리 등)　O 보유·이용기간(5년)
O 수집대상 고유식별정보 [주민등록번호,외국인등록번호, 여권번호)
☞ **상기내용에 대해 동의함 □, 동의하지 않음 □**
O 동의를 거부할 권리가 있으며, 동의 거부에 따라 불이익(증명발급 불가)이 있을 수 있음

※ 개인정보보호법 제24조에 의한 수집·이용 동의 [대리인]
O 수집·이용목적(증명발급, 사후관리 등)　O 보유·이용기간(5년)
O 수집대상 고유식별정보 (주민등록번호, 외국인등록번호, 여권번호)
☞ **상기내용에 대해 동의함 □, 동의하지 않음 □**
O 동의를 거부할 권리가 있으며, 동의 거부에 따라 불이익(증명발급 불가)이 있을 수 있음

위의 내용이 사실과 같음을 증명합니다.

접수번호		년　　　　월　　　　일
담당부서		
담 당 자		세 무 서 장 (인)
연 락 처		

제 4 장
취득시 절세 방법 딱 8가지만 기억하세요

1. 사례 연구

앞에서 공동 투자를 했던 L씨(45세)는 경매로 취득하거나, 일반 매매로 취득했을 때 취득세를 아낄 수 있는 방법을 알고 싶어 한다. 어떤 사람들은 취득세를 줄이기 위해서 다운 계약서도 쓴다고 하던데 이런 전략에 대해서 김 세무사에게 질문을 하고 있다. 아울러 취득세를 아낄 수 있는 다른 방법은 없는지 궁금해 하고 있다.

2. 조언 방향

앞에서는 경매를 통해서 부동산을 취득할 경우에는 취득세를 아낄 수 있는 원초적인 요건을 보았다. 특히, 경매에서는 낙찰가액(매수가액)을 낮출 수 있는 요인이 많이 발생하는 바 이를 통해서 자연적으로 취득 관련 지방세인 취득세를 줄일 수 있다. 일반 매매 시 다운 계약서를 써서 취득세를 줄이는 방법은 침소봉대(針小棒大)의 방법이다. 나중에 양도소득세를 낼 때 후회막급이 될 가능성이 매우 높다. 세금 정책이 수시로 변화하는 모습을 볼 때는 원칙을 지켜가면서 처리하는 것이 좋다. 다운 계약서는 세무관서에서도 어느 정도 파악하고 있으므로 절대 쓰지 않기를 권고한다. 다운 계약서를 쓰면 세금으로 '넉 다운'이 된다는 사실을 잊지 말자. 그럼 업 계약서는 어떨까에 대해서 궁금할 것이다. 아래에서 자세히 보기로 한다.

3. 이론 및 심화 연구

전략1) 분양권 전매가 가능할 경우에는 분양권 상태일 때 사는 것이 유리하다.

현재 분양권 전매 금지는 거의 해제가 되었으므로 분양권 전매를 할 경우에는 준공 전에 분양권인 상태에서 구입하는 것이 취득세를 아낄 수 있다. 예를 들어 보자.

〈사례〉

A일 때(준공 전) 구입할 경우 ← 준공일기준 → B일 때(준공후) 구입할 경우

분양가가 1억일 경우에 프리미엄이 1억 원 붙었다고 가정한다면,
A상황일 때(준공 전) 구입하면 취득세로 1억에 2.3%(가정) = 2,300,000원을 내야 하나, B상황일 때(준공 후) 구입하면 취득세는 (1억+1억 프리미엄)을 합한 2억 원에 대해서 4,600,000원을 내야 한다. 즉, 시점에 차이에 따라서 취득세를 2배로 내야 하는 경우가 생길 수 있다.
분양권 전매가 가능하면 반드시 준공 전에 분양권인 상태에서 구입하는 것이 취득세 절세에 도움이 된다.

■▨///// 김세무사의 똑소리

[분양권에 프리미엄을 주고 산 금액은 양도세 계산시 어떻게 처리되는가?]

분양권에 포함된 프리미엄은 취득가액을 구성하여 양도소득세 계산시 공제를 받게 된다. 분양권 매매계약서에 프리미엄을 낮춰서 신고하는 경우가 종종 있는데 이럴 경우에는 양도소득세를 많이 내야 한다는 점 기억하자. 분양권은 세법에서는 '부동산을 취득할 수 권리'라고 부른다. 이 권리를 양도한 사람도 양도소득세를 내는 것은 자명한 일이다.

<u>전략2) 취득세(60일 이내)를 제때에 납부할 것</u>

경매를 통해서 부동산을 취득하는 경우에는 취득세를 60일 이내에 납부하거나, 신고를 하지 않으면 가산세 부담이 있다.
가산세는 세법이 정한 기한 내에 그 의무를 이행하지 아니한 것에 대한 행정상 제재로서 행정질서벌의 일종이다. 가산세는 행정질서벌의 성격을 갖고 있는 반면 가산금은 채무이행의 연체에 대한 일종의 연체이자의 성격을 갖고 있다.

취득세의 가산세는 취득세를 취득일부터 60일 이내 또는 등기·등록일까지 신고하지 아니할 경우에 본래의 산출세액의 20%가 가산되는 "신고불성실가산세"와 납부지연에 따른 1일 1만분의 3에 해당하는 "납부불성실가산세"를 본세에 부가하여 징수한다. 신고를 한 경우에는 납부불성실가산세만 가산되고, 신고조차 하지 아니한 경우에는 20%에 지연일수에 따른 가산세를 추가부담하게 된다.

예를 들어, 납부할 세액이 1억일 경우에 60일이 지난 경우 신고조차하지 않았다면 2천만 원의 세금을 추가로 내야 한다. 이 또한 절약할 수 있는 금액이다.

즉, 60일 이내에 반드시 납부하도록 하자. 경매를 통해서 등기를 하는 경우에는 촉탁등기를 하게 되면 이를 어길 수 있는 여지가 적으나 이를 항상 체크하여 반드시 정해진 날짜에 납부하도록 하자. 납부를 하게 되면 신고를 하지 않아도 된다.

<u>전략3) 취득세의 절세 방안이 있는지 확인하자.</u>

1. 40㎡ 이하 소규모주택 감면

가. 1가구 1주택에 해당 될 것
세대주와 그 가족(동거인은 제외)으로 구성된 1가구가 국내에 1주택으로 소유할 것을 요건으로 한다. 세대주의 배우자와 미혼인 30세미만의 직계비속은 주민등록표에 기재되어 있지 않더라도 같은 가구로 본다. 이혼한 경우에는 주민등록표를 따로 둔다면 1가구에 포함되지 않는다.

이 경우 65세 이상인 직계존속, 「국가유공자 등 예우 및 지원에 관한 법률」에 따른 상이등급 1급부터 7급의 상이국가유공자인 직계존속, 장애인복지법에 따라 등록한 장애등급 1급부터 3급까지의 장애인인 직계존속을 부양하고 있는 사람은 같은 세대별 주민등록표에 기재되어 있더라도 같은 가구에 속하지 아니하는 것으로 본다.

직계존속 또는 직계비속의 개념에 대하여는 민법 등 실정법상에 정의규정을 두고 있지 않다. 직계의 기준을 부계(父系)로 하느냐, 모계(母系)로 하느냐에 따라 그 범위가 달라진다. 법무부에서는 부계와 모계 모두를 기준으로 하여 "조부모—부모—자녀—손자녀", "외조부모—모—외손자녀"로 해석하고 있다(법무부 법심 61010-783, 1999.7.31).

나. 연면적 또는 전용면적이 40제곱미터 이하인 주거용 건축물 및 그 부속토지

다. 취득가액이 1억 원 미만인 주택

라. 2015년 말까지 취득세를 면제한다.

마. 상속으로 인한 취득 및 원시취득의 경우에는 감면을 하지 아니한다. 1가구인 상태에서 새로 주택을 취득할 경우에는 감면이 되지 아니한다. 단, 새로 주택을 취득한 날로부터 60일 이내에 종전 주택을 증여 외의 사유로 매각하여 1가구 1주택이 되는 경우에는 감면이 된다. (지특법 33 ②)

■////// 김세무사의 똑소리

[소형주택]
- 1가구 1주택에 해당이 될 것
- 연면적 또는 전용면적이 40㎡이하인 주거용 건축물과 그 부속토지
- 취득가액이 1억원 미만인 주택
- 2015년 말까지 취득세 면제됨

[경매할 때 실전 사례]
재개발지에 지분 중에서 40제곱미터의 지분에 경매 투자할 경우에 유용한 규정이다. 단, 1가구 1주택에 해당되어야 한다는 점과 취득가액이 1억 원 미만인 주택이어야 한다는 점을 유념하기 바란다.

2. 공동 주택의 개수에 취득세 면제 규정을 활용한다.

주택법 제2조 제2호에 따른 공동주택의 개수로 인한 취득분 중에서 취득당시 시가표준액이 9억 원 이하인 공동주택과 관련된 개수로 인한 취득에 대하여는 취득세를 부과하지 아니한다(지방세법 제9조의 ⑥). 그러나 「건축법」 제2조 제1항 제9호에 따른 건물의 전체 수리에 해당하는 대수선에 해당하는 경우에는 과세를 한다.

3. 소규모 주택 건축주 감면

가. 세무서에 주택건설사업자로서 분양 목적 주택을 건축할 것
   분양을 목적으로 건축하였으나 임대로 일시 전환되는 경우에도 감면을 하게 된다.
   사용승인서 발급일자와 같은 날까지 세무서의 건설업 또는 부동산매매업의 대한 사업자등록증을 교부받아야 한다. 늦게 발급 받으면 감면이 되지 않는다. 건축주와 사업자등록자가 동일해야 하며, 건축주가 반드시 사업자등록을 해야 한다.

나. 면적 요건을 충족할 것
   ① 주택건설사업자가 공동주택을 분양할 목적으로 건축한 전용면적 60제곱미터 이하인 5세대 이상의 공동주택
   ② 그 공동주택을 건축한 후 미분양 등의 사유로 지방세특례제한법 제31조에 따른 임대용으로 전환하는 경우 그 공동주택
   ③ 2014년 12월 31일까지 취득세를 면제한다(지특법 33).
   ④ 해당 공동주택의 부대시설 및 복리시설을 포함하되, 분양하거나 임대하는 복리시설은 제외한다.

다. 주의 사항
   본 규정은 지특법 제33조를 적용하는 바 이 경우 부속토지에 대해서는 주택건설사업자가 60제곱미터 이하의 공동 주택을 건축하였더라도 당초 취득한 토지에 대해서는 감면이 되지 않는다는 점에 유의하기 바란다.

전략4) 다운계약서/업 계약서 작성시에는 신중을 기할 것

다운 계약서 및 업 계약서는 현재 국세청 시스템상에 거의 노출이 된다는 점에 유념해야 한다. 몇 가지 항목을 테스트하게 되면 다운 계약서를 썼는지 업 계약서를 썼는지 확인할 수 있다. 업 계약서를 쓰는 경우를 알아보자.

만약 갑의 부동산을 취득하는 을이 갑이 '비과세'라는 것을 알고 있었다면, 이런 협상을 할 수 있다. '갑은 어차피 비과세이므로 매수가액을 3억이 아닌 4억으로 해주시는 대신에 5백만 원을 더 드릴게요.' 그럼 을은 양도신고시에 취득가액이 4억 원이 될 것이다. 그러면 을의 입장에서도 세금을 줄일 수 있다. 그러나 현재는 갑이 비과세임에도 불구하고 업계약서를 쓴 것이 발각이 되면 갑의 비과세를 취소하고 세금을 매기는 규정이 적용됨에 유의해야 한다.

다운계약서와 업계약서는 지옥행 열차를 타는 것과 같다. 저승사자와 하이파이브 하는 일은 하지 않는 것이 좋다.

이런 경우 업 계약서 쓴 것을 어떻게 알까?

우선 각 아파트 등 부동산에 대한 사례가액을 국세청에서 데이터베이스화하고 있어서 현저하게 차이가 나는 것을 확인한다. 그리고 계약서도 확인하게 되는데 예를 들자면 계약서가 이렇게 작성되었을 것이다.

계약금   3천만 원
중도금   1억 원
잔금   1억7천만 원
양도가액 3억 원

잔금일 며칠 전에 협상이 들어오는 경우이다. 중개사사무실도 이를 바꾸기가 번거로우므로 잔금의 1억을 살짝 2억으로 바꾼다. 이렇게 매매계약서를 작성하게 된다. 이럴 경우에는 어떻게 업 계약서를 썼는지 알 수 있을까?

계약금이 3천만 원이라는 것을 보고 알 수 있다. 4억이면 계약금이 4천만 원이 되어야 한다는 사실! 이외에도 몇 개의 조사항목으로 업 계약서 및 다운 계약서를 찾아낼 수 있다.

전략5) 자금출처조사를 미리 대비할 것

앞에 장을 참고하기 바란다. 자금출처조사는 100번 강조해도 지나침이 없는 부분이다. 미리 자금출처를 만들어주는 일, 이제는 새로운 절세 전략에 핵심이라는 사실을 꼭 명심하자.

<u>전략6) 등기전 명의 분산을 고려할 것</u>

자금출처가 명확하다면 등기 전에 명의 분산을 고려해야 한다. 대의명분(大義名分)을 많이 이야기한다. 이를 세법에 적용한다면 '절세 명분(名分)'이 될 것이다. 절세를 위해서는 반드시 등기 전에 명의 분산을 해야 한다는 것이다. 등기 후에 할 경우에는 추가 세금이 따라 오게 된다.
예를 들어, 아버지 명의로 된 주택을 아들 명의로 증여하는 경우에 아들이 5년 이내에 팔면 증여의 효과가 없어지는 규정(이를 '이월과세'라 한다.)에 해당 하게 되고, 아들에게 증여할 경우에는 취득세만 한 번 더 내는 현금 손실만 있게 된다.
등기 전에 명의 분산을 미리 고려하여 취득하는 것이 추가 세금을 줄일 수 있는 현명한 방법이다.

<u>전략7) 아파트 구입시 선납 할인 제도를 활용할 것</u>

아파트를 구입시 부동산 활황기가 아닌 이상 냉각기일 때는 대규모 할인 행사를 많이 해준다. 아울러 잔금을 한 달 정도 일찍 낼 경우에는 할인을 해 주게 된다.
이때 취득세는 분양가액으로 매겨지는 것이 아니라, 할인된 금액에 부과를 하게 된다는 사실 때문에 취득세를 아낄 수 있다. 이자를 내는 것보다 취득세를 더 줄이는 것이 현금흐름에서 강점이 된다. 이때 취득세 계산 시 할인된 가격으로 결제되었다는 입금증을 첨부하면 취득세를 그 금액 기준으로 내게 된다.
이처럼 선납할인제도를 이용하면 절세에 도움이 된다.

<u>전략8) 주택 및 주거용 오피스텔일 경우 임대주택사업자를 내라.</u>

1. 임대주택 등에 대한 취득세 감면

(1) 임대사업자로 등록할 것
  임대주택법 제2조 4호에 의거 임대사업자로 등록할 것이 요건이다. 임대용 부동산을 취득일로부터 60일 이내에 임대사업자로 등록한 경우도 포함한다.

(2) 공동 주택과 그 부속토지의 임대일 것(일정 오피스텔을 포함함)
  공동주택에 해당되어야 한다. 공동주택이라 함은 주택법 제2조 제2호에 따른 공동주택을 말하며 기숙사는 제외한다(지방세특례제한법 2 ① 3호). 공동주택은 다세대주택, 연립주택, 아파트를 말한다. 도시형 생활주택도 공동주택의 범위에 포함된다.

■////// 김세무사의 똑소리

[임대주택법상의 임대주택의 요건]

● 임대사업자란?
임대주택법상 '임대사업자'란 국가, 지방자치단체, 대한주택공사, 지방공사, 임대주택법 제6조에 따라 주택임대사업을 하기 위하여 등록한 자 또는 같은 법 제7조에 따라 설립된 임대주택조합을 말한다.

● 임대 주택의 임대 요건?
주택임대사업을 하기 위해 등록하려면 건설임대주택의 경우 단독주택은 2호, 공동주택은 2세대 이상을 건축해야 하고, 매입임대주택의 경우에는 단독주택은 1호, 공동주택은 1세대를 매입해야 한다. 매입임대주택의 경우 주택법 제2조 1호의 2에 따른 준주택 중 대통령이 정하는 오피스텔을 포함한다.

[관련 규정]

주택법 제2조 ②

'공동주택'이란 건축물의 벽·복도·계단이나 그 밖의 설비 등의 전부 또는 일부를 공동으로 사용하는 각 세대가 하나의 건축물 안에서 각각 독립된 주거생활을 할 수 있는 구조로 된 주택을 말하며, 그 종류와 범위는 대통령령으로 정한다.

주택법시행령 제2조(공동주택의 종류와 범위)

① 「주택법」 제2조제2호의 규정에 의한 공동주택의 종류와 범위는 「건축법 시행령」 별표 1 제2호 가목 내지 다목의 규정이 정하는 바에 의한다.
② 제1항의 규정에 의한 공동주택은 그 공급기준 및 건설기준 등을 고려하여 국토해양부령으로 그 종류를 세분할 수 있다.

건축법 시행령 별표 1 제2호 가목 내지 다목

2. 공동주택(가정보육시설·공동생활가정 및 재가 노인복지시설을 포함한다). 다만, 가목이나 나목에서 층수를 산정할 때 1층 전부를 필로티 구조로 하여 주차장으로 사용하는 경우에는 필로티 부분을 층수에서 제외하고, 다목에서 층수를 산정할 때 1층의 바닥면적 2분의 1 이상을 필로티 구조로 하여 주차장으로 사용하고 나머지 부분을 주택 외의 용도로 쓰는 경우에는 해당 층을 주택의 층수에서 제외한다.

　가. 아파트 : 주택으로 쓰는 층수가 5개 층 이상인 주택
　나. 연립주택 : 주택으로 쓰는 1개 동의 바닥면적(지하주차장 면적은 제외한다)
　　　　　　　　합계가 660제곱미터를 초과하고, 층수가 4개 층 이하인 주택
　다. 다세대주택 : 주택으로 쓰는 1개 동의 바닥면적(지하주차장 면적은 제외한다) 합계가 660제곱미터
　　　　　　　　이하이고, 층수가 4개 층 이하인 주택

주택법 제2조 ④

'도시형 생활주택'이란 300세대 미만의 국민주택규모에 해당하는 주택으로서 대통령령으로 정하는 주택을 말한다.

주택법시행령 제3조(도시형 생활주택)

① 법 제2조제4호에서 '대통령령으로 정하는 주택'이란 「국토의 계획 및 이용에 관한 법률」에 따른 도시지역에 건설하는 다음 각 호의 주택을 말한다.

1. 단지형 연립주택 : 「건축법 시행령」 별표 1 제2호 나목에 해당하는 주택 중 제2호의 원룸형 주택을 제외한 주택. 다만, 「건축법」 제5조제2항에 따라 같은 법 제4조에 따른 건축위원회의 심의를 받은 경우에는 주택으로 쓰는 층수를 5층까지 건축할 수 있다.

1의2. 단지형 다세대주택 : 「건축법 시행령」 별표 1 제2호 다목에 해당하는 주택 중 제2호의 원룸형 주택을 제외한 주택. 다만, 「건축법」 제5조제2항에 따라 같은 법 제4조에 따른 건축위원회의 심의를 받은 경우에는 주택으로 쓰는 층수를 5층까지 건축할 수 있다

2. 원룸형 주택 : 「건축법 시행령」 별표 1 제2호 가목부터 다목까지의 어느 하나에 해당하는 주택으로서 다음 각 목의 요건을 모두 갖춘 주택

　가. 세대별로 독립된 주거가 가능하도록 욕실, 부엌을 설치할 것
　나. 욕실 및 보일러실을 제외한 부분을 하나의 공간으로 구성할 것. 다만, 주거전용 면적이 30제곱미터 이상인 경우 두 개의 공간으로 구성할 수 있다.
　다. 세대별 주거전용면적은 12제곱미터 이상 50제곱미터 이하일 것
　라. 각 세대는 지하층에 설치하지 아니할 것

② 하나의 건축물에는 도시형 생활주택과 그 밖의 주택을 함께 건축할 수 없으며, 제1항제1호의 단지형 연립주택 또는 제1호의2의 단지형 다세대주택과 제2호의 원룸형 주택을 함께 건축할 수 없다. 다만, 다음 각 호의 경우는 예외로 한다.

1. 제1항제2호의 원룸형 주택과 그 밖의 주택 1세대를 함께 건축하는 경우
2. 「국토의 계획 및 이용에 관한 법률 시행령」 제30조에 따른 준주거지역 또는 상업지역에서 제1항제2호의 원룸형 주택과 도시형 생활주택 외의 주택을 함께 건축하는 경우.

임대목적으로 건축하는 경우와 임대목적으로 최초에 건축주로부터 분양받는 경우 모두 감면대상이 된다. 우선 본인이 건축하는 경우를 보자. 임대사업자가 임대할 목적으로 건축하는 공동주택과 그 부속토지에 대하여 감면을 하되, 해당 공동주택의 부대시설 및 임대수익금 전액을 임대주택관리비로 충당하는 임대용 복리시설에 대하여도 감면을 한다. 다만, 토지를 취득한 날부터 정당한 사유 없이 2년 이내에 공동주택을 착공하지 아니한 경우는 제외한다.

그리고 임대사업자가 임대할 목적으로 건축주로부터 공동주택을 최초로 분양받은 경우 그 공동주택과 부속토지에 대하여 감면을 한다. 물론 부대시설 및 임대수익금 전액을 임대주택관리비로 충당하는 임대용 복리시설에 대하여도 감면을 하는데, 임대주택 전체를 구입하면서 그에 딸린 부대·복리시설을 함께 취득하는 경우에는 감면이 되지만, 부대시설이나 복리시설만을 취득하는 것은 감면대상이 아니다.

임대주택법 제2조 3호의 따른 오피스텔(주거용 오피스텔)을 임대할 목적으로 건축주로부터 최초로 분양을 받은 경우에는 감면이 적용된다.

임대사업자의 경우 단독주택이나 공동주택을 1개 이상 매입하거나 2개 이상을 건축하면 등록을 할 수 있지만, 지방세의 감면은 공동주택만 가능하다는 점을 유의해야 한다. 만약 단독주택 2개와 공동주택 1개를 취득한 임대사업자의 경우에 공동주택 1개만 감면이 되는 것이다.

다만, 임대주택의 경우 주택법 제80조의2 제1항에 따른 주택거래신고지역에 있는 공동주택과 오피스텔은 감면대상이 아니다. 또한, 부동산이 지방세법 제13조 제5항에 따른 고급주택 · 별장에 해당할 경우에는 감면대상에서 제외된다(지방세특례제한법 93). 감면기간은 2015년 12월 31일까지 적용한다.

(3) 감면의 범위
　① 전용면적 60제곱미터 이하인 공동주택과 오피스텔을 취득하는 경우에는 취득세를 면제한다.

　② 임대주택법 제16조 제1항 제1호 · 제2호 · 제2호의2 및 제3호에 따른 장기임대 목적으로 전용면적 60제곱미터 초과 85제곱미터 이하인 "장기임대주택"을 20호 이상 취득하거나, 20호 이상의 장기임대주택을 보유한 임대사업자가 추가로 장기임대주택을 취득하는 경우에는 취득세의 100분의 25를 경감한다. 물론 20호 미만 소유자가 추가로 취득한 결과로 20호 이상을 보유하게 되었을 때에는 그 20호부터 초과분까지를 포함한다.

　취득세는 60제곱미터 이하는 임대주택으로 사용하면 감면이 되지만, 60제곱미터 초과 85제곱미터 이하의 임대주택은 영구임대주택(50년), 장기임대주택(30년), 장기전세주택(20년), 장기임대주택(10년)만 해당하고 일반 임대주택은 감면이 되지 아니한다.

(4) 사후관리
건설임대주택의 경우 토지를 취득한 날부터 정당한 사유 없이 2년 이내에 공동주택을 착공하지 아니한 경우는 감면된 취득세를 2년이 되는 날부터 30일 이내에 신고하고 납부까지 하여야 한다.

그리고 임대주택법 제16조 제1항에 따른 임대의무기간에 임대 외의 용도로 사용하거나 매각 · 증여하는 경우에는 감면된 취득세를 추징한다. 다만, 임대주택법 제16조 제3항과 같은 법 시행령 제13조 제2항 제2호 및 제3호에서 정하는 사유로 매각 · 증여하거나 임대 이외의 용도로 사용하는 경우에는 추징하지 아니하다.

(5) 주의사항
- 임대주택사업은 시 · 군 · 구에 신청하는 것 이외에 세무서에도 신고를 해야 하는 바 이를 같이 고려해야 한다.
- 임대주택의 의무 기간을 지키지 않을 경우에는 형사 처벌 규정도 있음을 기억하기 바란다.
- 임대주택으로 사업이 진행될 경우에는 향후 국민연금 및 건강보험료가 추가로 부과될 수 있으므로 이에 대한 검토도 필요하다.

제 3 편
보유시 부동산 절세 맞춤 전략은?

제 1 장
보유시 내야하는 세금 종류는?

1. 사례 연구

> 증권회사를 그만둔 K(40세)씨는 주변에 경매를 통해서 주택임대를 하는 친구의 이야기를 들었다. 세금
> 도 거의 없고, 월세 꼬박 꼬박 나오고, 괜히 머리 쓰면서 남을 위해 일할 필요가 있느냐라는 이야기였다.
> 종자돈 1억 원을 투자해서 입지가 좋은 도시형생활주택을 구입하였는데, 대출금을 1억 원을 끼고 있는
> 상태였으나, 조금씩만 비용 통제를 하면 곧 대출금을 상환하고 월 3백만 원의 임대료 수익을 얻을
> 수 있다고 한다. K씨는 주택임대에 대해서 정말 추가로 세금이 없을까 궁금해졌다. 그래서 평소 자주
> 연락하던 고등학교 동창인 김세무사에게 보유시 세금 문제는 무엇인지 물어 보았다.

2. 조언 방향

부동산을 보유할 경우에는 지방세인 재산세를 내야하고, 국세인 종합부동산세를 내야 한
다. 재산세를 기준으로 종합부동산세를 내게 되는 시스템으로 되어 있으므로 재산세에 절
세 방안이 있는 경우에는 이를 적극적으로 입증하여 줄여 놓는 것이 절세의 핵심이다. 재
산세는 어떻게 내야 하는지에 대해서 알아보고, 종합부동산세(종부세)도 어떻게 내는지 알

아보도록 하자. 아울러 보유시에는 임대이익이 발생하는데 이에 대해서 부가가치세 신고를 통한 부가가치세를 납부해야 하며, 임대이익에 대한 종합소득세도 부과 받게 된다. 이에 대해서도 자세히 알아보자.

3. 이론 및 심화 연구

1) 지방세인 재산세를 내야 한다.

(1) 과세표준 및 세율

재산세의 과세표준은 재산가액(시가 표준액)을 말하며 세율은 일반세율과 중과세율로 분류된다. 재산세의 세율은 토지·건축물·주택·선박·항공기로 나누어지고, 다시 건축물은 골프장용 건축물·고급오락장용 건축물·공장용 건축물·기타 비주거용 건축물로 나누어진다. 여기서는 선박 및 항공기는 설명을 생략하기로 한다. 재산세의 세율 중 골프장용 건축물·별장·고급오락장용 건축물에 대한 중과세율이 도입된 것은 1973년 3월 12일자로 일부 기업인들이 호화사치생활을 하자 이를 억제하기 위하여 도입되었으며, 그 후 1974년 1.14조치 때 세율을 5%로 대폭 인상하여 지금까지 시행되고 있는 것이다.

2005년부터 토지에 대하여도 종합토지세를 폐지하고 재산세를 부과하면서 주택에 대하여는 토지와 건물의 가액을 합하여 누진세율을 적용한다.

그리고 재산세의 세율을 적용함에 있어서 동일한 재산에 대하여 두 가지 이상의 세율이 적용하게 되면 그 중 높은 세율을 적용한다(지방세법 113 ④). 이하에서는 재산세의 세율을 항목별로 살펴보기로 한다.

〈 재산세 세율표 〉

	과세표준	표준세율
	5천만 원 이하	2/1,000
	5천만 원초과 1억 원 이하	10만 원+5천만 원 초과 금액의 3/1,000
	1억 원 초과	25만 원+1억 원 초과금액의 5/1,000
	*별도합산과세대상	
	2억 원 이하	2/1,000
*토지	2억 원 초과 10억 원 이하	40만 원+2억 원 초과금액의3/1,000
시가표준액	10억 원 초과	280만 원+10억 원 초과금액의 4/1,000
×시장가액비율(70%)	*분리과세대상	
	– 전,답,과수원,목장용지 및 임야	0.7/1,000
	– 골프장, 고급오락장용 토지	40/1,000
	– 상기외	2/1,000

과세표준		표준세율
*건축물 시가표준액× 시장가액비율(70%)	골프장, 고급오락장용 건축물	40/1,000
	법정 공장용 건축물	5/1,000
	상기 외 건축물	2.5/1,000
*주택 시가표준액× 시장가액비율(60%)	고급별장	40/1,000
	상기 외 주택	
	6천만 원 이하	1/1,000
	6천만 원 초과 1억5천만 원이하	6만 원+6천만 원 초과금액의 1.5/1,000
	1억5천만 원 초과 3억 원 이하	19만5천원+1억5천만원초과금액의 2.5/1,000
	3억 원 초과	57만 원+3억 원 초과금액의 4/1,000
*기타	과밀억제권역 내 공장 신증설	최초과세기준일로부터 5년간 2.5/1,000의 5배

(2) 세율의 적용

재산세의 세율은 상기 표준세율을 적용하나, 특별한 재해등이 발생할 경우에는 지방자치단체의 조례가 정하는 바에 따라 표준세율의 50%범위 내에서 가감 조정할 수 있다. 다만, 가감 조정한 세율은 해당 연도에 한하여 적용한다(지방세법 111 ③). 예를 들면, 주택은 현재 최고세율이 0.4%로 되어 있는데, 이를 0.2%에서 0.6%까지 조례로 정할 수 있다. 이를 '탄력세율'이라고 하는데 과밀억제권역 내 공장에 대한 5배 중과세를 제외한 사치성 재산, 주거지역 내 공장 등에 대한 세율도 탄력세율을 적용할 수 있다. 한편, 취득세는 중과세율에 대해서는 탄력세율제도를 두고 있지 않다.

이와 같이 재산세 세율이 탄력세율로 되어 있기 때문에 실제 적용세율은 시·군·구의 지방세 조례를 반드시 확인해 보아야 한다.

(3) 과세기준일

매년 6월1일로 한다. 즉, 6월1일 등기부상 명의자에게 부과하는 것이 원칙이다.

〈예외규정〉
(가) 사실상 소유자 : 공부상 소유자에 변동이 생긴 경우나 공부상 등재되지 아니한 경우
(나) 사용자 : 소유권의 귀속이 불분명하여 소유권자를 알 수 없는 경우
(다) 매수계약자 : 국가 등과 연부매매계약을 체결하고 그 재산의 사용권을 무상으로 부여받은 경우
(라) 위탁자 : 수탁자 명의로 등기·등록된 재산의 경우
(마) 상속인 : 상속이 이루어졌음에도 불구하고 납세의무자를 신고하지 아니한 경우

(4) 납기

· 토지 : 매년 9월16일부터 9월30일까지
· 건축물 : 매년 7월16일부터 7월31일까지
· 주택 : 해당 연도의 부과 징수할 세액의 1/2- 7월16일부터 7월31일까지
　　　　 해당 연도의 부과 징수할 세액의 1/2- 9월16일부터 9월30일까지

■■///// 김세무사의 똑소리

〈 재산세 및 종합부동산세의 과세 대상 범위 비교표 〉

구　분		과세대상	재산세율(표준)	종부세
주택		· 주택(종합부동산세 : 6억 원 초과분 1주택인 경우 9억 원 초과분)	0.1-0.4	O
		· 별장	4	×
토지	분리과세	· 저율분리과세 : 전, 답, 과수원, 목장용지, 임야 중 분리과세기준에 적합한 토지, 사권제한이 극심한 토지	0.07	
		· 고율분리과세 : 골프장, 고급오락장용 부속토지	4	×
		· 기타분리과세 : 공장용지(입지기준면적내), 공급용토지 등	0.2	
	별도합산	· 영업용 건축물 부속토지(기준면적 이내) · 공장용지 (기준면적 내) / (시지역, 산업단지나 공업지역 제외) · 별도합산과세할 상당한 이유 있는 토지	0.2-0.4	O (80억)
	종합합산	· 나대지 · 분리과세 및 별도합산 대상 이외 모든 토지	0.2-0.5	O (5억)
건 축 물		· 골프장, 고급오락장 · 도시 주거지역내 공장용 건축물 · 이외	4 0.5 0.25	×

2) 종합부동산세(이하 '종부세'라 한다)를 내야 한다.

(1) 주택의 종부세 비과세 대상

(가) 임대주택

종　류		전용면적	임대주택 수	시가표준액	임대기간
건설임대주택			2호 이상		
매입임대주택	수도권	149㎡ 이하	3호 이상	6억 원 이하	5년 이상
	지방		1호 이상		

(나) 사원용 주택 : 종업원에게 무상 제공하는 국민주택규모 이하

(다) 기숙사

(라) 주택신축판매업자의 미분양 주택 : 과세기준일(6/1) 현재 주택신축판매업으로 사업자등록을 한 자가 소유한 5년이 경과하지 않은 미분양 주택

· 계약을 체결한 주택이라도 잔금이 청산되지 않아 과세기준일 현재 소유권이 이전되지 않은 주택도 해당된다.

(마) 공사 대물로 받은 미분양 주택 : 5년 미경과

(2) 합산배제 신청

신고기한(9월16일부터 9월30일까지)까지 일정 서식에 따라 신청해야 종합부동산세에서 배제 된다.

■////// **김세무사의 똑소리**

[주택 신축용 토지의 취득에 과세 비교]

사업계획승인을 받지 못한 경우는 재산세 종합합산과세되며, 종합부동산세에 대해서는 합상 배제 신청을 하면 5년간 종부세 과세 제외되나 그 후 승인을 받지 못한다면 종부세가 과세 될 수 있다.

■////// **김세무사의 웃긴소리**

[종부세는 누가 내는 세금인가요?]

얼마 전 강의 중에 있었던 이야기이다. 말도 많고 탈도 많은 종부세를 설명하는데, 어떤 수강생 한 분이 손을 버쩍 들더니, 이렇게 말씀하셨다.

"세무사님, 종부세는 누가 내는 세금인가요? 저는 최씨 집안에 시집온 지 15년이 되었는데, 8대 종부입니다. 종부세는 종부가 내야 합니까? 종부인 것도 힘든데 세금까지 내라 시면 저는 종부 안 헐랍니다."
종부세는 종부가 내는 것이 아니라 종합부동산세를 줄여서 종부세라고 부른다. 배를 잡고 웃었던 기억이 있다. 아울러 이 시대의 종부들에게 격려의 말씀을 전한다. 모두 힘내세요!

[여필 종부의 재해석]

여필종부(女必從夫)는 말 그대로 아내는 남편의 뜻에 따라야 한다는 것인데, 세법에서 적용하자면 아내는 필히 종부세 대상이 되도록 재산을 가지고 있어야 한다는 뜻이다. 종부세 대상이 되려면, 미리 증여를 통해서 자금 계획을 세우는 것이 중요하다. 요즘은 결혼하지 않고 본인 일과 꿈에 전념하는 골드 미스들이 많은데 이들 중에 종부세 대상자가 많이 생기고 있어서 고무적인 일이다.

---

3) 주택의 임대분에 대해서도 종합 소득세를 내야 한다.

(1) 주택의 임대소득과 종합소득세 신고 여부

구　　분	사업자등록여부	주의사항
1주택자일 경우	사업자등록 ×	다가구주택일 경우 세무서에서 주택임대사업에 대한 신고를 해야 한다는 안내문이 오면 전문가와 상의한다.
고가주택(9억 초과) 1채	사업자등록 O	고가주택은 기준시가가 9억 원이 초과되는 것을 말한다. 1주택이라도 고가 주택인 경우에는 월세 신고를 해야 한다.
2주택자 (사는주택+임대주택 이 있는 경우)	사업자등록 O	현실적으로 사업자등록을 하지 않더라도 추적하기가 어려우나, 근로자에 대한 월세소득공제제도가 정착이 되면 조회가 될 가능성이 높다.
3주택자이상인 자	사업자등록 O	3주택이상인 자는 보증금에 대해서도 추가로 수입금액을 신고해야 한다는 점에 유의하기 바란다. 월세부분 신고는 물론 대상이 된다.
해외 주택 임대	사업자등록 O	해외 주택 임대는 사업자등록을 해야 하나, 이 또한 알기 어려운 것이 현실이다.

(2) 적발시 제재 사항은?

소득세와 가산세 추징이 되며, 사업장현황신고의무불이행 가산세(0.5%)가 추징된다.

(3) 소득세 신고는 어떻게 해야 하는가?

일반적으로 간편장부대상자로서 단순 경비율로 추계신고하면 될 것이나, 금액이 높은 경우에는 기장을 검토해 보아야 한다. 이점은 전문가와 상의하기 바란다.

아울러, 3주택 이상을 소유하고, 보증금 합계가 3억 원을 초과할 경우에는 보증금에 이자 부분도 수입금액에 산입해야 한다. 이를 '간주임대료'라고 한다. 현재 각 주택별로 국세청에서는 데이터베이스를 구축하고 있는바 2011년 소득분부터는 과세되는 소득으로 되어 있으므로 세무서에 안내문이 나온 경우에는 성실하게 신고하기 바란다.

(4) 사업소득자에 해당된다는 것의 의미는?

다른 사업소득이 있는 경우에는 이를 합산하여야 한다는 의미이며, 타 소득이 있을 경우에도 합산을 해야 한다. 아울러 종합소득공제도 똑같이 적용받을 수 있다. 한편, 사업소득에 대한 소득금액이 조회가 되는 경우에는 추가로 건강보험료를 더 내야 할 수도 있으므로 주의를 요한다.

(5) 오피스텔의 주거용 임대

(가) 임차인의 주소 이전(주민등록이전)과 전기, 수도, 가스요금 사용 내역으로 주거용인지 아닌지 판단 가능하다. 특히, 난방비는 주거용으로 신고할 경우 난방비용을 많이 절감해주는 곳이 있어서 주거용을 신고하는 경우가 있다.

(나) 1주택과 1오피스텔 보유자의 오피스텔 임대

- 주거용으로 임대 : 월세에 대해서만 소득세 과세

- 사업용으로 임대 : 보증금까지 소득세 과세

4) 건물의 임대업에 대해서는 부가가치세와 종합소득세 및 법인세를 내야 한다.

(1) 부가가치세

(가) 사업자등록

① 사업장(부동산의 등기부상 소재지)마다 사업자등록을 해야 함
② 둘 이상의 사업장 임대료 합계 4,800만 원 이상이면 간이과세 배제(이외에 별도로 간이과제 배제기준에 의해 배제될 수 있음)

(나) 과세대상

① 전, 답, 과수원, 목장용지, 임야 또는 염전 임대업 제외 : 지목에 관계없이 실지로 경작
하거나 당해 토지의 고유목적에 사용하는 것은 과세 대상에서 제외됨
② 주택의 임대 제외
·원상복구에 필요한 대가를 임대인에게 별도로 지급하는 때에는 부가가치세 과세

(2) 부동산의 무상 또는 저율 임대시 유의사항

(가) 부가가치세

① 무상 임대 : 부가가치세 과세대상 아님
② 저율 임대 : 특수관계자간 부당행위계산인 경우, 시가를 과세표준으로 과세

(나) 소득세 또는 법인세

① 특수관계자간 부당행위계산부인 : 시가와 거래가액의 차액이 3억 원 이상 이거나 시가
의 5% 상당액 이상인 경우에 한하여 그 차액을 과세소득에 산입하여 세액을 계산
② 무상 사용에 대한 증여세가 붙는 것과는 별개의 문제로 소득세 등은 따로 과세됨

(다) 증여세

① 부동산 무상사용에 따른 이익의 증여 : 1억 원 이상인 경우에 한함

(라) 특수관계자와의 임대시 절세전략

① 무상 임대 : 추징 위험이 매우 높음
② 월세 대신 보증금을 많이 증액시켜 놓을 것

(마) 토지와 건물의 소유자가 다른 경우 : 기본적으로 실질에 따라 증여세 문제 발생 가능

① 건물소유주인 자녀의 단독 사업자등록
토지무상사용이익이 1억 원 이상인 경우 증여세 과세
② 부자(父子)가 공동사업자등록
ⅰ) 부동산을 공동사업에 현물출자한 것으로 보아 양도소득세 과세되며, 출자한 차입
금에 대한 지급이자는 필요경비 불산입으로 되나, 판례에서는 출자에 들어간 돈이
명확하지 않을 경우에는 필요경비 산입을 인정하고 있다.

ⅱ) 대책

　·각각 사업자등록하고 적정임대료를 수수하는 것이 절세에 도움이 된다.

　·토지 및 건물에 관한 사용권리만 각각 출자하여 부동산임대업을 공동으로 영위하는 방법이 있다.

(3) 임대상가 양도 시 부가가치세 과세문제

(가) 폐업 전 양도

① 실지양도가액에 대하여 부가가치세 과세

② 사업양도방법에 의해 해결(부가세에 대한 수수가 필요 없음)

(나) 폐업 후 양도

① 폐업시 잔존재화로 과세(간주시가)

② 폐업일 이후에 잔금을 받는 경우는 실지거래가액으로 과세

③ 사업양도방법으로 해결(부가세에 대한 수수 필요 없음)

(다) 사업양도의 요건

① 과세사업자간의 양도 : 면세사업자에게 양도 불가

② 자산과 부채(임대보증금, 담보차입금 등)를 포괄적으로 승계

③ 임차인 승계

④ 폐업신고시 사업양도신고서 제출

　·사업양수 후 양수자가 면세사업으로 전용하거나 개인적 목적으로 사용하는 경우에는 사업 양도에 해당되지 않는다.

　·사업양도로 부동산을 취득한 양수자가 임대사업을 영위하고자 하는 경우에는 자동 간이과세 배제되어 일반과세자 밖에 될 수 없다.

(4) 소득세 및 법인세

(가) 법인의 경우 간주임대료

　·임대업을 주업으로 하고, 차입금과다법인(2배)인 경우만 해당

　cf) 개인은 간주임대료에 대해서 총수입금액으로 계산하게 된다.

(나) 법이 정한 수선비의 경우 필요경비 인정

(다) 임대용건물, 집기, 비품, 차량운반구 등에 대한 감가상각비는 필요경비(혹은 손금)
    가능

■/////// 김세무사의 똑소리 ―――――――――――――――――――――

[보증금의 간주 임대료는 어떻게 계산이 되나요?]

케이스1) 소득 추계신고시
     임대보증금×임대일수×이자율×1/365
     2012년에 적용하는 이자율은 3.4%이다.

케이스2) 소득 기장신고시
     (임대보증금의 적수-건설비상당액의 적수)×이자율×1/365-보증금운용수입(이자수입 등)
     보증금이 많을 경우에는 기장을 하는 것이 소득을 줄일 수 있는 길이다.

어떤 경우에 간주임대료를 계산하게 되나요?
- 건물의 보증금이 있는 경우
- 3주택 이상이면서 보증금의 합계가 3억이 넘는 경우

제 2 장
보유시 절세 방법 딱 5가지만 기억하세요

1. 사례 연구

> K(40세)씨는 주택임대와 건물 임대 등을 구상하고 있는데, 보유할 경우 세금은 재산세, 종합부동산세,
> 종합소득세, 부가세, 법인세 등을 내야 하는 것은 배웠다. 그런데 이런 세금을 얼마라도 줄일 수 있는
> 방법이 있는지 궁금했다.

2. 조언 방향

보유시에도 잘 관리를 해야 세금을 줄일 수 있다. 특히, 임대소득이 높은 경우에 세금을
많이 내는 경향이 있는데 이 부분도 절세 전략을 잘 세우면 세금을 줄일 수 있다.
절세할 수 있는 전략을 알아보자.

3. 이론 및 심화 연구

<u>전략1) 주택의 임대는 임대 사업 신고를 하는 것이 좋다.</u>

주택의 임대 사업 등록을 하면 종합부동산세 등에서 절세를 할 수 있고, 아울러 양도할 경우에도 혜택을 볼 수 있다. 주의사항은 임대사업기간을 5년 이상 해야 한다는 것이다. 5년 이내에 팔 경우에는 형사처벌 또는 과태료가 부과될 수 있으므로 주의하자.

주택 임대 사업의 등록 절차를 알아보자.

〈주택 임대 사업의 등록 절차〉

진행절차	준비서류 / 내용	기타사항
매입임대사업자등록 (시 · 군 · 구청)	임대사업자 등록신청서 (관공서비치)	거주지 시 · 군 · 구청 주택과 – 취득일 이전에 등록하여야 취득세 감면 　(60일내 등록분도 포함)
	주민등록초본	
	신분증	
	분양/매매 계약서	
임대사업자등록 (주소지세무서)	사업자 등록 신청서 (관공서 비치)	임대개시 20일 이내 신청 – 양도세 · 종부세 감면을 위해 필수
	주민등록 등본	
취득세 등 감면신청	세액감면 신청서 (지자체 세무과에 비치)	물건지 시 · 군 · 구청에 취득일로부터 30일 이내 신청
	임대사업자 등록증	
주택임대신고	표준임대차 계약서	물건 소재지 세무서
	임차인 주민등록등본	
	임대사업자 등록증사본	

<u>전략 2) 주택의 임대는 전세로 하는 것이 유리하다.</u>

주택의 월세에 대한 소득 신고가 강화되고 있어서 전략을 새롭게 수립하는 것이 좋을 듯하다. 특히 사는 집 1채가 있고, 다른 집을 전세로 놓기가 어려워서 월세로 전환하는 경우가 많이 생기고 있다. 이를 ‘반전세’라고 한다. 반전세의 경우에도 월세에 대해서 신고를 해야 한다. 즉, 2주택이상인 자는 월세에 대해서 신고를 해야 하므로 월세보다는 전세로 유지하는 것이 좋다.

특히, 5월에 소득 신고시에 주택 임대소득에 대해서 신고하라는 안내문을 받은 경우에는 더욱 전세로 돌리는 것이 좋다. 요즘 전세금이 많이 늘어나는 것은 세금 전략과 무관치 않다.

다세대 주택에 투자하는 사람은 3주택 이상자가 되므로 전세 규모를 3억 미만으로 맞춰서 운용하는 것이 좋다. 3억 원이 넘게 되면 보증금에 대해서도 소득세를 내야 한다. 다세대 주택을 1층을 필로티로 하고 다가구로 변경하는 경우가 있는데 이를 적극 추천한다. 이 부분이 리모델링이 필요한 근거 중 하나이다.

<u>**전략 3) 오피스텔을 임대할 경우 주의를 요한다.**</u>

1. 취득시

사업자등록을 내서 임대업으로 등록하여 부가세를 환급 받게 된다. 부가세는 사업자에게 임대를 해야 한다는 것을 뜻한다.

사업자에게 임대하지 않고 주택으로 사용하거나 본인이 주택을 사용하게 될 경우에는 부가세 환급 받은 것을 반납해야 한다.

2. 보유시

주택 임대와 상가 임대 중 어떤 행태를 선택할 것인가를 고려해야 한다.

〈 오피스텔을 임대할 경우 형태별 비교 〉

구 분	주택임대사업자	상가임대사업자	비교
취지	오피스텔은 건축법상에 업무시설로 되어 있으나 임차인이 주거용으로 사용할 경우에는 주택으로 보아 여러 가지 법률이 적용될 수 있는 자산임		
투자 목적	장기투자 : 5년 이상 임대	단기투자 : 2년 이상 투자	투자목적에 따라 적용을 달리할 것
취득시 혜택	주택이므로 취득세 감면 (2.3% 혹은 없음)	상가이므로 취득세 감면 없음(4.6%)	1억 기준일 경우 : 주택의 경우가 약230만 원 절감
사업자 등록	관할 구청 및 세무서 : 주택임대사업등록 ·**두 군데 모두 해야 함**	세무서 : 일반과세자(부가세)	일반과세자 : 세무사 사무실 등록 대행함
부가세 환급	주택이므로 부가세 환급 **안됨**	부가세 환급 **가능**	상가 임대사업이 부가세 부분에 대해서 환급됨
부가세 사후 관리	사후 관리 **없음**	향후 주거용으로 사용하면 부가세 **추징**	상가 임대업일 경우 10년 사업용으로 사용 후 주거용 전환시 부가세 추징은 없음
부유시 혜택	종부세 대상 **아님**	종부세 **대상임**	상가의 경우에도 실제 적용은 금액이 커야하므로 혜택 같음
재산세	주택일 때가 **많음**	상가일 때는 다소 **적음**	1억5천만 원이 넘으면 상가가 더 적음
임대시 세금	임대시(월50만원 기준): 세금 약15만 원 이상	임대시 (월50만원 기준): 세금 약15만 원 이상	종합소득세는 비슷한 수준으로 나옴
임대기간 미이행시 벌칙	5년 이상 임대기간을 채우지 못할 경우에는 **형사처벌될 수 있음**	벌칙 규정 **없음**	주택임대의 경우 : 약식기소되어 벌금이 부과될 수 있음
건강 보험료	지역가입자이므로 주택에 대한 분 반영하여 보험료 징수됨(인별로 각각 다름)	지역가입자이나 임대료에 대해서만 징수됨	상가로 임대하는 쪽이 좀 더 **낮게 나옴**

구 분	주택임대사업자	상가임대사업자	비교
양도시 혜택	주택이므로 기존 1주택 양도시 비과세 적용 안 됨 * "장기임대주택" 일 경우에는 3년 이상 보유(보유여건 삭제) 2년 거주 요건 충족시 기존 1주택 양도시 비과세 가능 · 거주주택 양도 후 임대주택으로 전입시, 전입일부터 양도일까지의 양도차익분은 비과세임	상가이므로 기존 1주택 양도시에는 비과세 적용됨	
본 건물 양도시	거주용 오피스텔만 보유한 경우(1채 보유)에는 2년 보유요건이 충족시 비과세 가능함	좌동	
종합 결론	상가 임대 하는 쪽이 세금 부담면에서 더 유리하다고 판단되지만 인별로 투자목적과 자금, 상황이 다르므로 충분한 상담 후 결정하기 바람		

3. 폐업시

주택 임대시 : 부가세 문제 없음

상가 임대시 : 부가세 문제 있음(포괄양수도로 보완 가능)

4. 결론

오피스텔은 절세 차원에서 애물단지가 된지 오래되었다. 왜냐하면 양다리를 걸칠 수 있기 때문이다. 오피스텔의 임대수익이 높다는 것은 옛말일 가능성이 높다. 부동산 트렌드를 검토해 보자면 오피스텔은 투자를 기피해야 하는 상품으로 볼 수 있다. 적어도 세법의 적용을 보았을 때는 '해피상품' 이 아닌 '회피상품' 이라는 이야기이다. 오해 없기를...

[관련 예규]

<u>오피스텔 임대사업자, 오피스텔매매시 부가세 환급관련 국세청 질의</u>

〈질문〉

2003년도에 오피스텔 분양받은 후(일반사업자등록–부가세 환급받음) 3년간 전세를 내 주었습니다.(부가가치세 납부함) 올 12월에 오피스텔을 팔 예정인데 그럴 경우 매매당시 부가세환급 받은 것을 반납하는 것으로 알고 있습니다.

1. 사업자 등록증은 매매 전 폐지해야 하나요, 매매 후 해야 하나요?

2. 사는 사람이 임대 사업을 한다고 하면 제가 부가세를 반납하지 않아도 된다고 들었는데 맞나요? 만약 사는 사람이 임대를 1˜2년 하다가 다시 제3자에게 판다면 부가세는 어떻게 되는 건가요?

3. 3년 동안 전세를 내주면서 미납한 부가세는 사업자등록증 폐지할 때 내면 되나요?

4. 오피스텔을 1억2천9백에 사서 1억3천5백에 팔려고 합니다.

샀을 당시 각종 세금, 분양동안의 이자비용, 전세 놨을 때의 부가가치세 납부 등을 생각하면 손해를 많이 보았는데 이럴 때 부가세를 100% 다 반납해야 하나요? 약간이라도 감면 방법은 없습니까?

〈답변〉
귀 상담의 경우 임대업에 사용하기 위하여 취득(취득중)한 오피스텔(사업용자산)을 양도하는 경우
1) 부가가치세법 시행령 제17조 제2항에 의한 사업의 포괄양수도에 해당할 경우는 재화의 공급으로 보지 않아 양도시 부가가치세가 과세되지 아니하는 것이며, 세금계산서교부의무가 없는 것으로 양도자는 폐업시 잔존재화에 해당하지 아니하는 것입니다.
2) 부가가치세법 시행령 제17조 제2항의 사업포괄양수도를 하지 않고 양도하는 경우 일반적인 재화의 공급에 해당하여 양수자로부터 건물분에 해당하는 매매가액의 10%를 부가가치세로 거래징수하여 납부하는 것입니다.
3) 상가를 양도하지 않고 폐업하는 경우(실질적인 폐업 및 자가사용 등)는 폐업시 잔존재화 등으로 보아 상가 취득가액의 일정액에 해당하는 금액(부가가치세법 시행령 제49조에 의해 계산한 금액)을 계산하여 납부하는 것입니다(이때는 환급세액과 관련이 있다고 생각하시면 되겠습니다.) 1년에 10%씩 감해지게 됩니다. 즉, 10년이 지나면 폐업을 하더라도 부가세를 토해 내지 않아도 됩니다.
4) 한편 사업자가 폐업하는 때에는 폐업신고서와는 별도로 폐업일 후 25일 이내에 부가가치세 확정 신고 납부를 하여야 하는 것이며, 부가가치세 무납부세액이 있는 경우 폐업 전 납부하여야 하는 것으로 보이니 참고하시기 바랍니다.
5) 부가가치세는 거래세이므로 위와 같이 거래에 대하여 과세하는 것임에 유의하시기 바랍니다.

전략 4) 부동산 임대 사업자도 일정 금액(전기 수입금액이 2천4백만 원)이 넘어 가는 경우 기장을 하는 것이 좋다.

부동산 임대 소득도 사업소득으로 본다. 부동산 임대 소득은 자산소득이면서 사업소득이라는 뜻이다. 사업소득이므로 관련 경비를 잘 찾아 넣을 경우 소득세 및 법인세를 줄일 수 있다.
임대소득이 많이 발생한다면 개인보다는 일정한 요건을 갖춰 법인으로 전환하는 것도 전략이 될 수 있다. 임대소득만 있는 개인들은 법인으로 전환할 때 주의 사항이 있는데 이를 잘 해결해주는 전문가를 찾아 컨설팅을 받기 바란다.

특히, 비용에 대한 기장을 소홀히 하는 경우가 있다. 누락되는 비용이 없도록 잘 챙기자.
예를 들어, 인건비 부분이다. 대부분 건물 관리소장이 있으나, 그 인건비를 누락하는 경우가 많다. 아울러 자녀들이 건물의 관리 및 광고를 담당하면서도 이를 누락하는 경우가 많으므로 인건비를 비용으로 올리면 상당히 많은 부분을 절세할 수 있다. 청소 아주머니의 인건비도 예외는 아니다. 4대보험이 발생하는 것보다 세금이 많이 발생하는 것이 먼저이다.

임대하는 장소가 여기 저기 흩어져 있는 경우에는 관리하기 위한 차량의 원가 및 그 부대비용도 비용으로 경리할 수 있다. 이 비용만 잘 챙겨도 상당부분 절세할 수 있다.

또한, 이자비용도 관건이 된다. 사업자 등록 신청 후 대출금에 대한 이자비용은 경비로 처리할 수 있다. 이자비용은 '레버리지 효과'를 얻을 수 있는데 이것은 절세효과를 두고 하는 이야기이다. 공동사업에 대한 이자 비용도 출자할 때 들어가는 금액에 대한 이자비용은 논란에 여지가 있으나 사업에 직접 사용하는 대출금에 대한 이자비용은 당연히 비용으로 인정받아야 할 것이다.

한 가지 더!
화재보험도 비용처리 된다는 것이다. 요즘 화재가 빈번히 발생하는데 화재보험은 임차인이 들어야 하나, 보험에 가입하는 경우는 거의 없다. 이때 집주인이 들게 되는데 이는 절세 혜택도 있거니와 만약 화재가 발생하였을 경우 건물에 대한 손실을 어느 정도 보전할 수 있는 방법이 된다.

이렇게 기장을 해서 장부를 만들게 되면, 아래와 같은 이점이 있다.

- 종합소득세를 절세할 수 있다.
- 소득 증빙을 할 때 재무제표를 제출하여 은행으로부터 이자율에 대한 우대를 받을 수 있다.
- 건강보험료가 적게 나올 수 있다. 이는 소득이 적게 보고되기 때문이다.
- 자금출처조사를 대비할 수 있다.

<u>전략5) 재산세 감면 혜택이 있는지 확인하자.</u>

1. 임대 주택 규모별 감면 혜택

(1) 적용 대상자
임대 주택의 취득세에 감면에서는 주택건설사업자와 고용자가 포함되지 아니하나, 재산세 등의 감면을 받을 수 있는 자는 주택건설사업자와 고용자가 포함된다.

① 해당 임대주택 건축물의 사용승인서를 내주는 날 또는 매입일 이전에 부가가치세법 제5조에 따라 건설업 또는 부동산매매업의 사업자등록증을 교부받거나 부가가치세법 시행령 제8조에 따라 고유번호를 부여받은 자(주택건설사업자).

■▓////// 김세무사의 똑소리 ─────────────────

[사용승인서를 내주는 날의 의미]

이 경우 사용승인서를 "내주는 날"이라 함은 사용승인서 상의 발급일자로 보아야 하고, 납세자가 행정관청으로부터 사용승인서를 교부하여 받은 날을 의미하는 것은 아니라 할 것이다.
즉, 재산세를 감면 받기 위해서는 사용승인서 상의 발급 일자보다 먼저 사업자등록을 신청하여 교부받아야 감면이 된다.

② 주택법 제9조 제1항 제6호에 따른 고용자
③ 임대주택법 제2조 제4호에 따른 임대사업자

(2) 대상 물건
앞의 임대사업자 등이 국내에 2세대 이상의 임대용 공동주택을 건축·매입하거나 오피스텔을 매입하여 과세기준일 현재 임대 목적에 직접 사용하는 경우에는 다음과 같이 2015년 12월 31일까지 재산세 등을 감면한다(지특법 31③). 따라서 공동주택만 해당되므로 단독주택 및 고급 주택, 별장 등은 감면대상에서 제외된다(지특법 93).

① 전용면적 40제곱미터 이하인 임대주택법 제16조 제1항 제1호 및 제2호에 따른 임대 목적의 공동주택에 대하여는 재산세 및 지방세법 제112조에 따른 재산세 과세특례분을 면제한다. 또한 지방세법 제146조 제2항에 따른 특정부동산분 지역자원시설세를 각각 면제한다. 재산세 등이 100% 면제되는 40제곱미터 이하인 임대주택은 일반임대주택은 해당하지 아니하고 영구임대주택(50년)과 장기임대주택(30년)만 해당한다. 그 외의 일반임대주택은 40제곱미터 이하라 하더라도 다음 항의 60제곱미터 이하 임대주택으로 감면을 한다.

② 전용면적 60제곱미터 이하인 임대목적의 공동주택 또는 오피스텔에 대하여는 재산세의 100분의 50을 경감하고, 지방세법 제112조에 따른 재산세 과세특례분의 100분의 50을 감면하며, 같은 법 제146조 제2항에 따른 특정부동산분 지역자원시설세를 면제한다.

③ 전용면적 85제곱미터 이하인 임대목적의 공동주택 또는 오피스텔에 대하여는 재산세의 100분의 25를 경감한다.

〈 임대주택 규모별 재산세 등 감면율 〉

규모(전용면적)	재산세	재산세과세특례	지역자원
40㎡이하 (50년 영구임대주택,30년 장기임대주택만)	100%	100%	100%
60㎡이하 공동주택, 오피스텔 (위에 50년, 30년 장기 주택이 아닌 경우에는 이 구간을 적용함)	50%	50%	100%
60㎡초과-85㎡이하 공동주택, 오피스텔	25%	×	×

■/////// 김세무사의 똑소리

[오피스텔도 임대사업을 등록하면 재산세가 감면된다.]

오피스텔도 임대사업을 등록할 경우에는 재산세가 감면이 된다. 전용면적이 85제곱미터이하에 해당이 되면서 임대사업을 등록한 경우에는 감면이 되므로 꼭 절세하기 바란다.

2. 재산세 면제 또는 비과세 되는 규정을 알아보자.

경매로 도로, 하천, 제방, 구거, 유지 및 묘지를 받았을 경우에는 재산세 비과세 규정이 있다. 철거 명령을 받은 건축물과 임시 사용 건축물은 재산세가 비과세되므로 이런 경우라면 잘 챙겨서 비과세를 받도록 하자.

지방세법 제109조(재산세 비과세)

③ 다음 각 호에 따른 재산(제13조 제5항에 따른 과세대상은 제외한다)에 대하여는 재산세를 부과하지 아니한다. 다만, 대통령령으로 정하는 수익사업에 사용하는 경우와 해당 재산이 유료로 사용되는 경우의 그 재산(제3호 및 제5호의 재산은 제외한다) 및 해당 재산의 일부가 그 목적에 직접 사용되지 아니하는 경우의 그 일부 재산에 대하여는 재산세를 부과한다.

1. 대통령령으로 정하는 도로·하천·제방·구거·유지 및 묘지
2. 「산림보호법」 제7조에 따른 산림보호구역, 그 밖에 공익상 재산세를 부과하지 아니할 타당한 이유가 있는 것으로서 대통령령으로 정하는 토지
3. 임시로 사용하기 위하여 건축된 건축물로서 재산세 과세기준일 현재 1년 미만의 것
4. 비상재해구조용, 무료도선용, 선교(船橋) 구성용 및 본선에 속하는 전마용(傳馬用) 등으로 사용하는 선박
5. 행정기관으로부터 철거명령을 받은 건축물 등 재산세를 부과하는 것이 적절하지 아니한 건축물 또는 주택(「건축법」 제2조 제1항 제2호에 따른 건축물 부분으로 한정한다)으로서 대통령령으로 정하는 것

지방세법시행령 제108조(재산세 비과세)

① 법 제109조 제3항 제1호에서 "대통령령으로 정하는 도로·하천·제방·구거·유지 및 묘지"란 다음 각 호에서 정하는 토지를 말한다.

1. 도로 : 「도로법」에 따른 도로와 그 밖에 일반인의 자유로운 통행을 위하여 제공할 목적으로 개설한 사설 도로. 다만, 「건축법 시행령」 제80조의2에 따른 대지 안의 공지는 제외한다.
2. 하천 : 「하천법」에 따른 하천과 「소하천정비법」에 따른 소하천
3. 제방 : 「측량·수로조사 및 지적에 관한 법률」에 따른 제방. 다만, 특정인이 전용하는 제방은 제외한다.
4. 구거(溝渠) : 농업용 구거와 자연유수의 배수처리에 제공하는 구거
5. 유지(溜池) : 농업용 및 발전용에 제공하는 댐·저수지·소류지와 자연적으로 형성된 호수·늪
6. 묘지 : 무덤과 이에 접속된 부속시설물의 부지로 사용되는 토지로서 지적공부상 지목이 묘지인 토지

② 법 제109조 제3항 제2호에서 "대통령령으로 정하는 토지"란 다음 각 호에서 정하는 토지를 말한다.

1. 「군사기지 및 군사시설 보호법」에 따른 군사기지 및 군사시설 보호구역 중 통제보호구역에 있는 토지. 다만, 전·답·과수원 및 대지는 제외한다.
2. 「산림보호법」에 따라 지정된 산림보호구역 및 「산림자원의 조성 및 관리에 관한 법률」에 따라 지정된 채종림·시험림
3. 「자연공원법」에 따른 공원자연보존지구의 임야
4. 「백두대간 보호에 관한 법률」 제6조에 따라 지정된 백두대간보호지역의 임야

③ 법 제109조 제3항 제5호에서 "대통령령으로 정하는 것"이란 재산세를 부과하는 해당 연도에 철거하기로 계획이 확정되어 재산세 과세기준일 현재 행정관청으로부터 철거명령을 받았거나 철거보상계약이 체결된 건축물 또는 주택(「건축법」 제2조 제1항 제2호에 따른 건축물 부분으로 한정한다. 이하 이 항에서 같다)을 말한다. 이 경우 건축물 또는 주택의 일부분을 철거하는 때에는 그 철거하는 부분으로 한정한다.

4. 심화학습

1) 주택 임대 소득에 대한 상세한 설명

(1) 비과세 주택임대소득

1개의 주택을 소유하는 자의 주택임대소득은 소득세가 비과세한다. 다만, 기준시가가 9억 원을 초과하는 주택 및 국외에 소재하는 주택의 임대소득은 주택 수에 관계없이 과세한다.

(2) 주택의 범위

(가) 주택 및 부수토지

"주택"이란 상시 주거용(사업을 위한 주거용의 경우는 제외)으로 사용하는 건물을 말하고, "주택부수토지"란 주택에 딸린 토지로서 다음 중 어느 하나에 해당하는 면적 중 넓은 면적 이내의 토지를 말한다(소득세시행령 8의2 ②).

① 건물의 연면적(지하층의 면적, 지상층의 주차용으로 사용되는 면적,「건축법 시행령」제34조 제3항에 따른 피난안전구역의 면적 및「주택건설기준 등에 관한 규정」제2조 제3호에 따른 주민공동시설의 면적은 제외)
② 건물이 정착된 면적에 5배(「국토의 계획 및 이용에 관한 법률」제6조 제1호에 따른 도시지역 밖의 토지의 경우에는 10배)를 곱하여 산정한 면적

(나) 겸용주택

주택과 부가가치세가 과세되는 사업용 건물이 함께 설치되어 있는 경우 그 주택과 주택부수토지의 범위는 다음의 구분에 따른다. 이 경우 주택과 주택부수토지를 2인 이상의 임차인에게 임대한 경우에는 각 임차인의 주택 부분의 면적(사업을 위한 거주용은 제외)과 사업용건물 부분의 면적을 계산하여 각각 적용한다(소득세시행령 8의2 ④).

① 주택 부분의 면적이 사업용건물 부분의 면적보다 큰 때에는 그 전부를 주택으로 본다. 이 경우 해당 주택의 주택부수토지의 범위는 위 '(가)'와 같다.
② 주택 부분의 면적이 사업용건물 부분의 면적과 같거나 그 보다 작은 때에는 주택 부분 외의 사업용건물 부분은 주택으로 보지 아니한다. 이 경우 해당 주택의 주택부수토지의 면적은 총토지면적에 주택 부분의 면적이 총건물면적에서 차지하는 비율을 곱하여 계산하며, 그 범위는 위 '(가)'와 같다.

(3) 주택수의 계산

비과세 여부를 판단 할 때 주택 수는 다음에 따라 계산한다(소득세시행령 8의2 ③).

(가) 다가구주택은 1개의 주택으로 보되, 구분 등기 된 경우에는 각각을 1개의 주택으로 계산한다.

(나) 공동소유의 주택은 지분이 가장 큰 자의 소유로 계산하되, 지분이 가장 큰 자가 2인 이상인 경우에는 각각의 소유로 계산한다. 다만, 지분이 가장 큰 자가 2인 이상인 경우로서 그들이 합의하여 그들 중 1인을 당해 주택의 임대수입의 귀속자로 정한 경우에는 그의 소유로 계산한다.

(다) 임차 또는 전세 받은 주택을 전대하거나 전전세하는 경우에는 당해 임차 또는 전세 받은 주택을 임차인 또는 전세 받은 자의 주택으로 계산한다.

(라) 본인과 배우자가 각각 주택을 소유하는 경우에는 이를 합산한다.

■■////// 김세무사의 똑소리

[다가구 주택 1채에 14집이 사는 경우에 임대 신고를 해야 하나요?]

소득세법상에는 다가구 주택은 단독으로 보기 때문에 신고하지 않아도 된다. 단, 고가주택인 경우는 제외한다. 만약, 다세대주택인 경우에는 14집이 있으면 주인집 빼고 나머지는 임대 신고를 해야 한다.

[본인 1채와 배우자 1채가 있을 경우에 임대 신고를 해야 하나요?]

본인과 배우자의 주택을 합쳐서 2주택이상인 경우에는 임대신고를 해야 한다. 세법상에는 세대 개념을 끌고 오기 때문이다.

---

(4) 고가주택의 범위

1채만 소유한 경우에도 임대소득에 대한 소득세가 과세되는 "고가주택"이란 과세기간종료일 또는 해당 주택의 양도일 현재 소득세법에 따른 기준시가(소득세법 99 ① 1호 라목)가 9억 원을 초과하는 주택을 말한다.(소득세시행령 8의2 ⑤)

기준시가는 「부동산 가격공시 및 감정평가에 관한 법률」 에 따른 개별주택가격 및 공동주택가격을 말한다. 다만, 공동주택가격의 경우에 같은 법 제17조 제1항 단서에 따라 국세청장이 결정·고시한 공동주택가격이 있을 때에는 그 가격에 따르고, 개별주택가격 및 공동주택가격이 없는 주택의 가격은 납세지 관할 세무서장이 인근 유사주택의 개별주택가격 및 공동주택가격을 고려하여 대통령령으로 정하는 방법에 따라 평가한 금액으로 한다.

해당 과세기간 중 양도하지 않은 고가주택의 판단은 과세기간 종료일을 기준으로 하므로 과세기간 중 기준시가가 새로이 고시되어 고가주택이 된 경우에도 고가주택이 된 이후부터 과세되는 것이 아니라 해당 과세기간이 모두 과세대상이 된다.

2) 관련 예규

● **과세기간 중에 고가주택에 해당된 경우 소득세과세 여부(서일 46011-10156, 2002.2.4)**
고가주택의 임대료에 대하여 소득세를 신고함에 있어서 소득세법 시행령 제156조의 규정에 의한 고가주택의 해당 여부는 같은 법 시행령 제8조의 2 제3항의 규정에 의하여 과세기간종료일 현재를 기준으로 하는 것이므로 과세기간 중에 고가주택에 해당되는 경우에도 그 과세기간 중에 발생한 임대료는 소득세 과세대상에 해당되는 것임.

● 1) 주택을 임차하여 전대하는 경우 임차인의 주택으로 보는지 여부
2) 임차한 주택 외의 다른 주택이 없는 경우 주택임대에 대한 소득세과세 여부(서일 46011- 10396, 2003.3.28)
주택을 임차하여 전대시에는 당해 임차인의 주택으로 보는 것이므로 임차인이 임차한 주택부분의 기준시가가 6억 원(현재 9억 원)을 초과하는 때에는 고가주택에 해당하는 것이고, 임차한 주택 외에 다른 주택이 없는 때에는 주택임대에 대한 소득세가 과세되지 아니하는 것이며, 건물주의 경우 소득세법시행령 제53조 제2항의 규정에 따라 계산된 주택의 기준시가가 6억 원(현재 9억 원)을 초과하는 때에는 고가주택에 해당하여 주택임대에 대한 소득세가 과세되는 것임.

● **1개 다가구주택을 소유한 거주자의 주택임대소득과세 여부(서일 46011-10722, 2003.6.4)**
1) 소득세법 제12조 제2호와 동법시행령 제8조의 2의 규정에 의하여 1개의 주택을 소유하는 자의 주택임대소득에 대하여는 소득세를 과세하지 아니하는 것이나, 1개의 주택을 소유하는 자의 당해 주택이 고가주택에 해당하는 경우에는 그러하지 아니함.
2) 다가구주택은 1개의 주택으로 보되 구분 등기된 경우에는 각각을 1개의 주택으로 계산하는 것이며, 다가구주택이 구분 등기된 경우에는 그 임대소득에 대하여 소득세가 과세되는 것임.

● **다가구주택의 주택수 계산(서일-67, 2005.1.17)**
주택임대소득 중 「소득세법」 제12조 제2호 및 같은법 시행령 제8조의 2 규정에 의하여 2개 이하의 주택을 소유하는 자의 주택임대소득(고가주택의 임대소득을 제외)은 소득세가 비과세되는 것이며, 이때 주택수의 계산에 있어서 본인과 배우자가 각각 주택을 소유하는 경우 이를 합산하는 것이나, 구분등기 되지 아니한 다가구주택은 1주택으로 보는 것임.

● **오피스텔을 상시 주거용으로 사용하는 경우 주택임대소득 해당 여부(서사-1856, 2005.10.12)**
오피스텔을 임대함에 있어 상시 주거용(사업을 위한 주거용의 경우는 제외)으로 사용하는 경우 주택임대소득에 해당하는 것이나 이에 해당하는지 여부는 관련 사실을 조사·확인하여 판단할 사항임.

제 3 장
리모델링으로 수익 창출과 세금 줄이기 전략

1. 사례 연구

경매로 어렵게 집을 낙찰 받은 S씨(47세)는 명도 과정에서 어려움을 많이 겪었다. 다행히 합의가 잘 이루어져 전 임차인을 이사 보내고, 집 열쇠를 받아 집안으로 들어가 보았다. 소유권은 넘어 왔으나, 아버지를 아버지라 부르지 못하고, 형을 형이라 부르지 못하는 것처럼 이 집을 내 집이라 할 수 없는 그런 심정을 모두 겪었다. 이제야 겨우 안정을 찾고 주위를 살펴보았다. 물론 큰 기대는 하지 않았다. 경매 투자를 해서 내가 살집이 아니라면 전세나 월세를 주어야 하는데 너덜너덜한 집은 제 값을 받기가 어려운 것을 알기에 수리를 할 만한 곳을 점검해야 했다. 수리비가 많이 들어가는 경우에 제곱미터당 3십만 원에서 5십만 원(평당은 약 1백만 원) 정도 생각하면 쉽다는 이야기도 들었다. 우선 창문의 상태를 보았다. 모두 깨져있다. 새시는 모두 뜯어져 있었고, 천정은 구멍이 송송 뚫려 있었다. 밖으로 나가는 아파트 배관 세 군데를 살펴보았다. 싱크대, 화장실, 베란다를 말한다. 이런, 어찌된 일인가? 물이 안 나간다. 물이 차고 넘친다. 밑에 밸브를 확인해 보니 전 임차인의 억울함은 알겠는데, 밸브에 콘크리트를 치고 갔다. 그것도 10㎝정도의 콘크리트. 어떻게 했는지 궁금할 정도이다. 벽지와 바닥은 그냥 쑥대밭이다. 이렇게 살펴본 S씨의 입에는 외마디 비명이 흘러 나왔다. 휴~~

 하지만 담금질을 많이 거쳐야 단단한 명검이 되듯이 이런 상황에 스트레스 받지 말자. 위기가 계속되면 기회가 된다. 수리를 잘 해서 더 많이 수익을 창출할 전략을 선택하기로 했다. 아울러 이런 행위가 세금에도 영향을 미칠 수 있을지도 궁금했다.

2. 조언방향

주택을 낙찰 받고 겪는 공통의 고민이다. 긍정적인 마인드가 필요한 대목이기도 하다. 그럼, 방법을 찾아보자. 우선 잘 리폼하는 방법을 들 수 있다. 아니면 다시 만드는 방법도 있다. 전자가 리모델링(트랜스퍼)이고, 후자는 개발(디벨로퍼)이다. 리모델링을 해서 더 많은 수익을 얻고 세금도 같이 줄일 수 있다면 이 얼마나 금상첨화(錦上添花)겠는가? 대부분 경매를 통해서 집을 낙찰 받으면 리모델링에 대한 생각을 많이 하게 된다. 내가 살집은 화려하게 하겠지만, 우리나라 정서상 경매 받은 집을 내가 살집으로 정하는 경우는 드물다. 대부분 전세나 월세로 줄 것인데, 좀 더 많은 금액을 받기 위한 전략이 필요한 것이다. 전세나 월세가 무엇 때문에 중요한 것인가? 바로 매매가액과 직결되기 때문이다. 자산의 가치는 포장 기술에 있음을 기억하자. 선물도 예쁘게 포장된 선물이 더 좋아 보이지 않던가?

3. 이론 및 심화연구

1) 새롭게 바뀐 두꺼비 노래를 생각하자.

'두껍아 두껍아 헌집 줄게 새 집 다오'라는 노래 가사를 알 것이다. 이제는 아래와 같이 바꿔서 불러야 할 것 같다.

'두껍아 두껍아 새 집 줄게 헌 집 다오'

헌집을 잘 리폼해서 새집으로 바꾸고 이것을 파는 전략이 필요하다.
예를 들어 현재 1억에 낙찰 받은 집이 있다고 치자. 여기에 현재 상태로 팔게 되면 1억2천만 원 정도에 팔 수 있는데, 2천만 원을 더 들여 인테리어를 바꾸고 멋지게 리폼을 마쳤을 때 1억5천만 원을 받을 수 있다면, 1천만 원의 수익이 더 생기는 것을 알 수 있다. 제값을 다 받을 수 있다는 것이다. 투자 수익률도 앞의 경우는 20%이지만 뒤의 경우는 25%가 되는 것을 알 수 있다.

2) 건물의 모양뿐만 아니라 태생을 바꾸는 것도 리모델링의 한 형태이다.

아파트와 같은 경우는 정해진 기성품이다. 이런 기성품은 리폼을 한다 해도 새로운 단추를 달거나 새로운 레이스를 달거나 주머니를 살짝 늘리거나 밑단을 살짝 늘리는 정도일 것이다. 즉, 외관을 보기 좋게 하는 전략 외에는 별다른 방법이 없다. 그러나 이 정도만 해도 기성품의 품질 만족도는 높아지게 된다.

다른 전략을 함께 생각해 보자.

·케이스 1) 단독주택을 받아서 다가구주택으로 바꾸는 전략
·케이스 2) 다가구주택을 다중주택으로 바꾸는 전략
·케이스 3) 다세대주택을 다가구주택으로 바꾸는 전략
·케이스 4) 단독주택의 1층을 상가로 바꾸는 전략
·케이스 5) 상가를 다중주택이나 다가구주택으로 바꾸는 전략
·케이스 6) 상가의 각층의 업종을 바꾸는 전략

여러 가지 전략이 있을 수 있다. 본인의 투자용도에 맞게 리폼 전략을 잘 세우기를 바란다. 이 전략을 '트랜스포머 6전략'이라고 이름 지었다.

리모델링하는 주택은 운명이 정해져 있다. 건물의 형성 과정을 꼼꼼히 따져보면 리폼의 가격이 나온다. 벽돌조, 시멘트조, 콘크리트조 등을 확인하여 최소한의 리폼비가 들어가는 것을 고르는 것도 전략이다. 아울러 주택은 도로와 접해져 있는 부분이 최소 6m가 되는 것이 리폼하기에 적절하다.

전략1) 다세대를 다가구로 트랜스퍼하는 전략

그중에서 다세대를 다가구로 바꾸는 전략을 생각해 보자.

다세대는 공동주택이나, 다가구는 단독주택이다. 가장 큰 차이가 나는 점은 다세대는 세대당 등기가 별도로 나있다는 것이고, 다가구는 통으로 등기가 나있다는 것이다. 세법상에서는 다세대는 1인이 소유하고 있더라도 여러 채를 가지고 있는 것으로 본다. 만약 중과 규정이 부활하게 되면 다세대는 그렇게 좋은 상품이 아닐 수 있다. 그래서 다세대를 다가구로 전환해 보자. 단, 주의 사항이 있다. 다가구로 전환되는 경우에는 다가구 전환 등재된 후부터 보유기간이 새로 시작된다는 것이다.

일단, 층수에서 차이가 나는데 다세대는 4개 층을 모두 주택으로 사용하는 것이고, 다가구는 3개 층이 된다. 그러므로 다세대의 1개 층을 필로티로 만들거나 상가로 만드는 전략이 필요하다. 주차장은 필로티가 들어가면 큰 문제가 되지 않으나 상가가 들어갈 경우에는 주차장법을 고려해야 한다. 아울러, 정화조의 용량도 고려하기 바란다. 용도변경의 행정 절차가 들어가기 때문에 건축사사무실과 긴밀한 협조가 필요하다.

[다가구를 다세대로 바꾸는 전략 어떨까?]

우선 다세대로 바꾸는 전략은 세법상으로 그렇게 좋지는 않으나 임대 주택으로 사용할 수 있으므로 아래와 같이 주의 사항을 고려하여 진행하기 바란다.

⑴ 각 세대별 구분되는 벽두께 : 방화벽 기준으로 19㎝를 넘어야 한다.
　　　　　　　　　　　즉, 벽의 두께에 대한 보수가 필요하다.
⑵ 주차장 확보 : 별문제 없음(다가구, 공동 주택 기준이 같음)
⑶ 토지공사나 주택 공사에서 단독 주택으로 분양한 용지에 건축한 다가구 주택은 전환이 불가하므로 주의를
　요한다.

전략2) 원룸형을 원룸텔(고시원)로 트랜스퍼하는 전략

[가장 차이가 나는 것이 주차장법이다.]

원룸형은 다가구 주택에 해당되므로 주택건설기준에 따라 주차장을 만들어야 한다.
서울시를 기준으로 하자면 85평방미터이하인 경우 75평방미터당 1대를 댈 수 있는 공간이 확보되어야 한다. 세대 당 주차 대수는 1대가 기준이다. 세대 당 전용 면적이 60평방미터 이하인 경우에는 세대 당 0.8대이다.

원룸텔(고시원)은 300평방미터당 1대이다. 원룸형보다 주차장 시설이 많이 완화되므로 남는 공간은 고시원으로 개조하면 된다. 아울러, 고시원으로 개조하기 위해서는 방화시설도 갖추어야 하며, 공동 샤워장과 공동 취사장을 구비하여야 한다. 각 방에 있는 화장실과 주방 면적을 리폼하여 공간을 더 확보할 수 있다.

물론 원룸텔(고시원)은 사업자등록을 해야 하는 사업자가 되는 것이다. 숙박업으로 등재하는 것이 맞다.

이런 원룸텔로 전환은 대학가 주변이나 고시촌 주변이라면 아주 좋은 전략이다. 아울러 요즘은 공단 주변에도 원룸텔의 수요가 증가하고 있다. 1인가구가 계속 증가하고 있기 때문이다.

전략3) 상가를 리모델링 하는 전략

상가의 리모델링은 안에 시설을 늘리는 전략보다는 상가의 임대 업종을 달리 하는 전략을 말한다. 임대 업종을 상가의 입지와 상권에 맞게 배치하는 것이 좋다. 예를 들어 병의원을 상가 중간층에 임대 주는 경우가 많은데 병의원은 집객 능력이 현저하게 떨어진다. 메디컬빌딩이 아닌 이상 병의원은 기피시설이 되어야 하거나 아니면 맨 꼭대기 층으로 자리를 옮기는 것이 좋다. 건물 전체의 임대 업종이 가격을 좌우하므로 이런 종류의 것도 리모델링 전략의 한 가지 방법이다.

■////// 김세무사의 똑소리

[주변 임대 시세로 본 투자 상가 예상 임대가]

1. 〔보증금+(월세×12)〕 / 평수=평당 임대 가격
2. 평당 임대 가격×내가 투자할 상가의 평수=임대전체금액
3. 임대전체금액−보증금=1년간의 임대료
4. 1년간의 임대료/12=월세

예) 50평 보증금 5,000만 원, 월세 200만 원
　　40평일 경우에 월세를 계산하면?

1. (5천만 원+2백만 원×12) / 50평=148만 원
2. 40평×148만 원=5천9백2십만 원
3. 보증금이 4천만 원인 경우: 1년간 임대료가 19,200,000원
4. 월세: 19,200,000/12=1,600,000원

[월세 수입이 상가의 매가를 결정하기도 한다.]

위의 예에서 연 월세가 24,000,000원이 된다. 이를 6%(실무에서는 5%)의 수익으로 계속 이득을 본다고 가정한다면 매가는 4억 정도가 된다. 즉, 연 2천4백만 원의 현금흐름이 무한히 발생하였다는 가정하에서 (24,000,000/0.06)=4억이 된다.
이렇게 주변 상가의 월세를 수익률로 나누게 되면 대략적인 매가의 범위가 정해진다.

[연예인들의 드레스 협찬(렌트)이 그 브랜드의 값을 측정할 수 있다.]

시상식 장면에서 보는 레드 카펫과 멋진 자동차, 멋진 여배우들의 드레스, 남자 배우들의 턱시도, 이 모든 것이 대부분 협찬이라는 사실을 알고 있을 것이다. 물론 본인의 애장용 드레스를 입고 오는 경우도 있다. 그런데 대부분이 드레스와 턱시도의 가격은 하루 빌려 주는 렌트 비용에 비례해서 정해진다는 사실이다. 누가 만들었느냐, 누가 입느냐도 중요하지만 렌트 비용이 많으면 당연히 그 옷값은 천정부지로 치솟는다. 잘 치장된 여배우나 남자배우의 옷값이 더 많이 오르는 것처럼 부동산도 치장할 필요가 있는 것이고, 이것이 리모델링의 존재 이유이다. 부동산의 몸값을 올리는 계기가 된다.

3) 토지를 트랜스퍼하는 전략도 아주 중요한 전략이 된다.

토지를 다른 목적으로 변경하는 전략을 '지목변경'이라고 한다. 농지를 대지로 바꾼다든가 임야를 대지로 바꾸는 전략 등이 여기에 속한다. 토지는 환경이 변함에 따라서 팔자가 많이 변하는 것을 볼 수 있다. 토지의 팔자는 '뒤웅박팔자'에서 '대박팔자'로 바뀌는 것을 볼 수 있다는 이야기이다. 즉, 토지를 트랜스퍼해서 많은 부를 창출할 수 있다는 뜻이다.

4. 심화 학습

·경매 +리모델링 +창의성
·경매 +트랜스퍼전략 +창의성
·경매 +디벨로퍼전략 +창의성

1) 최적의 재테크 조합이다.

기존에 전략은 경매를 받아서 그 상태에서 시세차익을 조금 얻고 팔자는 전략이었다면 이제는 가치가 별로 없을 것 같은 낡은 기성품을 사서 잘 리폼하여 더 좋은 가격으로 팔자라는 전략으로 전환해야 하는 시기이다.

다 준비되어 있는 보기 좋은 원단을 고르는 것이 아니라 낡고 찢긴 원단을 어떻게 창의성을 발휘해 더 좋은 상품으로 탄생시키는가에 사활을 걸어야 하는 시기가 되었다는 말이다.

남들이 잘 보지 않은 물건을 경매로 싸게 낙찰 받은 다음 리모델링으로 수익을 올리기 위해서 물건별로 어떤 것이 좋을지 한번 알아보자.

단독주택은 우선 땅이 넓은 것이 좋다. 아무래도 활용도가 크기 때문이다. 적은 비용을 들여 다양한 물건으로 리폼할 수 있어서 좋다. 원룸이나 상가 주택, 업무용 건물 등 지역 여건에 따라 다양한 용도나 업종으로 전환 가능하다.

낡은 여관이나 사무실을 원룸(코쿤하우스나 고시텔)으로 바꿔 임대하는 사업도 생각해 볼 만하다. 전통적인 고시촌이나 대학가 주변이라면 더욱 좋은 전략이 된다.

대형 상가는 점포 면적을 잘게 잘라 소자본 창업자에게 세를 주면 좋은 성과를 얻을 수 있다. 상가의 상권분석을 철저하게 한 후에 투자하는 것은 두말하면 잔소리, 세말하면 헛소리가 된다.

입찰 전에 도시계획이 어떻게 되어 가고 있는지, 용도 지역상의 용적률, 건폐율 등 부동산 공법상의 부분도 잘 공부해 둘 필요가 있다. 아울러 주차장법, 건축법, 정화조 용량, 세법, 도로법, 주택법 등도 알아두는 것이 좋다. 증축 및 개축을 할 경우에는 건축설계사무소를 방문하여 이 행위가 가능한 일인지도 미리 자문을 구해 둔다.

2) 리모델링 비용은 세금의 절세 효과가 있는지요?

결론은 절세 효과가 있다는 것이다.

리모델링 비용은 사업을 하는 경우와 사업을 하지 않는 경우로 나누어진다.

(1) 사업을 하는 경우(부동산매매업 등)

사업을 하는 경우에는 적격한 증빙을 갖춘 비용은 모두 비용으로 인정을 받을 수 있다. 적격한 증빙이란 세금계산서, 계산서, 신용카드영수증을 말한다. 리모델링회사와 계약을 맺고 적격증빙을 받고 돈을 입금한 흔적이 있는 경우에는 100원이라도 비용으로 인정받을 수 있다. 기본적으로 내 주머니에서 사업과 관련해서 돈이 나가면 비용으로 인정받는다고 생각하면 쉽다.

(2) 사업을 하지 않는 경우

사업을 하지 않는 경우란 계속적으로 반복적으로 투자 하는 것이 아닌 간헐적으로 투자하는 경우를 말한다. 이 경우는 물건별로 조금 다르다. 이 경우는 양도소득세로 과세가 되는데 이 경우는 정해진 비용만 되기 때문에 주의를 요한다.

〈 리모델링과 관련된 비용 인정 여부 〉

물 건	내 용	증거서류
주택	– 보일러 설치 및 냉방기 설치 – 새시(샷시 공사비용) – 각종 확장비용(작은방, 큰방, 거실, 베란다 확장 비용) – 대수선(대공사)에 들어가는 비용	– 계약서(혹은 발주서) – 세금계산서 등 – 이체확인서
상가	– 대수선에 들어가는 비용[2]	– 계약서 – 세금계산서 등 – 이체 확인서
토지	– 농지전용비용, 산지전용비용 – 개발 부담금 – 측량비용, 분할비용, 설계비용	– 계약서 – 세금계산서 등 – 이체 확인서

---

2) 상가 건물의 경우에는 보일러 설치비용, 새시비용(샷시비용), 확장비용은 임대소득에 대응되는 비용으로 보는 것이 맞다. 양도소득세 계산시에는 대수선에 들어가는 비용만 된다고 보는 것이 다수의 주장이다.

증거서류 중에서 간이영수증도 가능하다. 하지만, 돈을 준 이체확인서가 있을 경우에는 큰 문제가 되지 않으나 돈을 결제한 흔적이 없는 경우에는 세무서에서 현장 확인을 나가는 경우가 있어서 주의를 요한다.

제 4 장
부가가치세라는 세금도 붙는다고요?

1. 사례 연구

> 경매로 상가를 낙찰 받은 C씨(40세)는 매월 이백오십만 원이라는 고정적인 임대수익을 받는다. 열심히 종자돈을 모아 재테크한 효과가 빛을 발한 것이다. 그런데, 상가에 대한 월세부분에 대해서 부가가치세를 신고해야 한다는 말을 듣고 정말인지 궁금해졌다. 그래서 최고에 세금 컨설턴트 김 세무사를 찾아서 상가 임대에 대한 부가가치세에 대해서 묻기로 했다.

2. 조언 방향

상가 월세를 받게 되면 이 월세 및 보증금에 대해서 부가가치세를 낸다. 그 이유는 월세는 건물과 토지에 대한 사용에 대한 부가가치가 탄생한 것이고, 보증금에 대해서는 이자소득의 부가가치가 만들어지기 때문이다. 이 부가가치에 붙는 세금을 '부가가치세'라고 한다. 부가가치세는 과자를 사먹더라도 붙어 있는 세금이다. 우리나라에서는 부가가치세는 과세표준의 10%이다. 세율이 너무 높다는 지적이 있으나, 아무튼 10%의 부가가치세를 내고 재화를 소비하는 경우가 많다. 주차장을 이용할 때도 부가가치세가 붙어 있다. 부가가치세가 붙지 않는 것을 '면세'라고 하는데, 부가가치세법에서 정해 놓은 특별한 재화나 용역에 대해서는 부가가치세를 붙이지 않는다. 예를 들어, 야채를 사먹을 때는 부가가치세가 붙지 않는데, 농산물에 대해서는 부가가치세를 붙이지 않기 때문이다. 또 하나의 예는 우리가 감기에 걸려서 병원에 가서 진료를 받는 것도 면세가 된다. 이렇듯 면세가 되는 재화나 용역을 제외하고는 소비자들은 부가가치세를 내고 소비를 하게 된다. 그럼, 부동산을 낙찰 받았을 때 부가가치세(이하, 줄여서 부가세라고 한다) 문제에 대해서 자세히 알아보자.

3. 이론 및 심화 연구

1) 경매를 통해서 부동산을 매수한 경우에 부가세 문제는?

경매나 공매로 취득한 상가 등에 대해서는 재화의 공급에 해당이 되지 않아서 부가가치세가 붙지 않는다.

(1) 관련 예규

[민사집행법에 따른 경매로 매각하는 경우 과세대상 여부(부가 −988, 2012.09.27)]

[질의]
– 사실관계

가. 서울고등법원의 판결내용은 아래와 같음
(1) 서울시 AA구 BB동 0000번지 소재 토지 및 지상건물의 공유자인 원고 조○○와 피고 조◎◎는 당해 건물을 경매에 붙여
(2) 매각대금 중 경매비용을 공제한 금액을 원고와 피고의 공유 지분 비율에 따라 분배할 것

나. 위 판결에 따라 서울지방법원의 경매가 실시되고, 매각결정에 따라 당해 건물이 제3자에게 매각(경매로 인한 낙찰)될 예정임

– 질의내용
위와 같이 경매에 의거 소유권 이전되는 경우 재화의 공급에 해당되어 세금계산서 발행의무가 있는지 여부

[회신]
사업자가 「부가가치세법 시행령」 제14조제3항의 규정에 의거 「민사집행법」 에 따른 경매(같은 법에 따른 강제경매, 담보권실행을 위한 경매, 민법·상법 등 그 밖의 법률에 따른 경매를 포함한다)에 따라 재화를 인도 또는 양도하는 것은 재화의 공급으로 보지 아니하는 것으로 부가가치세 과세대상에서 제외하는 것임

(2) 관련 법규

부가가치세법 제1조 【과세대상】
① 부가가치세는 다음 각 호의 거래에 대하여 부과한다.
　1. 재화 또는 용역의 공급

부가가치세법 제6조 【재화의 공급】
① 재화의 공급은 계약상 또는 법률상의 모든 원인에 의하여 재화를 인도(引渡) 또는 양도(讓渡)하는 것으로 한다.

부가가치세법 시행령 제14조 【재화공급의 범위】
① 법 제6조제1항에 규정하는 재화의 공급은 다음 각호에 규정하는 것으로 한다.
　4. 경매·수용·현물출자 기타 계약상 또는 법률상의 원인에 의하여 재화를 인도 또는 양도하는 것

③ 제1항 제4호에도 불구하고 「국세징수법」 제61조에 따른 공매(같은 법 제62조에 따른 수의계약에 따라 매각하는 것을 포함한다) 및 「민사집행법」에 따른 경매(같은 법에 따른 강제경매, 담보권실행을 위한 경매, 민법·상법 등 그 밖의 법률에 따른 경매를 포함한다)에 따라 재화를 인도 또는 양도하는 것은 재화의 공급으로 보지 아니한다.

경매로 상가를 낙찰 받았다면 재화의 공급에 해당이 되지 않으므로 매수인은 부가세를 환급받는 문제는 없게 된다. 부가세가 붙지 않기 때문이다.

2) 보유할 경우에도 부가세가 붙는다.

(1) 면세되는 주택과 그 부수토지의 범위

주택과 이에 부수되는 토지의 임대용역에 대하여는 부가가치세가 면제된다(부가가치세법 12 ① 12).

이 경우 '주택'이란 상시주거용(사업을 위한 주거용의 경우를 제외한다)으로 사용하는 건물을 말하며, '이에 부수되는 토지'의 범위는 다음 각 호의 면적 중 넓은 면적을 초과하지 아니하는 토지의 임대를 말며, 이를 초과하는 부분은 토지의 임대로 본다(부가가치세법시행령 34 ①). 따라서 이 면적을 초과하는 부분은 토지의 임대로서 부가가치세가 과세된다.

(가) 주택의 연면적(지하층의 면적, 지상층의 주차용으로 사용되는 면적 및 주택건설기준 등에 관한 규정 제2조제3호의 규정에 따른 주민공동시설의 면적을 제외한다)

(나) 건물이 정착된 면적 × 5배(도시지역 밖의 토지 10배)

주택의 임대는 국민주택규모초과 유무에도 불구하고 모두 면세에 해당이 된다.

[국민주택규모초과의 주택을 분양으로 구입한 경우]

분양을 받아 사업자로서 국민주택규모초과의 주택을 구입한 경우에는 부가세가 붙어 있더라도 부가세 환급 신청을 할 수 없다. 주택에 임대로 사용될 경우에는 부가세가 면세된다. 그러나 사업자로 등록된 경우(부동산매매업 등록의 경우)로서 매도할 때 국민주택규모 초과의 경우에는 반드시 주택 부분(토지부분은 제외)에 대해서 세금계산서를 발행해야 하는 단점이 있다.

(2) 겸용주택의 경우

임대주택에 부가가치세가 과세되는 사업용 건물과 면세되는 주택이 함께 존재하는 경우 아래와 같이 과세여부를 판정한다. 이때 부동산을 2인 이상에게 임대한 경우에는 임차인 별로 이를 적용한다(부가가치세법 시행령 34 ②).

■■////// 계산사례

[부동산을 2인 이상에게 임대한 경우]

예를 들어 사업자가 소요건물을 갑(주택 20평, 점포 25평)과 을(주택 20평, 점포 5평)에게 각각 나누어서 임대한 경우 전체 임대면적을 기준으로 판단(주택40평 〉점포 30평)하여 그 전부를 주택으로 보아 면세하는 것이 아니라 갑과 을별로 구분하여 판단하며, 면세되는 주택용건물에 부수되는 토지의 면적은 당해주택용 건물부분의 정착(바닥)면적을 기준으로 판단한다(부가통칙 12-34-1).

· 갑의 경우 (주택 20평 〈 점포 25평) 점포부분에 대하여는 과세
· 을의 경우 (주택 20평 〉점포 5평) 그 전부를 주택으로 보아 면세
① 주택면적이 주택이외의 건물면적보다 큰 경우에는 그 전부를 주택으로 본다. 이 경우 당해주택에 부수되는 토지임대의 범위는 주택정착면적의 5배(도시계획구역 밖에 있는 토지의 경우에는 10배)까지의 범위로 한다.
② 주택면적이 주택이외의 건물면적보다 작거나 같은 경우에는 주택이외의 사업용건물 부분은 주택의 임대로 보지 아니한다. 이 경우 당해주택에 부수되는 토지의 면적은 총토지 면적에 주택부분의 연면적이 총건물 연면적에서 차지하는 비율을 곱하여 계산하되, 주택정착면적의 5배(도시계획구역 밖에 있는 토지의 경우에는 10배)를 한도로 한다.

구 분	건물분 면세 범위	부수토지분 면세 범위
주택면적〉 사업용건물면적	주택면적 +사업용건물 면적	MIN(①,②) ①부수토지총면적 ②MAX(건물의 연면적, 건물정착면적×5배(도시지역외 10배)
주택면적≤사업용건물면적	주택면적	MIN(①,②) ①토지총면적×(주택연면적/건물연면적) ②MAX(주택연면적, 건물정착면적×주택연면적/건물연면적)×5배(도시지역 외 10배)

[관련 법령]

부가가치세법 제1조 【과세대상】

① 부가가치세는 다음 각 호의 거래에 대하여 부과한다.
 1. 재화 또는 용역의 공급

부가가치세법 제6조 【재화의 공급】

① 재화의 공급은 계약상 또는 법률상의 모든 원인에 의하여 재화를 인도(引渡) 또는 양도(讓渡)하는 것으로 한다.

부가가치세법 시행령 제14조 【재화공급의 범위】

① 법 제6조제1항에 규정하는 재화의 공급은 다음 각호에 규정하는 것으로 한다.
 4. 경매·수용·현물출자 기타 계약상 또는 법률상의 원인에 의하여 재화를 인도 또는 양도하는 것

③ 제1항 제4호에도 불구하고 「국세징수법」 제61조에 따른 공매(같은 법 제62조에 따른 수의계약에 따라 매각하는 것을 포함한다) 및 「민사집행법」에 따른 경매(같은 법에 따른 강제경매, 담보권실행을 위한 경매, 민법·상법 등 그 밖의 법률에 따른 경매를 포함한다)에 따라 재화를 인도 또는 양도하는 것은 재화의 공급으로 보지 아니한다.

[주택과 비주택의 세법별 관련 규정]

구 분	적 용	관련 법령
주택 〉 주택 이외 면적	그 전부를 주택으로 봄	① 부가가치세법상 임대 주택 ② 소득세법상 1세대 1주택 판정
주택 ≤ 주택 이외의 면적	주택부분만 주택으로 봄	③ 소득세법상 주택신축판매업 적용 ④ 상증세법상 주택상속공제대상

[부가가치세법상 부동산 관련 과세 여부 비교]

업 종		구 분	과세 여부
부동산 매매	주택	① 국민주택규모(전용면적 85㎡)초과	과세
		② 국민주택규모 이하	면세
		③ 부속토지	면세
	일반 건축물	① 건물분	과세
		② 부속토지	면세
	토지	① 부속토지 초과분 토지	면세
		② 일반 토지(나대지 등)	면세
부동산 임대	주택	① 주택(국민주택규모 초과 여부 불문)	면세
		② 그 부속토지 (건물면적에 도시계획구역 내 5배, 도시계획구역 밖 10배)	면세
		③ ②를 초과한 부속 토지	과세
	일반 건축물	① 건물분	과세
		② 부속토지	과세
	토지	전·답·과수원 등 임대는 면세(부세령 제2조 ① 6호)	과세

> **[관련 예규]**
>
> **전·답·과수원의 임대에 대한 부가세 문제**
>
> 부가가치세법시행령 제38조 제1항 제3호에서 규정하는 농지개량조합이 부동산 임대용역을 공급하는 경우에는 부가가치세가 과세되는 것임. 다만, 전·답·과수원·목장용지·임야 또는 염전임대용역을 공급하는 경우에는 그러하지 아니하는 것임. (부가46015-911, 1996.05.10)

3) 보증금에 대한 과세 표준 계산

사업자가 부동산 임대 용역을 제공하고 전세금 또는 임대보증금을 받은 경우에는 금전 이외의 대가를 받은 것으로 보아 다음 산식에 의하여 계산한 금액을 과세표준으로 한다. 이를 '간주임대료'라고 한다. 즉, 상가 전세금에 대해서도 이자 상당액이 붙을 것이므로 이에 대해서 부가세를 부과하겠다는 뜻이다.

<산식>

과세표준＝전세금·임대보증금×과세대상기간의 일수×1년 정기예금이자율/365(윤년366)

현재 적용되는 1년 정기예금이자율은 3.4%(2012년 기준)를 적용하고 있다.

■▨///// 김세무사의 똑소리

[상가임대차보호법에서 환산 보증금 적용시 부가세는 어떻게 처리하는가?]
〈부가가치세 환산보증금 제외 판결나와〉
상가 임대차 보호법을 적용할 경우 월세를 보증금으로 환산한 금액[(월세×100)+전세보증금]으로 상가건물임대차
보호법 적용하는 기준이 된다. 최근 의미 있는 판결이 나왔다. 환산보증금에 부가가치세를 포함하는지 여부에 따라
상가임대차보호법 대상이 달라지는 셈이다. 계약서에 '부가가치세 별도' 약정을 체결한 상가임대차 계약에서
부가가치세는 상가임대차보호법 제2조 제2항에서 정한 '차임'에 포함되지 않는다. 부가가치세가 차임에서 제외
되면 그만큼 환산보증금이 낮아져 상가임대차보호법 적용을 받는 대상이 늘어나게 될 것이다. 부가가치세는 당연
히 제외되어야 할 것으로 보인다.

4) 부가가치세가 면제되는 대상이 어떤 것이 있는가?

구 분	부가가치세 면제 대상
기초생활 필수품	· 미가공식료품, 농·축·수·임산물 · 수돗물, 연탄 및 무연탄 · 여객운송용역 · 주택과 그 부수토지의 임대용역 · 여성용 생리처리 위생용품 등
국민후생	· 의료보건용역, 혈액 · 교육용역 등
문화	· 도서·신문·잡지·통신 및 방송 등(광고 제외) · 예술창작품·예술행사·문화행사·비직업운동경기 · 도서관·과학관·박물관·동물원 또는 식물원에의 입장 등
부가가치 생산요소	· 토지 · 금융·보험용역 · 인적용역
조세정책 공익목적	· 우표, 인지, 증지, 복권 및 공중전화, 담배 · 자선 등 공익단체가 무상 또는 실비로 공급하는 재화 · 국가 등이 공급하는 재화 또는 용역 · 국가 등에 무상으로 공급하는 재화 등
관세 면제 (수입시)	· 미가공식료품 · 도서, 신문, 잡지 · 과학, 교육, 문화용 수입품 · 공익목적으로 기증되는 재화 · 여행자 휴대품, 외교관 물품 등 · 재수입재화 및 수출조건의 일시수입재화 · 기타 관세가 면세이거나 감면되는 재화 등

구　분	부가가치세 면제 대상
조세특례 제한법	· 특수용도 석유류 · 공장, 광산, 학교 등의 구내식당 음식용역 · 농·어업 대행용역 · 국민주택 및 국민주택 건설용역·리모델링용역 · 관리주체, 경비업자 또는 청소업자가 공동주택에 공급하는 일반관리용역·경비용역 및 청소용역 · 정부업무대행단체가 공급하는 재화 또는 용역 · 한국철도시설공단이 국가에 공급하는 철도시설 · 천연가스를 연료로 사용하는 시내버스 및 마을버스 운송사업용으로 공급되는 버스 · 희귀병 치료제 · 영유아용 기저귀와 분유 등

5) 부동산 임대 폐업시 부가가치세 문제는 어떻게 되는가?

부동산 임대를 폐업한다는 이야기는 결국 부동산을 처분했다는 의미로 해석할 수 있다. 경매로 최초 부가세 없이 취득하였더라도 양도시에는 부가세 문제가 발생하는데, 이를 최소화하기 위해서는 포괄양수도계약으로 하는 것이 유리하다.

순　서	해야 할 일
부가세폐업신고	폐업신고서/사업자등록증/포괄양수도계약서
부가세신고	폐업 전까지 실적에 대한 부가세 신고 폐업일의 말일로부터 25일 이내에 신고 납부
포괄양수도계약서	동종, 이종에 상관없이 모두 사업포괄양수도 가능 간이과세자를 양수도하는 경우도 가능함(단, 양수자는 일반과세자만 됨)
−사업양도 없이 폐업하는 경우 −면세전용하는 경우	기 환급 받은 부가세 추징

예) 폐업신고일이 1월 20일 경우에 부가세 신고기한은 언제까지인가?
  − 2월25일까지 부가세 신고를 하면 된다.

6) 사업의 양수도에 대해서 알아보자.

(1) 의의 및 취지

사업장별로 그 사업에 관한 모든 권리와 의무를 포괄적으로 승계시키는 사업의 양도는 재화의 공급에 해당하지 아니한다(부가가치세법 시행령 17 ②).

그 취지는 다음과 같다.

첫째, 사업의 양도는 그 성질상 특정 재화의 개별적 공급이 아니고 전(前)사업자의 지위를 양수자에게 그대로 승계시키고 사업자체의 전체적인 가액을 정하여 그에 대한 대가를 지급하기 때문에 특정재화를 과세대상으로 하는 부가가치세 과세거래의 본질적 성격에 맞지 아니할 뿐 아니라,

둘째, 부가가치 생산조직은 그대로 유지·존속하면서 경영주체만 바뀌는 것이므로 공급 전까지의 재화를 부가가치 생산에 그대로 사용·소비한다는 것과

셋째, 사업양도는 일반적으로 그 거래금액과 그에 관한 부가가치세액이 커서 그 양수자는 거의 예외없이 매입세액을 공제받을 것이 예상되어 이와 같은 거래에 대하여도 매출세액을 징수하도록 하는 것은 사업 양수자에게 불필요한 자금압박을 주게 되어 피하여야 한다는 조세 내지 경제정책상의 배려에 연유한다 할 것이다(대법원 82누86, 1983. 6.28).

(2) 사업양도의 요건

사업의 양도는 사업용 자산을 비롯한 물적, 인적 시설 및 권리(미수금에 관한 것을 제외한다), 의무(미지급금에 관한 것을 제외한다)등을 포괄적으로 양도하여 사업의 동일성을 유지하면서 경영 주체만을 교체시키는 것을 말한다.

(가) 사업장별 승계

사업장별로 승계하여야 한다. 사업부문별이 아니라는 것이다. 사업장별로 승계한다는 이야기는 사업자등록이 나와 있는 사업장을 승계한다고 생각하면 편하다.'장'을 기준으로 '포괄양도'를 할 수 있다. 이를 '장기포라고'기억하면 좋을 듯하다.

〈 사업양도의 예〉
① 갑사업장+을사업장 : 을사업장만 포괄양도하는 경우
② 과세사업장+면세사업장 : 과세사업장만 포괄양도하는 경우
〈사업양도의 해당하지 않는 예〉
① 패션사업부문과 임대 사업부분을 영위하는 법인 : 패션사업부분만 현물출자하여 새로운 법인을 신설하는 경우
② 부동산임대업과 음식점 겸업자가 부동산임대업만 양도하는 경우
　　단, 상법에 의하여 분할 또는 분할 합병하는 경우에는 동일한 사업장안에서 사업부문별로 양도하는 경우에는 사업의 양도로 보고 있다.

(나) 모든 권리와 의무의 포괄적 승계

사업장별로 미수금·미지급금을 제외한 그 사업에 관한 모든 권리와 의무를 전체적으로 승계시키는 것을 말한다. 아울러, 당해 사업에 직접 관련이 없는 토지 및 건물은 제외해도 된다. 즉, 외상매출금과 외상매입금을 제외하고 승계하여도 사업의 양도에 해당이 된다. 또한 인적 설비도 권리와 의무에 포함되는지의 여부에 대하여는 의문의 여지가 있으나 종전의 종업원이 그대로 인수인계되지 아니하였다고 하여 사업의 양도로 인정하는 데에 장애가 될 수 없다(대법 91누13014 1992.05.26.).

(다) 사업의 동일성 유지 요건 조정

양수자가 양수도 당시에 동일업종이면 되고, 나중에 업종을 변경하거나 추가하는 것은 문제가 되지 않는다. 업종이 상이한 경우에도 적용가능하다.

(라) 과세유형의 상이

사업의 양도자 및 양수자가 일반과세자 또는 간이과세자인지 여부에 불구하고 과세사업자이면 사업의 포괄양수도로 본다. 다만, 일반과세자로부터 사업을 포괄양수받은 사업자에 대해서는 간이과세자 등록을 배제하고 있다. 또한 사업 양수자의 사업자등록 여부는 사업의 양도 여부를 판단하는 데 영향을 주지 않는다(소비 46015-32, 1997.1.25, 부가 46015-430, 1998.3.7).

(마) 양수자의 사업자등록 여부

사업의 양도는 사업장별로 당해 사업에 관련된 모든 권리(미수금에 관한 것을 제외한다)와 의무(미지급금에 관한 것을 제외한다)를 포괄적으로 승계시키는 것을 말하는 것으로, 사업의 양수자가 사업자등록을 하지 않았더라도 사실상 양도자의 사업을 계속하여 영위한 경우에는 부가가치세법 제6조 제6항의 사업의 양도에 해당하는 것이다(소비 46015-32, 1997.1.25, 부가 46015-430, 1998.3.7, 서면3팀-1964, 2006.8.30.).

(바) 포괄양수도시에 세금계산서 교부

포괄양도시에는 세금계산서를 교부할 수 없다. 그러나 사업자가 사업을 포괄적으로 양도·양수하면서 당해 거래를 부가가치세 과세대상으로 보아 세금계산서를 수수하여 부가가치세 신고시 매출(매입)처별세금계산서합계표에 기재하여 제출한 경우 동 세금계산서합계표에 대하여 매출(입)처별세금계산서합계표 불성실가산세가 적용되지 아니하는 것이나, 사업양수자의 동 세금계산서에 의한 부가가치세 신고에 대하여는 국세기본법 제47조의 3 내지 제47조의 5에서 규정하는 신고 및 납부불성실가산세는 적용한다(서면3팀-2751, 2007.10.5, 서면3팀-2467, 2007.9.3.).

(3) 개인사업자의 현물출자

개인인 사업자가 법인설립을 위하여 재화를 현물 출자하는 것은 재화의 공급에 해당하나, 사업장별로 그 사업에 관한 모든 권리(미수금에 관한 것 제외)와 의무(미지급금에 관한 것 제외)를 포괄적으로 현물출자하여 사업의 동일성이 상실됨이 없이 법인을 설립하는 경우에는 사업의 양도에 해당한다(부가가치세법 통칙 6-17-2).

(4) 미등록된 건설 중인 사업장의 사업양도

과세사업에 사용할 목적으로 건설 중인 독립된 제조장으로서 등록되지 아니한 사업장을 다른 사업자에게 당해 제조장에 관한 모든 권리(미수금에 관한 것 제외)와 의무(미지급금에 관한 것 제외)를 포괄적으로 양도하는 경우에는 사업의 양도로 본다(부가가치세법 통칙 6-17-4).

(5) 외상매입금 및 차입금을 제외

부가가치세법 제6조 제6항에 규정하는 사업의 양도는 사업장별로 그 사업에 관한 모든 권리(미수금에 관한 것을 제외함)와 의무(미지급금에 관한 것을 제외함)를 포괄적으로 승계시키는 것으로, 양도인이 양수인에게 모든 사업시설 뿐만 아니라 영업권 및 그 사업에 관한 일체의 인적·물적 권리와 의무를 양도하여 양도인과 동일시되는 정도로 법률상의 지위를 그대로 승계시키고 동일성을 상실하지 아니하는 범위 내에서 외상매입금과 은행차입금 등의 부채를 제외하여도 사업양도로 본다(부가 46015-983 1996.05.20.).

(6) 신축상가 분양중 양도의 경우

신축중인 건물을 분양받아 부동산임대업을 영위하기 위하여 사업개시전 사업자등록을 한 자가 당해 임대용 건물이 완공되기 전에 부동산임대업 일반과세자로 사업자등록을 한 사업자에게 그 사업에 관한 권리(미수금에 관한 것을 제외)와 의무(미지급금에 관한 것 제외)를 포괄적으로 승계시키는 경우에는 부가가치세법 제6조 제6항 제2호에서 규정하는 사업의 양도에 해당하는 것이다(소비 46015-58 2003.03.03, 서삼 46015-10423 2003.03.13).

(7) 부동산임대업의 사업양수도 해당 유형

(가) 부동산 임대 → (과세+면세사업) : 사업양도 ×

부동산임대업자가 임대업에 사용하던 부동산을 과세사업과 면세사업을 겸영하는 약국사업자에게 양도하고, 양수자는 당해 부동산을 약국사업(과세·면세사업 겸업)에 사용하는 경우에는 사업의 양도에 해당하지 아니하는 것이다(서면3팀-3059, 2006.12.7.).

(나) 임대업자 → 임차인에게 양도

부동산임대업자가 임대업에 공하는 부동산의 전부를 임차하여 음식점업을 영위하는 임차인에게 부동산임대업에 공하던 토지와 건물 등 일체의 인적·물적권리와 의무를 포괄적으로 양도하고, 임차인이 해당 부동산에서 계속하여 음식점업을 영위하는 경우에는 사업의 양도에 해당하지 않는 것이다(법규부가 2010-293, 2010.10.27., 재부가-590, 2011.9.23, 재부가-592, 2011.9.23, 재부가-601, 2011.9.30.).
<참고> 포괄양수도에 해당된다는 기존해석의 변경임

(다) 하나의 사업자등록번호로 다수의 부동산임대업을 영위하다가 일부 양도

① 사업자가 다수의 사업장에 대하여 하나의 사업자등록번호로 부동산임대업을 영위하다가 일부 사업장을 분리하여 사업자등록을 신청한 후, 구분된 그 일부 사업장에 대한 권리와 의무를 포괄적으로 승계하여 양도하는 경우에는 사업의 양도에 해당하는 것이다(부가-892, 2009.3.6) 특히, 임대업의 경우 상가가 연접해 있는 경우에는 한 사업자등록증 안에 1호, 2호, 3호 이렇게 한꺼번에 표시될 수 있는데, 이때 1호를 팔 경우에도 사업양도가 성립된다는 해석이다.

② 사업자가 판매를 목적으로 신축하였다가 미분양된 2개의 인접사업장(층·호별로 구분등기 한 집합건물)에서 부동산매매업과 여관업을 각각 4년여 동안 영위하던 중 여관업에 사용하던 토지·건물을 양도한 경우로서, 여관업에 사용한 사업장의 인적·물적 시설에 대한 권리와 의무가 부동산매매업에 사용한 사업장의 것과는 분명히 구분되고, 영업활동도 각각 독립적이며, 양도부동산과 그에 부속된 인테리어, 집기비품, 여관 전화번호, 건물 화재보험 계약, 종업원, 부채 등 사업에 관한 모든 인적·물적 권리와 의무를 포괄적으로 승계한 때에는 사업의 양도에 해당하는 것이다(법규부가2009-32, 2009.3.31.).

③ 사업자가 구분 등기된 두개의 상가를 취득하여 납세편의상 하나의 사업자등록번호를

발급받아 하나의 상가에서는 부동산임대업을 영위하고, 나머지 상가에서는 도매업을 영위하던 중 사업을 양도함에 있어 부동산임대업을 영위하던 상가에 관한 모든 권리와 의무를 포괄적으로 승계시키나, 도매업을 영위하던 상가에 관한 모든 권리와 의무는 승계시키지 아니하는 경우 부동산임대업을 영위하던 상가양도는 사업의 양도에 해당하는 것임(부가-1150, 2010.9.1.).

⇔ 하나의 건물에서 구분 등기된 인접 상가 두 개를 분양받아 하나로 사업자등록을 하고 부동산임대업을 경영하는 사업자가 해당 상가의 벽을 철거하여 임차인 1인에게 임대하던 중 임차인의 변경 없이 하나의 상가를 다른 사업자에게 양도하는 경우에는 부가가치세법 제6조 제6항 제2호의 규정을 적용할 수 없는 것이다(부가-871,2010.7.9.).

(8) 사업양도양수계약서를 작성하지 않은 경우

사업의 양도는 사업장별로 사업용자산을 비롯한 인적·물적 시설 및 사업에 관한 모든 권리와 의무를 포괄적으로 승계하여 경영주체만을 교체시키는 것을 말하는 것으로서, 이 경우 거래당사자간 사업양도양수계약서를 작성하지 않았더라도 사업장별로 모든 권리와 의무를 포괄적으로 이전하는 경우에는 사업양도에 해당하는 것이다(서면3팀-662, 2006.4.5).

[사업양도의 구체적 범위 (부가세 집행기준 6-17-1)]

재화의 공급으로 보지 아니하는 사업양도란 사업장별로 사업용 자산을 비롯한 물적 · 인적시설 및 권리와 의무를 포괄적으로 승계시키는 것을 말하며(미수금, 미지급금, 사업과 관련없는 토지 · 건물 등 제외), 다음과 같은 사례가 포함된다.

① 개인인 사업자가 법인설립을 위하여 사업장별로 그 사업에 관한 모든 권리와 의무를 포괄적으로 현물 출자하는 경우
② 과세사업과 면세사업을 겸영하는 사업자가 사업장별로 과세사업에 관한 모든 권리와 의무를 포괄적으로 양도하는 경우
③ 과세사업에 사용 · 소비할 목적으로 건설 중인 독립된 제조장으로서 등록되지 아니한 사업장에 관한 모든 권리와 의무를 포괄적으로 양도하는 경우
④ 사업과 관련 없는 특정 권리와 의무, 사업의 일반적인 거래 이외에서 발생한 미수채권 · 미지급채무를 제외하고 사업에 관한 모든 권리와 의무를 승계시키는 경우
⑤ 사업의 포괄적 승계 이후 사업양수자가 사업자등록만을 지연하거나 사업자등록을 하지 아니한 경우
⑥ 사업을 포괄적으로 승계 받은 자가 승계 받은 사업 이외에 새로운 사업의 종류를 추가하거나 사업의 종류를 변경한 경우(2006. 2. 9. 이후 사업양도분부터 적용한다)
⑦ 주사업장 외에 종사업장을 가지고 있는 사업자단위과세사업자가 종사업장에 대한 모든 권리와 의무를 포괄적으로 승계시키는 경우
⑧ 2 이상의 사업장이 있는 사업자가 그 중 한 사업장에 관한 모든 권리와 의무를 포괄적으로 양도하는 경우

[사업의 양도에 해당하지 않는 사례(부가세 집행기준 6-17-2)]

① 사업과 직접 관련이 있는 토지와 건물을 제외하고 양도하는 경우
② 사업자가 한 사업장 내에 둘 이상의 과세사업을 겸영하던 중 특정 과세사업만을 포괄적으로 양도하는 경우
③ 부동산매매업자 또는 건설업자가 일부 부동산 또는 일부 사업지의 부동산을 매각하는 경우
④ 종업원 전부. 기계설비 등을 제외하고 양도하는 경우

---

7) 간주 공급에 대한 과세표준 계산 방법은 어떻게 해야 할까?

예를 들어, 오피스텔을 분양 받아 사업자등록을 냈을 때 임차인이 주거용으로 사용할 경우에는 이를 '면세전용'이라고 하는데, 부가세를 토해내는 금액을 어떻게 계산해야 할까에 대한 답변을 구하는 것이다.

(1) 간주공급에 대한 과세표준

부가가치세의 과세 표준은 아래와 같이 정한다.
- 재화 또는 용역의 공급에 대한 대가를 금전으로 받은 경우 : 그 대가
- 금전이외의 대가를 받거나 대가를 받지 않는 경우 : 그 시가

아래의 경우에는 일반적인 방법으로 할 경우에는 부적절하므로 과세표준계산에 특례 규정을 두고 있다.

(가) 감가상각자산의 간주공급

(나) 과세와 면세사업 공통사용재화 공급의 경우

(다) 부동산매매

(라) 부동산임대용역의 경우

(2) 간주 공급에 대한 과세표준 계산 산식

감가상각자산으로서 자가공급·사업상증여·개인적공급·폐업시 잔존재화에 해당하는 때에는 다음 산식에 의하여 계산한 금액을 당해 재화의 시가로 본다(부가가치세법 시행령 49 ①).

(가) 건물 또는 구축물의 경우

당해 재화의 취득가액 × (1 − 경과된 과세기간의 수×5%) = 시가

(나) 기타의 감가상각자산

당해 재화의 취득가액 × (1−경과된 과세 기간의 수×25%)=시가

(3) 면세사업에 일부 사용시 과세표준 계산

과세사업에 공한 감가상각자산을 면세사업에 일부 사용하는 경우에는 다음 산식에 의하여 계산한 금액을 당해 재화의 시가로 본다(부가가치세법 시행령 49 ②).
이 경우 당해 면세사업에 의한 면세공급가액이 총공급가액 중 100분의 5미만인 경우에는 과세표준을 "0"으로 본다.

(가) 건물 또는 구축물

당해 재화의 취득가액 × (1 − 경과된 과세기간의 수×5%)

$$\times \frac{\text{면세사업에 일부 사용한 날이 속하는 과세기간의 면세공급가액}}{\text{면세사업에 일부 사용한 날이 속하는 과세기간의 총공급가액}} = \text{과세표준}$$

(나) 기타의 감가상각자산

당해 재화의 취득가액 × (1 − 경과된 과세기간의 수×25%)

$$\times \frac{\text{면세사업에 일부 사용한 날이 속하는 과세기간의 면세 공급가액}}{\text{면세사업에 일부 사용한 날이 속하는 과세기간의 총공급가액}} = \text{과세표준}$$

예를 들어, 오피스텔을 10년간 사업용에 공하다가 주거용으로 사용할 경우에는 면세전용에 해당이 되나, 과세표준이 0이 된다. 즉, 부가세를 추징당하지 않게 된다.

(4) 감가상각자산과 과세기간 수의 계산

(가) 감가상각자산의 범위

감가상각자산이라 함은 소득세법시행령 제62조 또는 법인세법시행령 제24조에 규정하는 자산을 말하며(부가가치법 시행령 49 ①), 예시하면 다음과 같다.

1) 건물 · 건물부속설비 · 구축물 · 차량 및 운반구 · 공구 · 기구 및 비품 · 선박 · 항공기 · 기계 · 장치	11) 전용측선이용권
2) 우마 · 과수	12) 전기 · 가스 공급시설이용권
3) 특허권	13) 전신 · 전화 전용시설이용권
4) 상표권	14) 공업권 수도시설이용권
5) 의장권	15) 수도시설이용권
6) 실용신안권	16) 열공급시설이용권
7) 수리권	17) 댐사용권
8) 어업권(입어권 포함)	18) 수도시설관리권
9) 영업권	19) 유료도로관리권
10) 광업권(채석권 포함)	20) 하수종말처리장시설관리권

(나) 취득시기

사업자가 포괄 양수한 감가상각대상자산이 의제 공급 규정에 해당하여 부가세시행령 제49조 제1항에 따라 과세표준을 계산하는 경우 해당 재화의 경과된 과세기간의 수는 해당 사업의 양도자가 당초 취득한 날을 기준으로 하여 산정하는 것이며, 이 경우 취득한 날이란 재화가 실제로 사업에 사용된 날을 말한다(부가세통칙 13−49−1). 그리고 상속으로 사업을 승계 받은 경우에는 피상속인이 해당 재화를 취득한 날을 기준으로 경과된 과세기간 수를 기산한다(부가 46015−2095, 1996.10.11).

(다) 취득가액

취득가액이라 함은 부가가치세법 제17조에 따라 매입세액을 공제받은 해당 재화의 가액으로 한다(부가세법 시행령 49 ③). 즉, 매입세액을 공제 받지 않았다면 간주공급에 의한 부가세 추징 문제는 없다고 하겠다.

(라) 경과된 과세기간 수의 계산

① 경과된 과세기간 수

경과된 과세기간의 수는 과세기간단위(1. 1~6. 30 또는 7. 1~12. 31)의 수로 계산하되, 건물 및 구축물의 경과된 과세기간의 수가 20을 초과하는 때에는 20으로, 기타 감가상각자산의 경과된 과세기간의 수가 4를 초과하는 때는 4로 한다(부가치세법 시행령 49). 다시 말하면 위의 산식에서 보는 바와 같이 건물·구축물의 경우에는 취득 후 10년(20과세기간 ÷년간 2과세기간), 기타의 경우에는 2년이 경과하면 시가가 없는 것으로 보아 과세표준을 계산을 하지 않는 것이다.

② 취득·공급의 의제

경과된 과세기간의 수를 계산함에 있어서 과세기간의 개시일 이후에 감가상각자산을 취득하거나 당해 재화가 공급된 것으로 보게 되는 경우에는 그 과세기간의 개시일에 재화를 취득하거나 당해 재화가 공급된 것으로 본다(부가가치세법 시행령 49 ④). 이 경우 신규로 사업을 개시한 자에 대한 최초의 과세기간 개시일은 사업개시일로 한다(재경부 부가 22601-1074 90. 11. 9).

예를 들면, ×12. 6. 30에 재화를 취득한 경우에는 당해 과세기간(×12년 1기)의 개시일인 ×12. 1. 1에 취득한 것으로 보고, ×12. 12. 31에 자가공급 등에 해당하는 경우에는 당해 과세기간 개시일인 ×12. 7. 1에 공급된 것으로 본다는 의미이다. 따라서 ×12. 6. 30 취득하여 ×12. 7. 1.자가공급 등에 해당하는 경우에는 1과세기간이 경과된 것으로 보게 되지만, ×12. 1. 1취득하여 ×12. 6. 30에 자가공급 등에 해당되는 경우에는 1개의 과세기간도 경과되지 않은 것으로 본다.

[사업의 부부간의 증여시에 사업의 포괄양도에 해당하는지요?]

(질문)

안녕하세요. 조그만 3층짜리 상가빌딩의 임대업을 하던 남편이 동 상가빌딩을 아내에게 증여하면서 임대업을 아내가 계속 하도록 할 경우에 부가세법 6조 6항에 의한 사업의 포괄양도에 해당하는지요?

(답변)

부동산 임대업을 영위하는 사업자가 배우자에게 임대업에 사용하던 부동산을 증여하는 경우 부가가치세법 제6조 제6항 제2호에서 규정하는 사업포괄양수도를 할 수 있는 것입니다.

(응용)

남편 명의로 부동산임대업을 하고 있던 것을 아내에게 50% 증여하고, 증여세를 납부할 경우에도 포괄양수도에 해당된다. 이때 남편의 기존 부채를 50%만큼 승계를 해오면 되는데, 이렇게 미리 증여를 하게 되면, 종합소득세, 종부세, 상속세 등을 아낄 수 있다. 단, 취득세등을 한번 더 내야 한다는 단점이 있다. 절세적인 측면에서는 취득세를 내는 금액보다 다른 세금을 줄이는 것이 더 크다 할 것이다. 건강보험료 측면에서는 부인이 기존 피보험자로 올라 있을 경우보다는 더 내야 한다. 즉, 부인의 건강보험료가 부과된다는 뜻이다.

[면세 전용으로 과세한 감가상각자산을 과세 사업에 공하게 되는 경우 매입세액공제 여부는 어떻게 되는가? (서면3팀-1869, 2007.07.02)]

(사실관계)

- 2002.08.01 상가를 구입하면서 세금계산서를 교부받아 2002.08.21 부동산임대업으로 사업자등록을 하여 부가가치세를 환급받은 후 2003.01.04 피아노교습소 사업자등록을 하면서 2003.04.12 부동산임대업을 폐업하고 2003.05.29 부가가치세를 다시 납부함
- 한편 2007.04.03 피아노교습소 사업자등록을 폐업하고 2007.04.23 부동산임대업을 다시 사업자등록을 함

(질의사항)

상기의 경우와 같이 과세사업자로 등록한 후 면세전용에 해당하여 부가가치세를 납부한 후 다시 과세사업으로 전환하는 경우 부가가치세법 제17조 제6항 및 같은 법 시행령 제63조 제1항의 규정에 의하여 매입세액을 공제할 수 있는지 여부

(회신)

사업자가 「부가가치세법 시행령」 제15조 제1항 제1호의 규정에 의하여 면세전용으로 과세된 감가상각자산을 2007.01.01 이후 부가가치세 과세사업에 사용 또는 소비하게 되는 경우 같은 법 제17조 제6항 및 같은 법 시행령 제63조의 규정에 의하여 그 과세사업에 사용 또는 소비하는 날이 속하는 과세기간의 매입세액으로 공제할 수 있는 것임.

[관련 법령]

부가가치세법 제17조 [납부세액]

⑥ 제2항 제4호의 규정에 따라 매입세액이 공제되지 아니한 재화를 과세사업에 사용하거나 소비하는 때에는 그 사업자는 대통령령이 정하는 바에 따라 계산한 금액을 그 과세사업에 사용하거나 소비하는 날이 속하는 과세기간의 매입세액으로 공제할 수 있다.

부가가치세법시행령 제63조 [면세사업용 감가상각자산의 과세사업용 전환시 공제되는 매입세액의 계산]

① 사업자가 법 제17조 제6항에 따라 매입세액이 공제되지 아니한 감가상각자산을 과세사업에 사용하거나 소비하는 때에 공제하는 세액은 다음 각 호의 산식에 따라 계산한 금액으로 한다. 이 경우 경과된 과세기간의 수에 관하여는 제49조 제1항 각 호 외의 부분 후단을 준용한다.

////// 김세무사의 똑소리 ————————————————

> 1. 건물 또는 구축물
>   공제되는 세액 = 취득 당시 해당 재화의 면세사업과 관련하여 공제되지 아니한 매입세액 × (1 − 5/100
>   × 경과된 과세기간의 수)
>
> ### 부칙 [2006.12.30 법률 제8142호]
>
> 제1조 [시행일] 이 법은 2007년 1월 1일부터 시행한다.
> 제4조 [면세사업에 사용되는 감가상각자산을 과세사업에 사용시 매입세액 공제에 관한 적용례]
> 제17조 제6항의 개정규정은 면세사업에 사용·소비되는 감가상각자산을 이 법 시행 후 최초로 과세사업에
>   사용·소비하는 분부터 적용한다.

(응용)
오피스텔의 면세전용으로 부가가치세가 추징된 경우에도 다시 사업용에 공하게 되는 경우에는 경과된 과세기간의 수×5%만큼을 제하고 다시 돌려받을 수 있다.
면세사업용 감가상각자산을 과세사업용으로 전환함에 따른 매입세액을 공제받기 위해서는 다음의 요건을 모두 충족하여야 한다.
① 면세사업에 사용하기 위한 자산에 해당하여 면세사업 관련 매입세액으로 불공제된 감가상각자산일 것
② 해당 감가상각자산의 취득일이 속하는 과세기간 이후에 과세사업에 전용하거나 과세사업과 면세사업에 겸용으
   로 사용 또는 소비할 것
③ 과세사업 또는 과세사업과 면세사업에 공통으로 사용·소비하는 날이 속하는 과세기간에 대한 확정 신고시
   '과세사업전환 감가상각자산신고서'에 의해 사업장 관할세무서장에게 신고할 것

제 4 편

양도시 부동산 절세 맞춤 전략은?

제 1 장
절세 미인에게는 절세 전략이 포인트이다
(절세의 3대 원칙)

1. 사례 연구

> 경매 공부를 시작한 김 여사(58세)은 경매 전문 학원에서 마지막 수익률 분석 과목을 수강할 때 김 세무사의 강의를 들었다. 어려운 용어에 힘들어 하는 와중에 이런 의문이 생겼다. 부동산을 취득하고, 보유하고, 양도할 경우에 들어가는 세금은 세무전문가에게 의뢰하면 된다. 경매를 통해서 부동산에 투자할 때 꼭 기억해야 하는 기본적인 전략은 어떤 것이 있을까? 그녀는 용기를 내어 이렇게 질문을 했다. "세무사님, 강의가 너무 재미있어 듣기가 편안합니다만 세법 용어가 너무 어려워 이해가 참 어렵습니다. 물론 일반인이 다 이해하면 세무사들은 먹고 살기가 힘들겠지요. 그래서 질문 드립니다. 경매를 통해서 부동산에 투자할 때 가장 기본적인 절세 전략은 어떤 것이 있는지 궁금합니다."

2. 조언 방향

부동산을 투자할 때 세금 측면에서는 3가지 단계가 있다. 그 단계란 취득할 때, 보유할 때, 양도할 때를 말한다. 3가지 단계에서 공히 절세의 대원칙이 있는데, 이를 부자가 되기 위한 3대 절세 조건이라 하여 '부자 3대'라고 한다. 옛말에 부자는 3대 못 간다는 말에서 유래되었으나, 세법에서 응용하면 절세 3대 원칙을 잘 지키면 부자가 3대까지 갈 수 있다. 그 방법은 '3가지 분배 전략'을 말한다.

세금을 줄이기 위한 전략은 다음과 같다.

첫째, 기간 분배를 통해서 발생 소득의 발생 시기를 조절해야 한다.
둘째, 명의 분배를 통해서 소득과 재산을 여러 사람의 이름으로 나누어 놓아야 한다.
셋째, 개인이 가지고 있는 재산의 종류를 여러 종류로 분산해야 한다.

3. 이론 및 심화 연구

1) 기간 분배 전략

세금은 과세기간 단위로 과세하는 것이 원칙이므로 한 과세기간에 소득이 집중적으로 발생하게 되면 세금이 많이 나온다. 이는 대부분의 세금이 부과할 때 적용하는 세율이 누진구조로 되어 있는 바 소득이 많으면 많을수록 세금을 많이 내는 구조로 되어 있기 때문이다.

(1) 주요 세목별 과세기간

구　분	과세기간
종합소득세 및 양도소득세	매면 1월 1일부터 12월 31일까지 발생된 소득 합산 과세
증여세	10년 동안 동일인으로부터 증여받은 재산 가액을 합산 과세
재산세 및 종합부동산세	매년 6월 1일을 기준으로 등기부상 명의자에게 과세

(2) 세목별 시기 분배 전략

구　분	분매 전략	적용 사례
종합 소득세	소득발생 시기 조정	12월에 발생할 소득을 필요한 경우 다음해 1월에 발생하도록 발생 시기를 조절하는 전략 사용 예1) 수입금액을 가지고 경비율 제도 및 기장의무를 판단할 때 이를 적절히 피할 수 있음 예2) 성실신고 확인제도가 적용될 여지가 클 경우 수입금액을 조정하여 이를 피할 수 있음

구 분	분매 전략	적용 사례
종합 소득세	소득이 발생치 않도록 하는 전략	금융소득이 종합 과세되지 않도록 연 2천만 원의 이자 및 배당 소득이 되지 않도록 조절하는 전략 사용 예1) 금융자산을 일시적으로 인출하여 이자가 붙지 않도록 하는 전략과 배당소득이 많은 경우에는 배당 정책을 미루는 전략 예2) 이자의 지급방식을 일시불로 받는 것보다는 매년 일정하게 분배하여 받는 전략 예3) 이자소득 상품 중에서 비과세 되는 상품에 가입하는 전략
양도 소득세	양도시기의 조정	① 매매 잔금 날짜를 12월 31일과 다음해 1월 1일 이후로 분배하는 전략으로 소득 합산되는 것을 피할 수 있음 예) 2개를 동시에 처분한다면, 하나의 잔금은 12월 31일로 하고, 다른 하나의 잔금은 다음해 1월1일로 한다. ② 보유기간에 따라 양도소득세율이 적용되는 것이 다르므로 최소한 2년 이상 보유한 후에 양도하는 것이 좋음 (2년이 지나면 일반세율 적용함) ③ 장기보유특별공제에 해당이 되는 경우에는 보유기간이 3년을 넘어야 효력이 있음 예외) 비사업용토지는 현재 장기보유특별공제를 받을 수 없으므로 2년이 지나면 매도 계획을 세우는 전략이 필요함
증여세	증여시기의 조정	① 동일인으로부터 10년 내에 증여 받는 것을 조정함 ② 10년 단위로 증여해서 증여재산가액의 합산을 피함
재산세 종합부동산세	양도시기의 조정	① 매도자일 경우: 그해 6월 1일 이전에 잔금을 받음 ② 매수자일 경우: 그해 6월 1일 이후에 잔금을 지급함

2) 명의 분배 전략

한 사람의 명의로 소득과 재산을 몰아주는 것보다는 여러 사람으로 분산하는 것이 세금의 절세효과가 크게 된다.

(1) 사업소득의 명의 분배

개인 사업을 단독명의로 하는 것 보다는 배우자와 공동명의로 하는 경우 혹은 다른 사람과 공동명의로 하는 경우 소득이 분산되어 종합소득세를 절세할 수 있다. 이때 동업계약서를 작성하여 사업자등록을 하고 사업을 진행하게 된다. 대전제는 미리 배우자 및 다른 사람이 사업을 할 수 있는 자금을 미리 확보할 수 있는 방안을 강구하는 것이다.

단, 공동명의로 사업을 하는 경우에는 실패가 발생할 때 공동사업자가 모두 무한 책임을 지게 되어 책임에서 자유로울 수 없으므로 명의 분배할 때 절세 이외의 다른 목적도 아울러 고려해야 한다는 것에 유의하기 바란다. 한편, 성실신고확인제가 도입되면서 공동사업을 진행할 경우에 매출액이 증가하여 단독 사업을 할 때는 적용받지 않았던 것을 적용받게 되는 경우도 있다. 이 또한 변수로 넣어서 의사 결정해야 한다.

[사업진행의 격언]

경매를 사업 수단으로 혹은 투자 수단으로 할 때 아래의 격언을 따른다면 좋은 성과가 있을 것이라고 확신한다.

첫째, 사업(business)은 '성공'을 위해서 해야 하고, 투자(investment)는 '실패'하지 않기 위해서 해야 한다. 사업이건 투자건 실패란 없는 것이며, 피드백만 있다.
둘째, 모두가 예스(yes) 할 때 제일 먼저 예스 하면 크게 성공하며, 모두가 노(no) 할 때 제일 먼저 노 하면 적게 실패한다.
셋째, 계란 여러 개를 한 바구니에 담으면 깨지나, 타조 알 한 개를 한 바구니에 담으면 깨질일이 없다. 즉, 분산투자보다는 집중투자가 경매 투자에서는 대세이다.
넷째, 물건 선택은 신중하게 물건 투자는 신속하게 하라.
다섯째, 절세는 분산하고, 투자는 집중하라.

(2) 금융재산의 명의 분배

개인별 금융소득을 합산 과세하므로 금융재산을 가족명의로 분산 예치하여 금융종합과세를 피할 수 있다. 더욱이 2013년부터는 금융소득 종합과세의 한도가 2천만 원이므로 분산 예치가 절실하다. 금융재산을 가족명의를 돌려놓을 경우 증여세가 부과될 수 있으므로 미리 증여세 신고를 해 주는 것이 좋다.

전략 1) 아들 딸에게 현금 증여하는 시기 예시(제 2편 참고바람)

1살 하루: 1천5백만 원 현금 증여
11살 하루: 1천5백만 원 현금 증여
21살 하루: 3천만 원 현금 증여
31살 하루: 3천만 원 현금 증여
모두 증여세가 0원이나, 꼭 증여세를 신고해야 한다는 점 명심하기 바란다.

전략2) 배우자에게 현금 증여하는 시기 예시

결혼 직후: 현금 6억원 증여
결혼 10년 하루: 현금 6억원 증여
결혼 20년 하루: 현금 6억원 증여
결혼 30년 하루: 현금 6억원 증여

(3) 부동산 명의분배

부동산을 취득시 등기 전에 명의 분배를 고려해야 하며, 1인 명의보다는 공동명의로 취득하는 것이 임대소득에 대한 종합소득세나 양도소득에 대한 양도소득세를 절감할 수 있다. 상속을 받을 경우에도 명의 분배를 고려하여 의사 결정해야 한다. 특히 상가 건물은 공동명의로 하는 것이 여러 면에서 유리하다. 단, 세금 측면에서는 유리할 수 있으나 처분할 때 의사결정에 어려움이 있을 수 있음에 유의하기 바란다.

등기 후에 명의 분산을 고려할 경우에는 취득세등을 한 번 더 내는 등 불필요한 비용이 발생할 수 있으므로 등기 전에 의사결정하기를 권한다.

(4) 수증자의 명의 분배

1인이 증여 받는 것보다 여러 사람이 증여를 받는 것이 절세 효과가 커질 수 있다. 특히, 세대를 건너 뛴 증여를 할 경우에는 절세 효과가 크게 된다. 이럴 경우에는 세대 생략 증여 전략을 사용하게 되는데, 증여세법에서는 세대 생략 증여는 산출세액에 30%를 할증하여 세금을 부과하고 있다는 것도 유의하기 바란다.

전략1) 수인이 증여 받는 경우 절세효과 검토

상황 : 할아버지가 보유하고 있는 15억 원(시가) 상가를 아들에게만 증여하는 경우와 며느리와 손자(성인), 며느리에게 증여할 경우 절세 효과를 검토해 보자

아들에게만 증여할 경우	아들 외 2인에게 증여할 경우(각 1/3씩 등기)	
증여재산가액 : 15억 원 증여재산공제 : 3천만 원 증여세과세표준 : 14.7억 원 증여세 산출세액 : 5.88억 원 세액공제(10%) : 58,800,000원 자진납부세액 : 5.292억 원	아들	증여재산가액 : 5억 원 증여재산공제 : 3천만 원 납부세액 : 75,600,000원
	며느리	증여재산가액 : 5억 원 증여재산공제 : 5백만 원 납부세액 : 80,100,000원
	손자	증여재산가액 : 5억 원 증여재산공제 : 3천만 원 납부세액 : 98,280,000원(세대 생략은 30%할증됨)
	• 총합계 : 253,980,000원 · 차이금액 : 275,220,000원	

· 지방세인 취득세는 동일하게 나오므로 의사결정에서 제외한다.
· 향후 보증금과 월세가 1억 원과 월 6,000,000원이라면 월세가 아들과 며느리, 손자로 나눠지므로 종합소득
  세도 절세하게 된다.
· 매월 나오는 월세를 커버하는 이자비용만으로도 약10억 원(이자율 7%가정)의 경매 잔금 대출을 받을 수
  있으므로 아들과 며느리, 손자는 경매에 참가 시 20억 원 정도의 물건 선택이 가능해 지는 것을 알 수 있다.
  한 번의 증여로 경매의 물건 선택 폭이 넓어진다는 것을 뜻한다.
· 며느리와 손자는 상속인이 아닌자에 해당(대습상속제외)되지 아니하므로, 상속세 계산시 5년이 지난 증
  여분은 합산하지 아니한다.

전략2) 세대 생략 증여 전략

할아버지가 고액 자산가인 경우 아들이 충분한 재산이 형성되어 있다면 아들보다 손자(혹은 손녀)에게 증여하는
전략을 사용한다. 세대 생략 증여 전략의 효과를 살펴보자

- 손자까지 끼워서 증여할 경우에는 증여세가 줄어든다.
- 손자의 자금출처조사를 미리 대비할 수 있다.
- 할아버지에서 아버지, 아버지에서 아들로 상속세를 2번 내야 하나, 증여세 한번만으로 부의 이전이 이루어진다.
- 재산 변동(특히 부동산일 경우)으로 인한 취득세를 한번만 납부한다.
- 상속인에게 사전증여한 후 상속이 개시될 경우에는 10년 합산 기간을 적용하지만, 상속인이 아닌 손자에게
  사전증여한 후 상속이 개시될 경우에는 5년 합산 기간을 적용하게 된다. 5년이라는 시간을 단축하게 되어 상속
  재산에 포함될 가능성이 적어지게 된다.
- 상속세의 계산 시 증여 당시의 재산가액으로 합산이 되어 상속세가 줄어든다.
- 저평가된 재산일수록 세대 생략 절세 효과가 커지게 된다.
- 단, 세대 생략 증여의 경우에는 증여세 산출세액의 30%를 세대 생략에 대한 할증세액으로 추가로 내야 한다.

· 의사결정 : 절세의 실익이 30%할증 세액보다 더 크게 나오는 바 고액 자산가들은 세대 생략 증여를 반드시
            고려하기 바란다.
· 세대 생략 증여의 격언: 현재 내는 증여세는 미래를 대비하는 투자금액이다.

전략3) 주택을 증여하는 경우 유의 사항

1세대 2주택인 아버지가 1주택을 아들(혹은 딸)에게 증여할 경우에는 다음의 2가지에 유의해야 한다.

첫째, 세대 분리 요건이 되는지 검토해야 한다. 세대 분리 요건을 만족하지 못할 경우에는 증여의 효과가 반감된다.
      왜냐하면 증여를 해도 1세대가 유지되기 때문이다.

〈세대 분리 요건〉
① 배우자가 있거나 있었던 경우(배우자 사망 또는 이혼한 경우 포함)
② 자녀의 연령이 30세 이상인 경우
③ 독립된 생계를 유지할 수 있는 수준의 소득이 있는 경우(최저 임금이상으로 소득이 있을 것)

둘째, 증여 후 양도의 시기를 고려해야 한다.

아들이 증여 받은 후 5년이 지난 후에 매매의 의사결정이 이루어지는 주택을 증여하는 것을 고려해야 한다. 5년 내에 양도하면 최초 아버지가 취득했던 금액으로 취득가액이 정해져서 절세의 효과가 떨어질 수 있다. 이를 세법에서는 '이월과세'라고 한다.

3) 소득 종류의 분배

(1) 금융소득에 대한 분리과세

개인이 소유하는 재산을 하나의 종류에 분배하는 것은 안전성, 수익성 측면에서 바람직하지 않으며 절세의 측면에서도 바람직하지 않다. 부동산과 예금, 보험, 주식 등으로 적절하게 배분하여 보유하는 것이 여러 유형의 소득으로 분산되어 절세의 효과를 누릴 수 있다. 즉, 예금 및 보험에서는 이자소득이 발생하고, 주식에서는 배당소득이 발생하고, 부동산에서는 임대소득과 양도소득 등이 발생하게 된다. 이렇게 자산 종류별로 투자할 경우에 소득도 나눠지므로 세금을 줄일 수 있게 된다. 아울러 금융소득 중에는 비과세 혹은 분리과세로 신고가 마무리되는 이자소득이 있는 바 이를 이용하게 되면 큰 절세효과를 누릴 수 있다. 최고의 절세는 비과세이기 때문이다.

(2) 보험차익에 대한 소득세 비과세

10년 이상 유지된 저축성보험이나 사망이나 상해를 원인으로 발생한 보험 차익은 금액에 관계없이 이자소득세가 비과세 된다.

(3) 소득 원천별로 배분하는 전략

근로의 제공 등으로 인하여 받는 대가에 대해서는 근로소득으로 과세되며, 퇴직으로 인한 경우에는 퇴직소득으로 과세된다. 이는 합산하지 않는 특징이 있다. 이를 세법에서는 '분류과세'라고 하는데 합산되지 않으므로 세금을 절세할 수 있다. 아울러 주식을 보유하여 받는 소득은 배당소득이 있는데 이는 이자소득과 합산하여 2천만원이 넘지 않으면 원천징수(15.4%:주민세 포함)로 납세의무가 종결이 되므로 이 또한 소득을 배분하게 되어 절세할 수 있는 전략이 된다. 이를 적절히 혼합하여 의사결정을 해야 한다.

(4) 금융재산 상속 공제

예금이나 보험과 같은 금융재산을 상속받는 경우 금융 재산가액의 20%(2억원 한도) 상속세 과세 가액에서 공제 받을 수 있다. 아울러 상속세 납부재원으로 활용할 수도 있게 된다. 과도한 상속세가 부과될 경우 납부 재원이 없으면 물납으로 하여야 하나, 물납으로 납부될 경우에는 재산이 공매가 되어 제값을 받을 수 없게 된다. 손해를 많이 볼 수 있게 된다는 뜻이다.

(5) 1주택만 가지고 있는 경우에는 양도소득에 대한 비과세

1세대 1주택 비과세 요건을 모두 갖춘 경우에는 양도소득에 대해서 비과세를 하게 되므로 이를 적극적으로 이용하기 바란다.

[생각해볼 이야기]

나눔의 정신

한국의 가장 유명한 부자는 만석꾼 부자인 경주의 최부자집이라고 한다. 경주 최부자집은 1600년대 초반에서 1990년대 중반까지 무려 300년 동안 12대를 내려오면서 나눔의 정신을 실천해왔다. 최부자집의 가훈을 우선 살펴보면, 첫째, 1년에 1만섬 이상을 벌면 반드시 이웃에 돌려 사회에 환원하자. 둘째, 흉년에는 절대 남의 논밭을 매입하지 말자. 이는 부자가 되기 위해서 어떻게 살아야 하는지 생각해 보게 되는 가훈이다. 흉년에는 곡식 창고의 문을 열라 하였고, 사방 백리 안에 굶주린 이가 없도록 돌보아 왔다는 것이다. 그들이 지켜온 공동체적인 정신과 함께 사는 삶의 정신이 그들이 더욱더 부자가 되게 했고, 부자 정신을 유지하도록 해 왔다. 최부자 가문의 마지막 사람은 최준이라는 인물로 이런 말을 남겼다. '재물은 분뇨와 같아서 한 곳에 모아 두면 악취가 나 견딜 수 없고, 골고루 사방에 흩뿌리면 거름이 되는 법이다.' 이는 현대를 사는 사람들이 한 번쯤 생각해야 하는 삶의 방식이라고 생각된다.
자린고비의 정신이 아닌 자인고비(慈仁考碑: 자애롭고 인자함을 기리기 위한 비)의 정신을 가져야 하는 것이다.

제 2 장
양도시 세금은 어떤 것이 있나요?

1. 사례 연구

국내 굴지의 부동산 연구소를 운용하고 있는 J소장(58세)은 단타 경매로 많은 돈을 벌었고, 지금도 투자가치가 있는 물건을 고르는 탁월한 안목으로 꾸준히 수익을 챙겨가고 있다. 부동산의 수익은 경매에서 낙찰 받았을 때 결정된다고 한다. 그러나 요즘 같이 부동산 경기가 안 좋을 때는 그 의사 결정이 몹시 어렵다. 그래서 확정 수익을 얻기 위해서 J소장은 낙찰 잔금 후 소유권이전 등기를 하고 수개월이 지나가기도 전에 매매를 진행하곤 했다. 양도할 때 수익률이 생각했던 것만큼 많이 나오지 않았다. 그 이유가 세금 때문인데, J소장은 부동산을 매매할 경우 어떤 세금을 내는지 궁금해 하고, 얼마만큼 내야 하는지도 궁금해 하고 있다.

2. 조언 방향

부동산을 매매할 때도 세금이 붙는다. 단, 그 세금은 차익이 발생해야 한다. 차익이 없으면 세금도 없다. 부동산을 매매할 때 내는 세금을 '양도소득세'라고 한다. 납부할 양도소득세의 10%는 지방소득세로 부과된다. 지방세소득세는 지방의 재정을 위해서 소중하게 쓰는 재원이다. 다른 부가적인 세금은 없다. 양도소득세에 전반에 대해서 알아보도록 하자.

3. 이론 및 심화 연구

1) 양도시 의사결정

양도의 의사결정은 급전이 필요한 경우, 다른 투자 대상이 발생한 경우 등 많은 상황에서 발생하게 된다. 대부분의 의사결정은 다음의 의사결정 테이블에 따라서 결정하게 될 것이다. 양도는 보유시에 여러 가지 이익과 비용을 따져서 의사결정을 한다. 보유시에 비용이 더 크면 유지할 수 없으므로 팔게 될 것이고, 보유시에 이익이 더 크면 양도의 시기를 뒤로 미루게 된다.

〈 보유시의 이익과 보유시 비용 비교 테이블 〉

보유시 이익		보유시 비용
임대수익		보유시 세금 부담
시세상승기대	〈——〉	이자비용
보유에 대한 자긍심		기회비용
		보유시 심리적 부담

부동산을 보유하는 것은 자산 사용에 대한 임대수익이 발생하기 때문이다. 한편, 임대수익이 없더라도 보유하는 이유는 시세상승을 기대할 수 있기 때문이다. 예를 들어 매월 지불하는 이자비용의 합계보다 시세상승기대가 큰 경우에는 보유한다는 것이다. 이자비용의 합계가 5천만 원이고 시세 상승의 기대가 1억 원이 된다면 이는 보유한다는 것이다. 아울러 보유에 대한 자긍심 때문에 보유하는 경우도 있다. 강남의 10억짜리 아파트에 살고 있으면 각종 세금 부담, 이자 비용, 기회비용이 많이 발생함에도 불구하고 자긍심이 증가하게 되고, 아이들 교육에 대한 좋은 투자 심리가 작용하게 된다. 즉, 보유에 대한 프라이드가 부동산을 팔지 않게 하는 의사결정을 하게 된다. 보유할 경우 이익은 임대수익과 자본이득으로 대별된다. 자본이득은 시세상승기대를 말한다.

보유시 비용은 세금 부담을 들 수 있다. 재산세, 종부세, 부가세, 종합소득세, 법인세, 건강보험료 등 많은 직·간접적인 세금이 붙는다.

자산을 내 돈으로 사면 좋으나 대출금을 끼고 구입하면 이자가 발생하게 되는데, 이를 이용할 경우 레버리지 효과를 얻게 된다. 이자비용도 비용의 한 형태이다.

마지막으로 기회비용을 들 수 있다. 기회비용은 강남에 10억짜리 아파트에 살면서 이를 줄여 3억 전세로 가고 나머지 7억 원으로 금융자산이나 다른 부동산에 투자하여 얻은 이익을 말한다. 이를 기회이익을 얻지 못한다고 해서 '기회비용'이라고 한다.

위에 이익과 비용을 비교하여 매도를 결정하게 된다. 그러나 특수한 경우도 있을 수 있다. 가족 모두가 해외로 이민을 간다거나, 부도 상황에 직면해서 파는 경우도 있다. 아울러 직장의 이동 등으로 파는 경우도 있을 수 있다. 이런 특수한 경우를 제외하고 의사결정은 위에 툴을 따른다.

///// 김세무사의 똑소리

[서초동 트** 하우스를 팔고 간 사연]

필자와 오래 거래한 사장님이 계셨는데, 트** 하우스에 살고 계시는데, 넓은 정원과 시계가 확 트인 것이 가히 베벌리 힐스의 대저택과 맞먹는다. 90평대(공시지가 약 50억 원)의 집에서 축구를 해도 될 만큼의 큰 집이다. 한번은 사장님을 뵈러 방문을 드렸다. 사모님도 계시고 해서 이렇게 농담을 던졌다.

"사모님, 좋으시겠어요. 우리 사장님께서 이렇게 큰 저택에서 살게 하주시고, 너무 부럽습니다. 저도 언젠가는 이런 집에 살 수 있게 되겠지요?"

사모님께서 하시는 말씀에 상당히 놀랐다.

"망할 영감탱이 덕분에 내 나이 70살에 이런 집에서 청소만 하다가 죽을 운명인가 보우. 청소하기가 너무 힘들어서 좋을 게 뭐 있겠어요."

그래서 사장님께서 양평에 200평짜리 전원주택으로 가서 친환경적인 삶을 사시겠다고 집을 짓기 시작했고, 트** 하우스를 팔고 가셨다. 5개월 후 인사를 여쭈러 방문을 드렸는데, 사모님과 사장님께서 버선발로 뛰어 나오셔서 반겨 주었다.

왜 들 그러시나 했다.

수박을 한 통 먹으며 이유를 들어 보았다. 양평에 오셔서 머루랑 다래랑 따 드시면서 바람소리, 개구리 소리, 매미 소리, 구름 떠가는 모습을 보면서 옥수수는 공으로 드실 수 있어서 좋았다고 한다. '왜 사냐 건 웃지요'라는 시구가 떠오른다고 했다. '왜 웃냐 건 살지요'로 바뀐 것은 3개월이 지나면서부터였다. 우선 개구리소리와 매미 소리에 잠을 이룰 수가 없다는 것이었고, 지역주민과의 교류도 끊어진지 오래였다는 말씀이었다. 옛날처럼 도시에서 온 사람들을 잘 감싸는 분위기는 없단다. 한 번은 사모님께서 잠깐 쓰러지셨는데 병원에 연락해서 구급차가 오기까지 약 40분이 소요되어 너무 불편했다고 하셨다.
버선발로 뛰어나오신 이유가 3개월 만에 사람을 처음 구경했기 때문이라니 전원주택 생활이 만만치 않은 것 같다는 생각이 들었다.

결국 사장님의 저 푸른 초원위에 그림 같은 집을 짓고 사시겠다는 '로망'이 사모님 말씀으로 '노망'이 되어 버렸다.

[여기서 배울 교훈은 무엇인가?]

첫째, 연세가 드실수록 자꾸 도심으로 들어오셔야 한다.
　　　이를 '도심 회춘화 현상'이라고 한다. 도시에서 누리는 온갖 병원 혜택, 문화 혜택, 교육 혜택이 사람을 더 윤택하게 만든다는 것이다.

둘째, 교통이 많이 붐비는 곳의 집값이 많이 오르게 된다는 것이다.

　교통이 많이 붐비는 곳이 오히려 한적한 도시의 집값보다 더 오를 여지가 높다는 것이다. 이는 '직주근접현상' 때문인데, 사람들은 사무실 근처에 집을 얻고자 하는 심리를 반영하는 것이다.

셋째, 90평대의 아파트보다는 30평대 아파트가 주력 상품이 된다.

　이제는 아파트의 크기나 집의 구조가 다운사이즈될 것이라는 전망이 강하다. 1인 가구의 등장과 함께 이혼 가구의 증가 등 여러 가지 원인으로 집의 평수가 클 이유가 없는 세상이 되어 가고 있다. 초 핵가족 현상이 일어나는 것이다. 이제는 40평대 집도 수요에서 멀어지는 현상이 일어나는 것이다. 이를 '주택 소형화 현상'이라고 한다. 집평수가 슬림(slim)하지 않으면 슬럼(slum)가가 될 가망성이 높게 된다.

이런 현상을 반영한다면 경매를 하여 투자할 곳은 정해져 있는 것이다. 선택과 집중만이 부를 창출할 수 있다. 이런 공통된 교집합이 있는 장소이면 망설이지 말고 무조건 투자하는 것이 정답이다.

2) 이런 경우에도 양도가 된다.

(1) 교환

부동산을 서로 바꾸는 경우에도 각각 양도가 되는 것이다.

(2) 법인에 대한 현물 출자

개인의 부동산을 법인에 현물 출자한 경우에도 개인이 법인에게 양도한 효과가 나타나므로 이를 양도로 본다는 것이다.

법인의 회계처리를 보며 아래와 같다.
차) 자산　　　대) 자본금

이렇게 자산이 법인에게 넘어가서 법인의 자산으로 회계처리 된다. 소유권이 법인에게 넘어 갔으므로 개인입장에서는 양도가 되는 것이다.

이럴 경우, 일정 요건을 갖추면 개인의 양도세를 법인이 그 자산을 팔 때까지 이연시켜주는 제도가 있다는 것도 알아두기 바란다. 이런 경우에는 전문가와 상담하여 최소한에 이전비용으로 최대한의 효과를 얻도록 하자.

특히, 부동산만 많이 보유한 사람일수록 절세 전략 방안이 많으므로 상담을 받아보기 바란다.

[수인이 개인 토지를 출자하여 임대업을 공동 운영하는 경우]

공동 사업의 참여 없이 단순히 토지 사용권만 준 경우에는 현물 출자한 것으로 볼 수 없고, 토지 사용료에 대한 수익만 발생하게 되어 종합소득세로 납부해야 할 것이다.

현물 출자 계약에 의거해 토지를 투자하고, 공동으로 건축을 하여 임대하는 경우에는 동업계약서가 작성될 것이다. 이 경우에는 공동 사업자에게 현물 출자한 것이므로 양도에 해당이 된다. 조합에 대한 현물출자여부는 사실상의 현황에 비추어 판단해야 하는데 건축물시공자의 자금흐름, 시공과정, 제반비용의 처리, 준공 후 임대계약자, 임대수입의 분배, 사용처 등의 제반 사항을 고려하여 판단하게 된다. 조합에 현물출자로 밝혀질 경우에는 양도에 해당이 된다.

(3) 부담부 증여

부담부 증여는 부채를 부담하는 조건으로 증여를 하는 경우를 말한다. 아래의 예를 들어 보자.

5억 원인 아버지 소유의 아파트를 전세금이 3억 원이 있는 상태에서 아들에게 증여한 경우이다.

증여세의 대상은 5억 원−3억 원=2억 원이 될 것이고, 세금은 수증자인 아들이 내야 한다. 한편, 3억 원에 상당하는 금액은 유상으로 소유권이 이전되는 것과 같은 효과가 나타나므로 양도소득세의 과세 대상이 된다. 최초 취득가액이 3억 원이었다면, 취득가액은 3억 원×3/5=1.8억 원이 될 것이다. 양도차익은 3억 원−1.8억 원=1.2억 원으로 이 금액에 대해서 양도소득세를 내야 한다.

세금이 쪼개지므로 전체 세금 납부 세액은 일반 증여시보다 적게 된다. 그러나 주의해야 할 요소가 있다.

첫째, 본 전세금 3억 원은 아들이 전적으로 갚아야 한다. 아버지가 일부라도 갚게 되면 부담부증여가 되지 않는다.

둘째, 만약 대출을 부담부증여로 했다면 주 채무자를 변경해야 하는 것 뿐 아니라 이자도 아들이 증여 받은 날 이후부터는 납입을 해야 한다. 한번이라도 아버지가 납입을 하면 이 또한 부담부증여가 취소가 되고 일반 증여로 가게 된다.

국세청에서는 채무관리대장에 등재하여 1년에 2회 이상 채무 변제에 대한 흐름을 조사하도록 하고 있다. 아울러 부담부증여의 제척기간이 증여세 적용할 때 제척기간을 따른 것도 기억하기 바란다.(신고시 10년, 미신고시 15년)

■*///// 김세무사의 똑소리*

[아버지가 1세대 1주택자라면 어떻게 자녀에게 물려주는 것이 좋을까?]

집의 취득가액은 1억 원(10년 이상 보유), 현시세는 5억 원일 경우, 아들의 나이(30살)

전략1) 그냥 증여하는 전략

시세가 5억 원이므로 5억 원이 증여가액이 되고, 증여재산공제 3천만 원
과세표준 : 5억 원-3천만 원=4억7천만 원
납부세액 : 7천5백6십만 원

전략2) 매매로 가는 전략

현실적으로 30세인 아들이 5억 원인 집을 시가로 구입하기가 힘들어 이 전략은 대안이 아니다.

전략3) 부담부증여로 가는 전략

아버지가 이 주택을 전세 놓거나 대출을 얻게 된다. 전세를 얻는 경우 2억 원, 대출 1억 원으로 3억 원을 아들이 부담하기로 하고 부담부증여로 주게 되는 것으로 가정하자.
(1) 양도소득세 : 아버지는 비과세이므로 3억 원에 대해서 비과세를 받음
(2) 증여세
　　증여재산가액 : 5억 원-3억 원=2억 원
　　증여세과세표준 : 2억 원-3천만 원=1억7천만 원
　　증여세 : 2천1백6십만 원
　　·전략1에 비해서 증여세를 5천4백만 원을 아낄 수 있다.

전략4) 부담부증여로 가는 전략(가장 극단적인 사례)

전세를 4억 원, 대출을 7천만 원으로 하는 경우
(1) 양도세: 없음
(2) 증여세
　　증여세재산가액:5억 원-4억7천만 원=3천만 원
　　증여세과세표준: 3천만 원-3천만 원=0
　　증여세: 없음
　　·세금이 없이 넘어가게 된다.

물론 취득세는 양도로 하는 경우가 싸게 나오나, 현실적인 방법은 부담부증여가 가장 세금이 적게 나온다. 1주택이 전부인 경우에는 부담부증여를 통해서 세금을 최소화하자. 한편, 증여의 시기는 대출을 받고 나서 적어도 3개월이 지난 후에 하는 것이 좋다. 왜냐하면 대출받을 경우에 감정가액이 나타나는데 이 금액이 시가로 될 수도 있기 때문이다.

<u>증여 받은 후 주의 사항</u>

증여 받은 주택을 5년 이내에 팔게 되면 이월과세 규정에 적용이 된다. 그러므로 반드시 5년이 지난 후에 매매를 해야 비과세 처리가 된다는 것을 명심하자.
다른 세입자가 들어오는 경우에는 이렇게 전세금을 반환 받을 때 현금으로 서로 받으면 입증이 되지 않으므로 새로운 세입자가 들어오게 될 경우 전세금을 통장으로 받아서 기존 세입자에게 주는 절차를 바로 취하자. 요즘은 은행 서비스가 좋아져서 가능하리라고 본다.
대출금의 이자는 아들의 월급으로 서서히 갚아나가기 바란다. 월급의 규모에 대비해서 대출금의 적정한 규모를 정하도록 하자.

(4) 담보로 제공한 자산이 경락된 경우

경락된 경우란 경매를 통해서 매도가 되는 경우를 말하는 바, 채무자가 채무불이행이 되어 경매에 재산이 붙여지고, 그 재산으로 채무를 모두 변제하는 경우(이를 '빚잔치'라고 한다)에도 양도세의 대상이 된다.

예를 들어 기존 부동산(상가)의 취득가액이 1억 원인데 3억 원에 낙찰 되었다면 3억 원과 1억 원의 차이에 대해서 양도세를 내야 한다. 물론 3억 원은 빚 갚는데 모두 충당되었을 것이다. 그럼, 세금은 어떻게 낼 것인가가 문제이다. 경매가 이루어지고 난 후 1개월 정도가 지나면 세무서에서 양도소득세 신고 대상자라는 안내문이 나온다. 내가 빚잔치했는데 세금을 또 내야 해라는 생각이 들겠지만 이 또한 양도의 한 형태임이 명백하다.
안내문을 받았다면 상심하지 말고 예정신고라도 꼭 해두자. 가산세라도 줄여야 하지 않겠는가? 물론 세금은 체납하게 될 것이다. 또 신용불량자가 되는 현상을 반복하게 된다. 어떤 이들은 경매로 넣고 재산 정리하겠다고 생각하는데 이는 정말 위험한 발상이다. 계속 세금과 빚 속에 허덕이는 삶을 살아야 한다. 우리가 삶을 살 때 빚과 소금은 꼭 필요하지만, 빚과 체납한 세금은 없는 것이 좋다.

(5) 가등기에 따라 본등기를 행한 경우

여기서 말하는 가등기는 말소기준권리인 담보가등기가 아니고, 소유권이전가등기(혹은 보전가등기라 한다.)를 말한다. 소유권이전가등기가 행사가 되어 본등기가 될 경우에도 이 또한 양도의 한 형태가 되는 것이다.

▬/////// 김세무사의 똑소리 ▬▬▬▬▬▬▬▬

[가등기를 구별하는 방법]
가등기는 크게 담보가등기와 소유권이전가등기가 있다. 우선 이 가등기는 등기부등본상에 어떤 가등기라는 종류가 표시되지 않으므로 권리 분석시에 주의를 해야 한다. 구별하는 방법은 다음과 같다.
채권신고가 들어와 있으면 담보가등기라고 보면 되고, 그 신고가 없을 경우에는 소유권이전가등기라고 생각하면 된다. 담보가등기는 채권확보를 위해서 법원에서 최고 기간(채권 있다면 신고하라고 알리는 기간)에 신고를 할 것을 통보하는데 이때 채권 신고를 해야 배당에 참여할 수 있으므로 담보가등기일 경우에는 반드시 채권 신고가 들어와 있게 된다. 응찰 희망자는 매각 기일 7일 전에 열람 가능한 법원의 경매물건 명세서 및 입찰 당일에 열람이 가능한 경매조서로 확인을 해야 한다. 이때 가등기권자가 법원의 최고에도 불구하고, 가등기의 종류 등을 신고하지 않은 때에는 법원은 소유권이전청구권 가등기로 보고 경매개시 결정등기를 하되 경매절차를 사실상 중지하고 그 가등기에 기한 본등기가 되는지 여부를 지켜보고 그 결과에 따라 처리하기도 한다.

한편, 최근에는 가등기가 명확히 구분되는 것을 알 수 있다.

등기부의 등기 목적과 등기 원인을 보면 쉽게 식별할 수 있는데, 등기 목적에는 소유권이전청구권가등기와 소유권이전담보가등기로 표기돼 있을 뿐만 아니라 등기원인 란에도 매매예약과 대물변제예약으로 구분하여 표기하고 있다. 가등기의 소멸시효는 10년이다.

[담보가등기와 소유권이전가등기의 권리분석]

1. 담보가등기인 경우

   담보가등기가 선순위(1순위)인 때에는 말소기준권리가 되고, 낙찰이 되면 담보가등기는 배당 받고 말소하게 된다. 등기된 순위에 따라 순차로 배당을 받게 되며, 채권신고(배당신청)를 하지 않으면, 배당을 받을 수 없으며, 배당여부와 상관없이 소멸한다. 배당받지 못한 최선순위 담보가등기권자는 배당을 받은 채권자들을 대상으로 순차적으로 부당이득반환청구를 할 수 밖에 없다.

2. 소유권이전 가등기인 경우

   소유권이전청구가등기로 되어 있으며, 등기원인란에 매매예약이라고 되어 있는데 순위에 따라서 낙찰자의 인수 여부가 결정된다. 우선 소유권이전가등기가 저당권 등 말소기준권리의 이후에 등기가 되어 있으면 매각으로 소멸하게 된다. 소유권이전가등기가 최선순위로 등기되어 있다면 매수자가 경락대금을 납부하고 소유권이전을 마쳤더라도 가등기권자가 본등기를 하면 소유권을 잃게 된다.

3. 응찰자의 권리분석방법
   (1) 가등기 종류에 불문하고, 법원에 배당신청을 하였는지 여부를 확인하고, 배당신청을 하였다면, 법원은 담보 가등기로 보아 배당받고 소멸한다.
   (2) 최선순위인 가등기가 배당신청을 한 때(담보가등기)에는 말소기준권리가 되어 그 이후의 권리는 말소된다.
   (3) 가등기의 종류를 불문하고, 채권신고와 배당신청을 하지 않았다면, 그 가등기는 소유권보전 가등기로 보기 때문에 그 가등기 최선순위인 경우에는 말소되지 않고 매수인이 인수하여야하므로 응찰하지 않아야 하며, 만약 낙찰 받았다 하더라도 나중에 소유권보전가등기에 기한 본등기를 하게 되면 소유권을 잃을 수 있다. 말소기준권리이후에 가등기가 있는 경우에는 배당신청여부와 상관없이 소멸하므로 응찰하여도 된다.

실전 사례

[대위변제의 가능성]

```
          1근저당권        가등기      2근저당권(혹은 가압류)
   --------1--------------1--------------1--------------
          채권액 2천만원
```

이런 경우가 있다고 하자. 여기서 물론 가등기가 소유권이전가등기면 근저당권이 오는 것이 어려울 수도 있다. 은행에서는 이미 소유권이전가등기인 것을 알기 때문이다. 예를 든 것이므로 오해 없으시길 바란다.

응찰자는 가등기가 무슨 가등기인지 권리 분석을 하지 않았다면 이렇게 생각할 것이다. '1근저당권이 말소기준권리이고 그 뒤에 권리는 모두 소멸되겠군.' 그런데, 이 경우에 '천만의 말씀 만만의 콩떡'이 될 때가 있다. 가등기권자가 소유권이전가등기권자일 경우 1근저당권의 금액 2천만 원에 대해서 대신 갚아 주게 되었을 때 어떤 현상이 일어날까? 근저당권은 소멸될 것이고, 말소기준권리는 뒤로 후퇴하게 된다. 즉, 2근저당권이 말소기준권리가 된다. 그런데 가등기는 소유권이전가등기이므로 낙찰자 즉, 매수자는 이 가등기를 인수해야 한다. 가등기권자가 느긋하게 본등기를 치게 되면 매수자는 소유권을 잃게 되는 사건이 발생하게 된다. 가등기에 대한 분석은 반드시 철저히 하고 응찰하자.

(6) 이혼위자료로 부동산 소유권을 이전한 경우

요즘처럼 이혼율이 급증하는 시대에는 이혼 시에도 절세 전략이 필요하다. 부동산 세금 중과제도가 있을 때는 세금이 워낙 많으므로 가장 이혼을 하여 세금을 회피하려고 한 적도 있다. 참 씁쓸한 이야기다.

실제 이혼의 과정에서도 세금이 붙는 경우가 있으므로 이에 대해 알아보자.

예를 들면, 남편 소유로 되어 있던 2년 된 아파트(다른 주택 1채 있음)를 위자료로 아내에게 주는 경우와 재산분할로 주는 경우의 세금이 달라진다.

구분	양도세	취득세
위자료	양도세 O	납부함
재산분할	양도세 X	납부함

남편은 위자료로 아파트를 주면서 등기부등본에 이렇게 표시하게 된다. '위자료에 기한 소유권이전등기' 그러나 헤어짐에 대한 아픔이 가시기도 전에 세무서에서 안내문이 날아온다. 양도소득세 납부하시오라는 안내문. 암담하다.

이럴 경우에는 재산분할로 신청하는 것이 정답이다. 재산분할은 부부의 관계에 있을 때 재산형성과정에 대한 기여를 인정하는 것이다. 이렇게 할 경우에는 최소한 쓸데없는 세금을 물지는 않는다.

실무에서는 미리 증여를 하는 경우가 대부분이다. 아직 부부 관계가 지속되므로 배우자는 6억까지 세금이 없으므로 이를 이용하는 것이 더 현명한 방법이다.

속을 많이 썩인 배우자라면 민법상 부부의 관계가 없어지는 날(최후 도장을 찍는 날)에 증여하는 것이 소심한 복수가 될 수도 있다. 부부 관계가 끝났으므로 부부간 증여가 아니므로 증여세를 내게 될 수도 있다. 이 증여세는 누가 내느냐하면 상대방 배우자가 내게 되므로 앞에 위자료로 주는 경우보다는 부담이 덜하지 않을까 생각한다. 물론 이혼은 안 하는 것이 최선이다. 단, 등기 전에 미리 재산을 분산해 놓았다면 이혼시 따로 등기를 해야 하는 일도 줄일 수 있음을 생각하기 바란다.

(7) 양도계약체결 후 잔금청산 전에 상속이 개시된 경우

양도계약을 체결한 상태에서 상속이 진행되는 경우에는 계약금까지는 상속재산에 들어갈 것이고, 그 이후는 상속인의 재산이 될 것이다. 이럴 경우에는 중도금과 잔금 날짜를 6개월 이내로 조정하여 상속인의 양도소득세 납세의무를 줄여주는 것이 무엇보다 중요하다. 예를 들어, 상속재산가액이 10억 원(배우자 생존)이 넘지 않는 경우에는 6개월 이내로 조정할 것을 권한다. 이 경우에는 양도세를 납부하지 않아도 된다.

실전 사례

[경매 관련 세법 적용 사례]

1. 채무자가 낙찰 받은 경우 : 제3자를 위해서 담보 제공한 물건에 대해서 본인이 낙찰 받은 경우에는 양도에 해당하지 않는다. 이때 보유기간은 경락받은 날로부터 기산이 시작된다. 아울러 동일세대원이 받을 경우에도 잔금 납부일로부터 보유기간이 새로 시작된다.

〈관련 예규〉
타인의 채무에 담보 제공된 자산을 본인이 경락받은 경우 양도 여부 및 자산의 취득시기 기산일 (서면4팀-2339.2007.07.31)

자기소유재산을 제3자의 채무에 대한 담보로 제공하였다가 제3자인 채무자가 변제하지 아니하여 당해 담보자산이 경매 개시되어 당초 소유자가 자기명의로 경락받은 경우에는 이를 양도로 보지 아니하므로 귀 질의의 담보로 제공된 자기소유 주택과 그 부수토지의 취득시기는 당초 채무자 소유 주택의 부수토지에 대하여는 경락받은 날이 취득시기가 되는 것임.

2. 매각이 유효하게 성립하고 매각잔금이 완납된 경우 : 소유권환원하기로 법정 화해가 이루어지더라도 양도소득세가 과세된다.

3. 부동산을 매매하고 대금청산 전에 소유권이전등기가 완료된 후 당해 부동산의 소유권이 경매에 의해 당초 소유자에게 환원되는 경우 : 각각이 양도에 해당이 된다.

[특이한 경우의 사례 정리]

1. 당사자가 상호 양보하여 분쟁을 종식하는 화해계약에 의한 상호 부동산 이전은 상호 대가관계가 있으므로 유상계약으로 양도소득세 과세대상이 된다.

2. 이미 양도된 부동산에 대하여 원소유자의 출현으로 원소유자가 부동산을 대신하여 법정 화해대금을 수령하는 경우에는 양도소득세 과세대상이 된다.

3. 지적법의 제한규정으로 불가피하게 각각의 소유 토지 지분을 상호 교환한 것이라면 소유 지분의 변동이 없는 경우에 한하여 유상양도로 보지 아니하여 양도소득세 과세대상이 아니다.

■■///// 김세무사의 똑소리

[배우자나 직계존비속에게 매매할 수 있을까?]

배우자나 직계존비속에게 매매하는 경우에는 '증여추정' 규정이 적용된다. 증여 추정은 납세자가 적극적으로 증여가 아님을 입증하게 되면 증여로 보지 않는다는 뜻이다. 그럼, 매매가 가능한 경우는 어떤 경우일까? 부모와 자식 지간에 매매가 가능한 경우, 부부간의 매매가 가능하려면 3가지를 유념해야 한다.

첫째, 거래를 시가로 할 것
  현재의 시세를 기준으로 매매가 이루어지는 것을 말한다.

둘째, 유상 거래 금액이 오고 간 것이 모두 입증될 것
  계약금, 중도금, 잔금이 지급된 것을 확인하는 것인데, 이는 현실적으로 금융거래가 입증하기 가장 좋은 방법이다. 통장을 통해서 지급하는 것을 추천한다.

셋째, 매수자가 그만큼 자금을 확보할 능력이 있을 것
  자금출처가 명확해야 한다는 뜻이다. 자금이 어디서 났는지 입증하지 못하면 이 또한 증여에 해당되므로 증여세를 내야 한다.

이런 경우에는 양도로 보지 않는다.

·채무변제를 담보하기 위하여 자산 양도 계약을 체결한 경우(양도담보)
·법원의 확정판결에 의하여 신탁해지를 원인으로 소유권이전 등기를 하는 경우
·공동 소유의 토지를 소유자별로 단순히 분할만 하는 경우(분할등기)

케이스 1) 단순분할 --->양도 아님
케이스 2) 연접필지의 공유물 분할 목적 매매 : 시가차액 정산이 없었다면 양도 아님
케이스 3) 연접하지 않은 공유물 분할 목적 교환 : 지분 증감이 없다며 양도 아님. 이 경우 지분의 증감이 있으면 양도에 해당이 됨에 유의하기 바란다.

·토지구획정리사업 등에 의한 환지 처분으로 지목 또는 지번이 변경되거나 체비지로 충당되는 경우(환지처분)

3) 양도소득세 납부 구조를 알아보자.

양도세 납부 세액을 계산하는 기본적인 산식을 알아보자. 감면이나 가산세에 대한 상황은 제외한다. 양도소득세 계산은 모두 실지거래가액을 해야 한다.

양도차익의 계산	양도가액 − 취득가액 − 필요경비 = 양도차익
공제액계산	− 장기보유특별공제 −기본공제 = 과세표준
산출세액계산	과세표준 ×세율 = 양도세산출세액

[만약, 취득가액을 모르는 경우에는 어떻게 계산이 되나요?]

취득시기가 오래된 경우 혹은 취득계약서가 분실되어서 없는 경우. 취득금액을 잘 모르는 경우에는 매매사례가액, 감정가액, 환산가액을 적용하게 되는데, 실무에서는 환산가액을 많이 적용하게 된다.

· 양도당시의 실지거래가액만 확인되는 경우 취득가액 = 양도당시의 실지거래가액 × 취득당시의 기준시가 양도 / 당시의 기준시가

· 필요경비는 아래의 금액으로 한다.
MAX(① 환산가액 + 취득당시의 기준시가 3%. ② 자본적지출액 + 양도비)

4) 장기보유특별공제 제도를 알아보자.

장기보유특별공제는 부동산을 3년 이상 가지고 있을 경우에 양도차익에서 일정 금액을 할 인해 주는 제도이다.

06.1.1−07.12.31	08.1.1−08.3.20 보유기간/공제율		08.3.21− 보유기간/공제율		09.1.1− 보유기간/공제율	
	1세대 1주택	이 외 자산	1세대 1주택	이 외 자산	1세대 1주택	이 외 자산
3년이상 10%	3년이상 10%	3년이상 10%	3년이상 12%	3년이상 10%	3년이상 24%	3년이상 10%
5년이상 15%	4년이상 12%	4년이상 12%	4년이상 16%	4년이상 12%	4년이상 32%	4년이상 12%
10년이상30%	5년이상 15%	5년이상 15%	5년이상 20%	5년이상 15%	5년이상 40%	5년이상 15%
15년이상45%	6년이상 18%	6년이상 18%	6년이상 24%	6년이상 18%	6년이상 48%	6년이상 18%
	7년이상 21%	7년이상 21%	7년이상 28%	7년이상 21%	7년이상 56%	7년이상 21%
	8년이상 24%	8년이상 24%	8년이상 32%	8년이상 24%	8년이상 64%	8년이상 24%
	9년이상 27%	9년이상 27%	9년이상 36%	9년이상 27%	9년이상 72%	9년이상 27%
	10년이상30%	10년이상30%	10년이상40%	10년이상30%	10년이상80%	10년이상30%
	11년이상33%		11년이상44%			
	12년이상36%		12년이상48%			
	13년이상39%		13년이상52%			
	14년이상42%		14년이상56%			
	15년이상45%		15년이상60%			
			16년이상64%			
			17년이상68%			
			18년이상72%			
			19년이상76%			
			20년이상80%			

(1) 장기보유특별공제를 받지 못하는 경우

미등기자산과 비사업용토지는 적용이 배제된다.

경매로 비사업용토지를 낙찰 받은 경우 2년이 지나면서 바로 매도 계획을 생각하는 것이 좋다. 3년 이상 가지고 있어도 더 이상 할인제도가 없기 때문이다.

(2) 2주택이상자 및 3주택 이상자인 경우

2013년 말까지 장기보유특별공제를 해 주고 있으나, 중과 제도가 다시 부활하게 되면 장기보유특별공제를 해주지 않을 수 있다는 점을 고려하기 바란다.

(3) 1세대 1주택이 적용되는 경우

1세대 1주택이 적용되는 경우는 매도금액이 9억 원이 넘을 때만 적용이 된다.

5) 기본공제에 대해서 알아보자.

기본공제는 부동산을 취득하고 보유하고 양도하기 어려우므로 1년에 이 금액 정도는 기본적으로 남기는 금액을 이야기한다. 그 금액은 2,500,000원이다. 이 금액은 1인당 금액이 적용되므로 만약 공동명의일 경우에는 각각 2,500,000원을 해 주게 된다. 소득 구간이 분산되어 소득세가 줄어드는 것은 두말하면 잔소리다.

6) 양도소득세 세율을 알아보자.

〈 기본적인 세율 구조 〉

구　분		세　율	
		2008년	2012년 이후
일반과세 (보유기간에 따른세율)	1년 미만	50%	50%
	1~2년 미만	40%	40%
	2년 이상	9~36%	일반세율(6%~38%)
중과세	1세대 2주택	50%	· 2009.3.16~2012.12.31 : 매수, 매도주택 　일반과세적용 　단,1세대3주택자 : 투기지역 내에는 10%탄력 　　세율적용
	1세대 3주택	60%	· 2013.1.1~2013.12.31 : 매도 주택만 　일반과세적용(매수 주택은 해당사항 없음)
	비사업용 토지	60%	· 2009.3.16~2012.12.31 : 매수, 매도 토지 　일반과세적용 · 2013.1.1~2013.12.31 : 매도 토지만 　일반과세적용(매수 토지는 해당사항없음)
미등기자산		70%	좌동

〈 일반세율구조 〉

소득 구간	2009년		2010년 이후	
	적용세율	누진공제액	적용세율	누진공제액
1,200만 원 이하	6%		6%	
4,600만 원 이하	16%	1,200,000	15%	1,080,000
8,800만 원 이하	25%	5,340,000	24%	5,220,000
3억 원 이하	35%	14,140,000	35%	14,900,000
3억 원 초과(2012년 이후)			38%	23,900,000

2012년 이후 부터는 3억 원이 초과되는 구간이 신설되었는데, 이는 '한국판 버핏세'에 해당된다.

7) 보유기간의 개념에 대해서 알자.(저자 주 : 거주기간은 폐지되어 여기서 생략하도록 한다.)

보유기간은 세율을 적용하는 중요한 기준이 되며, 장기보유특별공제를 적용하는 중요한 기준이 되므로 이에 대한 개념을 철저히 알아 놓도록 하자.

(1) 일반적인 경우 : 취득일<--->양도일

구 분		양도일 또는 취득일
매매	원 칙	잔금청산일[3](잔금청산 후 완성되는 경우 : 완성일)
	예 외	등기접수일(청산 전 이전등기, 청산일불분명)
	장기할부	빠른 날(등기일, 인도일, 사용수익일)
수 용		빠른 날(잔금일, 수용개시일, 등기접수일)
자가건설		빠른 날(사용검사필증교부일, 임시사용승인일, 사실상 사용일)
증 여		증여를 받은 날(등기접수일)
상 속		상속개시일(사망일)
점유시효취득		점유개시일
환지처분		환지처분 공고일 익일

---

3) 잔금청산일
 ·소액의 잔금을 제외한 대금을 사실상 납부한 경우 잔금청산이 이루어진 것으로 본다.

(2) 유의해야 하는 경우

① 1세대1주택 비과세 규정 적용 시 잔금일 전 매수자의 책임 하에 주택이 멸실된 경우
: 매매계약일 현재를 기준으로 주택의 부수 토지 여부를 판단한다.

cf) 납세자에게 불리하게 적용되는 고가주택의 판정, 다주택 중과 등은 양도일을 기준으로 판단함이 타당하다고 한다.

② 양도일 이전에 지목 변경된 농지의 감면 적용

·매수자가 형질변경, 건축착공 등 : 매매계약일 현재 기준
·환지예정지로 지정 : 토지조성공사착수일 현재 기준

③ 재건축사업 등의 청산금의 양도시기 : 늦은 날(소유권이전고시일 익일, 대금청산일)

④ 증여 후 증여계약의 해제로 반환받고 추후 양도시 반환받은 부동산의 취득시기

·3개월 이내 반환 : 증여자의 당초 취득일
·6개월 이내 반환 : 반환받은 날
·6개월 경과 반환 : 증여계약 해제등기일

⑤ 체비지 : 계약에서 정한 바에 따라 잔금을 납부한 날

·토지구획정리사업에 따른 체비지대장에 소유자로 등재되고 환지 전 토지에 대한 취득세 및 재산세의 납부자와 동일인이라면, 증평 분 대금을 납부한 사실이 확인되므로 토지구획정리사업이 완료됨에 따라 소유권보존등기가 종료되었다고 보아야 하고 체비지대장은 당해 자산에 대한 등록부 또는 명부라 보아야 하므로 체비지대장에 등재된 일자를 취득일자로 볼 수 있다.

⑥ 수차례에 걸쳐 취득한 자산의 취득시기가 불분명한 경우 : 선입선출법

⑦ 교환자산 : 교환성립일

·차액정산이 필요한 경우 : 차액청산일
·불분명한 경우 : 교환등기접수일

총대금의 5.4%를 소액잔금이 아니라고 보아 잔금청산이 이루어지지 않았다고 본 사례가 있음(서울행법 2006구단 10699, 2007.5.29)
·당좌수표 및 어음 : 결제일(어음의 만기전 할인 : 만기일), 수표 : 수령일

⑧ 현물출자

ⅰ) 법인에 대한 현물출자
·빠른 날(명의개서일, 주식교부 받은 날, 등기접수일)
·주식교부 받은 날 불분명 또는 미발행 : 빠른 날(증자등기일, 등기접수일)
ⅱ) 공동사업에 현물출자 : 빠른 날(동업계약체결일, 등기접수일)

⑨ 상속받은 부동산을 증여를 원인으로 특별조치법에 의해 등기한 경우

·상속개시일이 등기원인일 이전 : 등기원인일
·상속개시일이 등기원인일 이후 : 상속개시일

⑩ 가등기한 기간은 보유기간으로 보지 않는다. (본등기 이후가 보유기간이 된다.)

⑪ 경락에 의하여 취득하는 자산 : 경매대금을 완납한 날

⑫ 소유권분쟁으로 소송 중에 매매잔금을 공탁한 경우 : 공탁일

⑬ 공유물 분할한 토지의 취득일자 : 모지번의 등기부등본에서 확인

⑭ 명의신탁해지를 원인으로 소유권이 이전된 경우 : 신탁자의 당초 취득일

⑮ 소유권보존을 원인으로 소유권이 변경된 경우 : 실제취득일(건물완성일) 확인

⑯ 제3자에 담보로 제공된 본인 자산을 경락받은 경우 : 당초 취득일

⑰ 잉여금 자본전입에 의한 무상주 : 기존주식 취득일

⑱ 동일세대원 간에 소유권변동(㉲ 동일세대간 증여)이 있는 경우 : 세대전체 보유기간 합산

단, 동일세대원이 경매로 취득한 후 양도 : 경락대금 완납일－양도일

⑲ 거주나 보유 중 소실, 도괴, 노후 등으로 멸실되어 재건축 : 전후 통산, 공사기간 포함

단, 종전 주택의 부수 토지 면적을 초과하는 부분 : 신축일로부터 보유기간을 따진다.

8) 종합소득세 및 법인세를 내는 경우도 있다.

낙찰을 많이 그리고 수시로 받아서 파는 경우에는 부동산매매업을 내는 것을 권해드린 바 있다. 이때는 양도소득세가 아닌 종합소득세로 과세가 된다. 아울러, 토지를 낙찰 받아서

주택이나 건물을 지어서 파는 경우에도 각각 주택신축판매업 내지는 부동산매매업으로 종합소득세가 과세된다.

만약 법인이 매매업법인으로 사업을 하거나, 주택신축판매업인 건설업으로 등록한 경우에는 법인세를 내게 된다.

설명은 본서 7편에서 자세히 다루기로 한다.

제 3 장
양도시 절세 방법 딱 8가지만 기억하세요

1. 세무 전문가를 알면 세금이 절약된다.

삼강오륜 중에 '부자유친(父子有親)'이란 말이 있다. 이는 부모와 자식의 도리는 친애에 있다는 뜻이다. 이를 빗대서 세법에서 적용한다면, 이렇게 해석이 될 것이다. 부자(富者)는 친함이 있어야 하는데 뒤에 생략된 말이 세무 전문가들이다. 가까운 이웃사촌이 먼 형제보다 낫다고 했듯이 가까운 세무 전문가가 먼 형제보다도 나을 경우가 많다.

세금도 유비무환의 정신이 필요하다. 세금 관련 업무에 종사하다 보면 친구 또는 친척 등 세금 문제를 상담해 오는 경우가 종종 있게 마련인데, 대부분은 세금 문제를 사전에 미리 상담했더라면 큰 문제가 없었을 것을 고지서를 받거나 세무서에서 안내 전화를 받고 나서야 상담을 하는 경우가 많다. 미리 미리 준비하자.

가까운 세무전문가가 있다면 자문을 구하여 세금에 대한 리스크를 충분히 줄일 수 있음을 명심하자. 예를 들어 부동산을 양도할 경우 사전 상담으로 양도의 시기, 비과세 여부, 증빙서류 구비 여부 등을 충분히 알고 대비하면 절세할 수 있는 방법이 생긴다.
사후 약방문처럼 고지서를 받고 오는 경우에는 안타깝게도 조정이 어려워 세금을 그대로 납부하는 경우를 너무 많이 경험하게 된다.
이렇게 세금 조정이 어려운 이유는 이미 등기로 부동산이 이전되었고, 관련 공부가 정리된 터라 이를 되돌리기가 상당이 어렵기 때문이며, 아울러 관련 증빙을 확보하기 어렵기 때문이다.

따라서 양도소득세뿐만 아니라 모든 세금에 대한 절세 방안을 모색할 경우에는 사전에 반드시 세무전문가와 충분히 상담하고, 세법을 이해하고 대책을 마련한 후에 어떤 행위를 하는 것이 좋다.

아울러 요즘 인터넷의 발달로 국세청 홈페이지 등 관련 기관에서 세금에 대한 정보를 충분히 얻을 수 있어서 자기 현황에 맞는 세금을 미리 알 수 있도록 되어 있다. 이를 통해서 미리 세법 내용을 아는 것도 아주 중요하다.

////// 실전 사례

[세금 리스크 줄이기]

경매를 통해서 부동산을 구입하는 경우에도 세금으로 인한 수익률이 더 떨어질 수 있음을 알고 매수가액을 정하는 것이 현명하다. 아울러 낙찰 후 여러 가지 경비가 들어가는데 이 경비를 잘 챙기지 못하면 돈은 돈대로 들어가고 세금은 세금대로 내야 하는 이중고를 겪게 된다.

경매를 통하여 수익 분석(수지분석)을 할 경우에는 세금에 대한 분석을 파악하는 것이 무엇보다 중요하다. 나중에 내 주머니에 실제 남는 돈에 예측이 예상과 다른 것은 세금에 대한 분석이 없어서 실제 수익률이 떨어졌기 때문이다.

경매에 대한 세무 전문가와 친하게 지내면서 간접적으로 노하우를 익히는 것이 중요한 절세 비법 중에 하나이다.

////// 김세무사의 똑소리

[아래의 홈페이지를 통해서 세무 정보를 알 수 있다.]

국세청 : http://www.nts.go.kr
국세청 고객 만족 센터 : http://call.nts.go.kr 〉 자주 묻는 상담 사례
국세청 법령 정보 시스템 : http://taxinfo.nts.go.kr
  – 법령, 사전 답변, 질의 회신, 심사 · 심판 · 판례 등을 검색할 수 있다.

위에 사이트에서 세금에 대한 공식적인 정보를 확인할 수 있다. 가끔 어느 포털 사이트에 떠있는 질문에 대한 답변이 정확하다고 믿고 계신 분이 많은데, 이 정보 중에서 부정확한 정보가 많음을 감안하여 맹신하는 일이 없어야 할 것이다. 또한, 세법은 매년 개정이 되는 부분이 많음에도 불구하고 기존에 사이트에서는 지난 정보를 제공하고 있으니 실제 세법 적용과는 괴리가 있음을 유념하기 바란다.

2. 다주택자의 고민 해결! 그 방안은 임대 주택 등록에 있다.

다주택자는 1세대가 집 2채 이상을 가지고 있는 사람들을 말한다. 집을 많이 가지고 있을 경우에는 세금을 많이 내도록 하였으나, 지금처럼 부동산 불황기에 매도가 잘 되지 않으므로 그 매물을 임대수요로 대체하고자 세제 혜택을 주는 부동산정책을 택하게 되었다. 기존 내가 살던 집 이외의 다른 집을 경매로 취득하였다면 이에 세금 혜택을 주는 규정은 없을까? 혹은, 내가 살고 있는 집 이외에 토지를 경매로 사거나 기존 집을 헐고 새로 집을 지어서 임대를 주는 경우에 세제 혜택을 볼 수는 없을까?

가장 좋은 방법은 내가 사는 집 이외의 집을 임대주택으로 등록하여 임대업 신고를 하는 것인데, 그 혜택은 2011년 10월 14일 이후부터 1집만 임대 주택으로 등록하여도 일정 요건을 갖추면 경매로 취득하여 임대 주는 집을 양도할 경우에는 일반세율(6%-38%)과 장기보유특별공제(최대30%)를 해주는 혜택을 받게 되었다.

또한 그동안 거주용 자기 집 1채를 보유한 자가 임대주택을 추가로 낙찰 받거나 혹은 일반 매매로 구입하여 임대사업을 하면, 현재 내가 살고 있는 집에 대한 1세대 1주택 비과세 적용을 받을 수 없었으나, 2011년 10월 14일 이후 임대주택 외 거주용 자가 주택 1채를 양도하는 경우 1세대 1주택 비과세를 적용받을 수 있게 되었다.

임대 주택으로 적용되는 요건은 다음과 같다.

◆ 매입임대주택 요건

구　분	호　수	임대기간	면　적	가액기준 (임대개시일 당일 기준시가)
수도권	1호이상	5년이상	대 298㎡, 건149㎡ 이하[4]	6억 원 이하
수도권외				3억 원 이하

◆ 건설임대주택 세제지원 요건

구　분	호　수	임대기간	면　적	가액기준 (임대개시일 당일 기준시가)
전　국	2호이상	5년 이상	대 298㎡, 건149㎡ 이하	6억 원 이하

◆ 2011.10.14 이후 최초로 양도하는 주택부터 적용하기로 한다. (대통령령 제23218호, 부칙2)
◆ 소세령 167조의 3 ① 2호 가목의 개정 규정 중 '가액기준' 변경에 대한 개정 부분은 이 영 시행 후 임대주택법 제6조에 따라 임대 주택으로 등록하는 주택부터 적용한다. (대통령령 제23218호, 부칙 3)

---

4) 2013년 개정 세법에서는 면적의 요건을 삭제함. 매입임대주택 1호이상이면 가능함

임대 주택과 관련하여 세금을 줄일 수 있는 전략을 소개하기로 한다.

<u>전략 1) 집 2채를 가지고 있다면, 1채를 임대주택으로 등록하는 경우</u>

1세대 1주택인 자기 집을 양도하는 경우에는 비과세를 적용받을 수 있는데, 그 보유 기간이 2년이 지나면 받을 수 있다.
만약 2주택이 된 경우(새 주택 취득이 3년이 경과하였다면)에는 자기가 사는 주택 이외에 다른 주택은 임대사업등록을 하는 것이 중요한 전략 중에 하나이다.

최초 자가 주택이 비과세 받을 조건은 다음과 같다.
① 거주주택: 거주기간(직전거주주택보유주택의 경우에는 「임대주택법」 제6조에 따라 임대주택사업자로 등록한 날 이후의 거주기간을 말한다)이 2년 이상일 것
② 장기임대주택: 양도일 현재 장기임대주택을 「임대주택법」 제6조에 따라 임대주택으로 등록하여 임대하고 있을 것

〈 1세대 2주택자에 대한 세제지원 사례 〉

임대주택1	직전 거주용 자기 집 양도 후 양도차익

양도일

‖ ←───────비 과 세───────→ ‖

직전 거주용 자기 집

양도일

‖ ←───────비 과 세───────→ ‖

예) 서울에 아파트(33평, 기준시가 4억 원, 2년 보유)1채 보유 중 서울에 현재 기준시가 3억 5천만 원 아파트1채 경매로 낙찰 받았을 경우 낙찰 받은 집이 임대 수익성이 좋아서 5년 이상 임대하는 경우 대안 선택 방법

(1) 기존 집을 낙찰 받은 집 구입 후 3년 이내에 양도하면 기존 집은 비과세됨(대체주택)
(2) 기존 집을 팔지 않고 낙찰 받은 집을 임대하는 경우에는 임대 주택으로 등록한 시점으로부터 기존 집에 2년 이상 더 거주하게 되면, 낙찰 받은 집 구입 후 3년이 지났더라도 기존 집을 팔 경우 비과세됨
(3) 기존 집을 팔 때 비과세 된 후 그 임대 주택은 임대기간 5년이 지나면 비과세됨

<u>전략 2) 여러 채의 임대용 집을 가진 임대 사업자가 거주용 자가 집을 비과세 양도한 이후 임대용 집에 거주하게 되면 해당 임대용 집도 거주용 자가 집으로 1세대 1주택 비과세를 받을 수 있는 경우</u>

이 경우에는 직전에 비과세 받은 거주용 자가 집의 양도일 이후에 발생한 양도차익분만 비과세 받을 수 있고, 임대주택 사업자가 보유한 임대 주택을 임대의무기간 종료 이후 거주용 집으로 전환하여 양도하는 경우에는 거주 주택은 2년 이상 거주해야 하며, 거주 기간의 계산은 임대주택 사업자 등록일 이후 분만 해당된다.

〈 1세대 다주택자의 임대주택 등록의 경우 세제 지원 사례 〉

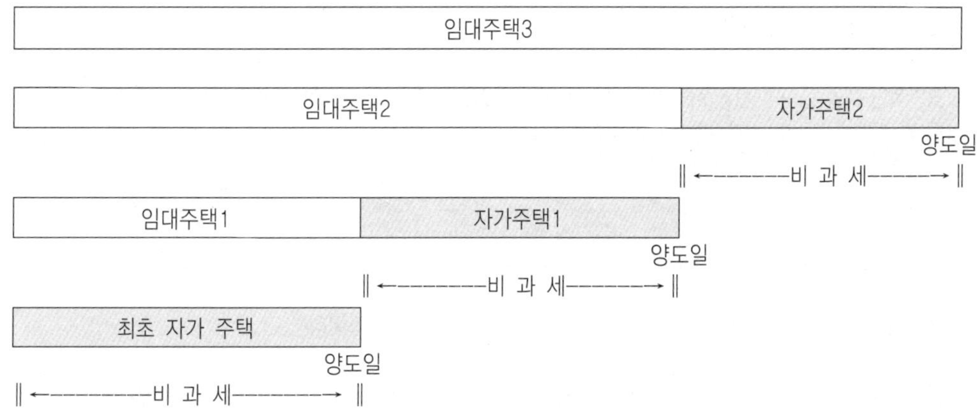

· 직전에 비과세 받은 거주 주택의 양도일 이후에 발생한 양도 차익분만 비과세됨
· 임대주택사업자가 보유한 임대주택을 임대의무기간 종료일 이후 거주용 주택으로 전환하여 양도하는 경우
· 거주 주택 요건 충족 : 2년 이상 거주(거주기간 계산은 임대주택사업자 등록일 이후분만 포함)
· 이유 : 동일 시점에서 2채 이상의 주택이 양도세 비과세 혜택을 중복하여 받는 것을 방지하기 위하여 직전에
비과세 받은 거주 주택의 양도일 이후에 발생한 양도차익분만 비과세 함

■///// 김세무사의 똑소리

[주택 임대 사업의 등록은 어떻게 해야 하나요?]

주택 임대 사업의 등록은 시·군·구에 주택임대등록을 하고, 세무서에도 주택임대사업자를 동시에 신청하여야
한다. 1곳만 할 경우에는 주택임대사업의 세금 혜택을 받을 수 없다는 점을 기억하기 바란다. 특히 경매를 통해서
중소형 주택을 낙찰 받을 경우에는 임대 사업 등록을 하여 세금을 절세할 수 있도록 해야 한다. 단, 임대 주택에
대한 의사결정은 임대 수익이 많이 나올 경우에 하는 것이 현명한 방법이다. 왜냐하면 의무 임대 기간을 지키지
못할 경우에는 관련법에 따라 벌칙을 받을 수 있기 때문이다.(2년 이하의 징역 또는 2천만 원 이하의 벌금)

3. 양도시기를 조절하라.

양도할 때 내는 세금은 양도소득세와 종합소득세(법인인 경우 법인세)로 나눌 수 있는데,
양도소득세는 1년 단위로 과세를 하게 된다. 1월1일부터 12월31일 사이에 양도차익과 소
득에 대해서 세금을 매기는 것이다. 양도물건을 한해에 집중해서 매도할 경우에는 그 차
익을 합산해서 세금을 내는 구조로 되어 있다. 시기상조(時機尙早)란 말이 있다. 이는 때
가 너무 이르다는 사자성어인데 이를 세법에 적용하자면 양도 시기(時期)조절은 서로[相]
세법 절세에 도움[助]이 된다는 것으로 해석될 수 있다. 시기상조(時期相助)를 잊지 말자.

<u>전략1) 잔금일을 조정하라.</u>

극단적인 예를 들자면 11월초에 매도 계약을 2건 하였다. 이 두건의 잔금이 12월 31일로 되어 있다. 모두 양도차익이 발생한 것이라면 그 중 하나의 잔금을 1월2일로 늦추면 된다. 2일차이의 잔금을 받는 것이 무엇이 대수이겠는가? 충분히 협상으로 가능한 일이다.

<u>전략2) 6월1일을 기준으로 부동산 매도 계약을 할 때도 시기를 조절하라.</u>

매매 잔금을 5월31일로 하는 경우와 6월1일로 하는 경우가 무엇이 중요하겠는가? 놀랍게도 아주 중요하다. 그 이유는 6월1일을 기준으로 재산세와 종부세가 부과되기 때문이다.
예를 들어 부동산 매도 계약을 맺었는데 잔금날짜가 6월2일자이다. 매도인이 전화가 와서 '잔금은 그 날짜에 주시고 등기만 먼저 해가세요'라고 한다. 속으로 '이 매도인은 참 친절도 하여라. 어른들이 집문서, 땅문서를 손에 쥐는 것이 최고라고 하던데 먼저 등기부를 옮겨가라고 하네. 세상에 참 고마운 사람도 있군.'이라고 생각할 수 있다. 그러나 세상은 그렇게 고마운 사람만 있는 게 아니다. 여기서 함정은 매수인이 5월31일자로 등기를 먼저 해오면 취득 시기는 등기 친 날짜인 5월31일이 될 것이고, 6월1일 등기부등본에는 매수인 이름이 올라가게 된다. 그러면 재산세와 종합부동산세 과세 기준일인 6월1일자 등기부등본에 있는 이름인 매수인 이름으로 1년 치(월할로 나누는 것이 아님)재산세와 종합부동산세를 모두 부과 받게 된다.
꼭 기억하자. 매도인은 잔금을 5월31일 이전에 받을 것. 반면 매수인은 잔금을 6월1일 이후에 주도록 하자.

<u>전략3) 부동산을 팔다 보면 손해를 보고 팔 때가 있는데 이럴 경우에는 1년 안에 다른 물건을 같이 팔자.</u>

주머니상의 손해와 세금을 적용할 때의 손해가 다르다. 왜냐하면 손해가 나는 것은 비용이 발생했다는 것인데 세금을 적용할 때는 모두 비용으로 인정하는 것이 아니라 요건에 맞는 것만 비용으로 인식하기 때문이다. 세금에서 비용으로 인식하는 것을 모두 반영하더라도 손해를 보았다면(이를 양도차손이라 한다.) 1년 안에 다른 물건을 더 양도하는 전략이 더 현명하다. 양도차손은 1년 안에 다른 양도차익과 통산할 수 있기 때문이다. 그만큼 세금을 줄일 수 있다는 뜻이다. 반면, 종합소득세로 신고하는 경우에는 이월결손금으로 분류가 되는데 이는 10년 이내에 공제할 수 있으므로 매도시기 조정이 가능하다.

전략4) 보유기간은 최소 2년 이상을 가지고 가는 것이 좋다.

세율을 결정하는 요소가 보유기간이다. 보유기간에 따라 세율이 변하는 구조로 되어 있다. 특히, 단기 양도인 경우는 세율이 높다. 보유기간이 1년 미만인 경우에는 50%, 1년 이상에서 2년 미만인 경우 40%가 되며, 단일세율로 적용이 된다. 즉, 누진공제액이 없다는 것이다. 최소 2년 이상을 가지고 가야 일반세율로 적용을 받을 수 있다. 단기 매매를 계속적으로 반복적으로 할 경우에는 부동산매매업을 창업해서 운용하는 것도 방법이다. 이는 제7장을 참고하기 바란다.
특히, 비사업용토지(토지를 세법이 정한 목적대로 사용하지 않는 토지)를 경매로 구입한 경우에는 2년이 지나자마자 매매 계획을 세우는 것이 현명하다. 왜냐하면 세율이 일반세율로 변경될 뿐만 아니라 3년이 넘으면 받는 장기보유특별공제의 혜택도 없기 때문이다. 더 큰 수익을 원한다면 원석을 가공하여 다이아몬드로 만드는 방법을 찾는 것이다. 이것이 '디벨로퍼'이다. 이는 제6장을 참고하기 바란다.

전략5) 8년 자경 농지인 경우 5년간 나눠 파는 것이 유리하다.

농지는 8년 이상 재촌 자경을 하게 되면 2억 원을 한도로 세금에서 공제해 주므로 대단위 농지가 있는 경우에는 한꺼번에 팔면 누진세액 구조 때문에 2억 원을 넘어가게 된다. 이 경우에는 양도시기를 5년 이내에 쪼개서 팔게 되면 2억 원에 감면 한도를 다 받을 수 있다. 토지 분할 전략도 리모델링의 한 형태이다. 그 시기와 전략은 전문가를 찾아가 상담하는 것이 현명한 방법이다.

전략6) 취득가액을 모르는 경우에는 새로운 기준시가 등이 고시되기 전에 양도하자.

취득가액을 모르는 경우에는 환산가액을 실무적으로 적용한다고 설명했다. 기준시가 등이란 무엇이며 언제쯤 고시가 되는지 알아보자.

구 분	종 류	발표 기관	발표 시기
토지	개별공시지가	지자체, 국토해양부	5월~6월말
단독주택	개별주택가격	지자체	4월말, 9월말
공동주택	공동주택가격	국토해양부	4월말, 9월말
상업용건물, 오피스텔	국세청 고시 가액	국세청	매년 1.1

고시가 되는 시기는 조금은 유동적이므로 고시기관의 시기를 확인하여 양도해야 세금을 줄일 수 있다. 환산가액을 적용하는 경우에는 기준시가가 고시되기 전에 양도 계획을 세워야 한다. 단, 기준시가는 매년 증가한다는 가정하에서다. 만약 기준시기가 떨어지는 경우에는 발표 후 양도하는 것이 더 유리할 수도 있음을 기억하자.

4. 양도소득세 신고기한을 놓치지 마라.

양도세 신고 기한은 양도한 날의 말일로부터 2달 이내에 예정신고를 해야 한다.
예를 들어 잔금일이 11월 2일이면 1월 말까지 예정신고를 해야 한다. 11월 30일 날 잔
금을 받아도 똑같이 1월 말까지 예정신고를 해야 한다. 1년에 2개 이상을 양도한 경우에
는 5월 말까지 확정 신고를 다시 해야 한다는 사실도 잊지 말자.

■////// 김세무사의 독한소리

[1세대 1주택의 비과세도 신고해야 하나요?]

비과세가 확실하다면 신고하지 않아도 된다. 그러나 비과세여부를 판단하기가 어려운 경우가 대부분이고, 특이한
상황이 발생할 수 있으므로 신고를 해 두는 것이 좋다.

특이한 상황이 발생한 경우를 예로 들어 보겠다. 올해 초(2012년)인 것으로 기억한다. 어떤 할아버지께서 10년
전에 취득한 3억 원짜리 단독 주택이 현재 8억 원에 팔리게 되어 양도세 계산을 의뢰한 적이 있다. 현재는 할아버지
와 할머니 내외만 사시고 집은 이 집이 유일한 주택이라고 했다. 평생 자녀를 위해 헌신하신 분이였음을 장장
6시간의 인생 이야기를 듣고서야 알게 되었다. 여기까지 들었을 경우에는 비과세가 맞지만 여러 가지 가능성을
말씀드렸더니 모두 해당사항이 없다고 했다. 그래서 '할아버지의 말씀이 사실이면 비과세입니다'라고 상담을
드렸다. 그런데, 일은 그 후에 터졌다. 5개월 후 과세예고통지서를 들고 더운 여름에 땀을 뻘뻘 흘리면서 오셨다.
미리 신고하시는 것을 권고 드렸으나 이를 하지 않겠다고 하신 분이셨다. 해결방안을 제시해 달라고 하셨다. 확인
결과는 이러했다.

할머니께서 오래 전에 계를 하고 있으셨는데 계모임에서 투자계를 좀 하자 해서 5년 전에 재개발지에 조그만
집을 한 채 5분의 공동 명의로 구입해 놓으셨다. 그런데 할머니께서는 그것을 오래 전일이라 잊고 있었던 것이다.
이미 버스는 지나갔다.

기억하자. 비과세라도 신고를 하게 되면 세무서에서 비과세가 맞는지 한 번 더 검토해 주기 때문에 보험으로라도
꼭 신고를 해 두자는 말이다.

옛말에 등고자비(登高自卑)라는 말이 있다. 높은 곳에 오르기 위해서는 낮은 곳부터 차근차근 밟아야 한다는 뜻이
다. 이를 세법에 적용하자면 '신고자비'로 바꿀 수 있다. 신고(申告)를 하면 자비(慈悲)를 얻을 수 있다.

예정신고를 하지 않을 경우에는 무신고가산세 20%를 물게 된다. 납부세액이 없으면 모르
겠지만 반드시 신고를 해 두는 것을 원칙으로 삼자. 아울러 당장 납부하지 못하더라도 신
고만이라도 먼저 하는 것이 좋다. 신고를 하지 않았을 경우에 가산세를 포함한 아래와 같
은 불이익을 당하게 된다.

① 무신고가산세 : 산출세액의 20%(조세 포탈의 의도가 있을 경우 등 : 40%)

② 분할납부 배제 : 세액 1천만 원 초과 시 2개월 이내 분납 가능하나 신고를 하지 않으
면 분할납부가 허용되지 않는다.

③ 감면 배제 : 확정 신고와 함께 감면 신청하면 가능하나 이마저도 하지 않으면 감면
배제된다는 사실을 기억하자.

④ 경정청구 불가 : 신고기한 내 신고한 자는 신고기한 경과 후 3년 이내 더 낸 세금을 돌려
달라고 청구하는 경정청구가 가능하나 무신고시에는 이를 할 수 없다.

5. 비과세 적용 요건을 알자.

〈 1세대 1주택 비과세 요건 정리 〉

1세대 1주택 비과세 규정 검토[5]			
거주자	1세대 1주택을	보유기간을 갖추고	양도할 경우 비과세 처리
국내에 1년 이상의 주소를 둔 자	1세대가 1주택을 가지고 있는 경우	·2년 보유 (2012.6.29일 이후) ·거주요건 폐지	양도가액이 9억이 넘지 않으면 비과세됨

1) 1세대의 판정

배우자가 있으면 1세대로 본다. 배우자가 없어도 1세대로 보는 규정은 아래와 같은데, 어느 한 가지에 해당이 되면 1세대로 본다.

(1) 배우자가 없어도 1세대로 보는 범위(독립세대 구성 요건)

① 30세 이상이거나
② 이혼 또는 배우자 사망
③ 소득이 최저생계비 이상일 것

·최저생계비(월) : 2인 가구 기준(2013년기준)으로 974,232원으로 보면 될 것이다.
·예를 들어, 아르바이트를 하는데 900,000원을 받으면 최저 생계비에 저촉된다. 그러므로 1세대가 되지 못한다.

(2) 1세대의 개념

1세대란 거주자 및 그 배우자가 동일한 주소 또는 거소에서 생계를 같이하는 가족과 함께 구성하는 거주단위를 말한다(소득세시행령 154 ①). 이 경우 생계를 같이하는 가족이라 함은 거주자와 그 배우자의 직계존비속(그 배우자를 포함) 및 형제자매를 말한다.

---

5) 거주자의 규정: 국내에 1년 이상의 주소를 둔 자이므로 외국인도 1년 이상의 주소를 둔자는 비과세 규정을 적용받을 수 있다.

생계를 같이 한다는 것은 동일한 주소에서 동일 생활 자금으로 생활을 하는 것으로, 함께 숙식을 하는 것을 말한다. 한솥밥을 먹는 사이라고 정의하면 틀림이 없다. 주민등록상의 별도의 세대라도 사실상 생계를 같이 한다면 동일한 세대이다. 부부는 주민등록주소가 따로 되어 있더라도 '일심동체'이므로 1세대를 구성한다. 세대에는 취학, 요양, 근무상 또는 사업상 형편으로 일시 퇴거한 세대원인 가족을 포함하게 된다.

[관련 사례]

· 같은 집의 1, 2층에서 부모세대와 자녀세대가 함께 거주하는 경우, 1층의 부모는 혼인한 다른 자녀의 부양을 받으며 생활했으므로 별도의 세대라고 본다.
· 같은 집의 다른 층에 사는 부모와 아들의 경우, 부모가 소액의 수입으로 독립된 생계를 유지하였다고 볼 수 없어 동일 세대라고 본다.
· 양도자가 30세 이상으로 독자적인 소득이 있고 자력으로 주택을 취득하고 재개발로 입주권을 양도한 경우, 부(父)와 주민등록을 분리하였으나 자력으로 취득한 주택은 임차인이 있고 부(父)와 같이 생활하여 식사 등을 상당기간 같이 한 것으로 보아 동일 세대로 본다.
· 주소가 동일한 부(父)와 30세 이상인 아들의 경우, 각자 소득이 충분히 있고 생활비를 정확하게 계산하여 분담하였고 아파트의 방이 2개로 생활공간이 다르다면 별도 세대라고 본다.
· 의료보험피부양자 자격을 취득하기 위하여 장모의 주소를 옮겼을 뿐이라면 별도 세대라고 본다.

(3) 가족의 범위

① 본인(배우자)의 직계존속(배우자)
② 본인(배우자)의 직계비속(배우자)
③ 본인(배우자)의 형제자매(배우자 제외)

[관련 사례]

· 양부모와 생부모를 모두 포함
· 내연관계에 있는 자는 제외, 미혼의 경우 사실혼 관계자는 포함
· 이혼 후에 생계를 같이 하는 경우는 동일한 세대
· 형제자매가 생계를 달리하는데 독립세대 요건을 갖추지 못하는 경우, 사실상 부양을 하는 사람과 동일 세대
· 직계비속도 생계를 달리하고 독립세대 요건을 갖추면 별도 세대
· 충분한 소득이 있는 미혼인 자녀가 직장의 기숙사에서 거주한 경우, 일시 퇴거한 것으로 보아 동일 세대본 사례가 있다.
· 미혼인 자녀가 부모와 주민등록은 같이 되어 있으나 직장근처에서 생계를 달리한 경우 일시적 퇴거사유로 보지 않고 독립된 세대로 인정되는 사례도 있다.
· 세대분리 요건에 해당하는 직계비속이 해외 유학 중인 경우는 별도 세대에 해당된다.
· 협의상 이혼 또는 재판상 이혼의 절차를 이행하더라도 사실상의 이혼이 아닌 양도세 회피용 이혼에 해당하는 경우에는 이혼의 실질이 없으므로 동일 세대로 본다.
· 부부가 사실상 별거 상태라 하더라도 동일 세대로 본다.

· 이혼 후 자녀 결혼문제로 주민등록상만 합가한 경우 별도 세대로 본다.

* 이런 사례들은 특이한 케이스를 나열한 것이다. 주민등록주소만 보고 판단하면 큰 오류가 있을 수 있으므로 반드시 전문가와 상담 후 비과세 유무를 판단하기 바란다.

2) 1주택의 판정

거주자의 주택으로 보는 경우	거주자의 주택으로 보지 않는 경우
무허가주택	멸실된 주택
관리처분계획인가일 이후 거주하는 주택	미완성주택
공가(일시적 공가)	공가(폐가 수준인 경우)
주거용 오피스텔	매매대금 또는 분양대금을 청산하지 않은 경우의 주택 구입 (계약 중에 있는 주택)
종업원 합숙소	사업목적 재고주택(신축판매업, 부동산매매업의 재고주택)
민박	
가정보육시설	임대주택(일정 요건을 갖출 것)
유료노인복지주택	사원용 복지시설 아파트
축사	농어촌주택, 고향주택, 귀농주택, 이농주택
농어촌주택의 부수창고	미분양주택
계단	대체 취득한 주택
점포에 딸린 방(사실상 주거용으로 쓴 경우)	상속주택
부동산매매업자의 본인 거주목적 주택	동거봉양주택
	혼인주택
멸실된 주택(아래 케이스 참조)	비수도권 소재 주택(실수요목적으로 취득한 주택)

(1) 멸실된 주택

주택이 아니고 나대지의 양도로 비과세 대상이 될 수 없다는 것이 원칙이다.

> [예외 규정]
> [1세대1주택 비과세 규정의 경우에만 적용되는 예외 사례]
> 1. 매수자가 잔금일 이전에 멸실한 경우
>   매매계약의 특약에 의해 멸실하거나, 주택외의 용도로 변경한 경우는 매매계약일 현재를 기준으로 비과세 여부를 판정
>   〈입증방법〉
>   · 실제매매관련 계약서나 대금영수증 및 금융자료 등
>   · 매수자나 중개인의 사실확인서, 중개매물대장 사본, 실제철거일을 입증할 공사관련 증빙과 대금 지급 일자 입증자료, 토지사용승낙서 사본 등
>
> 2. 화재 또는 천재지변으로 멸실된 경우

(2) 공가

일시적인 공가는 주택으로 본다. 그러나 장기간 공가이거나 폐가인 경우 사실판단 사항이다. 폐가 수준이거나 공부상 멸실 신고가 되어 있는 경우에는 주택이 없는 것으로 본다.

(3) 주거용 오피스텔

세대원 전원이 거주하면서 업무용으로도 함께 사용한 경우라면 주된 용도를 주거용으로 보아 거주자의 주택으로 보아야 할 것이다. 임차인이 주소지를 옮겨 놓은 경우에도 주거용으로 판정해야 할 것이다. 1세대 주택 비과세에도 악영향을 미칠 수 있음을 알아두기 바란다. 예를 들어, 1주택과 주거용 오피스텔이 있는 경우에는 주거용 오피스텔 때문에 기존 1주택은 비과세를 못 받게 된다. 아울러 중과 규정이 부활된다면 2주택과 3주택에서 소형 주택의 개념에도 들어가지 않아서 오피스텔은 애물단지라고 설명한 바 있다.

(4) 가정보육시설

언제라도 주택으로 이용 가능한 상태이므로 거주자의 거주여부에 불구하고 주택으로 본다.

(5) 계단

1층은 상가, 2층은 주택인 경우 2층 전용계단이 1층에 설치되었다면 1층 중 그 계단 부분은 주택으로 본다. 등기하지 않는 옥탑방도 주택으로 본다.

(6) 점포에 딸린 방

임차인이 실제 거주한 사실이 확인되는 경우에는 주택으로 인정받을 수도 있다. 입증할 수 있는 서류는 다음과 같다.

- ·임대차계약서 사본(점포면적과 주택면적 구분 기재함이 유리)
- ·세입자의 주민등록등본
- ·인근주민들의 거주사실확인서 등

(7) 매매대금 또는 분양대금을 청산하지 않은 경우

다만, 분양대금 일부를 제외한 대부분이 납부되었다면 사실상 취득한 것으로 보아 거주자의 주택에 해당된다고 보아야 할 것이다.

(8) 사업목적 재고주택(신축판매업, 부동산매매업의 재고주택)

사업목적 재고 주택은 보유 주택 수에 들어가지 않는다. 이를 위해서는 결산 때에 재고자산으로 잡아놓는 스킬이 필요하다.

(9) 대체 취득한 주택

3년 이내 1세대 1주택 비과세요건을 갖춘 종전 주택 양도는 비과세된다.

케이스1) 상속주택이 있는 상태에서 대체 취득하는 경우
　　　1세대1주택자 + 상속주택　 + 대체취득 =〉 3년 이내 종전 주택 양도시 비과세
　　　3년 이후 상속주택 양도시 요건충족하면 비과세
　　　(상속주택을 먼저 양도하는 경우에는 비과세 규정을 적용받을 수 없다)

케이스2) 1세대1주택자 + 대체취득 + 상속, 동거봉양, 혼인으로 1주택
　　　종전 주택을 3년 이내에 처분한 경우 비과세 규정 적용

---

3) 1년 이상 거주 및 보유 요건 충족시 특례 적용 대상

(1) 도시정비법에 의한 재개발 및 재건축 사업 중 취득한 주택

사업시행 기간 중에 일시 취득하여 1년 이상 거주하던 주택을 재개발주택 등의 완공 후 2년 이내에 세대전원이 이사하게 되어 양도하는 경우, 완공 후 2년 이내에 양도하고, 완공된 주택에서 계속하여 1년 이상 거주하여야 한다.

(2) 취학, 근무 상 형편, 요양 등 부득이한 사유

① 부득이한 사유의 유형 : 세대원의 부득이한 사유도 포함
 ·취학 : 고등학교 이상, 특수학교는 포함, 국외학교도 동일하게 취급
 ·직장의 변경이나 전근 등 근무 상 형편
 ·1년 이상의 치료나 요양을 필요로 하는 질병의 치료 또는 요양 : 출산의 경우 포함

② 원칙적으로 세대 전원이 다른 시(특별시나 광역시 포함), 군으로 거주를 이전해야 한다.
 ·특별시나 광역시의 구와 구간의 주거이전은 해당되지 않는다.
 ·광역시 안에서 구지역과 읍, 면 지역 간 주거이전 및 도농복합형태의 시 지역 안에서 동지역과 읍, 면 지역 간 주거이전은 해당된다.

■▨///// 김세무사의 똑소리

[1. 근무상 형편으로 부득이한 사유]

현 주소지에서 출퇴근이 가능하지만 근무처가 변경되어 출퇴근이 곤란하므로 주소지를 출퇴근이 가능한 곳으로 이전하는 경우를 말한다.

[2. 통상 출퇴근 곤란한 거리의 의미]

 · 단순한 거리 뿐 아니라 교통수단, 교통혼잡도, 교통비용, 거주자의 건강까지 고려
 · 부득이한 사유로 인정한 사례 : 서울시–부천시, 서울시–성남시, 서울광진구–구리시, 진해시–창원시, 서울 영등포구–성남시

[3. 기타 주의 사항]

 · 부득이한 사유가 해소된 후에 양도하는 것은 특례적용 대상이 아니다.
 · 거주자 당사자가 거주 이전하지 아니한 경우에는 부득이한 사유에 해당되지 않는다.
 · 아파트 중도금 불입 중에 근무 상 형편으로 세대전원이 다른 시로 거주 이전하는 경우, 1년 이상 거주요건을 충족하지 못하면 1세대1주택 비과세를 적용할 수 없다.
 · 중도금 불입 중에 부득이한 사유가 발생하고 준공 후 1년 이상 거주한 후 양도하고 직장소재지가 있는 다른 시로 거주 이전한 경우에는 비과세 적용이 가능하다.

6. 감면을 받는 경우도 검토하자.

1) 주택부분

인간이 사는 데에 가장 중요한 것이 의식주이다. 그 중에서 주(집)의 해결이 모든 사람들의 바람이 되었다. 그래서 주택에 대해서는 가장 많은 세법의 규정을 두고 있는 것이다. 주택에 대해서 주는 혜택은 2가지가 있다. 하나는 앞에서 보았던 비과세 규정이다. 두 번째는 감면규정이다. 주택의 분양이 잘 이루어지지 않는 경우를 대비하여 한시적으로 양도차익부분을 감면해 주는 규정이 있다. 감면 규정이 있는 주택에 투자하는 것도 절세의 좋은 방안이 된다.

■■///// 김세무사의 똑소리 ──────────────────────────

[신축주택(거주자 · 비거주자) 등 취득자에 대한 양도소득세의 과세특례(조특법 99의2)]

1. 취득시기: 2013.04.01.~2013.12.31.까지 계약금을 납부하여 계약을 하는 계약일이 이 기간동안에 이루어지면 감면 적용이 가능하다.

2. 취득대상
  6억원 이하이거나 85㎡이하인 주택으로서 신축주택 및 미분양주택과 1세대 1주택자로부터 취득하는 기존주택이 여기에 해당이 된다. 일정 요건의 오피스텔도 감면 규정을 적용 받을 수 있다.
  – 6억원 이하: 실지거래가액이 6억원 이하라고 보면 된다. 만약 분양가액이 7억원인데, 할인을 해서 6억원 이하가 되었다면 감면이 가능하다.
  – 85㎡이하의 주택: 전용면적이 85㎡이하인 경우라고 보면 되므로, 분양면적은 33평에서 34평사이가 될 것이다.
    지방이라고 면적이 완화되지는 않으며, 다가구나 단독주택은 국민주택 판단시 세대별로 구분 구획된 면적으로 판단하면 되므로 각 호별 면적으로 판단하게 된다.
  – 신축주택: 주택건설업자 등(20호 미만의 주택건설사업자도 포함)이 공급하는 주택 및 주거용 오피스텔
  – 미분양주택: 2013년4월1일 현재 미분양확인을 받아 선착순 방법으로 공급하는 주택 및 주거용 오피스텔
  – 1세대1주택자의 기존 주택: 보유기간이 2년 이상이 되어야 한다.
    ① 1세대 1주택자: 주민등록법상 1세대가 주택법상 주택을 1채만 보유하고 있는 경우
    ② 1세대 1오피스텔: 주민등록법상 1세대가 주택법 시행령상 오피스텔 1채만 보유하는 경우(주민등록이 되어 있는 경우에 한함)
    ③ 일시적 2주택자: 1세대가 보유한 주택을 양도하기 전에 다른 주택을 취득하여 일시적으로 2주택이 되는 경우에 다른 주택 취득일로부터 3년 이내에 종전 주택을 양도하는 경우(오피스텔도 가능함)

3. 감면비율
  5년 이내 양도시 100% 감면되며, 5년 경과 후 양도시 5년간 양도소득금액 공제 후 과세가 된다. 단, 주의할 사항은 이 제도는 완전 감면이 아니라데 있다. 왜냐하면, 감면 세액에 20%는 농어촌특별세를 내야 하기 때문이다. 예를 들어, 1년이내에 파는 경우에는 과세표준이 1억원이면 50%세율을 적용 5천만원이 될 것이고, 이 금액은 감면을 받으나, 농어촌특별세는 1천만원을 내야 한다.

4. 다른 혜택

1세대 1주택 및 중과 주택 판정시에는 주택수에 들어가지 않으며, 투기지역에서는 감면이 배제된다.

5. 감면대상에서 제외되는 주택의 사례
  - 실지거래가액이 6원을 초과하고, 주택의 연면적(공동주택 및 오피스텔인 경우 전용 면적)이 85㎡를 초과하는 모든 주택 및 오피스텔(금액기준과 면적기준이 동시에 충족해야 감면이 배제됨)
  - 2013년4월1일 이전에 체결된 매매계약이 4월1일 이후 해제된 신축과 미분양 주택을 취득하는 경우로 계약자의 가족이 계약을 한 것을 해제하고 다시 4월 이후에 취득하는 경우에는 감면을 제외하게 된다.

케이스1〉 주택건설사업자에게 취득한 도시형 생활 주택도 감면 가능하나요?

20호 미만의 주택건설사업자가 세무서에 사업자등록을 낸 경우에는 도시형 생활 주택이나 다세대, 다가구, 빌라등의 주택도 감면 대상인 신축주택으로 보아야 한다. 단, 2013년3월31일이전에 매매계약이 체결된 경우에는 감면 적용이 되지 아니한다.

케이스2〉 재건축 재개발 되는 경우에는 감면을 받을 수 있는지 여부

재건축 및 재개발되는 경우에는 조합원이 취득하는 아파트의 경우에는 감면 적용이 되지 않으며, 거주하거나 보유하는 중에 소실 · 붕괴 · 노후 등으로 인하여 멸실되어 재건축한 주택을 취득하는 경우에는 '재건축'으로 보아 감면 대상이 되지 아니한다. 다만, 아래의 경우는 가능하리라고 본다.
  - 1세대 1주택에 해당하는 조합원(원조합원, 승계조합원 포함)아파트를 취득하는 경우
  - 일반분양분을 최초로 계약하는 경우
  - 관리처분인가 전에 1세대 1주택을 취득하여 원조합원이 된 경우

케이스3〉 재외국민이 취득한다면 감면 가능한가요?

재외국민이나 영주권자도 감면에 해당이 됩니다. 본 규정은 비거주자도 포함하도록 되어 있다.

케이스4〉 미분양주택인 것은 어떻게 알 수 있나요?

수분양자는 미분양주택인지 여부를 알기가 어려우므로 관할 시 · 군 · 구에서 '미분양주택확인'을 분양계약서에 날인해주도록 하고 있다.

케이스5〉 1세대 1주택자 여부는 어떻게 알 수 있나요?

양도자가 1세대 1주택에 해당이 될 경우에는 계약체결한 날부터 30일이내에 매매계약서에 시 · 군 · 구청장에게 1세대 1주택에 해당된다는 확인날인을 받아 매수자에게 교부하면 된다. 일시적인 2주택 규정에 의한 경우이외에는 다른 주택이 있을 경우에는 1세대 1주택이 되지 않을 수가 있다. 예를 들어 상속받은 주택이 있는 경우에 일반주택을 양도할 경우 소득세법상 1세대 1주택 비과세를 받으나, 1세대 2주택이 되어 감면 혜택을 받을 수 없다.

[관련 예규]

경락받은 주택의 조특법99의2(미분양주택 등 : 4/1부동산대책) 적용 여부(서면법규과-735, 2013.06.25.)

「조세특례제한법」 제99조의 2(감면) 신축주택 등 취득자에 대한 양도소득세의 과세특례를 적용함에 있어 주택을 "경매"로 취득한 경우에도 동 규정을 적용하는 것이고, 이 경우 같은 법 같은 조 제1항 본문의 "매매계약체결일"은 「민사집행법」에 따른 매각허가결정일을 적용하는 것이며, 감면대상기존주택 양도자는 같은 법 시행령 제99조의 2 제12항에 따라 매각허가결정일로부터 30일 이내에 2부의 매각허가결정문에 시장 · 군수 · 구청장으로부터 감면대상기존주택임을 확인하는 날인을 받아 그 중 1부를 해당 경락자에게 교부하는 것이다.

2) 농지 부분

농지는 식과 관련이 깊다. 먹는 문제는 생활의 근간을 말한다. 농지에 대해서는 8년간 자경한 자에게 감면제도를 두고 있고, 다른 농지를 대토할 경우에도 감면 규정을 두고 있다. 이 감면 규정에 맞는 요건을 갖추는 것도 중요한 절세 포인트 중에 하나이다.

3) 목장용지 부분

목장용지도 일정부분의 요건을 갖추면 감면을 해준다. 이 규정을 잘 활용하는 것이 절세 포인트이다.

4) 수용되는 토지

수용되는 토지도 일정 부분 요건을 갖추게 될 경우에는 감면을 해준다. 이 또한 절세 전략의 좋은 방법이다. 이 요건에 해당되는지를 충분히 검토해서 매도 계획에 임하는 것이 현명한 방법이다.

7. 필요경비를 잘 챙기자.

양도세를 줄이는 방법 중에 가장 중요한 방법 중 한 가지가 필요경비를 잘 챙기는 것이다. 때로는 필요경비를 임의로 발생시키는 경우도 있다. 필요경비에 대해서는 각 물건별로 상세하게 설명할 예정(제5편 참조)이니 여기서는 기본적인 내용만 정리하도록 한다. 양도세 계산시 필요경비로 인정되는 사례를 정리하면 아래와 같다.

< 필요경비로 인정되는 경비의 증빙서류 미리 확보 >

필요경비로 인정되는 것	경비로 인정되지 않는 것
엘리베이터 또는 냉난방장치의 설치(보일러 등)	벽지 또는 장판 교체비용
빌딩 등의 피난시설 등 설치	싱크대 또는 주방기구 교체비용
발코니 새시 공사	외벽 도색작업
각종 확장공사비(방, 거실, 베란다 등)	문짝 또는 조명 교체비용
토지조성비	보일러 수리비용(단순 수리비용)
산림복구설계비	옥상 방수 공사비
용도변경 및 개량비	하수도관 교체비
각종 개발 부담금	오수정화조설비 교체비
묘지이장 비용 및 불법건축 무허가건물 철거비용	타일 및 변기 공사비
도로개설 후 기부채납 한 토지의 가액 및 시설비	재해 입은 자산의 외장 복구 도장 및 유리의 삽입
채권 등의 매각차손	오피스텔에 설치하는 비품 구입비
토지초과이득세 납부액	내장공사비

8. 법인 전환을 고려하자.

현물 출자나 사업양수도 방법으로 법인으로 전환할 경우에는 세금을 이연시킬 수 있다. 절세되는 항목을 알아보면 다음과 같다.

① 양도소득세 이월과세
② 부가가치세 면제
③ 취득세 면제

단, 법인전환은 전문가의 적절한 도움이 필요한 것이므로 법인전환에 대하여 노하우를 많이 가지고 있는 세무컨설팅업체를 선임하기 바란다.

■■///// 김세무사의 똑소리

[국가에 내는 세금은 언제까지 부과할 수 있는지요?]

1. 일반적인 경우

세 목	신 고	무신고
상속세와 증여세	10년(부정 행위, 허위 신고, 누락신고 : 15년)	15년
이 외	5년(부정 행위 : 10년)	7년

2. 고액의 상속 및 증여의 경우(50억 원 초과)

사기 등 기타 부정한 행위로 세금을 포탈하는 경우로서 다음 중 하나에 해당되면, 과세관청이 상속 또는 증여가 있는 것을 안 날로부터 1년 이내에 상속세 또는 증여세를 부과할 수 있다.
① 제3자 명의 재산을 상속인(수증자)이 보유하고 있거나 그들 명의로 실명 전환한 경우
② 계약 이행 기간 중에 상속이 개시되어 등기, 등록 또는 명의개서가 이루어지지 아니하여 상속인이 취득한 경우
③ 국외 소재 재산을 상속인(수증자)이 취득한 경우
④ 유가증권, 서화, 골동품 등을 상속인(수증자)이 취득한 경우

3. 조세쟁송의 경우

일반적인 제척기간이 경과하였더라도 그 결정 또는 판결이 확정된 날로부터 1년이 경과하기 전까지는 경정결정이나 필요한 처분을 할 수 있다.

4. 5년을 초과한 이월결손금공제를 받는 경우

이월결손금을 공제한 과세기간의 법정신고기한으로부터 1년간

9. 심화학습

1) 세법으로 경기 상황을 보다.

세법은 경제 정책에 민감한 부분이다. 세법의 세율은 사후에 경기를 조절하는 역할을 하므로 세율이 많이 올라 세금을 많이 냈던 시기를 상기해 보면 부동산이 성수기였음을 알 수 있다.

예를 들자면 1988년, 1998년, 2007년 이런 시나리오라면 2015년부터 2017년 사이에는 부동산이 다시 활황으로 갈 가능성이 매우 크다.

경기는 아시다시피 리듬을 타고 춤을 추고 있다. 그래서 경기를 잘못 타면 '경기(경끼)'하게 된다. 경기를 앞서가면 늘 '부자'가 될 여지가 크나, 경기보다 뒤에 가면 늘 '보자'가 된다. 남들이 돈 버는 것을 관망만 하게 되는 것이다. 그러다가, '저 사람은 부모가 부자일 것이야' 하며 자기의 게으름을 포장하게 된다.

경기 지표 중에서 유심히 보아야 할 것은 어떤 것이 있을까? 당연히 이자율의 변화를 잘 지켜보기 바란다. 이자가 오르기 시작하면 부동산이 오를 여지가 높다. 금융에 투자되었던 뭉칫돈이 부동산시장으로 가게 되기 때문이다.

2) 간절히 원하면 원이 된다.

간절히 원(願)하면 원(圓)이 된다. 부자가 되기를 절실히 원하게 되면 돈이 들어온다는 것이다. 영어로 표시하면 간절히 want하면 won이 된다는 것이다.

이 격언도 생각해주기 바란다.

1부 : 1부(富)가 되기 위해서
1북 : 1북(book)을 읽는 것에 게을리 하지 말아야 하며
1분 : 1분(分)을 소중히 사용하고
1분 : 1분(人)에게 최선을 다하여 감동을 주면
1불 : 1불($)이 되는 것이며, 더 나아가
1붐 : 1붐업(boom-up)이 될 것이다.

제 5 편

부동산 개발시 절세 전략은?

제 1 장
디벨로퍼란?

1. 사례 연구

N(72세)은 젊은 오빠, 젊은 형님으로 통하는 사람으로 몇 년 전에 교장 직에서 퇴임했다. 젊게 살자가 모토인 그는 활달한 성격 덕분에 지인이 많았다. 그는 한 지인이 부동산 개발과 관련된 책과 풍수지리에 대한 책을 선물해서, 이를 읽다가 부동산 개발의 묘미에 빠지게 되었다.

그에게 부동산 개발은 아이들이 자라나는 과정과 같았다. 원석과 같은 아이들이 입학해서 예쁘게 다듬어지는 과정이 교육이듯이 부동산의 원석인 땅을 잘 다듬는 과정도 그와 같았던 것이다. 그는 디벨로퍼를 디벨루케이션(devolucation: develop+education의 합성어)이라고 불렀다. 이처럼 교육하는 심정으로 디벨로퍼 하면 큰 가치가 창출될 것이다. 진정한 디벨로퍼의 정의는 무엇인지 알아보자.

2. 조언 방향

부동산 개발을 '디벨로퍼(Developer)'라고 부른다. 아직은 정착이 덜 된 단어이지만 곧 익숙하게 사용될 것이다. 이때까지는 대규모 회사나 국가 및 지방자치단체 등의 전유물로만 여겨 왔던 부동산 개발이 이제는 개인에게 점점 큰 부를 가져다주고 있다. 개발을 통한 더 큰 가치의 창출이 수익을 만드는 것이다. 이제 디벨로퍼의 전반적인 개념과 흐름에 대해서 알아보자.

부동산 개발은 정해진 틀이 없기에 본인의 능력, 열정, 창의력, 경험, 기대치가 결과에 큰 영향을 끼친다. 땅을 사서 실제 건물을 지어올리고 팔아보는 경험을 한다면 부동산을 보는 시각이 완전히 바뀔 것이고, 전문가에 더 가까워질 것이다.

3. 이론 및 심화 연구

1) 디벨로퍼란?

부동산 디벨로퍼란 부동산이라는 투자 상품을 구상하고, 설계하고, 만들고, 팔고, 사후 관리하는 전체 활동을 말한다. 다시 말해 상품을 만들기 위한 용지의 구입, 기획, 설계, 시공, 마케팅, 분양, 입주, 정산, 사후관리까지의 총괄적인 업무를 수행하는 '부동산 개발 행위'를 말하며, 혹은 '부동산개발전문가'를 일컫기도 한다. 상가를 통해서 부가가치를 창출하는 사람을 지칭하기도 한다. 똑같은 땅이라도 어떤 디벨로퍼가 기획하고 만드느냐에 따라서 사업의 성공 여부가 결정된다.

2) 부동산 디벨로퍼의 종류는?

(1) 토지 개발자

토지를 형질 변경하여 지목변경까지 이루는 작업자를 지칭한다. 형질변경은 땅의 성질을 바꾸는 작업이라고 설명한 바 있다. 땅을 절개, 성토, 분할, 흙버림으로 땅의 성질을 바꾸어 놓아 필요한 모양으로 바꿔놓고, 여기에 지목까지 변경하는 것이 토지 개발자다. 한마디로 땅의 팔자를 바꾸는 것이다. 아울러 토지 개발은 다음 단계인 건물 개발의 전초전이 되기도 한다.

(2) 건물 개발자

건물의 개발은 토지 위에 건물을 지어 올리는 것을 말한다. 토지 개발의 종착점이 건물 개발이 되는 것이다. 이를 주도적으로 이끄는 사람을 건물 개발자라고 한다.

■■///// 김세무사의 똑소리

[디벨로퍼에 대한 추천 강의는?]
국내에서 디벨로퍼로 강의하는 강좌가 그렇게 많지 않다. 그러나 부동산연구소 최진순 소장의 강의를 추천해 볼 만하다. 디벨로퍼의 정석과 건설에 대한 해박한 지식 및 세법 마인드까지 모두 갖춘 전문가임을 여러 사람이 검증했다. 교육비가 아깝지 않는 강좌이므로 추천한다.

3) 디벨로퍼는 창의력으로 승부한다.

디벨로퍼는 창의력을 바탕으로 자유로운 상상력을 더하여 엄청난 부를 단시간 내에 이룰 수 있게 하고, 적은 자본으로도 큰 성공을 하는 모델이 계속 만들어지고 있다. 크게 성공한 케이스도 많지만 실패하는 경우가 많다. 이는 경험의 부재와 더불어 창의력의 부재 때문이다. 창의력을 갖춘 디벨로퍼는 생명력이 오래 가고 그렇지 못하면 오래지 않아 바닥을 드러낸다. 디벨로퍼가 되기 위해서 갖춰야 할 첫 번째 덕목은 창의력이다.

4) 향후 디벨로퍼의 전망을 진단해 보자.

지금까지 디벨로퍼는 현장 중심의 모습이 전부였다면 향후에는 이론과 현장이 겸비된 디벨로퍼가 출현할 것이다. 고객의 니즈는 자꾸 올라가는데 현장만 고집하거나 이론만 고집할 수는 없는 일이다. 현장과 이론의 접목이 결국 부동산 개발의 승패를 좌우하게 될 것이다. 아울러 부동산 개발에서는 자금 동원력도 능력으로 꼽힌다. 사업성에 대한 담보로 돈을 빌리는 작업을 '프로젝트 파이낸싱(PF)' 라 하는데, 이런 파이낸싱 기법도 같이 겸비한 디벨로퍼의 활동이 크게 주목 받는다. 주먹구구식 사업 진행이 아닌 과학에 입각한 디벨로퍼가 더욱 번성할 것으로 보인다.

5) 스스로 디벨로퍼가 되기 위한 원칙은?

1. 목표 설정을 명확히 해야 한다.
2. 다양한 정보 집적 능력과 분석 능력을 갖춰야 한다.
3. 자기 몸에 적합한 투자를 한다.
4. 초심자는 내가 가장 잘 아는 곳 혹은 거주지 주변부터 시작한다.
5. 안전성, 환금성, 수익성을 담보하기 위한 철저한 검증 능력이 있어야 한다.
6. 리스크가 있어도 정면으로 돌파하는 담력을 기른다.
7. 자본 조달에 대한 자신감이 있어야 한다.

6) 상가 개발의 주체를 알아보자.

(1) 개발의 주체 : 개발자, 상가 투자자, 창업자

개발자 : 아파트 내 상가, 근린상가, 주상복합 건물, 테마형 상가를 주로 개발
상가 투자자 : PF, 리츠, 부동산 펀드(간접투자상품)
창업자 : 상권(위치) + 입지조건(배후지) + 아이템
상가건물의 투자 요건 : 수익성, 접근성, 시계성(가시성)

(2) 개발 주체별 실패 사례

개발자가 투자자에게 고분양가로 분양을 하게 되면, 투자자는 창업자에게 고임대료와 고임대보증금을 요구할 것이고, 창업자는 투자자에게 임대료를 지급하지 못하게 되고 투자자는 개발자의 투자 상품에 대한 투자 심리가 위축될 것이다. 창업자도 이런 악순환고리에서 창업투자의 위축을 가져 오게 될 것이다. 개발자는 개발의 유인이 없어지므로 더 이상의 수익을 얻을 수 없게 된다. 즉, 개발자의 욕심이 향후 개발을 중지하게 만든다는 것이다.

7) 디벨로퍼가 알아야 할 개발 사업의 단계 분석을 알아보자.

(1) 사업의 목적 설정

매매 목적(분양 목적)과 임대 목적 등 목적을 설정한다. 명확한 목적이 설정되어야 향후 절차를 진행할 수 있다. 토지의 선정 작업부터 이 목적 설정은 중요한 의사결정 요소이다. 건물에 대해서는 간단한 수선을 할지, 대수선을 할지, 리모델링을 할지, 디벨로퍼를 할지 정하는 기준이 된다. 이를 통해서 수지 분석도 가능하며 사업의 진행 여부도 확실해진다.

> 목표 산정의 예 : 나는 다가구주택을 지어 임대하겠다.

(2) 부지활용의 계획

(가) 개발용도와 규모를 파악한다.

① 개발의 용도
내 땅 위에 어떤 용도의 건축물을 지을 것인지를 확정한다. 그러나 애석하게도 내 땅 위에 내가 짓고 싶은 건물을 마음대로 지을 수는 없다. 토지이용계획확인원을 보면 내가 투

자하고자 하는 땅의 모양, 방향, 지적, 축적 등이 나와 있고 용도지역 등이 구분되어 나와 있다. 그 내역은 국토에 계획 및 이용에 관한 법률에서 정한 용도지역, 용도지구이며, 이에 따라 땅의 운명이 결정된다. 용도구역마다 허용가능용도, 불가능용도, 도시계획조례에 따라 건축 가능한 용도 세 가지로 나누어 건축을 제한하게 된다.

도시계획조례에 따라 건축 가능한 용도를 확인하려면 지자체의 홈페이지에서 법률 자료실 등에 들어가 최신개정조례정보를 열람하면 된다.

> 개발의 용도 예 : 나는 다가구주택을 지을 수 있는 땅을 구입하거나 내 땅 위에 다가구주택을 지을 수 있는지를 관련 서류를 통해서 확인한다.

② 개발의 규모

개발의 용도가 정해졌으면 개발의 규모를 정해야 한다. 이때 최대 개발가능규모를 산정해 내는 것이 관건이다. 최대 개발가능규모를 알아야 수지 분석이 나올 수 있다. 최대 개발가능규모 내에서 최대 효과가 날 수 있도록 최적의 대안을 만들어야 한다. 공사비 대비 수익률이 떨어진다든가, 1층을 더 짓기 위해서 더 많은 희생을 해야 한다든가, 건축선을 조금 후퇴하면 건물의 모양이 일조권에 영향에서 벗어나는 등을 고려하는 것을 말한다.

> 개발의 규모 예 : 현재 내 땅이 2종일반주거지역이므로 최대 7층까지 지을 수 있는지 살핀다. 그러면 오히려 건축비가 더 많이 들면서 효율이 떨어지므로 적정한 4층으로 지어야 한다. 아울러 다가구이므로 1층은 상가나 주차장을 배치하고, 위에 3층은 주택을 배치한다. 3층으로 할 경우 6개의 집이 만들어 지고 그 중에 1집은 내가 쓴다. 나머지는 임대를 준다.

(나) 수지 분석

목표가 정해졌고, 개발의 용도와 규모가 정해졌다면 예상 수익과 예상 지출이 나온다. 사업을 진행할 경우 얼마나 이익이 남을지를 판단하는 절차가 수지분석이다.

> 수지 분석의 예 : 목표 수익률 7%를 달성하는 사업이다. 별다른 이변이 없는 한 남는 장사니 확신이 드는군. 비싸게 낙찰 받았지만 최대건축면적을 사용하면 임대료가 이자비용을 상쇄하고도 남으므로 사업을 진행하자.

(3) 건축 설계의 단계

(가) 토지의 활용을 최적으로 할 수 있는 계획 설계

강화된 주차장법을 만족하면서 최적의 계획 설계를 실시하는 단계이다. 어떻게 하면 한 뼘이라도 면적을 더 확보할지, 어떻게 설계하면 동선이 편해지면서 임대도 잘 될지, 기본 옵션은 어떤 것으로 할지를 고민하는 것이 계획 설계의 핵심이다. 계획 설계를 하기 위해서는 신뢰할 수 있는 건축설계사무소를 선정해야 한다. 그 지역 건축조례에 능통한 사무소를 선임하는 것이 좋다.

> 계획 설계의 예 : 다가구를 지을 예정이므로 거실의 주 창문 방향을 이쪽으로 할 경우에 최적의 채광과 최적의 경관이 나오는 군. 안방의 위치와 작은방의 위치는 여기가 적당하고 베란다는 이쪽에 배치하여 주방과의 사용 연관성을 높여야겠어. 화장실 두 개는 이쪽 방향에 이렇게 구성하는 것이 좋겠네.

(나) 자금계획을 세운다.

계획 설계가 나왔으므로 평당 건축비가 산정되어 진다. 이제 그 건축비를 충당하기 위한 자금 계획에 나서야 한다. 얼마는 누구로부터 융통을 하고, 얼마는 대출을 얻고, 내 돈은 얼마 정도 투자하고, 예비비는 얼마정도 남겨 놓고, 결과적으로 최적 예산은 얼마로 정하면 되는지를 추산하는 절차이다.

> 자금계획의 예 : 총 건축비가 120평에 평당 4백만 원이니 4억8천만 원이다. 그중에 내 돈은 2억5천만 원, 부모님으로부터 융통한 자금이 1억 원, 나머지는 땅을 담보로 1억5천만 원을 대출하고, 예비비는 3천만 원으로 하자.

(4) 건설 단계

(가) 믿을 만한 건설 회사를 선임하자.

믿을 만한 건설 회사를 선임하는 것이 중요하다. 규모를 작게 지을 경우에 사업자등록 없이 하는 소위 '짝퉁 건설업자'에게 맡기는 경우가 있는데 이는 나중에 사후관리가 되지 않아 심각한 부작용을 겪을 수 있다.

믿을 만한 건설회사는 어떤 회사일까? 믿을 만한 건설회사는 회사 내에 자금이 어느 정도 있는 회사를 말한다. 건설업은 자금 압박이 가중될 경우에는 바로 불의와 타협할 수 있는 여지가 놓다. 아무리 지켜보고 있어도 보는 앞에서 건설자재를 바꾸는 세상이다. 자금이 풍부한 회사를 선택하기 위해서는 계약 전에 회사의 재무제표 정도만 보아도 알 수 있다.

(나) 감리 회사를 선임하자.

독립된 감리 회사를 선임하는 것이 제일 이상적이나 현실은 그렇지 못하다. 건축 설계사무소가 감리까지 맡는 경우가 많은데 감리를 제대로 해 주는 회사를 어떻게든 선임하는 것이 좋다.

(5) 분양 및 임대 단계

선임대나 선분양을 하면 좋으나 규모가 작을 경우에는 건축비 잔금을 다 치르고 나서 분양이나 임대를 하게 된다. 수익이 들어오는 단계이므로 최대한 빠른 시간 내에 임대와 분양을 마치는 것이 좋다.

> 임대 단계 예 : 이 다가구주택의 1층은 아이들이 있는 가정, 2층은 회사 사택이나 직장인, 3층은 맞벌이부부에게 임대하자. 부동산중개사사무실에도 임대를 하기 위한 광고를 해야겠군.

8) 규모에 영향을 주는 법적 요소를 검토해 보자.

(1) 용도지역별 건폐율과 용적률

용도지역은 토지의 이용 및 건축물의 용도·건폐율·용적률·높이 등을 제한함으로써 토지를 효율적으로 이용하고 공공복리의 증진을 도모하기 위하여 서로 중복되지 아니하게 도시 관리 계획으로 결정하는 지역을 말한다.

건폐율은 대지면적에 대한 건축바닥면적의 비율을 말한다.

용적률은 대지면적에 대한 건물연면적의 비율을 말한다.

실전에서는 원룸, 상가주택을 지을 수 있는 도시 지역 중 일반주거지역과 준주거지역, 관리지역 중 계획 관리 지역의 건폐율과 용적률만 알아도 충분하다.

건폐율과 용적률이 크면 클수록 좋다. 건폐율보다 용적률을 더 꼼꼼히 살피자. 개발 규모는 결국 용적률의 차이이기 때문이다. 아울러 도시계획조례를 꼭 확인하는 습관을 가지도록 한다. 실제 건축 시에는 짓고자 하는 지역의 도시계획조례가 먼저 적용이 되기 때문에 조례에 나와 있는 용도지역별 건폐율과 용적률을 꼭 검토해 보자.

〈건폐율과 용적률의 산정 예〉

용도지역	내용	건폐율	용적률
제1종 일반주거지역	저층 중심의 편리한 주거 환경을 조성(4층 이하)	60% 이하	100%-200%
제2종 일반주거지역	중층 중심의 편리한 주거 환경을 조성(15층 이하)	60% 이하	150%-250%
제3종 일반주거지역	중고층 주택 중심 편리한 주거환경을 조성	50% 이하	200%-300%
준주거지역	주거기능을 위주로 이를 지원하는 일부 상업기능 및 업무기능을 보완하기 위하여 필요한 지역	70% 이하	200%-500%
계획 관리 지역	도시지역으로의 편입이 예상되는 지역 또는 자연환경을 고려하여 제한적인 이용, 제한적인 개발을 하려는 지역	40% 이하	50%-100%

서울 지역을 예로 들면 2종 일반주거지역의 용적률은 200%이고 건폐율은 60%이다. 다중주택, 다가구주택 등 단독주택을 신축하고자 한다면 단독주택은 층수가 3층 이하로 정해져 있기 때문에 건폐율이 적고 용적률을 챙기지 못하는 3종일반주거지역보다는 조금이라도 용적률을 챙길 수 있는 2종일반주거지역이 나을 것이고 상가 주택은 그 반대가 될 것이다. 즉, 다중주택이나 다가구주택은 바닥 평수가 그렇게 넓지 않아도 사업성을 따질 수 있다는 것이다. 예를 들어 서울 지역에 200평짜리 큰 땅을 구입해서 멋진 집을 지어 올리려 한다면 그것은 어리석은 생각일 수 있다. 단독주택은 200평이 한도가 되기 때문에 건폐율이 60%이면 1층은 120평, 2층은 80평이 한계이고 그 이상 지을 수 없다. 땅이 넓다고 좋은 것이 아님을 보여주는 단적인 예이다.

■///// 김세무사의 똑소리

[지방자치조례의 모든 것을 확인하는 사이트는?]
아래의 사이트로 들어가면 지방자치조례의 모든 것을 검색할 수 있다.
http://www.elis.go.kr로 접속하고 자치법규검색을 클릭하여 원하는 시·도를 선택하면 자세한 사항을 알 수 있다.

(2) 일조권 제한

전용주거지역이나 일반주거지역에서 건축물을 건축하는 경우에는 건축물의 각 부분을 정북방향 인접대지 경계선으로부터 일정한 범위 내에서, 건축조례로 정한 거리 이상을 띄워 건축해야 한다는 것이 '일조권 제한' 규정이다. 일조권은 한 마디로 햇빛을 받을 수 있는 권리이다. 건물의 간격을 일정하게 띄우면 햇빛을 받을 수 있게 된다.
정북방향에 위치한 인접대지 경계선으로부터 높이 9m 이하인 경우에는 1.5m을 이격하게 되고, 9m를 초과하는 경우에는 건축물 높이의 1/2 이상의 거리를 확보해야 한다.

건물 최대 높이는 건물외벽에서 인접대지경계선까지의 거리× 1.5까지 가능하다. 간혹 일반주거지역에 가면 3층 이상의 집들이 계단형으로 굴절되는 것을 볼 수 있을 것이다. 이것이 일조권 때문이다. 북쪽 도로에 토지가 맞닿아 있으면 일조권에 영향을 받지 않아도 된다. 다만 도로 사선 제한은 영향을 받게 된다.

집은 남향이 좋다는 전통적인 풍수 때문에 남향 도로를 끼고 있는 경우에는 일조권 때문에 땅을 경매로 구입하더라도 실제 쓸 수 있는 땅이 얼마 없다. 정북 일조권은 필로티가 있더라도 완화되지 않는다는 것에 유의하기 바란다.

〈 그림 : 토지이용계획확인원 〉

지목	대	면적	260.7m²
개별공시지가			
지역지구 등 지정여부	[국토의 계획 및 이용에 관한 법률]에 따른 지역·지구 등	정북일조권제한체크 도심지역, 제2종일반주거지역, 기타용지(단독주택용지, 제1종지구단위계획구역 도로(접함), 중로2류(접함)	
	다른 법령 등에 따른 지역·지구 등		
[지이용 규제 기법 시행령] 제9제4항 각호에 해당되는 사항			

(3) 도로 사선 제한

도로 사선 제한이란 전면도로의 너비에 의한 높이제한을 말한다. 원칙과 예외 규정을 알아보자.
- 원칙 : 최고높이의 정함이 없는 가로구역의 경우 건축물의 각 부분의 높이는 그 부분
  으로부터 전면도로의 반대쪽 경계선까지 수평거리의 1.5배를 넘을 수 없다.
- 예외 : 대지가 2m 이상의 도로·공원·광장·하천 등에 접하는 건축물의 높이는 지방
  자치단체의 조례로 따로 정할 수 있다.

예를 들어 도로와 접한 것이 4m이면 최대 올라갈 수 있는 높이는 6m라는 이야기다. 한
층이 3m라고 보면 2층이 최고 높이가 된다. 3층까지 지으려면 도로에서 그만큼 더 이격
해야 한다. 건물이 1m만 후퇴해도 높이 9m 이상의 건물을 지을 수 있다. 1m의 후퇴가
사업성에 어떤 영향을 미칠 수 있을지 분석하는 것이 좋다.

〈 그림 : 도로사선제한과 일조권 적용 그림 〉

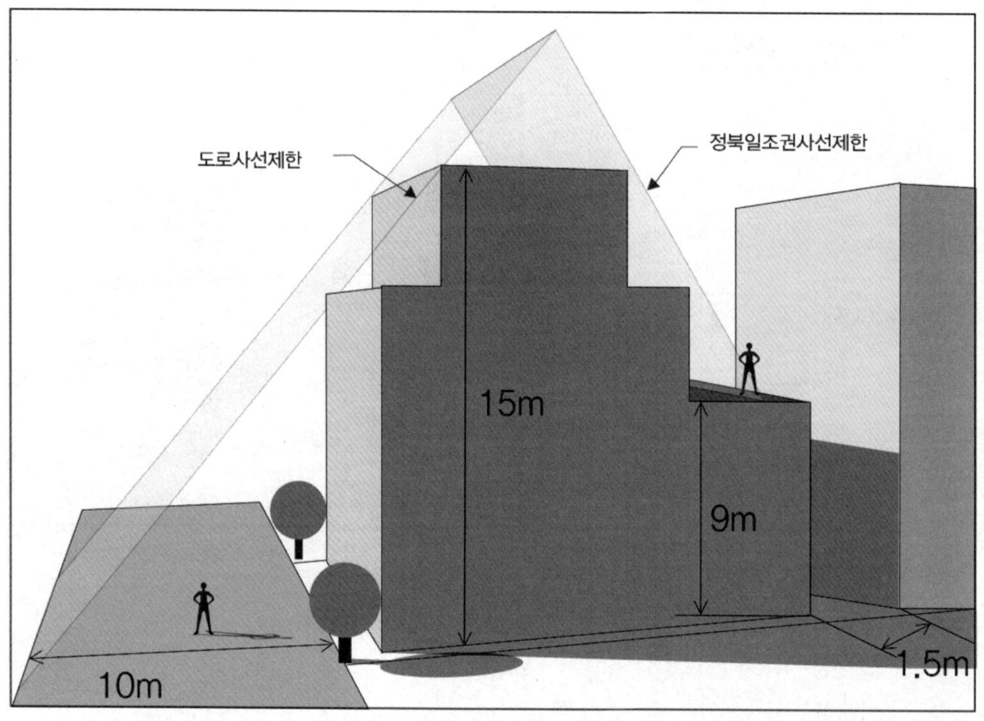

■■////// 김세무사의 똑소리

[도로 사선 제한 규정의 완화 조건]

1. 2면 이상의 도로에 접한 경우(조례) : 원칙적으로 넓은 도로기준으로 완화하여 적용.
   ex) 6m 도로와 12m 도로가 접한 경우 둘 중에 넓은 도로인 12m를 기준으로 적용한다.
   단, 해당 접도에 "각각" 적용하게 되어 있는 경우에는 건물의 모양이 많이 절단되므로 이런 땅을 구입하지 않는 것이 좋다.

2. 도로 반대편에 건축이 금지된 공지가 있는 경우(조례) : 하천 · 공원 · 경사지 · 철도 등
   그 지역까지 포함해서 도로로 보고 높이를 산정한다.

3. 도로면과 해당대지 지표면의 높이 차이가 있는 경우 :
   (1) 해당 대지의 지표면이 도로보다 높을 때 – 도로 레벨과 해당 대지의 지표면 레벨 값을 가중 평균하여 도로사선제한을 적용한다.
   (2) 해당 대지의 지표면이 도로보다 낮을 때 – 높은 도로면에서 도로사선제한을 적용한다.

4. 1층이 전면 필로티인 경우: 필로티 높이를 빼고 높이를 산정한다.

[도로사선제한과 일조권의 비교]

구분	일조권	도로사선제한
적용 지역	전용주거지역과 일반주거지역에만 적용 단, 20m 도로에 접할 경우에는 적용하지 않는다.	모두 적용 단, 위에 경우처럼 완화규정이 있다.
높이제한	9m까지 건물을 1.5m까지 이격함	1:1.5배까지 인정함
필로티 면적	필로티 면적이 일조권에 영향 없음	필로티 높이만큼 완화하여 적용함

(4) 도로와 접도 조건

모든 건축물은 기본적으로 4m 이상의 도로에 2m 이상 접해야 한다. 만약 4m 미만의 도로와 접해 있다면 1m 이상 후퇴해서 건축해야 하고, 그 기준점에서 50cm 더 후퇴해서 건축선이 정해진다. 좁은 도로에 접해져 있으면 그 만큼 건축 면적이 줄어든다.

〈 대지와 도로의 관계(건축법 제33조) 〉

대상 건축물	대지가 접해야 할 도로		접해야 할 길이
	너비		
모든 건축물	· 통과도로 4m 이상		2m 이상
	· 막다른 도로14)		
	※도로(자동차 통행에만 사용되는 도로 제외)		
연면적 합계가 2천㎡ 이상인 건축물	6m 이상 도로		4m 이상

예외)
(1) 당해 건축물의 출입에 지장이 없다고 인정하는 경우
(2) 건축물 주변에 광장 · 공원 · 유원지 등 기타 관계법령에 의하여 건축이 금지되고 공중의 통행에 지장이 없는 공지로서 허가권자가 인정하는 공지가 있는 경우

(5) 도로의 가각 문제

모퉁이에 위치한 땅은 회전 반경 때문에 가각으로 건축이 제한이 된다.
너비 8m 미만 도로의 모퉁이에 위치한 대지라면 도로 모퉁이 부분의 건축선은 그 대지에 접한 도로 경계선의 교차점으로부터 도로경계선에 따라 다음의 표에 의한 거리를 각각 후퇴한 2점을 연결한 선으로 한다.

도로의 교차각	당해 도로의 너비		교차되는 도로의 너비
	6 이상 8 미만	4 이상 6 미만	
90도 미만	4	3	6 이상 8 미만
	3	2	4 이상 6 미만
90도 이상-120도 미만	3	2	6 이상 8 미만
	2	2	4 이상 6 미만

---

14) 막다른 도로의 길이도 주의를 해야 한다.
막다른 도로의 길이가 10m 미만이면 2m, 10m-35m는 3m, 35m 이상이면 6m를 확보해야 한다. 풍수적으로 막다른 골목은 기가 막히는 경우가 많으므로 가급적 투자하지 않는 것을 권한다.

(6) 기타 검토사항

조경면적, 접도기준, 지하층의 산정기준, 부설주차장 설치, 문화재보호구역에 의한 제한 등을 고려해야 한다.

■////// 김세무사의 똑소리

[디벨로퍼에 적합한 토지는 정해져 있다.]
집을 지어서 파는 곳이 많은 지역을 잘 관찰해 보면 어떤 위치에 있는 토지가 좋은지 알 수 있다. 다음은 디벨로퍼에 적합한 토지의 공통분모다.

- 도로가 북쪽을 끼고 있다.
- 주택은 2종일반주거지역이 대부분이다.
- 도로는 6m 이상 끼여 있다.
- 모퉁이 집이 별로 없다.
- 북쪽 땅이 더 높고, 남쪽이 더 낮은 지형이다.
- 재개발지 주변이나 재건축 주변 지역이 많다.
- 토지의 모양이 정방형이 많다.

경매를 통해서 응찰할 경우 이런 토지는 유찰률이 낮다. 토지 가격에 조금 높게 낙찰 받아도 건물 건축으로 충분히 승산이 있을 것으로 판단하는 디벨로퍼들이 선점하기 때문이다.

제 2 장
리모델링과 디벨로퍼의 차이를 알아봐요

1. 사례 연구

N씨(72세)는 리모델링도 관심을 가지고 있다. 그 연세에 건축에 대한 열정만큼은 여느 젊은이들 못지않다. 그는 리모델링과 디벨로퍼의 개략적인 차이는 알고 있으나 어떤 경우에 어느 쪽이 더 유리한지를 정확히 알고 싶어 한다.

2. 조언 방향

옷을 만드는 원단에 비유해보자. 옷을 만들 때 원단을 새로 사서 새로운 옷을 만드는 것이 디벨로퍼라면 만들어 놓은 옷을 다시 리폼 하는 것이 리모델링이다. 실무에서는 경계가 애매한 경우가 많다. 왜냐하면 리모델링의 과정에 디벨로퍼의 과정이 포함되어 있는 경우가 있고, 디벨로퍼의 과정에도 리모델링 기법이 사용되기 때문이다. 용어에 집착할 필요는 없다. 우리는 어떻게든 결과를 만들어내면 되는 것이다. 그 차이를 알아보고 어떤 경우에 어떤 전략을 사용할 것인지를 결정하자.

3. 이론 및 심화 연구

1) 리모델링이란?

건물의 노후화 억제 및 기능향상, 편의 향상을 위해서 대수선 또는 일부 증축을 하는 일련의 과정을 말한다.

2) 리모델링을 하는 이유는?

(1) 시설의 노후화

건물은 시간이 지나면 눈, 비, 바람 등으로 인해 건물 외벽이나 구조, 내부 설계 등이 노후하면서 감가상각이 진행된다. 이를 어느 정도 새것으로 만드는 작업이 필요하다. 노후화가 진행되면 건물 균열이 심해지고 붕괴가 의심되기도 하는데, 이를 보수하는 작업이라고 보면 된다.

(2) 관리비용 증가

수도설비, 가스설비, 전기설비 등이 노후화가 되어 관리비용이 상승했을 때 리모델링을 통해 관리 비용을 감소시키는 것이 필요하다.

(3) 임대율과 임대료 향상의 유인

주변 주택이나 건물과 비교하여 임대율이 현저하게 떨어지고 있다면 임대율의 향상을 위해서 리모델링을 하게 된다.

(4) 건축법의 강화로 인한 손실

주차장법이 강화되어 건물을 부수고 새로 짓기 위해서는 토지를 최적으로 사용하지 못하게 된다. 이를 막기 위해서 리모델링을 선택하게 된다. 아울러 디벨로퍼할 때 용적률이 작아질 수 있는데 이런 불이익도 막을 수 있다.

(5) 신축과 같은 효과를 내면서 공사비가 저렴

외관 및 주거환경의 개선 요구가 많이 발생할 때 신축을 하면 여러 가지 행정절차도 복잡할 뿐만 아니라 사업성을 보장할 수 없다. 리모델링은 신축보다 저렴한 공사비로 신축의 효과를 낼 수 있다는 장점이 있다. 공사 기간도 신축의 30% 수준으로 단축할 수 있다.

아울러 신축에 의한 건물의 민원 발생소지가 적어진다.

이런 여러 가지 이유 때문에 신축보다는 리모델링이 부동산 시장에 적용될 여지가 커지고 있다.

3) 리모델링할 때 주의 사항

(1) 기본적인 골격 변경에 주의할 것

조적조건물(벽돌로 쌓아 올린 건물)은 리모델링 시 무너질 수 있으므로 주의를 해야 한다. 특히, 주골조 벽을 건드리면 여지없이 큰 사고가 난다. 건물의 구조는 건축물 대장에 기재되어 있는데 가끔 오류가 있는 것도 있으므로 잘 살펴보기 바란다. 철근콘크리트가 대부분을 차지하는데 이 구조는 외벽만 조적조로 되어 있다. 이 조적된 부분만 다시 쌓으면 리모델링은 완성된다.

(2) 건물의 증축과 하중에 대한 이해

건물을 증축할 경우에는 하중에 주의 하자. 단단한 기초공사가 되어 있지 않으면 하중을 견디기 어렵다. 보통 옥상에 철근을 그냥 빼 놓은 건물은 증축을 염두에 둔 건물일 확률이 높다.

(3) 건축법상의 법적 규제를 이해

용적률, 주차장법, 도로법, 건축법, 주택법 등 리모델링을 하기 위해서도 여러 법규들이 적용될 수 있으므로 법적 규제 요건을 잘 이해하여 사업을 진행해야 한다.

(4) 용도 변경과 정화조 용량, 전력량 조정

주택을 상가로 용도 변경을 할 경우에는 정화조 용량을 증가시켜야 하는 경우도 있고, 전력량도 증설해야 하는 경우도 있다.

(5) 리모델링 업체의 전문성 고려

리모델링은 종합건설과는 다른 면이 있어 전문적으로 하는 업체를 선정하여야 하며, 특히 리모델링비를 잘 통제해야 한다. 주로 외장공사, 내장공사, 전기공사, 방수공사 등이 여기에 포함되는데 이를 통째로 수주할 것인지 각 공사별로 전문 업체에 맡길지를 결정해야 한다. 한곳에서 여러 가지 공사를 할 수 있는 경우에는 종합건설업체가 유리하나 각 공사별로 특별한 공사에 주안점을 둔다면 전문건설업체를 선임하는 것이 좋다.

(6) 민원의 소지

신축보다는 그 확률이 낮지만 혹시라도 민원이 발목을 잡을 수 있으므로 이웃과 좋은 관계를 유지하자. 리모델링 전에 미리 인사를 하고 양해를 구하는 절차만 거쳐도 민원의 소지가 적어진다. 말 한마디가 천 냥 빚을 갚는다고 했다. 진심으로 양해를 구하면 거의 들어 준다.

4) 부지 매입 요령을 알아보자.

(1) 리모델링에 적합한 부지 찾기

(가) 공통 사항

요소	고려 내용
접근도로	· 접한 도로의 모양, 넓이, 종류 등을 파악한다. · 도로가 잘 나 있을 경우에는 아주 좋은 투자가 될 수 있다. · 향후 접도 가능성도 고려하는 것이 좋다. 이는 디벨로퍼 영역에서 고려하면 된다.
개발 호재	· 주변의 도시계획 등의 변경, 도시의 개발 등 개발 호재를 따진다. · 인접지 개발에 따른 수익성을 고려한다.
가격 경쟁력	· 땅 구입에 자금을 모두 쓰면 사업 진행이 어려워진다는 것을 명심하자.
다양한 용도	· 땅의 사용 제한이 별로 없고 사업 진행이 원활한 땅을 찾는다.
단점과 장점	· 모든 땅이 큰 수익을 내지는 않는다. 땅의 단점과 장점을 파악하여 장점으로 인한 투자 효과가 더 크다면 투자를 고려하는 것이 바람직하다.

(나) 대도심 및 수도권

용적률/건폐율/ 지구단위 계획/용도변경을 고려

건축물의 구조 및 사선(일조권), 도로사전, 도로 확보조건, 가각 등에 제한 여부

주차장(주택, 근생)

필지 합병으로 인한 효율성(예 주차장 설치 목적)과 수지 분석

토지 리모델링과 디벨로퍼 가능한 물건 찾기

///// 실전 사례

[미관지구의 혜택은?]

미관지구는 도시의 미관을 유지하기 위하여 특별히 선정된 지구로 국토부 장관이 필요한 때에 도시계획구역 안에 지정한다.

미관지구는 일조권의 영향이 없다. 아울러 도로 후퇴선을 제외한 용적률을 적용하므로 용적률이 개선된다. 미관지구 안에서 건물을 좀 더 높게 지을 수 있다.

(2) 용도별 부지 매입 요령

부지를 먼저 확보하는 것이 제일 중요한 기초 작업이다. 부지 선정도 없이 사업을 시행하는 분양 사업은 사기와도 같은 형태가 많다. 부지를 어떻게 선정해야 하는 지를 용도별로 부지 매입 요령을 알아보자.

(가) 주거시설부지

① 쾌적성
② 교통의 편리성
③ 주변 편의시설 근접성
④ 학군/학원
⑤ 주변의 시설 분석

(나) 상업시설부지

① 중심상업시설과의 연계성
② 교통의 편리성
③ 주변 상업시설
④ 배후 주거시설
⑤ 부지의 형태 등을 분석

[건축물 주차장 설치 기준(건축물 부설 주차장 설치 대상 시설물 종류 및 설치 기준)]

시설물	설치 기준
1. 위락시설	시설면적 67㎡당 1대
2. 문화 및 집회시설(관람장을 제외한다), 판매 및 영업시설, 의료시설(정신병원, 요양소 및 격리병원을 제외한다), 운동시설(골프장, 골프연습장 및 옥외수영장을 제외한다), 업무시설(오피스텔은 제외한다), 방송통신시설 중 방송국	시설면적 100㎡ 당 1대
3. 제1종 근린생활시설(건축법시행령 별표 1 제3호 바목 및 사목을 제외한다), 제2종 근린생활시설, 숙박시설	시설면적 134㎡ 당 1대
4. 단독주택(다가구주택을 제외한다)	*시설면적 50㎡ 초과 150㎡ 이하 : 1대 *시설면적 150㎡ 초과 : 1대에 150㎡를 초과하는 100㎡ 당 1대를 더한 대수 *1+ {(시설면적-150㎡)/100㎡}
5. 다가구주택, 공동주택(기숙사를 제외한다) 및 업무시설 중 오피스텔	「주택건설기준 등에 관한 규정」 제27조제1항에 따라 산정된 주차대수(다가구주택, 오피스텔의 전용면적은 공동주택 전용면적 산정방법을 따른다)로 하되, 주차대수가 세대당 1대에 미달되는 경우에는 세대당(오피스텔에서 호실별로 구분되는 경우에는 호실당) 1대(전용면적이 30제곱미터 이하인 경우에는 0.5대, 60제곱미터 이하인 경우0.8대) 이상으로 한다. 다만, 「주택건설기준 등에 관한 규정」 제27조제6항 및 제7항에 따라 기숙사형 주택은 세대당 0.3대, 원룸형 주택은 세대당 0.5대로 하며, 주차장완화구역으로 지정, 고시한 지역은 연면적 200㎡당 1대로 한다.
6. 골프장, 골프연습장, 옥외수영장, 관람장	골프장 : 1홀당 10대 골프연습장 : 1타석당 1대 옥외수영장 : 정원 15인당 1대 관람장 : 정원 100인당 1대
7. 수련시설, 공장(아파트형 제외), 발전시설	시설면적 233㎡ 당 1대
8. 창고시설	시설면적 267㎡ 당 1대
9. 그 밖의 건축물	시설면적 200㎡ 당 1대

〈비고〉
1. 시설물의 종류는 다른 법령에 특별한 규정이 없는 한 건축법시행령 별표 1의 규정에 의한 시설물에 의하되, 다음 각목의 1에 해당하는 시설물을 건축 또는 설치하고자 하는 경우에는 부설주차장을 설치하지 아니할 수 있다.
   가. 제1종 근린생활시설 중 변전소-양수장-정수장-대피소-공중화장실 기타 이와 유사한 시설
   나. 문화 및 집회시설 중 수도원-수녀원-제실 및 사당
   다. 동물 및 식물관련시설(도축장 및 도계장을 제외한다)
   라. 공공용시설(방송국-전신전화국-통신용시설 및 촬영소에 한한다) 중 송신-수신 및 중계시설

■////// 김세무사의 똑소리

마. 법 제2조 제5호의 2의 규정에 의한 주차전용건축물(노외주차장인 주차전용건축물에 한한다)에 주차장외의
  용도로 설치하는 시설물

바. 도시철도법에 의한 역사(영 제4조 제1항 제6호의 규정에 의한 공공철도사업으로 건설되는 공공철도의 역사
  를 포함한다)

2. 시설물의 시설면적은 바닥면적의 합계를 말하되, 하나의 부지 안에 둘 이상의 시설물이 있는 경우에는 각 시설물
  의 시설면적을 합한 면적을 시설면적으로 하며, 시설물 안 주차를 위한 시설의 바닥면적은 당해 시설물의 시설면
  적에서 제외한다.

3. 시설물의 소유자는 부설주차장(당해 시설물의 부지에 설치하는 부설주차장을 제외한다) 부지(지적법 제5조 제1
  항의 규정에 의한 주차장 지목에 한한다)의 소유권을 취득하여 이를 주차장전용으로 제공하여야 한다. 다만,
  주차전용 건축물에 부설주차장을 설치하는 경우에는 그 건축물의 소유권을 취득하여야 한다.

4. 용도가 다른 시설물이 복합된 시설물에 설치하여야 하는 부설주차장의 주차대수는 용도가 다른 각 시설물별로
  설치기준에 의하여 산정한 소수점 이하 첫째자리까지의 주차대수를 합하여 산정한다. 다만, 단독주택(다가구주
  택을 제외한다. 이하 이 호에서 같다)의 용도로 사용되는 시설의 면적이 50제곱미터 이하인 경우에는 단독주택
  에 설치하여야 하는 부설주차장의 주차대수는 단독주택의 면적을 100제곱미터로 나눈 대수로 한다.

5. 시설물을 용도변경하거나 증축함에 따라 추가로 설치하여야 하는 부설주차장의 주차대수는 용도변경 하는 부분
  또는 증축으로 인하여 면적이 증가하는 부분(이하 "증축하는 부분"이라 한다)에 대하여만 설치기준을 적용하
  여 산정한다. 다만, 위 표 제5호의 규정에 의한 설치기준을 적용하여 산정한 주차대수에서 증축 전 시설물의
  면적에 대하여 증축시점의 위 표 제5호의 규정에 의한 설치기준을 적용하여 산정한 주차대수를 뺀 대수로 한다.

6. 설치기준(위 표 제5호에 의한 설치기준을 제외한다. 이하 이 호에서 같다)에 의하여 주차대수를 산정함에 있어서
  소수점 이하의 수(시설물을 증축하는 경우 먼저 증축하는 부분에 대하여 설치기준을 적용하여 산정한 수가
  0.5 미만인 때에는 그 수와 나중에 증축하는 부분들에 대하여 설치기준을 적용하여 산정한 수를 합산한 수의
  소수점 이하의 수. 이 경우 합산한 수가 0.5 미만인 때에는 0.5 이상이 될 때까지 합산하여야 한다)가 0.5 이상인
  경우에는 이를 1로 본다. 다만, 당해 시설물 전체에 대하여 산정된 총주차대수가 1대 미만인 경우에는 주차대수
  를 0으로 본다.

7. 용도변경 되는 부분에 대하여 설치기준을 적용하여 산정한 주차대수가 1대 미만인 경우에 는 주차대수를 0으로
  본다. 다만, 용도변경 되는 부분에 대하여 설치기준을 적용하여 산정한 주차대수의 합(2회 이상 나누어 용도변경
  하는 경우를 포함한다)이 1대 이상인 경우에는 그러하지 아니하다.

8. 단독주택 및 공동주택 중 「주택건설기준 등에 관한 규정」이 적용되는 주택에 대하여는 같은 규정에 따른
  기준을 적용한다.

9. 승용차와 승용차외의 자동차가 함께 사용하는 부설주차장의 경우에는 승용차 외의 자동차의 주차가 가능하도록
  하여야 하며, 승용차외의 자동차가 더 많이 이용하는 부설주차장의 경우에는 그 이용 빈도에 따라 승용차 외의
  자동차의 주차에 적합하도록 승용차 외의 자동차가 이용할 주차장을 승용차용주차장과 구분하여 설치하여야
  한다. 이 경우 주차대수의 산정은 승용차를 기준으로 한다.

*참고 : 주택건설기준등에관한규정

주택단지에는 주택의 전용면적의 합계를 기준으로 하여 다음 표에서 정하는 면적당 대수의 비율로 산정한 주차대
수(소수점 이하의 끝수는 이를 1대로 본다) 이상의 주차장을 설치하되, 세대당 주차대수가 1대(세대당 전용면적이
60제곱미터 이하인 경우에는 0.7대) 이상이 되도록 하여야 한다.

주택의 규모별 (전용면적 : 제곱미터)	주차장설치기준(대/제곱미터)			
	특별시	광역시 및 수도권 내의 시 지역	시 지역 및 수도권내의 군 지역	기타지역
85 이하	1/75	1/85	1/95	1/110
85 초과	1/65	1/70	1/75	1/85

· 최소기준 세대당 1대 (단, 30㎡ 이하 세대당 0.5대, 60㎡이하 세대당 0.8대) 즉, 위에 주택건설기준 등에 관한 규정을 원칙적으로 적용하되 전용면적이 작을 경우에는 최소기준을 적용하여야 한다.
· 원룸형 주택 1 / 60㎡
· 준주거지역과 상업지역에서의 기숙사형 1 / 130㎡, 원룸형 1 / 120㎡
* 주차장완화구역 1 / 200㎡

〈계산사례〉
단독주택의 경우: 만약 200㎡가 시설 면적이라면
1+(200−150)/100=1.5대 즉, 2대를 주차할 수 있는 공간이 필요하다. 주차 공간은 적어도 16㎡(약5평)이 필요하다. 만약 여기서 시설 면적을 1㎡만 줄인다면 199㎡가 시설면적이 될 것이고 주차대수는 1.49대가 되어 1대만 만들면 된다. 건축 설계할 때 1㎡줄이는 대신 실공간을 15㎡를 확보할 수 있도록 하는 것이다. 건물에 주차할 수 있는 주차선이 몇 개인지만 알아도 건물의 면적이 계산된다. 임장활동 때 참고하기 바란다.

[주차대수를 줄이면 용적률이 줄어들어야 하는데, 해결 방법은 없을까?]
'부설주차장의 인근 설치' 방법이 있다. 주차장법 시행령 제7조 2항을 보면 아래와 같다.
② 법 제19조 제4항 후단에 따른 시설물의 부지 인근의 범위는 다음 각 호의 어느 하나의 범위에서 특별자치도 · 시 · 군 또는 자치구(이하 "시 · 군 또는 구"라 한다)의 조례로 정한다.
1. 해당 부지의 경계선으로부터 부설주차장의 경계선까지의 직선거리 300미터 이내 또는 도보거리 600미터 이내
2. 해당 시설물이 있는 동 · 리(행정동 · 리를 말한다. 이하 이 호와 같다) 및 그 시설물과의 통행 여건이 편리하다고 인정되는 인접 동 · 리

대로변에 신축하는 경우에 주차장을 만들지 못하면 용적률이 줄어들고 수익성이 낮아진다. 이 때 인근 300미터 근처에 싼 값의 토지를 사서 혹은 연접한 토지를 싼 값에 사서 토지를 합병하는 방법으로 주차장을 확보한다면 기존 용적률을 유지할 수 있다.

5) 간단한 토지 분할로 리모델링하기

토지를 구입하거나 다른 방법에 의해서 취득한 경우에 땅값이 오를 때까지 마냥 기다릴 수는 없다. 토지를 리모델링하여 가치를 올리는 전략이 필요하다. 한 가지가 토지를 분할하는 방법이다. 덩치가 큰 토지를 쪼개서 최적유효사용을 이끌어내면 자연 땅값은 상승하게 된다. 못 생긴 땅이 있다면 정방형으로 만드는 작업도 리모델링의 한 형태이다.

아래의 법률을 잘 검토해서 새로운 가치를 불어 넣는 분할 기법을 연구해 보기 바란다.

◆ 건축법 시행령 제80조(건축물이 있는 대지의 분할제한)

주거지역은 60㎡, 상업, 공업지역은 150㎡, 녹지지역은 200㎡, 기타 지역은 60㎡ 이하로 대지 분할을 제한한다. 물론 이 범위 내에서 지자체의 조례로 별도로 정할 수 있다.

◆ 개발제한구역의 지정 및 관리에 관한 특별조치법 시행령 제16조(토지의 분할)

분할한 후 각 필지의 면적이 200㎡ 이상(지목이 대인 토지를 주택 또는 근린생활시설의 건축을 위하여 분할하는 경우에는 330㎡ 이상) 분할할 수 있다. 다만 다음의 경우에는 그 미만으로도 분할할 수 있다.
    1. 공익사업의 시행을 위한 경우
    2. 인접토지와의 합병을 위한 경우
    3. 사도, 농로, 임도 기타 건축물 부지의 진입로를 설치하기 위한 경우
    4. 토지의 형질변경을 위한 경우.
다만 분할 후 형질변경을 하지 아니하는 다른 필지의 면적이 60㎡ 미만인 경우에는 그러하지 아니하다.

◆ 농지법 제22조 (농지 소유의 세분화 방지)

농업생산기반정비사업이 시행된 농지는 다음 각 호의 어느 하나에 해당하는 경우 외에는 분할할 수 없다.
    1. 도시지역의 주거지역·상업지역·공업지역 또는 도시계획시설부지에 포함되어 있는 농지를 분할하는 경우
    2. 농지전용허가를 받거나 농지전용신고를 하고 전용한 농지를 분할하는 경우
    3. 분할 후의 각 필지의 면적이 2,000㎡를 넘도록 분할하는 경우
    4. 농지의 개량, 농지의 교환·분합 등 대통령령으로 정하는 사유로 분할하는 경우

◆ 농지법 시행령 제23조 (농지를 분할할 수 있는 사유)

1. 농지를 개량하는 경우
2. 인접 농지와 분합(分合)하는 경우
3. 농지의 효율적인 이용을 저해하는 인접 토지와의 불합리한 경계를 시정하는 경우
4. 농업생산기반정비사업을 시행하는 경우
5. 농지의 교환·분합을 시행하는 경우
6. 농지이용증진사업을 시행하는 경우

◆ 지적법 시행령 제14조 (분할신청)

1. 소유권이전, 매매 등을 위하여 필요한 경우(매매분할)
2. 토지 이용 상 불합리한 지상경계를 시정하기 위한 경우

실전 분할 사례

덩치가 큰 농지나 산지의 경우 적당한 면적으로 분할을 하면 수요가 늘어나 매도하기가 더욱 쉽고 3.3㎡당 단가도 더 높게 받을 수 있다. 단순한 토지 분할 리모델링으로 앉아서 두 배 이상의 시세차익을 얻을 수 있다.

사례1) 농지의 경우 1000㎡ 크기로 분할하여 주말 농장으로 분양
사례2) 지구단위계획면적 기준에 벗어나기 위해 1만㎡미만으로 쪼개서 매매
사례3) 토지 면적 3,000㎡에서 5,000㎡사이의 토지를 분할하여 일부 토지를 매매
사례4) 공동으로 소유한 땅을 지분별로 쪼개기 위해 분할
사례5) 공공의 목적으로 불가피하게 분할
사례6) 한 필지의 땅에 용도지역이 중복된 경우 보다 유리한 용도지역으로 편입시키기 위해 분할 기법을 사용

<u>전략1) 사례6번 실무 적용하기</u>

"1필지의 토지가 2 이상의 용도지역, 용도지구 또는 용도구역에 걸치는 경우 그 토지 중 용도지역, 용도지구 또는 용도구역에 있는 부분의 규모가 330㎡ 이하인 토지부분에 대하여는 그 1필지의 토지 중 가장 넓은 면적이 속하는 용도지역, 용도지구 또는 용도구역에 관한 규정을 적용한다"는 규정을 이용하는 것이다. (국토의 계획 및 이용에 관한 법률 제84조)

예컨대 2,000㎡의 관리지역과 650㎡의 농림지역으로 이루어진 2,650㎡ 땅이 있다면 관리지역과 농림지역을 적용하여 시세가 각각 형성되지만, 1,000㎡의 관리지역과 325㎡의 농림지역으로 분할하여 1,325㎡, 2필지가 된다면 이 땅은 모두 관리지역이 되어 가치가 상승한다.

그러나 토지 분할 기법은 전문가의 숙련된 역량이 필요한 영역이므로 전문가의 조언을 받는 것이 좋다. 건축법이 허용하는 범위 내에서 농지 및 산지 전용 허가를 받을 수 있다면 농지 및 산지 분할은 투자가치가 충분한 리모델링 영역이다.

6) 상가 리모델링을 하는 동기는 무엇인가?

(1) 상가 건물을 리모델링하기 위한 필수 사항

(가) 개별 조건 파악

· 목표한 건축물의 구조물 파악
· 정화조의 용량과 위치 파악
· 현재의 하수처리시설 파악
· 용도변경 가능여부 파악

(나) 수지 분석 및 필요 경비 마련

· 리모델링 비용과 증가한 임대료, 매매가격의 비교
· 공사 과정에서 들어간 대수선비는 양도세 계산 시 경비로 인정될 수 있음

(다) 매각 시점 선정

· 매각 시점을 언제로 할 것인가를 결정하여 매매를 실시

(2) 상가 건물을 리모델링하는 이유는?

(가) 건물의 수명 연장

− 건물의 내용 연수가 늘어나게 된다.
− 자산의 가치가 상승
− 건물의 쓰임새가 현대적인 감각으로 전환

(나) 재산 가치 상승과 유지 관리 등 비용 절감

− 건물의 외벽 등이 신축의 느낌을 주어 재산 가치가 상승하므로 매도시기에 따라서 더 많은 이익을 남길 수 있다. 즉, 매매가격이 주변보다 10−30% 정도 상승한다.
− 재산 가치가 상승함과 동시에 임대료가 더 늘어나는 효과를 경험하게 된다.
− 아울러 공실률도 현저히 줄일 수 있다.
− 임차인 역시 권리금 없이 시작할 수 있어서 강점을 가지고 있다.
− 분양할 때 투자자 역시 기존 상권의 대한 분석을 그대로 적용하여 상가 건물에 투자할 수 있어서 리스크가 현저히 줄어든다.

(다) 신축에 비하여 비용 절감의 효과

- 실제 평당 700,000원에서 900,000원 선에서 결정된다.
- 신축공사에 비하여 훨씬 적게 비용이 사용된다. 자금회수나 기회비용면에서도 유리하다.

(라) 공사 기간의 단축 및 인허가 과정이 없음

- 보통 리모델링은 1달 정도면 공기가 마무리된다.
- 신축의 경우에는 인허가시에 설계 작업을 포함하여 1달에서 2달 정도가 소요되나, 리모델링은 인허가과정이 생략되기 때문에 공기가 단축된다. 즉, 신고만으로 대수선 정도의 공사는 진행가능하다.

(마) 신축보다 민원 발생의 여지가 적음

- 소음이나 분진이 신축보다는 적게 나서 민원 발생 소지가 적다.

(3) 리모델링 시에 꼭 체크해야 할 사항

- 상권 분석
- 건물의 노후 상태를 체크
- 구조적인 안전 진단을 실시할 것
- 허가 및 신고 사항 체크
- 공사업자 선정 기준 체크
- 시방서 및 견적서 체크
- 예산안에서 자재 선정 체크
- 소음 및 분진에 대한 민원 소지 체크

제 3 장
디벨로퍼 주요 공정 따라 하기

1. 사례 연구

> N(72세)은 디벨로퍼로 사업을 진행할 예정인데 주요 공정에 어떠한 것이 있는지도 궁금해 하고 있다. 주의 사항과 준비 사항을 알면 도움이 될 것이기 때문이다. 건물이 완성되기까지의 공정에는 어떠한 것들이 있을까?

2. 조언 방향

디벨로퍼의 주요 공정에 대해 일반적인 내용을 실어 놓았다. 세세한 공정에 대해서는 개인마다 차이가 있을 수 있다.

3. 이론 및 심화 연구

1) 공정별 작업 순서[15)

(1) 골조 공사

작업순서	작업팀	필요자재	소요일	유의사항
1. 경계선 매기	도목수	– 설계도면		– 측량기점을 기준, 본 건물보다 둘레를 1m 50cm 크게 맴
2. 터 파기	포크레인	– 포크레인, 덤프트럭, 모터, 말뚝, H 빔		– 암석 또는 물이 나올 경우 별도 조치 필요 (물이 나올 경우 모터 가동, 암반 경우 프렉카)
3. 지층바닥 자갈 채우기	콘크리트공	– 잡석 또는 마사	1/2 일	– 지반이 단단할 경우 마사 – 지반이 무른 경우 잡석
4. 본 건물 경계선 매기	도목수	– 설계도면	1/2일	– 허가 도면과 일치여부 확인(요주의) – 확인 철저(대지 경계선 이격거리)
5. 배수 PVC 설치	현장설비	– PVC 100mm 20개	1/2일	– 지하물이 잘 빠지게 조치
6. 지수전 위치선정	현장설비			– 계단 밑(일반적 설치 장소)
7. 지층바닥 철근 배근	콘크리트공	– 철근, 결속선 등	1일	–10mm, 13mm, 16mm, 19mm 더블 배근
8. 지층바닥 레미콘 타설	콘크리트공	– 펌프카, 레미콘	1일	– 레미콘 불량여부 확인 점검
9. 지층 옹벽 내외부 패널 설치	목수	– 패널, 못, 반생, 동바리, 각재, 합판 등	3일	– 도면과 직접 확인 (실측)
10. 지층옹벽 철근 작업	콘크리트공	– 철근 등	1일	
11. 지층 하수도 배관 작업	설비	– PVC 등	동시	– 전층 화장실, 싱크대, 베란다 참고
12. 지층 전기 작업	전기	– 강전설비 – 약전설비	동시	
13. 지층 슬라브 패널 작업	목수	– 패널, 서포트 등	2일	– 서포트 받침 시 주의 (받침대 설치(횡))
14. 지층 슬라브 철근 작업	콘크리트공	– 철근 스페이서	1/2일	– 철근 철저히 맬 것
15. 지층 레미콘 타설	콘크리트공	– 레미콘 등	1/2일	– 한곳에 집중 타설 금지, 분산 타설, 바이브레이터사용
16. 1층 상가 기둥보 패널 작업 (거푸집)	목수	– 패널 등	3일	– 반생 규격품 사용
17. 1층 상가 기둥보 철근	콘크리트공	– 철근 등 (주택시공 시) 10mm, 13mm, 16mm,	1일	

15) 본 공정절차는 (주)부동산연구소에 최진순 소장의 자료를 인용한 것이다.

작업		19mm		
18. 1층 상가 기둥보 전기 · PVC 배관	전기 설비	− 강전설비, 약전설비 − PVC 등	동시	− 하수도 구배 잘 맞출 것
19. 1층 슬라브 패널 공사, 철근공사	목수, 콘크리트공	− 패널 등	3일	− 철근 고임 철저 (강도 저하)
20. 1층 슬라브 전기 PVC 배관공사	전기 설비	− PVC 등	1일	
21. 1층 슬라브 레미콘 타설	콘크리트공	− 레미콘 등	1일	− 분산 타설
22. 지층 외벽 방수	방수공	− 방수액, 시멘트 등	3일	− 반생자국 V 커팅부분 방수 철저, 청소 철저 (패널 기름때 : 하이타이로 청소)
23. 지층외벽 아루마칠	현장	− 아루마, 롤러	1일	− 방수 완전히 마른 후 (2−3일후) 칠
24. 지층 되메우기	현장	− 포크레인 − 덤프	1일	− 물로 잘 다짐 (수시로) − 콤팩트 사용
25. 비계 묶기	콘크리트공	− 비계 (목재 경우 반생)	1일	− 사고 주의 (작업인부에게 금주조치 할 것)
26. 1층 조적, 배관 창틀 넣기	조적공, 목수, 설비, 새시	− 적벽돌, 시멘트벽돌, 스티로폼, 모래 등	3일	− 벽 사이 스티로폼 확인 50mm 이상 창틀 수직, 수평 확인
27. 2층 조적, 배관 창틀, 문틈 세움	조적공, 목수, 설비, 새시	− 적벽돌, 시멘트벽돌, 스티로폼, 모래 등	3일	− 문틀수직, 수평 확인 − 문틀 밑부분 합판조각으로 보호
28. 2층 슬라브 공사 및 레미콘 타설	목수, 콘크리트공 , 전기, 설비	− 패널 등	3일	
29. 3층 조적, 배관 창틀, 문틈 세움	조적, 설비, 새시, 목수	− 적벽돌, 창틀 등	3일	− 창틀 보존 유의
30. 3층 슬라브 작업 및 레미콘 타설	목수, 콘크리트공 ,전기, 설비	− 패널 등 (스티로폼 80mm 결로현상 조심)	3일	− 사고주의 − 스티로폼 틈새 없이 깔 것 (결로방지)
31. 각층 패널 해체 (제거 작업)	목수, 현장		동시	− 스티로폼 (요주의) 문틀 특히 새시 주변 확인
32. 지층 내부 방수	방수공	− 방수액, 모터 등 시멘트 액체 방수	4일	− 청소 철저, V 커팅 (반생자국)
33. 메지 작업	메지	− 줄눈시멘트	2일	− 사고주의 (방수액 섞지 말 것)
34. 기와 또는 싱글	기와, 싱글	− 기와: 각재 싱글: 합판	4일	− 빗물받이
35. 비계 철거	콘크리트공		1일	− 사고 주의

(2) 내장공사

작업순서	작업팀	필요자재	소요일	유의사항
1. 거푸집해체 완성층, 벽체전선공사	전기		3일	– 스위치 위치 (사용 편리한 곳)
2. 벽체공사 완성층, 천정, 걸레받이	목수	– 다루끼, 합판, 못, 걸레받이재료 등	3일	– 거실 걸레받이 싱크대 고려
3. 새시 창 설치 (각방 및 1층 상가)	새시	– 새시	4일	– 창문 새시 물구멍 확인 – 창틀 경계 실리콘 확인
4. 미장 전 각층 수도공사	설비		2일	– 하자 주의 (이음부분 용접철저)
5. 천정 완성층 벽체미장	미장	– 시멘트, 모래, 자나무	7일	
6. 지붕처마, 베란다 페인트칠	페인트		4일	– 색상선택 중요
7. 화장실 배관 및 각층 배관연결	설비	– PVC부속 등	3일	– 수압 시험
8. 화장실바닥 콘크리트	콘크리트 현장	– 자갈, 모래	1일	– 바닥 고르게 칠 것
9. 화장실, 베란다 방수	방수공	– 방수액 등	동시	– 방수 철저 (방수 전 청소 철저)
10. 방바닥 스티로폼 깔기	현장	– 스티로폼 50mm이상	1일	– 수평 유지 (바닥 레미콘 찌꺼기 제거)
11. 각층 바닥 배관 재설치	설비		3일	– 하자 유의 (동파이프시 이음새 땜질 유의)
12. 각층 바닥 배관 재설치, 자갈 채우기	콘크리트 현장	– 콩자갈	1일	– 파이프 밟지 말 것 (자갈 채우기 전) – 입구부터 채워 잘 밟아줄 것
13. 각층 바닥 배관 재설치, 미장 바르기	미장	– 시멘트 등	3일	– 평면 고르기 먼저 할 것
14. 각 방 문짝, 창문짝 설치	문짝	– 문짝, 경첩, 실린더, 문고리 등	3일	– 직접 여닫이 잠금장치 등 이상 유무 확인
15. 외부, 내부 페인트칠	페인트		4일	– 외부(수성),목재(락카) – 문틀 사포질 최소3회
16. 외부기둥 및 계단돌 붙이기	돌	– 석재	5일	– 공사 후 24시간 출입금지 (뜰 수 있음)
17. 화장실, 베란다, 주방 타일공사	타일	– 벽, 바닥타일, 시멘트, 세라픽스 본드	4일	– 바닥 타일 밟지 말 것 (2–3일간)
18. 창호 유리 끼기, 변기, 세면기 부착	유리 설비	– 변기, 세면기, 거울, 샤워기 등	3일	– 유리 끼울 때 실리콘 확인
19. 도배	도배		4일	– 습기 우려부분은 방습지 부착
20. 싱크대 설치	싱크대	– 수도꼭지, 자바라호수 확인	3일	– 렌지 후드 등 점검 (가스 연결 후)
21. 등 달기(조명기구)	조명		1일	– 누전 확인(차단기)
22. 전기계량기 설치	전기		동시	– 외부 노출 안 되게 할 것 (벽돌 쌓을 때 사전 조치)
23. 신발장, 우편함 설치	현장	– 신발장, 우편함	동시	
24. 도시가스공사	도시가스 허가업체	– 외주	4일	– 외부 미관 손상여부 사전 체크

(3) 마감공사

작업순서	작업팀	필요자재	소요일	유의사항
1. 하수도공사	설비, 현장	PVC, 본드 등	1일	하수도 구배 조정
2. 외부담장 쌓기 및 메지	조적 메지	적벽돌 또는 블록, 줄눈시멘트 등	2일	담장이 길 경우 중간에 기둥설치
3. 조경작업	현장	정원수 등	1일	
4. 마당 콘크리트 작업	콘크리트 현장	시멘트 등	1일	물매 잘 잡히게 경사유의
5. 준공 절차	설계사무실	준공서류	7일	
6. 입주	임대 및 주인층			
7. 세금 납부(취득세)	법무사사무실			
8. 신축건물 등기	등기소			

2) 건물을 짓기 위한 최소 면적은 어떻게 되는가?

1. 주거지역 : 60제곱미터
2. 상업지역 : 150제곱미터
3. 공업지역 : 150제곱미터
4. 녹지지역 : 200제곱미터
5. 제1호 내지 제4호에 해당하지 아니하는 지역 : 60제곱미터

(건축법 시행령 제80조 참조)

3) 디벨로퍼 가능 상업용 건물을 경매로 낙찰 받기 위해 알아야 할 사항

부동산 침체기가 계속되면서 시세차익을 노리기보다 안정적인 수익을 보장하는 수익형 부동산에 대한 투자가 주를 이루고 있다. 상가의 경우 경매 낙찰가율이 낮았으나 최근 높게 나오는 이유도 이를 반영한 것이라고 본다.

상업용 건물을 낙찰받기 위해서 알아야 할 사항을 정리해 본다.

(1) 배후지의 고객 충실도를 검토해야 한다.

상권을 번성시키는 주변의 잠재 고객이 있는 지역을 배후지라고 하는데, 대단위 아파트가 있는 경우에는 '배후지에 상권이 좋다'고 이야기 한다. 상권의 범위는 보통 반경 500m-600m 사이가 되는데 이 범위 내에 있는 배후지의 인구 밀도, 인구 구성, 소득 수준, 주거형태, 연령, 생활수준 등을 충분히 검토하여야 한다.

(2) 상권 이용자들의 교통수단과 접근성을 살펴보아야 한다.

상권이 형성되려면 유동인구가 많아야 한다. 하지만 주차시설이 잘 되어 접근성이 보장된 곳은 유동인구가 적더라도 높은 집객력을 보여준다. 상권의 유동인구가 하루 5천 명에서 6천 명 사이이며 교통량과 자동차 교통 인구의 합계가 1만 명에서 1만5천 명 사이인 경우에는 대단위 상권이 형성될 여지가 크다.

(3) 해당 지역 상권의 발달 정도를 점검해야 한다.

해당 지역의 지가 수준, 임대료 수준, 매상고, 업종의 종류, 업종의 개수 등을 검토하여 상권의 발달 정도를 점검해야 한다. 경매 물건으로 나오는 경우는 결국 상권이 약하다는 것을 반증하는 것이므로 업종의 전환이 용이한 곳일 때만 투자 대상으로 넣어야 한다.

(4) 부동산 디벨로퍼 관련 법률들을 미리 숙지해야 한다.

경매를 통해서 취득할 경우에도 디벨로퍼와 관련되어 있는 법률은 반드시 검토하고 숙지해야 한다.

(5) 대체 상권의 번영도와 흡입력을 점검해야 한다.

주변 경쟁 상권을 '대체 상권'이라고 한다. 배후지와 집객력이 좋아도 대체 상권으로 이용자를 모두 빼앗긴다면 그 상권은 죽은 상권이 된다. 이를 미리 점검하여 경매에 임해야 하며 개발할 때에도 이를 점검해야 한다.

4) 디벨로퍼 주요 단계별 해설

(1) 토지의 매입 단계

건축주는 토지 매입을 하기 전에 완전한 소유권이전이 가능한지 공인중개사와 협의를 마쳐야 하고, 건축이 가능한지는 건축사와 상담해야 한다. 만약 경매를 통해서 취득할 경우에는 리모델링이나 디벨로퍼가 가능한지를 먼저 파악하여 응찰하기 바란다.

대체로 다음과 같은 사전준비가 필요하다.

(가) 진입로

- 자가용이나 이삿짐차량 등 차량의 진입이 용이 여부 검토
- 공사 차량의 원활한 진입 여부 검토

(나) 주변여건

- 교통, 교육, 의료, 생활편의, 공공시설의 상황
- 지역 내 공사 장애물, 민원발생 소지 여부
- 방향 확인 및 일조량 확보

(다) 경사도

절토, 성토, 옹벽설치 등의 필요성과 배수로 작업, 부대 토목공사 계획 등을 검토한다. 임야
는 경사각이 25도가 넘으면 개발이 어렵다고 보아야 한다.

(라) 토지의 효율적 이용

- 주택의 배치, 조경계획, 담장
- 우수관로, 오수배수관로
- 정화조 위치
- 전기 인입, 통신맨홀의 위치
- 지하수 개발

(마) 건축법에 의한 제한사항 확인

- 건폐율
- 용적률
- 일조권 확보를 위한 높이 제한
- 도로의 조건 : 대지는 2m 이상을 접도, 도로 폭은 최소 4m를 확보해야 한다.

(바) 환경관련 제한 사항 :

정화조 시설에 대한 특별규제사항과 정화조 배관시설에 대한 특별규제사항을 확인한다.

(사) 개발제한구역

개발제한구역에서는 건축물의 건축, 토지 형질변경, 토지 면적의 분할, 도시 계획사업의 시행 등이 금지되어 있으므로, 매입하고자 하는 토지는 물론 토지 주변이 개발제한구역으로 설정 되어 있는지도 함께 검토해야한다.

(아) 도시개발 예정구역

도시개발예정구역으로 설정되어 있는 경우 건축행위에 상당한 제한을 받으므로 토지구입 시 관련 사항 등을 관할 시청이나 구청에 문의해 보아야 한다.

(2) 건축 허가 단계

(가) 건축허가란?

건축물의 자유로운 건축을 건축법규에 의하여 금지하고, 일정한 요건을 갖춘 건축에 대해서 만 그 금지를 해제하여 적법하게 건축할 수 있도록 해주는 행정청의 행정 행위이다. 실무상으로는 건축주의 의사를 건축사에게 의뢰하여 설계완성 후 각종서류와 설계도면을 시 · 군 · 구에 제출하고 신청하여 원하는 위치에 건물을 지을 수 있도록 허락을 받아내는 과 정이라고 보면 된다.

(나) 건축허가의 대상(건축법 제8조)

① 규모에 관계없이 허가를 요하는 지역(건축허가의 대상지역)
   1) 국토의계획및이용에관한법률에 의하여 지정된 도시지역 및 제2종지구단위계획구역
   2) 고속국도법에 의한 고속국도의 경계선 및 철도법에 의한 철도의 경계선으로부터 각 각 양측 100미터 이내의 구역
   3) 도로법에 의한 일반국도의 경계선으로부터 양측 50미터 이내의 구역
   * 2)와 3)에서 다만, 고속국도 · 철도 또는 일반국도로부터 눈에 보이지 아니하는 곳으로 서 허가권자가 지정 · 공고한 구역은 제외한다.
   4)지역의 균형적 발전 또는 지역계획 등을 위하여 허가권자가 필요하다고 인정하여 지 정 · 공고한 지역
   5) 국토의계획및이용에관한법률 제2조제19호의 규정에 의한 기반시설부담구역

② 지역에 관계없이 허가를 요하는 건축물(건축허가대상의 규모)

  1) 연면적 200제곱미터(60.5평) 이상인 건축물

  2) 3층 이상인 건축물 (증축의 경우 그 증축으로 인하여 당해 건축물의 연면적이 200 제곱미터이상이 되거나 3층 이상이 되는 경우를 포함)

③ 건축허가권자

원칙적으로 시장, 군수, 구청장이다.

예외로 21층 이상이거나 연면적의 합계가 10만㎡ 이상인 건축물(공장 제외)의 건축(연면적의 10분의 3이상의 증축으로 인하여 층수가 21층 이상이거나 연면적의 합계가 10㎡ 이상인 건물의 증축을 포함한다)은 특별시장 또는 광역시장이 허가권자이다.

④ 건축허가신청

가. 건축허가 과정

① 건축주가 소유한 대지의 증빙서류(토지이용계획확인원, 토지대장, 지적도, 소유권 증명 서류)를 가지고 건축사에게 설계를 의뢰한다.

② 건축사는 대지의 조건을 살펴본 뒤 건축주가 요구하는 조건을 최대한 수용하며 동시에 각종 건축법 및 기타법령을 검토, 적용하여 계획도면을 작성 후 건축주에게 제시한다.

③ 건축주가 만족하면 본설계(공사시공도면)에 착수한다.

④ 본설계가 완료되면 각종 허가 관련 서류를 취합하여 해당 시 · 군 · 구청에 건축허가를 신청한다.

나. 건축허가 구비서류

① 건축허가 신청서 (설계사무소)

② 도장(건축주 및 시공자)

③ 각종 동의서(해당사항 있을 시–지상권, 타인 토지 사용 시 등)

④ 건축물 관리대장(개발제한구역일 때)

⑤ 주민등록초본(개발제한구역일 때)

⑥ 축사나 개발제한구역은 추가되는 서류가 있음.

(3) 착공 신고 단계

① 건축허가가 나오면 착공을 하여야 하는데, 이때 시·군·구청에 공사를 시작하겠다고 알리는 것이 착공신고이다. 일명 '착공계'라고 한다.

② 건축주는 건축허가를 받으면 지역개발공채, 주택채권을 매입(대행가능)한 영수증을 시·군·구청에 제출 후(개발제한구역은 농지조성+개발부담금) 건축허가증을 받아온다.

③ 그 후 대지경계측량(대한지적공사, 기타)을 신청하여 대지의 경계선을 명확히 하며 건축사와 협조하여 건축물 착공신고서를 제출한다.

④ 착공신고서에는 설계계약서, 공사감리계약서, 공사도급계약서를 첨부하여야 하며, 반드시 건축주, 건축사, 공사시공자의 참석 하에 작성하여야 한다.

⑤ 이후의 토지굴토, 기초공사, 바닥 슬라브공사, 기둥세우기, 각층 슬라브공사, 조적공사, 창호공사, 마감공사, 전기설비, 위생설비, 소방설비, 조경, 정화조공사 등 기타 공정이 순서대로 혹은 동시에 이루어지며 건물이 세워진다. 따라서 다소의 변경이 생길 경우 설계자 및 감리자와 상의하여야 한다.

⑥ 건축주 주의사항

- 정화조는 시·군·구청의 정화조 준공이 있을 때까지 절대로 사용하면 안된다. 준공 전 사용할 때에는 처리가 지연될 수 있다.

- 공사도중 사소한 변경사항이라도 일단 설계사, 시공자에게 상의 해야 한다. 시공자 또는 단독으로 업무 처리 시 준공단계에서 사용승인지연 및 미준공이 될 수도 있으며 또한 위법한부분이 있으면 철거를 할 수도 있다.

- 착공신고는 건축주 사정으로 최대 2년 동안 착공연기가 가능하며, 그 이후에는 건축허가가 취소된다.

(4) 사용승인신청 단계

(가) 건축물 사용승인(이하 준공)은 완성된 건물에 대한 검사를 시·군·구청에 요청하여 적법한지, 사용이 가능한지를 승인받는 과정이다.

(나) 건축주는 설계 사무소, 시공자와 협조하여 각종 사용승인에 필요한 서류를 준비하여 시·군·구청에 사용승인을 신청한다.

(다) 신청서류

① 건축물 사용승인 서류(설계사무소 준비)
② 정화조 준공서류(시공정화조업체서류) 준공접수 전에 미리 준공을 받아야 함.

③ 구내 통신 선로설비 준공서류(삭제됨)

④ 소방설비 준공서류(해당사항 있을시)

⑤ 시공자 확인 도장(해당사항 있을시)

⑥ 가스준공확인서(가스를 설치했을 경우)

⑦ 하자 보증보험증권(해당사항 있을시)

⑧ 현황측량성과도(해당사항 있을시. 개발제한구역에서는 필수임.)

⑨ 폐기물 배출에 따른 관련서류 첨부(멸실 신고 시에도 필요함)

· 사용승인 이전에 건물에 입주하면 사전입주에 따른 고발 등 불이익을 받게 된다.

(5) 소유권 보존 등기 신청 단계

(가) 건축물 사용승인이 되면 시 · 군 · 구청 세무과에 취득세를 60일 이내에 자진 신고 납부하여야 한다.

세무과에 갈 때 다음의 서류를 가지고 간다.
- 사용승인 검사필증(건축물 대장이 발부되면 그것으로도 가능함)
- 설계비 영수증 및 기타 공사비 영수증 등등
- 전기공사 인입비 영수증(계량기 달 때)
- 총 공사 금액 계약서(도급계약서)

(나) 취득세 영수증과 기타서류를 가지고 등기소에 보존등기를 신청해야 한다. (법무사에 대행시키는 것이 편리함)

5) 증·개축에 필요한 기초지식을 알아보자.

항목	내용
건축법에 저촉 여부	– 해당지역의 건축제한 사항에 저촉되지 않는 범위에서 증개축 면적이나 높이가 결정된다. – 건폐율, 용적률, 도로사선제한에 의한 높이제한, 일조권, 주차장법
사전점검사항	– 착공 전에 건물의 안전구조진단을 받는다. – 건물, 대지, 도로와의 관계 검토 – 기존 옥상의 방수 및 누수 점검 – 기존 외부 마감재와 통일성 가미 – 현관 및 기존방의 일조, 통풍, 동선 등을 고려 – 공사비용 검토 : 　부엌, 욕실, 세면실, 화장실 등은 예산을 자세하게. 　단층 증축공사 : 기초공사비 추가 　2층 증축공사 : 기초보강, 지붕공사, 공사용 발판의 제거비용 추가 – 증 개축 공사 시기 결정 – 증 개축 공사할 때 레이아웃 결정
공사시기결정	– 계획단계 : 공사 시작보다 1–2개월 전에 설계도 작성 및 시공자 선정 – 공사시기 결정 : 장마철을 피하기 위해 3월에서 6월 사이 　　　　　　　　동절기 공사를 피하기 위해 9–11월 사이
시공자 선정	– 증 개축은 소규모공사에 해당하므로, 전문건설업자나 설계자로부터 소개 받아 의뢰한다. – 시공자에게 시공 상세도와 내역명세서(시방서)를 제출받아 검토한다. (공사 중의 변경이나 분쟁 시에 도움이 된다) – 공사비 지급은 계약금, 중도금, 잔금 등으로 나누어서 지급한다.
증개축 신고절차	– 증개축 공사를 실행 전에 행정기관에 반드시 신고하고 신고필증 교부 받은 후에 공사에 착수해야 한다. – 허위로 신고하거나 건축신고를 하지 않지 않고 건축을 하는 경우 과태료 처분이 내려진다.

제 4 장
저 푸른 초원 위에 그림 같은 집 짓기

1. 사례 연구

N(72세)은 5년 후에는 근교에 전원주택을 짓고 싶어 한다. 실제 집을 짓는 순서를 공정별로 알아보고, 풍수적인 의미도 알아 두려고 한다.

2. 조언 방향

전원주택을 포함하여 주택을 짓기 위해서는 여러 가지 공정을 거치게 되는데 실제 있었던 사례를 가지고 설명하기로 한다. 일반 단독 주택, 다가구주택, 전원주택 등을 건설할 때도 건축 공정 순서를 참고하기 바란다.

3. 이론 및 심화 연구

1) 집을 지을 때는 계획-설계-시공-준공의 단계를 거친다.

철거 착업--〉 경계측량--〉 건축선 확인 --〉 토공사(토목공사) --〉 철골구조작업
--〉 콘크리트 타설 --〉 1층 기둥 철근 시공 및 거푸집 형틀 작업 --〉1층 슬라브 작업
--〉 2층 바닥 단열 작업 및 콘크리트 타설 --〉 2층 외부 벽체 거푸집 형틀 작업
--〉 2층 내부 거푸집 및 형틀 작업 --〉 2층 벽체 및 3층 바닥 콘크리트 타설
--〉 3층, 4층 동일 --〉 4층 골조 시공 및 옥상 콘크리트 타설 --〉옥상 비트 장식장 작업 --〉 건물 전면
대리석 작업 --〉 층별 미장 작업 --〉 설비 및 내장공사 마무리
--〉 외장공사

2) 집짓기 과정 주요 공정에 대해서 알아보자.

(1) 토공사

기존 건물이 있다면 기존 건물을 철거하고 토(목)공사를 시작하는 것이 건축의 시작이다. 철거 작업이 마무리되면 땅의 모양이 나오는데 이때 이웃집과 경계측량을 정확히 해서 짓게 될 건물이 앉을 자리를 표시해 둔다. 설계사무소와 함께 주택의 위치와 방향을 결정한다. 주차장의 규모나, 도로와 관계, 일조권을 따져서 최적의 땅 사용 면적을 논의한다. 보통 땅 작업 시에 가설계가 나와 있으므로 가설계를 기준으로 땅의 실제 모양을 분석하고 이를 통해 본설계에 착수하여 나머지 토공사를 실시한다.

터파기는 온통파기와 줄기초파기 방식 중 현장 상황에 맞는 방식으로 선택하면 되고, 지반상태가 좋을 경우 동결선과 되메우기 높이를 감안하여 깊이를 결정한다.

가설계도와 다르게 건물의 위치를 정해야 할 경우에는 대략 1m 미만의 범위에서 이동해야 추후에 설계 변경 작업이 용이한 면이 있다. 가끔 토공사를 하다 보면 그릇 등이 나오는 경우가 있는데 문화재보호구역에서는 바로 신고해 주는 것이 좋다. 만약 문화재이면 전문가와 빨리 상의하기 바란다. 공사가 문화재 발굴 관계로 무기한 연기될 수 있다.

(2) 기초공사

공부도 기초가 튼튼해야 하고, 사업도 기초가 튼튼해야 한다. 집도 마찬가지이다. 기초공사가 부실하면 건물의 쪼개짐, 뒤틀림, 무너짐의 원인이 될 수 있다. 주택의 시공에서

기초 공사는 줄기초, 매트기초, PC 기초 등이 있다. 터파기가 끝나면 잡석다짐을 한 후 비닐을 깔고 콘크리트로 그 위를 덮어준다. 이를 '버림콘크리트'라고 한다. 버림콘크리트를 타설할 때 철근 배근을 결합하기 위한 철근 도막을 삽입해 놓는 것이 좋다. 기초 콘크리트를 치기 위한 장비 및 도구 등을 미리 준비해 두는 시점이 이때이다. 또한, 레미콘 진입로나 작업 공간 확보 등 추후 공정 준비를 해야 한다. 레미콘 타설 위치가 차보다 높고 차량 진입이 어려울 경우에는 레미콘 슈트를 미리 준비하도록 안내한다. 요즘은 케이블 전선이 많아서 선을 건드리는 경우가 많으니 이를 잘 정리해 두는 것도 좋다.

지반이 연약지반(모래 등)인 경우 잡석을 30-40cm정도 두껍게 깔아주는 것이 좋다. 이는 단단한 기초 역할을 한다. 버림콘크리트 시에 얇은 스티로폼을 까는 경우도 있는데 방열, 방수, 습기 방지 등의 긍정적인 효과가 있다. 버림콘크리트가 어느 정도 굳으면 거푸집을 설치하고 흙 되메우기를 한다.

다음은 철근 배근을 할 차례다. 적당한 간격을 유지하여 배근하고, 기초 설비를 한 후 기초 콘크리트 타설을 한다. 이로써 건물의 기초가 완성된다.

(3) 골조공사

골조는 건물의 뼈대다. 사람도 뼈대가 튼튼해야지 장수하고, 외관도 좋아 보이는 법이다. 골조 구조는 기둥이나 보, 트러스 등 선재의 조합으로 주로 건물의 하중을 견디면서 외부의 충격에 견디는 역할을 한다. 어릴 때 수련회를 가면 늘 기마전이라는 게임을 했다. 기마전을 할 때 앞에 서 있는 기마는 대개 등치가 좋은 친구가 맡게 된다. 이것이 골조 구조라고 생각하면 된다. 뼈대를 형성하는 구조체가 어떤 것이냐에 따라 목조, 스틸, ALC 등 다양하게 주택의 이름이 지어지고 골조 방식에 따라서 철근콘크리트, 조적, 목조, 스틸하우스 등으로 분류된다. 이 중 목조나 스틸은 일정 규격의 각재를 일정한 간격으로 세워 벽체를 구성하는 '스터드 방식'이이다. ALC나 황토벽돌, 적벽돌로 구성되는 주택이 조적식이라는 점과 차이를 보인다.

스터드 방식은 다져진 기초 위에 단열을 위한 글래스울이 들어갈 자리와 각 창호 위치를 설계대로 틀을 짠 후 바닥에서 합판을 붙이고 일으켜 세워 벽체를 구성하는 것이다. 벽체 부재는 벽체의 높이, 수종, 하중을 고려하여 선택한다. 벽체의 기둥 간격 역시 하중, 수종, 층수에 따라 선택하는데 일반적으로 40-60cm 간격을 유지한다. 벽체 작업 후 옆막이 장선을 설치한다. 벽체의 간격을 고려하여 지간 거리표에 의해 장선의 크기를 결정한다. 벽체의 간격이 클 경우는 아이조이스트 등 공학목재를 이용한다. 이후 지붕골조의 경우 트러스 형태로 구현된 지붕의 뼈대를 그대로 얹는 방법과, 서까래와 사이사이의 조름보를 직접 시공하는 방법을 선택 적용할 수 있다. 지붕골조까지 완료되면 OSB 합판을 설치, 외부마감을 위한 1차 벽체구성을 완료한다. 그 위에 외부의 습기를 차단하고 내부의 습한 공기는 외부로 방출하는 타이벡(TyveK)을 시공하는데 이는 단열효과를 높이는 데도 효과가 있다.

(4) 외장공사

외장재는 건물의 겉모습을 좌우하는 것으로 예산과 관련이 깊다. 아울러 건축주의 취향과 전체적인 디자인을 고려하여 결정하게 된다. 시대에 따라서 외장재는 유행을 많이 타는데 가능한 한 시대 변화에 둔한 외장재를 쓰는 것이 좋다.

주택에서 사용하는 주된 외장재는 사이딩 계열(시멘트, 우드, 비닐)의 마감재와 파벽돌 및 인조석, 대리석 등 석재 계열, 외단열 공법을 적용할 수 있는 드라이비트 계열 등이 있다. 골조가 어떤 것으로 쓰였든 외관을 자유롭게 표현할 수 있다.

결국, 골조와 외장재를 선택할 때는 자재의 특성에 대한 이해가 전제되어야 적은 비용으로도 만족도 높은 결과를 얻는다. 특히 외장재는 그 선택에 따라 건축물의 디자인 전체가 결정되므로 미리 예산과 디자인에 따른 결과물을 예상해보고 선택하자.

(5) 창호공사

창호는 채광과 환기, 조망을 담당한다. 아울러 외부의 기운이 창호를 통해서 간접적으로 전달되는 역할도 한다. 창호는 단열과 단냉 효과를 떨어뜨리는 역할을 하기도 한다. 대부분 창호는 시스템 창호를 사용한다. 시스템 창호는 여러 가지 개폐 방식이 있으므로 선호 방식을 선택하면 된다.

창호의 중간 부분은 유리로 되어 있는데 요즘은 이중창을 많이 사용한다. 이중창유리를 복층유리라고도 하는데 유리와 유리 사이에 공기층을 만든 구조로 유리(3mm)+공기(6mm)+유리(3mm)로 구성된 12mm부터 이의 복수형인 24mm 복층유리까지 다양한 제품군이 시중에 나와 있다. 또 공기층에 아르곤가스를 주입하여 단열성능을 향상시킨 기능성 유리도 있다. 아울러 단열과 단냉 효과를 높인 삼중창도 있다.

(6) 단열공사

단열공사는 실내 온도를 외부의 온도와 단절시켜 주는 공사를 말한다. 특히, 우리나라는 사계절이 뚜렷하고 밤과 낮, 여름과 가을의 온도차이가 크므로 단열 공사에 시경을 세심하게 써야 한다. 단열재로 쓰이는 재료는 스티로폼이 제일 흔하다. 이를 '발로폴리스티렌'이라고 부르며, 유리면으로 불리는 글래스울, 암면으로 불리는 락울 등이 있다. 일반 주택에는 발로폴리스티렌과 유리면이 많이 사용되고 있다. 스티로폼을 사용할 경우에는 두께보다 밀도가 중요하다. 일반적으로 벽체에는 65mm, 천장에는 110mm 두께를 사용한다. 밀도는 30kg/㎡ 이상이 적당하다. 단열 성능을 스티로폼보다 향상시킨 것이 아이소핑크라는 것인데 같은 두께에 밀도를 많이 높인 상품이다.

단열공법은 골조와 외장재의 종류에 따라 달라질 수 있으므로 설계 시 설계자의 조언에 따라 설계도 및 시방서를 작성하고, 이에 따라 공사를 시행하면 단열성을 높일 수 있다. 공법은 내단열공법과 중단열공법, 외단열공법, 복단열공법이 있으므로 참조하기 바란다.

(7) 설비공사

설비공사란 냉난방공사 + 배관공사 + 화장실공사 + 전기공사 + 가스공사 + 주방설비공사 + 약전공사 + 집진공사 등 건물 내부에 설치하는 모든 공사를 통칭한다. 설비공사는 실제 생활하는 것과 연관이 많으므로 공사에 신경을 많이 써야 한다. 요즘은 편의성이 강조되고 있어서 설비 공사도 고급화되고 있는 추세에 있다.

약전공사는 전화 및 텔레비전 설치, 인터넷 설치 등을 하는 공사를 말한다. 홈네트워크와 홈 오토메이션을 구성하여 편의성을 강조하는 설비공사도 유행이다.

(8) 내부 인테리어

주택의 내부 마감을 하는 것을 내부 인테리어라고 한다. 요즘은 내부 인테리어에 자연석 등을 사용하여 자연스러운 인테리어를 많이 하고 있다. 벽체와 마루 사이의 몰딩과 마감 처리가 내부 인테리어 공사에 들어간다. 붙박이장과 주방가구장 등을 설치하는 것도 중요한 포인트가 된다.

■■////// 김세무사의 똑소리 ───────────────

[건축 허가 처리 행정 절차]
1. 건축주가 건축사에 의뢰
- 건축이 가능한 토지인지 법률 체크
- 건축 심의 대상 건축물 체크
- 20세대 이상 공동 주택(사업승인 : 주택과)
- 교통, 환경영향 평가 체크(대상 건축물일 경우)

2. 관할 구청
- 건축위원회에서 건축심의 결과 통보

3. 건축설계사무소
(1) 신청 시 구비서류
– 건축허가 신청서(건축심의 결과에 내용에 입각해서 설계도서 작성)
– 동별개요(3면)
– (건축허가) 현장조사서
– 건축허가조사 및 검사조서
– 현장조사서
– 건축설계도서의 관계법령 저촉여부 조사서
– 대지범위, 권리증명서류*
– 정화조설치 신고서
– 배수설비 설치 신고서(배치도 1부 첨부)
– 급수공사 신청서
– 구내통신 선로설비 설계검토신청서
– 도로점용 허가신청서〈––– 도로점용 시
– 건축구조 안전확인서

· 권리증명서류

① 도시계획확인원(환지예정지: 환지예정 증명서 1부)
② 토지대장
③ 토지 등기부등본(증축 시: 건물 등기부등본, 건축물관리대장)
④ 대지사용승락서, 인감증명(타인소유의 대지를 사용할 경우)
⑤ 건축동의서, 인감증명, 주민등록등본(건물, 토지에 대하 압류, 가압류, 근저당권, 지상권 등이 설정되어 있을 경우)
⑥ 환지 사용 승낙서(지방의 환지 예정지)
⑦ 건축선지정 관리대장 1부(건축선 후퇴 등으로 도로를 할애할 경우)

(2) 설계도서
– 기본설계도서(건축계획서, 배치도, 평면도, 입면도 2부, 단면도 2부)

4. 구청(민원봉사실)에 접수
접수비 납부

5. 건축과에서 관련 부서와 협의 과정
– 소방서동의 대상 건축물(건축물 연면적 400㎡ 이상]
– 경찰서 협의 (위락시설:노래방), (차량출입시설:투전기업소)
– 군부대 및 국정원협의 : 대공협조구역
– 수도사업소 : 저수압 지역
– 위생과 : 식품위생법령에 저촉여부
– 산업과 : 공장 관련 등
– 환경과 : 배출시설 관련 등
– 토목과 : 토목관련
– 하수과 : 하수관련
– 공원녹지과 : 공원 내 대지일 경우
– 생활체육과 : 체육시설 관련 등
– 가정복지과 : 예식장등
– 건설관리과 : 도로점용 등

■/////// 김세무사의 똑소리 ─────────────────────

- 도시정비과 : 수도권정비 계획법등
- 지역교통과 : 노상주차장 폐쇄 등
- 보건소 : 병원 등

6. 건축허가증교부
- 건축주는
- 국민주택채권(주택은행)과
- 지역개발공채(농협)와
- 공과금 [면허세(세무과), 도로점용료(건설과)]등을 납부하고 허가증을 교부 받음
- 건축허가 유효기간 1년(단, 특별한 사유가 있을 경우 1회에 한하여 3개월 범위 내에서 연장 신청가능)
· 수수료 면제 대상 건축물 – 연면적 100㎡ 이하의 단독주택, 국가 및 공공 단체의 건축물 재해복구 건축물 등

7. 철거 및 멸실 신고(구청 민원봉사실에 접수)
- 철거예정 7일 전 신고
- 5층 이상으로서 연면적 3000㎡ 이상인 도시계획 구역 내 건축물은 위해방지계획서 첨부

8. 착공신고
- 건축법 제 16조 규정에 의거 공사감리자 및 공사시공자
- 지정 신고서에 서명하여 건축공사 착공신고

9. 시공
- 주거용 건축물의 연면적이 661㎡ 초과하거나
- 비주거용 건축물의 연면적이 495㎡ 초과할 경우
- 종합건설업 면허소지자만이 건축공사 가능
- 허가된 설계도서의 건축허가 조건에 의해 시공

10. 중간검사(건축법 시행령 16조)
- 기초 철근 배근 완료시
- 5층 이상의 공동 주택으로서 5개 층마다 바닥 슬라브 배근 완료시
- 소방 검사필증 : 각종 필증 징수

11. 건축물 사용검사 신청
- 건축공사 완료한날 부터 7일 이내 신청
- 건축 허가 조건 이행 여부 확인

12. 건축물 사용검사필증 교부(관련부서 통보)
- 건축주 민원봉사실(건축물 대장등재)
- 주택과 및 관련 동사무소 통보
- 사용검사를 필한 날로부터 60일 이내 취득세납부

13. 건축물 등기(건축주가 건축물 대장을 발급 받아 등기소에 제출)
- 사용 검사일로 부터 60일 이내 등기

3) 풍수지리적인 관점에서 여러 가지 해석을 알아보자.

예로부터 우리 조상들은 풍수지리를 많이 고려하여 땅과 건물의 위치를 정하였다. 21세기 인 아직도 이를 참고하여 명당자리를 차지하기 위한 노력을 하고 있다. 현재 풍수지리에 서 명당은 '땅명당'이 아니라 '향명당'이다. 건물이 앉은 방향(이를 '좌향'이라 한 다.)이 어디인가가 중요하다. 그 터가 주는 양기의 순환궤도와 양을 살피고 알맞은 세기 의 양기를 취할 수 있는 방향을 정하는 것이 현대 풍수의 흐름이다. 풍수는 땅 밖에서는 최적의 공기를 선택하니 風이요, 땅 속에선 적정한 물을 찾으니 水를 말한다.

(1) 남향집이 좋을까 북향집이 좋을까?

집을 짓기에는 북향집이 좋다고 했다. 반면, 남향집은 북향집보다 여름에 시원하고, 겨울 에는 따뜻한 장점이 있다. 하지만 사람이 필요한 일조량은 북향집도 부족함이 없어 풍수 는 북향집도 꺼려하지 않는다. 남쪽 사면과 북쪽 사면에서 자라는 초목의 성장을 관찰하 면 차이가 없는데, 이것은 일조량은 남향이든 북향이든 길하고 흉한 차이가 없음을 뜻한 다. 즉, 남향이든 북향집이든 큰 문제가 되지 않는다는 것이다.

(2) 도심에 건물을 지을 때

현대의 빌딩은 도로에서 접근이 편리한 터가 선호되고, 지표면의 흙을 걷어내고 땅을 깊 이 판 다음 지하주차장, 지하상가, 공조실 등을 둔다. 이럴 경우 지기의 보전을 위해 땅 속에 석 자 정도로 생토를 고르게 깐 다음 그 위에 콘크리트 타설을 하고 골조를 세운다. 이것은 상처 입은 땅을 치료해 지덕을 발동시키는 풍수의 비책이다. 버림콘크리트는 손상 된 지기를 막아주는 풍수적인 의미도 있다.

(3) 부동산의 가치 판단과 풍수적인 가치

부동산의 가치는 입지 즉, 위치에 따라 달라진다. 상가의 선택 조건은 무조건 입지이듯이 주택의 선택도 입지가 매우 중요하다. 도심의 지가는 입지와 더불어 접근성에도 많은 영 향을 받는다. 풍수는 터가 가지는 생명력과 지기로 길지와 흉지를 구분하는데 바로 옆의 땅이라도 지기에 차이가 있다면 가치는 하늘과 땅만큼 차이가 난다. 유명 인사들이 집을 고를 때는 지기와 생명력을 따져서 고른다고 한다. 그러므로 가격이 비쌀 수밖에 없다.

(4) 침대의 위치에 대한 풍수지리적인 해석

옛 어른들은 침대의 머리를 북쪽으로 두면 복을 막는 형국이라고 싫어했다. 그래서 안방을 설계할 때 머리의 방향을 잘 생각해서 정해야 하나 요즘 설계 시에는 땅의 모양을 보고 설계를 해서 머리가 북쪽으로 가는 경우도 왕왕 발생한다. 침대의 위치는 잠자리가 편하면 되므로 개인별로 차이가 있을 수 있다. 일단 일주일씩을 돌아가면서 잠을 잔 뒤 아침에 일어나 평가를 하고 잠자리가 편했던 자리를 머리로 삼는 것이 좋다.

(5) 가족과 주택 규모는 서로 맞아야 기가 산다.

(가) 작은집에 식구가 많아야 양기가 커진다.

넓은 평수의 주택은 방과 주방, 다용도실 등의 서비스 면적이 많아 생활이 편리하다. 하지만 집은 큰데 식구가 적을 경우에는 빈방이 많아져서 음기가 서서히 자라난다. 각자 방에서 생활하여 대화도 부족하게 되어 가족 간의 화합이 떨어질 수 있다. 규모는 작지만 아담하고 잘 구성된 집은 살기도 좋고 마음이 여유로워져서 가정이 단란해질 확률이 높다. 전후 세대 중에서 부자가 유독 많은 이유는 물론 베이비붐 시대와 산업 혁명의 영향도 컸지만 단칸방에 가족들이 많이 모여 살아 서로의 기를 채워주었기 때문이다. 대부분의 자수성가형 부자들이 유년시절에 식구가 많은 곳에서 자란 사람이 많은 것을 보면 우연의 일치는 아닐 것이다.

(나) 가족의 수와 적정한 평수는 어떻게 정할 것인가?

가족이 살기에 적당한 평수는 어떻게 정해야 할까? 가족의 나이를 합산한 다음 그것을 평수로 나눈 크기가 최적이라고 한다.
예를 들어, 4인 가족 기준으로 남편 40세, 아내 40세, 9세와 4세의 아이가 있는 경우에는 그 합이 93이고, 이를 평수($3.3m^2$)으로 나누면 28평이 적당한 평수가 된다. 이는 전용 면적에 해당이 되므로 분양평수로 보면 약 35평에서 39평대의 집이 될 것이다. 이런 집이 적당한 집이라고 의사결정을 하면 된다. 그러나 이는 자녀들이 분가하기 시작한 경우에는 적용하기가 힘이 든다. 아이들이 대학교를 졸업할 때까지만 유효한 계산법이다.

(6) 점포 및 상가의 입지 선택 시 풍수적 관점 파악하기

(가) 대지는 평탄한 곳이 좋지만 샘물보다는 높아야 한다.

풍수는 도로를 물길로 본다. 따라서 점포/상가는 고가도로 아래거나, 육교 아래의 터는 흉하다. 도로보다 낮은 곳에 위치한 곳은 흥하기가 힘들다. 지하에 점포가 있는 경우를 보면 대부분 종업원들이 난폭해지는 것을 볼 수 있다. 이는 상가의 운이 빼앗기기 때문이다.

(나) 삼각형의 집터는 화재나 분쟁이 생겨 흉하다

길이 휘감고 있고, 그 끝에 도로가 접한 경우에는 삼각형의 블록이 형성이 되는데 이런 터에 집을 지으면 화재를 당하거나 집 안팎으로 분란이 일어나 흉하다는 이야기가 예로부터 전해온다. 상각형의 모양은 사람도 뾰족하게 만들어 적을 만들고 서로 분쟁의 소지를 만든다는 것이다.

(다) 도로와 접한 면보다 안쪽으로 깊숙이 들여져야 복이 오래 간다

도로로 향한 면의 너비보다 안쪽으로 깊숙이 들어간 집이 유복하고 오래도록 번창한다. 즉, 대문이 좁고 집이 넓으면 부자가 되고, 대문이 넓고 집이 작으면 가난해진다는 풍수 격언이 있다. 옆으로 길게 건축된 집은 도로에 기를 빼앗겨 흉하다. 장사가 잘되는 상가/ 점포 대부분이 대로변보다 안쪽으로 들어간 자루형인 이유가 여기에 있다.

(라) 점포/상가의 주출입문 앞에 큰 나무가 서 있으면 흉하다

문 앞에 큰 나무가 있으면 '막을 한(閑)'이 된다. 큰 나무는 양기가 집 안으로 들어오는 것을 방해하고, 음기가 집 밖으로 빠져나가는 것을 막는다. 또 나무는 사람의 출입을 방해하고, 벼락이 칠 위험이 있고, 벌레가 집 안에 들어오고, 낙엽이 떨어지는 등 불편하다. 가지치기를 자주 해 그늘이 지지 않게 해야 한다. 나무가 집안에 있으면 '괴로운 곤(困)'이 된다. 무속인들이 꼭 묻는 질문이 집안에 나무가 있는가이다.

(마) 점포/상가의 주출입문이 작고 안이 커야 재물이 모인다.

점포의 주출입문이 작아야 하며, 대문은 쌍여닫이문을 설치하여 평소에는 한쪽만을 이용해 출입하면 좋다. 대형 백화점에서 한쪽 문만 다니게 하는 데 다 이유가 있다.

(7) 주택의 건축 입지 선택 시 풍수지리적인 관점 파악하기

(가) 길이 막다른 곳에 집을 지으면 크게 흉하다.

막다른 골목에 끝에 해당하는 터나 T자형으로 길이 교차된 곳에 위치한 집은 화살을 맞는 형국이라 양쪽에서 공격을 받아 집이 흥할 수 없다. 또한 사람이 죽으면 원혼이 머무르는 경우도 많다. 흉가나 폐가들은 꼭 막다른 골목에 위치한 것이 무관치는 않다. 아파트의 경우 베란다의 창문을 열었을 때 도로가 정면으로 집을 향해 있다면 과녁에 위치한 집으로 화살을 맞는 형국이므로 이런 집은 피하는 것이 좋다. 집을 건축할 때도 막다른 골목 끝에 있는 집을 골라 집을 짓는 것은 가급적 피하자.

(나) 수맥이 흐르는 곳은 건축하기 위한 좋은 터가 아니다.

수맥은 예로부터 기를 발산하는 것이라고 해서 사람들이 흉하다고 여겼다. 집을 짓는 터도 마찬가지다. 간단하게 우산대 2개면 수맥을 측정할 수 있으니 시험해 보는 것도 좋다. 수맥이 흐르는 자리는 주변이 이유 없이 땅이 마르고, 도로에 금이 가고, 지반이 내려앉고, 건물 벽면에 금이 간다. 수맥파가 수면을 방해하거나 건강에 악영향을 준다는 과학적인 보고도 있다. 이런 곳에 굳이 터를 사서 집을 지을 이유는 없다고 본다.

(다) 지맥에 순응한 땅에 집을 짓도록 하자.

풍수의 기본은 지기가 산에서 내려와 강 쪽으로 흘러가고 그 흐름에 순응하도록 집터를 잡고 살아야 한다는 것이다. 이것이 배산임수와 전저후고의 지형을 선호한 이유가 된다. 집과 건물을 지을 때면 산을 등지고 강을 향하도록 지어야 바람의 기운이 순조로워 복을 받는다. 한강변의 집을 보면 대부분 강을 바라보면서 짓는 것을 알 수 있다.
도로를 두고 건물을 지을 때면 지맥의 흐름에 순응한 터를 고르는 것이 좋다. 길을 사이에 두고 한쪽 건물은 흥한데 한쪽 건물은 흉한 것은 지맥에 역행한 결과라고 본다. 배를 탈 때 바람을 따라 순행하면 편한 항해가 되겠지만 바람에 역행하면서 가면 너무나도 힘든 여정이 아니겠는가? 건물도 마찬가지다.

(8) 풍수에 좋은 실내 인테리어 디자인 하기

(가) 현관문과 방문이 일직선상에 있으면 해롭다.

현관문은 사람만이 드나드는 곳이 아니고 기도 같이 드나든다. 현관과 방문을 서로 마주보면 외부의 흉기가 직접 방안으로 들어와 사람을 해칠 수 있다. 요즘 아파트 대부분은 현관과 방문을 차단하는 벽을 두고 있다. 집안을 설계할 때도 이런 기본적인 풍수는 지키는 것이 좋다. 만약 일직선에 있다면 문설주에 차양막이나 발을 치는 것도 좋다.

(나) 북서방에 큰 나무가 있으면 행복을 주관한다.

북서쪽에 나무가 있다면 여름에는 뜨거운 저녁 햇살을 막아주고, 봄에는 황사를, 겨울에는 차가운 북서풍을 막아주는 역할을 한다. 집안 인테리어도 같다. 현관에 서서 북서방쪽에 수관이 넓고 큰 나무를 심어야 길하다.

(다) 거울은 기를 반사시키거나 왜곡 굴절시킨다.

거울은 형상과 열, 기의 흐름을 반사시키는 성질을 가지고 있다. 현관에 거울을 놓아서 나가는 사람의 옷매무새를 보도록 배려한 집이 있는데 이는 양기를 반사시키는 역할을 한다. 거울 앞쪽에 작은 화분을 두어 왜곡과 굴절을 다소 차단할 수 있다.

(라) 집안에 키우는 식물도 좋은 것과 나쁜 것이 있다.

덩굴 식물은 사업 운을 악화시킨다. 미신일 수 있으나 사업이 자꾸 꼬인다는 것이다. 집안 기를 왜곡시키기 때문이 아닐까 싶다. 집안에 흉기가 머물면 사업운과 재물운이 나빠질 수 있다. 얼마 전까지만 해도 넓게 트인 조망권이 좋은 아파트가 많이 각광을 받았는데 부동산 비수기인 현재는 이런 조망권의 가치에 대한 거품이 꺼지고 있다. 탁 트인 시야는 오래 보고 있노라면 무력감이나 외로움을 많이 줄 수 있다. 한강변 주변의 고층 아파트 주민들이 우울증을 많이 호소하는 것이 이런 이유와 연관되어 있다. 이런 집은 베란다를 차단하는 것이 좋다. 집안에 머무는 건강과 화목, 부자의 기운이 베란다로 달아날 가망성이 커진다. 베란다나 창가 쪽에 커튼을 치고, 관엽 식물을 배치하면 이런 기운들을 막을 수 있다. 집안에서 키우는 분재는 성장운을 막는다는 것이 풍수지리가들의 전언이다. 그러므로 분재를 너무 많이 키우는 것은 좋지 않다.

(마) 발코니를 개조할 때는 천장 높이를 맞춰야 한다.

거실과 발코니의 천장 높이가 다르면 기가 왜곡될 수 있다. 확장을 할 때 천장의 높이를 맞추도록 인테리어 하는 것이 좋다. 노출된 콘크리트 구조물은 천장을 설치하여 고르게 면을 맞춰주는 것이 좋다.

4. 심화학습

1) 집을 지을 재료의 장단점을 파악해 보자.

(1) 목조주택

목조주택은 목재를 구조재로 사용한다. 사용되는 목재의 종류에 따라서 통나무주택, 기둥보구조주택, 경량목구조주택으로 구분된다. 전원주택지를 가보면 대부분 목조 주택으로 짓는 것을 볼 수 있다. 현재 외국산 목조를 많이 사용하는데 공급가격은 다소 차이가 있으나 평당 3백-5백만 원 정도다. 목조주택의 가장 큰 장점은 건물자체가 자연소재로 이루어진 만큼 친환경적인 성격이 강하며, 건물 자체적으로 쾌적한 실내 환경을 유지한다. 적정하게 시공된 경량 목구조는 에너지 효율이 매우 뛰어나며, 단열효과도 뛰어나다. 실제로 같은 평수의 일반주택과 비교할 때 냉·난방비를 30% 정도 절약할 수 있다. 또한 공간 활용도가 높으며, 증개축도 용이한 편이다.

그러나 유지보수비가 많이 소요되며, 자재 대부분을 수입에 의존하므로 시공비가 많이 소요되며, 건조수축에 따른 구조체 변형을 유의해야 하고, 화재·방부·방충에 취약하다는 단점을 갖고 있다.

장점	단점
· 친환경소재인 목조가 구조재이므로 쾌적한 실내 환경을 유지한다. · 에너지 효율이 뛰어나며, 단열효과도 뛰어나다. (냉 · 난방비 30% 정도 절감효과) · 벽 두께가 얇아 실면적이 넓어져 공간 활용도가 높아진다. · 구축방법이 용이하고 공사기간이 짧으며 증개축도 용이한 편이다. · 차음성이 뛰어나다. · 외관이 수려하고 감촉이 좋아 친근감을 준다.	· 유지보수비가 많이 든다. · 수입자재가 많아 시공비가 많이 든다. · 건조수축에 따른 구조체 변형을 주의해야 한다. · 내화성과 내구성이 약하여 화재 · 방부 · 방충에 취약하다.

(2) 조적조주택

조적조주택은 '벽돌 주택'이라고 생각하면 된다. 벽돌을 쌓아 건축하는 것을 말한다. 벽돌의 디자인과 재료가 다양화되어 현재도 많이 사용되고 있는 재료이다. 조적으로 짓고 외부마감을 인조석이나 대리석으로 하면 다양한 연출이 가능하다. 마감재에 따라서 시공의 단가가 달라지는데 내부자재를 직접 선택할 경우에는 건축원가절감을 할 수 있다. 집의 수명도 기초 공사를 튼튼히 하면 다른 주택보다 오래가는 특징이 있다. 또한 주택에 대한 애착심도 커지고 내부 구조 변경 시에도 유리하다. 우리가 어렸을 때 읽은 '돼지 삼형제 이야기'중에서 막내 돼지가 지은 집이 바로 조적조주택이다.

장점	단점
· 튼튼하고 경제적이다. · 외부모양은 벽돌의 종류와 색상, 쌓은 방법에 따라서 색다른 분위기를 연출한다. · 조적조주택이 주는 중후한 이미지로 노년층에서 많이 선호한다. · 바람 · 습기 · 화재에 강하며 내구성 · 내화성이 뛰어나다. · 자연적인 분위기를 연출한다. · 고도의 축조기술이 필요 없어 손쉽게 지을 수 있다. · 다양한 공간 활용이 가능하다.	· 지진발생시 횡력에 약하다. · 습도 조절 능력이 떨어진다. · 벽체가 두꺼워 실면적이 같은 평수의 주택보다 줄어든다. · 시공 부실 시에는 벽이 하얗게 되는 백화현상이 발생하기도 한다. · 습식공사이므로 공사기간이 길다.

(3) 철근콘크리트조 주택

건물의 구조체로 콘크리트를 사용하는 구조를 말한다. 철근과 콘크리트가 서로 인장력과 압축력으로 일체가 되어 서로의 결함을 보완하는 구조라고 할 수 있다.

철근콘크리트 건축물은 세밀하게 계산되어 과학적으로 시공된다. 최근에는 철근콘크리트의 구조적인 결함을 보완하여 PC조, 프리패브, 리프트 슬래브 등의 구조개선이 이루어지고 있고, 슬라이딩 폼에 의해 공기가 단축되고 있다. 철근콘크리트 구조는 가장 일반화된 구조지만 단층이나 2층 이하의 주택을 지을 경우에는 잘 사용하지 않는다.

장점	단점
· 구조적인 안정성이 뛰어나다. · 내화성 · 방음 · 내열성이 우수하다. · 지진이나 태풍에도 강하다. · 다양한 형태의 건축물을 만들 수 있다. · 경제적이고 유지관리가 용이하다.	· 공사비가 고가다. · 시공에 세심한 주의가 필요하여 공사기간이 오래 걸린다. · 단열성능이 떨어진다. · 균열이 생기기 쉽다. · 구조물의 보강과 개조가 어렵다. · 다른 구조체에 비해 중량이 크다.

(4) 석재주택

돌을 쌓아 올려 구조체를 구성하므로 벽돌 구조와 같이 조적조주택의 한 형태이다. 최근에는 석재로만 쌓아올리는 경우는 거의 없고 콘크리트 벽체를 함께 사용하는 경우가 많다. 대부분 석재는 외부마감용으로 많이 사용한다.

장점	단점
· 외관이 모양이 좋다. · 내구성 · 강도 · 내마모성 · 내화학성이 일반적으로 크다. · 불연성이고 압축강도가 크다.	· 공사비 지출이 많다. · 시공에 어려움이 있고 공사기간이 비교적 길다. · 화재가 날 경우에는 균열이 발생하여 붕괴 위험이 높아진다.

(5) 스틸하우스

스틸하우스는 주택의 주요 구조체를 아연도금한 철강재로 뼈대를 세우고 목재·벽돌·타일 등으로 마감하는 형식을 말한다. 최근 전원주택지에서 많이 쓰이고 있는 구조 형식 중 하나이다. 수입스틸하우스는 평당 3~4백만 원대이나 국산 패널식 스틸 하우스는 평당 2백50십만 원대로 가격이 저렴하다. 스틸하우스 골조는 크게 패널형과 스터드형으로 나뉜다. 단열보강패널이란 패널자체에 단열재를 미리 넣어 만든 것이다. 따로 단열공사를 할 필요가 없어서 공사기간이 크게 단축된다. 스터드패널은 스틸하우스 벽체를 이루는 수직 철골재를 일컫는 것으로 스터드를 미리 트랙(스터드를 세울 수 있도록 바닥에서 지지하고 있는 것)에 연결시켜 패널처럼 만든 것이다. 스터드를 현장에서 일일이 조립하는데 따르는 시간을 단축시키기 위해 만든 것이다. 패널형에 비해 원하는 형태를 자유롭게 지을 수도 있다. 외장재를 어떻게 쓰느냐에 따라 고급스러운 멋을 표현할 수도 있다.

장점	단점
· 튼튼하면서도 시공이 간편하다. · 개조가 용이하여 증개축시 시공기간이 짧다. · 자원재활용 측면에서 뛰어난 차세대 주택 형식으로 각광을 받고 있다. · 수명이 길다. · 썩거나 뒤틀림 현상도 없어서 내구성 · 내진성도 우수하다. · 다른 건축재보다 건축비가 싸고 공사기간도 짧다. · 공급가격이 안정적이여서 건축비가 갑작스럽게 등락하지 않는다. · 벽면의 두께가 얇으면서 단열성이 우수하다.	· 건축비는 싸나 건축자재비는 비싸다. · 고도의 기술을 요하여 기술자를 구하기가 어렵다. · 방음에 약하다.

(6) 주문생산 조립식주택

주택도 주문 생산하여 만들어주는 시대가 왔다. 주택을 안방·거실·주방·현관·지붕 등 5~10개의 단위로 미리 만들어서 현장으로 배송해서 조립한 후 마무리 작업을 거쳐 완공하는 공법을 사용하는 신개념 주택이다. 한 달에서 40일 사이에 2층 양옥 주택 한 채를 짓는다. 소비자는 등록된 형태의 주택을 보고 선택만 하면 된다. 내부 설계는 다양한 형태로 가능하다. 이 주택 공법은 도심지형 단독주택, 전원주택, 농어촌 주택, 연립주택, 오피스텔 등 광범위하게 사용될 것이다.

장점	단점
· 가격이 안정되어 있으며, 비용 절감을 할 수 있다. · 품질관리가 잘 되어 있어서 안전하다. · 소비자 중심주의 주택 형태다. · 공사기간이 짧으며 일손이 적게 든다.	· 조립하지 못하는 부분도 있을 수 있다. · 운반에 의해서 하자가 발생할 수 있다. · 재료의 품질이 소홀할 경우에는 접합부의 누수가 발생할 수 있다. · 단열성 · 열용량 · 차음성이 약하다.

제 5 장
개발시 절세 혁명이 이루어진다

1. 사례 연구

공인중개사업을 하는 K사장(54세)은 중개사업으로 많은 부를 챙겼다. 그 까닭은 중개사업으로 얻은 노하우를 개발 사업과 접목시켰기 때문이다. 남편은 7년 전에 자영업을 하다가 운영이 어려워 장사를 접었다. 우연히 지역 사회교육원에서 경매를 배우게 되었고, 수료한 후 부인인 K사장과 협의하여 디벨로퍼업을 하면서 큰 부자가 되었다. 처음에는 지식과 경험이 없어서 너무 힘들었다. 그러나 차츰 시너지를 내기 시작했다. K사장의 정보력과 지식, 부동산 시장에 대한 탁월한 분석력, 여장부 기질에 그 남편의 섬세한 투자 기법과 안정된 건축시공관리, 건물의 좌향 판단, 분양기법까지 합해지면서 폭발력을 보인 것이다. 아울러 절세에도 신경을 많이 썼다. 개발로 절세의 혁명이 이루어진다는 것을 알게 되었다. 그녀의 노하우가 궁금하다.

2. 조언 방향

개발은 리모델링과 디벨로퍼를 합한 디베델링(리모델링과 디벨로퍼를 합성한 말)의 형태로 이루어진다. 이때 발생하는 필요 경비 덕분에 절세의 혁명이 일어난다. 각 행위마다 어떤 필요경비가 만들어지는지 실제 사례를 가지고 설명하겠다. 우선 공사과정에서 들어가는 공사비는 모두 필요경비로 들어간다. 철거공사, 토(목)공사, 건설공사, 설비공사, 대수선 리모델링비, 증축공사비와 아울러 설계비용, 감리비용등도 필요경비로 들어가고 측량비용이나 분할비용도 경비로 인정받을 수 있다. 물론 매매업이나 신축판매업, 개발업으로 진행하는 경우에는 적정한 증빙형식만 갖추면 사업에 쓰이는 모든 비용이 경비로 인정받을 수 있다.

3. 이론 및 심화 연구

1) 우선 주택 건축 목표 및 예산 수립을 하자.

(1) 주택건축목표설정

〈주택건축목표설정 체크리스트〉

구분		세부내역	전제조건
건축의 전제	건축 전 의사결정	· 건축주의 예산 · 정보, 경험, 기호, 유행형태	· 상시 주거용 및 임시주거용 결정(별장여부) · 임대목적 및 분양목적 결정 · 일부 상가건무를 배치할지 여부 · 일시적 분양 및 사업적인 목적 여부 · 특수주거형태여부(다중 주택, 고시원 등)
	주택의 건축목적	· 건축주의 건축목적	· 경제적 및 실용적 주택 · 실용적 및 개성적 주택 · 개성적 및 비개성적 주택
건축 관련 사항	규모 결정 공간 결정 내부 레이아웃	· 예산 · 가족 수 및 직업, 성향, 연령대를 고려 · 풍수 고려 · 각종 건축 관련법률 고려	· 대략적인 평수, 층수 결정, 좌향 결정 · 방수 결정, 방의 배치, 규모, 동선 결정 · 방의 좌향 결정 · 방별 요구조건 · 부대시설 및 야외시설, 부속건물 여부 · 주차장 규모 · 장래의 증개축 유모 · 건축자재의 대략적인 결정
	외부 모양 결정	· 예산 · 건축주의 기호 · 유행하는 시장에서의 기호	· 현대식/전통식/전원주택풍/유럽풍 여부 · 보편적인 형태/개성적인 형태
	건축 방식 결정	· 예산 · 분양목적	· 습식공법 : 조적식, 철근콘크리트조, 와이어패널 · 건식공법 : 목조, 스틸 · 각각의 장단점을 고려하여, 예산범위 내에서 결정
	내·외부 마감재 결정	· 예산 · 유행 · 분양목적	· 내장재 결정 · 외장재 결정 · 기타 부착물 결정(창호, 조명, 가구 등) · 대략적인 설비공사 결정

구분		세부내역	전제조건
설 비 관 련 사 항	난방 결정	· 예산 · 규모 · 열효율 · 분양목적	· 기름, 전기, 가스난방 결정
	냉방 결정		· 개별, 천장형, 벽걸이형 선택
	상하수도 설비방식		· 상하수도 위치 결정 · 용량 결정 · 수조형식 결정
	전기공사		· 배전기 설치 위치 · TV, 전화, 인터넷통신, 소요인입, 전력량
	정화조 설비		· 정화조 위치 및 용량 결정
	부대설비		· 보안시스템, 홈오토메이션, CCTV, 위성방송 · 수신시스템 등 첨단설비 기능 설치여부
기 타	조경시설		· 문 설치 여부 · 담장 설치 여부 · 조경수 식재 여부

(2) 대략적인 예산 수립

구분	세부내역	전제조건
예산수립의 전제조건	토지면적	매입 평수 표시
	토지 평당 매입가	평당 가액 면적×평당가액=토지매입경비
	바닥면적	건축 연면적 평수
	평당 공사비	평당 공사비 연면적평수×평당 공사비=건축경비
	예비비용	기타 예비비용

(3) 주요 비용 내역과 필요경비 산입 여부

구분	세부내역		양도세의 필요경비	종합소득세의 필요경비	준비서류
정보수집비용	도서구입 정보수집 임장활동비		불인정	인정	신용카드영수증 간이영수증 등
토지제비용	토지 비용	토지구입비	인정	인정	매매계약서
		중개수수료	인정	인정	영수증, 신용카드영수증
		이자비용	불인정	인정	이자비용내역서
	전용 비용	전용부담금	인정	인정	부담금 내역서
		대체농지조성비	인정	인정	영수증
		대체조림비	인정	인정	영수증
		채권할인액	인정	인정	공채매입관련서류
		토목설계비	인정	인정	계약서 이체확인서
		경계측량비	인정	인정	계약서 이체확인서
	세금	취득세 등	인정	인정	세금 납부 영수증
	법무사비용		인정	인정	영수증
	컨설팅비용(개발관련)		인정	인정	계약서 이체확인서
설계감리비	설계용역비		인정	인정	계약서 이체확인서
	감리용역비		인정	인정	계약서 이체확인서
	허가관련비용		불인정	인정	허가비용 내역서
	도로점용료		인정	인정	계약서 이체확인서
	민원해결비		불인정	인정	해결 각서 이체확인서
건축공사비	공사비 전체		인정	인정	계약서 이체확인서 세금계산서
	부가세		부분 인정[16]	부분인정	세금계산서
	부대공사비		인정	인정	계약서 이체확인서
	A/S 비용		부분 인정[17]	인정	계약서 이체확인서
	이자비용		불인정	인정	이자지급내역서
소유보존등기	취득세		인정	인정	영수증
	법무사비용		인정	인정	영수증
	국민주택채권할인액		인정	인정	채권할인내역서
양도 시 중개수수료			인정	인정	영수증

---

16) 부가세 중에서 주택관련부분만 환급받지 못하므로 이를 필요경비로 인정하게 된다.
17) 건축 A/S 비용 중에서 대수선에 해당하는 부분만 실무적으로 양도세 계산 시 인정된다.

위에 경비들이 모두 절세를 위한 도구에 해당된다. 많은 부분이 경비로 인정이 되는데 이에 대한 준비가 소홀하여 수익을 세금으로 내면 수익률이 현저하게 떨어진다.

■///// 김세무사의 똑소리

[절세는 Action이다.]
행동하지 않으면 절세 할 수가 없다. 미리 증빙을 잘 챙겨두는 습관이 절세의 핵심이다.
행동하라. 절세는 Action이기 때문이다.
증빙을 모으는 길은 돈을 키우는 좋은 태도이다. 이를 '돈키호태(好態)'라 부른다.

제 6 편
자산 종류별 경매 절세 전략은?

제 1 장
집을 경매할 때 절세 8가지만 기억하기

1. 사례 연구

평소 경매에 관심이 많았던 중소기업 S 사장(50세)은 경영 이선으로 물러나면서 회사에서 받은 월급 및 퇴직금으로 아예 부동산 매매업을 창업하게 되었다. 주거용 소형 주택에 투자하여 현재까지 종자돈 5억 원으로 17%대의 수익률을 얻고 있다. 처음 투자시에는 마이너스 수익률을 기록하였으나 현재는 꾸준히 수익률이 상승하고 있다. 상가, 토지에 눈을 돌리지 않고 주택에만 투자한 결과가 이렇게 좋은 성과를 가지고 온 것이다. '천천히 그렇지만 확실하게'가 그 사장의 모토이다.

최근 그는 집을 경매로 투자할 경우에 세금 문제가 수익률의 악화를 부르는 것을 경험했다. 경매로 집을 구입할 경우 취득시, 보유시, 양도시 단계별로 절세 방안에 절세 방안에 대해서 몹시 궁금해 하고 있다. 경매 세금 달인 김 세무사가 이에 대한 답을 제시하고 있다.

2. 조언 방향

집의 형태는 우선 세법적으로 개별 주택과 공동주택으로 나누고, 개별 주택은 단독주택, 다가구주택, 다중주택 등으로 분류할 수 있고, 공동주택은 연립, 다세대, 아파트 등으로 분류된다. 주택에 투자할 경우 주의해야 할 절세 방안 8가지를 각 단계별로 정리해서 알아보자. 그 중에서 절세의 효과가 가장 큰 단계가 양도 단계이다. 양도시에 실현이익이 발생하고 실현이익이 있는 곳에 세금이 붙게 마련이다. 그 세금을 줄이는 방법도 함께 알아보도록 하자. 이에 대해서 8가지 계명을 제시한다.

3. 이론 및 심화 연구

1) 취득시 절세 방안을 알아보자.

1계명 : 절세 방안(40평방미터)이하의 지분 경매로 집에 투자할 경우 절세 방안을 찾을 것

제2편 4장을 참조하기 바란다.

국내에 1가구가 1주택을 소유한 경우로 경매로 연면적 또는 전용면적 40평방미터의 주택을 취득하게 될 때 취득가액이 1억 미만이라면 2015년 말까지 취득한 주택에 대해서는 취득세를 감면한다.

> **[절세 tip]**
> 결혼하여 세대 분리 요건이 되는 자녀가 있다면 그 자녀의 명의로 재개발 지역에 지분(40제곱미터이하)에 소액투자를 할 때 유용한 규정이다.

■■///// 김세무사의 똑소리 ─────────────

[소규모 주택 건축주를 위한 감면 규정을 알아보기(지방세특례제한법 제33조)]
당초에 분양을 목적으로 주택을 건축한 주택건설사업자에 대하여 감면을 한다. 물론, 분양을 목적으로 건축하였으나 분양이 되지 아니하여 임대로 전환하는 경우에도 감면을 한다.

요건 검토	내 용
해당자의 범위	① 해당 건축물의 사용승인서를 내주는 날 이전에 부가가치세법 제5조에 따라 건설업 또는 부동산 매매업의 사업자등록증을 교부받거나 같은 법 시행령 제8조에 따라 고유번호를 부여받은 자. 　– 이 경우 사용승인서를 "내주는 날"이라 함: 사용승인서의 발급일자의 의미 　　사용승인서를 교부받은 날이 아니므로 사용승인서의 신청시에 바로 세무서의 사업자등록증을 교부받아야 한다. 늦으면 감면 혜택이 없다. 　– 건축주와 사업자등록자가 동일해야 한다. 즉, 건축주명의로 사업자등록을 내야 한다. ② 주택법 제9조 제1항 제6호에 따른 고용자
해당 주택의 범위	주택건설사업자가 공동주택을 분양할 목적으로 건축한 전용면적 60제곱미터 이하인 5세대 이상의 공동주택과 그 공동주택을 건축한 후 미분양 등의 사유로 지방세특례제한법 제31조에 따른 임대용으로 전환하는 경우 그 공동주택에 대해서는 2014년 12월 31일까지 취득세를 면제한다(지방세특례제한법 33 ①). 해당 공동주택의 부대시설 및 복리시설을 포함하되, 분양하거나 임대하는 복리시설은 제외한다.

· 주의 사항 : 부속 토지는 포함하지 아니하므로 당초 취득한 토지에 대해서는 감면이 되지 아니한다.

> **[절세 tip]**
> 주택 신축 판매업자로 사업하려고 하는 경우에 유용한 규정이다. 보통 다세대주택을 건축 후 분양하는 경우에는 8세대 정도 되므로 이 규정을 적용하면 취득세를 면제받을 수 있다.

[경매로 취득시에는 대형 평수라도 부가세의 문제가 없다.]

경매로 취득시에는 국민주택 규모를 초과해도 부가세 문제가 없다. 경·공매를 통해서 취득할 경우에는 부가가치세를 부과하지 않기 때문이다. 빚잔치를 하는데 무슨 부가가치가 만들어지겠는가?

2) 보유시 절세 방안을 알아보자.

2계명 : 임대업 신고시 절세 방안이 있다.

제4편 3장을 참고하기 바란다.

이 계명은 양도소득세에 적용되는 절세 방안이다. 사는 집과 1주택이 더 있을 때 1주택을 임대업 신고를 할 경우에는 그 1주택은 없는 것으로 보아, 사는 집을 매매할 때 비과세를 받을 수 있는 규정이다. 대전제는 사는 집을 2년 이상 보유해야 하고 그곳에 2년 이상을 거주해야 하는 것이다. 1세대 1주택 비과세 요건 중에서 거주 요건은 폐지가 되었으나 이 규정을 적용할 때에는 거주요건이 남아 있다. 추가 1주택은 임대사업법에 의한 임대사업자등록을 해야 한다.

3계명 : 임대업 신고시 소득세 등 절세 방안이 있다.

제3편 2장을 참고하기 바란다.

임대업 신고 시에 월세보다는 전세로 전환해 놓는 것이 좋다. 전세로 전환하게 되면 그 금액을 다른 곳에 투자할 수 있는 이점이 있고, 목돈이 나온다는 이점도 있다. 또한, 소득세도 적게 낸다. 소득세를 적게 내는 것과 함께 부대 세금의 성격인 건강보험료도 다소 낮아진다.

한편 월세가 많이 발생할 경우에는 대응되는 필요경비를 많이 찾아서 넣자. 예를 들어 세금과공과(재산세 등), 이자 비용, 관리 비용, 관리 인력(관리소장, 청소인력)의 인건비, 수선비, 사업과 관련된 차량유지비, 청소도구 등 구입비, 대청소비, 부동산 중개수수료 및 위탁수수료, 국민연금 등을 찾아서 비용처리하면 절세할 수 있다. 임대업의 신고는 재산세와 종합부동산세도 절감하는 효과를 가지고 온다.

3) 양도시 절세 방안을 알아보자.

4계명 : 양도 시기와 보유 기간 결정하라.

전략1) 양도 시기를 조정하라.

 양도의 시기는 원칙이 잔금과 등기부등본의 등기일 중에서 빠른 날이 될 것이다. 양도가 6월 1일 근방에서 이루어지는 경우에는 6월 1일 이전에 잔금과 등기일을 정하는 것이 좋다. 6월 1일 기준으로 재산세. 종부세가 과세되기 때문이다.

전략2) 한해 2개 이상 팔 경우에는 경우에 따라 잔금을 조정하라.

한해에 2개 이상을 팔게 될 경우에는 모두 양도 차익이 발생했다면 잔금 일자를 다음 해로 넘기는 것이 좋다. 한편. 양도시 손실과 이익이 발생하는 건이 각각 존재하는 경우에는 같은 해에 잔금일자를 맞추는 것이 좋다.

전략3) 사업으로 진행할 경우에는 매매 시기를 띄엄띄엄 가지고 가라.

사업으로 진행할 경우에는 매매 시기를 퐁당퐁당 진행하는 것이 절세에 유리하다. 한 해 이익이 발생하고 다음 한 해는 이익이 없고 그다음 한 해는 이익이 발생하게 만드는 방법이다.

<u>전략4) 보유 기간이 단기일 경우에는 사업자등록을 내라.</u>

보유 기간은 세율을 적용하는 중요한 요소이다. 보유기간이 1년 미만일 경우에는 과세표준에 50%를 적용하고, 1년 이상 2년 미만은 40%의 단일 세율로 적용하게 된다.
이 경우에는 세금을 많이 내게 되는 바 사업자등록을 내는 것이 유리하다. 사업자등록을 내면 세율이 일반세율로 전환되기 때문이다. 아울러 사업용 주택은 주택수로 들어가지 않으므로 본인 거주용 주택을 비과세 받을 수 있는 혜택도 있다는 사실을 기억하자.

5계명 : 비과세 및 감면 주택을 찾아라.

제4편 3장을 참고하기 바란다.

세금은 내는 것보다 아예 안 내는 것이 좋다. 이것이 비과세제도이다. 비과세 제도는 '살생유택(殺生有擇)'의 정신에 비롯된 것이라고 볼 수 있다. 삶과 죽음은 택(宅) 즉, 주택이 있느냐와 직결된 문제이다. 그래서 주택에 대해서만 비과세제도가 있다.

1세대 1주택 비과세 제도는 거주자인 1세대가 국내에 1주택을 가지고 2년 이상만 보유하면 하면 9억 원이 넘지 않는 범위 내에서 세금을 내지 않는다. 물론 일시적으로 2주택이 된 경우에는 세법이 정한 특수한 케이스에 해당이 될 때 비과세를 해주는 규정이 있으므로 전문가와 항상 상의하기 바란다.

주택의 양도시에는 감면 규정도 적용하고 있다. 감면 규정은 일정 요건을 만족할 경우에 5년간의 시세 상승분에 대해서 감면을 적용하는 것이다. 감면은 세금을 아예 내지 않게 하는 제도가 아니라 일정 범위 내에서 디스카운트를 하는 것이다. 즉, 불완전 절세 방법이라고 생각하면 쉽다. 비과세는 완전 탕감, 감면은 일정 범위 내에서 탕감을 해 주는 것이다.

6계명 : 3년 이상 보유시에는 장기보유특별공제를 받도록 하자.

3년 이상 보유시 다주택자도 장기보유특별공제를 받을 수 있다. 장기보유특별공제는 양도차익을 보유시간별로 디스카운트해 주는 제도이다. 1세대 1주택가 과세되는 경우(현재는 9억이 넘는 경우만 남아 있다.)에는 3년에 24%시작하여 매년 8%씩 증가하여 10년이면 80%까지 공제를 해 준다. 그 이외의 건물 및 그 부수 토지와 사업용 토지를 양도할 경우에는 3년에 10%를 적용하고 4년에 12%를 적용하고 5년부터는 3%씩 증가하여 10년 이상인 경우이면 30%까지 공제를 하게 된다. 보유 시기가 3년에 가까운 경우에는 3년을 넘기는 것이 현명하다.

7계명 : 경매로 건물 등을 취득시에는 필요경비가 많이 발생하므로 이를 찾아라.

<u>전략1) 기본적인 필요경비를 찾는 것이 절세의 첩경이다.</u>

양도소득세 계산 산식을 우선 보자.
  양도가액　(= 금액 고정)
－ 취득가액　(= 낙찰가액: 금액 고정)
－ 필요경비　(= 사람마다 다 다름: 금액 유동)
――――――――
  양도차익

양도소득세를 줄이는 간단한 방안은 필요경비를 찾는 것이다. 그러나 필요경비를 지출할 때 내 주머니에서 나가게 되면 모두 인정해 주면 좋으련만 그렇지 않아서 문제이다. 되는 것과 되지 않는 것이 정해져 있다. 필요경비로 인정해 주는 대전제는 아래와 같다.

－ 취득할 때 들어가는 필수불가결한 비용
－ 자본적 지출액(자산의 내용연수 등을 증가시키는 비용)
－ 양도비 지출액(양도할 때 들어가는 필수 불가결한 비용)
－ 특수한 경우

<u>전략2) 경매로 취득할 때 들어가는 필수불가결한 비용을 찾아라.</u>

1. 취득세 및 법무사비용 영수증을 준비하라.

경매로 주택을 취득할 경우 지방세인 취득세를 내야 하는데 이 비용은 필수불가결한 비용이다. 경매로 낙찰 받고 촉탁등기를 할 경우에 법무사 수수료가 발생한다. 여기에는 각종 말소등기 비용, 출장비, 법무사 수수료, 국민주택 채권할인금액, 기타 제비용 등이 들어가 있다. 법무사 수수료는 필수 불가결하게 들어가는 경비이다. 이를 양도할 때 필요 경비로 인정해 준다. 단, 경매 물건을 낙찰 받아서 근저당을 설정할 때 들어가는 법무사 비용은 경비로 인정받지 못한다는 사실을 기억하자. 그러나 부동산매매업 등을 창업하는 경우에는 이 모든 비용이 인정된다는 것도 기억하자.

〈 비용인정 여부 검토 〉

구분	내용	양도세 신고	종합소득세 신고	준비 서류
취득세 등	매각가격에 대한 취득세 등	인정	인정	영수증
	취득세 가산세	불인정 (판례에서는 인정)	불인정	영수증
법무사 수수료	매각과 관련된 수수료 등	인정	인정	영수증
	근저당설정과 관련된 수수료	불인정	인정	영수증
국민주택 채권매입	국민주택채권매입금액	불인정	불인정	－
	채권할인에 대한 매각차손	인정	인정	채권할인내역서
교통비	본인의 출장비 및 기름값 등	불인정	인정	신용카드 영수증 및 간이 영수증 등

[관련 예규 및 규정]

❏ 실지거래가액으로 과세받기 위해서는 취득세 등 기타 거래 증빙이 제시되어야 하나 취득세의 경우에는 납부 영수증이 없는 경우에도 취득가액에 포함한다. 다만 「지방세법」에 의하여 감면된 경우의 당해 세액은 포함하지 아니한다(소통 97-0…3).

❏ 양도차익을 실지거래가액으로 계산하는 경우 취득세·등록세는 납부 영수증이 없는 경우에도 기타 증빙 서류 등에 의하여 납부한 금액이 확인되는 경우에는 필요경비로 공제되는 것이나, 취득세·등록세의 납부한 금액이 확인되지 아니하는 경우에는 필요경비로 공제되지 아니하는 것임(재일46070-4192, 1993.11.26.; 서면4팀-851, 2006.4.6.).

❏ 양도차익을 실지거래가액으로 계산하는 경우 취득세·등록세는 증빙 서류 등에 의하여 납부한 금액이 확인되는 경우에는 필요경비로 공제되는 것이나, 지방세법 상의 감면 요건 위반으로 당해 부동산 양도 후 추징당한 취득세 등의 가산세는 납부 지연에 따른 지체상금의 성격이 있으므로 정상적인 부동산 취득가액으로 볼 수 없어 필요경비에 산입할 수 없음(재산-3843, 2008.11.18.).

❏ **사채업자에게 채권을 매각한 경우 매각차손 인정 여부**
국세청 및 조세심판원에서는 필요경비로 인정하지 않았으나, 대법원에서는 이를 인정(양도한 날에 금융 기관에 양도하였을 경우 발생한 매각차손을 한도)하였다.
→ 2007.2.28일 법령개정시 법률에 명문화함(소득령 제163조제5항).

〈 사채업자에게 채권을 매각한 경우 기관별 입장 정리 〉

구분	내용	양도세 신고
국세청	필요경비 불인정	소득세법 제94조 제1호의 자산을 취득함에 있어서 법령 등의 규정에 따라 매입한 국민주택채권 및 토지개발채권을 만기 전에 금융 기관 등에 양도함으로써 발생하는 매각차손은 양도비로서 필요경비에 산입하는 것이나, 금융기관 등 이외의 자에게 양도함으로써 발생하는 매각차손은 필요경비로 공제받을 수 없음(서면5팀-322, 2006. 10.2.; 서면4팀-1693, 2005.9.20.).
조세 심판원	필요경비 불인정	국민주택채권을 증권회사를 통해 매각하지 않고 일반 사채업자에게 매각한 경우 그 매각차손은 양도 비용에 해당하지 않는다(국심2003서550, 2003.7.11:국심2004구1864, 2004.9.9.).
대법원	필요경비 인정 (일정 한도 내)	국민주택채권을 증권회사가 아닌 채권매매업자 등 개인에게 매각한 경우에도 양도비로서 필요경비에 산입될 수 있는 매각차손은 같은 날 이를 증권회사에 매각하였을 경우에 생기는 매각차손의 범위 내로 한정된다고 보는 것이 상당하다(대법2005두8467, 2005.11.25.).

[관련 예규 및 규정]

□ **주택채권을 매입하지 않고 할인료만을 지급한 경우 동 할인료 필요경비 인정 여부**

주택을 매입하여 소유권 이전 등기시 관계법령에 의하여 필수적으로 채권을 매입하여야 하나 매입하지 않고 할인료만을 지급한 경우 동 금액을 자진양도소득 계산시 필요경비로 공제받을 수 없다. 채권매입에 갈음하여 지급한 할인료 상당액은 필요경비에 산입하지 아니하는 것임(재일01254 −802, 1992.4.3.).

□ **아파트의 분양과 관련하여 취득한 채권 매입가액은 필요경비로 공제가 가능하다.**

소득세법 제45조 제1항 제1호 (가)목 단서 및 같은 법 시행령 제94조에 의한 필요경비 산정에 있어 아파트 채권입찰제 실시에 따라 아파트를 분양받기 위해 주택채권을 직접 매입한 후 기 분양받은 아파트와 주택채권을 함께 양도하는 경우에는 주택채권 매입가액을 필요경비(취득가액)로 산입하는 것임(재일46014−1335, 1993.5.18.).

2. 중개수수료 및 컨설팅 비용도 필요경비로 인정된다.

경매를 통해서 취득할 경우에는 중개수수료가 발생할 여지가 없으나 경매 컨설팅을 의뢰한 경우 매각 물건과 관련이 깊다면 관련 컨설팅 비용을 인정을 받을 수 있다. 부분적인 단계에서 컨설팅을 받는 경우도 있는데 예를 들어 명도만 컨설팅업체에 맡기는 경우도 경매와 관련된 것이 입증이 되면 비용 인정이 가능하리라고 본다. 꼭 사업자를 내서 하는 경우가 아니라도 가능하다. 관련 준비서류를 잘 챙기면 된다. 물론 그 컨설팅한 사람은 세금을 내야 한다.

〈 비용인정 여부 검토 〉

구분	내용	양도세 신고	종합소득세 신고	준비 서류
중개수수료	경매와 관련된 수수료	여지 없음	인정	영수증
	일반 매매와 관련된 수수료	인정	인정	영수증, 신용카드 영수증9)
컨설팅비용	사업자와 컨설팅 계약을 맺어서 진행한 경우	인정	인정	컨설팅 계약서 이체확인서10) 혹은, 신용카드 영수증
	사업자가 아닌 경우	인정	인정 (원천징수해야 함)	컨설팅 계약서 이체 확인서
	단순 사례금조로 주는 경우	불인정	인정 (원천징수해야 함)	원천징수영수증

---

9) 신용카드 영수증 등에는 현금영수증을 포함한다.

10) 이체 확인서 : 통장으로 돈을 준 근거를 마련하라는 이야기이다.

세금계산서 : 세금계산서를 받으려면 부가세를 줘야 하나, 주택과 관련된 부가세이므로 환급을 받을 수 없다. 그러므로 이럴 경우에는 세금계산서를 받는 것보다 이체 확인서로 대신하는 것이 좋다. 하지만 세금계산서는 아주 좋은 증거 서류가 된다는 것은 부인할 수 없다. 사업자라면 세금계산서를 받지 않는 경우 2%의 가산세가 있다는 사실도 기억하자.

[관련 예규 및 규정]
□ 상가 경락 취득과 관련하여 변호사에게 지출한 컨설팅 비용(대리 수수료) 필요경비 해당 여부
  거주자가 법원의 경매를 통하여 취득한 토지를 양도하고 실지거래가액에 의하여 양도차익을 산정함에
  있어서 당해 토지의 취득가액은 경락가액에 취득세·등록세 기타 부대 비용을 가산한 금액으로 하는
  것으로, 귀 질의의 경우 변호사에게 지급한 컨설팅 비용(대리 수수료)이 취득가액에 포함되는지 여부는
  지출 증빙 등을 확인하여 판단할 사항임(재산-234,2009.9.17.;서면4팀-864,2008.3.31.;서면5팀
  -224,2008.1.30.).

3. 매각 잔금과 관련한 추가 비용은 주의해야 한다.

매각 잔금과 관련하여 보통은 매각 잔금 대출을 받는데 그때 들어가는 경비로는 근저당 설정에 대한 대행 수수료와
이자 비용이 지출이 있다. 이 비용은 양도소득세의 계산시에는 적용이 되지 않는다. 왜냐하면 이자 비용은 돈의
사용에 대한 대가이므로 소유권의 취득과는 관련이 없기 때문이다. 그러나 사업소득에는 사업과 관련된 비용이므
로 가능하다고 본다.
아울러 최고가 매수자로 선정되었으나, 매각 잔금 일에 잔금을 내지 않는 경우에는 차순위 매수 신고인에게 기회가
돌아가는데 이 차순위 매수 신고인도 정해진 잔금 일에 잔금을 내지 못하면 재매각이 진행된다. 만약 재매각일
3일 전까지 두 사람 중 어느 한 사람이 매각 잔금을 납부하면 매각이 유효하게 된다. 그런데 이때에는 추가 비용을
더 내야 한다. 그것은 약 한 달간의 잔금을 못낸 것에 대한 연체금과 경매비용이다. 이 금액은 양도세 계산시에는
인정되지 않는다. 벌과금의 성격이기 때문이다.

〈 비용인정 여부 검토 〉

구분	내용	양도세 신고	종합소득세 신고	준비 서류
잔금 대출	근저당 설정 비용	불인정	인정	영수증
	이자비용	불인정	인정	이자 비용 영수증
연불조건 매매시	약정된 이자 비용 상당액	인정	인정	이자 비용 영수증
재매각 전 소요 비용	연체금	불인정	인정	연체금 내역서
	경매 비용	불인정	인정	경매 비용 납부 영수증

[관련 예규 및 규정]
□ 금융기관 차입금은 필요경비에 해당하지 않음.
  매매 당사자 간에 약정된 매매 대금의 지급 수단으로 활용된 금융기관 차입금에 대한 지급 이자상당액은
  위 규정에 의한 필요경비에 해당하지 아니하는 것임(재일46014-1360, 1997.6.3.).

□ 연불조건 계약시 거래가액에 포함된 이자상당액은 취득가액에 포함하여 필요경비로 공제되나, 거래가액
  지급 약정일을 위반하여 지출한 연체 이자는 필요경비로 공제받을 수 없다.
  자산의 양도차익을 실지거래가액으로 산정할 때 당사자의 약정에 의한 대금 지급 방법에 따라 일정액에
  이자상당액을 가산하여 거래가액을 확정하는 경우에는 당해 이자상당액은 양도·취득가액에 포함하는
  것이나, 당초 약정에 의한 거래가액의 지급기일의 지연으로 인하여 추가로 발생하는 연체이자는 소득세
  법시행령 제163조 제1항 제3호의 규정에 의하여 취득가액에 포함하지 아니하는 것임(재산46014-738,
  2000.6.21.). 즉, 연체금은 대금 지체에 의해서 발생한 것이므로 필요경비로 인정받기 어렵다.

4. 명도 과정에서 소요되는 비용도 주의를 해야 한다.

잔금을 치르고 난 후 후순위 임차인이 있는 경우에는 명도의 문제가 발생하게 된다. 보통은 합의를 보는 것을 권한다. 임차인 혹은 전 주인과의 명도 협상에서 중요한 의사결정은 이사비용 문제이다. 넉넉히 챙겨주면 협상 가능성이 높아진다. 명도 과정에서 이사 비용을 지급하는 것은 명도를 쉽게 하기 위해서 들어가는 비용이다. 그러므로 양도소득세 계산시에는 필요경비로 인정이 되지 않으나 사업소득에서는 인정이 될 수 있다. 사업소득에 경비로 넣을 경우 이사 대행업체에게 직접 송금하는 경우가 있는데 이 경우에는 이 사업체로부터 영수증, 신용카드 영수증 등을 수취하면 된다.

합의에 도달할 수 없을 경우에는 잔금일로부터 6개월 이내에 인도명령 신청을 해서 명령서 정본을 교부 받아 명도를 집행한다. 정본을 들고 법원에 집행관실로 찾아가 집행 접수를 하고 집행 비용을 납부하게 된다. 보통 평수에 따라서 집행 비용이 다르게 나온다. 집행 당일 시간이 많이 없는 경우에는 다소의 급행 비용(?)도 들어간다. 이 두 가지 비용 모두 경비로 인정받을 수 없다. 인도명령의 6개월은 불변 기간이다. 이 기간이 도과하면 명도 소송으로 가야 한다. 소유권과 관련된 명도 소송만이 양도시 필요 경비로 처리 될 수 있음을 기억하자.

〈 비용인정 여부 검토 〉

구분	내용	양도세 신고	종합소득세 신고	준비 서류
이사 비용	세입자에게 결제 (은혜비용조로 주는 경우 포함)	불인정	통장으로 이체시 인정	이체확인서
	이사 업체에게 결제	불인정	인정	신용카드 영수증 등을 수취
집행 비용	집행관 집행 비용	불인정 ·인정되는 사례도 있음	인정	집행문 집행 비용 명세서
	현장 급행 비용	불인정	인정	대부분 영수증이 없는 경우가 많아 실무적으로는 인정될 여지가 적다
명도 소송비	소유권과 관련된 명도 소송비용	인정	인정	변호사 계약서 이체 확인서
	소유권 이외의 명도 소송비용	불인정	인정 (서류 대서료도 포함)	변호사 계약서 이체 확인서
	승소 사례금	불인정	인정	변호사 계약서 이체 확인서

[관련 예규 및 규정]

□ 양도차익의 계산에 있어서 필요경비로 공제할 소송비용은 취득에 관한 쟁송에서 직접 소요된 것으로서 당해 거주자가 부담할 법적인 의무가 있는 소송비용만을 말하므로 소송 상대방이 부담하도록 되어 있는 비용을 양도인이 부담한 경우 소송 상대방에게 반환 청구권(구상채권)을 행사할 수 있고 그 청구권을 포기하였다 하더라도 이를 필요경비로 인정할 수는 없다(국심2001서867, 2001.9.15.).

□ **전 소유자를 대신하여 임차인에게 지급하는 이주비 등은 필요경비에 산입하지 아니함.**
부동산의 양도에 대한 양도차익을 실지거래가액에 의하여 산정하는 경우의 취득 및 양도가액은 그 자산의 취득 및 양도 당시 거래된 실지거래가액에 의하는 것이며, 전 소유자를 대신하여 임차인에게 지급하는 이주비 등은 필요경비에 산입하지 아니한다(재산46014-1815, 1999.10.13.).

□ **경락부동산의 점유자에게 지급한 이사 비용 등은 필요경비에 산입하지 아니함.**
경락부동산을 점유하여 사용하고 있는 자를 철거시키기 위하여 제3자에게 금전을 지급한 비용 등은 취득원가에 산입하지 아니한다(재산46014 -193, 2000.2.17.).

□ **승소 사례금 지출 비용은 필요경비 공제될 수 없음.**
승소 사례금은 당해 양도자산의 필요경비에 해당하지 않는 것임(서면4팀-1603, 2005.9.6.).

5. 인수되는 권리에 대한 비용도 주의하자.

주택의 경우에는 임차인이 전입신고를 말소기준권리보다 먼저 한 경우에는 매수인에게 대항력을 행사할 수·있게 된다. 즉, 매수인이 임차인의 보증금을 인수해야 한다는 것이다. 즉, 인수비용도 필요경비로 들어가야 한다. 인수되는 비용임을 입증하기 위해서 여러 가지 서류를 준비해야 하는데, 특히 세무서에서는 인수되는 권리임을 알 수 없으므로 경매 정보지와 같은 서류나 매각물건명세서로 보완을 해주어야 한다. 아울러 배당확인서류도 주어야 하는데 이는 소액임차인인 경우에는 최우선변제를 받아 가게 되므로 남아 있는 인수 전세금을 확인하기 위해서 준비를 해야 한다.

지급 의무가 있는 유치권의 인수 금액이 있다면 이 또한 필요경비로 인정을 받을 수 있다.

한편 관행적으로 임차인과 전 주인이 내지 못한 관리 비용 중에서 공용 부분 관리비는 매수자가 내게 되는데 이는 경비로 인정받기가 어렵다. 왜냐하면 이 관리비는 대부분 수도, 가스, 전기, 일반관리비이므로 이 관리비를 경비로 넣어주는 경우에는 모든 국민이 수도, 가스, 전기를 아끼지 않을 것이기 때문이다. 그러나 입증이 되면 사업소득에서는 인정이 되는 것으로 본다.

〈 비용인정 여부 검토 〉

구분	내용	양도세 신고	종합소득세 신고	준비 서류
인수되는 임차보증금	대항력을 선순위 임차인의 보증금 인수액 (구상권을 행사할 수 없는 경우에 한함)	인정	인정	· 경매정보지 (매각물건명세서) · 배당확인서류 · 전 주인과 작성한 임대차계약서 · 보증금 지급시 이체 확인서
유치권	지급 의무가 없는 유치권의 합의금액	불인정	인정	· 경매정보지 (매각물건명세서) · 합의서 · 이체확인서
	지급 의무가 있는 유치권의 합의 금액	인정	인정	· 경매 정보지 (매각물건명세서) · 배당확인서류 · 공사도급계약서 · 이체 확인서
관리비 인수 비용	전 임차인이나 전 주인이 못낸 관리비 인수 비용 (공용부분에 한함)	불인정	인정	관리비 영수증

■//// 김세무사의 똑소리

[대항력을 갖추기 위한 조건]

주택임차보호법 제3조에서 대항력을 갖추기 위한 조건은 2가지를 갖추면 된다. 당연히 임대차계약을 쓰는 것이 선행되어야 한다.

– 주택의 인도(점유)
– 전입신고

전입신고를 하면 그 다음날 0시부터 효력이 발생하게 된다.

[우선변제권을 갖추는 조건]

임차계약은 채권계약인데 이 채권계약이 물권계약으로 변경되어야 임차인을 보호할 수 있다. 이를 '채권의 물권화'라고 하는데 이를 위해서는 확정일자를 받아야 한다.

즉, 위에 대항력 요건+확정일자를 받게 되면 우선변제권을 가지게 된다.

확정일자는 대항력을 갖춘 상태에서 비로소 힘을 발휘하게 된다. 즉, 구구단을 다 외워야 인수분해를 할 수 있는 것과 같은 이치다.

주의할 케이스가 있는데 주택의 인도+전입신고+확정일자+근저당 설정을 동시에 받게 되면 대항력의 발생 시간은 다음날 0시가 되고 우선변제권도 다음날 0시에 효력이 발생하게 된다. 그러므로 근저당 설정이 시간적으로 앞서게 되므로 임차인은 선순위 임차인이 될 수 없다. 이 임차인에 대해서는 명도를 고려해야 한다.

[관련 예규 및 규정]

□ **임차인과 경락인이 동일한 경우 임대 보증금의 취득가액 포함 여부**

전세권자가 부동산의 소유권을 경락으로 취득하면서 전세 보증금 채무를 인수하였다면, 전세 보증금은 실질적으로 부동산 취득에 대한 대가관계에 있으므로 부동산의 취득가액에 포함해야 한다(국심2003서 2240, 2004.2.12.). 즉, 본인의 전세 보증금을 취득가액에 산입한다.

□ 임차인과 경락인이 동일한 경우로 대항력이 없는 임대 보증금은 실질적으로 그 부동산을 취득하는데 소요된 대가로 볼 수 없는 것이므로 그 부동산의 취득가액에 포함되지 아니하는 것임(서면4팀-2346, 2006.7.19.; 서면2팀-1472, 2004.9.20.). 즉, 대항력이 없는 경우에는 전세 보증금은 취득가액에 불산입 하게 된다.

□ 소득세법시행령 제170조 제4항 각호의 규정에 해당하여 실지거래가액에 의하여 양도소득금액을 산정하 는 경우, 임대인을 대위하여 지급한 전세 보증금은 양도가액에서 공제되는 필요경비에 해당하지 않음(재 일46014-2040, 1995.8.10.). 즉, 대항력이 없는 전세 보증금은 필요경비에 해당하지 않는다.

□ **대항력 있는 전세 보증금은 필요경비에 해당함.**

부동산의 양도에 대한 양도차익을 실지거래가액으로 계산함에 있어 취득 및 양도가액은 그 자산의 취득 및 양도시 거래된 실지거래가액(경매에 의하여 취득하는 경우에는 경락가액)에 의하는 것이며, 이 경우, 실지 거래가액에는 주택임대차보호법 제3조에서 규정하는 대항력 있는 전세 보증금(구상권을 행사할 수 없는 것에 한함)으로서 계약조건에 따라 매수인이 부담하는 금액을 포함하는 것임 (재일46014-1836, 1997.7.26.; 재일46014-2151, 1997.9.10.; 국심86서1702, 1986.12. 18.; 심사 법인2004-6, 2004.4.19.).

□ 부동산의 양도에 대한 양도차익을 실지거래가액으로 계산함에 있어 취득 및 양도가액은 그 자산의 취득 및 양도시 거래된 실지거래가액(경매에 의하여 취득하는 경우에는 경락가액)에 의하는 것이며, 이 경우 실지거래가액에 주택임대차보호법 제3조에서 규정하는 대항력 있는 전세 보증금(구상권을 행사할 수 없는 것에 한함)으로서 매수인이 부담하는 금액을 포함하는 것임(재산46014-1942, 1999.11.6.; 재산 -1773, 2008.7.18.).

□ 대항력 있는 임차인에게 낙찰자가 반환한 경우 실질적으로 그 부동산을 취득하는데 소요된 대가로 볼 수 있으므로, 그 임차 보증금을 그 부동산의 취득가액에 포함하는 것이 타당하다(대법92누11954, 1992.10.27.).

□ 부동산을 취득, 양도하는 과정에서 쟁송이 있는 경우 그 소유권을 확보하기 위해 직접 소요된 소송 비용, 화해 비용은 필요 경비로 산입할 수 있는 것이나 부동산을 법원 경매로 취득하여 세입자를 내보내는 과정에서 소요된 명도 비용은 소유권의 확보를 위한 직접 비용으로 보기 어렵다(국심2003서2031, 2003.10.21.).

□ **경락 매수자가 유치권을 담보로 하는 채권을 부동산 임치권자에게 변제하는 경우 동 금액을 필요경비로 인정받을 수 있다.**

법원의 경매를 통하여 부동산을 취득하면서, 경락 매수인이 민법 제320조 규정에 의한 유치권의 내용을 가진 부동산 임치권자에게 민사집행법 제91조 제5항 규정에 따라 당해 유치권을 담보로 하는 채권을 변제하는 경우에는 당해 변제금액(구상권 행사가 불가능한 경우에 한함)은 그 부동산을 취득하는 데 소요된 실질적인 대가이므로 소득세법 제97조 제1항 제1호 가목 단서에서 규정하는 "취득에 소요된 실지거래가액"에 포함되는 것이며, 이에 해당하는 지는 사실 조사하여 판단해야함(서면4팀-987, 2004.6.30.; 재산-1842, 2004.6.30.).

❑ 거주자가 양도하는 부동산의 양도차익을 실지거래가액으로 산정하는 경우로서 「민사집행법」 제91조 규정에 따라 유치권자에게 그 유치권으로 담보하는 채권을 변제할 책임이 있는 부동산을 공매로 취득하면서 유치권으로 담보하는 채권 상당액을 변제한 경우 동 금액은 「소득세법」 제97조 제1항 규정에 다른 양도가액에서 공제할 필요경비에 해당함(서면4팀-444, 2008.2.22.).

❑ **시공사(건축업자)가 분양업자로부터 공사비를 받지 못하여 본인이 매수한 아파트를 강제 점유하여 유치권을 행사하고, 분양업자(시행사)는 도산 상태에 있어 본인이 부득이 시공사와 화해하여 공사비 잔금의 일부를 변상한 경우에 동 비용은 필요경비로 공제받을 수 없다.**
아파트 건설업자로부터 아파트를 분양받은 자가 분양대금을 청산한 후 아파트 건설업자로부터 공사비를 받지 못하여 아파트를 점유하여 유치권을 행사하는 아파트 시공사(건축업자)에게 법적으로 지급 의무가 없는 공사비 잔금의 일부를 변상한 것으로 볼 수 있다면, 해당 금액은 「소득세법」 제97조 및 같은 법 시행령 제163조에서 규정하는 양도가액에서 공제할 필요경비에 해당하지 아니함(서면4팀-1096, 2008.5.2.; 재산-1611, 2008.7.10.).

❑ **전 소유자의 관리비**
국세청 : 필요경비 해당하지 않음.
실지거래가액에 의한 양도소득세 산정 시 양도 자산의 필요경비는 소득세법 제97조 및 같은 법 시행령 제163조에 열거된 항목에 한하는 것으로서, 경매 등으로 낙찰 받은 자가 전 소유자가 부담하여야 할 각종 체납된 경비를 법적인 지급 의무 없이 대신 지급한 경우에는 양도가액에서 공제하는 필요경비에 해당하지 아니하는 것임(서면2팀-1517, 2004.9.23.; 재산-2966, 2008.9.29.).

대법원 : 필요경비로 인정
낙찰자가 부담한 전 소유자의 공동주택의 공용부분에 대한 관리비 필요경비 인정(대법2001다8677, 2001.9.20.).

---

6. 명도 후에 소요되는 인테리어 비용도 주의하자.

명도 과정에서 건물 혹은 주택이 많이 훼손되는 것은 충분히 감안해야 한다. 한 번은 하수구까지 막아 놓고 가는 세입자를 보았다. 이 경우 전세를 놓든 거주용으로 쓰든 인테리어 비용을 투여하게 된다. 그중에서 양도세 계산시 필요 경비로 인정되는 것은 무엇인지 알아보자. 크게 3가지 경비가 인정을 받을 수 있다. 새시 비용, 확장비용, 보일러 설치비용이 그것이다. 새시 비용은 외부 베란다용 새시를 설치할 때 들어가는 비용을 말하며, 확장비용은 방 확장, 거실 확장, 베란다 확장 등 각종 확장 공사에 모두 들어간다. 보일러 설치비용은 보일러를 전면 교체하는 비용을 말한다. 일부 보일러 관만 바꾸는 것은 경비로 인정되기 어렵다. 난방기만 되는가가 의문인데 냉방기도 된다고 본다. 에어컨을 설치하는 비용도 경비로 인정될 수 있다. 나머지 공사비용은 사업소득에서만 인정받을 수 있다. 예를 들면 창문 수리비, 천장 수리비, 벽지 공사비, 바닥 공사비, 가구 수리비, 싱크대 설치비, 욕실 수리비, 각종 문 수리비 등을 들 수 있다. 다만, 대수선에 해당된 위 공사비용은 필요 경비로 인정을 받을 수 있다. 주택을 상가로 변경할 때 들어가는 용도 변경에 관한 비용도 비용처리가 된다. 예를 들어 정화조 용량을 늘리는 공사나 전력을 증설하는 공사 등은 필요경비로 들어간다고 보아야 할 것이다. 용도 변경시 들어가는 공과금도 필요경비로 들어간다.

〈 비용인정 여부 검토 〉

구분	내용	양도세 신고	종합소득세 신고	준비 서류
인테리어 공사비	새시[11] 비용 확장 비용 보일러 설치 비용 냉방기 설치 비용	인정	인정	공사계약서 이체 확인서 신용카드 영수증
	기타 수리 비용 기타 공사 비용	불인정	인정	공사계약서 이체 확인서 신용카드 영수증
	대수선공사비	인정	인정	공사계약서 이체 확인서 신용카드 영수증
용도 변경	용도 변경시 공과금	인정	인정	설계사무소 계약서 이체 확인서
	정화조 공사	인정	인정	공사계약서 이체 확인서
	전력 증설 공사	인정	인정	공사계약서 이체 확인서

[관련 예규 및 규정]

☐ **주택의 이용편의를 위한 베란다, 새시, 방 확장 등의 내부 시설 개량 공사비의 필요경비 여부**

주택의 이용편의를 위한 베란다, 새시, 방 확장 등의 내부시설의 개량을 위한 내부 시설 공사비는 소득세법 제97조 제1항 제2호 내지 제3호에 해당하는 필요경비에 해당된다(국심2001서1140, 2001.10.18.; 국심2000광34, 2000.7.10.).

☐ **베란다 및 보일러실의 새시 비용은 필요경비 산입된다.**

아파트의 이용편의를 위하여 지출한 베란다 및 보일러실의 새시 비용과 동 설비 비용은 양도소득세를 실지거래가액으로 계산시 필요경비에 산입하는 것임(재일46014-783, 1994.3.22.).

☐ **화장실 공사비, 도배 공사비, 마루 공사비, 주방 가구 비용 및 도장 공사비**

아파트의 화장실 공사비, 도배 공사비, 마루 공사비, 주방 가구 비용 및 도장 공사비는 필요경비로 공제되지 않는다.

아파트의 화장실 공사비, 도배 공사비, 마루 공사비, 주방 가구 비용 및 도장 공사비가 자본적 지출로 보기 어려우므로 수익적 지출로 보아 양도소득금액 계산시 필요경비로 인정하지 아니한 것은 정당함(국심2006서63, 2006.5.9.).

☐ **건물 증축 시 싱크대 · 붙박이장 · 조명 공사비는 자본적 지출로 필요경비 공제가 가능하다.**

단독주택의 1층과 지하층 면적을 넓히고 2층을 올려 다가구주택으로 증축하는 과정에서 지출된 싱크대 · 붙박이장 · 조명 공사비 등은 소득세법시행령에서 규정한 "양도 자산의 용도변경 · 개량 또는 이용편의를 위하여 지출한 비용"임(심사양도2008-0097, 2008.6.30.). 즉, 대수선하는 과정에서 들어가는 비용이므로 인정된다.

---

11) '샷시'가 국어사전에는 '새시'로 되어 있다

7. 법정지상권이 성립된 경우 필요경비 포함여부도 주의를 요한다.

법정지상권이 성립된 물건을 매수한 경우에는 전략을 잘 세워야 한다.

첫째 전략은 법정지상권이 성립된 주택을 매수하는 전략이다. 당연히 매수원가는 양도소득세 계산시 주택의 취득가액으로 볼 수 있다. 단, 무허가주택도 법정지상권이 성립될 수 있는바 이 경우에는 주택의 취득가액으로 인정받을 수 있는 근거가 없으므로 사진을 찍어 놓는 경우 및 무허가주택대장 등으로 주택이 있었음을 입증하고 그 점유인과 계약서를 작성한 경우에는 인정을 해야 할 것으로 보인다.(사견임)

둘째 전략은 법정지상권이 성립될 경우에는 토지의 매수인은 집의 주인에게 지료를 청구할 수 있다. 집의 주인은 땅 주인에게 법정지상권을 주장할 수 있듯이 땅주인은 집의 주인에게 지료를 청구할 수 있다. 이 경우 시간 싸움이지만 결국 땅주인이 집을 차지하게 되는 것이다. 지료에 대해서는 임대업 등록을 하는 것이 원칙이다. 땅에 대한 임대이기 때문이다.
이때 집을 사와서 건물을 부수는 경우에는 경비로 들어갈 수 있을까가 문제이다. 건물의 철거 비용은 필요경비로 인정받을 수 있다.

〈 비용인정 여부 검토 〉

구분	내용	양도세 신고	종합소득세 신고	준비 서류
법정 지상권	법정지상권이 성립된 주택의 구입비용	주택의 취득원가로 들어감	주택의 취득원가로 들어감	주택매매계약서 잔금영수증
	법정지상권이 성립된 무허가 주택의 구입비용	불인정 · 인정해주는 　사례도 있음	인정	매매계약서 이체 확인서
철거 비용	법정지상권이 성립된 건물 철거 비용	인정	인정	철거 계약서 이체 확인서
	무허가 건물의 철거비용	인정	인정	철거 계약서 이체 확인서

[관련 예규 및 규정]
□ 건물 취득 후 단기간에 건물을 철거한 경우에 철거 건물의 취득가액 및 철거 비용에 대한 필요경비
  인정 여부

  단기간에 건물을 철거한 경우 : 건물 취득 후 단기간에 건물을 철거한 후 나대지로 양도하거나, 새로운
  건물을 신축한 후에 양도한 경우에는 철거 건물의 취득가액 및 철거 비용은 토지의 자본적 지출로 보아
  필요경비로 공제가 가능하다.

  장기간 건물을 사용하다 철거한 경우 : 건물과 토지의 취득 목적이 토지만을 이용하려는 목적으로 볼
  수 없으므로 철거 건물의 취득가액 및 철거 비용은 필요경비로 인정받을 수 없다.

  토지와 그 지상건물을 함께 취득하였다가 토지만을 이용하기 위하여 건물을 철거하고 나대지 상태로
  토지만을 양도하는 경우, 취득 후 단시일 내에 건물의 철거에 착수하는 경우 등 토지와 건물의 취득이
  당초부터 건물을 철거하여 토지만을 이용하려는 목적이었음이 명백한 것으로 인정될 때에는 철거된
  건물의 취득가액과 철거 비용 등을 토지의 자본적 지출로 보고 양도 자산의 필요경비로 산입할 수 있는
  것이며 그 지상에 새 건물을 건축하여 양도하는 경우에도 위와 같은 요건을 갖춘 때에는 기존 건물의
  취득가액이나 철거 비용 등이 양도소득의 필요경비로 인정된다(대법92누7399, 1992.9.8.). 즉, 법원에서
  는 인정을 받을 수 있다.

□ 철거되는 건물의 필요경비 산입(소통 97-0…8)
  토지만을 이용하기 위하여 토지와 건물을 함께 취득한 후 해당 건물을 철거하고 토지만을 양도하며
  그 양도차익을 실지거래가액에 의하여 산정하는 경우, 철거된 건물의 취득가액과 철거 비용의 합계액에
  서 철거 후 남아있는 시설물의 처분가액을 차감한 잔액을 양도 자산의 필요경비로 산입한다. 다만 그
  양도차익을 기준시가로 산정하는 경우에는 철거된 건물의 취득 당시의 기준시가에 소득세법 시행령
  영 제163조 제6항 제1호 및 제2호의 금액을 가산한 금액을 양도하는 토지의 필요경비로 산입한다.

□ 불법 건축 무허가 건물 철거 비용은 필요경비에 산입된다.
  토지 소유자가 토지를 양도하면서 인도 의무를 이행하기 위하여 그 토지상에 자신의 의사와는 아무런
  관계없이 불법 건축 되어 있던 무허가건물을 매수, 철거하는 데 부득이 비용을 지출하였다면 양도비에
  해당하는 것이며, 그 중 특히 철거 비용의 지출은 토지 이용의 편의를 위하여 지출한 장애철거 비용으로
  서 설비비 또는 개량비에도 해당한다(대법92누15871, 1994.3.11.; 국심1999중1154, 2000.7.25.).

8. 양도시에 소요되는 중개수수료도 필요경비로 인정된다.

양도시 소요되는 부동산 중개수수료도 필요경비로 인정이 된다. 취득시에도 일반 매매시에 인정을 받았듯이 양도
시에도 부동산 중개수수료는 필요경비로 인정을 받을 수 있다. 준비 서류는 관련 영수증을 준비하면 된다. 사업을
하는 경우에도 비용으로 인정받을 수 있다.

〈 비용인정 여부 검토 〉

구분	내용	양도세 신고	종합소득세 신고	준비 서류
중개수수료	법정 중개수수료	인정	인정	영수증
	중개수수료 부가가치세(주택분)	인정	인정	영수증
	중개수수료 부가가치세(상가분)	불인정	불인정	세금계산서
	과다 지급 중개수수료	입증시 인정	입증시 인정	영수증 이체확인서
양도 컨설팅비용	일반 컨설팅비용	인정	인정	컨설팅계약서 이체 확인서
	양도세 신고 수수료	인정	인정	영수증 이체확인서

[관련 예규 및 규정]

□ **부동산 임대업을 영위한 부가가치세 일반과세자가 중개수수료와 함께 지출된 부가가치세(매입세액)를 필요경비로 인정받을 수 없음.**

부동산 임대업을 영위하는 개인사업자(일반과세자)가 부동산을 양도하면서 부동산 중개수수료를 지급하고 세금계산서를 교부받는 경우 당해 중개수수료는 당해 양도 자산의 양도소득세 계산시 필요경비에 산입하는 것이나 당해 중개수수료에 대한 부가가치세는 필요경비로 공제되지 아니하는 것임(서면4팀-1825, 2007.6.1.).

□ **과다 지급한 중개수수료도 필요경비에 산입됨.**

중개수수료가 법정수수료에 비하여 많이 지급되었다 하더라도 특별상 사정이 없는 한 실질 과세 원칙상 실지로 지급된 금액으로 필요경비가 공제된다(대법91누2250, 1991.7.12.).

□ **양도를 위한 컨설팅(Consulting) 비용은 필요경비에 포함됨.**

실지거래가액에 의하여 양도차익을 산정함에 있어 소득세법 제97조 제1항 제3호 및 같은 법 시행령 제163조 제4항의 규정에 의한 필요경비에는 자산을 양도하기 위하여 양도자가 지출한 컨설팅 비용을 포함하는 것임(재일46014-3050, 1997.12.29.).

////// 김세무사의 똑소리

[필요경비의 이중 공제 배제]

양도 자산 보유 기간 중에 그 자산에 대한 감가상각비로서 각 연도의 사업소득금액을 계산하는 경우 필요경비에 산입하였거나 산입할 금액이 있는 때에는 이를 취득가액에서 공제한 금액을 그 취득가액으로 한다(소득세법 97 ③).

현재가치할인차금을 취득원가에 포함하는 경우에 있어서 양도 자산 보유기간 중 동 현재가치할인차금상각액을 각 연도에 사업소득 계산시 필요경비로 산입하였거나 산입할 금액이 있는 때에는 이를 취득가액에서 공제한다(소득세법 시행령 163 ②).

이는 양도소득세와 종합소득세 중에서 이중으로 필요경비를 인정하는 경우이므로 이를 인정하지 않게 하기 위한 것이다. 종합소득세를 추계로 계산하면 되지 않겠는가하는 생각도 들 텐데 이를 막기 위해서 공제 받은 상각비를 취득가액에서 공제하도록 변경이 되었다.(2010.12.27 세법 개정시)

보통 임대업을 영위할 경우에는 경비가 많이 모자라므로 감가상각을 실시하는 경우가 있는데 이는 자산을 양도할 때 한꺼번에 세금을 내야 하므로 그 효과를 따져보고 진행하는 것이 옳다.

8계명 : 성실한 신고와 다주택자에 대한 전략을 세우자.

__전략1) 성실한 신고를 하자.__

적용형태	신고방법	예정신고	확정신고	가산세규정
· 사업 의도 없는 경우 · 부정기적과 비반복적일 경우	양도소득세	양도일의 말일로부터 2개월 이내에 신고	다음해 5월 말일까지 확정 신고	있음
주택신축을 사업 목적 (주택 신축 판매업)	종합소득세	없음	1월에 사업장 현황신고 다음해 5월 말일까지 확정 신고	있음
부동산 매매를 사업 목적 (부동산 매매업)	종합소득세	양도일의 말일로부터 2개월 이내에 신고	다음해 5월 말일까지 확정 신고	있음
주택임대를 사업 목적 (주택임대업)	종합소득세	없음	1월에 사업장현황신고 다음해 5월 말일까지 확정 신고	있음

<u>전략2) 다주택자의 전략을 세우자</u>

〈 다세대, 다가구, 겸용주택의 세법상 범위 〉

구 분	내 용
다가구	· 건축면적660㎡/3층/19가구 이하 주택 · 세법 처리: 단독주택 (구분 등기된 경우 각각1채로간주)
다세대	· 건축면적660㎡/4층/19가구 이하 주택 · 세법 처리: 각각 1채로 간주
겸용주택	· 상가와 주택이 결합된 주택 · 세법처리: 보유시–주택과 상가 건물로 안분 재산세과세 　　　　　 양도시–주택과 상가면적에 따라 과세

다세대주택을 통째로 경매 받을 경우에는 부동산 매매업 사업자를 내는 방안을 고려해야 한다. 다만, 중과규정이 살아나는 경우에는 실익이 반감이 되나 중과규정이 계속 유예가 될 경우에는 매매업 사업자를 내는 것이 좋다.

<u>**전략3) 겸용주택의 절세 방안에 대해서 전략을 세우자.**</u>

· 겸용주택의 판단
　주택의 면적〉상가의 면적: 모두 주택으로 봄
　주택의 면적≤상가의 면적: 주택은 주택, 상가는 상가로 봄

· 고가 주택의 판단
　주택으로 보는 부분을 합해서 9억을 판단

케이스1) 겸용주택만 있는 경우에는 1평방미터라도 주택의 면적을 크게 할 것
　　　　　예를 들어 주택으로 통하는 전용 계단을 만들거나 옥탑방을 만드는 것을 들 수 있다.

케이스2) 겸용주택 이외의 다른 주택이 있는 경우에는 주택과 상가의 면적을 같게 하거나 작게 하는 것이 절세에
　　　　　도움을 준다. 특히 중과규정이 살아날 경우에는 이렇게 만들어 놓는 것이 절세에 도움을 준다.

4. 심화학습

1) 경공매자를 위하 국세청 유권 해석 모음

(1) 담보로 제공된 자산이 경락된 경우

(가) 경락된 경우

양도소득세는 자산의 양도로 인하여 발생하는 소득에 대하여 부과되는 것으로, 담보로 제공된 자산이 경락으로 타인에게 소유이전 되는 때에도 양도소득세 과세 대상이 되는 것이다(재산 01254-1872, 1987.7.13, 재일 01254-2484, 1992.10.1).

(나) 경락 후 화해한 경우

임의경매절차에 의해 경락이 유효하게 성립하고 확정대금이 완납된 경우에는 당사자 사이에 소유권을 환원하기로 한 법정 화해가 이루어지더라도 양도로 보아야 한다(대법원85누657, 1986.9.9).

(2) 소유권이 이전된 부동산을 경락에 의해 재취득한 경우

부동산을 매매하고 대금청산 전에 소유권이전등기를 마친 후 당해 부동산의 소유권이 경매처분에 따른 경락에 의하여 당초 소유자에게 환원되는 경우에는 각각의 경우가 공히 양도에 해당하여 양도소득세가 과세되는 것이다(재일 46014-2743, 1996.12.11).

(3) 명의수탁자가 채무담보 설정 후 경매된 경우

명의수탁자가 명의신탁자의 동의를 받지 아니하고 신탁자산에 대하여 채무담보 설정을 한 후에 채무변제 불이행으로 인하여 그 자산이 경매되는 경우에는 실지 소유자인 명의신탁자가 자산을 양도한 것으로 보는 것이다(재일 46014-815, 1997.4.4).

(4) 본인이 경락받는 경우

(가) 양도 여부

자기의 소유자산이 제3의 채무에 대한 담보로 제공되었다가 제3자인 채무자가 채무변제를 하지 아니하여 당해 담보자산이 경매 개시되어 당초 소유자가 자기 명의로 경락을 받은 경우에는 "양도"에 해당하지 않는다. 경매라는 형식에 불과한 것이므로 양도에 해당이 되지 않는다고 보았다(재일 46014-857, 1996.4.2).

(나) 취득 시기

당해 자산의 취득 시기는 당초 소유권 취득일이 되는 것이다(재일 46014-1562, 1994.6.11).

담보자산이 경매 개시되어 당초 소유자가 자기 명의로 경락받는 경우의 취득 시기는 당해 자산의 당초 취득 시점이 되는 것이다(재산 01254-728, 1988.3.12).

자기 소유자산을 제3의 채무에 대한 담보로 제공하였다가 제3자인 채무자가 채무를 변제하지 아니하여 당해 담보자산이 경매 개시되어 당초 소유자가 자기 명의로 경락받은 경우에는 이를 양도로 보지 아니한다. 따라서 이 경우 당해 자산의 취득 시기는 당초 소유권 이전등기 접수일이 되는 것이다(재일 46014-1562, 1994.6.11).

> **[비교 예규]**
> □ **타인의 채무에 담보제공된 자산을 본인이 경락받은 경우 양도 여부 및 자산의 취득시기 기산일**(서면4팀 -2339. 2007.07.31.).
>
> [질의]
> (사실관계)
> - 2003년 공동명의로 취득한 토지에 본인의 주택을 2004년 신축하여 거주하던 중 공동명의인의 채무에 본인 토지 및 건물을 담보로 제공하여 2007년 7월 경매에 붙여졌으나 본인이 응찰하여 낙찰 받았습니다.
> - 본인은 당해 1주택만을 소유한 세대로 2007. 9월이면 1세대 1주택비과세요건을 충족합니다.
>
> (질의내용)
> - 위의 주택의 취득 시기는 당초 본인지분의 토지 및 주택에 대하여 당초 취득시기부터 기산하는지요, 아니면 경매로 낙찰 받은 날부터 기산하는지요?
>
> [회신]
> 자기소유재산을 제3자의 채무에 대한 담보로 제공하였다가 제3자인 채무자가 변제하지 아니하여 당해 담보자산이 경매 개시되어 당초 소유자가 자기명의로 경락받은 경우에는 이를 양도로 보지 아니하므로 귀 질의의 담보로 제공된 자기소유 주택과 그 부수토지의 취득시기는 당초 채무자 소유 주택의 부수토지에 대하여는 경락받은 날이 취득시기가 되는 것입니다.
>
> 〈주〉 이 경우는 공동명의에 있는 상태이므로 배우자의 채무로 본인 지분이 경매로 들어갔고 그 지분을 본인이 받았다면 이는 양도로 보지 않아야 하며, 그 취득시기 또한 당초에 취득한 시기가 되어야 할 것이다. 위에 예규를 적용한다면 비과세가 되지 않는 불합리한 점이 있다. 사안에 따라서 취득시기가 다를 수 있으므로 전문가와 상의하기 바란다.

(5) 동일세대원이 경매에 의하여 취득한 경우

동일세대원이 소유하던 주택을 법원이 경매에 의하여 취득하여 양도하는 경우 1세대 1주택 보유기간 계산은 경락대금을 완납한 날로부터 양도일까지로 하는 것이다(재산 46014-461, 2000.4.17). 원칙적으로 동일세대원 간의 변동(증여 등)은 그 보유 기간을 통산하나 경락을 받은 경우는 새로운 취득으로 보았다.

(6) 매매잔금을 공탁하고 소를 진행하여 판결로 소유권 이전이 된 경우

아파트 매매거래계약에 있어 거래당사자의 다툼으로 매수인이 그 매매잔금을 공탁하고, 소유권이전등기 청구소송을 진행하여 판결에 의해 소유권이전등기가 이루어지는 경우는 그 취득시기 및 양도 시기는 거래 잔금의 공탁일로 하는 것이다(서면4팀-765, 2004.5.31).

(7) 종전주택이 경매 신청 취하된 경우

국내에 1주택을 소유한 1세대가 그 주택을 양도하기 전에 다른 주택을 취득하여 일시적으로 2주택이 된 경우로서 다른 주택을 취득한 날부터 2년(현재는 3년)이 되는 날 현재 종전의 주택에 대하여 법원에 경매가 신청되었으나, 이후 당해 경매신청이 취하된 경우에는 소득세법 시행규칙 제72조 제1항 제2호에 따른 "1세대 1주택의 특례"의 규정을 적용받을 수 없는 것이다(법규과 3794, 2006.9.13). 즉, 취하된 경우에는 일시적 2주택에 해당이 되지 않는다는 규정이다.

(8) 취득가액 등으로 보는 경우

(가) 당해 재산에 저당권의 실행으로 재취득하는 경우

부동산이 양도대금을 청산하기 전에 소유권을 이전하고 잔금상당액에 대하여 양도 자산에 저당권을 설정한 이후 저당권의 실행으로 양도자가 동 자산을 경락받는 경우 경락자산은 재취득한 자산에 해당하는 것이므로 경락대금으로 상계된 잔금상당액은 재취득한 자산의 필요경비를 구성하나 당초 양도 자산의 양도가액에서는 공제되지 아니하는 것이다(재일 46014-808, 1997.4.4).

(나) 채권자가 경락받은 경우

부동산의 양도에 대한 양도차익을 실거래가액에 의해 산정하는 경우 취득 및 양도가액은 그 자산의 취득 및 양도시 거래된 실지거래가액(경매에 의하여 취득하는 경우에는 경락가액)에 의하는 것이며, 거주자가 법원의 경매를 통하여 취득한 자산의 취득가액은 매각가액(낙찰가액 : 매수가액)에 취득세·등록세 등 기타 부대비용을 가산한 금액을 말하는 것이다(서면5팀-305, 2008.2.18).

(9) 당초 취득일이 취득 시기인 사례 정리

다음의 경우에는 당초 취득일을 취득 시기로 본다.

① 경매 부동산을 당초 소유자가 낙찰 받는 경우
② 법원의 무효 판결로 소유권이 환원된 경우
③ 명의신탁해지로 실지 소유자가 명의를 환원 받아 양도하는 경우
④ 재산 분할로 취득한 부동산을 양도하는 경우
⑤ 계약 불이행으로 소유권을 환원 받아 양도하는 경우
⑥ 특수관계자 간 증여 후 5년(2006.12.31 이전 양도분은 3년) 이내 양도로 부당행위계산 부인 적용시
⑦ 건설업의 경우 자가소비로 취득한 주택
⑧ 증여 후 5년 이내 양도로 배우자 이월과세 시
- 보유 기준은 수증일로부터 기산
- 장기보유특별공제 및 세율은 증여자 취득일로부터 기산

■▨///// 김세무사의 똑소리

[집을 잘 팔 수 있는 방법]

집을 보러 오는 사람들에게 좋은 인상을 심어주는 것이 집을 잘 팔 수 있는 방법인데, 사람도 첫인상이 중요하듯이 집을 매도할 때도 첫인상이 중요하다. 미국에서는 전략적으로 집을 잘 팔기 위해서 집을 보러 오기 한 시간 전에 커피를 끓이고, 빵을 토스트에 굽는다. 사람은 시각적인 것 못지않게 중요하게 생각하는 것이 후각이다. 커피 냄새와 빵 굽는 냄새는 사람에게 안정감을 준다.

우리 내 실상을 보자. 집을 보러 온다고 하면 먹던 된장국 냄새, 김치찌개 냄새, 생선 냄새 등을 풍기면서 사람을 맞이한다. 그렇다고 우리 음식의 냄새가 나쁘다는 것은 아니지만 이런 냄새들은 너무 자극적이다. 그래서 집을 보러 온 사람들의 첫인상을 좋게 할 수 없다.

우리도 집을 잘 팔려면 커피를 끓이고, 빵을 구워보자. 오븐이 없다면 식빵이라도 프라이팬에 살짝 구워 냄새를 나게 하는 것도 좋은 방법이다. 이런 작은 노력이 좋은 성과를 가지고 오는 것이다.

제 2 장
상가를 경매할 때 절세 3가지만 기억하기

1. 사례 연구

> K(55세) 씨는 경매를 통해서 수익형 상가에 투자하고 싶어 한다. 압구정 또는 청담동에 소형 빌딩을
> 매입하여 빌딩 임대업을 하고, 특히 상가에 투자를 하여 노후 준비를 할 계획이다. 이때까지 공구 상가
> 및 식당을 경영하면서 벌었던 종자돈 30억 원을 상가 경매에 쓸 것이다. 수익형 상가는 임대이익과
> 자본이익을 모두 만족시켜주는 만능 물건은 아니지만 전략을 어떻게 짜느냐에 따라서 두 마리 토끼를
> 잡을 수도 있다. 이를 충족하기 위해서는 세금에 대한 전략이 우선되어야 한다. 이에 대한 전략은 어떻
> 게 세워야 할까?

2. 조언 방향

상가는 집단 상가, 단독 상가, 겸용 상가, 몰형 상가 등 여러 가지 형태로 만들어지고 있
다. 경매를 통해서 죽어가는 상가를 살리는 기술을 터득함과 동시에 임대 업종을 어떻게
배치할 것인지도 수익과 직결이 된다. 아울러 리모델링을 통해서 상가의 모양새를 좋게
만드는 작업도 필요하다. 상가의 성패는 임대료를 어떻게 잘 맞추느냐가 관건이라고 해도
과언이 아니다. 임대료를 잘 맞추기 위해서 좋은 아이디어를 모으는 기술도 꼭 필요하다.

경매 받은 물건을 중심으로 상권이 형성될 수도 있다. 상권이 형성되면 그 상가는 아주 좋은 값에 팔릴 것이다. 이렇게 좋은 가격에 상가를 넘기는 작업이 상가 투자에 핵심이다. 아래에서 절세 방안을 찾아보자.

3. 이론 및 심화 연구

1) 취득시 절세 방안

1계명 : 낙찰(매각)가액을 낮추는 물건을 선정하여 취득세 줄여라.

상가 경매 투자시 낙찰(매각) 가격을 낮추는 물건은 유치권과 대항력 있는 임차인이 있는 것이다. 특히, 상가에서 유치권 신고가 많이 들어오는데 상가 건물을 건축하다가 건축주가 부도가 나는 경우에 그 건축비를 받기 위해서 건설 회사가 유치권을 신고하는 경우이다. 이를 '건설유치권'이라고 한다. 이런 건설 유치권은 지급 의무가 있다면 무조건 매수인이 인수해야 하는 권리 중에 하나이다. 유치권 신고가 있을 경우에는 매각가액(낙찰가액)이 적게 형성이 될 것이다. 이렇게 낮게 형성될 경우에는 취득세가 4.6%에 상당하는 건물의 취득세 부담을 많이 낮출 수 있다.

유치권의 다른 유형 중에 하나는 기존 임차인의 필요비와 유익비가 있을 수 있다. 임차인의 인테리어는 필요비와 유익비에 해당이 되지 않으나 한 푼이라도 더 받기 위해서 유치권 신고를 하는 경우가 있고, 임차인 본인이 경매 참여하고 싶을 경우에도 이 전략을 사용하곤 한다. 유치권은 점유를 기반으로 형성된다. 점유가 되어 있지 않으면 유치권이 형성되기가 어렵다. 유치권의 점유는 꼭 직접 점유해야 하는 것은 아니므로 간접 점유도 인정이 된다. 대부분 간접 점유를 많이 사용하는데 특히 전화번호를 가입하는 행위가 많이 쓰인다. 그러면 간접 점유 상태가 되는 것이다.

아울러 대항력 있는 임차인이 있을 경우에도 매각가액을 낮출 수가 있다. 상가에서 대항력을 갖추는 조건은 아래와 같다.

– 상가 건물의 인도
– 사업자등록 신청

사업자등록 신청일은 세무서에서 확인 가능하나 이를 잘 확인하기 힘들다. 실제 세무서에 확인을 신청하면 개인정보보호법을 이유로 거부하는 사례가 있으므로 주의를 요한다. 매각물건명세서나 경매정보지를 면밀히 검토해서 사업자등록 신청일을 정확히 파악하는 것이 중요하다. 이렇게 대항력을 갖춘 임차인이 있다면 이는 낙찰가액을 낮추게 되어 취득세를 줄일 수 있게 된다.

▤///// 김세무사의 똑소리

[상가 경매 투자시 유의사항을 알아보자.]

1. 상가는 입지가 최고야!

업태와 종목에 따라 차이가 있을 수 있지만 입지가 좋은 상가는 상가투자의 성공을 보장한다. 입지를 분석하기 위해서는 상권 분석을 기초로 주변의 배후지 분석, 교통량 분석, 유동인구 분석, 인구 구성 비율, 직업군 비율, 주변 상권의 경쟁력 등 여러 가지 부분을 고려해야 한다. 더욱이 상가 경매 물건은 대부분 초기 상권이 형성이 덜 된 곳이 많이 나오므로 철저히 분석하자.

실제 임장활동 때에는 현장에 자주 방문해서 철저하게 상권을 분석해야 한다. 특히 상권 분석에 대한 사이트가 많이 개설되어 있으므로 참조하기 바란다. 매수가액은 임차료 현황에 준해서 결정하면 무리 없이 낙찰에 응할 수 있다.

2. 철저한 임차료 및 임차 보증금의 현황 파악

상가는 같은 건물이라도 위치에 따라서 수익의 편차가 아주 큰 상품이므로 철저한 시장 조사가 뒷받침되어야 한다. 주변 상권을 세분화하여 임차료 현황과 임차 보증금의 현황을 철저히 파악하자. 상가는 보통 유찰이 많이 되어 감정가 대비 50% 이하로 가격이 하락하는 것을 볼 수 있다. 하락할 만한 이유가 있다. 상가는 소신보다는 데이터를 중요하게 생각하는 것이 좋다. 철저한 시장 조사에 의한 과학적 투자가 필요하다는 이야기이다.

3. 체납 관리비 현황은 미리 파악하자.

대단위 상가의 경우는 체납 관리비가 상당히 많이 나오는 것을 볼 수 있다. 체납 관리비의 규모를 파악하고 응찰하는 것이 현명하다. 반드시 관리사무소에 방문하여 체납 관리비가 얼마나 있는지 파악하자.

4. 권리분석은 기본 중에 기본이다.

주택에도 주택임차보호법이 있듯이 상가에도 상가임대차보호법이 있다. 이를 먼저 공부해두는 것이 상가 투자의 기본이다. 내가 투자하려는 상가가 보호 대상 상가에 해당하는지를 우선 파악하자. 보호 대상은 주택의 경우 임차 보증금을 기준으로 파악을 하나, 상가는 월세를 환산한 가액과 임차보증금을 합한 금액을 기준으로 적용 여부를 따진다는 것도 알고 있어야 한다. 상가임대차보호법상 환산 보증금 내 선순위 임차인이 있는 경우 배당 요구를 하지 않으면 매수자는 그 임차보증금을 인수해야 한다.

5. 유치권이 있을 경우 완전 Be careful!

유치권 신고가 되어 있는 상가는 신중을 기해야 한다. 임차인이 시설비 투자를 근거로 유치권 신고를 해오는 경우가 많은데 진성 유치권이면 매수자는 조건 인수해야 한다. 가짜이면 협상의 문제가 있을 수 있다. 유치권 신고 물건은 또 다른 약점이 도사리고 있는데 경락잔금 대출이 잘 나오지 않는다는 것이다. 은행에서는 유치권 신고가 있으면 대출을 꺼리는 경향이 짙다. 유치권 신고가 있는 경우에는 예비비를 두둑이 챙겨서 진행하는 것이 좋다. 총알을 평소보다 많이 챙기라는 뜻이다. 유치권이 가짜라고 해서 무조건 법적으로 해결하려고 하면 시간이 너무 오래 걸려(보통 6개월-2년 정도 소요) 소탐대실(小貪大失)하게 되는 경우가 발생하기 쉽다. 유치권은 협상으로 가능한 한 빨리 해결하는 것이 좋다.

예를 들어, 보증금 5천만 원에 월세 2백만 원 나오는 점포가 경매에 나왔다고 하자. 임차인은 보증금을 회수하기 위해서 가짜 유치권을 신고할 수 있다. 이때 유치권 신고 금액이 3천만 원 정도라고 가정한다면 보증금을 3천만 원을 깎아주는 전략을 취하고 재계약을 하면서 기간 종료 후 월세와 보증금을 다시 조정하는 전략을 취하는 것이다. 이렇게 임차인과 좋은 관계를 형성해 놓으면 의외로 좋은 결과가 나올 수도 있다.

2) 보유시 절세 방안

2계명 : 임대업 신고 시 소득세 절세 방안을 찾아보자.

전략1) 대출은 가능한 한 사업자등록을 낸 이후에 사용할 것
사업자등록 전에 발생한 대출금에 대해서 발생하는 이자 비용은 경비로 부인될 수 있는 소지가 있으므로 이를 대비하는 것이 좋다. 반드시 사업자등록을 먼저 내고 대출을 받도록 하자. 임대업 사업자등록을 먼저 내면 대출도 더 원활하게 이루어진다는 것을 알아두기 바란다.

전략2) 경비를 많이 찾아내자.
임대 소득에 대응되는 경비를 많이 찾아내는 것이 절세의 지름길이다. 소요 경비를 철저히 찾아내도록 하자.

전략3) 감가상각을 하지 말자.
감가상각을 하는 경우 올해에 세금은 줄어들지 모르나 결국 양도세를 계산할 경우에는 한꺼번에 세금을 내야 해서 현금 흐름에 어려움을 초래할 수 있다. 감가상각은 가능한 한 하지 말자.

전략4) 수선비가 들어가는 경우에는 꼭 영수증을 챙기자.
상가 건물은 외벽, 페인트 칠 등 수선비가 소소히 들어가게 되는데 그런 공사가 발생하면 꼭 영수증을 챙겨서 소득을 줄여나가야 한다. 적절한 소득 신고를 위해서 월세가 일정 금액이 넘어가면 꼭 기장을 하자.

전략5) 월세보다는 전세로 돌리는 것도 절세 방안이다.
목돈이 필요할 경우에는 월세를 전세로 전환할 경우 소득이 줄어드는 것을 알 수 있다.

3) 양도시 절세 방안

3계명 : 부동산 임대업 폐업시 부가가치세 문제 및 양도소득세를 조심하라.

〈 폐업시 부가세 문제 정리 〉

순　서	해야 할 일
부가세 폐업 신고	폐업신고서/사업자등록증/포괄양수도계약서
부가세 신고	・폐업 전까지 실적에 대한 부가세 신고 ・폐업일의 말일로부터 25일 이내에 신고 납부
포괄양수도계약서	・동종, 이종에 상관없이 모두 사업포괄양수도 가능 ・일반사업자가 간이사업자에게 가능하나 이 경우에는 일반과세자 유형으로만 사업자가 나오게 된다.
− 사업양도 없이 폐업하는 경우 − 면세전용하는 경우	기 환급 받은 부가세 추징

4) 폐업시 양도소득세 정리

- 실거래가 신고
- 감가상가비가 있는 경우에는 취득가액에서 차감
- 중과세율 : 미적용
- 1년 미만 : 50% 적용
- 1년에서 2년 미만 : 40% 적용
- 2년 이상 : 6-38% 적용
- 보유 기간이 3년이 넘는 경우에는 장기보유특별공제를 적용함

4. 심화 학습

1) 상가 취득 단계별 세금 문제 검토

취득시	보유시	양도시
취득세 등	재산세	양도소득세
	종합부동산세	부가가치세
부가가치세	부가가치세	종합소득세 혹은 법인세
	종합소득세 혹은 법인세	

2) 종합소득세 신고 해설

신고방법	장부 기장 의무	절세 전략
· 임대소득이 발생됨 · 타소득과 합산하여 신고 · 5월말일까지 신고함	· 연간 전기 수입금액이 7천5백만 원 미만 사업자는 장부 기장 의무가 없음 · 초과 사업자가 장부하지 않을 경우: 무기장가산세 20% 적용 · 연간 전기 수입금액이 2천4백만 원에서 7천5백만 원 사이인 경우에는 기준경비율 대상자가 된다. 기준경비율 대상자는 주요 경비에 대해서 입증 서류를 준비하는 것이 좋음	· 보유시 절세 방안의 전략을 사용하면 된다. · 핵심은 사업관련 경비를 잘 챙기는 것이다.

3) 오피스텔을 주거용으로 사용할 경우 세금으로 주거(죽어)요.

신고방법	부가세 추징 여부	절세 전략
임대사업 신고	주거용 사용 – 부가세 추징	양도세 중과세 영향 (·3주택 중과세는 현재 유예 되어 있음)
부가세환급	임차인에 상황에 따라 추징됨	·비과세 영향 (1주택+주거용 오피스텔) ·1주택 양도시 : 비과세를 받을 수 없음

·조사 방법 : 현지 확인 조사에 의존하여 과세한다.
 – 주소지 이전 여부 확인
 – 난방의 주거용 전환 여부 확인
 – 임차인 명단을 관리사무소에서 확인
 – 사업자등록여부 확인

오피스텔은 태생은 상업용 건물이나 자주 주거용으로 변신하게 된다. 그래서 세금 문제가 다소 복잡하다. 각 단계별 세금 문제를 알아보자.

(1) 취득시 세금문제

·업무용으로 사용되던 오피스텔을 구입하는 경우에는 매도자가 매수자로부터 부가세를 징수해야 함(최초 분양 받을 경우)
·매수자가 취득 후 직접 업무용으로 사용하거나 업무용으로 임대하는 경우에 취득시 납부한 부가세 환급 받을 수 있음(반드시 부가세 일반과세사업에 사용해야 함)
·매수자가 취득 후 상시 주거용으로 사용하거나 상시주거용으로 임대하는 경우에는 주택으로 간주되어 세법상 과세용역에 해당하지 않으므로 부가세를 환급 받을 수 없음
·매수자가 취득 후 업무용으로 사용 또는 임대하여 부가세를 환급 받았다가 취득 시점으로부터 10년 이내에 주거용으로 사용 또는 임대하는 경우에는 10년 중에서 남은 기간(미경과 연수)에 해당하는 부가세를 추가 납부해야 함
·사업의 포괄 양도 양수 계약 – 부가세에 따른 번거로움을 없애기 위하여 사업의 포괄 양수도 계약을 체결하여 부가세의 납부/환급/추가납부의 번거로움이 없도록 하는 제도
·포괄양수도 계약시에는 계약서에 "본 계약은 부가세법 제6조6항에 의한 포괄양수도 계약으로서 사업에 관한 모든 권리와 의무를 포괄적으로 승계한다."라고 기재해야 함.
·포괄양수도 계약을 하거나 부가세 환급을 받기 위해서는 원칙적으로 매도인과 매수인 모두 사업자등록이 되어 있어야 하며, 실무에서는 매수인은 매수일로부터 20일 이내에 사업자등록을 해도 됨

·취득세 : 오피스텔은 실질적 사용여부와 상관없이 주택으로 보지 않는 것이 원칙이나 임대신고를 하는 경우에는 취득세 감면이 가능한 경우가 있다.

(2) 보유시 세금문제

·임대업 사업자 등록 후 업무용으로 임대시 - 임차인으로부터 받는 임대료에 부가세 징수하여 납부해야 하며, 보증금에 대한 간주임대료에 대해서도 부가세 부담해야 함. 간주임대료는 임대인 부담하는 것이 원칙이나 임차인이 부담하는 경우도 있음
·주거용으로 임대하는 경우 - 주택임대는 면세용역이므로 부가세는 해당하지 않으나, 취득시 환급받은 부가세는 10년 내에 주거용으로 임대시에는 추징당하므로 유의해야 함
·임대소득에 대한 종합소득세 부담.
·재산세 및 종합부동산세 - 오피스텔은 공부상 등재현황과 사실상 상용현황이 상이한 경우에 사실상 현황에 따라 부과토록 되어 있으나, 현실적으로 오피스텔은 일반건축물로 취급하여 재산세를 부과하고, 종부세도 감면 받을 수 있음(임대업 등록시)

(3) 양도시 세금문제

·업무용으로 사용하던 오피스텔을 양도하는 경우 - 일반건축물로 취급되어 양도세 대상임 임대소득에 대한 종소세(종합소득세)를 줄이기 위하여 감가상각을 한 경우에는 감가상각액은 취득가액에서 차감한 뒤에 양도세를 계산함.
·종소세(종합소득세)보다 양도세 부담이 크므로 감가상각비 계산을 하지 않는 것이 유리
·양도시에는 매수인으로부터 부가세 징수 - 포괄양수도 계약으로 대체 가능
·주거용으로 사용하던 오피스텔을 양도하는 경우 - 주택으로 취급되어 주택소유 여부에 따라 양도세가 달라지나, 부가세 문제는 발생하지 않음

■■////// 김세무사의 똑소리 ■■■■■■■■■■■■■■■■■■■■

[오피스텔을 활용한 주택임대사업 방안]
부가세를 환급받지 않고 주택의 임대에 공해서 사용하는 경우에 유용한 방법을 제시하려고 한다. 2012년4월27일 이후부터는 오피스텔을 매입하여 주택임대사업으로 가능해졌다.

〈임대사업자 등록 요건〉
- 1호 이상의 주택임대
- 전용면적 149m² 이하이며 기준시가 6억(지방은 3억) 이하
- 5년 이상 의무적 임대

〈임대사업자 세제 혜택〉
- 5년 이상 임대조건

- 전용면적 40m² 이하: 취득세 면제, 재산세 면제
- 전용면적 60m² 이하: 취득세 면제, 재산세 50% 감면
- 전용면적 85m² 이하: 재산세만 25% 감면
- 종부세 면제

〈방법〉
시군구청에 주택임대 사업자등록과 동시에 세무서에 주택임대 사업자등록하면 된다.

〈단점〉
- 건물분에 대해서 부가세 환급을 받을 수 없다.
- 5년 이상 의무적으로 임대해야 한다.
- 건강보험료가 조정 될 수 있다.

〈의사결정〉
부가세 환급금액과 취득세 등의 감면 규모를 파악하여 유리한 쪽으로 의사 결정하는 것이 좋다. 건물의 비중이 높아 부가세 환급금이 많으면 주택임대사업자가 불리할 수도 있다.

실전 사례 1

[상가 경매 투자 실전]

1. 권리 분석
대금이 완납할 때까지 대위변제의 리스크를 항상 경계할 것

2. 물건 분석시 조사 내용
(1) 관리사무소
- 평당 관리비와 관리비 연체 사항
- 유치권 성립 여부, 대지권 미등기의 경우
- 방문자 체크(2번째 방문시)--)경쟁자 파악
- 건물에 대한 전체 사항(시설물 관련 유치권이 매우 많음)
(2) 부동산중개사 사무소
- 주변 상가 임대 시세, 임대 현황, 장사 잘되는 곳
- 방문자 체크
- 주거지의 소득 수준 및 소비 형태
(3) 임차인
- 임차인의 영업 상태
- 재계약 의사 있는지 타진
- 실제 지불하는 임대료 확인(보증금+임대료)
- 임차인의 심성 파악

3. 상권 분석
- 유동인구 파악(집객능력을 파악하기 위해서): 아침, 점심, 저녁으로 나눠서 파악
- 인근 상가 내 입점 아이템 분석
- 소비형태 파악
- 유동인구 동선 파악: 퇴근길이 어디인가?
- 입지조건 및 건물의 형태를 파악
- 주거 지역의 세대별 인구 파악(구청 홈페이지)

실전 사례 1

⑷ 주변 업소 파악
- 편의점, 슈퍼마켓
- 가장 오래된 점포에서 조사
- 같은 건물의 점포에서 조사

실전 사례 2

[협상과 마케팅 사례]

1. 관리비 협상
- 공용부분만 결제 함: 이를 알고 공용부분으로 많이 올려오는 관리사무소 있음(협상)
- 관리사무소의 방해: 강제 집행을 방해할 경우 '강제집행효용침해죄' 성립

2. 임차인과 유치권 협상
- 유치권 판례 인쇄물 지참: 협상(가짜일 경우 경찰 출동하고 은팔찌도 찰 수 있다.)
- 유치권 포기 각서, 유치권 해제 신청서

3. 임차인과의 임대료 협상
감정가액 5억 원인 상가를 3억 원에 낙찰 받은 경우
임차인이 3,000천만 원에 월세 300만 원에 있다.
보증금을 1,000~2,000만 원으로 인정하고 월세는 그대로 유지하는 협상 조건으로 내세울 수 있다. 즉, 무조건 명도가 정답이 아닐 수 있다.
아울러 활성화될 때까지 6개월간 임대료 없게 하고 그 후 금액을 올리는 전략도 사용해 볼만하다.

4. 부동산 사무실 마케팅
- 재감정해서 매매가격의 기준을 올려 놓는다.
- 매도 타이밍에 대한 조언을 부탁한다.
- 임차인의 업종이 집객력이 있는 업종 위주로 맞춰줄 것을 부탁한다.

실전 사례 3

[상가 투자 활동]

1. 경기 신호를 알 수 있는 점포 파악
- 운동 도장: 수련 관원 파악--〉 관원이 줄면 경기가 나쁘다는 이야기이다.
- 재래시장: 재래시장을 찾는 인구가 늘어나면 경기가 좋지 않다는 증거이다.

2. 자신만의 조사 방식 개발
- 일정부분 전문가의 도움을 받아 직접 발품을 팔자
- 경매 정보지 혹은 인터넷 사이트를 이용하자.

3. 상가의 가치를 올리자
- 적극적인 마케팅
- 리모델링도 적극 검토

4. 재감정 받자
재감정비용을 받아서 상가의 가치를 올려놓는다. 재감정 비용은 비용처리 가능하다.

5. 창업 아이템의 간접 체험: 창업 박람회 참여

6. 자신의 주거지 주변 상권부터 파악하는 활동을 많이 할 것

7. 경매 투자 방식
– 관심지역. 잘 아는 지역에 주력
– 물건 검색 후 반드시 지도도 같이 확인 할 것(스마트폰으로 사진도 찍어 놓을 것)
– 과거 낙찰 사례를 꼼꼼히 확인
– 현장 조사는 여럿이 같이 하자
– 초기 투자 시에는 기존 세입자와 재계약을 할 수 있는 곳을 고르자

8. 전문가 활용
엘리베이터 앞에 있는 상가: 알박기 가능성이 있을 수 있으므로 전문가를 활용하는 것이 현명한 방법이다.

////// 실전 사례 4

[상가 분석 툴]

1. 상가의 위치

2. 상가의 특성+주거 지역의 특성+주거지역의 인구

3. 역세권 특성

4. 배후지 주거 환경

5. 배후지 인구 분포도

6. 입점 적절한 창업 아이템
–1차 추천 아이템
–2차 추천 아이템

////// 김세무사의 똑소리

[행복을 돈으로 살 수 있다면 9억 원이 필요하다.]
　'황금알'이라는 프로그램에서 나온 명제인데, 행복을 돈으로 살 수 있다면 얼마가 필요할까라는 문제였는데 9억 원이 답이었다. 행복은 언제나 마음속에 있는데 마음속에서 진정한 행복을 찾으려면 9억 원의 돈으로 환산을 해야 한다는 것이다. '억'자만 빼면 행복해지지 않을까 생각한다. 그럼 행복에 필요한 돈은 9원(구 원)이 되는 것이다. 마음을 내려놓는 것이 가장 큰 행복의 지름길이 아닐까 생각한다.

제 3 장
토지를 경매할 때 절세 8가지만 기억하기

1. 사례 연구

경매로 흥망성쇠를 모두 겪은 P원장(54세)은 늘 입에 달고 사는 말이 있다. '머니(뭐니) 머니(뭐니)해도 경매의 하이라이트는 토지 투자야' 늘 귀여운 표정으로 손가락을 동그랗게 말아서 돈을 표시하곤 한다. 돈이 된다는 것. 돈을 벌수 있는 상품이 바로 땅이라는 것이다. 왜일까? 그것은 바로 땅이 원석이기 때문이다. 땅은 가공된 제품을 파는 기존 것과는 달리 손을 거치면 훌륭한 보석이 된다. 가치를 더 높일 수 있다는 뜻일 것이다. 100%공감이다. 이제는 토지 투자의 시대가 되었다. 경매 고수인 P원장도 수시로 변화하는 토지 투자의 세계에서 풀지 못한 숙제가 세금이었다. 오늘은 마음먹고 토지에 대한 세금을 정복하리라는 각오 하에 자문 세무사인 김 세무사를 독대했다.

2. 조언 방향

우리나라의 땅은 28개의 지목으로 되어 있다. 28개 지목별로 세법을 적용해야 한다면 아마도 세법전이 더 두꺼워질 수밖에 없을 것이다. 그래서 세법 적용에 있어서 토지는 아래와 같이 나눠서 적용한다.

- 농지
- 목장용지
- 임야
- 나대지 혹은 잡종지
- 별장의 부수토지

세법적용은 실제 현황에 따라서 적용을 한다. 공부상에는 임야로 나와 있으나 실제로 가보면 밭작물을 키우고 있을 경우에는 농지로 적용을 받을 수 있다는 것이다. 왜냐하면 세법은 실질과세를 채택하고 있기 때문이다. 아래에서 경매로 토지 투자시 유의사항 및 세금 적용 방법에 대해서 자세히 알아보자.

3. 이론 및 심화 연구

1) 경매로 토지를 취득할 때 각 분석별 주의점을 알아보자.

(1) 권리분석

토지의 권리분석은 의외로 단순하다. 근저당 달랑 1개, 가압류 달랑 1개 등 권리가 많이 복잡한 것보다는 권리분석은 아주 단조롭다.

(2) 물건분석

토지 경매의 가장 중요한 부분이다. 토지 자체의 정해진 성질을 보는 것이다. 토지는 고유의 성질을 가지고 있다. 이를 '용도지역'이라고 한다. 토지의 용도를 '이런 용도로 사용하시오'하고 정해 놓은 것이다. 토지의 용도지역은 '토지이용계획확인원'이라는 서류에 나타나 있다. 우선 기본적으로 이 문서를 통해서 토지에서 어떤 행위를 할 수 있는지를 파악하는 것이 중요하다.

그 다음은 임장 활동이다. 직접 가서 눈으로 토지의 모양, 위치, 주변상황을 면밀히 검토해보는 것이다. 토지의 가격은 천차만별인데 이는 토지의 고유의 특성 때문이다. 토지에 대한 특성연구가 토지 경매 투자에 핵심이다.

■///// 김세무사의 똑소리

[토지 임장 활동시 주의 사항]

1. 유치권 : 터파기 작업이 있는 것을 확인하면 유치권의 가능성(토지가 온통 곰보가 되어 있을 경우 콤보로 따라
   오는 것이 유치권이다.)

2. 법정지상권

3. 분묘기지권

4. 특수지역권

5. 경사도 파악 : 25도 이상의 경사각을 가지고 있으면 개발이 힘들다고 보아야 한다.

6. 수목의 수력이 30년 이상 된 땅 : 이 땅에는 나무만 키워야 한다.

7. 주변에 계곡이나 하천이 인접해 있는 땅 : 땅이 쓸려 내려갈 수도 있다.

8. 지형+방향+토질
   지형 : 가급적 평평한 지형이면 좋다.
   방향 : 남향이면 좋다.
   토질 : 황토색 토사가 20-30%정도 섞여 있으면 좋다. 자갈이나 암반이 있는 땅은 조심을 해야 한다. 자갈이나
        암반을 깨다가 머리가 깨질(골치가 아픔) 수도 있다.

(3) 명도분석

토지 자체의 명도는 그렇게 어렵지 않다. 유치권만 없다면 점유하고 있는 사람이 없는 관계로 명도 문제도 비교적 쉽게 해결된다.

(4) 수익분석

수익분석은 세금을 감안하여 생각을 해야 한다. 비사업용토지로 분류될 경우에는 장기보유특별공제를 해 주지 않으므로 매도 타이밍을 잘 잡아야 한다. 투자 대비 수익을 올리는 방법은 원석인 토지를 어떻게 가공 하느냐에 따라서 달라진다.

여기서 가공은 토지 자체를 다른 용도로 변경시키거나 그 상태에서 건물을 지어 올리는 것을 말하는데 이를 '토지 개발'이라고 한다. 아울러 한 번 더 가공을 해야 하는데 좋게 포장을 하는 것을 말한다. 이를 '토지 리모델링'이라고 하다. 이 두 가지 활동을 통해서 수익은 빅뱅이 될 것이다. 이를 감안해서 수익분석을 실시하면 된다.

2) 토지의 구입의 일반 원칙 7가지를 먼저 공부한다.

토지는 투자 성격상 단기 투자로 가져가기가 어려운 상품이다. 장기적인 안목에서 투자해야 효과를 얻을 수 있다. 가만히 놓아두는 것이 아니라 끊임없이 개발하는 작업을 거쳐야 된다는 뜻이다. 만약 단기 투자 목적으로 시세차익을 얻으려면 보유 2년-3년 이내에 매매로 전환하는 것이 좋다. 여기서 토지의 구입 기본 원칙에 대해서 알아보자.

첫째, 권리 관계를 확인하는 것이다.

토지에 걸려 있는 권리 관계를 면밀히 분석해야 한다. 권리 관계는 등기부등본이라는 공부에 나와 있는데 먼저 이곳을 확인해야 한다. 근저당, 가압류 등의 권리가 있는지 꼭 확인해야 한다. 보통 기획부동산에 속는 사람들은 기본적인 권리 관계를 분석하는 것을 소홀하게 한 결과 때문이다. 생각을 해보라. 그렇게 중요한 정보면 본인이 하지 왜 다른 이에게 소개를 하겠는가?
더 중요한 부분은 눈에 보이지 않는 권리도 있다는 것이다. 특히 임야의 경우에 법정지상권, 분묘기지권, 특수지역권, 유치권 등 등기부에 나타나지 않는 특수한 권리등도 나타나게 된다. 이 또한 권리 관계를 명확히 파악해야 실수를 줄일 수 있다.

둘째, 공법상 제한이 있는지 확인한다.

토지이용계획확인원을 보고 토지의 출신성분을 파악하는 것이다. 내가 투자하는 목적을 이룰 수 있는 토지를 고르는 작업이 공법상의 제한을 확인하는 작업이다. 지적도 등도 확인서류에 들어간다. 공법상의 제한은 토지이용계획확인원을 꼭 확인하자.

셋째, 자연적인 특성을 파악하라.

모래 위에 집을 지었다면 금방 무너지는 것은 당연지사이다. 토지는 토지 자체의 자연적인 성질이 있다. 토질, 방향, 위치, 주변 경관, 주변 환경, 경사각, 높이, 접도 여부 등을 따져 보는 것이다. 토질은 토지 자체가 갖고 있는 자연적 특성이다. 전통적인 배산임수지역이 좋다. 아울러 풍수지리측면에서 명당자리면 더욱 금상첨화가 아닌가? 토지 자체의 자연적인 특성을 잘 파악하자.

넷째, 눈으로 직접 확인하라.

옛말에 목불식정(目不識丁)이라는 것이 있다. 낫 놓고도 기억자도 모른다는 속담과 같다.

이를 토지 투자에 적용하자면 '목불식견'으로 바꿔야 할 것이다. 목불(目不), 보지 않으면 식견(識見)이 늘어나지 않는다. 현장 답사를 꼭 몇 번이고 가볼 것을 권한다.

////// 김세무사의 똑소리

[**내 땅 찾아 삼만 리!!!**]
준비물 : 임야도, 나침반, 내비게이션2대 이상, 지형도, 도로 지도, 삼각 축척자, 마음의 준비

1. 임야도와 도로지도를 비교해 기준점을 찾는다. (도로, 읍·면 경계선 등)
2. 지형도에 나타난 거리를 축적에 맞게 실제거리로 환산하여 찾아갈 곳의 위치와 거리를 파악한다.
3. 목적지에서 가장 가까운 교차로 건물 등의 기준점에서 자동차 계기판을 0으로 세팅하고 도로번호와 갈림길을 확인하여 목적지를 찾아간다. 이때 축척자를 이용해서 몇 미터가 나오는지 측정하면 된다.
   예를 들어 1/500지도이면 1cm가 500cm이다. 즉, 5m가 되는 것이다. 계기판으로 몇m를 가는지 확인하고 위치를 찾는다.
4. 스마트폰과 내비게이션을 이용하여 보조적으로 찾을 수 있다.
   스마트 폰 : 앱이나 내장 내비게이션을 켜고 찾으면 어렵지 않게 찾을 수 있다.

다섯째, 환금성을 생각해야 한다.

토지도 환금성 좋은 물건을 고르는 것이 좋다. 환금성이 좋지 않는 곳에 투자할 경우에는 돈이 묶이는 상황을 맞게 된다. 가능한 한 환금성이 좋은 곳에 투자하자는 이야기이다. 수도권에 거주자라면 토지 투자는 수도권이나 충청이북까지만 하자. 제주도에 있는 펜션부지? 좋다. 지역주민이면 적극 추천하는 바이다. 친구가 제주도 펜션부지에 경매 투자로 낙찰 받는 것을 보고 필자가 한 말이 있다. '이야 너는 재주도(제주도?) 좋구나. 어떻게 관리할 건데?' 했더니 매년 여름에만 이곳에 머무르겠단다. enjoy your life!라고 말해 주었다. 지금은 후회하고 있을지도 모른다. 지방에 투자자는 이슈가 되는 지역에 투자할 것을 권한다. 특히 혁신도시나 기업도시 등 지방에 이슈지역에 투자하는 것이 바람직하다. 가장 잘 아는 곳이 가장 투자하기 좋은 곳이다. 환금성이 좋은 지역을 아는 기준은 인구의 이동을 보면 된다. 지역 인구가 증가하는 곳에 토지 투자하는 것이 기본이다.

////// 김세무사의 똑소리

[**인구변동을 알아보는 사이트를 소개한다.**]

국가통계포털사이트

http://kosis.kr〉국내통계자료〉주제별〉인구가구〉인구총조사〉인구부분〉총조사인구〉국내인구이동통계(10%표준)

이 사이트에서 투자 예상 지역에 인구 변동 추이를 알 수 있고, 각 지자체의 홈페이지에도 인구의 변화를 알 수 있다. 인구가 줄어드는 곳은 미안한 이야기이지만 투자를 하지 않는 것이 정신 건강에 좋다.

여섯째, 남는 돈으로 투자하는 것이 좋다.

'주식과 땅 투자는 여유 자금으로 해라'는 말이 유행이던 시절도 있었다. 하루의 등락에 일희일비하는 주식 투자나 장기 투자에 적합한 토지 투자에 당장 쓸 돈을 투여한다면 이는 제대로 된 베팅을 할 수 없을 것이다.

꼭 여윳돈으로 투자를 할 것을 권한다. 다만, 디벨로퍼를 통해서 환금성을 높이는 경우에는 투자금을 더 투여하는 것에는 적극 찬성이다.

일곱째, 진정한 토지 투자 멘토를 선정하자.

토지 투자의 전문가들과 이야기를 나누고 그 사람의 시각을 멘토로 삼아 돌다리를 두들겨 보는 습관이 토지 투자의 성공을 이루는 초석이다. 주변에 전문가가 있다면 의견을 꼭 듣고 행동하기를 권한다. 투자 멘토가 선정되면 그 멘토가 하는 방식대로 무한 커피를 대접하더라도 무한 카피(복제)를 해야 한다.

■■////// 김세무사의 똑소리

[토지투자의 요령을 한단어로 정리해보자.]

1. 길

토지의 투자는 길(도로)을 통해서 결정된다. 사통팔달의 도로가 있는 곳은 발전의 가능성이 매우 높다. 접도가 되어 있는 땅은 암환자에게 유일한 숨 쉬는 통로인 링거 줄과도 같다. 표현이 너무 과격하지만 사실이다. 링거 줄을 어떻게 이어주느냐에 따라서 생명력이 달라진다. 도로가 신·증설될 경우에는 그 주변의 지가가 많이 오르는 것을 확인할 수 있다.

2. 법

토지 투자는 공법과 연관이 매우 깊다. 공법에 대한 어느 정도 이해하고 있어야 한다.
- 국토의 계획 및 이용에 관한 법률
- 산지관리법, 농지법, 군사시설보호법, 도로법
- 건축법, 주택법, 주차장법, 상하수도법
- 세법
- 토지이용계획확인원 : 개발제한구역, 군사시설보호구역, 상수원보호구역
- 전용여부확인, 건축허가 가능여부, 도시계획도로에 편입되는지 여부
- 녹지 : 자연녹지 | 농지 : 비농업진흥지역 | 임야 : 준보전산지가 투자하기 편한 물건이다.
- 그린벨트해제, 군사시설보호구역 해제, 신도시 건설은 좋은 이슈가 된다.

3. 물

강, 바닷가, 섬 지역으로 무게 중심이 이동하고 있다.
특히, 강을 따라서 도시가 많이 발전하고 있음을 알 수 있다. 서울 지역은 다름 아닌 한강을 따라서 개발이 이루어지는 것을 알 수 있다.

3) 토지를 경매로 투자할 경우 절세 방안 8가지를 알아보자.

〈 토지 투자시 세금 개요 〉

취득시	보유시	양도시
취득세 등	재산세	양도소득세(중과 유예)
부가가치세(×)	종합부동산세	부가가치세(×)
증여세(증여받는 경우)	부가가치세(임대)	종합소득세 혹은 법인세
상속세(상속받는 경우)	종합소득세 혹은 법인세	

4) 취득세 절세 방안을 알아보자.

1계명: 취득가액을 낮추는 방안을 모색하여 취득세를 절감하자.

유치권이 성립되는 경우, 법정지상권이 성립되는 경우, 특수 지역권이 성립되는 경우, 분묘기지권이 있는 경우에는 매각가액을 낮출 수가 있어서 취득세를 절감할 수 있다.
특히, 토지에는 분묘기지권의 성립여지가 많아서 이에 대한 대비도 하여야 한다.
이런 권리가 있는 경우에는 응찰 가격도 이에 준해서 결정한다.

5) 보유시 절세 방안을 알아보자.

2계명: 주택건설사업자가 취득한 토지는 종부세 절세가 된다.

적용 대상
「주택법」에 따라 주택건설사업자 등록을 한 주택건설사업자가 주택을 건설하기 위하여 취득한 토지 중 취득일부터 5년 이내에 「주택법」에 따른 사업계획의 승인을 받을 종합합산과세대상 토지

주택 건설 사업자
- 「주택법」에 따라 주택건설사업자등록을 한 자 - 「주택법」 제32조에 따른 주택조합 및 고용자인 사업주체 - 「도시및주거환경정비법」 제7조-제9조의 규정에 따른 사업시행자 - 「법인세법」 제51조의2 제1항 제9호에 따른 법인

과세 제외 요건
- 주택건설사업자가 과세기준일(6월 1일) 현재 보유하고 있는 주택신축용 토지에 대해 과세특례 적용을 받고자 할 경우 합산배제 신고기간(9.16-9.30)에 「주택신축용 토지 합산배제신고서」를 제출 (다만, 신고기한이 공휴일, 토요일 등인 경우에는 다음날을 기한으로 함) - 최초로 신고한 연도 이후에는 변동사항만 신고

추징 요건
- 합산배제 신고한 토지를 취득한 날부터 5년 이내에 사업계획의 승인을 받지 못한 경우 감면받은 종합부동산세액1)과 이자상당가산액2) 추징 2) = 1) × 추징기간(납부기한-고지일) × 1일 1만분의 3

3계명: 임대업 신고시 부가세 및 소득세 절세 방안을 찾자.

전략1) 사업자 등록시 간이과세자로 하자.
토지의 임대도 부가세 과세 대상인데 토지의 임대는 부가세 신고 유형을 간이과세자로 하는 것이 좋다. 일반으로 할 이유가 전혀 없다. 한 해 임대료가 4,800만 원 이하인 경우 간이과세자로 내서 사업을 하자.

전략2) 월세를 전세로 전환하자.
전세로 전환할 경우에는 소득이 조금 밖에 잡히지 않으므로 전세로 하는 것이 소득세 절세에 도움이 된다.

전략3) 사업에 쓰이는 경비를 잘 챙기자.
주차관리요원, 기타 소모품비용, 세금, 이자비용 등 소소히 들어가는 경비를 잘 챙기는 것이 절세의 지름길이다.

6) 양도시 절세 방안을 알아보자.

4계명: 경매를 받아서 단기에 사고 팔 경우에는 부동산매매업을 창업하라.

단기 양도하는 경우에는 세율이 높게 적용되므로 단기 양도가 계속 반복될 경우에는 부동산매매업을 창업하는 것이 유리하다.

5계명: 비사업용토지의 절세 방안을 찾아보자.

〈 비사업용 토지 절세 방안 〉

양도세 계산 방법	절세 방안
1. 실지거래가액 관세 2. 중과세율 적용 · 2009.3.16.–2012.12.31 : 양도분·취득분은 중과세율에서 제외 · 2013.12.31 : 양도분은 일반과세 적용 3. 장기보유특별공제는 적용 안 됨	1. 토지는 목적대로 사용할 것 2. 건물을 지을 것(나대지, 잡종지) 3. 양도 전 요건을 파악할 것 4. 용도변경관련 비용을 챙길 것

6계명: 각 상품별로 사업용 토지와 비사업용토지의 요건을 알자.

1. 농지 세테크

사업용 토지	비사업용 토지
− 재촌자경토지[12] − 도시지역안의 녹지지역, 개발제한구역 〈재촌자경간주농지〉 − 주말/체험 · 농지(세대당 300평:1,000㎡) − 상속/이농농지(상속일부터 5년내 양도) − 매립농지(공유수면매립법) − 종중소유농지(2005.12.31이전취득) − 농촌공사에 8년 이상 대리 경작 농지	− 부재지주농지 − 도시 지역 안의 주/상/공업지역

■■//// 김세무사의 똑소리

[자경 재촌이란 무엇인가?]

● 자경 (농지법 제2조)

· 농업인이 소유농지에서 농작물 경작 · 다년생 식물 재배에 상시 종사하거나 농작업의 1/2 이상을 자기의 노동력에 의해 경작 · 재배하는 것
· 농업법인이 소유농지에서 농작물을 경작하거나 다년생 식물을 재배하는 것.

● 재촌 (소득세법 시행령 168조 8)

농지 소재지와 동일한 시 · 군 · 구 또는 그와 연접한 시 · 군 · 구 안의 지역에 주민등록이 되어 있고 사실상 거주하는 것을 말함. 연접하지 않더라도 주소지와 경작지가 직선으로 20km안에 있는 경우도 포함이 된다.

2. 임야 세테크

사업용 토지	비사업용 토지
− 재촌 소유 임야[13] − 산림경영계획인가 받아 시업 중인 임야 및 특수 산림 사업지구 안의 임야 (도시지역안의 보전녹지지역) − 공익상 필요한 임야 (개발제한구역 등) − 정당한 사유 임야 (상속, 자연휴양림 등)	− 부재지주임야 − 산림경영계획인가 받아 시업중인 임야 및 특수산림 사업지구안의 임야 (보전녹지지역이외의 도시지역 임야)

---

12) 재촌자경토지 : 소유자가 농지소재지에 거주하지 않거나 본인이 경작하지 않는 농지.
 다만, 농지법 등에 의하여 소유할 수 있는 농지 제외
13) 임야의 재촌 소유 요건 : 농지의 요건과 같이 시·군·구에 살거나 연접 지역에 사는 경우가 해당된다. 임야는 자경의 규정이 없다.

3. 목장용지 세테크

사업용 토지	비사업용 토지
– 축산업 영위한 토지 – 기준 면적 이내 토지 – 도시 지역안의 녹지지역/개발제한구역 – 상당한 이유가 있는 목장용지 　(상속, 비영리사업자 등)	– 축산업을 영위하지 않는 토지 – 기준 면적 초과 토지 – 도시 지역 안의 주/상/공업지역

4. 나대지의 세테크

사업용 토지	비사업용 토지
– 재산세비과세/ 면세 토지 – 재산세별도합산/ 분리과세대상 토지 – 무택자의 660㎡이내의 토지 　단, 건축 가능한 토지 – 상당한 이유가 있는 토지 　(체육시설용, 주차장용 등)	– 재산세 종합 합산 토지 – 무주택자의 토지 　(개발제한구역, 건축 불가 토지)

나대지는 그냥 놓아두게 되면 비사업용토지로 되지만 주차장으로 사용하거나 야적장으로 사용(또는 임대)할 경우에는 사업용으로 보게 된다. 주차장으로 사용할 경우에는 개별공시지가에 3%이상의 수입을 신고해야 하나, 야적장은 그런 규정이 없다. 다만, 야적장으로 사용했다는 증거를 마련해 놓는 것이 절세의 핵심이다.(예를 들면 사업자등록 발급, 사진, 항공사진, 주변 상가 주인들의 확인서)

5. 주택 부속토지

사업용 토지	비사업용 토지
– 도시지역 : 주택정착면적의 5배 – 도시지역 밖 : 주택정착면적의 10배	– 도시지역 : 주택정착면적의 5배를 초과하는 경우 – 도시지역 밖 : 주택정착면적의 10배를 초과하는 　경우

6계명: 사업용 판단 기준 보유기간 기준을 알자.

만약 농지를 보유하고 있는데 한 달 후에 팔 경우 지금부터 재촌 자경을 할 경우에도 사업용으로 인정해 줄 것인가가 문제가 된다.

그래서 세법에서는 그 사업용 기간을 보유 기간 내에 채우도록 하고 있다. 이 사업용 기간을 채우면 사업용으로 보겠다는 것이다.

구　분	판단 기준
보유기간이 3년 미만인 경우	1. 보유기간 중 2년 이상 2. 보유기간 중 80% 이상 - 어느 하나만 충족하면 사업용임
보유기간이 3년 이상인 경우	1. 소유기간 중 3년 이상 2. 양도일 직전 3년 중 2년 이상 3. 소유기간 중 80% 이상 - 어느 하나만 충족
보유기간 5년 이상인 경우	1. 양도일 직전 5년 중 3년 이상 2. 양도일 직전 3년 중 2년 이상 3. 소유기간 중 80% 이상 - 어느 하나만 충족

전략) 양도 전 2년 동안만 사업용 요건을 만족하자.

사업용으로 인정받기 위해서는 양도 전에 2년만 그 목적에 사용할 것을 요하고 있다. 양도 전 2년 동안만 사업목적에 사용하면 중과제도와 장기보유특별공제의 두 마리 토끼를 잡을 수 있다.

7계명: 양도 전에 발생한 필요경비를 찾아라.

예를 들면 아래와 같은 경비들이 필요경비로 들어갈 수 있다.

- 유치권 인수 금액
- 측량, 분할, 설계비용
- 대수선비용(리모델링 비용)
- 취득세, 법무사비용
- 부동산 중개수수료
- 건물을 헐고 신축할 경우 : 신축비용
- 헌 건물 철거비용
- 용도변경비(산지전용비, 농지전용비, 지목변경비용)
- 다리건설비용 및 복개 비용
- 각종 분담금 비용

준비서류는 관련 공사 계약서, 세금계산서, 이체확인서(영수증)등을 챙겨서 공사가 있었다는 사실을 확인하면 된다. 이 중에서 중개수수료, 취득세 및 법무사비용, 분담금 비용은 관련 영수증으로 입증 가능하므로 이것만 준비하면 된다.

실전 사례 1

[맹지 탈출 시 들어가는 비용]

1. 맹지
경매를 하다 보면 남들이 전혀 생각하지 않는 시장이 있기 마련인데, 그 중 하나가 맹지이다. 맹지는 길이 없는 토지를 말하는데, 이를 탈출하는 방법은 길을 낼 수 있는 방법이 있거나 그럴 가능성이 있는 경우 및 타인의 토지를 길처럼 사용할 수 있는 권리를 확보한 경우에 가능하다. 맹지를 취득할 경우에는 망하게 될 수도 있으나 탈출 방법이 있으면 명지(明地)가 될 수도 있다.

2. 맹지 탈출 방법
토지가 제구실을 하려면 도로와 접해 있을 때 가능하다. 즉, 길과 연결이 되지 않는 경우에는 건축허가가 나지 않는다. 지적도상의 도로가 있든지 아니면 현황 상 도로로 이용할 수 있는 현황도로라도 있어야 한다. 토지에서 도로관계는 사람으로 치면 얼굴의 눈과 같은 역할을 하게 된다. 맹지는 눈이 멀어있는 경우와 같다.
맹지에 도로를 내는 방법 중 대표적인 경우가 구거(하천)점용허가에 의한 도로 개설의 방법이다. 구거를 이용하여 점용허가를 받을 수 있는지 해당 관청을 통해 사전에 검토하는 것이 무엇보다 필요하다. 도로를 낼 수 방법을 찾자.

3. 맹지 탈출에 드는 비용
경매 받을 토지 옆에 구거(하천, 도랑, 계곡)가 있을 경우 구거에 구거(하천)점용허가를 받아 개인이 비용을 내서 복개(덮어씌우는 것)하거나 교량을 설치하여 관계 관청에 기부채납하고 도로로 고시토록 하여 도로로 사용하는 방법이 실무상 많이 사용되는 방법이다.
복개 비용이나 교량 건설비용은 양도세 계산시 비용으로 인정될 것인가가 문제이다.

4. 양도세 계산시 비용 여부 판단

토지 장애 철거 비용으로 입증되는 경우 복개 비용이나 교량건설비용은 양도소득세 계산시 필요경비로 인정받을 수 있다.

5. 준비 서류
공사 계약서(건설 계약서)
입금증, 이체 확인서
장애 철거 비용이라는 입증 서류
구거 점용 허가서류 등

실전 사례 2

[지목변경경비 필요경비인정여부]

양도차익 산정시 자본적 지출액과 양도 자산의 용도변경 · 개량 또는 이용편의를 위하여 지출한 비용으로서 증빙서류에 의하여 실제로 지출된 사실이 확인되는 경우에는 필요경비로 공제함(서면4팀-3260, 2006.09.25)

(내용)
- 1980년 2,500평을 취득하여 소유하다 2002년 2,500평을 추가 취득하여 2004년에 공장용 건물 건축 허가를 득함.
- 경사도가 심한 토지로 공장부지 조성비 등의 토목공사비가 상당액 예상되어 2006년 6월에 사업자등록을 부동산업, 제조업, 부동산 개발업(건물신축판매업)으로 하였음.

(질의)
- 공장부지 조성에 지출된 비용이 본 토지의 취득원가에 포함되는지 여부
- 비사업용토지와 사업용 토지 중 어떤 토지로 보는지
- 사업자등록 전부터 지출한 토목설계비 등이 필요경비로 인정되는지 여부

【회신】
실지거래가액에 의하여 양도차익을 산정함에 있어 「소득세법」 제97조 및 「같은 법 시행령」 제163조 제3항에서 규정하는 자본적 지출액과 양도 자산의 용도변경 · 개량 또는 이용편의를 위하여 지출한 비용으로서 증빙서류에 의하여 실제로 지출된 사실이 확인되는 경우에 당해 비용은 양도 자산의 필요경비로 공제하는 것이며, 귀 질의의 경우 구체적으로 이에 해당하는지 여부는 증빙서류를 종합 · 확인하여 사실 판단할 사항임

8계명: 성실한 신고를 하라.

각종 세금은 꼭 성실하게 신고를 하는 것이 절세에 기본 중 기본이다. 설사 세금을 못 내더라도 신고라도 해 놓는 것이 좋다. 불필요한 가산세를 줄일 수 있기 때문이다.

전략1) 농지 관련해서 조세 지원제도를 알아보자.

– 8년 이상 재촌 자경을 할 경우에는 감면제도 있다.

한도	8년 재촌 자경한 농지에 대해서는 5년간 3억 원 감면(1년간 2억 원)
상속 농지	2006년 2월9일 이후 상속받은 농지는 자경하지 않으면 상속개시일로부터 3년 안에 해당 농지를 양도해야 감면됨에 유의
요건	재촌 자경요건 양도일 현재 농지일 것 주상공지역으로 편입된 날(환지예정지정일)부터 3년 경과하지 않을 것

· 농지의 대토 및 8년 이상 자경한 농지: 100%감면
· 감면한도:
　– 과세기간별(대토+자경): 2억 원
　– 5개 과세기간별(대토+자경):3억 원
· 감면세액에 농특세 비과세

– 대토 감면: 3년 자경을 하면 감면제도가 있다.

요건	아래의 요건 충족 시 5년간 3억 원을 한도로 감면 (1년간 2억 원 : 단, 농지대토만 있는 경에는 1억까지)
대토 요건	아래의 어느 하나에 해당되는 경우 – 선양도 후 취득 : 3년 이상 종전 농지에 거주하면서 경작한자가 종전 농지의 양도일부터1년(수용의 경우:2년)에 다른 농지 취득한 후 계속하여 3년 이상 재촌 재경하는 경우 – 선취득 후양도 : 3년 이상 종전농지에 거주하면서 경작한 자가 새로운 농지의 취득일로부터 종전 농지를 1년 이내에 양도한 경우로 새로이 취득한 농지를 3년이상 재촌 자경하는 경우
면적 가액 경작	아래의 어느 하나에 해당되는 경우 면적기준 : 새로 취득한 농지 면적이 양도하는 농지 면적에 1/2이상일 것 가액기준 : 새로 취득한 농지 가액이 양도하는 농지 가액에 1/3이상일 것 경작기준 : 새 농지 소재지에서 3년 이상 거주하면서 경작할 것

– 교환 또는 분합 비과세
– 영농자녀가 증여 받은 농지 감면
– 영농조합법인 및 농업회사 법인에 현물 출자 시 감면

4. 심화학습

1) 지목변경이란?

우리나라의 지목은 28개로 되어 있다. 지목변경은 지적공부에 등록된 지목을 다른 지목으로 변경 등록하는 것을 말한다. 형질 변경을 통해서 토지의 성질을 바꾼 후 현실에 맞게 지목을 정정하는 것이다. 지목변경은 개발행위 허가(형질변경 허가)를 득하고 목적 사업을 완료했을 때 가능하다. 예를 들어 농지의 경우 전용허가 등을 받은 경우만 전, 답, 과수원 이외의 지목으로 변경할 수 있다. 산지도 마찬가지이다. 전용허가 등을 얻는 경우에만 지목을 변경할 수 있다.

2) 지목변경이 가능한 토지

- 국토계획법 등의 관계법령에 의거하여 인·허가 등을 받은 사업의 수행으로 형질변경이 되거나 건축물의 공사가 완료된 토지
- 건축물의 용도가 다른 용도로 변경되어 지목이 다르게 된 토지
- 기타 토지의 사용 목적이 변경된 토지

3) 근린생활시설로의 지목변경 절차의 예

- 토지이용계획확인원를 발급 받아서 해당 토지의 용도지역을 확인한다.
- 해당 시·군·구의 도시계획조례에 들어가서 당해 용도지역에서 건축할 수 있는 건축물을 확인한다.
- 농지나 산지의 전용 가능 여부를 확인한다.
- 연접개발제한(무분별한 개발을 막기 위해서 일정 규모 이상 개발을 방지하는 규정을 말한다.)에 저촉되는지 여부를 확인한다.
- 진입로를 확인한다.
- 건축하고자 하는 건축물의 입지 여부를 해당 시·군·구에서 확인한다.
- 전용 후의 지목은 '대(대지)'가 된다.

4) 형질변경이란?

형질변경이란 토지의 형태를 바꾸는 행위를 일컫는다. 즉, 농지전용이나 산지전용허가를 받은 후 흙을 깎아내는 절토와 흙을 쌓거나 매워 넣는 성토, 땅을 고르게 다듬는 정지 등

의 방법으로 토지의 형상을 바꾸는 행위를 말한다.

예를 들어 경사진 임야를 밀어서 건축이 가능한 평지로 만드는 행위, 구덩이나 수로가 있는 전답을 흙으로 메워서 건축이 가능한 평지로 만드는 부지조성공사 등이 형질변경에 해당한다. 임야나 전답 등의 형질변경을 하기 위해서는 사전 허가를 받아야 하는데, 이를 '개발행위 허가'라고 한다.

개발행위 허가에 관한 내용은 국토계획법에 규정되어 있으며, 토지에 대한 형질변경 시에는 관할 시·군·구의 개발행위 허가를 받아야 한다.

5) 허가 없이 토지형질변경을 할 수 있는 행위

- 높이 50cm 미만의 절토, 성토 또는 정지하는 경우(녹지지역인 경우에는 지목변경을 수반하지 않는 경우에 한함)
- 건축법 제49조 및 동법 시행령 제80조의 규정에 의한 범위 안에서 건축조례로 정한 대지 면적의 최소한도 미만 토지를 절토, 성토 또는 정지하는 행위(주거지역:60㎡ 미만, 상업지역 및 녹지지역:150㎡ 미만, 공업지역:200㎡ 미만) 토지의 지목을 변경하지 아니하는 높이 50cm 미만을 절토, 성토 또는 정지하는 경우이며, 개발제한구역으로 지정된 토지에 대해서는 위 규정을 적용하지 아니한다.
- 자연재해 등으로 훼손된 토지를 본래의 형상대로 복구하기 위하여 절토, 성토 또는 정지하는 경우
- 국가 또는 지방자치단체가 공익상의 필요에 의하여 직접 시행하는 사업을 위하여 절토, 성토 또는 정지하는 경우

6) 지목변경 시 세금 문제

토지의 지목을 사실상 변경함으로써 그 가액이 증가한 경우에는 이를 취득으로 본다(지방세법 10 ③). 즉, 취득세의 대상이 된다. 이 경우 토지의 지목변경은 공부상에 불구하고 "사실상 변경"을 기준으로 하기 때문에 공부상 대지로 되어 있으나 사실상 임야인 토지를 사실상 대지로 변경하거나, 공부상으로나 사실상으로 임야인데 사실상 대지로 변경하는 경우 등이 모두 포함된다.

토지의 지목변경의 경우에는 그 가액이 증가해야만 납세의무가 있다. 토지의 지목변경은

소유권이 변동한다거나 면적이 증감되는 것이 아니다. 임야를 대지로, 농지를 공장용지로 변경하는 등 토지의 지목이 변경하게 되면 그 가액이 증가하게 되는데 지목변경 전후의 시가표준액 차액을 과세표준으로 하여 과세하되, 판결문이나 법인의 장부에 의하여 지목변경에 소요된 비용이 입증되는 경우에는 그 비용을 과세표준으로 하여 과세하게 된다.

7) 토지의 용도변경(용도지역 변경)

토지의 용도변경은 용도지역을 변경하는 것이므로 지목변경이나 형질변경보다는 더욱 어렵다. 지목은 건물을 지으면 바뀌지만, 용도지역은 시·군의 도시관리계획에 의해 결정되므로 개인이 바꿀 수 있는 성질의 것이 아니다. 용도지역을 변경하려면 도시관리계획의 수립, 결정, 변경 절차 등을 거쳐서 계획을 변경할 때만 가능하므로 그 절차가 매우 까다롭다. 개인은 용도지역의 변경에 참여하는 것은 의견을 개진하는 것 이외에는 별다른 방법이 없다. 용도지역 간의 변경은 도시관리계획으로 가능하며, 용도지구 간의 변경은 지구단위계획으로 변경이 가능하다. 용도지역이 변경될 지역은 대규모 개발이 예정되어 있다고 보면 된다.

■///// 김세무사의 똑소리 ─────────────

[도로 경매 요령]

공도의 경우에는 지자체에 구입을 종용할 수 있어서 많은 사람들이 경매투자에 도전을 한다. 공도의 보상은 근접한 대지의 가격으로 보상받을 수 있으므로 크지는 않지만 짭짤한 수익을 얻을 수 있다. 소액투자로도 가능하므로 가능한 한 자녀들의 이름으로 투자하는 것이 좋다. 도로 경매 투자는 시간 싸움이므로 여윳돈을 가지고 도전을 하자.

사도의 경우에는 재개발지의 사도 투자를 권한다. 재개발지의 사도도 집을 한 채 받을 수 있으므로 지역 개발 정보를 정확히 파악하고 들어가면 많은 투자수익을 얻을 수 있다. 나머지 사도의 경매 투자는 별로 메리트가 없다. 왜냐하면 사도라도 통행을 가로 막지 못하는 단점이 있다. 도로의 투자는 시간과 정열과 노력의 싸움이다. 그러나 경쟁자가 많지 않으므로 블루오션이라고 생각한다.

양도세를 적용할 때도 사도 및 공도가 현황이라면 그 보유기간을 사업용 기간에 포함해서 판단하므로 2년만 지나면 중과 여지가 없게 된다는 이점도 있다.

8) 토지 보유시 증여세 검토

[증여 후 5년 이내에 형질 변경이 있는 경우]
K씨는 열 살짜리 아들에게 시가 1억 원짜리 토지를 증여하고 3년 후 형질 변경을 했다. 이후 토지는 10억 원으로 상승했다. 증여세는 어떻게 될까?

답) 증여세가 완전포괄주의로 변경됨에 따라 형질변경으로 인한 재산 가치 증가분에도 증여세가 부과된다.

(1) 가치증가분계산
10억 원−1억 원−2천만 원(3년간 지가상승분)−1억(형질변경 소요비용)=7억8천만 원

(2) 증여세산출세액
7억8천만 원×30%−6천만 원=174,000,000원(세액공제 제외함)

9) 토지 경매 투자는 거시 경제 지표와 아주 큰 연관성이 있다.

토지가 장기 투자에 적합한 상품이므로 거시 경제 지표에도 관심을 가져야 한다. 국토에 관한 장기 계획이 발표되면 꼼꼼히 학습을 해 놓는 것이 좋다.

아울러 아래의 지표들의 대해서도 관심을 가지고 보아야 한다.

- 부동산정책(단기, 중기, 장기 정책)
- 조세 정책
- 돈의 흐름
- 경기 변동 상황
- 시중 금리의 변동 내역(상승, 하락, 보합 국면)
- 전세 시장의 동향

■■///// 김세무사의 똑소리

[경매의 매각가격으로 개발호재를 예측 할 수 있다.]
경매 물건을 잘 관찰하면 개발 호재가 있는 지역을 간접적으로 알 수 있다. 특히, 첫 경매 물건으로 나왔음에도 불구하고 감정가액보다 높게 낙찰이 된 경우에는 개발 호재가 있다는 것을 예측할 수 있다. 이런 땅 주변을 주의 깊게 보는 습관을 기르자.

[지상권의 설정 이유]
토지 소유자가 은행의 동의 없이 건축행위를 한다면 담보가치의 하락을 가지고 온다.
지상권자와 근저당권자가 같은 경우에는 이 지상권은 낙찰로 소멸될 가능성이 매우 높다. 은행의 말소 여부를 꼭 확인하여 의사 결정하기 바란다.

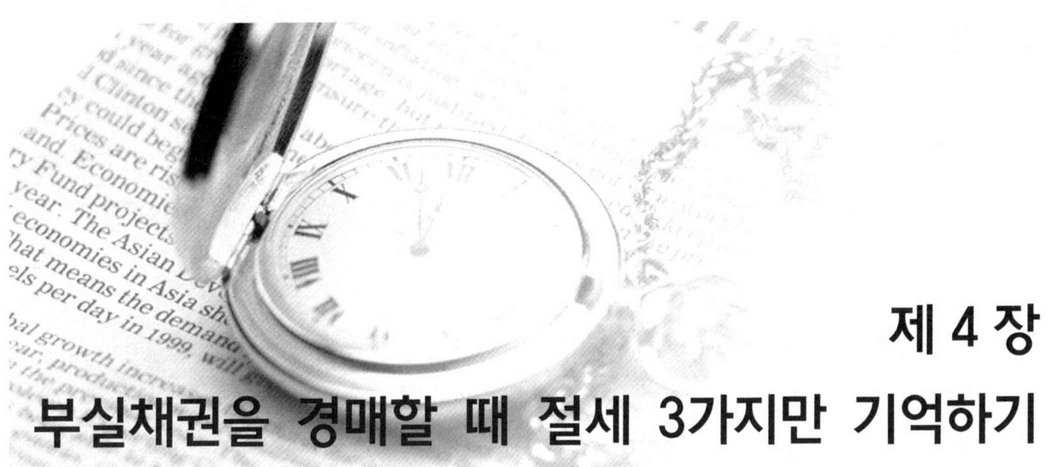

제 4 장
부실채권을 경매할 때 절세 3가지만 기억하기

1. 사례 연구

최근 NPL(Non Performing Loan: 부실채권) 물건이 많이 쏟아지면서 투자의 활로가 넓어지고 있다. 부실채권의 투자 핵심은 채권을 싼값에 매수하여 제값에 부실채권을 회수하는 것인데 '하이 리스크 하이 리턴(High Risk High Return)' 상품이라고 알려져 있다. 이 소개를 접한 R 사장님(62세)은 부실채권 투자에 승부를 걸려고 한다. 부실채권을 투자했을 때의 주의해야 할 세금 문제는 없을까?

2. 조언 방향

부실채권은 여러 가지 투자의 형태를 띠고 있는데 보통은 많은 권리 관계가 복합적으로 얽혀 있다. 고도의 분석 툴을 가지고 접근해야 한다. 아울러 물건을 보는 안목과 식견을 두루 가지고 있으면 안성맞춤이다. 부실채권의 세금 문제는 아주 간단하다. 사업성이 있느냐 사업성이 없느냐에 따라서 세금 문제가 달라진다.

3. 이론 및 심화 연구

1계명 : 부실채권의 과세 현황을 파악하자

부실채권을 인수한다는 의미는 이자를 받을 권리와 원금을 받을 권리를 함께 가지고 오는 것이다.

대부분 1순위 근저당은 채권 확보가 되기 때문에 부실채권의 대상이 되지 않으나, 은행을 비롯한 금융기관은 자기자본비율(BIS)을 맞춰야 하기 때문에 부실채권을 외부 기관에 매매하게 된다. 그 외부기관은 페이퍼 컴퍼니(유동화 전문회사)가 되는데 이 회사는 투자자에게 다시 매매를 하게 된다.

예를 들어 근저당권의 원금이 10억 원이고 이자를 받을 권리 2억 원인 상품을 유동화 전문회사로부터 8억 원에 사왔을 경우에 결국 경매로 채권을 회수하게 된다면 12억 원을 받게 되어 4억 원의 매매 차익을 얻을 수 있다.

여기서 분석해보면 2억 원이 이자수익이 되어야 하느냐, 아니면 채권매매차익이 되어야 하느냐가 문제가 된다. 세법의 해석을 보면 2억 원 채권 매매차익이 될 것이다. 그러나 이자소득으로 본다면 세법이 어떻게 적용될까? 원금 10억 원에서 발생한 이자 2억 원은 금전소비대차계약에 의한 '비영업대금의 이익'에 해당이 되어 소득세로 과세 된다.

> **[관련 예규]**
> □ **부실채권 처분이익의 소득 구분(소득세제과-271, 2006.4.11).**
> 부실채권 매매를 업으로 하지 아니하는 개인이 「민법」상 채권양도의 방식으로 부실채권을 매수하였다가 매각함에 따라 발생한 처분이익은 과세대상소득에 해당되지 않는 것이나, 상기 개인이 「민법」상 채권양도의 방식으로 외형상으로 부실채권을 매수했어도 실질에 있어 당해거래가 금전소비대차에 해당되는 것이면 동 금전소비대차로 인하여 발생한 이익은 이자소득에 해당됨.

2계명 : 사업으로 하는 경우 문제의 소지가 있을 수 있다.

채권 매매차익을 얻는 것을 계속 반복적으로 할 경우 채권 추심업에 해당이 되어 사업소득세가 과세되게 된다. 사업성은 이 업을 계속적이고 반복적으로 했을 경우에 해당이 되는 것이다.

[관련 예규]
□ 채권 매매차익 과세 여부(재소득 46073-132,2002.09.27).
   소득세법상의 거주자가 일시적으로 매입한 채권을 매각하거나 경락으로 인하여 발생한 차익은 과세대상
   소득에 해당되지 않으나, 사업자가 사업의 일부로 채권을 매매하였거나 사업과 관련된 경우는 사업소득
   에 해당함

[질의]
(사실 내용)
- 산업발전법에 의하여 설립된 구조조정전문회사(법인)가 2000년 6월 은행의 자금대여로 근저당이 설정된
  부실채권(표시가액 141억 원)을 30억 원에 매입하였고, 2001년 6월 동 채권을 개인사업자가 동 전문회사
  로부터 33억 원에 매입하였음. 2002년 3월 동 채권이 법원에 경락이 되면 개인사업자는 10억 원의 양도
  차익 발생이 예상됨

※ 상기 채권은 은행이 법인에 대한 금전대여로 인한 채권이며, 채권의 권리 보전 상 법인 소유 부동산에
   근저당 설정하였으나, 후순위로서 경락가액이 선순위 채권에 미치지 못하면 채권의 매입가액도 받지
   못하며, 매매차익은 경락가액과 선순위 채권과의 차액에 의하여 결정됨.

(질문요지)
- 개인인 거주자가 구조조정 전문회사 등으로부터 구조조정 대상 기업의 부실채권 등을 매입하여 제3자에
  게 매각하거나 법원의 경락으로 인하여 매매차익이 발생하는 경우 동 매매차익의 과세 여부

(제1안) : 과세 대상이 아님.
○ 거주자가 일시적으로 매입한 부실채권을 매각하거나 경락으로 인한 매매차익은 사업소득(사업성이 있는
   경우 제외)으로 볼 수 없고,
- 자금 사용의 대가로 볼 수 없어 이자소득이 아님.
- 또한 열거된 기타소득이 아니므로 기타소득에 해당하지 아니함.

(제2안) : 이자소득에 해당함.
○ 채권 등을 저가로 매입한 것이므로 채권 등의 합계액과 매입가액과의 차액은 자금사용대가로 보아야
   하므로 이자소득으로 봄이 타당
- 기타소득으로 열거된 소득이 아니므로 기타소득으로 보기는 어려움.

〈문제점〉
이자소득은 일정소득의 확정적인 발생(채무자의 무재산 등으로 인한 경우 제외)을 전제로 하는 바, 당해
소득의 발생이 원천적으로 불명확한 문제점이 있음.

[회신]
소득세법상의 거주자가 일시적으로 매입한 채권을 매각하거나 경락으로 인하여 발생한 차익은 동법 상 과세
대상 소득에 해당되지 않는 것입니다. 다만 사업자가 사업의 일부로 채권을 매매하였거나 사업과 관련된
경우는 사업소득에 해당함을 알려드립니다.

3계명 : 부실 채권과 부수되는 권리를 잘 파악하자.

부실채권은 부수되는 권리가 같이 움직이는 경우가 많은 바 이에 대한 권리 분석도 같이
하는 것이 바람직하다.

첫째, 유치권
둘째, 법정지상권
셋째, 개발권
넷째, 기타 권리

부실채권 구입 시에는 미리 이런 권리들을 작업을 한 후에 채권을 인수 받는 것이 좋다.
권리를 주장하는 자들을 모두 찾아내기 어려우므로 이 권리자들이 누구인지를 알고 있는
금융기관 담당자가 상황에 맞게 개개인별로 그들이 원하는 조건을 협상을 통해서 하나씩
해결하면 된다.
사업으로 진행할 경우에는 각 권리를 인수 받아서 사온다면 비용으로 모두 처리할 수 있
다. 각각의 증거 서류를 준비하기 바란다.

■////// 김세무사의 똑소리 —————————————————————

[명도 과정에서 유용하게 쓰이는 협상 모델 섭렵하기(11가지 전략)]

1. 목표 집중 – 목표가 어디에 있는지를 정하고 목표가 흐려지지 않도록 협상한다.

2. 역지사지 – 상대의 표준 : 상대방이 따른 표준을 활용하라.
　　　　　　 – 차이 인정 : 상대편과 나의 상황이 다르다는 것을 인식하고 협상에 돌입하는 것이 좋다. 아울러
　　　　　　　　　　상대의 머릿속 그림을 파악하라.

3. 감정 공감 – 임차 보증금을 날린 임차인의 마음을 헤아리는 멘트나 표정을 짓는 것을 공감이라고 한다. 정말
　　　　　　 마음에서 우러나와서 감정에 대해서 공감을 해준다.

4. 천차만별 – 상황은 백이면 백, 천이면 천, 만이면 만 모두 다르다. 일정한 상황에 끼워 맞추고 미리 상대를
　　　　　　 짐작하는 것은 금물이다. 일단 겪어보면 의외로 쉽게 풀릴 수도 있다.

5. 점진 접근 – 접근은 슬로우, 협상은 신속히 하라는 말이 있다. 협상을 이루기 위해서는 접근을 점진적으로
　　　　　　 하는 것이 좋다.

6. 가치 협상 – 가치가 다른 대상을 교환하라.

7. 만사 소통 – 의사소통에 만전을 기하라.

8. 거짓 금지 – 절대 거짓말을 하지 마라.

9. 위험 예측 – 숨겨진 걸림돌이 있는지 찾아라. 걸림돌이 디딤돌이 될 수 있다.

10. 시나리오 작성 – 가상 연습을 해보자.

4계명: 직접 낙찰법(유입) 방법에 의한 경우에는 취득가액을 높일 수 있는 절호에 기회이다.

NPL상품을 매입한 후 직접 경매에 참여하여 매수하는 경우에는 근저당에 대한 채권행사권리금액(원금+연체이자)에 대하여 상계처리하고 나머지 잔금을 납부하게 되므로 이를 이용하여 응찰가액을 높여 낙찰을 받게 되면, 취득가액이 올라가게 되고, 이는 추후 양도세를 절감할 수 있게 된다.

절세 효과를 분석해 보자.

> **[기본 정보]**
> 감정가 3억원, 근저당권금액 2억원(채권행사권리금액 2억5천만원), 근저당권 매입액 1억원
>
> 매수가액을 3억5천만원에 적더라도 실제 매각금액 납입액은 1억원이 된다. 근저당권 매입액 1억과 합하면 투자 금액은 2억원이 된다. 즉, 3억원 감정가액인 물건을 2억원에 살 수 있다는 잇점이 있다. 만약 4억원에 매매를 하더라도 취득가액을 3억5천만원으로 인정해 주므로, 5천만원에 대한 양도차익에 대해서만 세금을 내면 된다.
>
> 다만, 국세청에서는 배당 상계시에 5천만원에 대해서 이자소득으로 과세하려고 할 것이다. 이에 대한 대비가 필요한 상황이다.

제 7 편

부동산 경매로 사업 확장하기

제 1 장
경매로 받은 부동산으로 창업하기

1. 사례 연구

직장생활 10년 차인 S씨(40세)는 5년간 경매를 공부하면서 소소하게 투자를 해 용돈벌이를 하고 있다. 그런데, 주변 지인들이 하나 둘씩 서서히 감원 바람을 피하느라 몸부림을 치는 모습을 보면서 미래에 대한 부담감을 느끼게 되었다. 어렵게 배운 경매 지식으로 미래를 어떻게 설계할 것인가를 고민하던 차에 경매 창업 박사 김 세무사를 알게 되어 그 고민을 털어놓게 되었다. 특히 경매를 통해 부동산을 사고 팔 때 사업도 가능한지 궁금했다.

2. 조언 방향

경매로 부동산을 취득하고, 그것을 이용해서 평생 직업을 만들 수 있는 창업에 대해서 많이들 궁금해 한다. 어떤 창업이든 우선 정신적인 무장을 가벼이 해서는 안 된다. 반드시 성공한다는 마음가짐이 중요하며, 창업 후 어떻게 경영할 것인가가 중요한 포인트다. 경매로 부동산을 매매할 경우 할 수 있는 사업의 종류를 알아보기로 한다.

3. 이론 및 심화 연구

1) 성공창업을 위한 기본적인 습관

성공 창업의 초석은 본인의 경쟁력을 강화하는 것이다. 본인의 경쟁력은 본인의 가치(value)을 증가시키는 것이다. 그 가치를 높이는 방법을 한번 보기로 하자. 이는 영어의 value에 힌트가 있다. 아래로 쓰면 그 말에 숨은 요소들이 나타난다.

경쟁력	내용
Vision	삶의 목표를 세우는 것이다. 내 인생의 목표를 강건히 하는 사람만이 그 결과에 웃을 수 있다. 삶의 목표를 어떻게 세우느냐에 따라서 자기 대에서 성공을 못하더라도 다음 대에서는 성공할 수 있는 초석이 된다.
Action	불행(不行)이면 불행(不幸)하게 된다. 아무리 근사한 목표를 세우고 있더라도 실행하지 않으면 무용지물이 되는 법이다. 목표를 세웠으면 꼭 실행해야 한다.
Love	본인에 대한 사랑, 사람에 대한 사랑, 일에 대한 사랑, 가족에 대한 사랑 등 사랑하는 마음이 있으면 성공에 빨리 다가갈 수 있다. – 본인에 대한 사랑을 위해서는 자기 관리를 철저히 해야 한다. 특히 건강관리 및 이미지 관리를 끈임 없이 해야 한다. – 사람에 대한 사랑을 실천하려면 그 사람에게 기본적으로 관심을 가져야 한다. 충성 고객에 대한 관심을 가지는 것뿐만 아니라 불만 고객에게도 사랑을 쏟는다면 오히려 후자가 더 충성 고객이 될 수 있다. "항상 당신이 먼저입니다." 이 덕목은 창업을 할 때 기본 덕목이다. 고객이 감동할 때를 지나서 고객이 감탄할 때까지 서비스하겠다는 정신이 필요하다. – 일에 대한 사랑이란 본인에 일에 대한 자부심 및 자긍심을 말한다. 일에 대한 사랑이 없는 창업은 있을 수 없다.
Useful	자신의 효용가치를 높이라는 말이다. 효용가치를 높이려면 기본적으로 부지런해야 한다. 우선 아래와 같이 실천하자. – 아침에 일찍 일어나라. – 약속을 철저히 지키자. – 내 분야에 전문가가 되도록 노력하라. – 경제 및 경영에 무한한 관심을 가지자. – 한 달에 무한 독서를 하자. 특히, 경매로 창업을 준비할 때에는 누구보다도 빨리 권리분석, 임장활동, 수익분석, 물건분석을 하는 것이 습관이 되어 있어야 한다. 향후 부동산에 대한 전망이 어떻게 될 것인가는 경제 및 경영에 관한 뉴스를 꼼꼼히 살펴 미리 대비해야 한다.
Energy	에너지, 즉 항상 열정에 가득 차있어야 한다. 새로운 물건에 대한 탐구 정신뿐만 아니라 새로운 땅을 어떻게 개발할 것인지에 대한 무한 상상력을 말한다. 더불어 육체적인 열정도 같이 중요하다. 특히, 건강관리는 본인에 대한 사랑에도 나왔지만, 정상까지 가기 위해 반드시 필요한 덕목이다.

2) 결국은 창업이 희망이다.(특히, 부동산 경매 창업을 하자)

(1) 창업 트렌드 읽기(6가지 이응(ㅇ)을 기억하라)

현재 창업 시장의 트렌드는 6가지 이응을 생각하면 된다. 시대마다 그 트렌드가 바뀌는데 이에 대한 연구가 철저히 따라야 한다.

① 웰빙/여성/유아/올드 보이/오락·여가/인터넷

경매 사업은 웰빙을 위한 초석이 된다. 아울러 올드 보이들을 위한 안전한 노후 보장 사업이 된다. 경매 사업은 모든 정보를 경매 사이트에서 얻을 수 있어서 인터넷 사업과도 관련이 깊다. 최근 들어 베이비붐 세대들이 대거 은퇴하면서 경매 시장은 활황을 띄고 있는데, 이를 잘 이용하면 이 시대의 창업 흐름을 읽을 수 있다.

② 유망업종을 선택하는 것이 정답(사양 산업, 유행 업종은 삼가)

경매 사업 중에서 유망한 업종은 토지를 투자해서 디벨로퍼 또는 리모델링을 하는 것이다.

(2) 레드오션 속에서 틈새시장 찾기

① 경쟁 우위전략(아이템의 차별화)

경매 사업에 투자할 때에도 일반적인 아파트, 주택 등에 투자하는 것은 경쟁 우위 전략이 아니라고 할 수 있다. 특수 물건, NPL(부실채권) 물건 등에 투자하는 것이 경쟁 우위 아이템 중에 하나이다. 제일 중요한 경쟁 우위 전략은 물건별로 어디에 투자하는 것이 사업자 본인의 적성에 맞는지 파악하는 것이다. 즉, 물건과의 궁합을 따져 보는 것이 레드오션 속에서 틈새시장을 찾는 지름길일 것이다.

② 사칙연산 전략 사용(+, −, ÷, ×)

전략 구분	내용
(+) 전략	경매로 받은 부동산에 자본적 지출을 하여 더 많은 수익을 얻는 전략 즉, 리모델링 전략을 말한다.
(−) 전략	규모가 작거나 수익이 별로 나지 않는 부동산을 과감히 정리하는 전략을 말한다.
(÷) 전략	경매로 취득한 부동산으로 사업을 실시할 때 명의 및 소유를 분산하여 세금을 줄이는 전략을 말하며, 특히 큰 평수의 토지 등을 취득한 경우 분할하여 판매하기에 적절한 크기로 바꾸는 전략을 말한다.
(×) 전략	원재료인 토지를 경매로 받아서 개발(디벨로퍼)하여 더 많은 수익을 얻는 전략을 말한다. 특히, 대단위 개발을 통해서 많은 수익을 얻을 수 있는 전략이 여기에 속한다.

③ 벤치마킹 전략(본따르기 전략)

주변에 경매 부동산으로 사업을 진행하여 성공한 사람들의 사례를 접하고, 그들의 모습을 닮아가는 전략을 말한다. 부자가 되기 위해서는 기존 부자를 벤치마킹하는 것이 가장 빠른 길이다. 성공하고 싶다면 성공한 사람의 행동 및 생각, 투자 패턴 등을 복사하는 것이 성공의 지름길이다. 학교 공부도 마찬가지이다. 전교생 100명 중에서 90등하는 학생이 자기 나름대로의 방식으로 열심히 해서 50등까지는 올릴 수 있다. 그러나 그 이상의 성적을 거두기 위해서는 전교 1등을 하는 친구의 공부 방식, 생각, 공부 패턴을 유심히 관찰하고 그 방법을 습득하는 방법을 사용해야 한다. 이것이 벤치마킹의 한 모습이다. 한자에 비유하자면 타산지석(他山之石)을 말한다. 이는 남의 것을 보고 자신의 발전으로 소화시킨다는 뜻이다.

(3) 블루오션 속에서 틈새시장 찾기

① 시장창조전략

누구는 불행으로 고생하고 있을 때, 누구는 행운으로 구생(求生)을 하고 있다. 누구는 위기를 느끼고 있을 때 누구는 기회로 삼고 있다. 경매 투자를 통해서 시장을 장악하는 시장창조전략이야말로 블루오션을 개척하는 척도가 된다.

특히, 개발(디벨로퍼)을 통한 무한한 창조적 발상이 끊임 없는 시장창조전략이 될 것임은 분명한 사실이다. NPL상품을 통해서 가치를 증식시키는 전략이 시장창조전략인 것이다. 시장을 이끌어가는 전략만이 생존을 할 수 있는 유일한 길임을 명심해야 한다.

경매을 통해서 테이크 오프(take-off) 전략을 하는 관점이 아래와 같이 바뀌고 있다.

- 공급자위주의 관점-->고객중심의 관점
- 경쟁중심의 관점-->가치혁신중심의 관점

경매 시장의 물건들이 채무자(공급자)의 관점에서 고객(수요자)의 관점으로 바뀌고 있는 현상을 말한다. 즉, 현재 부동산이 침체기인 것을 감안한다면 앞으로 수요자의 관점으로 경매 물건을 접근한다면 실패할 가능성이 적다.

아울러, 경쟁 중심에서 가치 혁신 중심으로 관점이 변하고 있다. 사람들이 부동산을 바라보는 시각은 매우 비슷하다. 그러나 어떤 이는 누구나 생각하는 그런 그림보다는 가치혁신을 주도하면서 다른 시각으로 접근하는 것을 볼 수 있다. 이제는 경매 시장의 물건에 투자를 할 때, 혹은 사업을 진행할 때 남들이 생각하지 않는 그런 콘셉트로 접근하는 것을 권하고 싶다. 특히, 특수물건에 접근하여 특수 권리들을 해결하고 개발하면서 이를 자식 대까지 물려주는 시스템이 이 가치혁신중심 관점의 예일 것이다.

② 블루오션의 키워드(SGRE)

구분	내용
Single	경매로 집을 지을 경우에도 블루오션의 콘셉트는 싱글족에 맞춰져 있어야 한다. 도시형생활주택 및 다중주택의 형태 등이 유행하는 것이 이 트렌드를 반영하는 것이다. 이에 대한 근거는 미혼 남녀가 늘어나는 것을 볼 수 있으며, 베이비붐 시대의 은퇴자로부터 생기는 황혼 이혼의 증가도 싱글족이 늘어나는 추세에 더해지는 현상을 볼 수 있다.
Green	개발 및 리모델링을 하더라도 친환경적인 콘셉트로 가야 한다. 예를 들어, 집진시설 및 태양열 시설 등이 있다.
Rent	부동산 임대가 렌트 시장의 핵심을 이룬다. 다중주택 및 도시형생활주택의 임대수요는 계속해서 늘어날 것이다. 내 집을 구하기에 실망한 직장인들이나 생활인들이 이제는 렌트 시장을 통해서 주거를 해결할 가능성이 높아지게 될 것이다. 아울러 싱글족이 늘어나면서 큰 주거 형태보다는 작은 주거 형태의 임대 시장이 늘어날 것이라는 추측은 쉽게 할 수 있다.
Education	은퇴자들에 대한 교육, 퇴직자 교육, 신규 채용자 교육, 주부 교육, 어르신 교육 등 교육의 수요가 증가하고 있는데, 부동산 경매 교육에 대한 수요도 꾸준히 증가하고 있다. 이에 대한 교육 콘셉트가 향후 블루오션으로 자리 잡을 것이다.

3) 경매 부동산 창업을 위한 기본 다지는 기술

(1) 철저하게 준비하면 성공이 보인다.

- 인터넷과 친숙해져라.
- 언론 매체를 통해서 충분한 정보를 얻어라.
- 경매 학원 및 교육 사이트, 평생교육원의 강의를 통해서 정보를 얻어라.
- 창업 강좌를 활용하라.
- 신문이나 생활정보지 광고를 분석하라.
- 창업컨설팅사나 창업 선배들의 도움을 얻어라.

(2) 창업의 4요소 : 4요소 중 제일 중요한 것은 아이템과 입지

창업자 : 서비스나 마케팅 능력, 기업가 정신
아이템 : 업종선정
입지 : 상권, 장소
자금 : 운영자금, 투자자금

(3) 창업의 절차

창업자		사업아이템(업종)선정		점포입지선정		개업준비
· 서비스 정신		· 사업구상		· 상권 분석		· 실내외인테리어
· 유연한 사고		· 정보 수집 및 비교 분석		· 입지조건분석		· 상품 및 집기구입
· 심층 공부(교육)	⇒	· 성장성, 안정성 고려	⇒	· A급점포 선정	⇒	· 영업허가 신고
· 정보 수집 능력		· 사업타당성분석		· 점포 계약 조건과 하자 확인		· 사업자등록신청
· 경영마인드		· 사업계획수립				· 직원 채용
· 기업가정신		· 자금준비 및 조달		· 점포 계약 체결		· 개업 광고
						· 개업

(4) 창업의 형태

- 독립점/가맹점/투자형 창업
- 점포형/무점포형
- 오프라인/온라인

4) 경매 부동산을 이용한 창업의 종류

(1) 경매 부동산의 창업 종류

종류	분류	신고방식
① 일시적, 비반복적으로 경매 부동산을 낙찰, 양도하는 경우	사업소득 해당 없음	양도소득으로 과세
② 계속적, 반복적으로 경매 부동산을 낙찰, 양도하는 경우	부동산 매매업	사업소득으로 과세
③ 토지를 경매 받아서 주택을 신축하여 판매하는 경우	주택신축판매업	사업소득으로 과세
④ 토지를 경매 받아서 상가를 신축하여 판매하는 경우	부동산매매업 (건물신축판매업)	사업소득으로 과세
⑤ 경매 받은 부동산을 임대하는 경우	부동산임대업	사업소득으로 과세

·위에 2번 내지 5번 항목을 법인에서 진행할 경우에는 법인세가 과세 된다.

■■///// 김세무사의 똑소리

[양도소득과 사업소득의 구분 예]

구분	양도소득	사업소득
취득목적	계속 거주 및 수익용에 직접 사용	일시 매매차익 목적이 주가 됨
보유기간	비교적 장기	비교적 단기
취득 · 양도형태	일반적인 매매가 주가 됨	경매취득 및 분할 양도
매매차익형태	일반 경제적 사유에 의거함	잉여 자본 투자로 이루어짐
거래상대방	특정인 및 소수	불특정 다수를 대상
거래 횟수	소수	다수
사업형태	일시적 · 비반복적	계속적 · 반복적

(2) 토지, 건물 판매시 과세 체계

건물 · 토지 판매시 과세 분류 (건물에는 주택이 포함됨)	신축 판매 · 신축 분양	주택과 부수토지[18]	사업성 (판매목적)	국민주택 (85㎡)이하	면세 사업자	건설업: 주택신축판매
				국민주택 (85㎡)초과	일반과세자	건설업: 주택신축판매
				기준면적 초과토지	일반과세자[19]	부동산업: 부동산매매업
			일시,우발적(비사업)	–	–	양도소득세
		겸용주택과 부수토지	하나의 매매단위: 주택〉상가	전체를 주택과 부수토지로 봄	일반과세자[20]	건설업: 주택신축판매
			각각의매매단위: 전체주택10%≥상가			
			주택≤상가	주택과 부수토지	일반과세자	건설업: 주택신축판매
				상가와 부수토지	일반과세자	부동산업: 부동산매매업
		상가와 부수토지[21]	사업성 (판매목적)	–	일반과세자	부동산업: 부동산매매업
			일시, 우발적(비사업)	–	–	양도소득세
	일반매매	토지와 국민주택이하의 주택	사업성 (판매목적)	–	면세사업자	부동산업: 부동산매매업
		위 이외의 모든 부동산	사업성 (판매목적)	–	일반과세자	부동산업: 부동산매매업
		모든 부동산	일시,우발적(비사업)	–	–	양도소득세

18) 주택의 부수토지 기준 면적 : MAX [①주택의 연면적, ②주택 정착면적×5배(도시지역외 10배)]
19) 주택과 부수토지를 신축 판매할 때 과세사업와 면세사업이 혼재되어 있는 경우에는 일반과세자로 사업자등록이 되고, 부가가치세법 적용에 있어서 매입공제는 공통경비에 대해서 안분계산을 거치게 된다. 이 경우 기준면적 초과 토지를 판매하는 경우에는 부동산매매업으로 분류가 되고, 이에 대한 경리를 분리해서 적용한다.
20) 업태와 종목은 건설업과 주택신축판매업으로 나오나, 상가의 건물부분에 대해서는 부가가치세가 과세되므로 이에 대해서는 세금계산서를 발행하여야 한다.
21) 일반건축물 부수토지 기준면적

구분	도시지역	도시지역 외
배율	전용주거 : 5배 일반주거, 공업 : 4배 준주거,상업 : 3배 녹지지역 : 7배 미지정 : 4배	7배

제 2 장
법인이냐 개인이냐 이것이 문제로다

1. 사례 연구

H건설을 퇴직한 P씨(57살)는 평소 디벨로퍼에 관심이 많았다. 직장생활을 하는 동안 그곳에서 배우고 익힌 기술이 그것이기 때문이다. 그런데 퇴직하고 나니 집에 계신 사모님도 사업에 대한 의욕을 불태우고 계시고, 아들과 딸들도 대학을 각각 졸업하고 아버지와 같이 사업을 진행하고자 한다. 아들은 건축공학도이며, 딸은 회계학을 공부했다. 그래서 P사장님은 회사를 아예 하나 만들어서 경매로 땅을 사서 본격적으로 디벨로퍼를 하기로 했다. 사업을 진행할 때 형태가 개인회사를 만드는 경우가 있고, 법인회사를 만드는 경우가 있다고 들었다. 이에 대한 이해가 부족하여 세무 전문가 김 세무사를 찾아가서 자문을 구하고 있다.

2. 조언 방향

사업자의 형태는 법인사업자와 개인사업자로 나눌 수 있다. 법인사업자는 상법상의 4가지 형태로 만들 수 있다. 합자회사, 합명회사, 유한회사, 주식회사의 형태이다. 개인사업자와 법인사업자는 근본적으로 책임 한계의 차이가 있다. 개인사업자는 책임에 대해서 무한 책임이다. 즉, 개인사업자는 끝까지 책임을 져야 하나, 법인사업자는 유한 책임이다. 즉, 본인이 출자한 한도만큼 책임을 지면된다. 아래에서 자세히 알아보도록 하자.

3. 이론 및 심화 연구

1) 개인사업자와 법인사업자의 비교

사업의 경험이 많이 없는 사업 개시 때에는 개인이 유리하나 규모가 커지면 세금 면에서나 대외적인 이미지 면에서 법인이 유리한 면이 있다.

(1) 설립 절차

개인 기업은 설립 절차가 비교적 간단하고 비용이 적게 든다. 사업장을 임차한 경우에는 임대차 계약서를 가지고 사업자등록을 하면 바로 사업이 가능하다. 이에 반해 법인은 등기소에 법인등기부등본을 먼저 발급 받고 나서 사업자등록이 가능하다. 법인은 하나의 인격이 생기는 것이므로 절차가 아무래도 까다롭다. 법인등기부등본을 발급 받으려면 필요 준비 서류를 준비해서 등기를 진행해야 한다. 일반적으로 등기는 법무사를 통해서 하면 된다.

실전 사례

[법인의 설립시 준비 체크리스트]

주식회사 설립시 필요사항 체크리스트				
상　　호				
본　　점 소 재 지				
사　　업 목　　적				
자 본 금	원	1주당 금액	원	발행 주식 총수	주
직　　책	성명	주민(법인)등록번호		주식 인수 비율 또는 주식 수
	주소			
대표이사				
이　　사				
이　　사				
감　　사				

〈설립시 필요서류 및 준비물〉
　임원(이사 · 감사)전원의 인감 2통, 주민등록등본 1통, 인감도장
　단, 대표이사는 인감 3통, 주민등록등본 2통, 인감도장

〈참고사항〉
① 상호는 중복의 우려가 있으므로 복수로 준비한다.
② 목적 란에는 하고자 하는 모든 사업을 적는다. (추후 등기부등본의 정정 절차를 줄임)
③ 본점 소재지는 임대차계약서의 주소와 일치시킨다.(사업자등록시 용이함)
④ 주식은 1주당 100원 이상으로 하되, 보통 1주당 5,000원으로 하는 것이 일반적이다.
⑤ 이사는 1인 이상이면 가능하나, 대표이사의 직함을 사용하기 위해서는 2인 이상인 것이 좋다.
　· 회사 성립 후에는 1인 이사도 가능하다.
⑥ 감사는 1인 이상을 선임한다.
⑦ 1인 주주도 가능하다. 단, 이사나 감사가 반드시 주주일 필요는 없다.

법인의 설립 절차 중 특이한 사항은 정관의 작성과 인증, 주식의 인수와 납입, 창립총회의 개최, 이사회의 개최 등을 들 수 있다. 현재 최저 자본금의 제한은 없으므로 100원만 있어도 법인을 만들 수 있으나, 사업자등록증을 발급 받기가 어려울 수 있다.

(2) 대외적 신인도

대외 신인도의 면에서 개인 사업의 신인도는 개인의 신용과 재력에 따라 평가 받으므로 법인기업보다는 현실적으로 낮다. 외부에서 보기에도 주식회사 ***이 더 신인도가 높다.

(3) 자본의 조달

개인 사업의 경우에는 사업주가 모두 자본을 조달해야 하므로 자본의 조달에 제약이 있을 수 있으나, 법인(주식회사)의 경우에는 주주를 통해서 자금을 조달하므로 비교적 용이하게 할 수 있다.

(4) 사업주의 책임

개인 사업의 경우에는 경영상 발생하는 모든 문제와 부채, 손실, 세금에 대해서 전적으로 기업주 홀로 책임을 지는 무한 책임을 부담한다. 사업주가 사업에 실패하면 사업주의 다른 재산으로도 그 채무를 변제해야 한다. 그러나 법인(주식회사)의 경우에는 출자한 지분의 한도 내에서만 책임을 지는 유한 책임만을 부담하므로 기업이 도산하더라도 피해를 최소화할 수 있다.

(5) 세법 적용의 차이

개인 사업의 경우에는 종합소득세로 과세가 되지만, 법인(주식회사)의 경우에는 법인세가 과세된다. 개인 사업의 경우에는 6-38%의 누진 세율 구조로 되어 있으나, 법인은 10%와 20%와 22%의 3단계 구조로 되어 있다.

////// **계산 사례**

[법인세와 소득세가 같게 되는 과세 표준 구간]

과세표준=X

법인세 : 0.1X
소득세 : 720,000+(X−12,000,000)×0.15

법인세와 소득세가 같게 되는 과세 표준 구간은 21,600,000원이다. 즉, 21,600,000원보다 과세 표준이 더 크면 법인세가 더 적게 나온다.

법인의 경우에는 대표자의 급여도 비용처리가 되는 장점이 있으나, 법인의 고정자산을 양도할 경우에는 토지 등의 양도소득세에 대해서 추가로 세금을 더 내야 하는 단점이 있다.

(가) 과세소득의 개념 차이

개인 기업은 소득원천설에 입각하여 제한적인 열거소득을 과세소득으로 파악하는 것에 반해 법인기업은 순자산증가설에 따라 과세소득을 파악한다. 예를 들면 고정자산처분손익은 법인기업의 경우에 과세소득에 포함되나 개인 기업에서는 과세소득을 구성하지 않는다.

////// **김세무사의 똑소리**

[NPL(부실채권) 물건의 법인세 적용 여부]

NPL의 소득에 대한 과세 여부는 두 가지로 나눌 수 있다. 부실 채권에서 발생하는 이자소득과 부실채권을 매도하거나 배당 받아 수익이 실현되었을 때 소득이 발생한다.
- 이자가 들어오는 것은 비영업대금의 이익으로 이자소득에 과세가 된다.
- 부실 채권의 경매를 통해서 채권을 회수하는 경우에는 채권의 매매차익에 해당이 되어 현행 과세 체계 하에서는 과세가 되지 않는다.
  단, 채권의 매매차익에 대해서 지속적으로 이익을 챙겨갈 경우에는 사업소득으로 과세될 여지가 있으므로 주의를 요한다.

만약 법인에서 소득이 발생하였다면, 무조건 법인세를 내야 한다. 왜냐하면 법인에서는 그 소득 때문에 순자산이 증가했으므로 과세되는 것이다.

(나) 과세소득의 범위

법인은 각 사업연도소득과 청산소득에 대한 납세 의무가 있는데 반하여 개인은 당해 연도의 소득에 대해서만 납세의무가 주어진다. 당해 연도 소득이란 종합소득(이자·배당·사업·근로·연금·기타소득)과 양도소득, 퇴직소득을 말한다.

(다) 과세 기간의 차이

소득세법은 매년 1월 1일부터 12월 31일까지를 과세 기간으로 하는데 비해 법인세법은 법인의 사업연도를 과세 기간으로 한다. 법인의 사업 연도는 일반적으로 정관이나 규칙 또는 법령에 규정하고 있는 회계 기간이 되며, 그 기간은 원칙적으로 1년을 초과하지 못한다.

(라) 확정 신고의 차이

소득세법은 과세표준을 익년 5월 1일부터 5월 31일까지 신고 납부하여야 하며 법인세법은 사업연도 종료일로부터 3월 이내에 신고 납부하여야 한다.

(6) 운영상의 차이

개인사업	법인사업
· 의사결정이 신속하다 · 기업주의 활동이 자유롭다 · 창의적인 노력이 극대화 된다 · 자본증가에 있어서 제한이 있다 · 신용도가 취약하다 · 일정 규모 이상인 경우 세금 부담이 과중하다 · 단독으로 무한 책임을 진다	· 대외 신용도가 우월하다 · 유한 책임을 진다 · 주식 양도를 통해 재산의 이전이 용이하다 · 자본의 증가가 용이하다 · 기업주의 활동이 제한적이다 · 상법, 세법 등 관련법의 규제가 증가한다

(7) 청산시의 차이

청산 시에도 법인사업의 법적 절차가 더 복잡하다. 세금 신고 절차인 폐업신고, 부가가치세 신고 등 세무 상 절차는 동일하나 법인은 상법상의 해산 등기 등 청산 절차를 추가로 수행하여야만 청산이 종결된다.

2) 개인사업자의 주요 경비 내역

(1) 카드 지출 경비

개인 사업자 명의 카드 지출 내역은 아래의 2가지를 제외하고 모두 경비 처리 가능함.
<예외 2가지>
⑴ 가사 관련 경비 : 의복 구입비, 주택 관리비 등
⑵ 업무 무관 경비 : 업무와 관련이 없는 비용 등(가방 구입비 등)

(2) 현금 영수증 경비

개인 전화번호 및 주민번호로 발급된 현금 영수증은 경비 처리 가능함.
배우자 및 가족들이 사업에서 일하고 있는 경우 사용한 현금 영수증을 사업자용 전화번호
로 발급 받으면 경비 가능하므로 관련 영수증을 준비하여 경비로 인정받아야 함.

(3) 사업용 계좌에서 결제 된 경비

사업용 계좌에서 지출 증빙 없이 빠져나가는 비용도 경비처리 가능함.
예) 사업 관련 이자비용, 신문대금, 우유대금, 차량 리스료(계산서 발행된 분 제외), 도서구입
　　비, 자동차 세금, 자동차보험료, 화재보험료, 핸드폰 결제비, 협회비, 지역협회비 등.

(4) 기타 영수증 경비

- 3만 원을 초과하지 않는 범위 내에서 결제된 일반 영수증도 경비 처리됨.
  단, 접대비는 카드로 결제해야 비용으로 인정받을 수 있음.
- 경조사비는 관련 증빙서류(예, 청첩장 등)을 갖추면 경비처리 가능함.
- 고속도로 톨게이트비 등도 영수증이 있을 경우 경비처리 가능함.

(5) 공동 사업자일 경우 경비

- 사업자 한 사람이 쓴 비용 모두가 경비처리가 가능하므로 영수증을 필히 챙겨야 한다.

3) 법인에서 필요한 등기 절차와 준비 서류 정리

등기 종류	준비 서류	
설 립	1. 대표이사 개인 명의의 잔액증명서 1부 　(예, 자본금 1천만 원으로 설립하려면 , 1천만 원 이상 은행 발행 잔액증명서) 2. 임원(대표이사 포함) 2인 이상 　각각 인감증명서 1부, 주민등록초본1부, 인감도장 지참 · 등기부에 기재할 세부사항은 법무사 선임 후 상의해서 진행하는 것이 업무를 빨리 마칠 수 있는 지름길이다.	
임원변경	**대표이사** 1. 법인등기부등본 1통 1. 법인인감도장 1. 법인정관사본 1통 1. 주주명부 1통 1. 사임대표이사 인감도장, 인감증명서 2통 1. 취임대표이사 인감도장, 인감증명서 2통, 주민등록등본 1통 1. 주식 과반수 소유 주주들의 인감도장, 인감증명서 1통 1. 이사 · 감사의 인감도장, 인감증명서 1통 　– 단, 주주와 임원이 중복 시는 인감도장, 인감증명서 2통 · 법인인감카드 준비	**이사 및 감사** 1. 법인등기부등본 1통 1. 법인인감도장 1. 법인정관사본 1통 1. 주주명부 1통 1. 사임이사(감사)의 인감도장, 인감증명서 2통 1. 취임이사(감사)의 인감도장, 인감증명서 2통, 주민등록등본 1통 1. 주식 과반수 소유 주주들의 인감도장, 인감증명서 1통 1. 대표이사, 다른 이사(감사)의 인감도장, 인감증명서 1통 　– 단, 주주와 인원이 중복 시는 인감도장, 인감증명서 2통
본점이전	**서울에서 서울** 1. 법인등기부등본 1통 1. 법인인감증명서 1통 1. 법인인감도장 1. 주주명부 1통 1. 대표이사, 이사, 감사의 인감도장, 인감증명서 1통 1. 주식 과반수 소유주주들의 인감도장, 인감증명서 1통 · 개인인감도장은 개인 또는 위임인 면전에서 서류에 날인 후 반환함 · 법인인감카드준비	**서울에서 지방 또는 지방에서 서울** 1. 법인등기부등본 1통 1. 법인인감증명서 1통 1. 법인인감도장 1. 주주명부 1통 1. 대표이사, 이사, 감사의 인감도장, 인감증명서 1통 1. 주식 과반수　소유 주주들의 인감도장, 인감증명서 1통 · 개인인감도장은 개인 또는 위임인 면전에서 서류에 날인 후 반환함 · 법인인감카드 준비

4) 법인 회사 총무 관리 매뉴얼(회계 및 세무 관련)

(1) 전표 확인

(가) 출금 전표: 현금 출금 지출시 작성

(나) 입금 전표: 현금의 입금시 작성(통장에서 시재 인출시)

(다) 대체 전표: 차변과 대변이 나타날 경우에 작성

·전표 작성을 통해서 대사의 기능을 수행할 수 있음
·전표는 수기 작성이나 전산 작성을 선택해서 법인에서 꼭 작성하셔야 함

(2) 거래의 4박자의 준수

(가) 거래명세표(사업자등록증 사본)

(나) 계약서 및 견적서

(다) 입금표 및 계좌이체확인서 등(통장에 찍혀 있는 경우에도 받아 두는 것이 좋음)

(라) 세금계산서 발행

■///// 김세무사의 똑소리

[세무조사시 거래 확인의 1순위 : 돈의 결제 유무 확인]
· 가공세금계산서 및 위장 세금계산서 문제로 법인세 및 부가세. 소득세가 추징되므로 거래의 4박자를 꼭 지켜주
  어야 한다.
· 모든 거래에는 계약서가 있어서 증거 서류로 남겨 놓는 것이 좋다. 다른 증거 서류들도 같이 준비해 두는 것이
  좋다.
· 위 증거서류는 전표 작성시 뒷면에 철해서 잊어버리지 않도록 정리한다.

(3) 세금계산서관리

(가) 매출세금계산서관리(예시 : 엑셀로 아래와 같은 표를 작성해서 관리함)

(총괄표)

매출 날짜	매출처 상호	사업자등록번호	공급가액	부가세	합계	입금 시기	입금 종류

·입금 종류는 현금, 어음, 보통예금을 적는다.

·어음이 있는 경우에는 어음대장에 이기 한다. 어음은 전자형식으로 복사를 해놓아서 차후 위변조의 문제가 없도록 하는 것이 중요하다.

·매출액 중에서 미수금이 있는 경우에는 아래의 외상매출금관리대장으로 옮겨서 관리함

·매월 작성한다.

(나) 매입세금계산서 관리(예시: 엑셀로 아래와 같은 표를 작성해서 관리함)

(총괄표)

매입 날짜	매입처 상호	사업자등록번호	공급가액	부가세	합계	출금 시기	계정 과목

·계정 과목은 매입처별로 다음과 같이 세분화하여 적는다.

　원재료 : 제품이나 상품을 만들 때 원료로 들어가는 것을 이렇게 분류한다.

　소모품비 : 제품을 만들 때 1회적으로 쓰이는 소모품은 이렇게 분류한다.

　지급수수료 : 수수료 성격이 있는 것은 이렇게 분류한다.(예. 세무사 사무실 기장료)

　통신비 : 전화 요금 등은 이렇게 분류한다.

　지급임차료 : 사무실 임차료를 지급할 때 이렇게 분류한다.

　기타

·매월 작성한다.

(다) 세금계산서 관리 주의 사항

① 세금계산서 발행시

대체전표에 기입하고, 일반 영수증과 따로 분리하여 매출세금계산서철에 보관하였다가 부가세 신고를 빠지지 않도록 신고한다.

② 6월 및 12월 세금계산서

·6월 및 12월에 집중적으로 세금계산서를 많이 발행하거나 받는 경우에는 세무조사의 리스크가 매우 높아짐으로 주의를 요한다.

·가공 세금 계산서나 위장 세금계산서는 그 지급 금액을 가지고 판단하므로 거래의 증거서류와 함께 통장에서 정산되는 금액이 있어야 한다.

(라) 전자 세금계산서

전자 세금계산서의 경우 이달분 세금계산서는 다음달 10일까지 메일을 통해서 전송을 해야 하며, 거래처에 승인여부를 확인하는 것이 좋다.
·미발행 및 국세청으로 미전송시 가산세 대상이 되오니 주의를 요한다.
·부가세 신고 시에는 세무사 사무실과 대사를 하여서 신고 시 누락되는 없도록 하며, 특히 전자세금계산서가 누락된 것이 없는지 대사를 해야 한다.

(4) 급여 관리(인사 관리)

(가) 급여 대장 (세무대리인과 연계)

·비과세 부분과 '건강보험의 피부양자 신청 서식'을 잘 작성하여 신고에 오류가 없도록 신경을 쓴다.
·회사가 자체적으로 4대 보험 사이트(4insure.go.kr)에 가입되어 있으면 가입 결과 통지를 해줘야 한다.
·주요 비과세 항목
　식대(매월 10만 원), 자가운전보조금(매월 20만 원: 본인 명의의 차량인 경우)
　육아수당(매월 10만 원)
　야간근무수당(매년 240만 원: 월정액급여 150만 원이고 ,직전 총급여액 2천5백만원 이하의 생산직근로자만)
　국외근무수당(매월 300만 원), 학자금(본인)
·근로계약서를 반드시 작성해야 하고, 상시 근로자가 10인 이상인 경우에는 취업규칙을 작성해서 관할 노동관서에 신고하여야 한다. (불이행시 과태료 있음)
·채용시 근로형태, 급여 수준, 지급시기, 급여 지급형태, 연차휴가 제도 등에 대해서 충분히 협의 후에 1달 급여 금액을 정해서 근로소득세 원천징수를 준비한다.
·급여 지급 시기는 근로자 전체를 통일해서 정해진 날에 일괄 지급하는 것이 좋다.

(나) 4대 보험 관리대장(국민연금, 건강보험, 고용보험, 산재보험)

·4대 보험은 건강보험공단에서 통합 징수됨(2011년 1월 1일부터).
·고용보험료 및 산재보험료는 월별 부과제도로 바뀜(성립·변경신고를 반드시 해야 함).
·성립 변경 신고를 하지 않을 경우에는 과태료 처분이 됨(과태료 300만 원).
·건강보험공단에서 오는 보험료 납입고지서는 매월 버리지 말고 관리 대장에 철해 놓는다.

(다) 잡급 대장(임시직, 비정규직, 시간제근로자 등 정규직 이외의 근로자 관리 대장)

·잡급(일용직) 발생 시에는 주민등록등본과 급여액을 정해서 매달 기록하고, 그 금액을 신고해야 한다.

·일금 10만 원 이하인 경우에는 소득세가 비과세 되지만, 1개월 이상 근속할 경우에는 4대보험이 가입 대상이 된다. (단, 15시간미만 근로자는 제외함)

·학생을 고용할 경우 미성년자인 경우에는 부모의 동의서와 본인과 작성한 근로계약서, 주민등록등본 등을 준비해 놓아서 차후 불미스러운 일을 방지해야 한다.

·대학생일 경우(산학협력학교)에는 연금, 건강보험, 고용보험은 부과되지 않으나 산재보험은 가입대상이므로 주의를 요한다.

(라) 일용직 고용보험공단에 신고

급여 발생 월의 다음달 15일까지 '근로내용확인서'를 근로복지공단으로 송부해야 한다. 단, 주당 15시간미만 근로자(월 60시간 미만자) 등은 제외된다.

·미송부시에는 과태료가 부과된다.

(마) 기타 변경 사항

·퇴직금 제도 : 2010년 12월 1일 이후에는 1인 이상에 모두 적용하도록 되어 있음

·퇴직연금 가입 고려 : 2012년 7월26일 이후에는 퇴직금 중간 정산 제도 적용이 어려우므로 퇴직연금 가입을 해서 준비해야 한다.

*·퇴직연금 제도 : 확정 기여형(DC형), 확정 급여형(DB형)이 있음

·퇴직연금 도입 시 관리 규약을 노동관서에 등록해야 한다.

·주40시간제도 : 2011년 7월 1일부터는 주 40시간 제도가 적용됨

(5) 법인 카드관리 및 개인 카드 관리 등

(가) 코드는 미지급 비용으로 걸어줌(신용카드사로부터 발송되어 온 영수증 보관)

(나) 결산시: 미지급비용 계정 확인함

(다) 발생 시기를 기준으로 화계처리하고, 결제시에 미지급비용을 정산함

(라) 접대비 사용 시에는 반드시 법인 카드로 사용 할 것

(마) 법인 카드 중에서 10만 원 넘어가는 카드는 다음의 거래를 제외하고 부가세 공제

- 간이과세자 및 면세 사업자와 거래
- 접대비
- 비영업용 소형 승용차에 쓰인 금액 및 그 유류대

(6) 주식 관리

- 주식의 변동(양도, 증여, 증자, 감자) 등은 반드시 세무 전문가와 상의를 할 것
- 주식관리를 잘못하면 각종 세금이 생길 수 있으므로 주의를 요한다.
- 액면 가액으로 주식을 양수도 할 경우에는 대단위 추징이 있으므로 주의를 요한다.
- 종업원과의 주식 거래 및 명의신탁 주식이 있는 경우에도 세금이 많이 징수되므로 관리가 필요하다. 특히, 과태료를 주의하기 바란다.

(7) 외상매출금 관리 대장(미수금 관리 대장)

·외상매출금은 매출이 이루어졌으나 아직 받지 못한 금액을 말함

〈 업체명별 정리 : 기본 액셀 서식임 〉

날짜	적요(제품명)	발생 금액	회수액	회수 수단	잔액

·회수 수단에는 현금, 통장, 어음 등을 기재 한다.

(8) 외상매입금 관리 대장(전자세금계산서 누락 없도록 유의)

·외상매입금 : 재료를 사왔으나 아직 결제를 하지 않은 금액을 말함

〈 업체명별 정리 : 기본 액셀 서식임 〉

날짜	적요(제품명)	발생 금액	지급액	지급 수단	잔액

(9) 미지급금 관리 대장

〈 업체명별 정리 : 기본 액셀 서식임 〉

날짜	적요(제품명)	발생 금액	지급액	지급 수단	잔액

※ 적요란에 기계장치 및 건물 등 고정자산 내역을 적는다.
※ 장기 할부 판매가 있는 경우에는 반드시 따로 표시한다.

(10) 미지급비용 관리 대장(법인 카드와 연계)

·카드 명세표를 첨부하시고, 법인 카드 회사에서 매달 날아오는 카드 명세표와 대체 처리 한다. (승인이 늦게 떨어지는 경우가 있음으로 주의한다.)
·법인 카드는 최소한으로 발급받아서 사용한다.

(11) 통장 정리 개괄

	입금 통장(통장 번호)		출금 통장(통장 번호)	
외상매출금 →	외상대 입금 대체전표 발생 차)보통예금 대)외상매출금	입금→출금 대체전표발생 차)보통예금 대)보통예금	외상대 결제 대체전표 발생 차)외상매입금 대)보통예금	외상매입금 →
미수금 →				미지급금 →
미수수익 →				미지급비용 →

※ 입출금 통장에서 현금을 인출할 경우 : 입금 전표에 기재
※ 인출한 현금으로 지출할 경우 : 출금 전표에 기재
※ 지출 통장 관리 : 외상매입금 지급 및 기타 비용의 지불을 위한 통장
※ 입금 통장 관리 : 매출액 통장에서 관리
※ 통장에는 적요란에 거래처명을 적으며, 결제시에도 거래처명을 적음
※ 입금 통장에서 매달 말에 다음 달 소요되는 고정비용을 체크하여 지출 통장으로 이체
   관리한다. (자금 관리 측면)
※ 가지급금과 가수금 관리
– 가지급금 : 대부분 명목 없이 통장에서 인출되는 금액으로 그 원인이 밝혀지지 않으면
             향후 인정이자를 계산해야 하며, 전도금 계정에서 원인이 밝혀지지 않으면
             가지급금 계정으로 분류될 수 있다.
             (회계처리)
              차) 가지급금 ｜ 대) 보통예금

– 가수금 : 대부분 명목 없이 통장으로 들어오는 금액을 말하며, 가수금이 많을 경우에
           는 매출누락액으로 간주될 수 있음에 유의해야 한다.
           (회계처리)
            차) 보통예금 ｜ 대) 가수금

(12) 주요 일반 영수증 관리

– 경조사비 : 20만 원까지 증빙 인정함
 ※ 증거서류 : 청첩장, 부고장 등 증거 자료를 수집할 것(인터넷 초대장도 됨)
– 접대비 : 1만 원 초과할 때는 반드시 법인 카드를 사용하여야 한다.
– 기타 일반 경비 : 3만 원 초과할 때는 적격 증빙 서류를 가지고 있어야 한다.
 ※ 적격 증빙 서류 : 신용카드, 계산서, 세금계산서 등을 말한다.
– 여비 교통비 : 출장복명서를 반드시 작성하고 제출해야 한다. (영업부 직원 교육)
– 전도금 관리 : 영업부 등에 지급된 일시적인 전도금은 빠른 시일 내에 정산하도록 하
   며, 그 영수증은 반드시 받아놓아야 하며, 관련 회계처리를 해 놓아야 한다.
– 전도금 중에서 미입금액은 영업부 직원의 급여 처리가 됨에 유의해야 한다.

(13) 회사의 비치 서류

경영일반관리	재무관리 및 회계 관리	인사 관리
(1) 정관 (2) 사업자등록증사본 (3) 법인등기부등본 (4) 법인인감증명서 (5) 이사회회의록 등 (6) 주주명부 및 변동 내역서 (7) 일반 회사 조직도 (8) 조직내 비상 연락도 (9) 주요 거래처 내용	(1) 모든 계약서 정본 및 사본 (2) 매출세금계산서철 (3) 매입세금계산서철 (4) 급여대장철 (5) 4대 보험 관리철 (6) 외상매출금관리대장 (7) 외상매입금관리대장 (8) 미지급금관리대장 (9) 법인 카드관리대장 (10) 법인통장철(복사본) (11) 일일자금일보 (12) 전표철 (13) 재고관리대장 (14) 여비 교통비복명서 (15) 일용직급여 대장	(1) 근로계약서 (2) 상여금지급 규정(임원) (3) 퇴직금지급 규정(임원) (4) 휴가 및 상벌 규정 (5) 여비 교통비지급 규정 (6) 취업규칙(10인 이상) (7) 식대지급 규칙 (8) 육아수당 지급 규칙 (9) 학자금 지급 규칙 (10) 자가운전보조금 지급 규칙 (11) 기타 필요한 규정 등

■■////// 김세무사의 똑소리

[법인사업자 등록 후 진행 사항]

1. 법인 통장 개설 및 법인 카드 개설
- 주거래 은행에 법인 통장 개설 및 법인 카드 개설
- 준비 서류 : 법인 등기부등본, 인감증명서, 사업자등록증 사본, 도장, 대표자 신분증
- 법인 통장 개설 : 대표이사가 직접 가는 것이 좋음.
- 법무사에서 만들어 놓은 주금 납입 통장을 법인 통장으로 전환하면 됨.
- 법인 카드는 사업 초기에는 체크카드가 발행될 소지가 매우 높음.
- 법인 카드 결제 통장은 주거래 은행 통장으로 해야 함.
- 법인의 모든 비용은 카드 사용을 원칙으로 함.

2. 법인 통장 사용 지침
- 모든 거래는 통장을 통해서 거래 되도록 해야 함.
- 현금을 유출할 경우에는 가능한 한 증빙(차용증)을 쓰고 유출한다.

3. 법인 매출 세금계산서 발행
- '이세로'에 가입하고, 공인인증서를 등록하면 세금계산서를 발행할 수 있음.
- 발행과 동시에 전송을 해야 함.
- 그달 받을 금액을 결정하시고, 최소한 그다음 달 10일까지는 반드시 발행해야 함.

4. 인건비 계상
- 대표이사를 비롯하여 인건비로 계상할 수 있는 분은 모두 급여 신고가 들어감.
- 4대 보험 납입 의무가 있음(단, 가족은 고용과 산재보험 적용 없음).

5. 자산 처리
- 법인 차량이 있을 경우 경비 혜택이 크므로 향후 차량 구입 및 리스 권해드림.
- 추가 구입 시에는 리스를 하시는 것이 좋음(금융리스).

6. 기타 제비용 처리
- 카드 사용 이외에 간이 영수증은 3만 원 이하인 경우 무조건 받아야 한다.
- 법인 통장에서 거래처 결제가 이루어지는 경우에는 반드시 거래처 이름을 통장에 찍어주어야 업체와 관련된 회계처리를 쉽게 할 수 있다.

제 3 장
부동산 매매업 창업해 볼까?

1. 사례 연구

자동차 판매 사원인 P씨(38살)는 친구들의 명퇴 소식을 벌써 접하고 있다. 몇 개월 전부터 같은 판매 사원과 함께 경매를 공부하기 시작했고, 벌써 자그마한 집 2채를 낙찰 받았다. 그는 기존에 살던 집이 있었기에 그 중 한 채를 팔아서 짭짤한 수익을 챙겼다. 그러다 경매 세금 박사 김 세무사의 이야기를 들어보게 되었는데, 단기양도에 해당이 되어 세율의 50%란다. 짭짤하다고 생각했던 수익에서 세금을 내고 나니 대뇌의 전두엽까지 혈압이 올랐다. 그런데, 김 세무사로부터 약간은 아드레날린이 분비될 만한 소리를 듣게 되었다. 계속 경매를 받아서 팔 예정이면 아예 사업을 시작하라는 내용이었다. 부동산을 사고파는 것도 사업이 될 수 있는지 궁금하고, 이 기회에 이 사업으로 전업을 하는 것도 고려중이다. 본인의 적성에 딱 맞는 것이기 때문이다. 집 2채를 낙찰 받을 때도 운 좋게 무혈입성을 했다.

2. 조언 방향

경매를 통해서 부동산을 사고파는 것도 사업이 될 수 있다. 보통의 부자들은 노동집약적인 사업에서 시작하여 자본집약적인 사업으로 발전해 가는 모습을 보인다. 아울러 주변의 빌딩 부자들을 만나보면, 대부분 초기에 경매를 통해서 종자돈을 모을 수 있었고, 모텔 등을 초기에 투자하고 매매 후 부의 초석을 다지는 모습을 많이 관찰 할 수 있다. 이렇게 부동산을 사고파는 것을 재화로 본다면 유통시장이라고 할 수 있다. 대형마트 등이 속하는 유통시장에서 특히 많은 마진을 남긴다는 것은 우리나라의 경제 구조의 취약점이지만, 현재 유통구조에서 제일 수익이 많이 난다. 이렇게 유통을 하다가 보면 제품을 만드는데 손을 대듯이 부동산도 유통을 하다가 개발로 들어가는 것이 보통이다. 부동산을 사고파는 것을 앞에서 보았듯이 '부동산 매매업'이라고 한다. 이것이 세금 면에서 어떻게 처리되는지 알아보자.

3. 이론 및 심화 연구

1) 부동산 매매업이란?

부가가치세법에서 규정하고 있는 다음 요건 중 어느 한 가지에 해당이 되면 부동산 매매업을 영위하는 것으로 한다.

① 부동산의 매매(주거용 또는 비거주용 및 기타 건축물을 자영 건설하여 분양·판매하는 경우를 포함한다) 또는 그 중개를 사업목적으로 나타내어 부동산을 판매하는 경우

·부동산의 매매 또는 그 중개를 사업목적으로 나타내어 부동산을 판매하는 경우란 사업 자등록, 정관, 법인등기부등본, 분양공고문, 광고지, 부동산 중개업소 확인, 기타 사실에 의하여 독립된 사업으로 부동산 매매업을 영위함이 객관적으로 확인되는 경우를 말하는 것으로 그 자체가 사업이라 할 수 있기에 부동산의 취득 또는 판매 회수 등에 관계없이 부동산 매매업을 영위하는 것으로 본다.

② 사업상의 목적으로 1과세 기간(1.1~6.30 또는 7.1~12.31) 중에 1회 이상 부동산을 취득하고 2회 이상 판매하는 경우

·수회에 걸쳐 취득하고 판매하는 경우: 사업상의 목적으로 1과세 기간(1.1~6.30 또는 7.1~12.31) 중에 1회 이상 부동산을 취득하고 2회 이상 판매하는 경우에는 사업목적이 외부로 나타나지 않는 경우이나, 영리목적의 유무에 관계없이 1과세 기간 중 1회 이상 취득하고 2회 이상 판매하는 경우에는 사실상 반복적인 공급행위로서 부동산 매매업을 영위하는 것으로 본다. 여기서 "사업상"이란 '사업과 관련하여' '사업을 위하여', '사업에 있어서의'의 의미를 가지고 있다. 따라서 부가가치를 창출할 정도의 실체적 사업조직을 갖추어 사회통념상 사업성을 인정할 수 있을 만큼의 독립성을 가지고 계속적, 반복적 활동이 이루어지는 경우 사업상 목적이 있는 것이다.

여기서 부동산의 범위는 토지 및 건축물만을 의미한다.

반면, 소득세법에서는 부동산 매매업의 정의를 다음과 같이 하고 있다.
한국표준산업분류에 따른 비주거용 건물건설업(건물을 자영 건설하여 판매하는 경우만 해당함)과 부동산 개발 및 공급업을 말한다. 다만 한국표준산업분류에 따른 주거용 건물 개발 및 공급업(구입한 주거용 건물을 재판매하는 경우는 제외한다. 이하 "주거용 건물 개발 및 공급업"이라 한다)은 제외한다. (소득세법 시행령 제122조)

즉, 부가세에서는 주거용이나 비주거용이나 자영 건설하여 분양 판매하는 경우를 모두 부동산매매업으로 포함하여 규정하나, 소득세를 적용할 경우에는 주거용 건물 개발 및 공급업을 '주거용 건물 개발 및 공급업'이라고 하여 '주택신축판매업'으로 구분하고 있다. 사업자등록증상에 부동산 매매업으로 나와 있더라도 주거용 건물 개발 및 공급업에 해당이 되면 주택신축판매업으로 소득세를 적용해야 한다는 것이다. 단, 구입한 주거용 건물을 샀다가 파는 것을 반복하는 것은 부동산 매매업에 속한다.

■▰///// 김세무사의 똑소리

[업종 구별이 중요한 이유는?]
부동산 매매업은 세법을 적용할 때 아래와 같은 차이점이 있다.
– 각종 중소기업의 혜택을 볼 수 없다.
 ① 접대비 조정할 경우 기본 금액이 12,000,000원(중소기업인 경우 18,000,000원)
 ② 중소기업에 대한 조세특례제한법 상 혜택이 적용되지 않음
 ③ 경비율 적용시 부동산 매매업으로 적용
– 소득세 적용시 비교과세 제도를 사용한다.
– 소득세 적용시 부동산 양도에 관한 예정 신고를 해야 한다.
– 복식부기의 의무적용 직전 총수입금액 기준이 3억 원을 적용한다. 그러나 주택신축판매업에 해당이 되면 직전 총수입금액 기준이 1억5천만 원을 적용한다.

2) 부동산 매매업과 주택 신축 판매업의 경비율의 비교

(1) 주택 신축 판매업의 적용 경비율

45. 종합 건설업

451. 건물 건설업

코드 번호	종목		적용범위 및 기준	단순 경비율	기준 경비율
	세분류	세세분류			
451101	주거용 건물 건설업	· 주거용 건물 건설업	○도급 및 자영 건설업자에 의하여 주거용 건물을 건설하는 산업 활동 * 건설하여 판매하는 경우포함 * 직접 건설 활동을 수행하지 않더라도 건설공사에 대한 총 괄적 책임을 지면서 하도급을 주어 전체적으로 건설 공사 를 관리하는 경우 포함 * 직접 건설 활동을 수행하지 않고 전체 건물 건설 공사를 일괄 도급하여 주거용 건물을 건설하고 이를 판매→ 451102, 451103	92.0	9.0
451104	비주거용 건물 건설업	· 비주거용 건물 건설업	○도급 및 자영 건설업자에 의하여 비주거용 건물을 건설하 는 산업 활동 * 비주거용 건물 건설 용역만 해당됨(건설 후 판매 → 부동 산 매매업) * 직접 건설 활동을 수행하지 않더라도 건설공사에 대한 총 괄적 책임을 지면서 하도급을 주어 전체적으로 건설 공사 를 관리하는 경우 포함	92.0	9.0
451102	주거용 건물 건설업	· 주거용 건물 건설업	○ 주택 신축 판매(토지 보유 5년 미만) – 한국표준산업분류에 따른 주거용 건물 개발 및 공급업 (구입한 주거용 건물을 재판매 → 부동산 매매업)	91.4	8.7
451103	주거용 건물 건설업	· 주거용 건물 건설업	○ 주택 신축 판매(토지 보유 5년 이상) – 한국표준산업분류에 따른 주거용 건물 개발 및 공급업 (구입한 주거용 건물을 재판매 → 부동산 매매업)	86.9	9.5

(2) 부동산매매업의 경비율 적용

코드 번호	종목		적용범위 및 기준	단순 경비율	기준 경비율
	세분류	세세분류			
703011	부 동 산 매 매 업	· 부동산매매 (토 지 보 유 5년 미만)	○소득세법 시행령 제34조와 부가가치세법 시행규칙 제1조의 규정에 의하여 부동산의 매매(건물을 신축하여 판매하는 경우를 포함하고 주택을 신축하여 판매하는 경우를 제외한다) 또는 중개를 사업목적으로 나타내어 부동산을 판매하거나 사업상의 목적으로 부가가치세법에 의한 1과세 기간 중에 1회 이상 부동산을 취득하고 2회 이상 판매하는 경우에는 부동산 매매업을 영위하는 것으로 본다.	80.9	11.0
703012		· 부동산매매 (토지보유 5년이상)		70.0	23.2
703021	건 물 신 축 판 매	· 건물 신축 판매 (토지보유 5년미만)		88.7	10.9
703022		· 건물신축판매 (토지보유 5년이상)	· 부동산의 매매 중 건물만 취득하여 판매하는 경우(→703011)	82.2	8.5

3) 부동산 매매업 사업자 등록 신청 절차는 어떤가?

(1) 개인사업자의 사업자등록 신청 서류

개인사업자는 사업장 관할 세무서(각 세무서 민원실)에 사업자 등록을 할 때 다음의 서류를 첨부하여 사업자등록을 하면 즉시 사업자등록증을 교부 받을 수 있다. 사업자등록 시에는 대표자 본인이 가야하며, 만약 대리인이 갈 경우에는 위임장과 인감증명서, 대리인 신분증을 가지고 가면 발급 받을 수 있다. 아울러 관할세무서가 멀 경우에는 근처 세무서에 방문을 해도 사업자등록을 받을 수 있다. 예를 들어 부동산 임대업을 제주도에서 해야 하는데 제주도까지 갔다가 오는 비행기 값이 더 많이 나오는 경우에는 집 근처 세무서를 방문 가능하다는 것이다. 이때에 사업의 종류 또는 규모에 따라 일반과세자 혹은 간이과세자 중 하나를 선택하여 과세 유형을 정해야 한다. 그러나 부동산 매매업은 일반과세자만 가능하다.

<첨부 서류>

① 사업자등록 신청서

② 사업자의 신분증

③ 사업장의 임대차계약서 사본(사업장이 임차건물인 경우)

④ 허가사업인 경우 사업허가증 사본

   (사업허가 전 등록 신청을 하는 경우는 사업허가 신청서 사본 또는 사업계획서)

⑤ 2인 이상 공동사업일 경우 동업계약서 사본.

[사업자등록 시 특이사항은?]

– 사업장이 대표자의 집인 경우: 집으로 사업장을 할 수 있으며, 이런 경우에는 임대차계약서를 준비할 필요가 없다.
– 근로소득자도 사업자등록증을 발급 받을 수 있다.
– 부부간에도 각각 사업자등록증을 받을 수 있다.
– 미성년자, 학생도 사업자등록증을 받을 수 있다.(다만 자금 출처 조사에 대비할 것)
– 2개의 사업자 등록을 각각 받을 수도 있다.
– 부동산 매매업은 원칙이 업무를 총괄하는 장소에서 받을 수 있으므로, 꼭 부동산 소재지마다 내어야 하는 것은 아니다. 다만 부동산 매매업에 쓰이는 주택은 사는 집을 양도할 경우에 주택 수에 들어가지 않는다는 것을 보여 주기 위해서 부동산소재지에 내는 것도 한 방법이다.

(2) 법인사업자의 사업자등록 및 법인설립 신고 서류

법인사업자는 본점 소재지 관할세무서에 다음과 같은 서류를 첨부하여 신고하면 사업 시작에 특별한 문제점이 없는 이상 사업자등록증을 교부받을 수 있다. 법인사업자는 모두 일반과세자로 나온다.

〈신설 법인 첨부 서류 목록〉

① 법인설립 신고 및 사업자등록 신청서 1부.
② 법인 등기부등본 1부.
③ 정관 사본 1부.
④ 주주 또는 출자자명부 1부
⑤ 법령에 의한 허가 사업인 경우 사업허가증 사본 1부.
⑥ 법인 등기 시 지출한 영수증
⑦ 사업장 약도
⑧ 임대차계약서 사본 1부(사업장이 임차건물인 경우)

4) 세법 적용 시 주의 사항은 어떤 것이 있는가?

① 부동산 매매업도 사업소득을 구성하고 있으므로 다른 종합소득이 있으면 합산하여 종합소득세를 납부하게 된다. 아울러 사업소득에 대한 4대 보험에 대한 납부 의무도 함께 발생하게 된다. 그러나 양도소득으로 세금 계산을 하더라도 지역 건강보험료 및 지역 연금이 나오므로 보험료 금액의 차이는 별로 없을 것으로 생각된다.

② 부동산 매매업자는 부가가치세법상 일반과세자만 되므로 부가세의 납세 의무가 있다. 부동산은 건물과 토지로 나누는데, 토지는 면세이므로 부가세를 걱정할 이유가 없다. 건물은 주택과 상가부분으로 나누는데, 상가는 무조건 과세인데 비하여 주택은 국민주택규모 초과에 대해서만 부가세를 납부해야 한다. 만약 부가세 포함가액으로 거래한 경우에 부가세를 계산한다면 건물대금의 10/110가 된다.

· 양도소득으로 과세하는 경우에는 국민주택규모 초과 여부에도 불문하고 부가가치세 문제는 없다고 보면 된다. 왜냐하면 사업자가 아니기 때문이다.

· 부동산 매매업을 할 경우 주택은 국민주택 이하만 낙찰 받아서 파는 것을 권한다.

③ 종합소득세의 세율과 양도소득세의 일반세율은 6-38%로 동일하나, 부동산매매업자는 세액계산 특례가 있다. 다주택자 중과 및 비사업용 토지의 중과 규정이 있을 경우에 세액계산 특례가 효력을 발휘한다고 보면 된다.

④ 특히 다세대 주택을 낙찰 받았을 경우에는 부동산 매매업을 내서 사업을 진행하는 것이 일반적으로 유리하다. 양도소득세의 필요경비로 빠지지 않는 이자비용 등이 비용으로 빠져서 소득세를 절세할 수 있기 때문이다.

5) 상업용 건물 신축 판매업에 대해서 알아보자.

사업용 건물 신축판매업은 실제로는 건설업에 해당이 되어야 하나, 세법 적용은 부동산매매업으로 분류가 된다.

(1) 취득세 등

신축 부지를 취득할 때 법인인 경우 수도권 과밀억제권역 내에서 설립된 지 5년 이내에 취득하는 부동산에 대해서는 중과(3배)가 되므로 주의를 요한다. 개인인 경우에는 중과 규정이 적용이 되지 않으므로 수도권 내에 신축으로 지을 경우에는 개인의 경우도 나쁘지는 않다.

(2) 부가세 적용

분양 시에는 계약금, 중도금, 잔금을 받을 때마다 세금계산서를 교부하는 것이 좋다. 매수자는 이 세금계산서를 가지고 환급을 받을 수 있다. 상업용 건물의 신축 과정에서 매입세액에 대해서는 환급을 받을 수 있다.

(3) 분양 수익에 대한 세금

분양 수익-분양 원가-필요 경비=분양 이익에 대해서는 개인이면 소득세를, 법인이면 법인세를 납부해야 한다.

6) 양도소득세와 부동산 매매업의 비교를 알아보자.

양도소득세		구분	사업소득세
실지거래가액		양도가액	실지거래가액
(1) 취득에 소요된 실지거래가액 (2) 자본적 지출액		필요경비	(1) 취득에 소요된 실지거래가액 (2) 자본적 지출액 (3) 양도비용 (4) 건설자금이자(이자비용) (5) 공과금 (6) 일반관리비
공제		장기보유특별공제	배제(비교과세 계산시는 공제)
적용		양도소득기본공제	배제(비교과세 계산시는 공제)
배제		소득공제	공제
폐지		예정신고납부세액공제	폐지
70%	미등기 매매	세율	6%-38% · 사업소득세이므로 누진세율 적용(단기양도인 경우 양도소득세율을 적용하지 않음) · 단, 양도소득세와 비교과세 존재함(중과 규정과의 비교과세임에 유의해야 함) · 예정 신고 의무 존재 (매매한 달의 말일로부터 2개월 이내)
60%	1세대 3주택(2013년 말까지 유예됨)		
50%	1세대 2주택(2013년 말까지 유예됨)		
50%	1년 이내 양도		
40%	1년-2년 이내 양도		
6-38%	그 외		
예정 신고 및 납부로 납세 의무 종결 (1년에 여러 개가 양도된 경우에는 확정 신고 의무 있음)		신고방법	종합소득세 확정 신고

[부동산 매매업 절세 5계명은?]
1. 부동산을 자주 매매하는 경우 매매업으로 창업할 것
2. 단기 양도가 많은 경우 매매업을 고려할 것
3. 양도세 중과제도가 부활하기 전까지 매매업 고려할 것
4. 판매금액이 클 경우에는 기장을 꼭 할 것
5. 판매용과 비판매용을 반드시 구분할 것

[판매용과 비판매용을 구분하는 실익은?]
판매용 주택은 양도소득세 계산 시 주택 수에 들어가지 않는다. 그러므로 판매용을 구분해야 적극적으로 세무상 혜택을 얻을 수 있다. 판매용으로 인정받을 수 있는 방법은 우선 사업자등록증을 물건지 주소에 내는 것이 좋으며, 결산할 때 재고자산에 반드시 경리를 하여 적극적으로 알릴 필요가 있다.

4. 심화학습(부동산 매매업의 세무 신고 실무)

★ 부동산매매업 세무 신고 안내(경매 시)

1) 양도소득과 부동산 매매업의 세율 비교

양도소득세	구분	사업소득세
1년 미만	50%	6–38%
1년 이상–2년 미만	40%	6–38%
비사업용 토지	60%(2013년까지 유예)	6–38%와 60% 중 큰 것 (2013년까지 60% 적용하지 않음)
3주택중과해당 주택		
2주택중과해당 주택	50%(2013년까지 유예)	6–38%와 50% 중 큰 것 (2013년까지 50% 적용하지 않음)

2) 부동산 매매업이 유리한 경우

– 1주택 내에서 자주 팔고 사는 경우

– 2주택 이상이라도 중과 대상이 아닌 경우

– 단기 양도가 많은 경우

[절세 tip_1]
수익적 지출 비용(도배, 장판, 주유대, 식대 등)
비용처리 가능하며, 이자 비용도 비용처리가 가능하나, 중과대상은 비용처리가 안됨에 유의

3) 법인으로 부동산 매매업을 할 경우

사업용일 경우	비사업용일 경우
각 사업연도에서 발생한 이익분 법인세만 부과	각 사업연도에서 발생한 이익분 법인세부과 +토지 등 양도차익에 대한 세금
최대한 비용을 줄이는 것이 관건 경매로 취득할 경우에는 최대한 비용을 산입하고 나중에 배분 · 사업용 자산의 예 　사업용 토지, 공장, 상가, 사업용 건물 등	토지 등 양도차익에 대한 세금 1) 지가가 급등한 지역의 토지 등 양도소득 　(현재 고시 된 지가앙등지역은 없음) 2) 주택의 양도소득 　(원룸, 주거용 오피스텔, 아파트, 다세대, 단독주택 　등 주택법상 주택으로 분류한 주택) 3) 비사업용 토지

4) 개인 투자와 법인 투자 비교

	개인 투자	법인 투자
투자규모	소액	중/대
경매과정	독자 결정(필요시: 컨설팅사)	공동 결정이 대부분
취득세(주택 외)	취득세: 4.6% (농특세와 교육세 포함)	5년 미만 존속법인 : 9.4% (등록세 3배 중과 적용) 5년 이상 존속법인 : 4.6%
보유세	재산세, 종부세 동일	
처분시	양도세(주택기준) 위에 세율표 참조	법인세 : 2억 미만-10% 　　　　　2억 이상-20% 　　　　　200억 원 이상-22% 토지 등 양도차익 : 30%
비용 인정 범위	대출이자, 도배, 장판 등 기초수선비 감가상각을 인정되나 상각을 실시하지 않는 것이 유리	법인의 활동별 비용 인정 대출이자, 수선비, 감가상각 인정 비용 범위가 개인보다는 다소 넓음
기타	이익은 모두 개인에게 귀속	법인의 수익을 개인화해야 함 – 급여 – 배당 – 퇴직금 등으로 개인화

5) 법인 회사(5년 이상 존속 법인)의 인수 전략

- 대주주 지분이 90%이상인 법인(100% 인수하는 것이 일하기 편함)
- 누적결손금이 많을수록 좋음
- 우발채무 등 지저분한 채무는 피하는 것이 좋음

■■///// 김세무사의 똑소리

[5년 이상 존속 법인 인수시 주의 사항]
아래의 휴면 법인을 인수할 경우에는 새로운 신설로 보게 되므로 5년 이상 존속 법인을 인수하여도 취득세 중과가
될 수 있다.
〈휴면법인〉
· 상법에 따라 해산한 법인(해산 법인)
· 상법에 따라 해산한 것으로 보는 법인(해산 간주 법인)
· 부가가치세법 시행령 제10조에 따라 폐업한 법인(폐업 법인)
· 법인 인수일 이전 1년 이내에 상법 제229조, 제285조, 제521조의2 및 제611조에 따른 계속 등기를 한 해산
  법인 또는 해산 간주 법인
· 법인 인수일 이전 1년 이내에 다시 사업자등록을 한 폐업 법인
· 법인 인수일 이전 2년 이상 사업 실적이 없고, 인수일 전후 1년 이내에 인수 법인 임원의 100분의 50이상을
  교체한 법인

6) 부가가치세 전략

(1) 임대인 경우

주택 및 부수 토지 : 국민주택규모초과여부에도 불구하고 면세이다. 단, 주택의 부수토지
　　　　　　　　　를 초과하는 토지의 임대는 부가세가 과세된다.
건물 및 부수 토지 : 부가치세 과세

(2) 매매인 경우

주택 중에서 국민주택규모(25.7평)초과 인 경우 주택부분만 부가세 과세, 부수 토지는 면세
상가 및 부수 토지 : 상가부분은 부가가치세 과세
　　　　　　　　　부수 토지는 부가가치세 면세

7) 소득세 전략

(1) 일정 매출 이상시 고려사항

성실신고확인제가 도입되어 매출액이 10억이 넘는 경우에는 법인 전환을 고려해야 한다.

(2) 세무조사 리스크 확보

사업 업력이 5년이 넘는 경우에는 세무조사 리스크가 매우 높으므로 대비책을 마련해야 한다.

(3) 개인 사업관리 철저

가공매출/가공매입/가공경비 관리를 철저히 해야 한다.

(4) 합법적인 절세 방안 강구

인건비 계산 고려
연금저축 고려
기부금 고려
화재보험 가입 고려
자차 자동차보험 고려
자동차 리스 고려(금융 리스)
기타 경비 찾아내기

(5) 경영 마인드 고취

거래처 관리 / 직원 관리 / 가망 고객 관리 / 경영 전략 관리 / 경영 혁신

(6) 부동산 매매업 소득세 신고

예정 신고– 물건을 양도할 경우 그달 말일로부터 2개월 이내에 예정 신고
확정 신고– 다음해 5월까지 전체 매매금액을 합계해서 확정 신고

8) 재고자산관리대장(건별 규정)

주소			
물건 개요	물건 종류 : 아파트 • 다세대(연립) • 다가구 • 상가 • 토지 • 기타 물건 면적 : 전용 – 　　　　공용 –		
취득일		취득금액	
취득시 취등록세	취등록세 : 법무사 비용 : 기타비용 :	취득시 필요 경비	법률상인수금액 : 자본적 지출액 : 수익적 지출액 : 기타 경비
양도일		양도 금액	
특이사항	세금계산서 발행 유무–		

9) 물건별 편철 순서

(가) 모든 비용은 통장에서 결제하는 것을 원칙으로 한다.

(나) 관련 계약서 및 견적서가 있는 경우에는 같이 첨부한다. 금액이 10만 원이 넘어가는 경우에는 세금계산서 발행 및 신용카드 결제를 원칙으로 한다.

(다) 아래의 예시 금액 외에는 발생 비용과 관련된 영수증을 모아 둔다.

취득시	예정 신고	확정 신고
1. 재고자산관리대장(앞의 문서)	○	
2. 낙찰잔금확인서, 등기부등본, 건축물(토지)대장	○	
3. 경매정보지	○	
4. 취 · 등록세 영수증	○	
5. 법무사 영수증(취득시 : 채권할인액 포함)	○	
6. 경매 컨설팅 비용	○	
7. 토목공사비 등	○	
8. 대항력을 갖춘 임차인의 임대차계약서	○	
9. 유치권 인수금액(협의금액포함)	○	
10. 법정지상권이 성립된 건물 철거비용	○	
11. 주택의 새시, 확장, 보일러 시공비용	○	
12. 토지 정지비용, 묘지이장비용	○	
13. 토지 설계, 분할, 측량비용, 개발 부담금	○	
14. 중개수수료(양도시, 취득시)	○	
양도계약서(매매계약서)	○	
15. 이사비용, 집행비용(집행관),기타명도비용		○
16. 잔금 연체료		○
17. 공용 분 건물관리비 인수액		○
18. 재산세 납부액, 종합부동산세 납부		○
19. 이자비용, 마이너스통장 포함		○
20. 도배, 장판, 외벽공사, 전기 시설, 창문, 싱크대 등 수익적 지출액에 해당하는 각종 공사비		○
21. 중도상환수수료, 근저당 설정비		○
22. 상가의 새시, 확장, 보일러 시공 비용		○
23. 변호사 수임 비용(컨설팅 비용에 해당되면 예정 신고시에 가능함)		○
24. 건강보험료 납부 금액, 화재보험료 등 실손보험료		○
25. 기타 사업에 쓰인 것이 확인되는 신용카드비용 (임장비용,숙박비,접대비,복리후생비,여비교통비)		○
26. 직원 인건비, 사례비, 판매 장려금 등		○

제 4 장
부동산 임대업 창업해 볼까?

1. 사례 연구

건축사업을 하는 J씨(40세)는 경매를 통해서 헐값에 구입한 다가구주택, 다중주택, 다세대주택, 모텔 등을 리모델링을 했다. 월세로 전환하고 보니 매월 월세 수입이 생기는 것이 아닌가! 덕분에 현금 흐름이 안정적이니 다른 투자를 할 때도 조급해하지 않을 수 있어서 부동산 임대 사업에 매력을 느끼고 있다. 그런데 주택 임대 사업과 건물 임대 사업 등 국세청에서 월세 지도 등을 만들어 소득이 탈루되었을 때 세금을 제때 매기는 시스템을 만들고 있다는 뉴스를 듣고 사실인지 확인하고 있다. 아울러 임대업을 창업할 경우에는 어떤 것을 주의해야 하는지도 궁금해 하고 있다.

2. 조언 방향

며칠 전에 아들 학교의 행사가 있어서 학교에 들러서 우리 아이들이 어떻게 생활하고 있는지를 견학할 기회가 있었다. 이런 저런 이야기를 이어가던 선생님께서 예정에 없던 질문를 던지셨다. '자, 우리 부모님들이 계신 앞에서 여러분의 장래 희망에 대해서 발표해 보기로 해요?' 갑자기 던진 질문에 아이들이 당황한 걸까? 한 명도 손을 들지 않았다. 시간이 조금씩 흐르자 손을 들고 발표하기 시작했다. 대부분 연예인, 축구선수 등이었다. 어른들이 아이들에 꿈을 그렇게 만들었구나 생각하던 순간 맨 뒷자리에 어떤 아이가 일어나 자랑스럽게 이야기하는 것을 들었다.

"선생님, 저는 커서 부동산임대업자가 되고 싶습니다."

이건 무슨 시츄에이션일까. 당황하신 선생님께서도 '왜?' 라고 되물을 수밖에 없었는데, 그 친구에 답은 이랬다.

"저희 할아버지께서 임대업을 하시는데 맨날 놀러만 다니셔서 저도 그것을 하고 싶어요."

초등학교 1학년 입에서 이런 답이 나오다니 격세지감을 느낀다.

4자 성어 중 임전무퇴(臨戰無退)란 말이 있는데, 전투에 임해서는 퇴각하지 아니한다는 뜻이다. 이 말을 이 초등학생 눈에는 이렇게 비쳐지지 않았을까 생각한다.

임대무퇴(賃貸無退). 즉, 임대사업은 쇠퇴하지 않는다는 것이다.

아무튼 부동산임대는 자산소득으로 분류되면서 현대까지도 각광을 받는 사업 중 하나이다. 이를 어떻게 이용하느냐에 따라서 재테크의 향방이 바뀔 수도 있다. 부동산 임대 창업에 대한 모든 것을 알아보자.

3. 이론 및 심화 연구

1) 임대업 창업을 위한 절차는?

경매로 부동산을 낙찰 받은 후 대부분은 바로 매도 계획을 세우게 되는데, 매도 계획은 자본 이득과 직결된다. 그러나 어떤 이는 매도 계획을 세우지 않고 임대 이익을 얻기 위해서 경매라는 수단을 사용하기도 한다. 경매를 통해서 주택을 하나하나 사 모으다 보니 빌라가 200채가 넘었다는 사람도 있다. 한 채에 1억만 해도 자산 규모는 200억에 육박하게 된다. 개발의 요지에 있는 빌라에만 투자하는 전략을 사용하는 것이다. 빌라에만 투자하는 이유를'부자되길 빌라, 잘 되길 빌라, 성공하길 빌라, 출세하길 빌라, 돈 벌어서 남 주길 빌라, 모두 대박나길 빌라,'고 하느라 '빌라'에 투자했기 때문이라고 한다. 장기적인 임대를 하려면 절차가 필요하다.

(1) 사업자등록을 내야 한다.

부동산임대업자의 사업장 소재지는 등기부상 부동산 소재지가 된다. 사업자등록은 사업장 관할 소재지에 하게 되므로 임대 부동산 수만큼 사업자등록을 따로 해야 하는 것이 원칙이다. 그러나 같은 건물에서 옆 칸을 경매로 받았다면 한 사업자등록에 올릴 수 있다. 사업자등록을 내면 세금 신고에 관한 안내문을 관할 세무서에서 보내주는데 일일이 부동산소재지에 가서 안내문을 받으려면 번거로우므로 세금 안내문을 집주소로 해 놓는 것이 좋다. 주택 임대의 사업자등록은 내가 사는 집 빼고 1주택을 임대할 경우부터 하면 되는데 만약 무주택자가 1주택을 낙찰 받아서 임대하는 경우에는 사업자등록을 하지 않아도 되나, 고가 주택(기준시가 9억 원이 넘는 경우)을 임대할 경우에는 해야 한다.

(2) 부가가치세의 과세 대상에 유의해야 한다.

구분	임대	매매
토지	과세 · 주택부수토지임대는 면세	면세
건물	과세 · 주택임대 면세	과세 · 국민주택규모 이하 주택의 매매는 면세

(3) 사업자의 유형은 어떤 것이 있는가?

- 일반과세자
- 간이과세자
- 면세사업자

·법인은 무조건 간이과세자가 될 수 없다. 영리법인은 무조건 일반과세자이다.

·주택 임대는 면세사업자에 해당이 된다. 면세사업자는 부가세 신고 절차가 없으며 1월 말까지 사업장현황신고만 하면 된다.

(4) 부가가치세법상 사업자의 신고 의무는?

(가) 부동산 임대 소득에 대한 부가가치세 신고 의무

구분	예정 신고	확정 신고	신고 기한
일반과세자(개인)	고지서 발부 신고 의무 없음 납부 의무 있음	신고 의무 있음 납부 의무 있음 (예정 신고 때 납부 금액이 있으면 이를 차감함)	확정 신고 1기 확정: 7월 25일 2기 확정: 다음해 1월 25일
일반과세자(법인)	신고 의무 있음 납부 의무 있음	신고 의무 있음 납부 의무 있음	1기 예정: 4월 25일 1기 확정: 7월 25일 2기 예정: 10월 25일 2기 확정: 다음해 1월 25일
간이과세자	고지납부(7월 25일)	신고 의무 있음 납부 의무 있음 1년에 한번만 실시	확정 신고 1년분(1.1~12.31)을 다음해 1월 25일에 신고함

(나) 부동산 매매에 대한 부가가치세

매매 잔금일이 속하는 과세 기간이 속한 신고 기한 내에 신고를 해야 한다.
임대 사업자등록이 없더라도 부가가치세 신고를 하는 것이 원칙이다. 서로 번거로운 부가
가치세 문제를 없애기 위해서 포괄양수도계약을 쓰는 경우도 있다.

(5) 소득세 신고는 어떻게 해야 하나요?

구분	소득세	기타
소득의 유형	부동산 임대소득 부동산 매매소득	종합소득세 과세대상
신고유형	종합소득세 확정 신고	–
신고기간	5월 31일까지 신고 납부	1월 1일~12월 31일까지 소득에 대한 소득세를 신고 납부

▰▰////// 김세무사의 똑소리

[주택임대에 대한 소득, '아니 어떻게 알았지?']
우선 주택 임대에 대한 소득 파악은 임차인의 근로소득 신고시 월세에 대한 소득 공제 등으로 알 수 있으며, 현재는
제보에 의한 파악이 제일 많이 이루어지고 있다. 보통 다가구 같은 경우에는 임대에 대한 용역을 특정 업체에게
맡기다 보니 월세가 한꺼번에 임대인의 통장으로 들어오게 되고, 금융분석원에서 그 금액에 대해서 확인이 되면
세무 조사를 받을 수 있으므로 주의해야 한다. 2011년 소득부터 전국에 주택 임대에 대해서 자료를 수집하고
있어 앞으로 주택 임대에 대해서는 성실하게 신고해야 할 것이다.

4. 심화학습

1) 국민주택의 임대 후 공급에 관한 세금 문제를 주의하자.

(1) 국민주택의 공급

가. 국민주택이라 함은 주택법에 따른 국민주택 규모인 주거의 용도로만 쓰이는 건물이며, 면적이 1호당 또는 1세대당 85제곱미터이하인 주택을 말한다.

나. 다가구 주택의 경우에는 독립하여 거주할 수 있는 가구당 전용면적을 각각 하나의 주택으로 본다.

다. 수도권정비계획법 제2조 제1호의 규정에 의한 수도권을 제외한 도시지역이 아닌 읍 또는 면 지역은 1호 또는 1세대당 주거전용면적이 100제곱미터 이하의 주택을 말한다.

라. 별장, 콘도미니엄, 주말농장 주택 등 임시 주거 주택은 포함하지 아니한다.

(2) 국민주택의 공급과 부가가치세

국민주택의 공급에 대하여는 관계 법령에 따른 면허 또는 등록 여부에 관계없이 또한 공급자가 누구인지를 불문하고 부가가치세가 면제된다(부가세 집행기준 106-0-1).

또한 사업자가 건설 중인 국민주택을 양도하는 경우에도 면세사업에 관련된 재화의 공급으로서 부가가치세를 면제한다(부가세 집행기준 106-0-3).

[관련 예규]
[국민주택의 범위는 어떻게 되는가?]
국민주택이라 함은 국민주택기금에 의한 자금을 지원받았는지의 여부에 불구하고 주택법에 의한 주택으로서 주거전용면적이 1호 또는 1세대당 85제곱미터(수도권을 제외한 도시지역이 아닌 읍 또는 면 지역은 100제곱미터) 이하인 주택을 말하며(부가-115, 2011.2.8.).

(1) 부대시설 및 복리시설
국민주택의 공급에 부수하여 공급되는 재화 또는 용역에 대하여도 부가가치세가 면제된다. 예를 들어 국민주택에 해당하는 집단주택의 부대시설 및 복리시설을 주택의 공급에 부수하여 공급하고 그 대가를 주택의 분양가격에 포함하여 받는 경우에는 부수재화로서 부가가치세가 면제되지만, 주택의 공급과는 별도로 공급하거나, 그 대가를 주택의 분양가격에 포함하여 받지 아니하는 경우의 당해 부대시설 및 복리시설의 공급에 대하여는 부가가치세가 과세된다(조특 통칙 106-0…1). 그러나 국민주택과 상가를 함께 건축하여 상가를 분양하는 경우에는 동 상가는 국민주택이 아니므로 부가가치세가 과세된다.

(3) 국민주택건설용역

건설산업기본법, 전기공사업법, 소방법, 정보통신공사업법, 주택법, 하수도법 및 오수분뇨
및 축산폐수의처리에관한법률에 의하여 등록을 한 자가 공급하는 주택건설용역은 부가가
치세를 면제한다(조세특례제한법 시행령 106 ④).

이때 갖추어야 할 요건은 다음 각 호와 같다.

① 일정요건을 갖춘 자가 공급(재하도급)하여야 함

국민주택건설용역은 국민주택의 공급과는 달리 일정한 요건을 갖춘 자가 공급하는 경우에
한하여 면세된다. 따라서 위에서 규정하고 있는 요건을 갖추지 아니한 자가 국민주택건설
용역을 공급하는 경우에는 부가가치세가 과세된다.

국민주택건설용역에 대하여 면세함에 있어서 당해 주택의 건설용역을 공급받는 자가 누구
이든 관계없으며, 국민주택을 건축하는 자로부터 직접 도급을 받아 공급하는 경우뿐만 아
니라 하도급 또는 재하도급을 받아 공급하는 경우에도 부가가치세가 면제된다.

한편 건설용역에는 당해 건설업자가 직접 모든 자재를 부담하여 제공하는 경우뿐만 아니
라(부가가치세법 제7조에서 용역의 공급으로 보고 있음) 발주자로부터 자재를 인도받아
건설용역을 제공하거나 노무용역만을 하도급 받아 제공하는 경우가 모두 포함된다.

② 당해 면허 등에 해당하는 국민주택건설용역에 한함.

일정한 요건을 갖춘 사업자라 하더라도 당해 면허에 해당하는 국민주택건설용역에 대하여
만 부가가치세를 면제하는 것이므로, 당해 면허와는 관계없는 국민주택건설용역을 제공하
는 경우에는 부가가치세가 과세된다. 예를 들어 건설산업기본법에 의한 창호전문 공사면
허를 받은 사업자가 국민주택 규모 이하의 주택에 신발장과 가구 등을 제작하여(목공사에

해당함) 설치하는 경우에는 부가가치세가 과세된다. 즉, 창호전문공사면허자는 창호공사건설용역에 대하여만 면세하는 것이므로 목공사용역을 제공하는 경우에는 부가가치세가 과세되는 것이다.

③ 국민주택건설용역의 부수재화 또는 용역에도 적용됨.

부가가치세가 면제되는 국민주택건설용역에는 국민주택에 부수되는 부대시설 등의 건설용역도 포함된다. 따라서 과세 관청에서는 국민주택의 공급에 부수하여 공급하지 아니하고 별도로 공급되는 경우에는 부가가치세가 과세되는 것으로 해석하고 있다. 예를 들어 국민주택의 준공검사가 완료된 후 별도로 공급하는 새시공사와 자기의 제조장에서 제작한 엘리베이터를 국민주택에 직접 설치하는 경우(제조업으로 보며, 설치만을 전문적으로 하는 별개의 부서를 독립된 사업체로 분리 파악할 수 있을 때에는 건설업으로 볼 수 있음) 및 국민주택단지 밖의 도로변에 가로등을 설치하는 경우(단지 안의 도로건설은 부대시설임)에는 부가가치세가 과세된다.

④ 국민주택건설을 위한 기존건물 등의 철거용역과 건설폐기물 처리용역을 함께 공급하는 경우

건설산업기본법에 의하여 등록을 한 자가 일괄계약에 의하여 국민주택건설을 위한 기존건물 등의 철거용역과 건설폐기물 수집, 운반 및 처리용역을 함께 공급하는 경우, 국민주택건설을 위한 철거용역에 대하여는 조세특례제한법 제106조 제1항 제4호의 규정에 의하여 부가가치세가 면세되는 것이나 건설폐기물의 수집, 운반 및 처리용역에 대하여는 부가가치세가 과세된다(소비 46015-42, 2001.2.22, 부가 46015-514, 2001.3.20, 부가 46015-1011, 2001.7.5).

⑤ 모델하우스 건설용역

건설업법에 의하여 면허를 받은 사업자가 국민주택의 건설용역을 제공함에 있어서 동 국민주택건설용역에 부수하여 모델하우스의 건설용역을 제공하는 경우에는 동 모델하우스 건설용역은 부가가치세가 면제되는 것이나, 동 사업자가 모델하우스 건설용역만을 제공하는 경우에는 부가가치세가 과세된다(부가 22601-1477, 1989.10.14, 부가 46015-1316, 1998.6.18, 서면3팀-616, 2005.05.06, 서면3팀-1080, 2005.7.12).

⑥ (재)하도급 받은 국민주택건설용역

건설산업기본법 등에 의하여 등록한 사업자가 하도급(하청) 또는 재하도급(재하청)을 받아 국민주택 및 이에 부수되는 부대시설의 건설용역을 공급하는 때에는 부가가치세가 면제된다(조특법 통칙 106-106…2).

⑦ 건설업과 제조업을 겸업사업자가 자기의 사업장에서 제작하여 국민주택에 설치

건설용역 해당 여부는 통계청장이 고시하는 한국표준산업분류표상의 사업의 분류에 따라 판단하는 것으로, 조립식건물 구성품 또는 구조물 등의 제조 또는 판매를 주로 하는 사업체에서 직접 이들을 조립, 설치하는 경우에는 그 주된 활동에 따라 제조 또는 판매업으로 보는 것이며, 다만, 조립, 설치업만을 전문적으로 하는 독립된 별도의 사업장을 개설하여 사업자등록을 하고 회계처리, 부가가치세신고 등 제반업무가 별도로 독립적으로 이루어지는 경우는 건설업으로 분류한다(부가 46015-1048, 1994.5.23). 그러나 최근에는 별도의 사업장이 아닌 독립된 사업부서를 갖춘 경우 건설업으로 해석하고 있다.

하나의 사업장에서 건설업과 제조업을 겸영하는 신청인이 공사를 전문적으로 하는 독립된 사업부서와 해당자격을 보유한 종업원을 두고 건설산업기본법에 따라 금속구조물·창호공사업 등록을 한 후 발주자 또는 원청회사로부터 동 건설공사용역을 하도급 받아 자기의 사업장에서 제작한 창호를 해당 사업부서의 책임 하에 국민주택에 설치·시공하는 경우에는 부가가치세가 면제되는 국민주택의 건설용역에 해당한다(법규부가2009-447, 2010.1.13, 법규부가2009-102, 2009.4.9.).

(4) 국민주택의 설계 용역

국민주택의 설계용역으로서 건축사법, 전력기술관리법, 소방시설공사업법, 기술사법 및 엔지니어링 기술진흥법에 따라 등록 또는 신고를 한 자가 공급하는 것은 부가가치세를 면제한다(조세특례제한법 시행령 106 ④ 3).

이 경우 건축사법에 의하여 등록을 한 자가 하도급 또는 재하도급을 받아 제공하는 국민주택설계용역에 대하여도 부가가치세가 면제된다(서면3팀-2223, 2004.11.1).

서민의 국민주택 구입비용 경감을 위해 국민주택 신축에 필요한 설계용역에 대하여 부가가치세를 면제하기 위함이다

(5) 국민주택의 리모델링 건설 용역 및 설계 용역

주택법, 도시및주거환경정비법 및 건축법에 의하여 리모델링하는 것으로서 다음 각 호의 어느 하나에 해당하는 용역에 대하여 부가가치세를 면제한다.

이 경우 당해 리모델링을 하기 전의 주택 규모가 국민주택에 해당하는 경우(리모델링 후 당해 주택의 규모가 국민주택 규모를 초과하는 경우로서 리모델링하기 전의 주택규모의 100분의 130을 초과하는 경우를 제외)에 한한다(조세특례제한법 106 ⑤).

① 건설산업기본법, 전기공사업법, 소방법, 정보통신공사업법, 주택법, 하수도법 및 오수분뇨및축산폐수의 처리에 관한 법률에 의하여 등록을 한 자가 공급하는 것

② 당해 리모델링에 사용되는 설계용역으로서 건축사법에 의하여 등록을 한 자가 공급하는 것

2) 주택과 이에 부수되는 토지의 임대 용역에 대한 부가가치세 문제를 알아두자.

주택과 이에 부수되는 토지의 임대용역에 대하여는 부가가치세가 면제된다(부가가치세법 12-①-12). 이 경우 주택이란 상시주거용(사업을 위한 주거용의 경우를 제외한다)으로 사용하는 건물을 말하며, '이에 부수되는 토지'의 범위는 다음 각 호의 면적 중 넓은 면적을 초과하지 아니하는 토지의 임대를 말며, 이를 초과하는 부분은 토지의 임대로 본다(부가가치세시행령 34 ①). 따라서 이 면적을 초과하는 부분은 토지의 임대로서 부가가치세가 과세된다.

① 주택의 연면적(지하층의 면적, 지상층의 주차용으로 사용되는 면적 및 주택건설기준 등에 관한 규정 제2조제3호의 규정에 따른 주민공동시설의 면적을 제외한다)
② 건물이 정착된 면적 × 5배(도시지역 밖의 토지 10배)

제 5 장
주택 신축판매업 창업해 볼까?

1. 사례 연구

사채업을 하시는 아버지와 동업을 하던 L씨(33세)는 부동산 강의를 우연히 접하게 되고 내친 김에 부동산 경매 강좌까지 섭렵하게 되었다. 경매 세금을 강의한 필자의 강의를 듣던 중 자신의 아버지를 만나달라는 부탁을 해왔다. 사채업보다는 부동산업이 더 장래가 밝다는 것을 설득해 달라는 것이었다. 이 부탁을 차마 거절할 수 없어서 L씨의 아버지의 회사에 동행하게 되었다. 명동의 으리으리한 빌딩 중 하나로 들어갔고 거기서 염화미소를 가지신 아버지를 만날 수 있었다. 보통 사채업을 하신다면 우락부락하게 생겼을 것이라고 생각하는데, 그런 편견은 모두 사라졌다. 편안한 마음으로 부동산 개발을 통해서 많은 부를 창출했던 사람들 이야기를 들려 드렸고, 아들의 뜻을 받아들인 아버지는 서로 좋은 조언 상대자로 남기를 원하셨다. L씨와 같이 디벨로퍼 강좌도 들었다. 준비는 이제 끝났다. 이제 본격적으로 개발을 해보자. 근데 무엇부터 개발을 하지? 그래서 월세나 전세가 강세인 지역의 땅을 낙찰 받아서 집을 지어서 임대나 매매를 하는 사업을 하기로 했다. 이것이 '주택신축판매업'이다.

2. 조언 방향

주택 신축판매업은 토지를 구입하여 그 위에 주택만을 혹은 상가보다 크게 주택을 지어서 파는 업을 말한다. 소위 말하는 '집쟁이 건설업자' 집을 말한다. 집을 건설할 때는 여느 투자 방법과 같이 투자 목표를 명확히 하는 것이 중요하다. 투자 목표란 임대이득과 자본이득을 말한다. 자본이득을 목적으로 해서 주택을 건설하다가 완공 후 분양이 안 되어 일시적으로 임대하는 전략은 임시방편용이다. 주택 신축판매업의 건설 계획 및 건설방법은 제6편을 참조하기 바란다. 여기서는 주택 신축 판매업의 창업 및 세금 문제에 대해서 알아보기로 한다. 우선 업종부터 잘 선택해야 한다. 상가와 주택을 동시에 건설할 경우에 이를 주택신축판매업으로 내야 할까라는 것이다. 그리고 건설에 들어가는 원가를 모두 인정받을 수 있을까에 대한 문제이다. 이런 전반적인 상황에 대해서 알아보자.

3. 이론 및 심화 연구

1) 이미 땅 구입 때 승부가 난다

이미 토지 구입 시에 그 사업의 승패가 갈린다. 원가를 크게 2개로 나눌 수 있는데 하나는 토지의 원가이고 또 하나는 건물 원가이다. 그 중 건설원가는 표준 금액이 평당 금액으로 정해져 있는 것이 보통이다. 대부분 평당 적게는 이백오십만 원선에서 많게는 사백만 원선에서 정해진다. 예를 들어 건설원가가 평당 4백만 원인 경우에는 15평 기준으로 6천만 원이 들어간다. 원가 회수 기준을 3년을 잡으면 6천만 원÷36개월=약 1,670,000원에 상당하는 월세 평당 110,000원 정도가 나오면 사업성이 있는 것이다. 그런데 우리나라의 특이한 제도인 보증금 제도가 있다. 보증금 시세가 많이 나오는 경우에는 건축비가 보증금으로 갈음될 수도 있다.

그럼 사업의 승패는 토지의 구입 원가를 얼마나 낮추느냐에 초점이 맞춰진다. 아울러 토지사용의 효율성을 얼마나 높이느냐에 초점을 맞춰야 한다. 효율성이란 같은 땅에서 건축할 수 있는 면적이 많아지면 그 만큼 사업성이 좋다는 뜻이다. 이와 직접적인 관련이 있는 것이 건폐율과 용적률의 개념이다. 아울러, 토지의 방향도 중요하다. 앞에서 서술했듯이 자기가 살집을 지을 경우에는 전통적인 남향집이 좋다. 즉, 도로가 남쪽에 있는 것이 좋다. 그러나 임대나 분양의 목적이 강하다면 북쪽 도로를 낀 도로를 구입하는 것이 유리하다. 왜냐 하면 토지의 효율성을 최대한 늘릴 수 있기 때문이다. 토지의 효율성은 건폐율과 용적률의 개념 및 접하고 있는 도로의 상황, 일조권, 주차장법 등 토지 공법상의 문제와 밀접한 관련이 있다. 특히 주의해야 하는 것은 주차장법이 강화된 점이다.

만약 건물을 지을 땅을 싸게 구입할 수 있다면 아주 좋은 사업 콘셉트가 되는 것이다. 허름한 주택이 있는 땅을 구입하는 것도 좋은 방법인데, 이것은 오직 경매를 통해서 이루어 질 수 있다. 그러니 경매와 주택신축파매업은 최적의 궁합인 것이다. 이를 재테크에서는 '경주 최강'이라고 부른다. 경매와 주택신축판매업을 결합하면 재테크에서 최강을 달린 다는 신조어이다.

좋은 물건을 고르기 위해서는 부지런히 발품을 팔 수 밖에 없다. 금광에서 금을 캐는 것 은 누구나 가능하나, 돌광에서 금을 캐는 것은 아무나 하는 일이 아니다. 아무나 하는 일 이 아닌 일을 해야 한다.

2) 창의성이 주택신축판매업의 승패를 좌우한다

주택을 새로 건설하는 것은 도화지에 새로운 그림을 그리는 것과 같다. 제품의 모양을 어떻 게 하느냐에 따라서, 재료를 어느 것을 쓰느냐에 따라서 제품의 가격이 달라질 수 있다. 주 택도 마찬가지이다. 어떻게 창의성을 발휘하느냐에 따라서 집값이 달라질 수 있다. 창의성 은 모방에서 나온다고 했다. 일부러라도 집 구경을 많이 하기 바란다. 스마트폰으로 멋있는 집은 찍어 놓고 자료를 축적하는 것도 좋은 방법이다. 멋진 빌라 촌이 있다면 발품을 팔아 서라도 천천히 감상해 보자. 이런 노력이 창의성을 발휘하는 데 큰 도움이 된다.

3) 사업성을 검토하자

사업성의 검토는 땅을 고르는 것만큼 중요한 항목이다. 우선 투자의 목적을 명확히 해야 한다. 목적이 정해진 경우에는 정확한 월세 정보와 보증금의 정보 등 시세를 하나하나 파 악한다. 중개사 사무실을 자주 이용하는 것도 좋은 방법이다. 그리고 주변에 집을 짓는 사업자가 있으면 아침마다 구경 가라. 그러다가 소장님과 친해지면 대충의 시세, 평형, 건축허가 내역, 설계도, 일조권 등 공법적인 것뿐만 아니라 다양한 정보를 얻을 수 있다. 건축자재와 인건비에 대한 노임, 철거비용, 건축공사비용, 설비비용 등 각종 원가 자료에 대한 정보도 얻을 수 있다. 가장 중요한 정보는 설계사무소에 대한 정보를 얻을 수 있다. 설계사무소는 그 지역 사정을 가장 잘 아는 사무소가 좋다. 한 지역에 가면 주택의 모양 이 일정한 것을 볼 수 있는데 이는 설계사무소가 같다는 반증이기도 하다. 설계사무소를 알아 두면 좋은 땅이 나왔을 때 가설계를 부탁하여 최대한 용적률을 찾을 수 있으므로 사 업성을 검토하는데 많은 도움이 된다. 몇 채의 주택이 나오는지 알아야 사업성을 검토할 수 있지 않겠는가? 집을 많이 지어 본 사장님을 만나보면 딱 보면 견적이 나온다고 한다. 본능적인 감각으로 사업성이 검토되는 것이다. 배운다는 마음으로 주변 땅의 용도를 보고 건물의 모양을 미리 가늠하는 연습을 해보자.

4) 소득 신고 방식을 어떻게 할 것인가?

소득의 신고 방식도 미리 정하는 것이 좋다. 추계신고를 할지 아니면 기장신고를 할지를 정하는 것이 좋다. 사업을 계속할 경우에는 기장신고를 하는 것이 좋다. 만약 다세대를 신축 분양하는 경우에는 한 해에 분양이 다 되지 않을 경우도 있을 것이다. 이럴 경우에는 기장을 하여 경비를 모두 인정받는 것이 좋다.

주택신축판매업은 추계신고방법 중에서 단순경비율은 적용이 배제되고, 기준 경비율부터 적용하게 되었다. 쉽게 말해 세금이 많이 증가할 수 있는 업종이 되었다. 그러므로 이제는 차라리 기장을 하여 정식으로 신고하는 방법을 택하는 것이 좋다. 단순경비율은 대개 90%대에 육박하므로 세금을 적게 내왔던 것도 사실이다.

공사를 도급으로 주는 경우에는 공사 발주처가 되어 공사금액이 2천만 원이 넘을 경우에는 고용보험 및 산재보험도 부담해야 하며, 일용직을 쓸 경우에는 보험료 부담이 늘어나기도 한다. 아울러 일용직 내역을 제대로 신고하지 않을 경우에는 과태료처분도 내려지므로 주의를 요한다.

■■////// **김세무사의 똑소리**

[소득을 퐁당 퐁당으로 신고하자]
1차 연도에는 소득 발생
2차 연도에는 소득이 없거나 적게 발생
3차 연도에는 소득 발생

이런 전략을 사용하면 1차 연도와 2차 연도에 소득을 몰아넣는 것보다 세금을 아낄 수 있다. 왜냐하면 2차 연도에 소득이 없거나 적게 발생할 경우에는 기장 의무 판정에서 유리하게 되기 때문이다. 기장을 하게 되면 기장 의무 판정에 대한 고려를 하지 않아도 된다. 그러므로 장부 기장을 꼭 하는 것을 권한다. 옛날 방식으로 국세 행정을 따라가기에는 역부족이다는 것을 현장에서 많이 실감하게 된다.

[사업을 계속적으로 연속적으로 할 경우에는 명의 분산을 통해서 관리하자.]
여기서 명의 분산은 1인만 사용하는 것이 아니고 2인의 공동사업을 사용하는 경우를 말한다. 공동사업을 진행할 경우에는 1인의 단독 명의와는 별개로 기장의무를 판단하기 때문이다. 사업에 대한 포트폴리오를 쓰는 방법도 좋다. 단독 사업과 공동 명의 사업. 법인사업자등 사업의 명의를 분산할수록 세금은 더욱 더 줄어들게 된다.

5) 짓는 방식에 따라서 세법의 적용이 달라 질 수 있다(완전 도급, 불완전 도급, 자가 건설 등)

완전 도급을 주게 될 경우에는 주택신축판매업으로 등록하여 사업을 진행하더라도 중소기업인 건설업에 해당이 되지 않는다. 건설업에 해당이 되지 않으므로 중소기업으로 누리는 혜택인 감면과 같은 제도를 적용하지 못하게 된다. 불완전 도급은 건설업으로 보고 있으므로 창호공사 등이라도 건축주가 직접 하고 그 증거를 남겨놓는 것이 감면을 받을 수 있는 지름길이다.

6) 부동산매매업과 건설업의 차이를 알아보자

(1) 부동산 매매업

부동산판매가 사업성을 가지고 있다면 사업소득에 해당이 되는 바 이는 부동산매매와 건설업으로 나눌 수 있다. 먼저 '부동산매매업'이란 한국표준산업분류표상의 건물건설업(건물을 자영 건설하여 판매하는 경우에 한함) 및 부동산공급업에서 발생한 소득을 말하되 주택 개발업 및 공급업에 해당하는 것은 주택신축판매업에 속하므로 부동산매매업에는 해당되지 않는다.

(2) 건설업

건물을 신축하여 판매하는 경우 부동산매매업에 속하나 이 가운데 주택신축판매업은 건설업에 포함한다. '주택신축판매업'이란 주택(건물정착면적의 10배, 도시지역 안의 토지는 5배 이내의 부수 토지 포함)을 건설하여 판매하는 사업을 말하는데 현행 세제상 부동산매매업에 대해서는 중소기업에 해당되지 않는다. 주택신축판매업은 안정적인 주거를 공급하는 목적을 달성하는 데 기여하므로 특별히 건설업으로 간주한 것이다.

(가) 주택신축판매사업의 범위

주택을 신축하여 판매하는 사업은 건설업에 해당되는 것이나 사업자가 아닌 자가 계속, 반복성 없이 주택을 신축하여 양도하는 것을 건설업으로 본다는 뜻은 아니며(국심 88서 1183, 1989. 1. 4), 상가용 건물의 신축양도는 건설업에 해당되지 아니 한다(국심 85중 521, 1985. 6. 27). 그러나 사업자등록을 필하지 아니하였고 1과세기간 중 1회 이상 취득, 2회 이상 판매사실이 없을지라도 신축주택의 규모·수량 등으로 보아 사업성을 띄고 있는 것으로 인정되는 경우 건설업에 해당 된다(국심 85서 24, 1985. 5. 15).

(나) 주택신축판매업의 요건

건설업으로 분류되는 주택신축판매업은 토지 위에 건설된 건물이 주택이어야 한다. 즉, 주택이 아닌 상가용 건물 등의 신축양도는 건설업에 해당되지 아니하며 부동산매매업으로 분류된다(국심 85중 521, 1985. 6. 27).
건설업의 주택신축판매업에 해당되기 위해서는 주택이 신축되어 판매된 것이어야 한다. 따라서 기존주택을 취득하여 판매하는 것은 건설업에 해당되지 아니한다. 그러나 주택이 신축된 후 판매가 되지 않아서 판매시점까지 일시적으로 일부 또는 전부를 임대한 후 판매하는 경우에는 당해 주택의 판매 사업은 건설업으로 본다.(소득 46011-3558, 1995. 9. 18.)

(3) 부동산매매업과 주택 신축 판매업의 비교

구분	부동산 매매업	주택신축 판매업
양도부동산22)	매입주택의 재판매 주택외의 건물 및 나대지 판매 건물의 신축판매 부동산상의 권리의 양도	주택의 신축 판매 (단, 겸용주택일 경우 : 아래 (4)를 참조할 것)
소득의 유형	사업소득 중 부동산매매업소득에 해당	사업소득 중 건설업 소득
중소기업여부	중소기업이 아님	중소기업임
부가가치세신고	부가가치세 과세 대상	국민주택이하 : 면제 국민주택초과 : 과세
간이과세자적용	간이과세자적용 안됨	간이과세자 가능
토지 등 매매차익 예정신고의무	예정신고의무 있음	신고의무 없음
중과세율 비교과세	중과세율(다주택, 비사업용토지)이 적용될 경우 양도소득세와 비교과세함	비교과세제도 없음
경비율	경비율이 주택신축판매업보다 낮음	경비율이 매매업보다 높음
기장의무	기장의무 있음	기장의무 있음

(4) 겸용주택을 신축 판매하는 경우

(가) 주택과 상가의 판정 원칙

주택의 일부에 점포 등 다른 목적의 건물이 설치되어 있거나 동일지번 (주거여건이 동일한 단지 내의 다른 지번 포함) 상에 다른 목적의 건물이 설치되어 있는 경우에는 원칙적으로 다른 목적의 건물 및 부수토지는 '주택'에서 제외한다. 따라서 주택 부분의 신축판매소득은 건설업소득으로 분류되고, 다른 목적의 건물 부분의 신축판매소득은 부동산매매업소득으로 분류된다. 이 때 동일지번이라 함은 양도 당시의 동일지번을 말하는 것이므로 취득 당시 하나의 지번을 여러 개의 지번으로 분할하여 양도하는 경우에는 취득시의 상황대로 전체의 토지가 동일지번으로 되는 것은 아니다.

---

22) 둘 다 사업목적으로 하는 경우를 말한다. 사업 목적이 아닌 경우에는 양도소득세가 과세된다.

(나) 전부를 주택과 그 부수토지로 보는 경우

다음의 경우에는 예외적으로 다른 목적의 건물 및 그 부수토지까지도 모두 주택으로 본다.

1) 주택과 다른 목적의 건물이 각각의 매매단위로 매매되는 경우 :
   다른 목적이 건물 면적이 주택 면적의 10% 이하인 경우
2) 주택에 부수되어 있는 다른 목적의 건물과 주택을 하나의 매매단위로 매매하는 경우 :
   다른 목적의 건물 면적이 주택 면적보다 적은 경우

여기서 "면적"이라 함은 「연면적」을 의미하는 것이며 정착면적이라 함은 건축물 등 시설물의 주위가 접하는 지면 또는 수면 등 기타 물건의 넓이를 말하는 것이며, 그 바닥면적을 기준으로 산정함이 원칙이다. 즉, 주택의 면적이 다른 목적의 건물보다 1평방미터라도 넓게 되면 모두 주택으로 편입된다는 것을 설명하고 있다. 그런데 이런 경우가 절세 측면에서 독이 될 수도 있고 득이 될 수도 있으므로 전문가와 상황에 맞게 상의하기 바란다.

■///// 김세무사의 똑소리

[주택신축판매업(건설업)의 세금 매뉴얼]

(1) 부가가치세
   국민주택규모 이하의 공급은 면세사업 : 관련된 매입세액은 환급 불가

(2) 소득세
   · 매출 1억5천만 원 이상이 되면 단순경비율을 적용받을 수 없게 되었으므로, 기준경비율적용을 받을지 아니면 복식장부를 할지 고려해야 한다.
   · 공동사업형태로 하려면 현물출자에 따른 양도세 문제를 고려해야 한다.
   · 공동사업장에 출자하기 위한 차입금 지급이자는 필요경비로 인정되지 되지 않는다. (판례는 인정함)
   · 공동으로 사업을 진행하면서 건축자금을 차입한 지급이자는 필요경비로 인정한다.

(3) 법인전환 : 취득세(중과 회피 문제), 현물출자(양도소득세 문제)
   · 주택건설사업자가 분양목적으로 건축한 전용면적 60제곱미터 이하인 5세대 이상인 공동주택(다가구주택 제외)에 대해서는 취득세를 면제받을 수 있다. 단, 사용승인서 교부일 전에 사업자등록증을 받아야 한다.

(4) 양도소득세
   단독주택을 허물어 나대지로 양도하는 경우 멸실 일로부터 2년간은 사업용 토지로 인정한다.

(5) 분양수익 인식 방법
   ① 예약매출기간 1년 미만 : 진행기준과 인도기준 중 선택
   ② 1년 이상 : 진행기준
   ③ 개인사업자의 경우 : 3가지 중 빠른 날(대금청산일, 이전등기접수일, 사용 수익일)

⑹ 완공 후 취득세
  ① 보존등기에 따른 취득세 : 일반적으로 취득세 2.8%(국민주택규모이하인 경우)
    · 전용면적 60제곱미터 이하의 주택을 건설하여 이를 임대하고자 하는 경우 취득세 면제
  ② 이전등기에 따른 취득세
    · 주택 유상취득의 경우 50% 감면 : 고가주택, 다주택자 제외

7) 도시형 생활주택의 세금 체계는 어떻게 되는가?

(1) 도시형생활주택이란?

도시형생활주택은 주로 서민과 1−2인 가구를 위해서 다세대(전용면적 85㎡ 이하)와 원룸형(12−30㎡), 기숙사형(7−20㎡)으로 지어지는 주택들을 말한다.

(2) 도시형생활주택 분양자의 세금문제

(가) 건설용지 구입 시 취득세 납부

본인이 보유하고 있는 토지 위에 사업을 진행하는 경우에는 취득관련 세금이 발생하지 않지만 토지를 구입하여 건축하는 경우에는 토지 취득가격의 4.6%만큼 취득세를 내야 한다.

(나) 부가가치세 문제 검토

분양대상이 국민주택 규모이하라면 분양시 분양계약자로부터 부가가치세를 징수할 필요가 없다. 다만, 공사 중에 발생한 부가가치세는 환급을 받을 수 없다. 만일 도시형생활주택과 상가를 동시에 신축하는 경우에는 공통매입세액 안분문제가 발생하게 된다. 한편 주택건설 중에 발생하는 재산세는 대부분 저율로 분리 과세된다. 그리고 종합부동산세는 재산세가 분리 과세되면 과세에서 제외하도록 한다. 참고로 보유세는 매년 6월 1일 현재의 사실상 소유자에게 부과된다.

(다) 건물 완공시 취득세 문제(*한시적 규정이므로 적용 시 전문가와 상의하기 바람)

건물이 완공되면 신축된 건물에 대해 사업시행자가 취득세를 납부하는 것이 원칙이다. 하지만 소형주택에 대해서는 폭넓게 취득세를 감면하는 경우가 많다. 지방세특례제한법 제31조에서는 60㎡ 이하의 공동주택 및 임대주택의 따른 오피스텔을 건축하거나 이를 분양받아 임대하는 사업자에 대해 취득세를 100% 감면한다. 또 20호 이상의 주택을 10년 이상 임대하면 85㎡ 이하의 신규분양 공동주택에 대해서도 25%를 감면한다. 그리고 같은

법 제31조의 2에서는 준공 후 미분양주택을 취득해 5년 이상 임대하면 149㎡ 이하이면서 분양가격이 6억 이하인 미분양 된 공동주택에 대해 25% 감면을 실시한다. 이외에도 같은 법 제33조에서는 완공 전에 사업자등록을 한 주택건설사업자가 분양할 목적으로 건축한 60㎡ 이하의 공동주택이면서 5세대 이상인 공동주택에 대해서는 취득세를 전액 면제하고 있다. 이렇게 본다면 도시형생활주택의 완공에 따른 취득세는 대부분 100% 면제된다고 할 수 있다.

(라) 분양수익에 대해서 소득세 및 법인세 납부

이 경우 사업자가 개인이면 6–38%, 법인이면 10–22%의 세율이 적용된다. 분양이익은 일반적으로 장부를 통해 파악하나 개인 사업자는 장부 없이도 소득을 파악할 수 있다. 경비율 제도를 적용하면 되기 때문이다. 그런데 2012년부터는 사업 첫해의 주택신축판매업 수입금액이 1억 5,000만 원을 초과하면 단순경비율 제도가 아닌 기준경비율 제도를 적용한다는 점에 주의해야 한다. 개인 사업자들이 장부작성을 회피하여 세금을 줄이는 것을 방지하기 위해 세법개정이 있었기 때문이다.

(마) 미분양된 주택의 세무상 쟁점

도시형생활주택을 신축 후 미분양에 의해 일시적으로 임대한 후 이를 분양하면 여전히 사업소득으로 분류가 된다. 하지만 당초 임대목적으로 신축한 후 임대 후 분양하면 양도소득으로 분류될 수 있음에 유의해야 한다. 실무적으로 사업소득과 양도소득의 과세체계는 확연히 차이가 있으므로 양도 전에 미리 세금문제를 검토하도록 한다. 참고로 신축판매용 주택 외에 본인이 거주하고 있는 1주택에 대해서는 양도소득세를 비과세 받을 수 있다. 판매용 주택은 거주자의 주택으로 보지 않기 때문이다.

실무 적용

[도시형생활주택이 판매용인지 임대용인지 구별하는 방법]

판매목적과 임대목적을 구별해 놓는 것이 세금을 적용하는 데 중요한 잣대가 될 수 있다. 입증하기 좋은 방법은 광고 전단을 살펴보는 것이다. 스마트폰으로 전단을 촬영하거나 동영상을 찍어 놓는 것도 한 방법이다. 신문 광고 등도 스크랩 해놓는 것이 좋다. 광고 문구 안에 판매용인지 임대용인지 나와 있을 것이다. 대부분 판매용으로 광고를 하는 것이 유리하다.

[정관정요(당태종)]

'예로부터 업을 창시하여 이를 잃은 자는 적으나, 성(成)한 것을 지키다 이를 잃은 자는 많다.'고 했다. 즉, 창업보다는 수성이 어렵다는 말이다. 업이 잘 될 때 다시금 초심으로 돌아가는 자세가 그 업을 다시 성하게 만들 수 있음을 꼭 기억하자. 술 이름이지만 정말 잘 지은 것 같다. 우리가 생각하는 그 브랜드, 처음** 그러나 그 술을 먹은 후에는 그렇게 되지 않아서 문제지 않는가? 사업을 진행하다보면 무사 안일, 자아도취에 빠지기 쉽다. 부단히 자기를 채찍질하는 것이 업을 더 번성하게 만들 수 있음을 기억하자.

제 6 장
사업으로 얼마만큼 수익을 얻을 수 있을까?

1. 사례 연구

사업을 하는 이유는 수익을 얻기 위해서이다. 자선 단체나 비영리 단체를 제외하고 대부분은 수익을 얻는 것이 목적이다. 법인의 경우에는 주주에게 이익을 가져다주는 것이다. 요즘은 사회적 기업이 각광을 받고 있으나 기업과 사업의 운영 제1원칙은 장사를 해서 이익을 남기는 것이다.

경매로 여러 가지 사업을 하는 K사장(45세)은 항상 한 사업이 끝난 후에는 후회를 많이 한다. 미리 수익을 예측하고 일을 시작하였더라면 실수를 더 적게 했을 텐데……. 사업에는 실패가 없고 피드백만 있다지만, 수익을 예측해서 일하기란 사실은 어려운 일이다. 그러나 전체적으로 수익을 얼마나 얻을 수 있을지는 세부 항목을 보면 큰 윤곽이 드러난다. 경매로 각종 사업을 시작하게 될 때 수익을 얼마만큼 얻을 수 있을까를 분석하는 것이 '수지 분석' 혹은 ' 수익 분석 '이라고 하는데, K사장은 이 방법에 대해서 궁금해 하고 있다.

2. 조언 방향

사업에는 리스크가 항상 존재한다. 사람들이 예측한대로 모두 이루어지면 참 좋겠지만 현실은 냉혹하고 상대방이 있는 카드게임을 하는 것보다도 더 어렵다. 상대가 보이지 않기 때문이다. 수지 분석 및 수익 분석은 최대한의 변수를 모두 반영해서 보수적으로 짜놓는 것이 좋다. 회계학에서 이야기하는 발생주의에 의한 것이 아니라 현금주의로 계산하는 것이 현금 흐름상 리스크를 파악하기 편할 것이다. 다만 향후 이런 비용이나 리스크가 발생할 것이라는 예측을 분석 툴에 추가하다면 수익 분석의 목표는 달성한다고 본다. 아울러 수익 분석은 가능한 한 객관적인 자료나 데이터를 통해서 작성하는 것이 좋다.

일반적으로 수지 분석 및 수익 분석을 하는 내용과 방법을 알아보기로 하자. 이 방법은 일반적인 내용이므로 사업자마다 그 방법을 달리하거나 추가를 해서 사용할 것을 권한다. 일정한 틀에 너무 얽매이지 않도록 주의를 요한다. 수지 분석은 수지 분석표에 옮겨 적어야 얼마가 들어가는지를 일목요연하게 파악할 수 있다.

3. 이론 및 심화 연구

1) 토지구입비에 대해서 알아보자.

(1) 제세공과금(취득세)

일반적인 시행 사업의 경우 해당 부지 안의 주택, 상가, 토지 등이 혼재 되어 있어 일일이 취득세를 산출할 수 없으며 일반적으로 토지 매입 비용의 4.6%로 계산한다. 경매를 통해서 취득하는 경우에도 똑같은 금액이 소요된다. 다만, 주택을 취득할 경우에는 감면 규정이 있는지 확인하면 된다. 정확한 금액이 나오면 수지 분석표에 표시를 하면 된다.
– 관련법률 : 지방세법
– 계산법 : 토지비의 4.6%
– 지출시기 : 취득세는 취득한 날(낙찰 잔금 납부일)로부터 60일 이내에 납부함

(2) 등기대행료(법무사)

– 토지대의 0.2-0.4 %
– 취득세 + 등기대행료 : 토지대의 4.6%+0.4%≒5%대라고 생각하면 된다.
  등기대행료는 보통 0.2%이며, 추후 법무사와 협의 하에 대행료를 조정할 수 있다.
– 지출시기 : 취득세 납부 완료 시점

(3) 명도 비용 예상

지주작업자가 통상적으로 정리를 하며, 명도 비용이 꼭 들어갈 경우 그 금액을 알려 준

다. 경매를 통해서 취득할 경우에도 명도 비용을 예상해야 한다. 보통 이사비용은 평당 20만 원–30만 원 수준으로 정리가 가능할 것이다. 명도 대행을 할 경우에는 평당 40만 원–50만 원 정도 생각하면 계산하기가 편하다. 아울러, 강제집행비가 소요될 경우에는 이 비용도 같이 수지 분석표에 반영하여야 한다.
– 지출 시기 : 토지(낙찰 잔금) 잔금 전·후로 추정

(4) 사업권 인수 비용

다른 시행사가 시행을 하다 넘길 때 발생하는 비용으로 사업권만 넘겨받거나 시행사를 인수하는 경우 등이 있다. NPL물건 중에서 사업권까지 인수하는 경우가 있는데 이 경우 인수 비용을 협상하여 그 비용을 수지 분석표에 반영하면 된다. 시행사를 인수하는 경우에는 시행사가 대부분 가난한 경우가 많고 우발 채무 등의 위험요소가 있으므로 인수 시에 주의를 요한다. 인수 가격도 적절한 가격에 협상하여 수지 분석표에 반영하면 된다.
– 지출 시기 : 공사 착공 전으로 추정

(5) 지주작업비(중개수수료)

경매를 통해서 토지를 낙찰 받을 경우에는 이 비용이 들지 않으나 사업을 크게 하기 위해서 옆 지번과 합병할 경우에는 지주작업비가 소요되므로 이에 대한 비용을 파악하는 것이 중요하다. 사업에 따라 중개수수료 또는 지주작업 비용이 나오며 이 비용은 지주작업자, 중간 연결자 등에게 들어가는 비용으로 통산 토지 매입비의 2–3% 정도 계산한다. 그러나 이 비용은 정해진 금액이 아니며 보통 중계수수료에 준하여 약 0.9%–1%정도 계산하면 된다.
– 지출 시기 : 토지 잔금 시점

(6) 기타 인수 비용

대표적인 케이스로 유치권, 법정지상권, 특수지역권, 분묘기지권 등이 있다. 특수한 권리 등을 인수할 경우에는 상대방과 협상하여 그 금액이 소요될 금액을 비용으로 처리를 하는 것이 좋다. 나중에 현금이 나갈지라도 미리 예측을 해서 수지 분석에 반영하는 것도 좋다. 현금 흐름을 예측할 수 있기 때문이다.

(7) 컨설팅 비용

이 모든 것을 대행회사를 통해서 실시할 경우 그 컨설팅 비용은 비용으로 처리하고 수지 분석표에 반영하여야 한다.

2) 건설 원가는 어떻게 구성이 되는가?

(1) 철거비

토지 잔금 후 착공 전에 기존 건물이나 지상물을 철거할 때 들어가는 비용을 말한다. 견적시에는 건축물관리대장을 전부 합산해서 평당 개념으로 환산하여 적용을 한다. 보통 철거업체들은 폐기물을 내가기 위해서 트럭 및 포크레인, 폐기물처리비용을 포함한 비용을 철거비로 책정하게 된다.

철거 비용은 업체마다 상이하게 적용되므로 꼭 업체와 협의하여 적용하기 바란다.

- 철거업체의 견적 예
 ·아파트 : 150,000원/평
 ·단독주택 : 150,000−180,000원/평
 ·공장 : 100,000원/평
 ·대규모 주상복합철거: 60,000원/평
 - 간이계산법 : 현장 면적(평)×(20만 원−25만 원 선)
 - 지출 시기: 토지 잔금 후 착공 전에 지출

(2) 건축 허가 조건 이행 공사비

시행사업의 허가는 조건부 허가로 나오며 허가 조건을 만족하기 위해 이행 공사비를 따로 산정한다. 부지 인근 도로, 공원, 학교 등을 만들라는 경우도 있다.

- 부지 근처의 도로는 담당 공무원과 미리 협의가 가능함
- 학교는 교육청에서의 답변이 신청 후 늦어지는 경우가 많으며 도시계획에도 없는 학교를 요청하는 수가 있으므로 시작 전에 교육청에 확인 요망

(3) 설계 및 감리비

(가) 설계 단가

① 아파트 : 30,000원–40,000원/평
- 시공사에서 지정한 설계사무소를 이용시 25,000원까지 가능하며 평균 35,000원에 설계가 가능함
- 설계사무소의 유명도에 따라 시설물에 따라 차이가 발생함

② 주상복합, 쇼핑몰 : 5만–10만 원 사이

③ 근린상가 : 2만–5만 원 사이

④ 개인주택(인허가포함) : 40,000–50,000원/평 (부지가 작을 때 50,000원까지)

(나) 감리 단가

- 평균 40,000원–50,000원 선

(다) 개략 산식

① 설계비 = 전체 연면적 × 설계단가(각종 평가 및 진단비 포함)
② 감리비 = 규모 × 단가
- 지출시기 : 계약에 따라 다름(감리비의 경우 보통 분기별 분할 지급)

(4) 직접 공사비

직접 공사비는 공사를 할 때 들어가는 비용으로 대부분 토목공사와 건설공사, 설비공사로 나눌 수 있는데, 설비공사를 따로 산입하여 분석하는 방법도 있다. 이 공사비는 공사의 사안별로, 공사현장별로, 시공사별로 차이가 있을 수 있으나 요즘은 직접 공사비가 공정 가격으로 정해져 있는 것을 볼 수 있다. 시방서를 받아 보면 평당 금액으로 표시가 되어 있는 경우가 많다. 즉, 직접 공사비는 2백5십만 원에서 4백만 원 선까지 들어간다고 보면 된다. 직접 공사비는 대부분 종합건설회사에 도급을 주는 경우가 많은데 공사 계약대로 이행하는지 반드시 확인할 필요가 있다. 이를 위해서 건축주는 수시로 현장 상황을 확인하기 바란다. 협상을 할 때 직접 공사비 금액을 조정하기보다는 금액을 제대로 주고 제대로 짓도록 하는 것이 더 효율이 높다. 가격을 깎은 것만큼 자재에서 돈을 남겨야 하기 때문에 부실한 자재를 쓰는 경우를 많이 본다. 나중에 A/S 규정을 도급계약서에 표시하여도 그 금액이 많이 소요될 경우 추가 비용 지출이 불가피한 상황이 많다. 아울러 이 때문

에 공사가 진행되지 못하고 송사에 휘말리는 경우가 있다.

계약 단계부터 철저하고 꼼꼼하게 계약을 하고 깐깐하게 현장을 점검하는 것만이 건물을 견고히 지키는 지름길이다. '잘 해 주시겠지 뭐…….' 이런 생각은 버려라.

리모델링을 하는 경우에는 평당 리모델링비가 범위에 따라서 천양지차가 난다. 리모델링을 어디서부터 어디까지 할 것인가를 명확히 확정하고, 확정되었다면 그 이후에 들어갈 공사비이외에 예비비를 조금 더 생각하자. 실제 리모델링 과정에는 불확실성이 많이 존재하여 예상보다 많은 비용이 소요되는 것을 볼 수 있다.

– 지출 시기 : 공사 계약 기간 동안 기성고에 의해서 지출

(5) 설비 공사비(각종 인입 비용 포함)

① 전기시설, 가스시설, 수도시설 공사 및 지역난방이 시행되고 있는 지역의 지역난방 시설 등 인입 공사에 소요되는 비용

– 지출시기 : 설비 공사 진행 동안 기성고에 의해서 지출

② 각종 인입비 = 통상연면적 × (15,000원–25,000원 수준)

지역마다 인입비와 관련법규가 다르며 통상 25,000원을 반영

③ 시설 인입비 = 시설 인입 (통상 공사비+설계비의 1%수준)

– 지출 시기 : 공사 완료 시점

(6) 상하수도 분담금

관련 법률 : 상수도법(71조), 하수도법(61조)

<상수도 계산법>
 (시설부담금 × 세대수) + (정액공사비 × 계약연면적)
시설부담금 및 정액공사비는 지자체 수도 사업소에 문의하면 알 수 있다.
예를 들어 서울시는 아래의 홈페이지(상수도사업본부고객서비스센터)를 방문하여 급수시설에 대한 공사비를 알 수 있다.

- http://i121.seoul.go.kr/egoji/민원서비스/급수 공사비 가상계산
- 하수도공사비까지 대략 2백만 원/세대당
- 결국 수지 분석표 작성단계에서 정확한 산정은 불가능하므로 대략적인 금액만 산정해서 수지 분석표에 반영하는 수밖에는 없다.
- 간이 계산법 : 세대수 × 200만 원
- 납부 시기 : 공사 기간의 1/2시점으로 추정

(7) 기타 용역비

- 인허가(면허세 등), 지구 단위 계획, 교통 영향 평가, 측량, 감정 평가 금액 등
- 기타 주변 민원해결비 등
- 예술작품비, 조경공사비 등
- 지출시기 : 계약에 따라 다르며, 보통 착공 전에 소요되는 비용이나 민원해결비는 주위의 이웃과 돈돈한 관계를 해 놓는 경우에는 필요 없을 수도 있다.

(8) 예술작품비

코엑스같이 큰 건물 앞에는 이름 모를 미술작품들이 들어서 있다. 이것은 연면적이 1만 제곱미터 이상의 건축물은 의무적으로 미술품을 장식해야 하는 규정 때문에 생긴 것이다.

- 관련 법률 : 문화예술진흥법
- 부과 대상 : 연면적 1만 제곱미터 이상 건축물
- 계산법 : 예술품 설치비 = 연면적 × 표준 건축비 × 1/100
- 표준 건축비 : 1,630,000/㎡(2012년 기준)
- 지출 시기 : 계약에 따라 다름

3) 광고비에 대한 비용 지출을 알아보자.

(1) 모델하우스 설치비용

① 부지 임차비 단가

모델하우스 부지를 사서 광고하는 경우도 있으나 대부분은 임차한 부지위에 모델하우스를 건립하여 광고를 진행한다. 보통은 1년 계약으로 이루어지는 경우가 대부분이고, 지역마다 차이가 있을 수 있다. 보통 철거를 할 경우에는 철거비용에 미리 이행 보증을 요구하는 경우도 있다.

보통 월세의 시세는 다음과 같으나 지역마다, 시장 상황에 따라, 지주에 따라서 차이를 많이 보이는 것이 현실이다. 부지의 넓이는 660㎡(200평)에서 1,650㎡(500평) 사이에 건립되는 경우가 많은데 보통은 990㎡(300평) 선에서 결정된다. 다양한 평수를 분양할 경우에는 평수가 더 넓은 경우도 있다. 건립비용은 10억 원-15억 원 정도 소요가 된다.

② 모델하우스 운영 경비

- 아파트의 경우 : 월 1,000만 원-1,500만 원 선
- 상설 전시관일 경우 : 보통 관리비용이 임대료에 포함된 경우가 많음
  (행사기간 중 도우미, 주차요원 등의 일용직은 별도로 비용 처리됨)
- 시행사 : 임대료, 관리비용(전화, 전기, 수도요금), 인건비(청소)
- 분양 대행사 : 행사기간 동안의 도우미요원, 주차요원, 상담요원, 텔레마케터 등 인건비
                위 사항을 기본으로 분양수수료를 결정함
- 지출 시기
   모델하우스 부지 임차료 : 계약시 일시불 지급
   모델하우스 건립비 : 공사 완료 후
   운영비 : 매월 지출이 확정될 때 지급

(2) 분양보증수수료

주택건설 사업의 경우에는 대한주택보증(주)에서 보증이 필요한데, 대한주택보증에 수수료 요율표가 나와 있으므로 참조하기 바란다.
- 시공사 신용등급에 따라 보증요율 다름(0.25%-0.5%)(대한주택보증 문의)
- 지출 승인 : 입주자 모집 공고 승인 전

(3) 광고홍보비

통상 1.5%-2%로 책정이 되며 향후 기업 이미지나 자체 브랜드를 추가하여 광고할 경우에는 비중이 더 늘어날 수 있다. 대부분 온라인과 오프라인을 동시에 가동하게 된다. 광고 홍보비가 분양과 직결될 수 있으므로 많이 투여하는 것이 현실이나 광고 홍보비에 너무 많은 에너지를 낭비하게 되면 수익성이 급격히 떨어지는 것을 볼 수 있다.

- 지출 시기 : 분양 전후에 집중적으로 지출되는 경향이 있다.

(4) 분양수수료

아파트 1채당 200만 원-500만 원, 또는 매출액의 1-2% 선에서 결정이 되며, 판매 시설은 매출액의 3%-5% 정도에서 결정이 된다. 분양대행사와 계약에 따라 차이가 날 수 있다.
−지출 시기: 분양계약시나 잔금 지급시에 정산하는 경우가 많음

4) 일반 부대비용

(1) 관리신탁수수료

'건축물 분양에 관한 법률'에 의하여 착공 후 선분양을 할 경우 자본시장과 금융투자업에 관한 법률에 따라 신탁업자와 신탁계약 및 대리사무계약을 체결하거나 금융기관 등으로부터 분양보증을 받아야 한다. 이때 소요되는 것이 관리신탁수수료이다. 신탁이 성격에 따라서 다르므로 신탁회사의 규정에 따라서 비용을 예측하면 된다.

(2) 민원처리비

지주 작업을 하는 경우에도 민원이 발생하나 공사가 시작되면서 먼지, 소음, 차량통행, 주차문제 등의 민원이 제일 많이 발생한다. 아울러 공사 자재의 보관 문제, 토사의 문제 등의 민원도 소소히 발생하게 된다. 민원이 접수가 되면 담당 관서에서는 해결을 종용하는 경우가 많다. 이 경우를 대비하여 주변에 민원인이 될 만한 사람들과 미리 친분을 유지해 놓는 것이 좋다. 비즈니스는 소통이라고 했다. 소통을 원활히 하면 이런 민원 문제는 쉽게 해결이 될 수 있음을 명심하자. 이는 우발적 비용이므로 비용이 발생할 수도 발생하지 않을 수도 있다. 매출액의 1% 정도를 민원처리 비용으로 잡아 놓는 것이 좋다.

− 아울러 민원의 소지가 있는 것은 적극적으로 미리 예방을 하고 이 예방 활동을 철저히 했음을 사진 촬영 등의 방법으로 자료를 준비하는 것이 좋다.

− 민원처리비는 대부분 시공자가 부담하게 되나, 건축주 입장에서는 결국 원가 부담이 될 수밖에 없다. 시공사와 도급계약을 약정할 때는 반드시 특약사항에 민원에 대한 조항을 넣어 책임의 소재를 명확히 가려 놓는 것이 좋다.

− 지출 시기 : 지급이 확정되었을 때

5) 기타 세금과 공과를 알아보자.

(1) 건물 보존 등기 비용

- 취득세(3.16%:다가구주택, 상가, 오피스텔 등 가정) + 법무사 비용 = 3.2% 선으로 생각하면 된다.
- (공사비+설계·감리비) × 3.2%
- 지출 시기 : 분양 완료 시기

(2) 각종 개발 부담금

- 과밀부담금
- 광역교통시설 부담금
- 기타 부담금
부담금은 소관 관청에 미리 확인하여 수지 분석표에 반영하면 된다.

(3) 근저당 설정 및 해제비용

근저당 설정비 및 해제비용은 은행이 부담하는 것이 원칙이다.

(4) 주택채권매입

관련법률 : 주택법
① 지상연면적(m^2) × 전용률 × 금액(원/m2) × 채권할인률(20−30%정도)
② 주거 전용 건축물의 전용면적 85m^2 미만은 면제
- 지출 시기 : 착공 전에 납부

(5) 종부세 및 기타 세금

- 종부세 납부 금액 × 사업연수
- 도시계획세 등

(6) 기타 예비비용

사업을 진행함에 있어 발생하는 예비비용으로 법인 인수비, 농지 전용비, 기타 은행 및 시공사 접대비 및 기타 비용을 말한다.
간의 계사법 : 매출액 × 1%

6) 금융비용

1. P/F(Project Financing) 수수료
2. 이자 비용

7) 부가세

국민주택분 공급과 토지분 공급에 해당하는 매입부가세는 환급 대상이 아니므로 결국 지출 비용에 포함되어야 한다. 이 부분도 수지 분석표에 반영하여 작성하면 된다.

8) 수지 분석표를 작성하라.

사업과 관련된 수지 분석표를 만들어 의사결정에 사용하여야 한다. 앞에서 나열한 비용을 일일이 한곳에 집적하고 비용을 예측하는 것이 수지분석표의 기능이다. 예측되지 않는 비용은 예비비로 표시하되 예비비 지출의 가능성이 아주 낮은 경우에는 표시하지 않고 작성할 수 있다. 수지 분석표를 세세히 분류하여 작성하는데 에너지를 너무 많이 투여하면 본경기에 들어가서 헉헉대는 현상을 경험하게 된다. 큰 줄기로 수지 분석을 하는 것도 나쁘지 않은 방법이다. 아무튼 일반적으로 사업과 관련하여 들어가는 비용을 여기에 나타내었으므로 사업 진행시 참고하기 바란다.

■///// 김세무사의 똑소리

[손자병법의 한마디를 기억하자.]
"상황이 아무리 최악이라 해도 절망하지 마라."
"모든 것이 두려울 뿐이라 해도 두려워하지 마라."
"사방에 위험이 도사리고 있어도 그 무엇도 두려워하지 마라."
"자원이 없을 때는 지략에 의지하라."

자원은 한 나라로 보았을 때는 지하자원이며, 개인으로 보았을 때는 타고난 집안의 재력이 아닐까 생각한다. 재력이 없다고 해서 두려워하면 되겠는가? 지략을 갖추면 된다. 즉, 자기의 경쟁력과 실력을 최상으로 끌어올리면 지략이 되는 것이다. 이것이 재테크의 기본 중에 기본이다. 본인의 실력을 매일 업데이트하면 본인의 실력은 업그레이드 될 것이다.

제 8 편
아직 남은 세금 이야기

제 1 장
부가세가 문제예요

1. 사례 연구

> 43살인 L씨는 예전에 사업을 한 기억이 있다. 업종은 소매업이였는데, 장사가 잘 되지 않아서 폐업을 했다. 이제는 경매를 통해서 많은 수익을 얻고자 옛날에 했던 사업의 경험을 살려서 부동산 사업을 하려고 한다. 사업을 진행하려면 증빙 서류를 잘 갖춰서 해야 한다는 경매 코치 김 세무사의 조언에 따라서 그전에 사업 했을 때 여러 가지 신고한 내용을 떠올려 보았다. 부가가치세 신고도 했고, 종합소득세 신고도 했던 것으로 기억이 난다. 사업을 할 때 가장 기본적인 신고인 부가가치세 신고에 대해서 궁금해 하고 있다.

2. 조언 방향

부가세 신고는 사업을 진행할 때 필수적인 신고 중에 하나이다. 모든 사업자는 최초에 '사업을 하겠습니다.'라는 의사표시로 사업자등록을 하는데 사업자 유형은 3가지로 나뉜다. 일반과세자, 간이과세자, 면세사업자이다. 법인은 무조건 일반과세자가 된다. 개인은 3가지 유형을 본인이 하는 업종에 따라서 신고할 수 있다. 유형이 정해지면 발생한 매출에 대해서 신고를 해야 하고, 매입 자료에 대해서도 신고를 해야 하는데, 이때 신고에 필요한 서류가 바로 세금계산서이다. 법인은 세금계산서를 무조건 전자적인 방식으로 발행해야하는데, 이를 '전자세금계산서'라고 한다. 개인은 일정 매출액이 넘어가면 전자세금계산서를 발행해야 한다. 매출세금계산서와 매입세금계산서를 신고하고 납부하면 부가가치세 신고가 종료 된다. 아래에서 각 단계별로 주의해야 할 사항을 알아보도록 하자.

3. 이론 및 심화 연구

모든 사업자는 사업을 개시할 때 반드시 사업자등록을 해야 한다.

사업자등록은 사업을 실시하는 사업장마다 하여야 하며 사업을 시작한 날로부터 20일 이내에 아래 서류를 갖추어 사업장 소재지 관할 세무서에 민원 봉사실에 신청하면 된다. 요즘은 관할 세무서가 아니라도 전국 어느 세무서라도 신청이 가능하다.

> · 사업자등록 신청서 1부
> · 사업허가증 · 등록증 또는 신고필증 사본 1부 (허가를 받거나 등록 또는 신고를 하여야 하는 사업의 경우)
> · 사업개시 전에 등록을 하고자 하는 경우에는 사업허가신청서 사본이나 사업계획서
> · 임대차계약서 사본 1부(사업장을 임차한 경우)
> · 2인 이상 공동으로 사업을 하는 경우에는 동업계약서 등 공동사업을 증명할 수 있는 서류
> · 도면 1부(상가건물임대차보호법이 적용되는 건물의 일부를 임차한 경우)

사업자등록증 발급 기간은 3일 이내로 되어 있다. 다만, 세무서에서 사업자를 확인해야 하는 경우에는 7-8일 이내에 발급 받을 수 있다. 현지 확인절차를 거치는 것은 사업을 하기 위한 외관 및 능력을 확인하는 절차이다.

▰▰///// 김세무사의 똑소리

[사업을 시작하기 전에도 사업자등록을 할 수 있다.]
경매를 받아서 매매사업을 하는 경우에는 미리 사업자등록을 신청하여 진행할 수도 있다. 이는 미리 경비를 세금 신고하여 나중에 비용을 공제 받을 수 있다는 장점이 있다.

[사업 개시일부터 20일 이내에 사업자등록을 하지 않으면 불이익을 받게 된다.]
– 공급가액의 1%라는 무거운 가산세를 부담하게 된다.
　공급가액은 총 받게 될 매출금액에서 부가가치세를 제외한 금액을 의미한다.
　예를 들어 매출금액이 110,000,000원이면, 여기에 부가세가 포함되어 있는 경우에 1억이 매출액이며, 공급가액이 된다. 1천만 원은 부가가치세가 된다. 매출금액 1억1천만 원은 '공급대가' 라는 표현을 쓴다.
– 매입 공제를 받을 수 없다. 즉, 사업자등록 신청일 전 20일까지 매입 자료의 공제는 받을 수 있으나, 20일이 지난 것은 매입 공제를 받을 수 없다.

1) 사업자등록 신청 전 허가, 신고, 등록 여부를 꼭 확인하라.

관할관청의 허가, 신고, 등록대상 업종인 경우에는 사업자등록 신청시에 허가증, 신고증, 등록증 사본을 제출하여야 한다.

허가(신고, 등록)전에 사업자등록 신청을 하는 경우 허가(등록)신청서 사본 또는 사업계획서를 제출하고, 추후 허가(신고, 등록)증 등의 사본을 제출할 수 있다. 관할 관청의 허가, 신고, 등록 대상인지 여부는 민원 24홈페이지(http://www.minwon.go.kr)에 접속하여 인허가 자가진단을 검색하면 된다.

부동산 매매업이나 신축판매업을 할 경우에는 특별히 허가 등을 거치지 않아도 된다. 임대업 또한 마찬가지인데, 고시원으로 임대 등록할 경우에는 관할 소방서에 소방필증을 받아서 제출해야 한다.

2) 사업자등록을 할 때 일반과세자와 간이과세자 중 어떤 것을 선택해야 할까?

부가가치세가 과세되는 사업의 과세 유형에는 일반과세자와 간이과세자가 있다. 부가가치세가 과세되지 않는 면세사업자는 면세로 정해진 사업에만 적용하게 된다. 예를 들어 다가구를 경매로 받아서 주택으로 임대하는 경우에는 면세사업자등록을 한다.

일반과세자와 간이과세자 중에 사업자등록 신청을 할 때 둘 중에서 하나를 선택해야 한다. 두 가지 유형은 세금의 계산 방법 및 세금계산서 발행 여부 등의 차이가 있는데, 본인의 사업형태를 잘 고려하여 결정하는 것이 중요하다.

구분	세금의 계산 방법	세금계산서 발행 여부	적용 기준
일반 과세자	매출액에 대해서 10%의 부가세를 내는 반면 매입액에 대해서도 10%를 매출세액에서 공제하여 부가세를 납부하게 된다. 〈간편식〉 매출세액-매입세액=부가세납부금액	발행 가능	연간 공급대가[23]가 4천8백만 원 이상인 경우나, 간이과세자로 등록하지 못하는 업종 또는 지역에서 사업자를 영위할 경우에 적용
간이 과세자	1.5%-4%의 낮은 세율이 적용되어 부가세 부담이 적지만, 매입세액은 업종별로 15%-40%만 공제받을 수 있다.	발행 불가	주로 최종소비자를 상대하는 업종으로 연간 공급대가가 4천8백만 원 이하인 소규모사업자의 경우에 적용

---

23) 공급대가 : 공급가액+부가세

[경매로 사업을 하는 경우 사업자등록 형태는 다음과 같다.]
- 주택신축판매업: 면세사업자
- 부동산매매업: 무조건 일반과세
- 부동산임대업: 상가임대업으로서 특별시·광역시 및 시(행정시를 포함한다)의 지역에 소재하는 부동산임대사업장을 영위하는 사업이면서 국세청장이 정하는 규모 이상의 사업은 일반과세자를 적용해야 한다. 주택임대업은 면세사업자가 된다. 주택과 상가를 같이 임대하는 경우에는 일반과세자가 된다. 아울러 부가가치세 사업포괄양수도 조건으로 거래한 경우에는 무조건 일반과세자가 된다는 점에 유의해야 한다. 경매를 취득하는 경우에는 부가가치세 매입세액 문제가 없으므로 지역조건을 제외한 경우에는 간이과세자가 더 유리할 수 있다.

3) 사업자등록 후 확정일자를 받아야 한다.

사업장 건물이 경매 또는 공매되는 경우를 막고 상가건물임대차보호법의 보호를 받기 위해서는 반드시 사업자등록을 하고 확정일자를 받아야 한다. 확정일자를 받아 놓으면 소위 채권이 물권으로 변동되어 후순위권리자에 우선하여 보증금을 변제받을 수 있는 권리가 생긴다. 확정일자는 사업자등록과 동시에 신청하는 것이 좋다.

확정일자를 신청하려면 아래의 서류를 가지고, 건물소재지 관할 세무서 민원실에 신청하면 된다.

- 사업자등록 신청서
- 임대차계약서 원본(계약 당사자의 서명 또는 날인이 있을 것)
- 사업장 도면(구분등기 표시된 건물의 일부분을 임차한 경우)
- 본인 신분증(대리인일 경우에는 위임장을 지참하고 대리인 신분증이 필요함)

본 임대차 계약서에는 임대인과 임차인의 인적사항, 건물 소재지, 임대차의 목적물 및 면적, 임대차기간, 보증금 및 월세 등에 관한 정보가 반드시 기재되어 있어야 하며, 사업자등록 명의자와 임차인이 동일인이어야 한다. 아울러 임대차계약서의 사업장소재지를 등기부등본 등 공부상 소재지와 다르게 기재한 경우에는 보호를 받지 못하므로 주의를 요한다.

■////// 김세무사의 똑소리

[한번 신청한 사업자등록 과세 유형은 변할 수 있나요?]

일반과세자 또는 간이과세자로 사업자등록을 신청했다고 해서 그 유형이 그대로 유지될 수는 없다. 한 해의 부가가치세 신고실적을 1년으로 환산한 금액을 기준으로 과세 유형을 다시 판단하게 된다. 1년으로 환산한 공급대가가 4천8백만 원 이상이면 등록일이 속하는 과세 기간의 2과세 기간부터 혹은 그 다음해의 1과세 기간 이후부터 일반과세자로 전환하게 된다.
(관련 세법 규정: 부가가치세법 집행기준 25-74의2-1)

[공급대가 변동에 따른 과세유형 전환시기]

① 계속 사업자

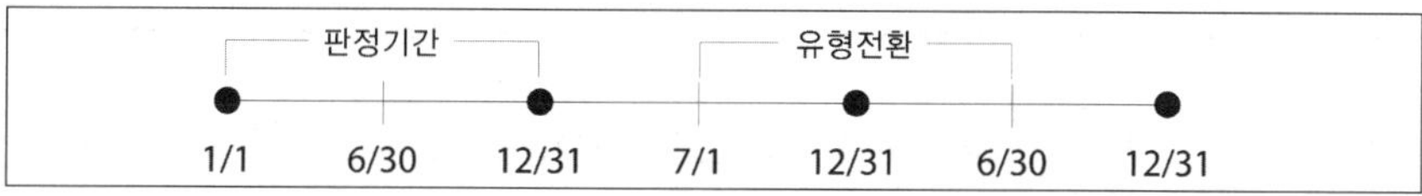

② 제1기 신규 사업자(순차적으로 적용)

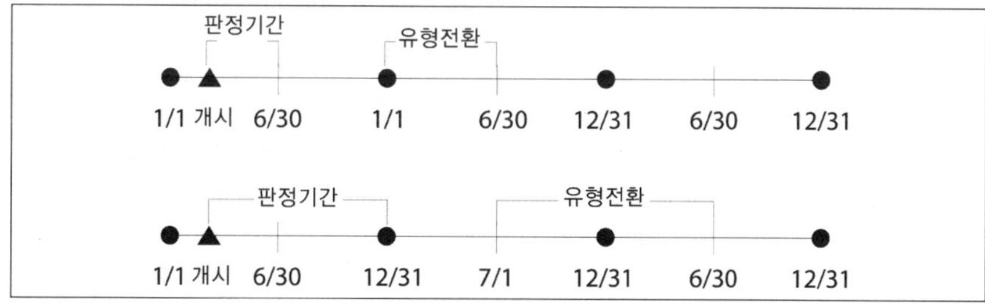

③ 제2기 신규 사업자

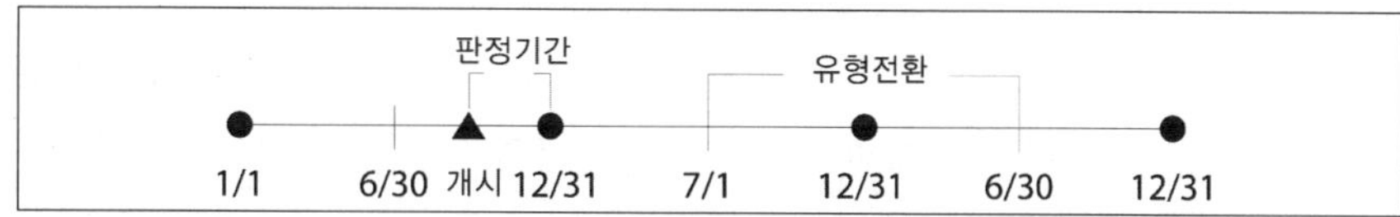

④ 휴업 후 재개업 사업자

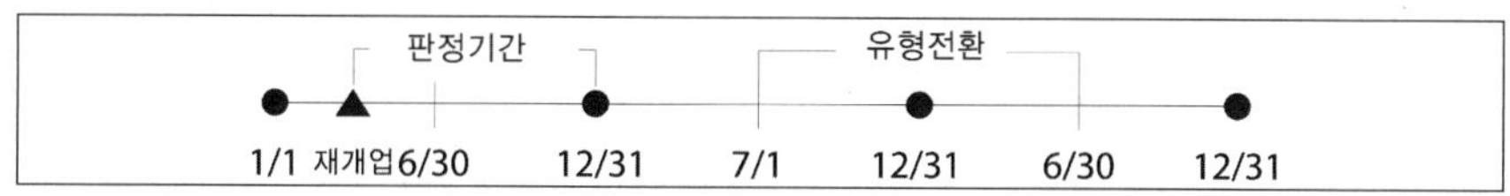

⑤ 경정 사업자

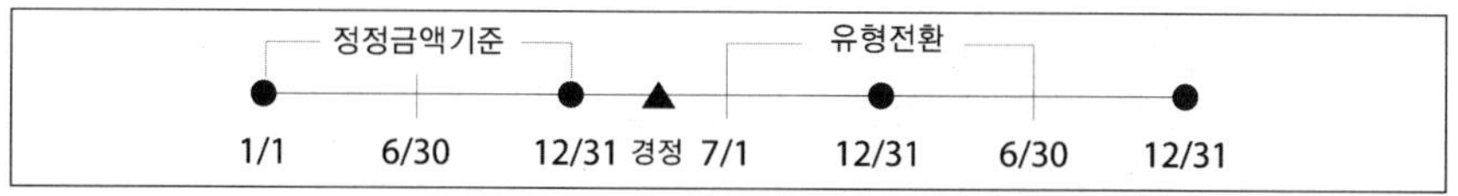

⑥ 기타 사유로 인한 과세 유형 전환
1. 기준사업장의 1역년 공급대가가 4,800만 원에 미달하는 경우 다음 해의 제2기부터 그 다음 해의 1기까지, 기준사업장과 기준사업장으로 인하여 일반과세로 전환된 사업장에 대하여 간이과세를 적용한다.
2. 기준사업장을 폐업한 경우 기준사업장으로 인하여 일반과세로 전환된 사업장에 대하여 기준사업장의 폐업일이 속하는 과세 기간의 다음 과세 기간부터 간이과세를 적용한다.
3. 간이과세자가 간이과세 배제업종을 신규로 겸영하는 경우 해당 사업의 개시일이 속하는 과세 기간의 다음 과세 기간부터 간이과세를 적용하지 않는다.
4. 간이과세자가 간이과세 포기신고를 한 경우 일반과세를 적용받고자 하는 달이 속하는 과세 기간의 다음 과세 기간부터 해당 사업장 외의 사업장에 대하여 간이과세를 적용하지 않는다.
5. 간이과세자가 일반과세 사업장을 신규로 개설한 경우 해당 사업의 개시일이 속하는 과세 기간의 다음 과세 기간부터 간이과세를 적용하지 않는다.

4) 부가세를 환급 받은 부동산임대업자가 간이과세자로 변경되면 포기신고를 반드시 한다.

간이과세포기란 일반과세로 사업자등록을 한 후 1년 환산 공급대가가 4,800만원에 미달하게 되면 간이과세자로 변경되는데, 이를 포기하는 것을 말한다. 이때 '간이과세포기' 신고를 하고 계속 일반과세자로 남는 것이 유리할 수 있다. 일반과세자로 건물분의 부가세 관련 매입세액을 공제받았는데, 간이과세자로 변경될 경우에는 부가세환급분을 다시 국가에 토해내야 하기 때문이다.

특히 부동산임대업자로 사업자 등록할 경우에는 월세 금액이 적을 경우 전환이 자주 일어나는데, 이때 반드시 간이과세포기신고를 꼭 하기 바란다.

반대로 간이과세자에서 일반과세자로 갈 경우에도 문제가 도사리고 있다. 이럴 경우 부가가치세를 따로 징수할 수 없는 때가 많아 사업자 본인이 부가세를 부담하곤 한다. 간이과세자라도 계약당시 특약사항에 일반과세자로 전환되면 부가세를 별도로 받을 수 있음을 명시하는 것이 차후 복잡한 문제를 해결할 수 있다. 여러 상가를 임대할 경우 유형의 전환 여부는 각 사업장의 임대료를 기준으로 하는 것이 아니라 전체 사업장을 모두 합한 금액을 기준으로 결정됨에 유의해야 한다.

5) 사업장은 어디로 해야 하는가?(관할 세무서 정하기)

유형	사업장	유의사항
법인인 경우	법인의 등기부상 소재지	·부동산임대일 경우 부동산등기부상 소재로 하는 것이 원칙이나, 사업자단위신고를 하는 경우에는 본점 또는 주사무소 등기부상 소재지에서도 가능함 ·법인의 등기부상 소재지는 본인 집으로 해도 무방하다.
부동산매매업	업무를 총괄하는 장소	·개인의 집을 총괄장소로 하여 사업자등록을 내는 경우가 있다. ·세금 관리 목적에서는 부동산의 등기부상 소재지에 내는 것이 매매용 부동산을 구별할 수 있으므로 유리한 측면이 있다.
주택신축판매업	업무를 총괄하는 장소	·사업자 본인의 주소지보다는 신축지의 소재지로 하여 사업자를 신청하는 것이 유리하다. 이는 판매용 주택과 주거용 주택을 분리하기 위한 하나의 수단이 되기 때문이다.
임대업	부동산 등기부상 소재지	·사업자등록은 사업장마다 내야 하는 것이 원칙인데, 임대업의 경우에는 다수의 임대업을 하는 사업장이 많더라도 각 사업장마다 내야 한다. ·그러나 상가 임대 호수가 연접해 있어 사실상 한 사업장으로 볼 수 있는 경우에는 상가 전체를 하나의 사업장으로 신청할 수 있다. ·이렇게 하나의 사업장으로 신청할 경우에는 그 중 1채를 양도할 경우 사업포괄양수도 관계가 성립할 수 없으므로 세금계산서를 발행해야 하는 불편이 있다.

6) 신고 납부는 언제 해야 하는가?

예정신고와 확정신고로 나눌 수 있는데, 그 시기를 알아보자.

예정신고는 다음과 같은 시기에 신고 납부해야 한다. 특히 부동산 임대업을 할 경우 부가세 조기환급을 신청할 경우에는 예정신고의무가 면제되고, 환급신청으로 부가세 환급액을 환급받을 수 있다.

유형	사업장	유의사항
제1기 예정신고	계속사업자	1월 1일–3월 31일
	신규자	사업 개시일(등록일)–3월 31일
제2기 예정신고	계속사업자	7월 1일–9월 30일
	신규자	사업 개시일(등록일)–9월 30일

·법인은 예정신고를 반드시 해야 하나, 개인은 직전연도납부세액에 절반에 대해서 고지를 받는 경우가 대부분이다. 단, 고지세액을 내지 않는 경우에는 가산금이 납부세액에 3%가 붙으므로 주의를 해야 한다.

확정신고는 다음과 같은 시기에 신고 납부해야 한다.

기별	사업자별	확정신고기간	신고납부기한
1기	계속사업자	1월 1일-6월 30일	7월 25일
	신규사업자	사업 개시일(등록일)-6월 30일	7월 25일
	폐업자	1월 1일-폐업일	폐업일의 말일로부터 다음달 25일
2기	계속사업자	7월 1일-12월 31일	익년 1월 25일
	신규사업자	사업 개시일(등록일)-12월 31일	익년 1월 25일
	폐업자	7월 1일-폐업일	폐업일의 말일로부터 다음달 25일

7) 사업자가 해야 할 일 중에 9할이 세금계산서 관리이다.

(1) 세금계산서란?

세금계산서는 부가가치세가 과세되는 재화나 용역을 공급하는 일반과세사업자가 거래 상대방으로부터 공급가액 외에 부가가치세를 징수하고, 그 징수 사실을 증명하기 위하여 교부하는 증빙서류를 말한다.

거래 증빙의 형태는 사업자와 사업자간 주고받는 세금계산서와 계산서가 있고, 사업자와 소비자간에 주고 받는 세금계산서, 간이 영수증, 신용카드매출전표, 금전등록기계산서, 영수증으로 간주되는 입장권 등이 있다.

세금계산서는 부가세 및 소득세, 법인세의 세금을 부과하는 근간이 되므로 성실히 수취 및 교부해야 하며 매출자는 세금계산서를 교부해야 하는데, 이 의무를 이행하지 않을 경우 가산세의 제제가 있다는 점에 유의해야 한다.

자기의 사업과 관련한 거래의 증빙으로 세금계산서를 수취하면 그 세금계산서에 기재된 부가가치세액은 매입세액으로서 일반과세자인 경우 그 전액을 공제 받을 수 있으며, 간이과세자의 경우 업종별 부가가치율에 따라 20%~40%를 공제 받을 수 있다.

(2) 세금계산서의 종류

세금계산서에는 다음의 종류가 있다.

· 사업자등록을 한 일반과세자가 교부할 수 있는 세금계산서
· 세관장이 재화의 수입에 대하여 부가가치세를 징수하고 교부하는 수입세금계산서
· 간이과세자 및 일반과세자 중 주로 최종소비자와 직접 거래하는 소매업, 음식·숙박업 등의 경우에 교부하는 공급 받는 자와 부가가치 세액을 별도로 기재하지 아니한 영수증, 신용카드매출전표, 금전등록기 계산서 등
· 부가가치세의 면세사업자가 교부하는 계산서와 영수증

(3) 세금계산서 교부 대상 및 시기

· 교부대상

구분	교부 대상
일반과세자	재화 또는 용역을 공급하는 경우 세금계산서 교부
영세율사업자[24]	교부의무가 면제되는 경우를 제외하고는 영세율세금계산서를 교부 예) 내국신용장, 구매확인서에 의하여 공급하는 경우, 수출재화임가공용역을 공급하는 경우 등은 영세율세금계산서를 교부해야 한다.
면세사업자	소득세법상의 계산서를 교부해야 하므로 세금계산서를 교부할 수 없음

· 교부시기

세금계산서는 원칙적으로 부가가치세법에 정하고 있는 재화와 용역의 공급시기에 교부하여야 한다. 그러나 사업자의 편의를 도모하기 위하여 다음과 같은 경우에는 재화 또는 용역의 공급일이 속하는 달의 다음 달 10일까지 세금계산서를 교부할 수 있다.

- 거래처별로 1개월 내의 공급가액을 합계하여 당해 월의 말일자를 발행일자로 하여 세금계산서를 교부하는 경우
- 거래처별로 1개월 내에서 사업자가 임의로 정한 기간의 공급가액을 합계하여 그 기간의 종료일자를 발행일자로 하여 세금계산서를 교부하는 경우
- 관계증빙서류 등에 의하여 실제거래사실이 확인되는 경우로서 당해 거래 일자를 발행일자로 하여 세금계산서를 교부하는 경우

---

24) 부가세는 10%가 붙으나, 영세율사업자는 부가세가 0%이다. 그러므로 매입세액 전액에 대해서 공제받는 이점이 있다.

(4) 세금계산서 작성 및 교부 요령

세금계산서는 공급받는자용(파란색) 1매와 공급자용(붉은색) 1매를 작성하여 각각 1매씩 보관하고, 부가가치세 신고시 공급자는 붉은색 세금계산서를 집계하여 매출처별세금계산서합계표를 작성하여 제출하여야 하며, 공급받는자는 매입처별세금계산서합계표를 작성하여 제출하여야 한다.

■**//////** 김세무사의 똑소리 ───────────────────────────

[세금계산서를 교부함에 있어서 반드시 기재해야 하는 사항이 있다.]
세금계산서에서 조금 굵은 선으로 그어져 있는 부분은 필수로 기재해야 한다.

① 공급하는 사업자의 등록 번호와 성명 또는 명칭,
② 공급 받는 자의 등록번호,
③ 공급가액과 부가가치세액,
④ 작성연월일

이의 전부 또는 일부가 기재되지 아니하였거나 사실과 다르게 기재된 경우에는 공급자에게는 가산세의 제재가 있고 공급받는자는 매입세액불공제라는 불이익을 받게 된다.

세금계산서의 양식은 아래와 같다. [별지 제11호 서식] (2009.3.26. 개정)

(적 색)

<table>
<tr><td colspan="8">□□□□□(□□□□□□)</td><td>책 번 호</td><td>권</td><td>호</td></tr>
<tr><td colspan="8"></td><td>일 련 번 호</td><td colspan="2">─</td></tr>
</table>

공급자	등 록 번 호	－ －			공급받는자	등 록 번 호	
	상호(법인명)		성 명 (대표자)			상호(법인명)	성 명 (대표자)
	사업장 주소					사업장 주소	
	업 태		종 목			업 태	종 목

작성	공 급 가 액		세 액		비 고
연 월 일 공란수	조 천 백 십 억 천 백 십 만 천 백 십 일		천 백 십 억 천 백 십 만 천 백 십 일		

월	일	품 목	규 격	수 량	단 가	공 급 가 액	세 액	비 고

합 계 금 액	현 금	수 표	어 음	외 상 미 수 금	이 금액을 영수 함 청구

210mm×148.5mm(인쇄용지(특급) 34g/㎡)

(청 색)

<table>
<tr><td colspan="8">□□□□□(□□□□□ □□□)</td><td>책 번 호</td><td>권</td><td>호</td></tr>
<tr><td colspan="8"></td><td>일 련 번 호</td><td colspan="2">─</td></tr>
</table>

공급자	등 록 번 호	－ －			공급받는자	등 록 번 호	
	상호(법인명)		성 명 (대표자)			상호(법인명)	성 명 (대표자)
	사업장 주소					사업장 주소	
	업 태		종 목			업 태	종 목

작성	공 급 가 액		세 액		비 고
연 월 일 공란수	조 천 백 십 억 천 백 십 만 천 백 십 일		천 백 십 억 천 백 십 만 천 백 십 일		

월	일	품 목	규 격	수 량	단 가	공 급 가 액	세 액	비 고

합 계 금 액	현 금	수 표	어 음	외 상 미 수 금	이 금액을 영수 함 청구

210mm×148.5mm(인쇄용지(특급) 34g/㎡)

작성요령은 다음과 같다.

① 숫자는 아라비아숫자로, 문자는 한글로 기재한다.

② 「공급자」 란 : 인쇄하거나 고무인으로 날인하여야 한다.

③ 「공급받는자의 등록번호」란 : 공급받는 자의 등록번호를 기재하되, 공급받는 자가 부가
가치세 면세사업자인 경우에는 세무서에서 부여한 등록번호 또는 고유번호를 기재한다.

④ 「공급자 및 공급받는 자의 업태·종목」란 : 공급자 및 공급받는 자의 사업자등록증
에 기재된 업태·종목 중 당해 공급거래품목에 해당하는 업태·종목을 기재한다. 단, 2
가지 이상의 업태·종목을 거래하는 경우에는 공급가액이 가장 큰 품목에 해당하는 업
태·종목을 기재하되 "○○외"라고 기재한다.

⑤ 「작성연월일」란 : 세금계산서를 실제로 작성하는 일자를 기재한다. 다만, 월합계세금
계산서를 교부하는 경우에는 거래월의 말일자 또는 1역월이내에서 거래관행상 정하여진
기간의 최종 일자를 기재하며, 관계 증빙서류 등에 의하여 실제 거래사실이 확인되는
경우로서 재화 또는 용역의 공급일이 속하는 달의 다음 달 10일까지 세금계산서를 교
부하는 경우에는 당해 거래일자를 기재한다.

⑥ 「공급가액」란 : 재화 또는 용역의 공급에 대하여 거래 상대방으로부터 받는 가액(부
가가치세를 제외한 금액)을 기재하고 「공란수」에는 공급가액으로 기재한 금액 앞의
빈칸 수를 기재한다.

⑦ 「세액」란 : 재화 또는 용역의 공급가액에 세율을 적용하여 산출한 부가가치세액을 기
재합다. 다만, 영세율이 적용되는 거래의 경우에는 "영세율"이라 기재한다.

⑧ 「품목」란 : 공급가액이 가장 큰 품목순으로 기재하되, 거래 품목이 4가지를 초과할
경우에는 마지막 「품목」란에 "○○외 ○종"으로 기재하고 공급가액 및 세액란은 합계
하여 기재하며, 규격·수량·단가는 기재하지 아니한다. 다만, 월합계세금계산서를 교부
하는 경우에는 「품목」란 첫째란에 "주요품목외 ○종"(예:○○외 ○종)으로 기재하고
공급가액 및 세액란은 합계한 금액으로 기재할 수 있는데, 이 경우 규격·수량·단가는
기재하지 아니한다.

⑨ 「비고」란은 다음 사항을 기재한다.

　가. 위수탁매매 또는 대리인을 통한 매매의 경우 수탁자 또는 대리 인의 등록번호

　나. 공급받는 자가 일반소비자인 경우 공급받는 자의 주민등록번호

　다. 월합계세금계산서를 교부하는 경우에는 "합계"

　라. 전력을 공급받는 명의자가 전력을 실지로 소비하는 자를 공급받는 자로하여 세금계산
서를 교부하는 경우에는 "전력", 조합 또는 이와 유사한 단체가 세금계산서를 교부하
는 경우에는 "공동매입"

마. 음식·숙박 용역이나 개인 서비스 용역을 공급하고 그 대가와 함께 종업원(자유직업 소득자를 포함한다)의 봉사료를 받는 경우 "종업원봉사료 ○○○원" (당해 봉사료가 사업자의 수입금액에 포함되는 경우에는 그러하지 아니한다.)

바. 기타 필요한 사항

⑩ 「이 금액을 영수(청구)함」란 : 현금판매시에는 "청구"를, 외상판매 시에는 "영수"를 두 줄로 삭제한다.

(5) 세금계산서의 수정

세금계산서를 교부한 후 그 기재사항에 관하여 착오 또는 정정 사유가 발생한 경우에는 과세관청이 부가가치세의 과세표준과 납부세액 또는 환급세액을 경정하여 통지하기 전까지 세금계산서를 수정하여 교부할 수 있다. 단, 당초 공급가액에 추가되는 금액 또는 차감 되는 금액이 발생한 경우는 위의 기한에도 불구하고 그 발생한 때에 세금계산서를 수정하여 교부할 수 있다.

(6) 세금계산서 교부 의무의 면제

다음의 경우에는 세금계산서를 교부할 의무가 없다.

- 택시운송·노점·행상·기타 무인판매기를 이용하여 재화를 공급하는 사업을 하는 자, 최종소비자에게 공급하기 위하여 전기사업자 또는 도시가스사업자로부터 전력 또는 도시가스를 공급받는 명의자가 재화 또는 용역을 공급하는 경우
- 소매업 또는 목욕·이발·미용업을 영위하는 사업자가 재화 또는 용역을 공급하는 경우(다만, 소매업의 경우 공급받는 자가 세금계산서의 교부를 요구하는 경우에는 세금계산서를 교부하여야 함)
- 자가 공급·개인적 공급·사업상 증여·폐업시 재고재화 등 재화의 공급으로 간주하는 경우
- 수출하는 재화를 공급하는 경우(내국신용장·구매승인서에 의한 경우 및 해외 무상 반출용으로 한국국제협력단에 공급하는 재화 제외)
- 국외에서 용역을 제공하는 경우 및 선박 또는 항공기의 외국항행용역(공급받는 자가 국내에 사업장이 없는 비거주자 또는 외국법인인 경우와 항공기의 외국항행용역 및 항공법에 의한 상업서류송달용역에 한함)
- 부가가치세법 시행령 제26조에 의한 기타 외화획득재화 및 용역과 기타 국내사업장이

없는 비거주자 또는 외국법인에게 공급하는 재화 또는 용역(비거주자 등이 세금계산서
교부를 요구하는 경우 제외)
- 부동산 임대용역 중 전세금 또는 임대보증금에 대한 간주임대료
- 법이 정하는 일정한 사업자가 신용카드매출전표를 발행한 경우

(7) 영수증의 교부의무

다음과 같은 재화나 용역을 공급하는 일반과세자는 세금계산서의 필요적 기재사항 중 공
급가액에 대한 부가가치세를 따로 기재하지 않고 단지 금전의 수수사실을 확인하는 증빙
으로 영수증을 교부한다.

① 소매업
② 음식점업(다과점업 포함)
③ 숙박업
④ 목욕 · 이발 · 미용업
⑤ 여객운송업
⑥ 입장권을 발행하여 영위하는 사업 및 변호사업, 행정사업 등 일정한 사업서비스업(사업
　자에게 공급하는 경우 제외)
⑦ 주로 사업자가 아닌 소비자에게 재화 또는 용역을 공급하는 사업으로 양복점업 · 부동
　산중개업 · 떡방앗간 · 기타 개인서비스업 등
⑧ 임시사업장에서 사업자가 아닌 소비자에게 재화 또는 용역을 공급하는 경우
⑨ 전기사업자가 산업용이 아닌 전력을 공급하는 경우 및 전기통신업자가 전기통신용역을
　제공하는 경우, 도시가스사업자가 비산업용 도시가스를 공급하는 경우, 한국지역난방공
　사가 산업용이 아닌 열을 공급하는 경우

세금계산서 교부 면제 사유에 해당하는 경우에는 영수증도 교부하지 않는다. 다만, 소매
업자의 경우 공급받는 자가 교부를 요구하지 않는 경우에 한한다.

(8) 계산서

부가가치세가 면제되는 업종을 영위하는 사업자는 세금계산서의 작성·교부 의무는 없으
나 소득세법에 의한 계산서 또는 영수증을 작성하여 공급받는 자에게 교부해야 한다.
계산서를 교부한 사업자는 부가가치세 확정 신고 기간 내에 매출처별계산서합계표를 관할

세무서장에게 제출하여야 하는데, 매출계산서를 제출하지 아니한다.

계산서를 교부 받은 사업자는 부가가치세 확정 신고 기간 내에 매입처별계산서합계표를 관할 세무서장에게 제출해야 한다.

(9) 전자세금계산서 10가지 상식

(가) 전자세금계산서란?

세금계산서를 종이에 수기로 작성하여 등기우편으로 배달하는 방식이 아닌, 공인인증서를 사용하여 전자서명이 된 디지털 문서형태의 세금계산서를 말하며 인터넷을 통해 발행, 보관, 교부 및 국세청 신고가 가능한 세금계산서를 말한다.

(나) 전자세금계산서 제도를 시행하는 이유는 무엇인가요?

신용카드 사용 및 현금영수증 발급 등과 같이 공평 과세를 실현하는 방안 중의 하나로 상거래 질서가 투명해지는데 큰 역할을 할 것으로 기대하고 있다. 전자세금계산서 제도는 인터넷 이용률 증가 등 사회적 환경이 성숙했음에도 종이세금계산서 사용에 따른 납세 협력 비용을 줄이기 위해 도입하는 것이다.

(다) 전자세금계산서를 교부해야 하는 대상자는 누구인가요?

법인은 2011년부터 전자세금계산서를 교부하지 않으면 가산세가 바로 적용되며, 개인사업자 중 복식부기의무자는 2012년부터 적용되어 전자세금계산서를 의무적으로 발행해야 한다.

(라) 간이사업자도 해당되나요?

법인사업자가 아닌 사업자도 전자세금계산서를 발행 및 전송할 수 있으나 이는 일반과세자의 경우만 해당이 되므로 간이과세자는 전자세금계산서를 발행 및 전송할 수 없고, 이와 관련하여 부가가치세 신고시 변경되는 사항이 없다.

(마) 전자세금계산서 발급 기한은 어떻게 되나요?

전자세금계산서는 일반세금계산서(종이세금계산서)와 마찬가지로 반드시 거래 시기가 속하는 달의 다음 달 10일까지 발급해야 한다. 발급과 동시에 국세청으로 전송하는 절차를 거치는 것이 관련 가산세를 줄이는 길이다.

(바) 사업자 준비 사항에는 어떤 것이 있나요?

– 전자세금계산서 발행에 필요한 공인인증서
– 거래처 e-mail
  (매출자는 전자세금계산서를 교부하기 위해 매입자가 수신할 수 있는 포털사이트의
  e-mail 또는 사업용으로 보유한 e-mail을 확보하여 기재해 두어야 한다.)

(사) 전자세금계산서 발행시 세제혜택이 있나요?

전자세금계산서를 발행하여 국세청에 전송한 건에 대해서는 세금계산서 합계표명세제출
및 보관의무를 면제하며, 2011년부터 교부건당 200원(연간한도 100만원)으로 공제 금액
이 상향조정되었다.

(아) 전자세금계산서를 발행할 수 있는 방법은?

다음 4가지 방식을 통해 전자세금계산서를 발행할 수 있다.

– e세로 홈페이지(국세청 온라인)을 통한 세금계산서 발행 방법(ERP, ASP를 이용하지
  않는 사업자)
– 기존 민간시스템을 활용하는 방법(ERP시스템 구축자 또는 ASP 중계사업자)
– 전화기(ARS)를 통한 발행 방법(인터넷 취약계층 및 인터넷 사용이 불가한 경우)
– 신용카드 결제망(VAN)을 통한 방법(신용카드 가맹점 또는 현금영수증 가맹점 대상) :
  서비스 제공 예정

(자) 개인사업자의 경우 복식부기의무자도 2012년부터 의무화가 되는데, 복식부기의무자란 무엇인가?

현행 세법은 사업자의 소득금액을 계산할 수 있도록 증빙서류를 비치하고 그 사업에 관한
모든 거래사실이 객관적으로 파악될 수 있도록 복식부기에 의하여 장부에 기록·관리하도
록 규정하고 있는데, 이때의 사업자를 '복식부기의무자'라 한다. 한편 변호사, 변리사,
법무사, 세무사, 건축사, 의료업, 수의업 등 전문 자격사업자는 무조건 복식부기의무자가
된다.

(차) 전자세금계산서를 잘못 발행했는데, 삭제할 수 있나요?

국세청에 전송된 전자세금계산서는 삭제할 수 없으며 수정세금계산서를 발행해야 하는데, 수정세금계산서란 세금계산서 발행 후 세금계산서의 기재 사항을 수정하는 것을 말한다.

8) 물건별 부가세 문제 알아보기

(1) 주택의 부가세 문제

취득시	보유시	양도시
· 사업자가 아닌 경우에는 부가세 문제 없음 · 경매를 통해서 취득하는 경우에는 부가세가 부과되지 않으므로 부가세 문제가 발생하지 않음 · 부동산매매업 등록을 한 경우에는 국민주택규모(전용면적이 85㎡)초과인 경우에는 분양시 매입세금계산서를 발행받아야 하나, 부가세 환급은 되지 않는다.	· 주택의 임대는 원칙적으로 부가세가 면세된다.	· 사업자가 아닌 경우에는 부가세 문제 없음 · 단, 부동산매매업을 등록한 경우에는 국민주택규모 초과인 경우에는 부가세를 거래징수해야 한다. · 아울러 주택신축판매업의 경우 자가 사용 주택 면적이 국민주택규모초과의 경우에 부가세가 붙을 수 있는 여지가 있으니 주의를 요한다. · 주택임대사업자가 주택임대를 하던 주택을 양도할 경우에는 국민주택규모초과에도 불구하고 부가세가 면제된다.

(2) 상가의 부가세 문제

취득시	보유시	양도시
· 일반과세자인 경우에는 부가세 매입세액에 대해서 환급신청을 해야 한다. · 경매를 통해서 취득하는 경우에는 부가세 문제가 없다. · 건물의 공급 : 과세 　토지의 공급 : 면세	· 일반과세자인 경우에는 월세에 대해서 부가세를 거래징수해야 한다. · 임대차계약시 부가세별도를 명시하는 것이 좋다. · 건물과 토지의 임대 : 과세	· 일반과세자인 경우 양도시에 세금계산서를 교부해야 한다. · 폐업시 폐업한 달 말일부터 다음달 25일 이내에 폐업 신고와 부가세 신고를 해야 한다. · 사업포괄양수도시에는 세금계산서 없이 부가세 문제를 종결할 수 있다. · 토지(면세)와 건물(과세)를 같이 공급하는 경우에는 부가가치세법상 안분공식에 의해서 부가가치세를 산출하는 것이 안전하다.

(3) 토지의 부가세 문제

취득시	보유시	양도시
· 토지의 취득은 면세이므로 부가세 문제가 없다. · 토지에 관한 공급에 대해서 계산서를 주는 경우가 있는데 이를 수취한다.	· 토지의 임대는 부가세 과세대상이 된다. 단, 주택에 부속된 토지의 임대는 면세가 된다.	· 토지의 양도는 면세이므로 부가세 문제가 없다.

·부가세는 인간이 만들어낸 재화 및 용역에 부가가치에 대해서 붙는 세금이다. 그렇다면 토지는 신의 영역이므로 부가가치세가 붙을 수 없다.

제 2 장
종합소득세 때문에 큰일 났어요

1. 사례 연구

> 경매 물건을 팔아서 이득이 많이 남긴 L사장(53세)은 경매로 받은 건물에 본인의 사업을 시작하려고
> 한다. 제조업과 도소매업을 겸하려고 하는데 종합소득세 신고를 어떻게 해야 하는지, 꼭 장부를 기장해
> 야 하는지 아니면 기장을 하지 않아도 되는지, 혹시 다른 방법이 있을지 궁금해 하고 있다.

2. 조언 방향

종합소득세 신고는 5월 말에 이루어지는 세금 신고로 개인 혹은 개인사업자가 1월 1일부
터 12월 31일까지 벌었던 여섯 가지 소득을 한데 뭉쳐서 과세하는 제도이다. 여섯 가지
소득은 이자소득, 배당소득, 사업소득, 근로소득, 연금소득, 기타소득이다. 특히 사업소득
은 기장을 해서 경비를 대응시키는 제도를 선택하거나 국가에서 정한 경비율을 적용하는
방법으로 나눈다. 이 절에서는 기장의무 제도, 새로 생긴 성실신고 확인제도, 추계신고
방법 및 기타 소득세법상 필요한 절차들을 상세하게 알아보도록 하자.

3. 이론 및 심화 연구

수많은 업종을 일일이 다 규정할 수 없으므로 우선 업종군을 3개로 나눈다.

업종군	업종 상세 내용
1 업종군	농업·임업 및 어업, 광업, 도매 및 소매업, 부동산매매업[25] 2업종군과 3업종군에 해당되지 아니하는 사업
2 업종군	제조업, 숙박 및 음식점업, 전기·가스·증기 및 수도사업, 하수·폐기물처리·원료재생 및 환경복원업, 건설업[26](비주거용 건물 건설업은 제외하고, 주거용 건물 개발 및 공급업을 포함한다.) 운수업, 출판·영상·방송통신 및 정보서비스업, 금융 및 보험업
3 업종군	부동산임대업, 전문·과학 및 기술서비스업, 사업시설관리 및 사업지원서비스업, 교육 서비스업, 보건업 및 사회복지서비스업, 예술·스포츠 및 여가 관련 서비스업, 협회 및 단체, 수리 및 기타 개인서비스업, 가구 내 고용활동

1) 신고 유형은 어떤 것이 있는가?

소득금액의 계산 방법에 따라서 아래와 같이 신고 유형을 나눌 수 있다.

추계신고
- 단순경비율에 의한 신고
- 기준경비율에 의한 신고

기장신고
- 간편 장부에 의한 신고
- 복식부기에 의한 신고 : 내부조정계산서 첨부 대상자와 외부조정계산서 첨부 대상자

법인은 무조건 복식부기의무자인데 비해 개인은 전문직 사업자만 당연 복식부기의무자이다. 신규 사업자는 당기의 수입금액을 기준으로, 계속 사업자는 직전 수입금액을 기준으로 업종군별로 일정 금액을 넘으면 복식부기의무자가 된다. 기장 의무에 따라서 소득세의 차이가 나며, 계산서 관련 가산세, 매입처별세금계산서합계표제출불성실가산세, 사업용계좌미사용가산세 등이 복식부기의무자에만 해당하게 된다. 즉, 복식부기의무자라면 기준경

---

25) 부동산매매업은 비주거용 건물 자영 건설업과 매수 후 재판매를 포함한다.
26) 주거용 건물 개발 및 공급업을 포함한다. '주택신축판매업'으로 분류한다. 만약 1층에 상가, 2-4층을 주택으로 건물 개발 및 공급하는 경우에는 주택과 상가의 면적을 따져서 주택이 상가보다 크다면 모두 '주택신축판매업'으로 분류되어야 한다. 그러나 부가가치세법상 사업자등록증상에는 '부동산매매업'으로 분류된다.

비율로 신고는 할 수 있으나 가산세를 부담해야 한다는 것이다.

복식부기의무자란 기업회계기준에 의거하여 회계처리를 하고 장부의 기록을 비치하고 보관하고 제출하는 의무를 가진 자를 말한다. 회계처리의 결과물을 '재무제표'라고 하는데 재무제표를 제출하는 의무를 가진 자를 말한다. 아울러 외부조정계산서 첨부 대상자는 본인이 아닌 제3의 외부기관(세무사, 공인회계사 등)에 조정을 의뢰하여 제출토록 하는 것을 말한다. 복식부기의무자는 장부의 비치, 기록의무를 가진다. 이는 근거과세의 원칙에 부합하는 방법으로 기록된 장부에 의하여 과세 소득을 산출해내는 과정을 거친다.

■///// 김세무사의 똑소리

[기장의무가 있는 자가 기장을 하지 않는 경우에 어떤 불이익이 있는가?]

기장의무가 있는 자가 단순경비율과 기준경비율을 적용하여 추계 신고한 경우 소규모사업자를 제외하고 간편장부 대상자는 무기장가산세 20%를 붙인다. 복식부기의무자가 간편장부로 기장한 경우에는 무신고가산세 20%를 붙이고, 추계 신고한 경우에는 무신고가산세와 무기장가산세 중 큰 금액을 적용하여 가산세를 붙인다. 아울러 기준경비율로 신고할 경우에는 기준경비율의 50%만 적용하게 된다. (2011년부터)

[무신고가산세와 무기장가산세의 차이는?]

무신고가산세(신고불성실가산세의 한 종류)=(산출세액-원천징수세액)×20%

무기장가산세=산출세액×20%

즉, 대개 무기장가산세가 가산세금액이 더 크다.

[소규모 사업자의 범위는?(소득세법 시행령 제132조 4항, 소득세법 시행령 제137조 1항 참조)]

– 당해 연도 신규 사업자

– 직전연도 총수입금액의 합계액이 4,800만 원 미만인 사업자

– 독립된 자격의 보험모집인, 방문판매업으로서 간편장부대상자(직전연도 7,500만 원 미만)가 받은 사업소득으로서 원천징수의무자가 사업소득 연말 정산을 한 경우

당해 연도 신규 사업자는 소규모 사업자로서 영수증수취명세서를 제출하지 않아도 된다. 대개 신규 사업 첫해는 세무조사를 하지 않는 이유가 여기에 있다고 하겠다.

2) 기장 의무를 지켰을 때 혜택과 불이익은 어떤 것이 있는가?

구분	간편장부 대상자		복식부기 의무자	
	소규모 사업자	간편장부대상자	내부조정대상자	외부조정대상자
복식장부	기장세액공제20%	기장세액공제20%	당연	내부조정으로 한 경우 무신고가산세 20%적용
간편장부	당연	당연	무신고가산세20%	당연
추계신고 시	가산세 없음	무기장가산세20%	– 가산세=MAX(①, ②) ① 무신고가산세 20%(수입금액의0.07%금액 중 큰 금액) ② 무기장가산세20% – 기준경비율의 1/2만 적용(2011년부터)	

3) 신규 사업자는 적용 요건이 조금 완화된다

신규 사업자는 사업 개시 첫 연도 뿐 만 아니라 전기에 수입금액이 0인 경우도 포함한다. 수입금액은 사업소득(부동사임대소득 포함)만 해당이 되므로 이자, 배당, 근로, 연금, 기타소득은 수입금액에서 제외하고, 사업장 단위별 기준이 아니라 개인사업자기준으로 전체 수입금액을 합하여 판단한다. 단, 공동사업이 있다면 별도로 판단을 한다. 공동사업에서 수입금액이 있고, 단독사업에서 수입금액이 없는 경우에는 신규사업자에 해당된다.

신규 사업자는 당기수입금액을 기준으로 파악한다.

〈 신규 사업자의 신고 유형 〉

업종별	추계신고		기장신고			성실신고확인서
	단순경비율	기준경비율	간편장부	내부조정	외부조정	첨부대상[27]
1업종군	3억 원 미만	3억 원 이상	3억 원 미만	↔	6억 원 이상	30억 원 이상
2업종군	1억5천만 원 미만	1억5천만 원 이상	1억5천만 원 이상	↔	3억 원 이상	15억 원 이상
3업종군	7천5백만 원 미만	7천5백만 원 이상	7천5백만 원 미만	↔	1억5천만 원 이상	7억5천만 원 이상

신규사업자인 경우에는 단순경비율과 간편장부의 적용 범위가 같다. 그러므로 유리한 방법으로 신고하면 된다. 다만 향후 계속사업을 대비하여 간편 장부로 신고하는 것이 더 유리하다. 예를 들어, 이월결손금의 혜택과 기장세액공제 등의 혜택을 얻을 수 있다. 신규사업자이지만 매출액이 성실신고확인서 첨부 대상자 금액에 해당되면 복식부기에 의한 장부를 작성하여 신고해야 한다. 아울러 신규사업자인 경우 복식부기의무자의 기준금액 이상인 경우에는 기준경비율 대상이 되는 바(원칙적인 방법은 간편장부대상자임) 기준경비율을 적용하더라도 무기장가산세는 없음에 유의한다.

---

27) 성실신고확인서 첨부 대상은 당기수입금액을 기준으로 파악을 한다.

4) 계속 사업자는 요건이 강화된다.

계속 사업자는 전기의 수입금액을 기준으로 판정한다.

〈 계속 사업자의 신고 유형 〉

업종별	추계신고		기장신고			성실신고확인서
	단순경비율	기준경비율	간편장부	내부조정	외부조정	첨부대상[28]
1업종군	6천만 원 미만	6천만 원 이상	3억 원 미만	↔	6억 원 이상	30억 원 이상
2업종군	3천6백만 원 미만	3천6백만 원 이상	1억5천만 원 이상	↔	3억 원 이상	15억 원 이상
3업종군	2천4백만 원 미만	2천4백만 원 이상	7천5백만 원 미만	↔	1억5천만 원 이상	7억5천만 원 이상

*1) 성실신고확인서 첨부 대상은 당기수입금액을 기준으로 파악을 한다.

계속사업자 중 간편장부대상자는 단순경비율이나 기준 경비율을 적용할 수 있다. 다만, 소규모사업자가 아닌 이상 가산세의 대상이 된다. 기준경비율제도와 간편장부대상자의 범위가 겹치는 것을 볼 수 있다. 계속사업자 중 복식부기의무자는 기준경비율 제도만 적용할 수 있다. 이 경우에도 무기장가산세의 대상이 된다.

■■////// 김세무사의 똑소리 ────────────────────

[추계신고의 각 유형별 적용 여부는?]

단순경비율 대상자는 추계신고 시에 단순경비율과 기분경비율 중 선택이 가능하나, 기준경비율대상자는 하위단계인 단순경비율로 적용은 원칙적으로 불가하다. 만약에 적용 하려면 단순경비율에 소득금액의 2.4배(간편장부대상자) 또는 3배(복식부기의무자)는 적용하여 신고할 수 있다. 다만 2012년 이후에는 이 배율의 적용이 폐지될 예정이므로 기장의무자들은 기장을 하는 것이 절대적으로 유리하다.

---

28) 성실신고확인서 첨부 대상은 당기수입금액을 기준으로 파악을 한다.

5) 기준경비율제도 및 단순경비율제도란 무엇인가?

(1) 기준경비율제도란?

장부를 기장하지 않는 사업자의 소득금액을 추계로 결정·경정하는 경우 수입금액에서 필요경비를 공제하여, 소득금액을 계산함에 있어 주요경비(매입비용, 임차료, 인건비)는 증빙서류에 의해 인정하고 나머지 비용은 기준경비율에 의해 필요경비를 인정하는 제도를 말한다. 다만 소규모 영세 사업자는 단순경비율에 의해 소득금액을 계산할 수 있다.

(2) 기준경비율 적용대상

직전연도 수입금액의 합계액이 다음 금액 이상인 사업자 중 장부를 기장하지 않는 사업자가 해당된다.

업종별	기준금액 [직전년도 수입금액 기준]
1업종군	6,000만 원
2업종군	3,600만 원
3업종군	2,400만 원

실전 사례

2011년 음식점업(2업종군)을 하는 사업자의 매출액이 4천만 원인 경우 2012년분 사업소득을 신고할 경우에는 기준금액을 넘어가게 되므로 기준경비율 적용 대상임
※ 2011. 1. 1. 이후 신규로 사업을 개시한 사업자의 해당 연도 수입금액이 복식부기의무자 기준 금액 이상이면 기준경비율 대상자임

(3) 단순경비율 적용대상

직전연도 수입금액의 합계액이 위의 기준에 미달하는 사업자와 해당연도 신규사업자로서 장부를 기장하지 않는 사업자가 해당된다. 단, 전문직사업자 및 현금영수증 미가맹 사업자, 신규사업자로서 복식부기의무자의 기준 금액 이상이면 기준경비율 대상자이다. 다만 신규사업자로서 복식부기의무자의 기준 금액 이상이면 원칙적으로는 간편장부대상자이므로 무기장가산세나 무신고가산세 등이 해당되는 것은 아니다.

(4) 추계소득금액계산방법

(가) 기준경비율에 의한 소득금액은 다음과 같이 계산한다.(①, ② 중 적은금액)

① 소득금액 = 수입금액 − 주요경비 − (수입금액 × 기준경비율)

② 소득금액 = {수입금액 − (수입금액 × 단순경비율)} × 배율

·2011년 귀속 배율 : 간편장부대상자 2.4배, 복식부기의무자 3.0배(2012년 귀속분은 폐지 예정임)

·복식부기의무자는 기준경비율의 1/2만 적용함

(나) 단순경비율에 의한 소득금액은 다음과 같이 계산한다.

소득금액 = 수입금액 − (수입금액 × 단순경비율)

(5) 주요경비

(가) 매입비용

상품·세품·원료·소모품·전기료 등의 매입비용(사업용 고정자산의 매입을 제외)과 외주가공비 및 운송업의 운반비를 말한다.

(나) 임차료

사업에 직접 사용하는 건축물, 기계장치 등 사업용 고정자산의 임차료를 말한다.

(다) 인건비

종업원의 급여와 임금 및 일용근로자의 임금과 실제 지급한 퇴직금을 말한다.

(6) 증거 서류 준비

주요 경비는 다음과 같은 증명서류가 있어야 필요경비로 인정받아 소득세를 적게 낼 수 있다.

(가) 매입비용 및 임차료

세금계산서, 계산서, 신용카드매출전표, 현금영수증 등 정규증명 서류를 받아야 하며, 정규

증명서류가 아닌 영수증 등을 받은 경우에는 「주요경비지출명세서」를 제출하여야 한다.

(나) 인건비

원천징수영수증이나 지급명세서 또는 지급관련 증명서류를 잘 보관하여야 한다.

4. 심화학습

1) 소득세 전체 구조를 알아보자.

총 수입금액	손익계산서상 수입±총수입금액세무조정
－ 필요경비	손익계산서상비용±필요경비세무조정
－ 결손금공제	당기 사업소득에서 발생한 결손금 공제
－ 이월결손금	당기 이전 발생한 이월 결손금 공제(10년간 공제함)
＝ 종합소득금액	여섯 가지 소득 금액을 합산함
－ 소득공제	①인적공제 ②특별공제③ 기타의 소득공제 (개인사업자특별공제는 기부금 공제 및 연금저축공제와 표준공제만 받을 수 있음)
＝ 과세표준	
× 세율	기본세율
＝ 산출세액	신고불성실가산세 각종 세액감면액 계산 시 기초금액
－ 세액공제	소득세법상 세액공제, 조특법상 세액공제
－ 세액감면	중소기업특별세액감면 등
＝ 결정세액	납부불성실가산세 계산 시 기초금액
＋ 가산세	신고불성실가산세, 납부불성실가산세 등
＋ 추가납부세액	감면세액의 조건 불이행으로 인한 세액의 추징
＝ 총 결정세액	자진 납부할 주민세 과세표준임
－ 분납할 세액	
＝ 차감 납부할 세액	

2) 성실신고확인제도를 알아보자.

(1) 성실신고확인제도 개요

(가) 개요

대상 사업자는 종합소득세 신고 시 과세표준신고서 외에 세무사가 작성한 성실신고확인서와 함께 제출하는 제도이다.

(나) 대상

해당 신고 과세기간 수입금액이 일정 수준 이상인 사업자
1영업군 : 30억 원 이상
2영업군 : 15억 원 이상
3영업군 : 7.5억 원 이상

(다) 성실신고 확인 내용

사업자이 매출누락 및 비용 측면의 탈세를 모두 확인하되, 현금영수증 의무 발급 등을 통해 수입금액이 상당 부분 양성화된 점을 고려하여 가공경비 및 업무무관경비 등 비용 측면의 탈세 방지에 역점을 둔다.

(라) 성실신고확인자

세무사, 공인회계사, 세무법인, 회계법인

(마) 인센티브

- 신고기간 연장(5월 말->6월 말)
- 성실사업자 수준으로 교육비·의료비 공제 허용
- 확인비용의 일정 비율(60%) 세액공제 (연간 100만 원 한도)

(바) 제제

'성실신고확인서'를 제출하지 않은 경우에는 가산세(산출세액의 5%)를 부과하고, 세무조사 사유에 추가하게 된다. 아울러 세무조사 등을 통해 제대로 확인하지 못한 사실이 밝혀지면 확인자도 징계를 받게 된다.

(2) 성실신고확인사항(예시)

(가) 주요 사업현황 관련 : 기본사항 확인

·(사업장 현황) 종업원 수, 건물면적, 임차보증금, 차량 수 등
·(사업내역 현황) 주요 매출·매입처, 주요 유형자산 명세, 차입금 및 지급이자 현황

(나) 지출비용에 대한 적격 여부 확인

·지출비용(손익계산서 항목, 원가명세서 항목)에 대한 적격증빙*수취 여부, 3만 원 초과 거래에 대해 적격증빙이 없는 비용의 명세 및 미수취 사유, 장부상 거래액과 적격증빙 금액의 일치 여부를 전수 조사하여 적격증빙보다 과다 비용 계상한 항목을 확인

·(세금)계산서, 현금영수증, 신용(직불·선불)카드매출전표, 매입자발행세금계산서

(다) 업무무관 경비 여부 확인

계정 과목	내용
인건비	배우자 및 직계존비속에게 지급한 인건비가 있는 경우 실제 근무 여부, 유학·군복무 중인 자 등에 대한 인건비 계상 여부 및 아르바이트, 일용직 등의 가공 인건비 여부 등 확인
차량유지비	업무용 차량 보유 현황, 용도 등을 검토하여 가정용 차량 유지·관리비 등 업무무관경비의 변칙 계상 여부 확인
통신비	가족·친척의 명의로 지급한 통신비 및 해외통신비 내역 등을 확인하여 개인적 경비의 변칙 계상 여부 확인
복리후생비	접대성 경비 또는 가족·개인 지출 경비 등을 복리후생비로 계상하는지 여부 등을 검토
접대비	지출내용, 목적, 장소 등을 검토하여 개인적 경비의 변칙 계상 여부 확인
여비교통비	지출내용, 목적, 장소 등을 검토하여 개인적 경비의 변칙 계상 여부 확인
이자비용	차입금 현황, 차입처, 차입금용도 등을 검토하여 사업과 관련 없는 차입금 이자의 존재 여부 확인
감가상각비	사업내용, 유형자산의 취득목적 및 실물 등을 검토하여 업무무관자산, 가공자산에 대한 감가상각비 계상 여부 확인
건물관리비	사업용·비사업용 건물 소유 현황 등을 검토하여 개인적 경비의 변칙 계상 여부 확인

(라) 수입금액 관련: 매출누락 여부 확인

구분	내용
공통사항	① 총수입금액 내역 검토, 매출증빙발행 현황, 원천징수대상 봉사료 신고 현황 및 지급명세서 제출 현황 분석, 부가세·개별소비세 과세표준 비교
	② 사업현황(종업원 수, 사업용 자산)과 인건비, 원재료비와의 관계 비교분석
	③ 고액현금거래에 대한 현금영수증 발급 여부, 누락한 수입금액에 대한 부외경비 존재 여부, 친인척·종업원 명의 계좌에 입금된 수입금액의 누락 여부, 실제 재고와 장부상 재고의 일치 여부 등에 대해 납세자의 확인 서명
업종별	업종별 특성에 맞게 비보험 항목(의료업), 성공보수(전문자격사), 종업원 봉사료, 친인척·종업원 명의 계좌에 입금된 수입금액(현금수입업종) 등 탈세가 빈번한 항목의 매출누락 여부에 대해 납세자의 확인서를 징구

제 3 장
법인세, 어떻게 해결하죠?

1. 사례 연구

주얼리 가게를 했던 P씨(47세)는 종자돈을 모아 경매로 싸게 공장을 낙찰 받아 공장 내부에 주얼리 제조업까지 확장할 생각을 가지고 있다. 공장의 터도 마음에 들고 주얼리 도소매를 하면서 익힌 여러 가지 주얼리에 대한 지식 등을 이용해서 주얼리를 직접 만드는 사업을 해 보기로 한 것이다. 공장 낙찰을 도와준 P 경매 고수(경매법인 대표)에게 자문을 구한 바, 사업 형태를 법인으로 해서 가업도 물려주는 것이 좋이 않을까라는 말을 들었다. P 경매 고수는 김 세무사를 추천했고, 법인으로 해서 사업을 진행할 경우에 주의할 사항을 듣고 싶어 한다.

2. 조언 방향

법인은 대개 주식회사 형태로 운영하고 있다. 법인으로 할 경우에는 다소 복잡한 회계처리 및 절차가 있을 수 있는데, 그중 단연 중요한 사항은 법인이 주체가 되고 개인은 이를 경영하는 객체가 되는 것이다. 즉, 법인의 대리인 역할을 하는 것이 사장이 된다는 것이다. 법인을 대신해서 열심히 일을 하고 급여를 받아가고 회사의 가치를 증가시키는 일을 대표이사가 해야 한다는 것이다. 법인은 눈에는 보이지 않으나 등기부등본에 그 존재를 확인할 수 있다. 주민등록등본에 개인의 존재가 기록되어 있듯이 말이다. 법인의 하인 역할을 해야 하므로 주인의 돈을 함부로 가져가면 안 된다는 것이다. 정확한 경리 후에 그 금액을 가지고 가야 한다. 만약 멋대로 가져가면 횡령, 배임행위 등으로 국가에서 벌을 주게 된다. 매스컴에서 대기업을 운영하시는 사장들이 곤욕을 치르는 것이 대부분 이 문제 때문이다. 자 그럼 법인 회사의 주요 조직을 알아보고 운영은 어떻게 하고 주의사항은 없는지 확인해 보도록 하자. 주로 세금상 주의 사항을 잘 기억해 두기 바란다.

3. 이론 및 심화 연구

1) 법인세 신고 납부

(1) 신고기한

사업연도 종료일로부터 3월까지 신고해야 한다.

(2) 각 부서별 활동 및 증빙 필요 활동

모든 거래에는 3개의 박자가 맞아야 한다.
– 외부공공문서 : 세금 계산서
– 내부관리분서 : 거래명세서, 내부 결제문서
– 정규증빙(증거서류) : 금융거래확인(이체확인서 등), 입금증, 거래확인서
각 부서를 편의상 크게 구매부, 총무부, 영업부, 경리부로 나누어 정규 증빙 활동에 대해서 설명하기로 한다.

(가) 구매부

구매부는 주로 원자재를 구입하는 역할을 담당한다. 자재부와 통합되어 있는 모습을 보이기도 한다.

주요 활동	종류	지출증빙 활동
매입	현금매입 예) 위탁구입, 할부구입, 신용카드구입, 외화구입(수입)	현금일보 및 지출장 구비 통장지급내역 확인(이체확인서)
	외상매입	매입처별원장과 대사
	지급어음	어음장과 대사
	선급금	거래처별원장 대사
	재고자산	재고수불부 대사(주로 자재부에서 행함)

(나) 총무부

총무(직)부의 직무내용은 회사건물 및 시설물, 사무용품, 차량 등의 자산과 재산을 구입, 처리, 보관하며 회사의 각종 규정과 관계법규를 제정, 적용하며 서식 및 문서를 작성, 보존하며 주식 및 사채의 발행, 사내행사 주관 근무환경 조성 등 다른 부서의 할당 직무 이외에 대 소사를 도맡아 처리하는 부서이다. 소규모의 기업은 크게 총무부와 영업부 그리고 생산관련부서로 구분된다고 볼 수 있다.

주요 활동	종류	지출증빙 활동
고정자산 구입	비품구입	세금계산서 및 지출결의서 대사
	유형자산	
	무형자산	산업재산권등 양수도 계약서
	미지급금	거래처원장
	미수금	유형자산 처분 후 미수금 관리 대장
기타활동	자본적 지출	세금계산서 및 계약서 확인
	사업상증여, 개인적 공급	재고자산 등의 대체 확인
	비영업용소형승용차 구입	매입불공제 확인

(다) 영업부

영업부는 주요 제품이나 상품을 외부의 거래처에 판매하는 업무를 관장한다.

주요 활동	종류	지출증빙 활동
매출	현금매출 예) 위탁매출, 할부매출, 신용카드매출, 외화매출 등	통장과 대사
	외상매출	매출거래처별원장과 대사
	받을 어음	어음대장과 대사, 할인여부 확인
	선수금	거래처원장(중간지급조건부 등 세금계산서 발행 유의사항 체크)
	매출차감계정 확인	매출환입, 매출에누리, 거래할인, 수량할인 매출할인사항체크
	영업외수익	판매장려금 확인
접대	접대비	법인카드사용내역확인

(라) 경리부

모든 지출 등을 지출결의서를 통해서 전표 처리하는 부서이다.

주요 활동	종류	지출증빙 활동
지출관리	관리비	소액현금제도 확인, 3만 원 초과 법인카드사용 (개인신용카드 사용) 급여, 복리후생비, 소모품비, 임차료 지출결의서
	판매비	출장비, 여비교통비, 광고비 지출결의서 · 출장비과 여비교통비는 지급 규정에 의해 복명서를 작성하여 지출 지급정산
	세금납부활동	법인세(종소세)관리, 부가세대급금과 예수금 관리
	선급비용, 미지급비용	거래처별원장으로 관리
	일일현금관리	현금예산관리, 현금출납장과 자금관리표 작성
재무활동	재무활동(사채발행, 증자, 차입)	각 활동별 계약서 및 법무 서류 작성
매출관리	소매매출	현금매출장, 신용카드매출명세서, 현금영수증명세서
	세금계산서매출	세금계산서철
	계산서매출	계산서철
매입관리	소매매입	간이영수증, 현금영수증
	세금계산서	세금계산서철(증거서류 같이 준비)
	계산서	계산서철(증거서류 같이 준비)
원천징수	갑근세	갑근세철 및 4대보험관리대장
	기타소득 등	기타소득, 사업소득에 대한 원천징수철

(3) 결산 시 준비 서류

아래의 체크리스트를 가지고 결산에 필요한 모든 서류를 준비한다.

① 과세 기간 동안의 모든 수입, 지출증빙, 전표, 입금표, 카드영수증이 없을 시 카드사용
   내역서 준비
② 과세기간종료일 현재의 거래처별 외상매출금, 미수금, 미수수익
③ 과세기간종료일 현재의 거래처별 외상매입금, 미지급금, 미지급비용
④ 자산(차량운반구, 기계장치 등)취득 및 처분내역(변동내역)

⑤ 받을 어음 및 지급어음 대장 및 할인 내역
⑥ 사업연도종료일 현재의 재고자산 현황
⑦ 갑근세철과 각종 4대보험 관련 서류
⑧ 부가가치세신고서 내역(특히 수입금액과 차이가 나는 항목 유의)
 – 가공매출여부 및 위장매출여부 파악
 – 업종별부가가치율의 파악
 – 가공매입여부 및 위장매입여부 파악
 – 폐업자와 휴업자와의 거래 여부 확인
⑨ 업종별 추가 서류
– 도소매업 : 판매장려금, 매출할인, 매입할인 등 영업외 수익, 비용의 서류
– 건설업 : 현장별도급계약서(장기공사가 있을시 주의요망–부가가치세신고 시 수취)
– 수출입관련업 : 수출신고필증, 수입신고필증, 구매확인서 및 신용장등
⑩ 기타 증거 서류 준비

(4) 법인 추가 서류

① 법인의 모든 통장, 법인카드 사용내역서
 – 법인 통장에는 계좌이체명세서를 쓰게 하여 법인 통장 내역 검토
② 법인등기부등본, 주주명부(주주변동 확인)
③ 추가 지출 결의서나 여비교통비 지급규정 확인

(5) 법인세 신고 시 기본 체크리스트

번호	항목	체크리스트
1	전기의 가지급금 이상의 자산이 증가 여부	
2	주식변동사항이 유무(증자, 감자, 양수도 여부 확인)	
3	임원의 변경 후 3년 이상이 도과 여부: 500만 원 이하의 과태료 ·이사와 감사: 성명 및 주민번호 대표이사는 주민등록주소지변경도 2주간 내에 다시 등기 해야 한다. 구비서류: 인감도장날인, 인감증명, 주민등록등본 1통	
4	등기부등본상의 변경 사항 (예: 대표이사의 주소지 변경, 혹은 대표이사 변경 등) 검토	
5	중소기업여부 판단	
6	각종 공제 및 감면 여부 확인	

(6) 결산의 일반적인 순서

① 매출, 매입전표입력완료(수입금액 확정)
– 매출 : 수입금액에 대한 검사 및 신용카드 금액, 현금 수입금액 확인
– 매입 : 가공매입이나 위장매입이 있는지 확인
② 부가세 신고서 입력
– 전자 신고 시 확인증 수수할 것
– 부가세대급금 예수금정리
③ 급여자료입력
– 4대보험의 적정한 산정 여부
– 갑근세 지급 내역과 통장의 내역 확인(법인인 경우)
④ 통장정리(법인)
⑤ 자산과 부채 과목 정리
– 자산 : 외상매출금, 미수금, 미수수익, 재고자산, 선급금 정리
– 부채 : 외상매입금, 미지급금, 미지급비용, 선수금 정리
⑥ 어음, 입금표등 입력
⑦ 일반전표입력
⑧ 보험료, 대출금이자, 차량할부금이자, 증빙이 없는 비용(임대료 등)입력
⑨ 합계잔액시산표에서 계정별원장 확인
⑩ 거래처원장에서 자산, 부채 거래처별 잔액확인
⑪ 고정자산등록(회사등록 전년도에서 이월 후, 당해 취득분 입력, 내용연수, 감가상각방법
   선택)
⑫ 미상각분 감가상각계산에서 유형자산명세 출력
⑬ 결산자료 입력
   대손충당금, 감가상각비 입력, 제조업과 건설업은 제조(공사)원가를 이어준다.
⑭ 현금 및 예금정리: 가지급금 등 추가
⑮ 합계잔액시산표에서 가지급금과 가수금의 적절한 대체 및 기타 활동
– 손익계산서, 제조(공사)원가 명세서, 이익잉여금 처분계산서(법인만), 재무상태표를 차례
   로 작성
– 재무제표 출력 후 검토
– 표준재무제표 작성

2) 12월말 법인 중간예납신고 납부

(1) 중간예납기간

중간예납기간(당해 사업연도 개시일부터 6개월)이 경과한 때로부터 2개월

(2) 중간예납의무가 없는 자

·당해 사업연도 신설법인
·휴업법인으로 당해 중간예납기간 중 사업 실적이 없는 법인
·사업연도가 6개월 이하인 법인

(3) 중간예납세액의 계산(①, ②중 선택 가능)

① 직전사업연도 납부실적에 의한 계산
   (산출세액+가산세−공제감면세액−원천징수세액−수시부과세액)×6/사업연도월수
② 중간예납기간(1월−6월)의 실적에 의하는 경우
   1월부터 6월까지 실적을 결산하여 중간예납세액을 계산하는 방법

(4) 신고납부기한 : 8월 말까지

4. 심화학습

1) 세무조사의 예방법을 알아보자.

사업을 하면 세무조사를 한 번은 경험하게 된다. 특히 경매를 통해서 사업할 경우에는 많은 자금이 소요가 되기 때문에 세무관서에 관리 대상으로 올라가기 쉽다. 그럼 어떻게 세무조사를 예방할 수 있는지 알아보자. 일반적인 방법을 제시해 놓은 것이니 특수 업종이나 특수 분야에서는 꼭 전문가와 상의하기 바란다.

(1) 신고업무수행철저

각종 세금에 대한 신고는 명확한 근거 하에 철저하게 수행하여야 한다. 의무의 이행이라는 측면에서 간과해서는 안 될 부분이다.

또한 중점관리대상자로 지정된 경우에는 지정된 사유를 알 수 있으니 문제점을 철저히 발본색원(拔本塞源)하는 것이 중요하다.

평소의 세금 관리에서 다음에 대한 신경을 써야 하는데, 부가가치율, 신고 소득률, 과표 신장율 등이 있다. 과세 관청에서는 모든 업종을 다 관리할 수 없으므로 비율에 따라 관리하게 된다. 이 숫자는 업종별로 비슷한 마진율이 나타난다는 점에 착안해서 전체적인 평균치보다 상이하게 나타나는 경우에는 그 원인을 파악하고 대처해야 한다. 이런 현상이 일시적인 현상인지 지속적인 현상인지 파악해야 할 것이다. 이를 철저히 관리하는 것이 경영관리의 기본이다.

(2) 전화나 우편 확인 시 예방법

세무관서에서 납세자와 소통할 때는 대개 전화나 우편을 이용한다. 간단한 전화가 걸려왔을 때 아무 생각 없이 답변한 것이 결정적인 증거가 될 수 있다. 충분한 검토 후 답변을 하는 것이 좋다.

요즘 국세청을 사칭하여 사기 사건이 많이 일어나는데 이는 납세자의 경험미숙과 권위적인 과세관청이 빚어난 촌극이라고 생각된다. 세무관서에서 전화나 우편으로 온 경우에는 그 공무 수행의 일환이므로 소속과 성명을 밝히게 되어 있고, 이를 메모해 두는 것이 중요하다. 조사과, 법인세과, 부가소득세과, 징세과, 민원실에서 왔는지를 꼭 파악해 놓는 것이 좋다. 각 과별로 하는 일과 관리 목적이 다르기 때문이다.

(3) 자료 소명업무의 효율적 수행

증빙 및 소명자료, 증거자료를 만드는데 소홀함이 없어야 한다. 이에 대한 중요성은 평소에는 산소와 같이 미미하나 세무조사 시에는 상당한 위력을 발휘하게 된다. 그 자료는 다음을 이야기 한다.

첫째, 세금계산서이다.

아무리 강조해도 지나치는 않은 자료이다. 세금계산서의 발행 시기 및 누락여부는 가산세와 직결될 뿐 아니라 세무조사의 도화선이 될 수 있다.

둘째, 그 증거서류이다.

한 경제 행위가 이루어졌다는 증거서류가 있어야 할 것이다. 예를 들어 세금계산서가 발행이 되었다면 원천적으로 계약서가 있어야 할 것이고, 오고간 거래명세표가 있어야 할 것이며, 돈을 수수한 흔적(입금표, 이체확인서)이 있어야 할 것이다.

이 중 자료상으로부터의 증빙을 수취한 경우의 소명자료에 가장 요긴한 자료는 입금표 및 이체 확인서라고 해도 과언이 아니다. 물건이 흘러갔으면 반드시 돈이 오가기 때문이다. 자료상 수취 시에는 부가세와 수수료만 주는 것이 상관행인 바 이에 대한 자료는 별 도움이 되지 않는다는 것도 주지해야 한다.

셋째, 일반영수증의 관리이다.

이중 기재된 영수증은 없는지, 그 가격은 적정한지 등 일반영수증의 철저한 관리만이 자료 소명업무를 효율적으로 수행할 수 있다.

세무관서에서 '과세자료에 대한 소명 안내문'이 온 경우에는 그 대외적인 효력이 의심될지라도 효율적이고 정확한 소명을 하지 않으면 이 또한 도화선이 될 수 있음은 자명한 일이다. 이 소명은 자료상 의심이 드는 업체가 받을 가능성이 매우 높다.

자료상거래로 판명된 경우에는 다음과 같은 사항으로 대처해야 한다.
- 상대방이 자료상임을 알고 수취한 것인지 정상적인 거래에서 수취한 것인지 확인
- 실지거래처를 입금증, 이체확인서를 통해서 입증할 수 있는지 여부
- 객관적인 실지거래처가 입증된다면 관련 회계자료를 정정하고 그 정정된 내용 첨부
- 대체비용이 발생되지 않았다면 그 금액만큼을 세무조정하고 입금하는 것이 나중에 추

가적인 소득세 추징을 막을 수 있다.

(4) 수정신고의 적극 활용

수정신고를 통해서 자기 시정의 기회를 부여하는 경우가 있는데 이를 적극적으로 활용해 보다 유리한 방안을 모색해서 세무조사를 예방하여야 한다.

(5) 조세 전문가와 지속적 커뮤니케이션

세무조사에 대해서는 조세 전문가의 도움이 절실히 필요하기 때문에 관리하고 있는 조세 전문가와 지속적인 커뮤니케이션이 이루어져야 한다. 중소기업의 경우에는 종사 직원과 대화로 모든 것이 마무리되는 경향이 있는데 반드시 조세 전문가의 지속적인 컨설팅을 요구하여야 한다. 일이 터지고 나서 막기란 참 어려운 일이다. 세무조사도 철저한 대비를 한다면 큰 타격 없이 헤쳐 나갈 수 있다. 조세 전문가에게 주는 컨설팅 비용은 아마도 향후 천금을 잃는 것보다 더 유용한 것이 될 것이다. 또한 조세 전문가의 선정에서 이런 부분을 세심하게 신경써주는 곳을 선정해야 한다.

(6) 경영자의 마인드의 전환

주먹구구식 경영 방식으로는 경쟁력을 잃게 마련이다. 경영자가 불법을 멀리하고 정당한 거래를 한다면 세무조사에 대해서 초연해질 수 있다. 지금 세금을 아끼겠다고 불법을 저지르면 나중에는 큰 불상사가 생기게 된다. 또한 피치 못할 사정으로 이러한 거래를 한 경우에는 반드시 조세 전문가와 상의를 하여야 한다.

제 4 장
종합부동산세 좀 줄여주세요

1. 사례 연구

기존에 작은 주택을 20채 이상 보유하고 있는 빌라 투자의 귀재 O사장은 최근에 종합부동산세의 고지서를 받고 깜짝 놀랐다. 미실현이익에 세금을 내는 것이 이해가 가지 않았던 것이다. 국가에서 계속 종합부동산세를 고지하고 있어서 12월에는 부담이 아닐 수 없었다. 최근에 경매 투자로 좋은 입지에 상가를 낙찰 받았는데 이 상가 건물이 종합부동산세 대상이 되는지도 궁금해 한다.

2. 조언 방향

종합부동산세는 국가가 부과하는 세목으로 바뀌다 보니 그냥 고지하는 대로 많이 내게 된다. 그런데 종합부동산세에서 해당 사항이 없거나 없게 된 사유가 발생할 경우에는 적극적으로 배제신청을 해서 종합부동산세를 줄일 수 있다. 전반적인 종합부동산세의 과세 제도에 대해서 알아보자. 다소 산식이 많이 나오나 이는 계산을 위한 산식이므로 기억까지 할 필요는 없다. 종합부동산세를 줄이는 방법에 대해서도 알아보도록 하자.

3. 이론 및 심화 연구

1) 종합부동산세란?

전국의 주택 및 토지를 유형별로 구분하여 과세 기준일(6월 1일) 현재 인별로 합산한 결과, 그 공시가격 합계액이 과세 기준 금액을 초과하는 경우 그 초과분에 대하여 과세하는 세금을 말한다. 이를 종합부동산세(이하 '종부세'라 칭한다.)

- 1차 재산세 과세 : 부동산 소재지 관할 시군구에서 관내 부동산을 과세 유형별로 구분하여 재산세를 부과한 다음
- 2차 종부세 과세 : 과세기준금액 초과액에 대하여 주소지(본점 소재지) 관할 세무서에서 부과한다.

2) 납세 의무자

과세기준일(매년 6월 1일) 현재 보유한 과세유형별 공시가격의 전국 합산액이 공제금액(과세기준금액)을 초과하는 재산세 납세의무자를 말한다. 법인도 납세 의무자가 되어 법인도 인별로 합산하여 과세하게 된다.

▷ 주택 : 전국합산 주택의 공시가격 합계액이 6억 원(1세대 1주택자 9억)을 초과하는 자
▷ 종합합산토지 : 전국합산 토지의 공시가격 합계액이 5억 원을 초과하는 자
▷ 별도합산토지 : 전국합산 토지의 공시가격 합계액이 80억 원을 초과하는 자

종합합산대상 토지는 나대지, 잡종지 등이 해당이 되며, 별도 합산 토지는 상가, 사무실 등의 부속토지 등을 말한다.

3) 1세대 1주택자란 누구를 말하는가?(종부세 시행령 제2의 3조)

1세대 1주택자란 세대원 중 1명만이 주택 분 재산세 과세대상인 1주택만을 소유한 경우로서 그 주택을 소유한 거주자를 말한다. 혼인(동거봉양)의 경우 혼인(합가)한 날로부터 5년 동안은 각각 세대로 본다. 주택의 경우에는 1세대 1주택자는 9억 원을 기준으로 한다.

▷ 주택 수 계산 시 제외 : 등록문화재 주택, 합산배제 신고한 임대주택 이외의 1주택
  에 주민등록이 되어있고 실제 거주하는 경우 그 합산배제 신고한 임대주택
  다만, 합산배제주택, 상속·농어촌주택 등, 소수지분주택(공동 소유주택), 주택 중
  건물 또는 부속 토지만 소유한 경우는 주택 수 계산 시 포함
▷ 1주택(주택의 부속토지만을 소유한 경우 제외)과 다른 주택의 부속토지를 소유하는
  경우 1세대 1주택자로 봄

일정한 요건을 갖춘 임대 주택등과 주택 건설 사업자의 주택신축용 토지에 대하여는 9월 16일부터 9월 30일까지 합산배제신고를 하는 경우에는 과세 제외될 수 있다. 단, 신고기한이 공휴일, 토요일등인 경우에는 다음날을 기한으로 한다.

4) 과세 대상은 어떤 것이 있는가?

주택(부속토지 포함)과 종합합산토지(비사업용토지)와 별도합산토지(사업용토지)로 구분하여 각각 종합부동산세 과세표준과 세액을 계산하며, 상가 등 일반건축물과 분리과세 토지는 재산세만 과세된다. 공부상 등재 현황과 사실상 현황이 다른 경우에는 사실상의 현황대로 과세한다.

〈 종부세 과세 대상 〉

구분		재산의 종류	재산세	종부세
건축물	주거용	· 주택(아파트, 연립, 단독/다가구/다세대, 주거용 오피스텔)	O	O
		· 별장(주거용 건물로서 휴양/피서용으로 사용되는 것)	O	X
		· 일정한 건설임대주택/매입임대주택 등 장기 임대주택	O	X
		· 일정한 미분양주택 사원주택 기숙사 가정보육시설용 주택	O	X
	기타	· 일반건축물 (상가, 사무실, 빌딩, 공장건물, 사업용 건물)	O	X
토지	종합합산	· 나대지, 잡종지, 일부 농지 임야 목장용지 등	O	O
		· 재산세 분리과세 대상토지 중 기준면적초과 토지	O	O
		· 재산세 별도 합산 대상 토지 중 기준면적 초과 토지	O	O
		· 재산세 분리과세/별도합산대상이 아닌 모든 토지	O	O
		· 주택건설사업자의 일정한 주택 신축용 토지	O	X
	별도합산	· 일반건축물의 부속토지 (기준면적 범위내의 것)	O	O
		· 법령상 인허가받은 사업용 토지 (운송사업 차고용 토지 등)	O	O
	분리과세	· 일부 농지, 임야, 목장용지 등 (재산세만 0.07% 과세)	O	X
		· 공장용지 일부, 공급목적의 보유토지 (재산세만 0.2% 과세)	O	X
		· 골프장, 고급오락장용 토지 (재산세만 4% 과세)	O	X

〈 부동산 유형별 참고 법령 〉

과세대상		참고법령
주택		주택법 제 2조, 지방세법시행령 제 103조, 제 105조, 제 112조
토지	종합합산	지방세법 제 106조(별도합산토지 및 분리과세토지 외 전부)
	별도합산	지방세법시행령 제 101조
	분리과세	지방세법시행령 제 102조

5) 납세지는 어디인가?

납세의무자	납세지
개인	주소지(또는 거소지)
단체(종중, 동창회 등)	대표자(또는 관리인)의 주소지
법인	본점(또는 주사무소)의 소재지
외국인, 외국법인	국내사업장 소재지

6) 주택/토지 공시가격의 평가는 어떻게 이루어지는가?

구분	단독주택	공동주택 아파트 · 연립주택 · 다세대	토지
공시일자	4월 28일	4월 28일	5월 31일
공시기관	시 · 군 · 구	국토 해양부	시 · 군 · 구
가격열람	시 · 군 · 구 종합민원실	시 · 군 · 구 종합 민원실	시 · 군 · 구 종합민원실

※ 공시기관의 홈페이지에서 확인 가능

① 시장 군수 구청장이 가격공시 전에 실시하는 가격열람 및 의견제출기간(20일간)에 의견을 제출할 수 있다.

② 공시가격이 잘못 산정되어 명백한 오류가 있는 경우 개별공시지가(토지)나 개별주택가격(주택)의 공시기관에 공시일(주택은4.28, 토지는 5.31)부터 30일 이내에 서면으로 이의신청이 가능하다.

[공시지가 이의 신청을 해 보라.]

공시지가 이의 신청을 해서 공시가격을 조정할 경우에는 재산세 및 종부세 등을 줄일 수 있다. 이의 신청은 정해진 기간 내에 주무관서에 하면 되는데 지금처럼 부동산 하락기에는 공시가가 많이 떨어질 수 있다. 이를 이용하면 세금을 줄일 수 있다. 그러나 공시지가를 많이 떨어뜨려 놓을 경우에는 양도시 매매가격을 제대로 못 받을 수 있는 위험도 있음을 기억하기 바란다.

7) 고지 납부는 언제까지 해야 하는가?

2008년부터 부과 고지를 시행하고 있으며 신고 납부도 가능하도록 규정하고 있다.

- 과세기준일 : 매년 6월 1일
- 납부기간 : 매년 12월 1일 - 12월 15일
- 분납 : 납부할 세액이 5백만 원 초과(농특세 제외)시 납부기한 경과일로부터 2개월 이내
  ※ 5백만 원 초과 1천만 원 미만 : 5백만 원 초과금액, 1천만 원 초과 : 50% 이하금액
- 신용카드 납부 : 고지(신고)금액 5백만 원(농특세 포함)까지(수수료 1.2% 납세자 부담)
- 물납 : 납부할 세액이 1천만원초과시 종부세 과세대상인 주택 및 토지 중에서 관리·처분이 가능한 재산의 공시가격을 기준으로 물납신청(농특세 제외)
- 농특세 : 납부할 종부세액의 20%

8) 과세표준은 어떻게 계산되는가?

- [과세유형별 전국합산{공시가격 × (1-감면율)} - 공제금액(과세기준금액)] × 공정시장가액비율
  - ▷ 주　　택　　분 : [전국합산 {공시가격 × (1 - 감면율)} - 6억] × 80%
    - (1세대 1주택자) : [전국합산 {공시가격 × (1 - 감면율)} - 9억] × 80%
  - ▷ 종합합산토지분 : [전국합산 {공시가격 × (1 - 감면율)} - 5억] × 80%
  - ▷ 별도합산토지분 : [전국합산 {공시가격 × (1 - 감면율)} - 80억] × 80%

9) 세율은 어떻게 적용되는가?

■ 주택

과세표준	세율	누진공제
6억 원 이하	0.5%	–
12억 원 이하	0.75%	150만 원
50억 원 이하	1.0%	450만 원
94억 원 이하	1.5%	2,950만 원
94억 원 초과	2.0%	7,650만 원

■ 종합합산

과세표준	세율	누진공제
15억 원 이하	0.75%	–
45억 원 이하	1.5%	1,125만 원
45억 원 초과	2.0%	3,375만 원

■ 별도합산

과세표준	세율	누진공제
200억 원 이하	0.5%	–
400억 원 이하	0.6%	2,000만 원
400억 원 초과	0.7%	6,000 만원

10) 산출세액은 어떻게 계산되는가?

■ 산출세액 = (과세표준 × 세율−누진공제)−공제할 재산세액*)(지방세법 제 1121항 2호
는 제외 .이하동일)

*) 해당연도 재산세로 부과된 세액의 합계액 × 과세표준에 대하여 재산세 표준세율로
계산한 재산세상당액 {=종부세 과세표준 × 재산세 공정시장가액비율(주택 : 60%,
토지70%) × 재산세 최고세율(누진공제 안함)}
주택 또는 토지(종합, 별도구분)를 각각 합산하여 표준세율로 계산한 재산세상당액

■ 1세대 1주택자 세액공제 = 산출세액 × 연령별(보유기간별) 공제율
  ① 연령별 공제율 : 60세 이상(10%), 65세 이상(20%), 70세 이상(30%)
  ② 보유기간별 공제율 : 5년 이상(20%), 10년 이상(40%)
  ▷ 취득시기(보유기간적용 취득시기)
  ① 상속주택 : 상속개시일, 다만, 배우자 상속주택은 피상속인의 취득일
  ② 증여받은 주택 : 등기접수일
  ③ 재개발·재건축 : 멸실주택 취득일
  ④ 분할취득한 주택 : 주택분 재산세가 과세되는 지분 최초 취득일
  ⑤ 건물과 부속토지의 취득일이 다른 주택 : 주택분 재산세가 과세되는 건물 또는 부
  속토지 최초 취득일

11) 세부담상환 초과세액은 어떻게 계산되는가?

- (재산세 + 세부담상한전 종부세액*)) − { 전년(재산세 + 종부세) × 150% }
  *)(과세표준 × 세율 − 누진공제) − (공제할 재산세액 + 세액공제액)

즉, 세부담상환 초과세액은 전년도 재산세와 종부세를 합한 금액에 1.5배를 넘는 것은 세금을 부과하지 않겠다는 뜻이다.

〈 종부세 계산 산식 구조도 〉

구분	주택분	종합합산 토지분	별도합산 토지분
감면 후 Σ 공시가격 −	Σ 주택 공시가격	Σ 종합합산 토지 공시가격	Σ 별도합산 토지 공시가격
과세기준 금액 ×	6억 원(1주택자 9억 원)	5억 원	80억 원
공정시장 가액비율 =	80%	80%	80%
종 부 세 과세표준 ×	주택분 종부세 과세표준	종합합산 토지분 종부세 과세표준	별도합산 토지분 종부세 과세표준

세율(%)	과세표준	세율	누진공제	과세표준	세율	누진공제	과세표준	세율	누진공제
	6억 원 이하	0.5	–	15억 원 이하	0.75	–	200억 원 이하	0.5	–
	12억 원 이하	0.75	150만 원						
	50억 원 이하	1	450만 원	45억 원 이하	1.5	1,125만 원	400억 원 이하	0.6	2,000만 원
	94억 원 이하	1.5	2,950만 원	45억 원 초과	2	3,375만 원	400억 원 초과	0.7	6,000만 원
	94억 원 초과	2	7,650만 원						

구분	주택분	종합합산 토지분	별도합산 토지분
종합 부동산 세액 −	주택분 종합부동산세액	토지분 종합합산세액	토지분 별도합산세액
공제할 재산세액 =	재산세 부과세액 중 종합부동산세 과세표준금액에 부과된 재산세상당액		
산출세액 −	주택분 산출세액	종합합산 토지분 산출세액	별도합산 토지분 산출세액
1주택자 세액공제	장기보유 공제 : 5년 이상(20%), 10년 이상(40%) 고령자 공제 : 60세 이상(10%), 65세 이상(20%), 70세 이상(30%)		

(%)	
= 세부담상 한 전 종부세액	세부담상한 전 종부세액 = 산출세액 − 세액공제
− 세부담상 한 초과세액	[(직전연도 재산세+종부세)×150%]를 초과하는 세액
= 납 부 할 세액	500만원 초과 분납, 1,000만원 초과 물납 가능

12) 합산배제주택은 어떤 것이 있나요?

합산배제신고기한까지 등록한 경우에도 합산 배제를 적용한다. 합산 배제 주택은 크게 세 가지로 나눠지다. 첫 번째 케이스는 임대주택이고, 두 번째 케이스는 기타 주택, 세 번째 케이스는 조특법상 주택이다.

(1) 합산 배제 임대주택(종합부동산세 제8조 ② 1호, 시행령 제3조)

가. 임대사업자등록 및 사업자등록 필수

나. 단, 다가구 또는 다가구와 그 밖의 주택 소유자로 호수요건 미달로 임대사업자 등록이 안 되는 경우에는 세무서에서 사업자등록만 요한다.

임대주택유형	주거전용면적	주택가격	주택 수	임대기간
건설임대(공공, 민간)	149㎡ 이하	6억 원 이하	특별·광역시·도2호 이상	5년 이상[29]
매입임대	149㎡ 이하	6(비수도권 3억 원)이하	전국 1호 이상	5년 이상
기존임대(05.1.5 이전 임대)	국민주택규모 이하[30]	3억 원 이하	전국 2호 이상	5년 이상
미임대 건설임대(민간)	149㎡ 이하	6억 원 이하	−	−
리츠·펀드 매입임대[31]	149㎡ 이하	6억 원 이하	비수도권 5호 이상	10년 이상
미분양 매입임대[32]	149㎡ 이하	3억 원 이하	비수도권 5호 이상	5년 이상

29) 건설임대주택은 보유기간에 한하여 사용승인·사용검사필증을 받은 날부터 임대의무기간 종료일까지 계속 임대한 것으로 봄
30) 전용면적이 85㎡(단, 수도권을 제외한 도시지역이 아닌 읍·면 지역은 100㎡) 이하
31) 2008.1.1일부터 2008.12.31일까지 취득 및 임대하는 주택
32) 2008.6.11일부터 2009.6.30일까지 최초로 분양계약 체결하고 계약금을 납부한 주택

(2) 합산배제 기타 주택(종합부동산세법 제8조 ② 2호, 시행령 제4조)

① 사용자 소유의 사원용 주택
종업원에게 무상 또는 저가로 제공하는 국민주택규모이하 주택

② 기숙사
종업원 공동취사용 주택(건축법 시행령 별표1)

③ 주택건설업자의 미분양주택
주택건설업자(주택법의 사업계획승인이나 건축법의 허가를 받은 자) 소유의 미분양주택으로 재산세 납세의무가 최초로 성립하는 날부터 5년이 경과하지 아니한 주택

미분양기간변 적용 구분		합산배제 연도				
		2012년	2013년	2014년	2015년	2016년
재산세 납세의무가 최초로 성립하는 날	'07.6.2.–'08.6.1. 이전	O	X	X	X	X
	'08.6.2.–'09.6.1. 이전	O	O	X	X	X
	'09.6.2.–'10.6.1. 이전	O	O	O	X	X
	'10.6.2.–'11.6.1. 이전	O	O	O	O	X
	'11.6.2.–'12.6.1. 이전	O	O	O	O	O

④ 가정어린이집용 주택
과세기준일(6.1.)까지 자치단체장 인가 및 세무서에서 고유번호 부여받아 5년 이상 계속하여 가정어린이집로 운영하는 주택

⑤ 시공자가 대물변제 받은 미분양주택
시공자가 주택건설업자로부터 주택의 공사대금으로 대물변제 받은 미분양주택(최초 납세의무 성립일로부터 5년 이내)

⑥ 비수도권소재 1주택 : 삭제(종전처럼 합산배제 받으려면 임대사업자 등록하고, 합산배제 신고해야 함.)

⑦ 연구기관의 연구원용 주택
정부출연연구기관이 2008.12.31. 현재 보유하고 있는 주택

⑧ 등록문화재 주택

　　문화재보호법 제47조 제2항에 따른 등록문화재(1세대 1주택 주택 수 판정 시 제외)

⑨ 기업구조조정부동산투자회사 등이 2010.2.11일까지 직접 취득하는 서울특별시 밖의 미분양
　　주택(계약체결 포함, 비수도권 비율이 60%이상) 또는 2011.4.30일까지 직접 취득(계약체결
　　포함)하는 2010.2.11일 현재 서울특별시 밖의 미분양주택(비수도권 비율이 50% 이상) 중 비
　　수도권 소재 미분양주택 또는 2012.12.31일까지 직접 취득(계약체결 포함)하는 미분양주택

⑩ 기업구조조정부동산투자회사 등과 매입약정 체결에 따라 취득하는 미분양주택

⑪ 신탁업자 미분양주택

　　시공자가 채권을 발행하여 조달한 금전을 신탁 받은 신탁업자가 2010.2.11일까지 취득
　　하는 서울특별시 밖의 미분양주택(계약체결 포함, 비수도권 비율이 60%이상) 또는
　　2011.4.30일까지 직접 취득(계약체결 포함)하는 2010.2.11일 현재 서울특별시 밖의 미
　　분양주택(비수도권 비율이 50% 이상) 중 비수도권 소재 미분양주택 또는 2012.12.31일
　　까지 직접 취득(계약체결 포함)하는 미분양주택

⑫ 노인복지주택

　　노인복지법에 따라 노인복지주택을 설치한 자가 임대하는 노인복지주택

⑬ 향교(향교재단)이 소유한 주택의 부속토지(주택의 건물과 부속토지의 소유자가 다른 경
　　우) - 합산배제 신고의무 없음

(3) 조특법상 종부세 과세특례

① 향교 및 종교단체에 대한 과세특례(조세특례제한법 104의13)
　　개별단체(개별향교 또는 개별종교단체)가 2005년 1월 4일 이전에 조세포탈을 목적으
　　로 하지 아니하고 향교재단 등(향교재단 또는 종교단체) 명의로 등기한 주택 또는 토
　　지는 종합부동산세의 과세에 한하여 개별단체의 소유로 본다.

② 주택건설사업자의 주택신축용 토지에 대한 과세특례(조세특례제한법 104의19)
　　주택법에 따라 주택건설사업자등록을 한 주택건설사업자가 주택을 건설하기 위하여 취
　　득한 토지 중 취득일부터 5년 이내에 주택법에 따른 사업계획의 승인을 받을 토지는
　　종합합산토지분 과세대상에서 제외된다.

■///// 김세무사의 똑소리

[종부세의 절세 방안 전략]

전략1) 임대 주택 등록 여부 결정할 것

기존 주택+경매로 받은 주택이 있고 주택의 공시가격의 합계액이 6억이 넘지 않는 경우에는 임대주택을 등록하지 않는 것이 나을 수도 있다. 건강보험료 등의 추가 증가 사유가 된다. 아울러 2주택 이상이면 세법에서는 등록하지 않고 신고 가능하므로 등록하지 않는 것이 유리하다.

한편, 공시가격의 합계액이 6억 원이 넘는 경우에는 임대주택으로 등록을 하는 것이 유리하다. 임대사업자등록은 시군구와 세무서에 모두 해야 한다.

전략2) 비수도권소재 1주택을 경매 받은 경우 : 임대업 등록으로 합산 배제 신청할 것

수도권소재 주택+비수도권소재 1주택을 경매로 받은 경우에는 1주택을 임대주택으로 등록하여 합산배제신고를 해놓는 것이 유리하다.

전략3) 주택신축판매업자는 미분양주택을 재고자산 등록하여 합산 배제 신고 하자.

주택신축판매업자는 미분양 주택에 대해서 5년간 종부세가 면제되므로 반드시 합산배제 신고를 해두자. 아울러 주택신축판매업자가 주택을 지을 경우에는 미리 사업계획의 승인을 받아 그 토지가 합산되지 않도록 해야 한다. 또 착공계를 낼 경우에는 그 이후에는 양도세 계산 시 사업용 기간으로 보는 규정도 같이 염두해 두기 바란다.

전략4) 임대주택등록을 합산배제신고기한까지 등록할 것

임대주택등록을 기간 중에 못하였을지라도 합산배제신고기한까지(매년 9월 16일~9월 30일) 등록을 마칠 경우 그해의 합산이 배제되므로 꼭 이때까지 배제 신고를 하자.

제 5 장
지방세 문제도 따져보세요

1. 사례 연구

> 경매 수익분석의 달인인 J부원장(42세)은 경매 고수로 불린다. 경매 투자의 성과가 항상 20%대를 유지
> 하는 고수 중에 고수이다. 그런데 수익분석 중에서 늘 1%와 2%가 차이가 나는 것을 발견했는데, 예기
> 치 못한 지방세가 늘 문제였다. 소소하게 나가는 지방세가 많이 있는데 이에 대해서도 궁금하다.

2. 조언 방향

경매로 부동산을 취득할 때에는 취득세가 과세된다는 것은 앞에서 확인했다. 매수 취득
이외에 다른 방법으로 취득했을 때 세율이 어떻게 달라지는지도 알고 있어야 한다. 경매
로 취득한 부동산을 증여하거나 상속할 때 유용한 정보가 된다. 아울러 법인으로 부동산
을 취득할 경우에는 취득세가 중과가 될 수 있는데 이에 대해서도 알아보기로 한다. 재산
세에 대해서도 개괄적으로 알아보기로 하고, 기타 지방세에 대해서도 알아보기로 하자.

3. 이론 및 심화 연구

1) 취득세 과세 제도에 대해서 알아보자.

(1) 취득이란?

취득이라 함은 매매, 교환, 증여, 기부, 법인에 대한 현물출자, 건축, 공유수면의 매립, 간척에 의한 토지의 조성 등과 기타 이와 유사한 취득행위를 말한다. 토지의 지목을 사실상 변경함으로써 그 가액이 증가한 경우도 취득으로 간주하게 된다.

(2) 취득시기

가. 승계취득

계약상의 잔금지급일(지급일이 명시되지 않을 경우는 계약일로부터 30일이 경과된 날) 이 원칙. 무상승계취득일 경우에는 계약일이 취득일이다.

나. 원시취득

① 매립, 간척 등으로 인한 토지의 취득은 공사 준공 인가일을 취득일로 하되 그 전에 사용승낙이나 허가를 받은 경우는 그날이 취득일이다.
② 건축허가를 받은 건축물은 사용검사일(그 이전에 사실상 사용 또는 가사용 승인을 받은 경우는 그 날)을 취득일로 한다.

다. 연부 취득

연부 취득이란 통상적으로 대금을 2년 이상에 걸쳐 지급하는 경우로서 부동산을 연부로 취득하는 경우에는 매번의 연부지급일을 독립적인 취득으로 간주하여 납세의무를 부과하고 있으며 연부 취득 중에 등기·등록을 하는 경우는 그 등기·등록일이 취득일이 된다.

라. 지목 변경

지목 변경에 따른 취득은 사실상 지목을 변경한 날에 취득한 것으로 본다.

(3) 과세 표준

가. 취득세의 과세표준은 취득당시의 가액+취득 시 부대비용으로 한다.

나. 신고 가액이 과세시가 표준액에 미달하는 때에는 동 시가표준액에 의한다.

다. 다음의 취득에 대하여는 사실상의 취득가액을 취득세의 과세 표준으로 한다.

· 국가, 지방자치단체 및 지방자치단체조합으로부터의 취득
· 판결문, 법인 장부 중 대통령령이 정하는 것에 의하여 취득가격이 인정되는 취득
· 공매방법에 의한 취득

(4) 매매 이외의 취득세율

〈 상속등기 〉

부동산의 종류	합계세율	세목		감면세율	감면시 결정세율	감면 요건
국민주택규모 이하 다가구수택	2.96%	취득세 교육세	2.8% 0.16%	2%	0.96%	· 협의상속 : 상속인이 무주택인 경우 · 법정상속 : (1순위) 지분이 많은 사람 (2순위) 거주자 (3순위) 연장자 중 무주택자가 있는 경우
대형주택 (전용85㎡ 초과)	3.16%	취득세 교육세 농특세	2.8% 016% 0.2%	2.20%	0.96%	
상가, 오피스텔, 나대지	3.16%			감면 없음	3.16%	없음
농지(전/답)	2.56%	취득세 교육세 농특세	2.3% 0.06% 0.2%	2.20%	0.36%	· 상속당시 2년 이상 농지원부에 등재되어있고 자경하는 상속인

〈 증여등기 〉

부동산의 종류	합계세율	세목		감면
국민주택규모 이하 다가구주택	3.8%	취득세 교육세	3.5% 0.3%	없음
대형주택, 토지, 농지(전답) 상가, 오피스텔	4%	취득세 교육세 농특세	3.5% 0.3% 0.2%	

〈 보존등기 〉

부동산의 종류	합계세율	세목		과표	감면세율	감면요건
국민주택규모 이하	2.96%	취득세 교육세	2.8% 0.16%	법인시공: 공사비	전 액	· 전용면적60㎡ 이하 주택이며 5세대 이상을 5년 이상 건설 임대한자 · 상가 감면 대상 아님
다가구주택, 대형주택 상가, 오피스텔	3.16%	취득세 교육세 농특세	2.8% 0.16% 0.2%	개인시공: 시가표준액		

(5) 비과세 및 감면

구분		바과세 및 감면	비고
공동주택	40㎡ 이하	면제	1가구 1주택, 분양(원 조합원 제외)받은 것
	60㎡ 이하	50% 감면	
소형주택	40㎡, 1억 이하	면제	1가구 1주택자의 소형주택 취득
재개발 조합원		비과세	정비구역 지정 전 조합원, 85㎡ 이하 주택
수용 주택		비과세	사업인정고시일 등 이후에 계약체결 및 건축허가, 보상금을 마지막으로 받은 날로부터 1년 내에 취득

2) 인지세에 대해서 알아보자.

계약서 등 증서의 작성 시에는 인지세 납부의무가 있다. 주택의 취득과 관련하여 증서를 작성하는 경우 인지를 증서에 첨부하고 인장 또는 서명을 소인하게 된다.

기재 금액	세액
1천만 원 초과 – 3천만 원이하	2만 원
3천만 원 초과 – 5천만 원이하	4만 원
5천만 원 초과 – 1억 원 이하	7만 원
1억 원 초과 – 10억 원 이하	15만 원
10억 원 초과	35만 원

3) 재산세에 대해서 알아보자.

① 과세대상 : 토지, 건축물, 선박, 항공기

· 종합토지세가 삭제되고, 재산세로 모두 통합되어짐에 유의해야 한다.

② 납세의무자 : 과세 기준일 현대 과세대상물건을 소유하고 있는 자

③ 과세기준일 : 매년 6월 1일

④ 세율 : 과세 물건별 세율이 달리 적용됨

⑤ 세금의 납부

- 토지 : 매년 9월 16일부터 9월 30일까지

- 건축물 : 매년 7월 16일부터 7월 31일까지

- 주택 : 산출세액의 2분의 1은 매년 7월16일부터 7월 31일까지, 나머지 2분의 1은 9월 16
   일부터 9월 30일까지

- 선박 : 매년 7월 16일부터 7월 31일까지

- 항공기 : 매년 7월 16일부터 7월 31일까지

〈 재산세(지방세) 적용 세율 〉

■ 주택

과세표준	세율	누진공제
6천만 원 이하	0.1%	-
1.5억 원 이하	0.15%	3만 원
3억 원 이하	0.25%	18만 원
3억 원 초과	0.4%	63만 원

■ 종합합산

과세표준	세율	누진공제
5천만 원 이하	0.2%	-
1억 원 이하	0.3%	5만 원
1억 원 초과	0.5%	25만 원

· 공정시장가액비율 : 주택 60%, 토지 70%

■ 별도합산

과세표준	세율	누진공제
2억 원 이하	0.2%	-
10억 원 이하	0.3%	20만 원
10억 원 초과	0.4%	120만 원

4) 주민세에 대해서 알아보자.

(1) 균등할 주민세의 납부

① 과세기준일 : 매년 8월 1일

② 납부기한 : 8/16 - 8/31

③ 세금 : 개인사업자 - 50,000원

   법인사업자 - 자본금에 따라서 50,000원에서 500,000원

④ 납부방법 : 고지서에 따라서 납부

(2) 소득할 주민세

① 양도소득세할 주민세 : 양도소득세 납부 시 양도소득세에 10%를 주민세로 납부한다.
② 종합소득세할 주민세 : 종합소득세 납부 시 종합소득세에 10%를 주민세로 납부한다.

4. 심화학습

1) 부동산등기 준비서류

	매도인 (등기의무자)	매수인 (등기권리자)

소유권
이전
(매매)
	1. 인감증명서(부동산매도용) – 1통
	  (매수인 주민등록번호, 주소, 성명 기재요)
	2. 인감도장
	3. 주민등록초본(전주소 포함) – 1통
	4. 등기필증 또는 등기필정보(분실 시는 신분증
	  지참하고 반드시 본인 출석요)
		1. 주민등록등(초)본 – 1통
		2. 도장
		3. 부동산거래신고필증
		4. 매매계약서 원본

전세권설정 근저당설정 증여등기 가등기	1. 인감증명서(소유자) – 1통 2. 인감도장 3. 주민등록초본(전주소 포함) – 1통 4. 등기필증 또는 등기필정보	1. 주민등록등(초)본 – 1통 2. 도장 · 말소할 경우 : 등기필정보, 도장 (단, 가등기 말소 시에는 인감증명서, 인감도장 필요)

상속등기	1. 피상속인의 전 호주(보통 부친임) 제적등본1통
	
	2. 피상속인(망자)
	  (1) 제적등본 1통 (본적이 변경된 경우에는 본적지마다 각 1통)
	  (2) 주민등록말소자초본 – 1통 (전 주소 포함)
	  (3) 기본증명서 (폐쇄)
	  (4) 가족관계증명서 (폐쇄)
	  (5) 친양자입양관계증명서 (폐쇄)
	  (6) 입양관계증명서 (폐쇄)
	  (7) 혼인관계증명서 (폐쇄)
	
	3. 상속자 전원
	  (1) 기본증명서
	  (2) 가족관계증명서
	  (3) 인감증명서
	  (4) 주민등록등(초)본
	  (5) 인감도장
	  단, 법정상속분대로 상속할 경우 인감증명서, 인감도장 불필요	

건물보존 등기	1. 법인시공 　⑴ 도급계약서 및 공사비내역서 　⑵ 설계 및 감리 계약서 　⑶ 승강기 제조판매설치 계약서+사양서 　⑷ 영수증 　　가. 수도설비공사비 　　나. 전기설비공사비 　　다. 도시가스시설공사비 　　라. 면허세 　　마. 산재·고용보험료 등 기타비용
	2. 개인시공(건축연면적-주거용 : 660㎡이하, 주거용 이외의 건축물 : 495㎡이하) 　건축주 주민등록초본(전주소포함) - 1통
경락 이전 등기	1. 주민등록등본 - 1통 2. 도장 3. 대금완납증명서, 잔금영수증
가압류 해제 시	1. 채권자의 인감증명서 - 1통 2. 인감도장

저자주)

본서에서 언급하고 있는 저자의 규정 해설은 사안에 따라서 과세관청의 해석과 차이가 날 수 있으며, 특정 사안에 대한 구체적인 의견제시가 아니다. 따라서 실무에서 적용시 반드시 전문가와 충분한 검토를 거친 후에 처리하기 바란다. 세법이 수시로 개정되므로 미처 반영하지 못한 부분이 있을 수 있으므로 이에 대한 독자 여러분의 넓은 이해를 바란다.

제 9 편
증여세 및 상속세 절세 비법은?

제 1 장
증여세 딱 10가지 절세 비법 알아두기

1. 사례 연구

> 대구의 27살 직장인 L씨는 취직 후 열심히 돈을 모아 결혼 자금으로 쓰려고 했으나, 잘 모이지가 않았다. 여기 저기 재테크 강의도 많이 들으러 다녔지만 소득이 별로 없었다. 다행히 중소기업을 운영하시는 아버지께서 경매로 구입할 예정인 집(낙찰가 3억 원 예정)을 결혼 혼수로 해 주신다는 말씀에 안심하고 있던 터였다. 그러던 중 서울에서 내려온 김 세무사의 강의를 듣게 되었고, 아버지께서 혼수로 집 한 채를 구입해 주시는 것이 증여에 해당되는 것을 알았다. 증여세를 꼭 내야 하는가라는 의문이 들었고 만약 내야 한다면 줄일 수 있는 방안이 없을까 궁금해 하고 있다.

2. 조언 방향

아들이 직장생활을 하고 있지만 씀씀이가 커 저축 등의 투자 여력이 없어서 부모님의 재산으로 결혼 혼수 등을 해 주는 경우가 많은데, 이 역시 증여에 해당될 수 있다. 증여에 해당되면 증여세를 내야 한다. 기왕에 증여세를 내야 한다면 줄일 수 있는 방법을 강구하자. 아래의 10가지 증여세 절세 비법을 참고해서 의사결정하기를 바란다.

3. 이론 및 심화 연구

> [1계명]
> 현금 증여 보다 부동산을 증여하는 것이 증여세에서 유리하다.

1) 증여세의 평가 기준

증여세의 기준은 시가인데, 현금은 액면가가 시가이므로 세금 부담이 크게 된다. 부동산 중에서 토지나 건물은 기준시가로 과세하는 실정(시가를 산정하기 힘들기 때문에)이므로 증여세 부담이 적게 된다.

> [절세 tip]
> 현재 공동주택 등은 시가 조회(실지거래가액: 국토부)가 가능하므로 시가로 과세되는 것이 원칙이다.

2) 증여세를 많이 내는 것이 유리한 경우

다주택자 및 비사업용 토지 등은 중과가 될 수 있으므로 차라리 증여세를 시가로 조정하는 것이 더 유리한 경우도 있을 수 있다.(유예 기간 내에는 적용 하지 말 것)
다주택자와 비사업용 토지 등에 대한 중과제도는 2013년 말까지 유예되어 있다. 중과제도의 시행이 더 유예되면 증여세를 내는 것이 불리한 경우도 있을 수 있다.

3) 배우자끼리의 증여를 사용하는 절세 비법

배우자끼리는 증여는 10년간 6억까지 과세되지 않으므로 다주택자나 비사업용 토지 소유자들은 배우자에게 증여하여 취득가액을 올려서 양도하는 것이 절세가 될 수 있다. 단, 주의사항이 있다. 증여 후 5년 이내에 팔면 증여세 절세 효과가 없으므로 5년이 지나서 팔아야 한다는 것이다. 이를 세법에서는 '이월과세'라고 한다. 또 한 가지 중요한 사항은 증여세 신고를 반드시 해야 한다는 것이다. 6억까지 과세하지 않는다고 신고하지 않으면 국세청에서 취득가액으로 인정해 주지 않기 때문이다.

4) 가치증가사유발생시 추가 추징 가능성

현재 증여세법에서는 완전포괄주의과세가 도입되므로 인해 증여받은 부동산이 5년 이내에 가치증가사유가 발생할 경우에는 그 증가분에 대해서 증여세를 추징하는 경우가 있어 주의를 요한다.

---

* 가치증가사유(증여로 재산을 취득한 날로부터 5년 이내에 아래에 사유 발생)

① 개발사업의 시행
② 형질변경
③ 공유물분할
④ 사업의 인허가
⑤ 주식, 출자지분의 상장 및 합병
⑥ 생명보험 또는 손해보험에 있어서 보험사고의 발생

재산가치금액이 3억 이상이거나 30%기준을 적용하여 그 이상의 재산가치 증가가 발생하면 증여세 과세 대상이 된다.

■////// 김세무사의 똑소리

[실제 상담 사례 알아보기]

나잘난 여사는 재개발지역의 지분권을 아들에게 증여하는 것을 고려하고 있는데, 지분권도 1주택으로 의제되고 있어 1주택을 없앨 수 있고, 개발이익을 아들에게 고스란히 주고 싶어 한다. 재산세 달인 김 세무사에게 이를 상담 받고 있다.

김 세무사의 답은 아래와 같다.

재개발 지역의 지분권을 아들에게 줬거나 혹은 재개발지역의 주택이나 토지 등을 주어 집을 분양받게 했는데, 만약 5년 이내에 그 지역이 개발되는 경우에는 증여세 포괄주의 규정에 의거 그 자산 가치 증분 부분에 대해서 추가로 증여세가 과세될 수 있음에 주의해야 한다는 것이다.

1) 자녀에게 유상 양도하는 경우

아버지 명의로 되어 있는 아파트를 자녀에게 팔 수 있을까에 대한 문제, 즉 '부모 자식 지간에 매매가 성립될 수 있을까'라는 문제로 풀어볼 수 있다. 자녀에게 유상 양도하는 경우에는 우선은 증여로 추정되므로 금융 자료 거래를 철저히 준비해야 한다. 통장으로 매매대금이 오고 간 흔적이 있으면 유상 양도로 보게 된다.

■////// 김세무사의 똑소리

[추정 규정과 간주 규정]
증여로 추정된다는 것의 뜻은 무엇일까?
추정규정은 적극적으로 입증하여 그 사실이 아님이 밝혀지면 과세할 수 없는 사항으로 되지만 간주규정은 입증절차 필요 없이 바로 과세할 수 있는 사항을 말한다.

2) 특수관계자 및 자녀와의 거래시 유의 사항(저수 고도)

(1) 현저하게 싼 가격으로 재산을 사는 경우(저가 매수: 저수)

현저하게 싼 가격으로 파는 경우에는 매수자 입장에서는 당장 팔면 이익을 많이 가져가게 된다. 이를 막기 위해서 시가에 미달한 부분은 이를 증여한 것으로 보아 증여세를 과세하게 된다. 현저하게 싼 가격은 시가와 그 가격(대가)과의 차액이 30%이상 나거나 차이금액이 3억 원 이상인 것을 말한다. 즉, 둘 중에 한 가지만 만족하게 되면 증여세가 과세된다는 것이다. 여기서 납세의무자는 증여의 이익을 가지고 간 매수자가 된다. 이 경우에는 매도자 입장에서는 불이익이 없을까가 문제가 된다. 매도자 입장에서는 양도소득세에 '부당행위계산부인'규정에 걸릴 수 있어서 양도소득세를 추가로 더 내야 한다.

계산 사례

(1) 저가 양수 규정 요약

거래 구분	대상	과세요건	증여재산가액
거래구분	특수관계자 혹은 가족간	(시가-대가)≥시가×30%또는 3억원	시가-대가-MIN(시가×30%,3억원)

(2) 계산 사례

<u>예1) 장모님이 시가 6억 원이 나가는 빌딩을 사위에게 4억에 판 경우</u>

- 3억 원 기준 : 차액이 2억 원이므로 미달됨
- 30%기준 : 2억/6억=33.33%이므로 30%를 상회 함
- 결론 : 증여세 과세 대상
- 납세의무자 : 사위(수증자)
- 증여세 과세가액 : 6억-4억-6억×30%=2천만 원
- 매도의사결정 : 이럴 경우에는 4억2천만 원으로 매매계약서를 작성하게 되면 세금은 없게 되며, 취득가액도 2천만 원 더 올리게 되어 향후 사위가 빌딩을 팔 경우에 양도소득세를 줄일 수 있는 최적에 금액이 된다. 이를 의사 결정하는 것이 중요하다.

<u>예2) 아버지가 시가 30억 원인 주식을 장남에게 26억 원에 판 경우</u>

- 3억 원 기준 : 4억 원이 차이가 남
- 결론 : 증여세 과세 대상
- 납세의무자 : 장남(수증자)
- 증여세 과세가액 : 30억-26억-3억=1억 원
- 매도의사결정 : 아버지가 오너인 중소기업의 주식을 장남에게 물려 줄 경우에 중소기업의 주식 평가를 통해서 적절한 가격으로 양도하면 부를 적절하게 물려 줄 수 있다. 한편 주식매매계약서 작성 시 27억 원으로 할 경우에는 10년간 증여받은 재산이 없다면 증여세가 없게 된다.

(2) 현저하게 비싼 가격으로 재산을 파는 경우(고가 매도)

특수관계자 혹은 친척에게 현저하게 비싼 가격으로 파는 경우 매도자 입장에서는 높은 가격으로 판만큼 증여의 이익을 얻은 것이므로 이에 대해서 양도소득세와는 별도로(주: 이중과세의 문제 대두 될 수 있음) 증여세의 과세 대상이 된다.

현저하게 비싼 가격이란 양도한 재산의 대가에서 그 시기를 뺀 가액이 시가의 30%이상 차이가 나거나 그 차액이 3억 원 이상인 경우의 그 대가를 말한다.

▰▰///// 계산 사례

(1) 고가 양도 규정 요약

거래 구분	대상	과세요건	증여재산가액
고가양도	특수관계자 혹은 가족간	(대가−시가)≥시가×30%또는 3억 원	대가−시가−MIN(시가×30%,3억 원)

(2) 계산 사례

<u>예1) 큰형이 시가 3억 원의 아파트를 그의 작은형으로부터 5억 원에 매입 한 경우</u>

- 3억 원 기준 : 2억이므로 미달
- 30%기준 : 2억/3억=66.66%이므로 30%를 상회함
- 결론 : 증여세 과세 대상임
- 납세의무자 : 매도자(작은형)
- 증여세 과세 가액 : 5억−3억 원−3억 원×30%=1억1천만 원

<u>예2) 아들이 시가 25억짜리 오피스텔을 30억 원에 어머니로부터 매입한 경우</u>

- 3억 원 기준 : 5억이므로 증여세 과세 대상임
- 결론 : 증여세 과세 대상임
- 납세의무자 : 매도자(어머니)
- 증여세 과세 가액 : 30억−25억−3억=2억 원

▰▰///// 김세무사의 똑소리

[그럼 특수 관계가 없는 경우에도 위 규정이 적용이 될까?]

거래의 관행상 정당한 사유가 없는 경우에 한해서만 과세를 하게 된다.

(1) 저가 양수한 경우(수증자: 양수자)

거래구분	대상	과계요건	증여재산가앱
저가양수	특수관계없음	(시가−대가)≥시가×30%	시가−대가−3억원

(2) 고가 양도한 경우(수증자: 양도자)

거래구분	대상	과계요건	증여재산가앱
고가양수	특수관계없음	(대가−시가)≥시가×30%	대가−시가−3억원

> **[3계명]**
> 상속 후에 주의해서 재산을 처분하거나 재분배해야 한다.

1) 상속 후 상속재산을 팔고 대체 취득 시 주의 사항

상속재산을 법정지분으로 상속하는 경우에 나중에 그 재산을 팔게 되면, 보통은 한사람의 명의로 하게 되는데 이 경우에 나머지 지분을 증여받은 것으로 보아 증여세가 추징된다.

예) 상속재산을 팔고 대체 취득하는 경우

공동 상속 등기 재산		팔고 새로 취득한 재산
어머니: 3/9 아들: 2/9 딸1: 2/9 딸2: 2/9	──────▶	어머니 단독 명의

· 아들 지분과 딸1과 딸2지분을 증여한 것으로 보아 증여세를 추징한다. 이런 경우는 아들과 딸이 미성년자일 경우 많이 발생하게 되는데 특히 조심해야 한다.

---

2) 상속 후 6개월이 지나서 재분할등기할 경우 주의 사항

상속 등기 완료 후 6개월이 지나서 상속재산을 재분할 등기 한 경우에는 지분이 늘어난 사람은 지분이 줄어든 사람에게 증여 받은 것으로 보아 과세하게 된다.

단, 상속회복등기소송의 결과 지분이 변동하는 것은 추가 증여세를 과세하지 않는다.

예) 상속등기 후 지분 변동

감정가 9억 빌딩을 아래와 같이 상속재산으로 등기를 마쳤는데, 각 지분율은 아래와 같았다.
어머니: 3억 | 아들: 2억 | 딸1: 2억 | 딸2: 2억
그런데 어머니가 시댁의 성화로 미성년자 자식들에게 지분을 일시적으로 분배해 놓은 경우라면, 그 후 명의를 다시 환원하게 된다면 증여세 과세대상이 된다.

> ## [4계명]
> ## 가업 승계시에는 주식으로 증여하고, 창업자금을 증여할 경우에는 현금하라

1) 가업 승계시 주식 등을 증여하는 경우

부모가 60세 이상이고 자녀가 18세 이상으로서, 중소기업을 10년 이상 계속 영위한 부모가 자녀에게 회사의 주식을 증여할 때 30억 원을 한도로 증여할 경우 증여세 과세가액에서 5억원을 공제하고 세율은 10%를 적용한다. 단, 위의 주식증여액은 부모가 사망 시 상속재산에 가산하여 계산하고 기납부한 증여세는 공제한다.

2) 창업자금을 자녀에게 증여하는 경우

부모가 60세 이상이고, 자녀가 18세 이상일 때 창업자금(30억 한도)을 증여받는 경우에는 5억 원을 공제하고, 세율을 10%로 하여 증여세를 부과한다.
창업은 유흥업 등 제한 되는 사업을 제외하고 대부분의 사업이 인정된다.

3) 주식 양수도 방법으로 자녀에게 주는 경우

시가와 대가와의 차이가 현저하게 차이가 나는 경우, 특히 저가 양도하는 경우가 많이 발생하게 되는 바 이에 대해서 주의를 요한다.
실제 주식을 양수도 하는 경우에는 금융자료를 갖추어 놓아야 한다.

■■///// 김세무사의 똑소리

[주식양수도 방법]
이 경우에 법인의 순이익과 순자산이 많은 경우 평가액이 많이 발생하여 주식 양수도 가액이 증가할 수 있어서 재력이 없는 자녀가 구입하기가 너무 큰 금액이 될 수 있으므로 가업승계플랜이나 주식 증여의 방식으로 넘겨주는 것이 현명한 방법이다. 단, 전문가의 도움을 받아서 향후 사후 관리 규정에 벗어나는 경우가 없도록 주의해야 한다.

> **[5계명]**
> 임야 등을 증여할 때는 관상수나 묘목도 함께 증여하라.

1) 관상수나 묘목의 평가

임야 등에 자라고 있는 관상수나 묘목을 함께 증여하는 경우에는 완전포괄주의에서 자유로워 막대한 증여세를 회피할 수 있다.

또한 관상수나 묘목은 많은 세월이 지나면 미래가치가 아주 크게 작용할 수 있다. 증여 당시 관상수나 묘목은 처분하면 받을 수 있다고 예상되는 가액으로 하는 평가하므로 증여세를 미리 신고한 경우에 절세 효과를 얻을 수 있다.

2) 서화 골동품의 평가

서화 및 골동품은 아래 금액 중에 큰 금액으로 한다.
① 2인 이상의 전문가가 감정한 가액의 평균액
② 감정평가심의회에서 감정한 감정가액

요즘 골동품 및 서화에 대한 관심이 높은바 현재 매매에 대해서 박물관 등에 매매할 경우에는 비과세를 해 주고 있으나, 사인 간에 거래에 대해서는 양도가액이 6천만 원 이상인 것에 대해서는 기타소득으로 과세하게 된다. 다만, 양도일 현재 생존해 있는 국내 원작자의 작품은 제외한다.

[6계명]
주식 명의를 차명(명의신탁)으로 한 경우에 유의할 사항이 있다.

1) 명의신탁의 해제

당초 명의를 신탁한 것을 해제하는 경우에는 증여세의 과세 대상이 아니다.

주식의 명의 신탁일 경우에는 최초 주식에 대한 증여가 있는 시기까지 소급해서 증여세 및 가산세를 부과하고 있다. 이는 주식의 명의 신탁이 있음을 꼭 입증해야 한다.

단, 토지와 건물의 경우에는 부동산실권리자명의등기에 관한 법률 위반으로 과징금 및 이행강제금의 부과와 징역 및 벌금 등 형사 처벌을 받게 된다.

2) 명의 신탁에 대한 입증 서류

- 명의 신탁 해제 약정서
- 공정증서
- 재판관련 판결문
- 주주총회 의사록
- 출자 자금의 출처 소명
- 유상증자 시 명의 신탁자가 출자했는지 여부 증명 서류
- 배당금 수령 시 신탁자가 수령하였는지 여부 증명 서류

3) 차명계좌에 대한 증여시기

부모가 자녀 명의로 정기 적금 및 예금·펀드 등을 드는 경우가 있다. 2013년 세법 개정으로 증여의 추정 시기가 자녀 명의의 계좌에서 인출했을 때가 아닌 계좌로 송금했을 때로 바뀌었다. 이는 일시로 자녀 명의로 자금을 입금해 놓는 경우에 증여로 추정되어 입증해야 증여세를 면할 수 있는 근거 규정이 되었다. 특히, 금전소비대차계약이 아닌 경우에는 차명계좌로 간주되어 국세청에 관리 대상이 될 수도 있으며, 금액이 큰 경우에는 금융실명법 위반에 저촉될 수 있으므로 주의를 요한다.

가장 최선에 방법은 입금 즉시 증여세 신고를 해 두는 것이 좋다.

[7계명]
사업의 규모가 작을 때 증여하는 것이 유리하다.

1) 사업의 규모가 작을 때 증여할 경우

규모가 작을 때 이전한다면 그 만큼의 증여세만 내게 되고, 증여 시점 이후에 미래가치상 승분에 대해서는 부친이 타계할 경우 상속세를 회피할 수 있다.

즉, 주식가치 및 자산가치가 적을 때 증여를 받는 것이 유리하다는 것이다.

2) 가업 승계 플랜을 쓰는 경우 : 상속편에서 자세히 설명

[8계명]
보험에 들 때도 증여세가 과세되는 경우가 있다.

1) 보험을 들 때 유의사항

소득이 없는 자녀를 계약자(실불입자는 부모), 피보험자 부모, 수익자를 자녀로 할 경우에는 만기에 보험금을 수령할 경우에는 보험금 총액에 대해서 증여세를 물게 된다. 또한, 부모가 사망할 경우에는 불입자가 자녀가 아니므로 상속세가 과세된다.

만약, 소득이 있게 되어 자녀가 납부할 여력이 생긴 경우에는 수령 받는 보험금 중에서 자녀가 낸 보험료와 부모가 대신 내준 보험료의 비율로 계산한 보험금을 증여가액으로 하게 된다.

증여재산가액=보험금×보험금수령인이 아닌 자가 납부한 보험료/납부한 보험료 총액

---

2) 케이스별 세금 부과 내역

보험불입자 (계약자)	피보험자 (보험대상자)	수익자 (보험금수령자)	만기 수령시	사망 수령시
부 또는 모	부 또는 모	부 또는 모	과세 대상 아님	상속세과세대상
부 또는 모	부 또는 모	자녀	증여세과세대상	상속세과세대상
부 와 자가 반반씩 불입	부 또는 모	자녀	1/2만 보험금 증여세과세	1/2만 상속세 과세
소득있는 자	부 또는 모	자녀본인	증여세해당없음	상속세해당없음
소득없는 자 실불입자 : 부 또는 모	부 또는 모	자녀본인	증여세과세대상	상속세과세대상

보험회사의 지급조서의 제출의무가 강화되어 그 지급조사에 의거하여 세금이 많이 부과되고 있는 실정이므로, 보험을 가입 시 반드시 세금을 고려하여야 한다.

> **[관련 세법 조항]**
>
> #### 상속세및증여세법 제8조 [상속재산으로 보는 보험금]
>
> ① 피상속인의 사망으로 인하여 받는 생명보험 또는 손해보험의 보험금으로서 피상속인이 보험계약자인 보험계약에 의하여 받는 것은 상속재산으로 본다.
> ② 보험계약자가 피상속인이 아닌 경우에도 피상속인이 실질적으로 보험료를 납부하였을 때에는 피상속인을 보험계약자로 보아 제1항을 적용한다.
>
> #### 상속세및증여세법 제34조 [보험금의 증여]
>
> ① 생명보험이나 손해보험에서 보험금 수령인과 보험료 납부자가 다른 경우에는 보험사고가 발생한 경우에 보험금 상당액을 보험금 수령인의 증여재산가액으로 하며, 보험계약 기간에 보험금 수령인이 타인으로부터 재산을 증여받아 보험료를 납부한 경우에는 그 보험료 납부액에 대한 보험금 상당액에서 그 보험료 납부액을 뺀 가액을 보험금 수령인의 증여재산가액으로 한다.
> ② 제1항은 제8조에 따라 보험금을 상속재산으로 보는 경우에는 적용하지 아니한다.
> ③ 제1항을 적용할 때 보험료 중 일부를 보험금 수령인이 납부하였을 경우에는 보험금에서 납부한 보험료 총액 중 보험금 수령인이 아닌 자가 납부한 보험료액이 차지하는 비율에 상당하는 금액만을 증여재산가액으로 한다.

예1) 만약 미성년자가 보험계약기간 전에 금전 또는 재산을 증여 받아서 증여세를 신고를 완료한 후 그 금전 또는 재산으로 보험계약자가 되어 보험료를 납입하였다면 증여세 문제는?

답) 보험금을 탈 때가 증여시기이다. 보험차익분에 대해서 증여세 과세된다.

예2) 예1)에서 만약 보험 상품이 아닌 펀드나 예금 상품인 경우에는 어떻게 될 것인가?

답) 펀드 예금 상품으로 출금할 때가 증여 시기이다. 증분 이자에 대해 증여세가 과세되지 않는다.

예3) 상속받은 재산으로 보험료를 불입하였다면 증여세가 과세 될 수 있는가?

답) 상속받은 재산은 상속인에 온전한 재산이므로 보험료를 불입하였다면 보험차익에 대해서 추가 증여세를 과세하지 않는다.

3) 보험 계약 기간 중에 변동이 발생한 경우 세무적 문제

케이스	세무문제
계약자와 수익자를 변경한 경우	(1) 일반 보험인 경우 계약자와 수익자를 변경할 당시에는 세금 문제가 발생하지 않는다. 증여세 문제는 보험사고가 발생하여 보험금을 지급받은 때가 된다. 그 때까지 실제 불입한 자에 따라서 세금 문제가 달리 적용된다. (2) 법인 CEO플랜인 경우 계약 중간에 수익자를 대표이사(임원)으로 변경하는 경우에는 그때 퇴직금으로 지급한 것이 아니라면 근로소득으로 볼 여지가 있었으나, 현재는 퇴직금으로 취급하므로 예상 해약환급금 상당액을 퇴직금으로 보고 세무처리하면 된다. 만약 그 후에 대표이사(임원)이 추가 불입하여 10년에 기간을 채우게 되면 저축성보험인 경우에는 비과세가 된다. 2013년 불입분부터는 계약자를 변경하는 경우에 10년에 기산 시기는 변경일로부터 다시 시작된다는 것에 유의하기 바란다.
보험 계약자가 사망	계약자가 사망할 경우에는 보험사고가 발생한 것이 아니므로 아래와 같이 의사결정하게 된다. (1) 보험계약자를 상속인등으로 변경하는 경우 불입한 보험료의 합계액+불입한 보험료에 가산되는 이자수익 상당액 ———〉상속재산가액에 포함 (2) 보험계약을 해지하는 경우 해약환급금을 상속재산가액에 포함
피보험자가 사망	앞의 케이스 연구와 같이 적용하면 된다.
보험수익자가 사망	(1) 계약자/피보험자/수익자 : 모두 본인인 경우 사망보험금을 상속인이 보험금청구권을 행사하여 지급받으므로 이는 상속재산가액에 포함하게 된다. (2) 계약자/피보험자 : 본인, 수익자: 자녀인 경우 수익자인 자녀가 사망한 경우에는 수익자를 재지정하게 되며, 지정이 없을 경우에는 수익자로 지정된 자의 법정상속인이 보험금을 지급받게 된다.

4) 보험금의 수령 시 세무 문제

상황	세무문제
상속포기 시 사망보험금	세법 : 상속재산으로 간주(경제적 실질) 민법 : 상속인의 고유재산(법적 실질) 즉, 상속포기를 하더라도 민법상 보험금 청구권이 수익자에게 있으므로 보험금을 수령할 권리가 발생하게 된다. 세법에서는 상속포기를 하더라도 보험금을 수령했다면 상속세를 과세하게 된다.
체납, 압류, 채무와 사망보험금	민법상 사망보험금은 상속인의 고유재산이므로 피상속인의 채권자가 이를 압류하지 못한다. 그러나 세법에서는 상속재산으로 간주하므로 피상속인의 체납을 이유로 압류할 수 있다. 즉, 상속인은 '상속으로 인하여 얻은 재산'을 한도로 피상속인의 납세의무가 승계하게 된다. 또한, 보험금은 상속세를 내는 재원으로도 가능하다.
연금형태로 받는 사망보험금	(1) 확정형인 경우: 유기정기금의 평가 방법 　　각 연도에 받을 정기 금액$/(1+$국세청장이 고시하는 이자율$(6.5\%))^n$ 　　단, 1년분 정기금액의 20배까지 (2) 종신형인 경우: 종신정기금의 평가방법 　　기대여명까지 받을 정기 금액(75세까지)$/(1+$국체청장이 고시하는 이자율$(6.5\%))^n$ (3) 상속형일 경우: 무기정기금인 경우* 　　각 연도에 받을 금액×20 　　· 때에 따라서 위에 종신정기금 평가 및 유기정기금 평가도 가능함
부모가 이혼, 재혼하는 경우	(1) 이혼한 상태에서 부의 사망으로 인한 보험금 　　이혼한 아내는 수령권이 없으나, 다만 자녀가 미성년자인 경우에는 친권상실선고를 받지 않았다면 친권자로서 보험금 수령이 가능하다. (2) 이혼한 상태에서 자의 사망으로 인한 보험금 　　이혼했지만 부모의 지위는 유지되므로 혼인여부와 상관없이 보험금을 수령하게 된다.

> **[9계명]**
> 부담부증여를 사용할 경우에는 절세효과가 있을 수 있다.

1) 부담부증여 시 세금 문제

채무를 자식에게 부담하게 하고 증여하는 경우에는 부담부증여(민법 제559조)라 하는데, 부담부 증여는 과세 대상금액이 나누어져서 과세되므로 절세 효과가 있을 수 있다.

·증여인 : 양도소득세
·수증인 : 증여세과세

<u>예) 부담부증여의 계산 사례</u>

시가 10억 원 (취득가 5억 원)의 부동산(상가)을 아버지가 4억 원을 대출받아서 부담부증여로 아들에게 증여한 경우(10년 보유)

아버지: 4억 원에 대한 양도소득세 과세
아　들: 6억 원에 대한 증여세 과세

《절세효과분석》

단순 증여인 경우	부담부 증여인 경우
증여세 약 2억3천만 원	증여세 : 약 1억1천만 원 양도세 　·양도차익 : 4억−4억×5억/10억=2억 　·장기보유특별공제 후 양도소득금액 : 1억4천만 원 　·양도소득세 : 약 4천만 원 합계 : 약1억5천만 원
절세효과	약 8천만 원

주) 부담부증여를 행할 경우에는 반드시 전문가와 상의하여 최적 구간에서 대출액을 결정하는 것이 유리하다.

1) 증여를 취소할 경우

금전을 제외한 증여재산을 반환할 경우에는 아래의 기간에 유의해야 하는데, 기간에 따른 증여세 과세는 다음과 같다.

반환, 재증여 기간 구분	증여세 과세여부	
	방초 증여	반환 또는 재증여
증여세 신고기간 내(3개월 이내)에 반환, 재증여	×	×
증여세 신고기간 경과 후 3월내 반환, 재증여	○	×
증여세 긴고기간 경과 후 3월 이후 반환, 재증여	○	○

2) 공시지가가 고시 전 증여

부동산을 증여할 경우에는 공시지가가 고시 전에 할 경우 유리하다. 아래는 공시에 대한 대략적인 날짜이다.

토지의 개별공지시가: 매월 5월말 경
개별주택가격공시일: 매년 4월 말
공동주택가격공시일: 매년 4월 말

3) 증여세 절세 플랜

장기적인 계획에 따라 증여하면 절세에 무척 도움이 된다.
유학자금, 교육비, 생활비 등은 입증여부에 따라서 증여세에서 제외되므로 이를 이용한 증여세 절세 플랜도 사용해 볼만하다.

4) 건물과 토지 중에서 건물만 증여하는 경우

부모 명의인 건물과 토지를 건물만 증여하는 경우에는 자식이 이를 양도할 경우에 재원이 되므로 한 번은 써볼만 하다. 건물만 증여하므로 증여세도 줄일 수 있다는 장점이 있다.

5) 비사업용 토지를 배우자에게 증여하는 경우

비사업용 토지를 매매할 때, 중과세 제도가 부활할 경우에는 양도소득세가 중과세(66%)된다. 비사업용 토지에 대한 매매 시기를 조절하여 미리 배우자에게 증여한다면 양도소득세를 줄일 수 있다. 단, 증여 후 5년이 지나서 매매할 것을 권한다. 2009년 세법 개정으로 중과세 제도가 폐지되었지만 다시 부활할 가능성이 크므로 증여를 사용한 명의 이전은 언제나 주의해야 한다.

제 2 장
상속세 딱 10가지 절세 비법 알아두기

1. 사례 연구

> 강남에 거주하는 C 회장은 강남대로에 자리한 6층짜리 빌딩을 소유하고 있다. 벌써 일흔 다섯이 넘은 분이지만 운동을 열심히 하셔서 실제 연세보다 젊게 보인다. 그러나 최근 들어 절친한 친구의 장례식에 다녀오고는 여러 가지 고민에 빠졌다. 즐겁고 행복했던 추억을 뒤로 하고 친구의 상속인들이 고인의 재산 상속과 상속세로 다툼을 하는 것을 목격하고 본인의 사후에 어떤 일이 일어날지에 대해서 고민하고 계셨다. 그 중에서 가장 큰 고민은 빌딩 및 살고 있는 주택, 현금 자산 등에 대해서 상속세가 많이 나올 것이라는 점이다. 이에 상속세 전문가인 김 세무사를 찾아 상담을 받고 있다.

2. 조언 방향

상속 재산의 대부분이 부동산으로 되어 있을 경우에는 상속세를 낼 수 있는 재원(현금 자산)이 부족하여 평생 일구어 온 부동산으로 세금(이를 '물납'이라 한다.)을 내야 되며, 그렇게 되면 공매 처분으로 재산을 제값에 처분할 수 없게 된다. 이럴 경우에 어떻게 상속세를 줄일 수 있을지에 대해서 아래의 10계명을 참조하여 의사 결정하기를 바란다.

3. 이론 및 심화 연구

> **[1계명]**
> 증여할 재산이 있는 경우에는 가급적 빨리 증여하라.

1) 증여재산가액의 상속세재산가액의 합산 여부

상속세 계산 시 상속일 전 10년 이내에 상속인에게 증여한 재산은 상속가액에 포함되므로 증여 재산이 있을 경우에는 가급적 빨리 증여(제1편 LTE급 증여 참고)하는 것이 좋다. 단, 증여시에는 증여 플랜을 잘 짜서 증여하는 것이 좋다. 자녀의 나이가 어릴수록 상속세 절세 효과가 크며, 증여 받는 대상을 자녀뿐만 아니라 배우자 및 손자 등에 대해서도 고려하는 것을 권한다. 상속 일에 10년이 지난 증여재산은 상속재산가액으로 보지 않는다는 것에 유념하길 바란다.

■■//// 김세무사의 똑소리

[투자계에서의 창조적 절세 방안은?]

절친 네 명이 모여 계를 만들고, 동창회 모임을 주선하여 서로 친목을 다지고 있었는데, 회비를 내어 먹고 마시는 것을 자제하고 서로 금액을 1억씩 투자하여 나대지를 하나 구입하여 놓았다. 명의를 25%씩 등기하려 한다면 상속세를 대비하기 위해서는 어떻게 하는 것이 좋을까?

실제 30년 후 지가가 30배까지 뛰었다고 가정하면 상속세 측면에서 본인의 명의로 한 것과 자녀의 명의로 한 것의 차이를 비교해 보자. 본인의 명의로 한 경우에는 30억 원에 대한 상속세를 내야 하며, 배우자가 없는 경우라면 40%의 세금을 내야 하나, 자녀의 명의로 한 사람은 1억 원에 대한 세금인 10%에 대한 세금으로 종료되고, 그 재산 증가분에 대해서는 상속세 대상이 되지 않음을 알 수 있다. 그러므로 상속세 플랜을 사용할 경우에는 합리적인 절세방안을 찾아 의사 결정하는 것이 매우 중요하다.

2) 가장 좋은 경우는 배우자에게 증여할 경우이다.

10년간 6억까지 배우자에게 증여할 경우에는 증여세가 없으므로 30년간 18억 원까지 공제 가능한 것을 이용하여 배우자에게 적절히 재산을 증여하는 것을 계획하는 것이 유리하다.

여기서 주의사항은 증여세 신고를 정해진 신고기한까지 꼭 해야 한다는 것이다.

부부 중에서 소득이 많은 쪽 재산을 적은 배우자 쪽으로 나눠놓는 것이 상속세 절세 전략의 첩경이다.

■■////// 김세무사의 똑소리

[증여재산에서 공제되는 금액(10년간 동일인으로부터 받은 재산 통산)]
· 동일인의 경우에는 증여자가 직계존속이라면 그 직계존속의 배우자 포함)
· 수증자가 거주자인 경우에만 공제 가능

배우자 6억, 직계비속: 3천만 원(미성년자 1천5백만 원), 기타친족: 5백만 원

가정: 증여금액은 10년간 내에 통산된 금액을 말하고, 수증자는 거주자이며, 미성년자 아님

케이스 1〉 부모님이 아들에게 3천만 원씩 증여하는 경우

증여세는 수증자 기준으로 부과되는데, 부모님은 동일인에 해당하므로 3천만 원만 공제되므로 나머지 3천만 원에 대해서는 증여세를 내야 한다.
즉, 6천만 원(증여재산가액)–3천만 원(증여재산공제)=3천만 원(과세표준)

케이스 2〉 조부모가 손녀에게 3천만 원씩 증여하는 경우

조부모는 직계존속에 해당되므로 조부와 조모는 동일인에 해당되므로 3천만 원에 대해서는 증여재산공제가 이루어지고, 나머지 3천만 원에 대해서는 과세된다.
즉, 6천만원 원(증여재산가액)–3천만 원(증여재산공제)=3천만 원(과세표준)

케이스 3〉 부와 조부가 아들(조부는 손자)에게 1억 원씩 증여하는 경우

부와 조부는 동일인에는 해당되지 않는데, 증여재산공제는 3천만 원 한 번만 하게 된다.
즉, 부에서 받은 금액 1억 원에서 증여재산공제는 안분 공제하여 1천5백만 원을 공제하고, 조부도 1억 원에서 안분 공제된 증여재산공제 1천5백만 원을 공제하여 각각 8천5백만 원에 대해서 증여세를 내야 한다. 즉, 합산하지 않아서 증여세를 줄일 수 있다.

케이스 4〉 부와 계모가 아들에게 3천만 원씩 증여하는 경우

동일인 여부 판단에서는 계모는 동일인이 아니므로 증여재산을 통산하지 않으며, 증여재산공제는 합쳐서 3천만 원을 해줘야 한다. 부로부터 받은 증여금액 3천만 원에서 안분 공제된 증여재산공제 1천5백만 원을 제외하고 증여세를 내야하며, 계모로부터 받은 증여 금액 3천만 원에서 안분 공제된 증여재산공제 1천5백만 원을 제외하고 증여세를 내야 한다.

기타 동일인이 아닌 예를 들어보면 다음과 같다.
– 생부와 이혼한 생모
– 혼인 외 출생자의 부와 생모
– 숙부와 숙모

케이스 5〉 시아버지가 며느리에게 3천만 원을 증여하는 경우

며느리는 친족 기타 특수 관계인에는 해당이 되나, 혈족관계를 전제로 하는 직계존비속 관계에는 해당되지 아니하여 증여재산 공제는 5백만 원이 된다.
3천만 원(증여재산가액)–5백만 원(증여재산공제)=2천5백만 원에 대해서 증여세를 내면 된다.

케이스 6〉 아버지가 아들1과 딸 1에게 각각 3천만 원을 증여하는 경우

아들1과 딸1이 각각 증여재산공제 3천만 원을 받게 되어 내는 증여세가 없게 된다.

> [2계명]
> 상속받은 재산은 사망 후 6개월이 지나서 양도하라

1) 상속세 신고 기준시기

상속개시일(사망일 혹은 사망진단일)

2) 상속재산을 상속 후 6개월 이내에 부동산을 양도하는 경우 상속재산가액은 양도가액과 기준시가 중에서 높은 금액으로 재평가하게 되어 세금을 많이 낼 수 있다.

3) 주택을 상속받을 경우 절세 방안

(1) 무주택자가 주택을 상속받을 경우

무주택자이며, 주택의 실거래가가 5억 미만일 경우(배우자 살아 있는 경우에는 10억까지)에는 상속개시일로부터 6개월 이내에 팔 경우에는 세금을 절세할 수 있다. 즉, 상속가액으로 양도금액이 될 것이고, 그 양도금액이 취득가액이 동시에 적용되므로 상속세도 줄일수 있고, 양도소득세도 줄일 수 있다.

(2) 1주택자가 주택을 상속받을 경우(기존주택+상속주택일 경우)

상속받은 주택을 먼저 팔 경우에는 무조건 일반과세하기 때문에, 기존 주택이 비과세요건을 갖춘 경우에는 기존 주택을 먼저 양도하는 것이 절세에 도움이 된다. 즉, 기존 주택은 특례에 의해서 비과세로 세금이 없게 된다.

■■■////// 김세무사의 똑소리 ──────────────────

[상속 받은 주택의 양도할 경우 1세대 1주택 비과세 적용시 보유기간 및 거주 기간은 어떻게 되나요?]
· 거주기간은 현재 세법에서 폐지됨.
– 동일 세대원으로 상속 받은 주택 : 보유기간과 거주기간을 통산해 준다.
– 동일 세대원이 아닌 상태에서 상속 받은 주택 : 사망일 이후부터 보유기간과 거주기간을 적용한다.

[상속 받은 주택을 양도할 경우의 세율은 어떻게 적용하나요?]
– 동일 세대원의 유무와 관계없이 피상속인이 보유한 기간을 통산하여 세율을 적용하게 된다.

[상속 받은 주택을 양도할 경우 장기보유특별공제는 어떻게 적용하나요?]
– 위에서 보유기간과는 달리 장기보유특별공제를 적용할 경우에는 실제로 상속인이 보유한 기간을 가지고 적용하므로 상속개시일(사망일)로부터 적용하게 된다.

〈예제〉
고인이 2002년에 취득한 주택이 2010년에 상속되었고, 2012년에 양도되었다.

– 1세대 1주택 판단 : 상속인이 동일세대원이고, 다른 주택이 없다면 보유기간 2년 보유가 통산이 되므로 비과세가 적용된다. 만약 동일세대원이고, 상속인이 다른 주택이 있다면 비과세 적용을 받을 수 없게 되므로 주의가 필요하다. 이럴 경우에는 사망일전까지 세대를 분리하는 것이 더 유리하고, 이때 받은 상속주택은 비과세 적용이 어렵다. 그러므로 다른 주택을 먼저 비과세 요건을 맞춰서 파는 것이 절세 전략이 된다.

– 세율 적용 : 피상속인이 보유한 기간을 통산해 주므로 2년 이상 보유하였으므로 +일반세율이 적용되게 된다.

– 장기보유특별공제 : 2010년부터 2012년까지 상속인이 실제 보유하였는데 3년 이상이 되어야 장기보유특별공제가 적용되므로 안타깝게도 장기보유특별공제를 받을 수 없다.

[3계명]
사망 직전에는 부동산을 처분하지 마라

1) 사망 직전에 부동산을 처분하면 상속재산이 늘어나 세금이 많게 된다.

상속세 계산에서 아래의 금액은 상속재산으로 포함이 되기 때문에 상속세 금액이 늘어난다. 아래의 금액에 초과하는 경우에는 용도를 입증해야 한다. 즉, 사망이 임박한 경우에는 재산에 대해서 처분행위를 하는 것이 별로 도움이 되지 않는다. 상속인들은 피상속인의 재산분배에 대해서 걱정하겠지만 이 걱정 때문에 처분을 하게 되면 오히려 상속세가 늘어나므로 꼭 조심하기 바란다.

그럼 처분에 대한 금액은 어떻게 될까? 아래에 내용을 참조하기 바란다. 이를 상속세에서는 '추정상속재산'이라고 한다.

상속개시일 전 1년 이내에 재산종류별로 계산하여 2억 원 이상인 경우
상속개시일 전 2년 이내에 재산종류별로 계산하여 5억 원 이상이 경우

· **재산종류별:** ① 현금 예금 및 유가 증권 ② 부동산 및 부동산상에 관한 권리 ③ 그 외의 기타재산

[추정상속재산가액의 계산]

1. 소명 대상 여부 판단 : 1년 이내에 2억 원 이상, 2년 이내에 5억 원 이상에 해당될 것

2. 추정 상속재산 적용 여부의 판단(재산종류별로 판단)

> ● 사용처 미소명금액〈MIN(① 재산의 처분가액 등 × 20%, ② 2억 원)
> · 판단 : 사용처 미소명금액이 최대한 소명된 것이므로 추정 상속재산가액에 포함되지 않음
>
> ● 사용처 미소명금액≥MIN(① 재산의 처분가액 등 × 20%, ② 2억 원)
> · 판단 : 사용처 미소명금액이 최대한 소명한 것이므로 추정 상속재산가액에 포함됨

3. 추정 상속재산가액의 계산(재산 종류별로 판단)

> ● 추정상속재산가액=사용처미소명금액–MIN(① 재산의 처분가액 등 × 20%, ② 2억 원)

〈예제〉
상속개시 전 1년 이내에 부동산을 3억 원 매도하였는데, 그 중 소명되는 금액이 1억7천만 원인 경우에 추정상속 재산가액은 얼마인가?

〈해답〉
1년 이내에 3억 원이므로 소명대상 금액에 해당되어 소명을 하였는데, 1억7천만 원이 소명되었으므로 1억3천만 원은 MIN(① 재산의 처분가액 등 × 20%=6천만 원, ② 2억 원)=6천만 원보다 크므로 추정상속재산가액은 1억3천만 원–6천만 원=7천만 원이 된다.

2) 이런 상속 재산도 상속세 재산 가액에 포함이 된다.

(1) 보험금 : 피상속인의 사망으로 지급받는 생명보험 또는 손해보험의 보험금으로서 피상속인이 보험계약자(보험료를 실제 납부한 경우)가 된 보험계약에 의하여 지급받는 것. 단, 인보험 중 상해보험은 사망한 경우가 아니므로 상속재산에 해당이 없음에 유의해야 한다.

(2) 퇴직금 : 퇴직금, 퇴직수당, 공로금, 연금 또는 이와 유사한 것.
단, 유족 연금 등 열거된 것은 상속재산에서 제외하게 된다.

(3) 신탁재산 : 피상속인이 신탁한 재산은 상속재산에 포함.

3) 부부 공동 명의인 경우는 상속세 절세 효과가 있나요?

부부 공동 명의인 경우에는 상속세에 절세효과가 있다. 남편이 사망한 경우에는 남편의 명의 지분만큼만 상속재산으로 올라가기 때문이다.

///// 김세무사의 똑소리

[1. 부부 공동명의의 다른 세금 절세 효과]
상속세뿐만 아니라 인별로 과세하는 종합부동산세도 세금의 절세 효과가 있으며, 양도소득세에서도 자기 지분에 해당되는 양도차익에 대해서 세금을 납부하게 되므로 절세 효과가 있으며, 양도소득세 계산 시 기본공제도 각각 2,500,000원을 하게 되어 절세의 효과 크다.

[2. 세금이외의 효과]
공동명의로 등기하게 되면 주택에 대한 권리를 공동으로 소유하게 되는 바 부부일방이 주택을 처분하거나 변경하는 데 어려움이 따른다. 아울러 은행에서 대출받거나 담보용으로 제공하는 경우에도 배우자의 동의를 받아야 하므로 상대방의 일방적인 재산권 행사에 제한할 수 있다.

[3. 경매시 소유권 방어에 유리]
공동 명의로 등기된 주택이 경매가 진행되는 경우에는 그 경매 목적물의 대상은 해당 채무자(일방 배우자)의 지분에 국한되게 된다. 그러므로 이런 물건이 경매 진행 될 경우에는 경매의 투자가치가 저하될 수 있다. 아울러 다른 사람이 낙찰되더라도 주택에 대한 지분을 가지고 있는 다른 배우자가 공유자의 자격으로 우선매수신고를 하여 그 주택을 재구입할 수 있는 이점이 있다.

[4. 이혼할 경우 재산 분할시 비용에 대한 절약]
공동명의로 되어 있으므로 재산분할에 의해서 이전등기 할 때 드는 취득세 등 취득 부대비용을 아낄 수 있는 이점이 있다.

4) 상속재산을 어떻게 알 수 있나요?

상속재산은 상속인만이 잘 알고 있다. 평소에 관심을 가지고 상속재산을 파악해 놓지 않으면 무덤 앞에 가서 여쭤 보아야 한다. 그럼 상속재산을 어떻게 알까?

● 피상속인 명의 금융재산 확인 방법

구분	내용
조회대상	피상속인 명의의 예금, 대출, 보증(온라인 전산 원장 등록분만 가능), 증권계좌, 보험계약, 신용카드, 가계당좌거래 유무 확인
조회절차	① 금융감독원(지원 출장소 포함, 1층 소비자보호센터), 국민은행 각 지점, 삼성생명 고객 Plaza, 농업협동조합중앙회 및 그 회원조합 영업점에 신청서를 접수 ② 각 금융협회를 경유하여 개별 금융회사에 이송 ③ 각 금융회사에서 피상속인의 금융거래유무를 조회하여 거래계좌가 있는 경우 신청인에게 즉시 통보, 거래계좌가 없는 경우에는 협회에서 취합 통보 ※ '09.1.15.부터는 은행, 증권, 생명보험, 손해보험의 경우에는 금융감독원 홈페이지에서 조회가능
해당금융회사	은행, 증권, 생명보험, 손해보험, 우체국, 새마을금고, 종합금융회사, 상호저축은행, 여신전문금융회사(카드, 리스, 할부금융, 캐피탈, 신기술금융), 신용협동조합, 산림조합중앙회, 증권예탁결제원
처리기간	신청일로부터 3~15일 (일부 금융회사에서 다소 지연될 수 있음)
신청서류	– 피상속인의 가족관계증명서 및 기본증명서(또는 제적등본) 및 신청인의 신분증 – 가족관계등록부에 사망사실 등이 기재되지 아니한 경우 : 사망시에는 가족관계증명서와 사망진단서 원본, 실종 또는 심신 상실시에는 기본 증명서 또는 법원판결문(실종선고, 금치산선고) 원본
유의사항	– 조회는 각 금융기관 접수기준일 현재로 하며, 조회범위는 각 금융 권역별로 상이할 수 있다. – 각 협회에서 통보하는 내용은 어느 금융기관에 계좌가 존재하다는 사실만이고, 상세한 거래내역, 계좌번호 등은 상속인 등의 각 금융기관을 방문하여 별도의 절차를 밟아 조회신청을 해야 한다. – 금융감독원에 금융기관의 거래정지 및 해지를 청구할 수 없다.(단순 조회업무이므로) – 금융거래조회 서비스는 상속인의 확정 및 상속포기 등과는 관련이 없이 가능하다. – 국세청에서도 상속인임을 입증하는 서류를 가지고 조회를 공식적으로 신청하며, 채권자로 등기된 모든 권리를 알려 주고 있다.

● 피상속인 명의 부동산 확인 방법

구분	내용
조회대상	피상속인의 소유 토지(건물은 제외), 건물은 국세청이나 행정안전부 지적정보센터에서 조회 가능 · 간접적으로 재산세 영수증, 종부세 과세 대상 명세서로도 알 수 있음
조회절차	① 사망한 토지소유자의 재산상속인이 거주지 관할 시·군·구청의 조상땅 찾기 담당부서를 방문하여 신청하면 즉시 조회 ② 이름으로만 찾는 경우에는 주소지 관할 시·군·구청의 조상땅 찾기 담당부서에 서류를 제출 신청하면 토지가 있다고 추정되는 지역(광역시·도청)으로 서류를 우편송부, 해당지역에서 결과를 신청인에게 통보
대상지역	전국 조회
처리기간	주민등록번호로 조회: 즉시 이름으로 조회: 5–10일 소요
신청서류	제적등본(사망일자 및 신청인과의 관계가 명시) 및 신청인의 신분증
주의사항	– 채권확보 및 담보물권 확보 등 이해관계인이나 제3자에 대한 개인 정보는 조회할 수 없다. – 생존 시에는 공인인증서가 있는 경우 조회 사이트에서 가능 http://www.onnara.go.kr/정보조회/내토지찾기서비스/공인인증서로그인

> **[4계명]**
> **사망 전 2년 내에는 담보대출을 받지 마라**

1) 담보 대출받고 사망하면 출처를 소명해야 한다.

아래의 금액이 있는 경우에는 그 자금의 출처를 소명해야 한다.

상속개시일 전 1년 이내에 대출 금액을 계산하여 2억 원 이상인 경우
상속개시일 전 2년 이내에 대출 금액을 계산하여 5억 원 이상이 경우

이 경우도 3계명에서 설명된 것과 같이 적용을 하게 된다. 그 범위에 해당이 되면 '추정상속재산가액'으로 상속재산가액이 올라가게 된다. 아울러 대출금액은 부채가 명확할 경우에는 부채로 상속재산가액에서 공제하게 된다. 즉, 상속재산가액을 올려주고, 다시 부채로 차감해 주어 적절한 상속세를 내게 되는 시스템을 적용받게 된다. 만약, 대출금액이 부채의 성격을 갖추지 못한 경우에는 가공 채무로 상속재산가액에서 공제하지 않는다.

2) 상속 전후 6개월 이내에 담보대출을 받으면 상속세가 늘어난다.

담보대출을 받을 때 금융기관에서는 감정을 하게 되는데 그 감정가액이 상속재산가액으로 되기 때문에 상속일을 전후하여 6개월 이내에는 담보대출을 받는 것을 자제해야 한다.

> **[5계명]**
> **상속개시일 이전 2년 내에 은행에서 함부로 인출하지 마라**

상속개시 전 2년 내에 예금에서 함부로 인출할 경우에는 사용처를 소명해야 한다.

상속개시일 전 1년 이내에 재산종류별로 계산하여 2억 원 이상인 경우
상속개시일 전 2년 이내에 재산종류별로 계산하여 5억 원 이상이 경우

사망 전에 피상속인의 통장에서 무단으로 인출할 경우에는 그 금액에 대해서 세무서에서 조사하여 상속세를 과세하게 된다. 이 경우도 3계명을 준용한다.
특히 고액의 인출금이 있는 경우에는 위장 인출로 보아 소명을 하라고 세무서에서 요구하는 경우도 있으므로 주의를 요한다.

> **[6계명]**
> **보험계약시 보험계약자를 부모, 수익자를 아들로 계약한 경우에는**
> **상속세 조심하라**

보험계약자를 부모로 하고, 수익자를 아들로 할 경우에는 만기에 보험금을 아들이 수령한 경우에는 증여세가 과세되며, 부모가 사망하여 받는 경우에는 상속재산으로 간주하게 된다.
이럴 경우에는 계약자를 아들로 하고, 수익자를 아들로 할 경우 보험료를 아들에게 증여한 것을 신고했다면 상속세 대상이 되지 않는다. 이는 계약자와 수익자가 같아 상속세 대상이 되지 않기 때문이다.

■■////// 김세무사의 똑소리

[보험료 증여시 증여세 신고를 하지 않을 경우는?]
증여세 신고를 하지 않았을 경우에는 실제 납부자는 부모님이 될 것이고, 수익자가 아들로 되어 결국 부모가 사망하여 받는 보험금일 경우에는 상속재산으로 간주되게 된다.

> **[7계명]**
> 확인되는 공과금, 장례비용, 채무가 있을 경우에는 꼭 증빙을 챙겨라.

1) 공과금

상속일 현재 피상속인이 납부할 의무가 있는 것으로서 상속인에게 승계된 조세, 공공요금 등은 증빙이 있는 경우 상속재산에서 공제한다.

·준비서류 : 소득세, 부가가치세, 재산세, 종합부동산세(종부세) 등 각종 제세공과금 영수증 및 납부서

2) 장례비용

·피상속인의 사망일부터 장례일까지 장례에 직접 소요된 금액 : 500만 원−1,000만 원 공제
·납골시설(봉안시설) 및 자연장지비용에 사용에 소요된 금액 : 500만 원 한도로 인정
·위 두 금액을 합하여 공제하게 되어 최대 1,500만 원까지 공제가 된다.
·준비서류 : 장례비 관련 서류(영수증, 신용카드매출전표, 납골당 계약서 등)

3) 채무

상속개시 당시 피상속인의 채무로서 상속인이 실제로 부담하는 사실이 입증되는 채무는 공제받을 수 있다.

(1) 피상속인이 상가(건물)가 있는 경우에는 월세보다 전세로 상속하는 것이 유리

전세는 대표적인 채무이므로 이를 이용하는 경우 절세 가능하다.
전세가 아님에도 불구하고 채무로 공제 받기 위해서 전세로 신고한 경우에는 조사를 받게 되어 상속세 및 월세 부분에 대한 종합소득세 조사까지 받을 수 있으므로 신중을 기해야 하며, 꼭 전문가와 상의하기 바란다.

(2) 사채의 채무공제

사채가 있는 경우에는 그 증빙서류를 갖추면 공제가 가능하다.

(3) 병원비 미지급액

보통 각종 병으로 병원에 입원한 경우에 중간 병원비를 결제할 경우에는 피상속인의 통장에서 결제하는 것이 좋으며, 만약 한꺼번에 결제할 경우에는 상속개시일 이후에 상속인이 결제하는 것이 좋다. 상속개시일 이후 병원비 미지급액을 상속인이 결제하면 이 또한 부채에 해당이 된다.

·준비서류
  - 금융기관의 대출관련 잔액 확인 서류(부채 잔액 증명서)
  - 임대 건물의 경우 임대차계약서와 부가세 신고서 사본
  - 신용카드 월별 결제 명세서(상속개시일 이후 피상속인 사용분을 상속인이 결제한 경우)
  - 병원비 미지급액
  - 차용증

> **[8계명]**
> 금융자산을 많이 남길 경우에는 상속세가 늘어난다.

1) 금융자산

금융자산(예금 등)은 100% 현재가치로 평가되므로 부동산보다 상속세를 많이 부과된다.

2) 금융재산 상속 공제

금융자산에 대한 아래의 상속 공제 제도를 두고 있는바 가급적 부동산으로 상속재산을 넘겨주는 것이 유리하다. 왜냐하면 부동산은 시가보다는 기준시가로 신고하는 경우가 많기 때문이다. 기준시가가 시가보다 낮게 평가되는 경우가 일반적이다.

· 상속재산 공제
　순금융자산이 2,000만 원 이하인 경우 : 전액 공제함
　순금융자산이 2,000만 원 초과인 경우 : 순금융재산가액의 20%와 2억 중 작은 금액 공제임
· 순금융자산은 금융자산에서 금융회사의 채무를 공제한 것을 말한다.

---

3) 금융자산이 많을 경우에는 배우자에게 그 재산을 우선 배분하라.

상속세납부의무는 상속인들 중 어느 한 사람이 내면 그 의무(연대납세의무)가 없어지므로 배우자에게 금융자산을 상속할 경우에는 그 금액으로 상속세 납부 재원으로 사용하게 되어 배우자가 죽을 경우에도 추가 상속세 문제가 없게 된다.

(1) 상속세 연대납세의무

상속세는 상속을 받았거나 받을 부분에 대해서 세금을 내는 것이므로 상속인들은 모두 연대납세의무를 진다. 상속포기자도 상속세 연대납세의무를 지므로 유의해야 한다. 상속세를 납부할 수 있는 재원을 미리 마련해 주는 것이 자산 관리 측면에서도 유리하다.

(2) 한정승인

상속재산 중에서 부채가 자산을 초과할 경우라고 생각될 경우에는 상속을 포기하거나 한정승인 신청을 해 놓는다.

(3) 유언의 효력

유언의 형식은 다섯 가지로 한정(민법 제1073조, 1078조)한다. <u>자필, 녹음, 비밀증서, 구수증서, 공정증서가 있는데 보통 공정증서를 많이 사용한다.</u>

4) 증여 받은 금융자산으로 경매에 참여하는 경우에는 꼭 부부공동명의로 하라.

등기 전에 꼭 명의 분산을 고려해야 함을 다시 한 번 강조한다. 등기 후에 명의 분산할 경우에는 불필요한 세금을 내야 된다.

> [9계명]
> 성실한 신고 및 예정신고세액공제를 활용하라.

1) 가산세 문제

상속재산을 고의로 누락한 경우에는 막대한 가산세 부담이 따라온다.
·가산세
일반과세신고가산세 : 대상세액의 20%
부당과세신고가산세 : 대상세액의 40%
납부불성실가산세 : 최고 연10.95%(일일 만 원당 일만 분의 3원씩 늘어남)

2) 예정신고세액공제

상속개시일이 속하는 달의 말일부터 6개월 이내에 상속신고를 한 경우에는 납부세액에 10%를 공제해 준다.

> **[10계명]**
> **가업상속재산제도를 활용하라.**

1) 상속세의 면세점

배우자가 있는 경우에는 10억까지 면세점이며, 배우자가 없는 경우에는 5억까지가 면세점

2) 가업상속재산제도

중소기업 혹은 매출액 1,500백 원 이하의 중견 기업으로서 피상속인이 10년 이상 계속하여 경영한 가업을 상속하는 경우에는 가업상속공제를 해주는데 한도는 다음과 같다.

· 공제액 : 가업상속재산가액
  한도액 : max 〔2억 원, 가업상속재산가액의 70%〕 총한도액 : 100억 원 한도
  10년 이상(100억 원 한도), 15년 이상(150억 원 한도), 20년 이상(300억 원 한도)

· 가업상속재산이란 다음의 상속재산을 말한다.
  ① 소득세법상의 적용을 받는 가업의 경우 : 상속재산 중 가업에 직접 사용되는 토지, 건축물, 기계장치 등 사업용 자산
  ② 법인세법의 적용을 받는 가업의 경우 : 상속재산 중 가업에 해당하는 법인의 주식
     (법인의 사업용자산에 상당하는 가액) 등
     단, 가업상속대상 법인은 한 개로 한정하고, 반드시 모체회사에 2년 이상 근무한 실적이 있어야 한다.

· 고용요건 : 모든 기업 대상
  상속 후 10년간 고용평균 1.0배(중견기업 1.2배) 이상 유지

3) 동거주택상속공제

피상속인과 상속인이 상속개시일부터 소급하여 10년(무주택기간 포함) 이상 계속하여 동거한 주택(상속개시일 현재 1세대 1주택이며, 무주택자인 상속인이 피상속인과 동거한 주택을 상속 받은 경우에 한함)을 상속받은 경우
- 주택과 주택부수토지(도시 5배, 도시지역 10배)
- 해당주택에서 계속하여 거주하지 않아도 된다.

·공제액 : 주택가격의 40%
  한도액 : 5억 원

4. 심화학습

1) 중소기업 가업 승계에 대한 세제 지원제도

구분	가업상속 공제	가업승계 증여세 과세특례
세　율	상속·증여세율(상속세, 증여세 세율 동일) － 과세표준　　　1억 원 이하 :　10% － 1억 원 초과　5억 원 이하 :　1천만 원 ＋　1억 원 초과금액의 20% － 5억 원 초과 10억 원 이하 :　9천만 원 ＋　5억 원 초과금액의 30% － 10억 원 초과 30억 원 이하 :　2.4억 원 ＋ 10억 원 초과금액의 40% － 30억 원 초과　　　　　　 : 10.4억 원 ＋ 30억 원 초과금액의 50%	
공　제 한　도	① 가업상속재산의 70% ② 가업기간별 공제한도 － 10년 이상　100억 원 － 15년 이상　150억 원 － 20년 이상　300억 원 ※ ①, ② 중 적은 금액	30억 원 － 5억 원 공제 － 25억 원 10% 저율과세 ※ 30억 원 초과금액 정상 세율 ※ 상속시 상속세과세가액에 합산 정산
지　원 대　상	① 개인, 법인 모두 가능 ② 조특법상 중소기업 　(음식업 포함)	① 법인만 가능 ② 조특법상 중소기업 　(음식업 포함)
피상속인 (증여자) 가업기간	① 가업 10년 이상 영위 ② 가업영위기간중 60%이상 대표이사로 재직하거나 상속개시일로부터 소급하여 10년 중 8년 이상을 대표이사로 재직할 것	① 가업 10년 이상 영위 ② 가업영위기간중 60%이상 대표이사로 재직하거나 상속개시일로부터 소급하여 10년 중 8년 이상을 대표이사로 재직할 것(가업상속공제적용시 적용X)
최대주주 지분율	50% 이상(상장 30%)	50% 이상(상장 30%)
피상속인 (증여자) 자　격	－	60세 이상 부모
상속인 (수증자) 자　격	① 18세 이상 ② 상속개시일 2년 전 가업 종사 ③ 상속인 1인이 가업 전부 상속 ④ 신고기한(6개월)내 임원취임 ⑤ 상속개시일이후 2년 내 대표이사 취임	① 18세 이상 ② 신고기한(3개월)내 가업 종사 ③ 증여일 이후 5년 내 대표이사 취임, 10년까지 대표이사 유지
사　후 관　리 (10년간)	① 가업용자산 80% 이상 유지 　(5년내 90% 이상 유지) ② 상속인 가업 및 종사 유지 ③ 상속지분 유지 ④ 고용요건 : 모든 기업 대상 － 상속후 10년간 고용평균 1.0배 　(중견기업 1.2배)이상 유지	① 수증자 가업 및 종사 유지 ② 증여지분 유지 ※ 지분, 가업유지시 가업상속 공제적용
사후관리 불총족시	상속세 추징	증여세 및 이자상당액 추징

■///// 김세무사의 똑소리

[상속세 실전 TAX PLANNING]

1. 사전 장기 계획(10년 이상)

구분	내용	체크리스트
(1) 재산의 분산	· 재산을 배우자, 직계존비속에게 분산 · 자산 종류별로 분산(예금, 주식, 부동산)	
(2) 사전 증여 활용	· 증여재산공제 한도 내에서 미리 증여 · 상속세 납세 재원 마련	
(3) 자산 형태의 변경	· 저축성 보험, 종신 보험 등 보험 상품 활용 · 임대소득 : 월세보다 전세로 전환이 유리	
(4) 자금 사용처 확보	· 대표이사의 가지급금 및 가수금의 사용처 입증 · 예금인출, 재산처분, 채무 발생액에 대한 사용처 입증	

2. 상속되는 모든 재산 파악

구분	내용	체크리스트
(1) 의제 상속재산	· 보험금, 신탁재산 및 퇴직금 등 파악 · 피상속인이 보험계약자가 아니더라도 사실상 보험료를 지불한 것은 상속재산 · 퇴직금, 퇴직수당, 퇴직공로금, 퇴직연금 등을 상속인이 받는 것도 상속재산 · 신탁의 이익을 받을 권리는 다른 사람이 소유하고 있는 경우라면 그것은 제외	
(2) 금융재산 및 부동산 파악	· 각 조회기관에서 조회	
(3) 사전증여재산여부	· 10년 내에 사전증여재산의 여부 · 창업자금 증여세 과세 여부 · 가업주식 증여세 과세 여부	
(4) 추정상속재산	· 상속개시일 전 1–2년 사이에 예금인출, 재산처분, 채무발생여부 파악	
(5) 비과세되는 금양임야나 묘토 확인	· 최소한 비과세대상 면적만이라도 제사를 주재하는 자에게 상속	
(6) 배우자상속공제활용	· 상속등기 전에 협의 분할 · 배우자는 현금위주로 상속할 것 · 10억 원이 넘어야 상속세가 부과 됨	
(7) 상속포기/한정승인	· 상속포기는 모든 대상자가 했는지 여부	
(8) 채무파악	· 미지급이자, 보증채무, 연대채무, 임차보증금, 종업원의 퇴직금	

3. 기타 체크 사항

⑴ 공익법인에 대한 출연: 상속세 신고기한(6개월)이내 했는지 여부
⑵ 장례비용에 관한 지출증빙 확보
 · 500만 원을 초과하는 경우 증빙에 의해 확인되는 것은 공제
 · 추가로 봉안시설 및 자연장지에 사용에 소요된 비용도 500만 원 한도로 공제
 · 최소 500만 원–1,500만 원 공제
⑶ 세대생략상속에 대한 할증과세(30%): 대습상속에 해당하는지 여부 파악
⑷ 신고기한(6개월 이내) 이내 신고 : 신고세액공제(10%)
⑸ 분할납부, 연부연납 및 물납 가능
⑹ 동거주택 상속공제 : 피상속인이 10년 이상 1세대1주택(고가주택 포함), 40%, 5억 한도

2) 상속인 금융거래 조회 서비스 이용 안내

(1) 조회대상자 : 피상속인(사망자, 실종자 및 금치산자)

(2) 조회 범위 : 사망일 기준으로 피상속인 명의의 모든 금융채권 및 채무

– 각종 예수금, 보험계약, 예탁증권, 공제 등 피상속인 명의의 금융자산
– 대출, 신용카드이용대금, 지급보증 등 우발채무 및 특수채권 등 금융회사가 청구권이 있는 피상속인 명의의 부채
– 금융회사가 반환할 의무가 있는 피상속인 명의의 국민주, 미반환 주식, 대여금고 및 보호 예수물 등

(3) 이용절차

● 신 청 자 : 상속인 또는 대리인
● 신청기관 : 금융감독원 본·지원 및 출장소, 전 은행(수출입은행, 외은지점 제외) 및 삼성생명 고객플라자, 동양증권, 우체국을 직접 방문 신청
※ 신청인 본인 확인을 위해 인터넷, 우편 및 전화접수는 받지 않으며, 자세한 사항은 금융감독원 통합콜센터(국번 없이 1332)으로 문의

(4) 구비서류

● 2007년 12월 31일 이전 사망자 : 제적등본, 상속인 신분증
● 2008년 1월 1일 이후 사망자

- 사망자의 사망사실(사망 일자 포함)이 기재된 기본증명서 또는 사망진단서 원본
- 상속인 자격 확인을 위한 가족관계증명서(필요시 제적등본)
- 상속인 신분증
● 실종자 금치산자 : 상속인 직접 신청 시 필요서류, 법원판결문(원본)
● 대리인이 신청하는 경우
- 상속인 직접 신청 시 필요서류
- 상속인의 인감증명서 및 위임장(상속인 인감도장 날인)
- 대리인 신분증

(5) 결과확인

● 신청 후 약5-15일 사이 문자메시지 등을 이용하여 통보하며,
금융감독원(www.fss.or.kr) 및 각 금융협회 홈페이지에서 조회결과 확인 가능

(6) 금융조회 서비스 흐름도

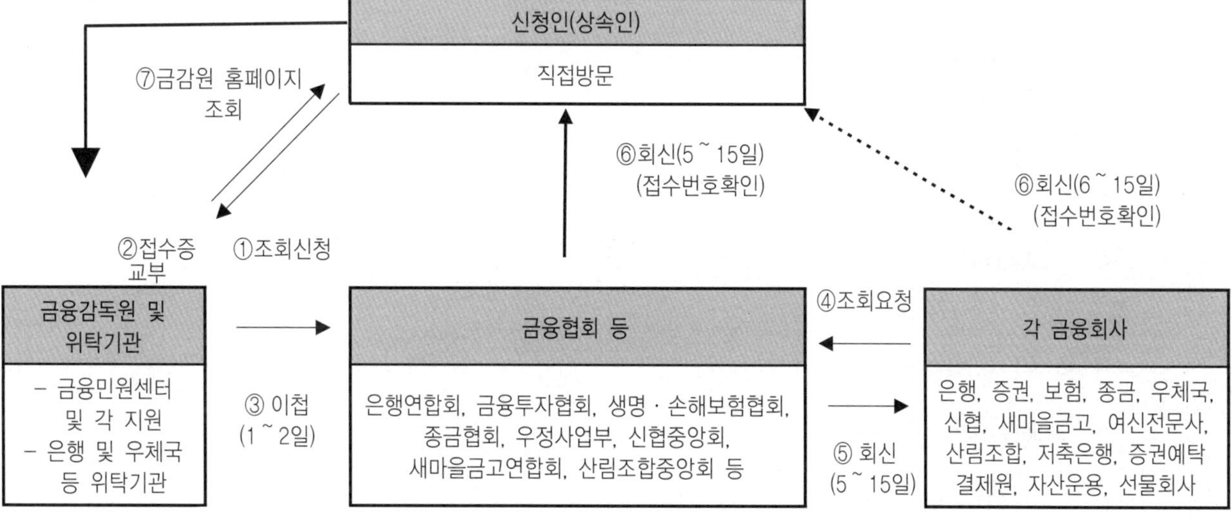

맛있는 부동산 절세 및 세무상식

경매부자들의 절세비밀과 세무상식

초판 1쇄 발행일 | 2013년 4월 15일
초판 2쇄 발행일 | 2013년 10월 15일

지 은 이 | 김명석
펴 낸 이 | 배수현
디 자 인 | 정정임, 박수정
제 작 | 송재호
기 획 | 엔터스코리아 작가세상

펴 낸 곳 | 가나북스 www.gnbooks.co.kr

출 판 등 록 | 제393-2009-000012호

전 화 | 031) 408-8811(代)
팩 스 | 031) 501-8811

ISBN 978-89-94664-53-8(13320)